硅谷密码

科技创新如何重塑美国

[美] 玛格丽特·奥马拉 / 著　谢旎劼 / 译

THE CODE

Silicon Valley and the Remaking of America

Margaret O'Mara

中信出版集团 | 北京

图书在版编目（CIP）数据

硅谷密码：科技创新如何重塑美国 /（美）玛格丽特·奥马拉著；谢旎劼译 . -- 北京：中信出版社，2022.4

书名原文：The Code: Silicon Valley and the Remaking of America

ISBN 978-7-5217-3348-8

Ⅰ.①硅… Ⅱ.①玛…②谢… Ⅲ.①电子计算机工业－工业企业－企业史－研究－美国 Ⅳ.① F471.266

中国版本图书馆 CIP 数据核字（2021）第 146771 号

The Code: Silicon Valley and the Remaking of America by Margaret O'Mara
Copyright © 2019 by Margaret O'Mara
Published by arrangement with Writers House LLC, through The Grayhawk Agency Ltd.
Simplified Chinese translation copyright © 2021 by CITIC Press Corporation
All Rights Reserved
本书仅限中国大陆地区发行销售

硅谷密码：科技创新如何重塑美国
著者：　　［美］玛格丽特·奥马拉
译者：　　谢旎劼
出版发行：中信出版集团股份有限公司
　　　　　（北京市朝阳区惠新东街甲 4 号富盛大厦 2 座　邮编　100029）
承印者：　北京诚信伟业印刷有限公司

开本：787mm×1092mm 1/16　　印张：34.5　　字数：510 千字
版次：2022 年 4 月第 1 版　　　　印次：2022 年 4 月第 1 次印刷
京权图字：01-2020-1870　　　　　书号：ISBN 978-7-5217-3348-8
定价：78.00 元

版权所有·侵权必究
如有印刷、装订问题，本公司负责调换。
服务热线：400-600-8099
投稿邮箱：author@citicpub.com

致杰夫

你想知道我为什么带着这台录音机?是为了录东西。我是个点子很多的人,恰克,明白吗?我这一天时刻都会产生新想法,我控制不了,这些点子就像要破门而入一样,我想拦都拦不住。

——《夜迷情》,1982 年 [1]

作为未来的代言人,我要求属于过去的你们别干涉我们。在我们这里,你们并不受欢迎。在我们聚集的地方,你们并不享有主权。

——约翰·佩里·巴洛,《网络空间独立宣言》,1996 年 [2]

这种被所有人誉为新事物化身的机器终于显露出真面目,它其实并不那么新潮,而是由层层外皮包裹在"思考机器"这个混乱且不断发展的想法上。

——埃伦·乌曼,《代码中的生活》,1998 年 [3]

推荐序言

玛格丽特·奥马拉所著《硅谷密码：科技创新如何重塑美国》是一部旨在解码硅谷成功秘诀的最新著作。奥马拉是美国著名的技术史专家、华盛顿大学历史教授，她曾经是克林顿总统的团队成员、顶级智库布鲁金斯学会研究员、《纽约时报》的供稿人。她以独特的职业生涯和专业素养，历时五年进行调研和人物访谈，创作了这部描述美国硅谷从诞生、成长到改变世界的 70 年历程，以及与之同步的美国高科技产业进化历程的作品。

从"硅谷现象"到"硅谷奇迹"，这片位于美国加利福尼亚州北部的弹丸之地，数十年来持续不断地引领世界科技创新潮流，推动美国以及其他国家的经济发展，改变了人们的生活方式，甚至改变了整个世界。关于硅谷对世界的贡献，人们有着各种不同的描述和诠释，我把硅谷的伟大贡献概括为五个方面：70 年来，技术与产品创新持续不停；改变世界的创业英雄和领军企业不断涌现；初创企业和新兴产业在此栖息生长；商业模式、组织形式和思想文化创新层出不穷；巨额财富在此应运而生。

硅谷的伟大成就震惊了世界，并且引发了人们对硅谷秘诀的探索。硅谷奇迹的核心秘诀究竟是什么？我曾有幸参与过几本探讨硅谷秘诀的著作的翻译出版工作。无论是学者讨论硅谷优势所写的经济理论文集，还是他们记录硅谷技术与产业进化的百年历史，又或者是媒体记者踏访硅谷后撰写的专题报道，都明确指出创新创业精神是破解硅谷密码的一把钥匙，是硅谷成功的精髓。

科技创新的理论和实践都证明，在一个不大的地区内，能成功地把创业精神转化为科技创新，需要一定的环境与条件，即一个具备多种必要因素的架构，才能实现科技创新、技术突破和产业兴起。

以我个人在硅谷多年的观察和感受来看，硅谷这个中小城市群就是这样一个具备了各种创新要素的生态圈、一个适宜高科技产业生长栖息的"热带雨林"。这个生态圈汇集了创新、创业、创富的全部高端要素、专业要素、资源和条件。一个地区创新能力的形成和提升，就是创造、引入、聚集、融合、协调和发挥这些要素与资源，打造新时代创新创业生态体系的过程。通过多年来对硅谷成功要素的探究和研究，综合各种流派的研究结论和观点，我们可以把硅谷的创新创业生态体系的形成和运作归于以下十大要素：

第一，有利于企业和个人创业、创新、发展的政策法规与制度环境；

第二，高度密集的高素质人才；

第三，世界一流大学及其与企业和产业的互动；

第四，高水平的创意与创新活动；

第五，浓厚的创业氛围，鼓励冒险、容忍失败的文化；

第六，雄厚的创业资金来源和成熟的金融体系；

第七，专业化中介服务体系；

第八，高度聚集的特色主导产业及其全球竞争力；

第九，高质量的生活和人居条件；

第十，便于推动全球化的区位优势。

硅谷就是这样一个得天独厚、要素齐备、世所罕见的创新创业生态圈。这些要素既是硅谷成功的"核心秘诀",也回答了为什么硅谷模式不可复制的难题。

奥马拉在书中纵论硅谷成因,列举的综合要素与上述"要素齐备"相去不远,其中不乏点睛之笔和闪光亮点,值得我们在打造"中国硅谷"的过程中借鉴和参考。现摘其要点如下。

(1)硅谷是多种因素相互作用的结果。硅谷奇迹并不能归结于任何一个单一事件。机遇与环境,地缘政治与宏观经济学,天赋与领导力,还有追寻阳光的年轻人,这些因素混杂在一起掀起的完美风暴是硅谷的源头。

(2)政府及军工项目投资推动硅谷的发展。硅谷所取得的成就建立在第二次世界大战期间与战后的大量政府投资的基础之上——从太空竞赛年代的国防合同到大学研究基金,再到公立学校、道路建设与税收制度。公共开支为科学和技术的爆炸式增长提供了动力,也为未来好几代初创企业奠定了基础。

(3)硅谷的成就是集体努力的结果。高科技革命是集体努力与个人天分共同作用的结果。个人创业者的成功是通过与其他人、网络和机构合作来实现的,许多并非技术专家的人也在其中扮演了关键的角色。硅谷的成功来自数以千计的各种人才,其中有杰出的工程师、营销大师、律师、技工与金融家。这里充满了聪明人,大多来自其他地方。

(4)硅谷是政府和自由市场经济结合的产物。将硅谷的存在完全归功于政府,就像认为硅谷完全是自由市场的运行结果一样是一个伪命题。这既不完全是一个大政府的故事,也不单纯是自由市场的故事,而是两者的结合。

另外,值得提及和推荐的是,这部作品的写作手法也有很多与众不同的特点。首先,体例新颖,匠心独运。全书分为"初创"、"产品发布"、"公开上市"与"改变世界"四幕,用硅谷初创公司的成长路径来比拟硅谷诞生与发展的四段历史时期。每一幕的章节都铺排着多个诠释主题的场景、事件、企业和人物，70年来硅谷和美国科技创新过程中最重要的篇章得以次第展开，使本可能枯燥无趣的科技史读起来生动有趣、顺理成章。奥马拉的出色文笔与组织能力，使本书成为"讲好硅谷故事"的典范。

其次，奥马拉擅长把硅谷和科技创新的场景、时间、地点、人物放在国际关系、美国两党政治和国内政策的背景下聚焦，突出事件和人物的历史年代感与政治关联性。书中描述的"冷战"时期的军工复合体、苏联发射人造卫星引发空间竞赛、总统竞选与小企业创投法案等事件，莫如此。关于"二战"以来美国历届总统——从罗斯福一直到奥巴马——对美国科技政策演进的领导作用，书中均无一遗漏。作者本人过去在白宫的从政经历，赋予了她这样的全球视野和政治站位。此种历练和资源，在研究硅谷的作者中较为罕见。

这本书的另一个特点是"具人气、接地气"。在各种硅谷史、产业史等非虚构作品中，留名青史的往往是那些科技大佬、创业英雄、企业巨子等人们耳熟能详的名人，很少见到普通硅谷人或者普通美国人的身影。奥马拉在书中描写了多名平凡的美国人，他们虽然鲜为人知，但并非虚构人物，他们的经历、工作、生活甚至命运紧紧地与硅谷各个领域相连，成为硅谷成长过程中的一部分。他们是安·哈代、大卫·摩根塔勒、伯特·麦克默特里……，他们与那些闻名遐迩的硅谷英雄比肩而立，同是硅谷的缔造者。书中还有不少对硅谷自然环境和人文景观的生动描写，使这部关于科技和企业成长史的著作不乏烟火气息，引人入胜。

在数十年以来出版的林林总总的同类作品中，《硅谷密码：科技创新如何重塑美国》是一部描述硅谷和美国科技发展的气势恢宏、意气纵横的史诗，也是一部刻画硅谷创业英雄和成功企业的精细入微、生动传神的历史长卷；更为难能可贵的是，这是一部揭示并纵论美国政府、科技与硅谷互动关系的观点鲜明、笔力雄健的大制作。宏大而不乏细致，深刻而不失生动，是一部可读性甚高的好书。

有评议说，奥马拉的这本书写在硅谷活力消散、美国面临中国科技发展带来的巨大挑战的时期，需要"重新解读硅谷模式，找回制胜战略"。诚然，此书问世不久，2020年肆虐美国的新冠疫情也把硅谷推上媒体头条："硅谷大公司裁员""硅谷企业外逃""硅谷魅力不再"。然而，事实和数据证明硅谷扛住了疫情的冲击。2020年是硅谷险中求胜、高歌猛进的一年。2021年最新发布的《硅谷指数报告》指出，2020年硅谷的风险投资创历史新高，专利申请、科技公司市值、首次公开募股（IPO）数量等衡量创新能力的主要指标都十分亮眼。硅谷的活力并未消散，这也证明了只要创新创业的生态体系稳固，硅谷就能够持续发展，硅谷所代表的创新模式依然引领世界科技创新潮流。

本书的第一章标题叫作《无尽的前沿》，讲述的是1945年时任战时科学研发办公室主任的范内瓦·布什向杜鲁门总统提交了一份名为《科学，无尽的前沿》的报告，强调美国政府必须长期支持基础研究。该报告促成了美国国家科学基金会、美国国防部高级研究计划局等一系列科技决策机构的成立，美国国家科技体系得以建立，并且推动产生了互联网、导航系统、登月计划等重大科技创新成果。硅谷开始在国防项目和军工复合体的推动下崭露头角，奠定了美国电子产业的基础。

并非巧合的是，2021年6月，美国国会参议院通过了《2021年美国创新和竞争法案》，该法案旨在向美国技术、科学和研究领域投资逾2 000亿美元，以"对抗"中国日益增长的影响力。该法案的主体是《无尽前沿法案》，其主要内容是激活美国科技创新体系、确保关键技术领先、推动区域创新协调发展等，并针对中国设定了多项限制措施。该法案标志着美国开始构建新一轮科技与产业的"举国体制"。

时隔 70 多年，美国再次以"无尽的前沿"命名如此重要的科技法案，其意义恐怕不仅是致敬历史，更是希望重振美国科技，再现"二战"后美国科技创新的荣光。当然，人们也不难嗅到新一轮"冷战"思维的味道。

以史为鉴，可知兴替。广大关注科技创新创业、关心中美科技发展的读者，在百年未有之大变局以及新一轮科技竞争的大背景下阅读《硅谷密码：科技创新如何重塑美国》一书，相信对于硅谷和硅谷模式会有更深层次的认识和理解，对于我国创新驱动发展战略的实施和目标达成，必将更具信心。

谈　锋
2021 年 7 月于硅谷

目　录

推荐序言　　　　　　　　　　　　　　　I
序　章　美国革命　　　　　　　　　　　IX

―――――――― 第一幕 ――――――――
初　创

▶ 　前　记　　　　　　　　　　　　　003
1　无尽的前沿　　　　　　　　　　　　009
2　金州　　　　　　　　　　　　　　　023
3　登月　　　　　　　　　　　　　　　037
4　网络化　　　　　　　　　　　　　　048
5　投资人　　　　　　　　　　　　　　063
▶ 　前　记　　　　　　　　　　　　　081
6　热潮与幻灭　　　　　　　　　　　　083

―――――――― 第二幕 ――――――――
产品发布

▶ 　前　记　　　　　　　　　　　　　095
7　资本主义奥运会　　　　　　　　　　099
8　权力归于人民　　　　　　　　　　　114
9　个人计算机　　　　　　　　　　　　129
10　自制计算机　　　　　　　　　　　140
11　铭记　　　　　　　　　　　　　　148
12　有风险的生意　　　　　　　　　　163

第三幕
公开上市

▶ 前　记　　　　　　　　　　　　　183
13　讲故事的人　　　　　　　　　187
14　加州梦　　　　　　　　　　　202
15　日本制造　　　　　　　　　　219
16　老大哥　　　　　　　　　　　241
17　战争游戏　　　　　　　　　　262
18　筑于沙上　　　　　　　　　　280

第四幕
改变世界

▶ 前　记　　　　　　　　　　　　　305
19　信息意味着授权　　　　　　　307
20　硅谷西装客　　　　　　　　　326
21　大宪章　　　　　　　　　　　350
22　不作恶　　　　　　　　　　　367
▶ 前　记　　　　　　　　　　　　　386
23　人人参与的互联网时代　　　　389
24　软件吞噬世界　　　　　　　　407
25　宇宙主宰　　　　　　　　　　421

尾　声　进入无人车　　　　　　　441
致　谢　　　　　　　　　　　　　449
引用来源说明　　　　　　　　　　455
注　释　　　　　　　　　　　　　471

序　章

美国革命

30亿部智能手机。20亿个社交媒体用户。2家资产达到万亿美元的公司。旧金山最高的摩天大楼。西雅图最大的用人企业。地球上最昂贵的4处公司园区。人类历史上最富有的一群人。

美国最大的几家高科技公司在21世纪第二个10年的最后几年中取得的成就令人难以想象。所谓的科技界五巨头——苹果、亚马逊、脸书、谷歌以及微软——的估值加起来甚至超过了英国的经济总量。这些科技巨头收购知名的传统媒体品牌，给慈善事业带去变革，甚至开始进行登月计划。数十年来，它们自称怯于涉足高层政治，但在西海岸的小隔间中写出的那一行行优雅的代码，早已渗入政治系统的每一个角落。这些代码引发着政治分歧，就像精准投放的在线广告一样有效。[1]

1971年初，当一名从事商业报道的记者给当地冠上"硅谷"这个巧妙的外号时，并没有什么人听说过这个地方以及它周围集聚的电子企业。美国的制造业中心、金融中心与政治中心远在5 000千米之外的另一侧海岸。波士顿无论在融资规模、市场占有率还是媒体关注度上，都远超加利福尼亚州北部。

即使10年之后，当个人计算机如雨后春笋般出现在办公桌上，名为乔布斯或者盖茨的天才少年企业家令公众浮想联翩时，这座山谷本身仍未进入主流视线。当山谷里吹起逆风的时候，硅谷整齐的住宅区总会飘着一层赭色烟雾，使那些色彩鲜艳的办公楼从外观上几乎无法区分。当地的餐馆在晚上 8 点 30 分之后就停止营业了。一名被吓坏了的英国造访者将这里称为"涤纶霍比特人之地"。[2]

"霍比特人"留了下来，只是不再那么慵懒。在".com"的 20 世纪 90 年代，硅谷和它同为科技中心的姐妹城市西雅图扶摇直上，达到了惊人的程度——"我们在地球上见过的数额最大的单笔财富积累。"风险投资人约翰·杜尔笑谈道。但在千禧年的黎明，随着纳斯达克遭受重挫，这一切都跌落尘埃，只剩下随处可见的曾经光鲜亮丽的互联网公司的残骸。杂志的封面故事宣告着热潮的结束，面色阴沉的数据分析师把"买入"调整成了"卖出"，华尔街的注意力也转移到了节奏更加容易预测的蓝筹股上。亚马逊火箭般崛起的历程现在看起来仿佛是一场迷梦，苹果的产品创意所剩无几，微软被要求拆分，而谷歌那时还在车库里开展业务，它的领导人更感兴趣的是去参加火人节，而不是如何营利。[3]

一切变化得如此之快。我们快进到现在，硅谷已经不仅仅是加利福尼亚州北部的一个地名。它建成了全球化的网络，成了一个商业敏感点，变成了文化印记，甚至还是一股推动政治的力量。全球有数百个地名被改成了硅漠、硅林、硅湾、硅原或者硅河谷，只为能沾上一点硅谷的魔力。硅谷的律动决定了其他行业如何运作，改变了人们通信、学习与全面动员的方式。它颠覆了许多领域的权力结构，又强化了另外一些权力。正如从硅谷发家的亿万富翁马克·安德里森几年后所说，"软件正在吞噬世界"。[4]

本书讲述的就是世界是如何逐渐被软件吞噬的。这是一段长达 70 年的传奇，讲述了加利福尼亚州北部一个青翠的小山谷如何破解商业成功的密码，以及那里的人如何一次又一次顶住"硅谷已死"的草率传言，发展出一代又一代的新技术，使世界上许多地方都试图复制却无法重现他们的成功。这也是一段现代美国的历史：关于政治分歧与大众行为，关于巨大的机遇与令人窒息的歧视感，关于倒闭的工厂与人头攒动的交易大厅，关于华盛顿的大理石厅堂与华尔街的"混凝土峡谷"。正如你将读到的，正是这些因素与其他许多因素一起使硅谷成为可能，同时也反过来被硅谷重塑。

从硅谷闯入公众视野的那一刻起，它就充满了革命性与反体制的内涵。"开始你自己的革命——用你的个人计算机。"1978年创刊的《个人计算机》杂志上的广告这么写道。"个人计算机代表了美国革命留下的最后遗产，即创业精神，这种精神是我们这个大陆对人类文明做出的最大贡献。"1980年科技期刊《信息世界》如是宣称。

4年之后，当新的麦金塔电脑问世时，苹果公司的高层在营销广告中强调"该产品的激进设计与革命性"，结果造就了史上最有名的电视广告之一。1984年"超级碗"比赛期间，这段令人目瞪口呆的广告在数百万个美国家庭的客厅中播放。广告中一名年轻的女子轻快地跑过一大群观众，将一把铁锤抛向蓝色屏幕上出现的"老大哥"图像，把它砸得粉碎。[5]

这则广告几乎毫不掩饰地针对苹果公司的竞争对手国际商业机器公司（IBM），它超越了营销计划与广告标语本身，在科技行业语境中更多地体现出反体制的意味。"不信任权威——推动去中心化。"在记者史蒂文·莱维描述那些参与实现个人计算革命的软硬件极客的"黑客伦理"中就有这么一条纲领。在这里，"权威"指的是"蓝巨人"、大型企业与庞大的政府。

这条纲领恰如其分。十多年惨淡悲观的商业新闻——工厂关闭、海外蓝领工作机会减少、企业高层四处碰壁以及外国竞争者对美国品牌的沉重打击——之后，光明而充满希望的高科技公司与之形成了鲜明对比。高科技公司里没有疲惫的经理与满腹牢骚的工人，只有天腾电脑公司的詹姆斯·"吉米 T"·特雷比格这样光鲜亮丽的高管，他每周为员工们举办啤酒派对，还在公司游泳池边举行露天新闻发布会。也有高级微设备公司（AMD）的杰里·桑德斯这样的首席执行官（CEO），他买了一辆劳斯莱斯，一周之后又买了一辆顶级梅赛德斯-奔驰。当然，还有苹果公司的史蒂夫·乔布斯和微软公司的比尔·盖茨，他们后来成了新一代企业领导者的典范：年轻、不墨守成规，而且十分富有。

然后那个为时代命名的人出现了——罗纳德·里根，他是反对大政府的斗士、自由市场的捍卫者、他自己所谓的"创业者的10年"的旗手。在这位伟大的布道者看来，没有哪个地方或行业能比硅谷更有代表性地展现自由的美国企业是如何运作的。他也尤其热衷于向国外听众夸耀硅谷的美好。

在1988年对苏联进行历史性访问——这是14年来美国总统首次访问苏联，而由里根这样一位几年前还将苏联称为"邪恶帝国"的领导人访问苏联，更是令人震惊——期间，里根面对莫斯科国立大学600名计算机科学专业的大学生夸耀美国生产的芯片有多么伟大。里根站在列宁的大型雕塑前对人群说，这些高科技奇迹正是美式民主所取得的成果的最佳体现。思想与信息的自由使创新能够涌现，最终产生了计算机芯片与个人计算机。美式自由企业环境，尤其是里根钟爱的低税率、低监管政策的优越性，在高科技企业家的身上得到了最好的体现。里根提醒台下的学生们，"他们不比你们年长"。他们从郊区的车库里开始小打小闹，最终成长为取得巨大成功的计算机公司的领导者。

那天，里根在莫斯科说，"下一场革命一定是技术革命"。"这场革命的后果会是平和的，但会从根本上改变我们的世界，瓦解旧有的定见，重塑我们的生活。"而这场革命的引路人将是那些敢于"提出想法，被专家嘲笑，然后见证这些想法在人群中燃起燎原之火"的年轻技术人员。[6]

在这场所谓的"个人计算革命"中，主流人群大多受到了 20 世纪 60 年代的反主流文化运动的影响，他们的左翼政治主张与里根的保守主义相去甚远。但这些"嬉皮士"与里根在一点上可以达成一致：自由市场是计算机革命的灵魂。[7]

当然，这种关于革命的说法并不新鲜。自富兰克林和汉密尔顿以来，美国的发明家和他们政治上或经济上的赞助人就开始大胆（且富有预见性）地宣告新技术将改变世界。从霍雷肖·阿尔杰到安德鲁·卡耐基再到亨利·福特，政治家和记者们将勇于创新又自食其力的创业者的形象拔高，作为美国人"做能为与应为之事"的楷模。"只有在美国，你才能白手起家成为富豪；只有在美国，人们才会根据你的品行而不是血统来评价你。"在这种背景下，硅谷就是美国高科技革命最新、最典型的代表。

罗纳德·里根说得对。高科技革命只会发生在美国。他和其他人将乔布斯、盖茨、休利特和帕卡德誉为创业英雄的确没错。如果没有这些富有远见且大胆的商业领袖，硅谷绝不可能成功。里根与他的保守派盟友也是正确的，他们认为过度监管的市场和国有企业是开拓创新的巨大障碍——许多本可能成为"硅谷"的地方证明了这一点。

然而，在歌颂自由市场、个人创业者和全新经济的奇迹之余，硅谷神话遗漏了一些关于现代科技产业最有趣的事，这些事开创先河，又堪称美国经典。个人创业者虽然有天赋，但并非"牛仔独行侠"，他们的成功是通过与其他人、网络和机构合作而实现的。这其中就包括那些大政府工程，哪怕两党政治领袖都对此予以强烈批评，甚至许多技术领袖对此不是怀疑，就是彻底抱有敌意。从炸弹机（一种游戏）到登月工程，再到互联网的基础知识与其他技术，正是公共支出为科学和技术发明的爆炸式增长提供了动力，也为未来好几代初创企业奠定了基础。

然而，就此将硅谷的存在完全归功于政府，就像认为硅谷完全是自由市场的运行结果一样是一个伪命题。这既不完全是一个大政府的故事，也不单纯是自由市场的故事，而是两者的结合。

正如我们将在书中看到的那样，与美国政府对科技的投资同样重要的是这笔资金是如何间接地在竞争中流动的。正是这种流动方式给了科技界的人们极大的自由，使他们可以定义未来，推进技术可能性的边界，并在此过程中赚取利润。是科学家而非政治家或官僚促进了资金的流动，并规划设计了更强大的计算机、人工智能以及因特网——一个由许多节点构成却不需要控制中枢的通信网络。

政府的慷慨大方也扩展到了军工复合体之外。多项放宽监管、为高科技企业减税的政策在商界的游说下被国会立法通过，计算机软硬件企业及其投资人从中获利尤多，这些都促进了硅谷的进一步发展。在研究与教育方面的持续投入训练并资助了下一代高科技创新者。与此同时，政府的大规模计划与集中规划在政治上日益不受欢迎，这使政治与军方领导人基本不插手行业的发展。虽然有数百万美元的联邦资金在硅谷的血脉中流动，但这一地区聚集的技术企业仍然在不受政府关注的情况下生机勃勃地成长。

这种自由带来了意想不到的结果。自大型机时代以来，政治家只采取了最轻松的手段对这个行业的数据收集行为进行监管，他们只是大致了解了这个行业的技术，但这个行业的迅猛增长带动了整个国内经济的发展。当政府建设的互联网最终在20世纪90年代初向商业活动开放时，民主党与共和党的政治家们一致同意只进行最低程度的监管，在涉及用户隐私的方面很大程度上靠这些公司的自律。这一切最终导致社交媒体和其他平台上的内容与链接迅猛增长。但为互联网制定规则的人并没有考虑到坏人会如何利用这个系统，而设计这些工具的人似乎也没有意识到他们的创造物将变得多么强大和有利可图。

这个似曾相识的故事还有一点令人意想不到：高科技革命是集体努力与个人天分共同作用的结果，许多并非技术专家的人也在其中扮演了关键的角色。硅谷的成功来自数以千计充满活力的人才，而不仅仅是那些成为畅销传记与好莱坞电影主角的知名人物。其中有杰出的工程师，还有营销大师、律师、技工与金融家。许多人由此致富，但更多人没有。在北加州这个远离政治金融中心的舒适慵懒的角落，他们创造了一个创业者的"加拉帕戈斯群岛"。这里有新型的商业公司，有特立独行的公司文化，还能容忍一定程度的古怪想法。这里充满了聪明人，他们大多来自其他地方——比如美国的另一头，或是地球的另一端——并且都愿意把熟悉的环境抛在身后，一头跳进未知的天地。"所有的失败者都来到这里，"一位技术行业的老手曾经惊讶地对我说，"然后就会发生奇迹获得成功。"[8]

硅谷与金融及行政中心——更不用提东海岸那些爬满常春藤的学院殿堂——之间的物理隔阂与地理隔阂既是巨大的优势，又是它的"阿喀琉斯之踵"。创意在一个紧密相连的小型社群中涌现，在这里，友谊与信任让人们更愿意承担职业风险，容忍职业上的失败。但在硅谷的小圈子所诞生的年代，工程学与金融的世界被白人男性把持，充满了尖锐的性别对立与种族不平等观念，正是这个小圈子在产品应该实现的价值和可以服务的用户方面限制了整个产业的视野。

短视进一步对其他方面产生影响。在硅谷，工程师主导的文化鼓励对优秀产品与拓展市场的单一甚至近乎痴迷的关注，结果往往导致忽视了其他方面。为什么要浪费时间了解政府机构或者传统行业的运作方式呢？反正你的目标就是为了创造更好的东西来颠覆它们，当你正在创造未来的时候，为什么还要浪费时间了解历史呢？

但是，革命现实又一次背离了革命神话。虽然技术带来的"新经济"决心打破桎梏，废除僵化的权力结构，并且以不同的方式思考，但它仍与传统经济紧密地交织在一起。

硅谷的风险投资来自洛克菲勒、惠特尼以及工会养老基金。微处理器驱动着底特律汽车与匹兹堡钢铁行业。在20世纪70年代的滞胀与20世纪80年代的"去工业化"浪潮中，当所有的美国人都在期待着更令人充满希望的经济故事时，老牌媒体与传统政客选择支持科技公司，并把这些公司的领导人打造成了名人。硅谷所取得的成就建立在第二次世界大战期间与战后的大量政府投资的基础之上——从太空竞赛年代的国防合同到大学研究基金，再到公立学校、道路建设与税收制度。在现代美国史上，硅谷并不是主流之外的一段插曲。硅谷自始至终都处于历史的中心。

硅谷传奇是创业者与政府的传奇，也是新兴经济与传统经济的传奇，还是富有远见的工程师与成千上万让工程师的创意成为现实的非技术人员的传奇。尽管所有其他的工业化国家都试图以某种方式模仿硅谷的创业炼金术，硅谷的公司也已经将它们的触手伸向全球并且带来破坏性力量，但这仍然是一个只属于美国的故事。硅谷诞生于一个特别幸运的时间与地点——在第二次世界大战结束后那了不起的1/4个世纪，在美国西海岸。彼时，巨大的机遇正等待着那些热爱技术、有人脉又具有冒险精神的年轻人。

第一幕

初 创

我们全都一同成长,真的,结果都很好。

——弗雷德里克·特曼[1]

前 记

1949年，帕洛阿尔托

大卫·摩根塔勒走下火车，阳光瞬间照在他脸上。他出生在加利福尼亚州南部，在佛罗里达州长大，定居在宾夕法尼亚州伊利市被大雪覆盖的山丘之间，此刻有些怀念南部温暖舒适的气候。他身材高大，四肢矫健，带着些南方口音，又像北方人那样精力充沛。1949年1月，摩根塔勒正值而立之年，却已经履历不凡。他21岁时从麻省理工学院毕业，22岁时拒绝了通用电气公司提供的工作机会，24岁时已经在战场上指挥着300名士兵了。这位年轻的军官在北非为盟军轰炸机建造临时机场，后来成了美国陆军在东地中海地区的首席技术军官。过完26岁生日的第二天，正当他被派遣至太平洋战区之际，美国在广岛投下了一颗原子弹。

重归平民生活的摩根塔勒在繁忙的工业城市伊利加入了一家崭露头角的工程公司。现在，他跳槽到了另一家生产发电用过热蒸汽锅炉的创业公司。他的上司把他派往西部，为他们的尖端产品开展一系列宣讲。

"你得把这想象成赛马，"摩根塔勒逢人就解释道，"高科技竞争就是这么运作的。技术就是马，市场竞争就是比赛，创业者就是骑师，最后一个组成部分——高科技行业的投资人——就是赛马马主和驯马师。你可能拥有最好的骑师，但如果他骑的是一匹驽马，你就赢不了。如果你有一匹好马，但是骑师差劲，结果也是一样的。好技术如果缺乏合适的掌舵人，注定走不了太远。但是比赛需要有利可图。在乡镇博览会上骑着快马获胜赢不了多少钱，但在肯塔基州的大赛上获胜就是另一回事了。市场也是这样的，市场需要的是顾客与增长，而不是饱和。"

这是他的宣讲中的一站：斯坦福大学的校园，背靠着旧金山以南将近 50 千米的沿海丘陵。"要在这里找个工作可真不错。"摩根塔勒心想。但当他开始四处打听时，他的希望渐渐破灭了。"我们很想雇用你，"他在当地的联系人对他说，"但我们雇不起你。"帕洛阿尔托适合农民与牧场主，或者那些有钱人。战争曾经使这里充满活力，但和平使它恢复了乡村田园的慵懒。电子行业中的一切都发生在万里之外，当地的电子公司仍然十分弱小，它们的财务状况往往很不稳定。另外，这里过于远离一切。光是往东部家中打个长途电话，就要花掉他 5% 的月收入。

似乎帕洛阿尔托并没有马，也没有比赛，更没有骑师和赛马马主。大卫·摩根塔勒只能不情愿地回到被积雪覆盖的伊利家中。[1]

1956 年，纽约

安·哈代在乘坐地铁前往 IBM 面试之前，她从大学时使用的字典里查了查"计算机"这个词，但没有找到相关词条。无所谓，她想要一份有趣的工作，而与计算相关的工作听起来正是如此。

23 岁的哈代开朗自信，有技术头脑。她一直盼望着能成为科学家，但此前的每次转折都令她感到沮丧。她出生于芝加哥北部的郊区，她的家庭十分反对女性对职业的追求。当她被斯坦福大学录取时，她的母亲不让她入学。所以她只好退而求其次，就读于波莫纳学院。那是另一所位于加利福尼亚的大学,她能在那里享受阳光,远离自己的家庭,还能学习科学专业。

然而,她在那里又被大人物拦住了。"女人不能主修化学。"波莫纳学院的院长告诉她。其他科学专业也拒绝了她。为此,这名聪明的新生把目光投向了更远的地方。她在校园角落的体育馆里找到了自己的未来。体育教育,一个由女性担任系主任的专业,这个专业设立的医学预科学位要求学习所有的数学与科学课程,而这些课程也正是极客们需要掌握的。

1955年哈代毕业后前往纽约,在哥伦比亚大学攻读理疗研究生学位。只不过几周,她就开始失望。一名教授在坐满了静静听讲的学生的课堂上说,医生比理疗师懂得更多,所以公开或私下不同意医生的诊断是不明智的。这让哈代下定了决心。她明白,她在一个不允许说出自己想法的位置上待不了多久。拿个MBA学位也许会有用,但那些课程不接收女学生。她从研究生院退学,利用人脉开始了一轮求职。一定会有哪个熟人能帮她找到令人兴奋甚至特殊的工作。终于有了结果:她在芝加哥认识的一位男士现在在IBM当程序员。他告诉她,他们现在需要大量程序员。这份工作不需要经验,她只需要通过能力测试就行。

安·哈代入职IBM时,这家公司已经占据了75%的计算机市场。它那不分昼夜灯火通明的平板玻璃窗映照出被荧光灯照亮的干净房间,新上任的首席执行官托马斯·J.沃森口中"穿着考究的技工"正在为IBM最新型号的电脑编写程序。年轻的姑娘们坐在房中最显眼的位置。哈代还记得那位IBM的高管告诉她,如果路过的商人看到那些女人在用电脑工作,他们就会觉得那些机器用起来很简单,这些男性商人就会把电脑买下来。

在体育系学过的本科课程都发挥了作用。IBM这家公司的成功基于其对客户的深刻理解,而它所寻求的特定类型的人,就是哈代所说的"关心他人"且拥有科学背景的人。

哈代以优异的成绩通过了能力测试，又顺利完成了 IBM 为期六周的培训项目，在 50 名学员中名列前三。同期学员中得分较高的男性得到了销售工作，但她得到的职位只是"女系统服务员"——当一个讨人喜欢的助手，帮助新客户学习怎样使用他们的设备。"不，谢谢。"她坚持要当一名计算机程序员。她走下楼，走进了闪闪发光的大厅陈列室。[2]

1957 年，帕洛阿尔托

一年之后，另一个聪明且雄心勃勃的年轻人也开始了他的新工作。伯特·麦克默特里年龄与安·哈代相仿，他记得大萧条与第二次世界大战，在 20 世纪 50 年代"冷战"带来的繁荣与焦虑中步入了年青时代。麦克默特里是休斯敦一个普通中产家庭的次子，他很早就把目标定在了位于休斯敦的不需要交学费的莱斯大学。但即便如此，他也没有多少钱来支付大学里的生活开销，所以好几个暑假他都是在油田度过的。一个年轻人在油田待三个月就可以赚到超过 1 000 美元。

油田的重体力劳动与他在学校学到的东西完全不同。在那些被太阳暴晒、温度超过 37 摄氏度的日子里，他学会了在炼油平台高处使用两米长的管钳。他的工友们几乎没有接受过正规教育，但他们明白怎样解决问题。"你能学会很多东西，"他后来回忆道，"比如实用有效的做事方法。"[3]

1956 年从莱斯大学毕业并获得工程学学位之后，麦克默特里来到了纽约的斯克内克塔迪，在通用电气公司的微波实验室担任暑期实习生。他完全被迷住了。微波技术是战争催生的产物，这项技术在第二次世界大战期间诞生并发展成熟，其研发几乎完全由军事合同推动。10 年后，这里发展出了一个庞大的企业。调频无线电波在许多方面都得到了应用——从发送无线电信号到烹饪土豆,再到通过加速粒子产生极高的能量。

伯特·麦克默特里在通用电气的主管告诉他,如果他希望进入微波行业,最好到北加州去。斯坦福大学有这个领域最好的研究生专业,而美国几乎所有的大型电子公司都在附近设立了微波实验室。那时申请考入斯坦福大学还很简单,特别是对于有合适推荐信的聪明的年轻人。斯坦福大学会录取差不多一半申请研究生的本科生,对于有足够人脉的莱斯大学毕业生而言,想要入学简直轻而易举。

与1949年大卫·摩根塔勒到访时相比,斯坦福大学的工程学专业的规模扩大了不止一倍。对于一个带着婴儿的新婚男子来说,还有一个额外的优点:斯坦福大学与当地公司合作,允许公司的员工在全职工作的同时还能攻读学位,并免去所有学费。[4]

接下来要做的就是找到一份这样的工作。麦克默特里找到了总部位于纽约的喜万年公司,这家公司刚刚扩建了它设立在山景城的微波实验室,以便更好地和斯坦福大学的专业教师团队与人才库建立联系。他在尤其阴冷多雨的2月的某一天预先访问了他去应聘的公司,糟糕的天气并未影响他对前往斯坦福大学就读并从事电子行业的热情。6个月后,这个23岁的年轻人和他的妻子迪迪收拾好行李,驱车向西部驶去。[5]

伯特·麦克默特里和他的妻子是20世纪50年代移居加利福尼亚的500万移民之一。这一轮移民大潮包括美国最好的一些工程师,他们都搬去加州湾区南部乡下30多平方千米的一块地方。这些移民中有许多人与他一样:二三十岁,几乎都是白人男性。他们出生于中西部或者西南部的小镇和城市,而不是东部的大都市。他们中有的人是退役老兵,朝鲜战争期间在军舰与雷达站服役时学会了工程技能。他们是理着平头、穿着熨烫平整的衬衫和休闲裤的沉默一代。他们没有显赫的血统,没有在预科学校积攒的人脉,也没有常春藤学校的文凭。但是他们有活力，懂得随机应变，还有工程学学位，这在由技术推动的"冷战"世界是最有价值的财富。

这个后来以"硅谷"闻名的经济现象并不能归结于任何一个单一事件。机遇与环境，地缘政治与宏观经济学，天赋与领导力，还有追寻阳光的年轻人，这些因素混杂在一起掀起的完美风暴是硅谷的源头。大卫·摩根塔勒于1949年到访时，驱动转型的力量大多还在孕育中。当麦克默特里于1957年到来时，这些力量已经开始全面释放。

因为在这8年中，发生了一个重大的变化。美国政府进入了电子行业，变成了硅谷最初也许也是最大的风险投资者。

1

无尽的前沿

20世纪50年代中期,帕洛阿尔托还是一个整洁的、铺设了铁路的小村庄,盖满了木质的维多利亚式建筑、低矮的平房与简陋的店铺。新建的平房住宅从市中心开始呈扇形散开,蜿蜒曲折的道路上点缀着新种下的枯瘦树苗,但这里并不是普通的郊区。住在这里的人会给编辑去信讨论莫扎特最好的曲目,古典音乐唱片的销量超过摇滚乐,"聪明得令人难以置信"的高中生常常在智商测试中拿到"天才"等级的评分。在只有7%的美国成年人完成四年大学学业的时期,超过1/3的帕洛阿尔托男子拥有学士学位。更了不起的是,还有1/5的帕洛阿尔托女子也有学士学位。不幸的是,较高的教育水平对这里的夜生活并没有什么助益。"你给钱我都不要住在这里。"一个年轻的单身汉对到访的记者说。"夜幕降临时,"记者写道,"这座城市的大部分区域都深深地打了个哈欠。"[1]

农场

位于这个冷清小镇中心的大学从创办初始就不同寻常。斯坦福大学创立于1885年,由南太平洋铁路大亨利兰·斯坦福和他的妻子简·斯坦福出资建立。这所学校并非哈佛大学和耶鲁大学那样，是为培养神职人员与知书达理的绅士而建立的自由开明的文科象牙塔。斯坦福大学并不属于那些老学究，它更加追求实用。斯坦福夫妇的办学目的是"使学生有能力追寻个人成功，学生所学能够直接应用到生活中"。他们招收女学生，不收取学费。斯坦福大学不属于精英，这里属于奋斗的工人阶级，就像曾经的利兰·斯坦福本人一样。在这里，任何人有朝一日都可能成为大亨，无论他现在多么卑微。"我们一视同仁允诺你们开始学业，"简·斯坦福在入学第一课上对学生们说，"我们也希望看到最好的结果。"[2]

另外，创始人给学校留下了数千平方千米的土地，条件是这些土地可以出租，但不允许出售。砂岩与红瓦建成的宏伟教学楼——与常春藤学校哥特式的四方院截然不同——只是这座"农场"的一小部分。校园西、北、南方向延伸出一片开阔的原野和绿草盈盈的丘陵，那里马群和羊群吃着草，学生和教授们在野餐或散步。

第二次世界大战之前，从帕洛阿尔托出发，沿着肥沃丰饶的圣克拉拉山谷向南、向北也是同样的景象。这一区域以盛产西梅而闻名，在这里，一年一度的"西梅周"总会登上全国报纸的头条（口号是"每天5颗西梅，医生不必进门"）。旅行杂志在报道中热情洋溢地赞美这里，当地诗人则写下伤感的诗篇赞颂这里是"心悦之谷"。[3]

到了20世纪50年代中期，山谷中的果树还在，但西梅生意开始让位于更大的生意。在第二次世界大战期间与战后，加利福尼亚接受了联邦政府巨额的国防开支中最大的一部分，军工厂与飞机制造厂随处可见。在战时，士兵们源源不断地经由旧金山前往太平洋战区。成千上万的平民迁往西部，在当地的造船厂与军工厂工作，许多人就此定居下来。随着"冷战"的加剧，分布在西海岸的军工厂与军事承包商全力运转起来。西雅图、洛杉矶与湾区的一部分工厂专门建造大型战机与战舰，沿着旧金山半岛向南延伸的小镇与城市则主要生产小型配件。在联邦政府投资的推动下,"心悦之谷"正在迅速变成复杂电子与仪器仪表之谷。[4]

战后增长并非毫无预兆。好几家湾区创业公司一直在生产精密的高科技元件,例如真空管、无线电发射器与磁带,这些元件驱动着更大的计算机与通信设备运行。

斯坦福大学从一开始就起着关键的催化剂作用。1909年,斯坦福大学第一任校长大卫·斯塔尔·乔丹和其他教职工投资人提供的种子资金,就在帕洛阿尔托的一间平房里帮助孵化了一家名为联邦电讯的无线电公司。斯坦福大学毕业生查尔斯·立顿曾在联邦电讯公司工作,然后于1932年辞职,在红木城自家后院里创办了自己的无线电公司。同样是无线电爱好者的比尔·艾特尔和杰克·麦克卡卢也从另一家斯坦福大学校友开办的公司辞职,创办了自己的公司,成了生产雷达系统所需的精密昂贵的真空管的先驱。1937年,斯坦福大学的教授威廉·汉森与席格德·瓦里安和拉塞尔·瓦里安在斯坦福大学的实验室里共同发明了调速管,这是微波调频技术的基础。10年之后,瓦里安兄弟创办了瓦里安公司,将他们的发明推向市场。值得一提的是,1939年斯坦福大学的毕业生比尔·休利特和戴维·帕卡德凑了595美元,在帕洛阿尔托的一间车库里创办了一家电子设备公司。[5]

军队也曾在"二战"前对这片区域产生影响。1930年,大型充气飞艇还在大行其道,圣克拉拉山谷击败了圣迭戈,成为美国海军一个大型飞艇站的选址。这一切的起点是一些当地支持者集中力量,推动政府买下了海军所需的4平方千米的土地。签署授权法案的赫伯特·胡佛总统是斯坦福大学的毕业生,在当地颇有影响力,对此也起到一定的推动作用。其结果是莫菲特菲尔德的建立,这是一个大型航空航天研究中心,分布在新建的湾岸高速公路沿线,横跨山景城与桑尼维尔。莫菲特菲尔德于1933年开始运作,6年后,美国国家航空咨询委员会(NACA)在附近设立了一个研究中心。[6]

追溯历史虽然很有趣，但当时的旧金山湾区并非独一无二。在20世纪急速工业化的最初10年中，整个北美大陆的城市中都有成群类似的年轻创业者。高科技产品在各地蓬勃发展，比如底特律的汽车、代顿的双翼飞机、罗彻斯特的摄像机、克利夫兰的灯泡、纽约的收音机。军工厂也随处可见。然而，北加州迅速甩开并最终彻底击败了所有的竞争对手。这个区域之所以能够成功，要归功于20世纪50年代它所面临的非凡机遇，以及那些抓住了这一机遇的出色人才。

"大脑军团"

一切都是从原子弹开始的。无论是对科学家还是对政治家来说，第二次世界大战中前所未见的技术动员——及其最令人敬畏的不祥的核心项目"曼哈顿计划"——显示了美国对高科技及其从业者投入的大量政府资金能够取得的成就。美国在战时的投资不仅在物理学领域催生了人类历史上最可怕、最强大的武器，还加速了复杂的电子通信网络的发展，以及最早的全数字计算机的诞生，这些技术是即将到来的信息时代的基石。

甚至在"二战"结束之前，科学界领袖们已经开始提出法案，以继续为那些没有直接应用价值的基础研究提供公共支出。随着"冷战"的开始，国家的安全开始依赖于掌握最先进的武器。政府在研发方面的投资剧增，这引发了剧烈的市场动荡，加速了新公司、新行业与新市场的增长。

推动大部分变革的人是一位工程学教授——麻省理工学院的范内瓦·布什，他有个不太常见的名字，也有连接人才与创意的天赋。罗斯福总统任命他管理战时科学研发办公室（OSRD），到战争结束时，他已经动员了数千名博士并花费了5亿美元的政府资金。布什还是20世纪最早的高科技企业之一雷神公司的联合创始人，该公司成立于 1922 年，主要销售充气整流管，这些元件为家用收音机提供了廉价而高效的电源。[7]

由于原子弹的研发者们的工作是高度机密的，布什就成了代表政府研究工作的最突出的公众形象。1944 年《时代周刊》的封面故事将他称为"物理学将军"。然而，这个来自麻省理工学院的男人不仅是政治活动家和官员，他还是一名大胆且有预见力的技术思想家。1945 年，他在《大西洋月刊》上发表长文，提出了一个可以帮助人们管理并获取知识的机械化系统，并将之称为"Memex"（"记忆的延伸"），他乐观地将这种机器描述为专门设计用来完成"在浩如烟海的公共记录中建立有用的索引轨迹的任务"。之后的数代人都将 Memex 推崇为互联网的超文本世界的灵感起源。[8]

然而，布什更为直接的影响来自他通过人脉运作的另一个研究计划：战时科学研发办公室的科研人员与大学研究室"军团"，这些人被迅速动员起来，为赢得战争提供所需要的计算能力。现代武器的制造——从 B–52 轰炸机投下的数不清的常规武器到原子弹核心技术——都涉及数学问题，确定导弹的轨迹、雷达系统的节点以及核爆冲击波的扩散速度，也需要进行数千次闪电般迅速的计算。"超过 10 万个训练有素的大脑齐心协力，团结如一人。"《纽约时报》当时如此描述布什麾下的科学家，他们是最优秀的大脑。这个来自麻省理工学院的人需要迅速组建起一个团队，他找来了他所知道的最优秀的研究人员。[9]

在这个关系紧密而排外的科学家世界中，有一个和蔼但认真的加利福尼亚人——斯坦福大学的弗雷德里克·特曼，他是布什的第一个博士生。就像后来闻名科技行业的许多人一样，特曼出生在一个父母都是大学教授的家庭里，他是斯坦福大学著名的心理学家和智商测试先驱刘易斯·特曼（旧译推孟）的儿子（斯坦福大学在这之前不久成为有名的优生学前沿研究中心，这个领域对不同民族与种族的"优越

1　无尽的前沿　/　013

性"等级制度的关注，成了对智商测试和儿童天赋等不那么明显具有种族主义色彩的研究的起源）。老特曼富有天赋的孩子选择了不同的学术道路，后者在20世纪20年代早期前往东部，在当时仍被称为波士顿理工学院的地方学习电气工程。[10]

在用两年时间完成麻省理工学院的学业并获得学位后，弗雷德里克回到家乡，成了斯坦福大学教职工中最勤奋的人。他每周工作七天，享受着工作中的每时每刻，只花费很少的时间参加桥牌竞技。曾经有人问他为什么从不休假，特曼回答道："工作这么有意思，为什么还要花时间休假？"他一度担任他所在系里一半研究生的主责导师。特曼一直热衷于鼓励他们之中最优秀的人成为创业者，去闯出一片天地。在希特勒入侵波兰的9个月前，特曼还说服了他最喜欢的两名斯坦福大学的学生休利特和帕卡德，让他们在镇上创办了用自己的名字命名的公司。[11]

虽然特曼对他的大学与家乡十分忠诚，但当布什号召他回到波士顿加入为战争而工作的宏大计划时，他丝毫没有犹豫。特曼前往哈佛大学，进入一个研究"雷达反干扰措施"的实验室。军事研究的紧张节奏十分适合他。"这里的一切都很顺心，"他的妻子西比尔写信给她的妹妹，"但弗雷德太忙了，我想不通他是怎么过的。"[12]

特曼的战时经历相当典型。布什的研究项目需要快速运转并产生可以立即应用的成果，因此他们主要通过外包的方式来推进项目。他与大学实验室签订基础与应用基础研究的合同，并从各地引进专家团队，即使这意味着要让他们在战争期间跨越整个国家。政府开始扮演主要角色，这使美国大学在文化支出的规模上发生巨大调整。以前的大学院系如果能收到数千美元的私人捐赠，用于工业研究项目或者进行一些基础研究就已经很幸运了，而现在常常收到高出好几个数量级的政府拨款。[13]

然而，这些资金并不是均匀分配的。仅麻省理工学院就获得了战时科学研发办公室拨出经费的 1/3，而这 1/3 大部分划拨给了麻省理工学院的辐射实验室，用于开发赢得战争所需的一种绝密的雷达系统（辐射实验室的研究是"攻"，弗雷德里克·特曼的实验室则是"守"，后者研究的是干扰敌方雷达的技术）。领导了"曼哈顿计划"的加州大学伯克利分校获得了巨额订单，这使加州得到了第二多的资金。纽约作为全美国大规模电子企业数量最多的地方，获得的资金紧随其后，而其他地方都被远远甩开。[14]

大科学

以布什为封面人物的那一期《时代周刊》出现在全美国的报摊之后数月，富兰克林·罗斯福给他的"物理学将军"写了一封公开信，在政府应当长期鼓励科学研究的问题上征求他的建议。总统提出请求时的用词与布什介绍 Memex 这个新概念时一样大胆，甚至很可能采纳了这位热情的科学顾问在为他润色时给出的一些委婉的暗示。"智识的新边疆就在我们面前，"罗斯福对布什写道，"如果我们用当年同样的愿景和无畏去开拓，并且被支撑我们进行这场战争的动力所推动，我们就能开创更充实、更富有成效的工作，以及更充实、更有价值的生活。"[15]

已在病榻上的罗斯福没能看到自己开启的这一事业。1945 年 7 月，布什向新总统哈里·杜鲁门提交了他的报告。报告的标题为《科学，无尽的前沿》，报告的概述部分采用了罗斯福在政治上容易引起共鸣的高调的语言风格，并延续到后文中。"开拓精神在这个国家仍然富有活力，"布什在文中写道，"这种精神凝聚在美国的传统之中，正是这种传统使美国变成了一个伟大的国家，即所有美国公民都可以前往开拓新前沿。"科学发现将是美国在 20 世纪的昭昭天命，正如西进运动是 19 世纪美国的使命一样。实现方法就是设立一个由科学专家运作的新机构"国家研究基金会"（NRF）。一个月后，在广岛与长崎投下的原子弹成为布什所论技术力量的一个冷酷而有力的论证。[16]

从一开始，"二战"后的美国政治家和科学家在谈及高技术投资改变世界的正面影响——扩展知识的边界、深入未知、改善社会、推动民主——和最初促使政府投资其中、令人不安的与战争相关的原因时，就存在认识上的分歧。范内瓦·布什谈论的是"无尽的前沿"，但政治领导人之所以同意在科学与技术上投入庞大的公共资金，为的就是能够进行无尽的战争。1949年，国会得到一条令人警惕的消息，苏联人成功制造了他们自己的原子弹，这向美国的领导人表明，苏联的科技力量远超他们的想象。在这之后，布什提出的为基础研究提供资金而创办公共机构（现在改名为国家科学基金会，简称NSF）终于成为现实。一年后，随着美苏争端激化了朝鲜战争，杜鲁门政府发布了《国家安全委员会第68号文件》，即《美国的目标与国家安全计划》，授权大幅度提高军费开支。在由物理学驱动武器研发的年代，这意味着科学与技术将得到更多经费。截至1951年底，美国在军事采购上的投入已经超过450亿美元。[17]

艾森豪威尔与他的国务卿约翰·福斯特·杜勒斯于1953年推行的"新面貌"战略加速了研究重心向先进电子设备的转移，并将国防开支从地面部队与常规武器方面转移到日益精密的武器和用来设计这些武器的计算设备上。军事规划者们评估电子行业需要将生产能力提高5倍，才能满足国防安全的需要。[18]

对电子行业的巨大推动不仅来自战争结束后头十年美国政治领导人向科学投入的巨额资金，还与这些资金的使用方式有关。因为这个时代同样是麦卡锡"猎巫行动"的高峰期，直接且集权化的政府规划被抨击为"社会主义"与"独裁主义"。因此，国家科学基金会遵循范内瓦管理战时科学研发办公室的先例，它本身并不进行科学研究，而是在激烈的竞争、严格的挑选之后将资金分配给大学研究人员。"每个想法，"国家科学基金会的研究员们在第一份年度报告中写道，"都必须与其他想法进行市场竞争。"[19]

同样，在研发的"发"方面，陆军与海军将设计、制造高科技武器的工作外包给了私人电子与航空企业，重振了这些曾经在战争期间蓬勃发展、但在对日本的战争胜利之后衰落的产业。国防部的官员们说服国会授权加大对电子制造厂的税收优惠力度，并为这些公司购买生产军用设备所需的昂贵机器。

新技术渗透进"冷战"军事机器的各个领域。从士兵口袋里的对讲机到横跨大陆的雷达系统，电子通信设备驱动着现代军队的方方面面。一架轰炸机要搭载20套不同的电子设备，每套价值都相当于十年前的整架飞机。超音速飞机需要先进的电子设备辅助飞行员，就像一名航空企业高管所说："飞机在空中飞行的速度比人思考的速度快得多。"到1955年，归功于电子产业方面投入的资金，这个产业的年收入达到了80亿美元，在美国是仅次于汽车产业与钢铁产业的第三大产业。[20]

年轻人和技术人员

军工复合体的运作也依赖人力。加速研发需要成千上万具有顶尖水平并且像特曼那样热心于工作的物理学家、工程师、数学家与化学家，这样的人才供不应求。全美国在1946年至1948年只培养出416名物理学家。这是个经典的"鸡生蛋、蛋生鸡"的问题。军方需要最好的科学家，而当时几乎所有这样的科学家都在大学里工作，吸引这些人离开大学加入国防研究项目，就会影响前沿基础研究，同样也会影响大学培养更多的科学家。五角大楼发言人埃里克·沃克沮丧地评论道："我们增加国家战略资源的速度十分缓慢。"1952年，国家科学基金会预计美国将缺少约10万名科学家，但军事规划者对此抱有积极的态度。"从某种意义上说，"杜鲁门的国防动员局局长、通用电气前首席执行官"电气查理"威尔森评论道，"短缺是我们进步的象征。"[21]

对于年轻人和技术人员来说，未来的世界有着无限可能。在 20 世纪 50 年代中期的任何一个周末，纽约人只要拿起《纽约时报》（周日版）随手翻翻，就能看到报纸上的招聘版面满是针对技术人员和有抱负的人的宣传。"诚招：科学开拓者。"康涅狄格州的国防承包商 AVCO 公司的广告写道。"你的未来将与原子一样潜能无限。"波士顿的轨迹实验室称赞道。"你是一位追求成长的工程师或制图员吗？"宾夕法尼亚州的西屋公司问道。在第二次世界大战期间接触过军事技术的人特别受欢迎（"退役军人优先。"斯佩里陀螺仪公司的广告写道），但更加珍贵的是少数拥有电气工程或者物理学博士学位的人。"如果你可以做出贡献，"IBM 承诺公司会给予回报，"你会发现 IBM 的设施、同事与氛围都能促你成功。"[22]

当然，这些广告都出现在当时有性别限制的"男性招聘"版面。这些国防承包商早年聘用的一大拨技术人才，看起来就和美国大学的科学与工程教室一样：几乎全是男性，都是白人，年龄不到 40 岁。《纽约时报》提醒读者："这是一个年轻人的行业。"[23]

然而，深入挖掘一下，你就能找到一些不符合这种刻板印象的工程师例子。军队在战时不实行种族隔离，因此培养了大量受过技术训练的黑人退役军人，对工程人才的强烈需求与人才短缺的社会现状给了他们在种族隔离且地位极不平等的美国十分罕见的就业机会。全国的黑人报纸认为，这些人的成就证明了他们种族的能力。读者们能够读到热情洋溢的报道，比如对雷蒙德·霍尔的描写，他结束了在普渡大学的一个顶级工程项目，在美国无线电公司（RCA）就职；抑或是对爱德华·W.琼斯的描写，他以前是传教士，现在是物理学家，负责管理初级工程师，并在西屋公司负责绝密测试项目。"我们要像爸爸一样成为物理学家。"他的四个孩子（三男一女）对黑人日报《匹兹堡信使报》的记者说。[24]

女性也面临同样的情况。战时的工作需要产生了大量女性计算机程序员。她们能够接受培训并得到工作机会，不仅是因为男性都在战场上，还因为硬件设计者认为编程与电话接线员和速记员类似，属于死记硬背而不是技术型工作。这项工作被称为"编码"，因为它被认为只是简单进行抄写或编译，而非原创。在战争期间和战后，媒体狂热地赞颂着大型主机——"电子大脑"——强大的计算能力，却很少关注创造了这一切的女性操作员的劳动。在20世纪50年代，虽然日益增加的证据表明编程是一项创造性工作，需要大量技能以及知识储备，但它仍被认为是文书工作。这也让年轻女性得以进入这一行业，并在实践中学习。如果这些女性能像安·哈代那样学习大量科学与数学课程，那么她们就能够胜任管理职务。[25]

但是，她们要获得晋升并不容易。哈代靠着她的编程能力、职业操守以及对身边的性别歧视的反抗，终于在就职于IBM的第六年获得了晋升。她成为IBM"拓展"项目（又被称为"IBM 7030"）的早期成员，这个项目旨在为政府在洛斯阿拉莫斯进行的核研究制造超级科学计算机。就像政府自主的许多项目一样，"拓展"项目正如其名，真正拓展了计算可能性的边界。IBM 7030的售价接近700万美元，只建造了9台。联邦政府是一个要求极高的客户，洛斯阿拉莫斯的研究人员在前期规划会议上就提醒IBM，这个型号的计算机需要"高可靠性"与"紧凑的尺寸"。其结果是，这种计算机至少在几年之内都是世界上运算最快的计算机。安·哈代是少数懂得如何给这种计算机编程的人之一。[26]

然而当"拓展"项目完成时，哈代已经厌倦了与"蓝巨人"的同事之间的人际关系斗争。她一直忠于公司的安排，在哈德孙河上下游穿梭往来——从纽约搬到奥西宁，后来又搬到波基浦西。她出色的编程技术使她晋升为中层管理人员，但是如果没有 MBA 学位，她就无法更进一步，她的主管还建议她最好拿到哈佛大学的 MBA 学位，问题是哈佛大学不招收女性。"我所看到的一切职位，我都无法得到，"她愤怒地回忆道，"总是有阻碍。"压倒她的最后一根稻草是她发现她的男性下属工资都比她高。在与高层面谈之后，她得到了一次大幅涨薪，但她的工资仍然比团队中工资最低的人还少。

那就这样吧。哈代离开了 IBM，也离开了东海岸。如果她不能拿到哈佛大学的 MBA 学位，那她就到加州大学伯克利分校去，那是世界上最适合学习科学与工程学的地方之一，她要在那里重返课堂。一年之后，她加入了利弗莫尔国家实验室，那是位于湾区东部偏远但阳光灿烂的山区的一处绝密设施。她不再是实验室中唯一的女性技术人员。"我实际上是和另一个女人共用一个办公室。"她惊叹道。美国的公司完全不习惯让女性进入管理层，与之相反，由美国军方主管的这个强大的科研机构自"二战"时期建立以来就有大量女性技术人员参与，而且男女平等的精神一直延续至今。在当时美国军方核技术研究中心的严肃氛围中，"他们不会认为你这样的女性无关紧要"。[27]

安·哈代并不是唯一迁往西部的人。在那个年代，许多美国人都在四处迁移，许多公司都在不遗余力地招收年轻人与技术人员，也有很多人抓住机会走向阳光地带。

"西进"

弗雷德里克·特曼在他位于剑桥市、砖砌的四方院的战时办公室里，见证了美国高科技的发展轮廓逐渐清晰，并且确信北加州虽然尘土飞扬却很安静的小小校园也会在其中占有一席之地。这是斯坦福大学的关键时刻，他在写给一位同事的信中坦率地承认："我们要么进一步挖掘我们的潜力，使这所西部学校达到类似哈佛大学在东部那样的地位，要么堕落到达特茅斯学院那样的水平，这所令人敬重的学校对国民生活的影响力大概只有哈佛大学的2%。"现在，高科技研究已经是美国的头等大事，成为一所实力强大的大学不仅意味着可以在学术界炫耀，还可以为整个地区带来一波新的经济增长浪潮。回到加利福尼亚之后，特曼开始劝说斯坦福大学的管理层抓住即将到来的大量政府合同带来的"绝佳机会"，即使这意味着要对大学进行重组。[28]

这可不容易。即使在战争结束后，电子计算行业仍然主要位于东海岸，那里是大大小小的公司、银行、金融机构以及大多数私人客户的所在地。费城有 UNIVAC（UNIVAC 后来成了所有大型计算机的代名词，就像舒洁面巾和谷歌后来变成了所有此类产品或服务的代名词一样），它是第一家大型数字计算机制造商，是战争期间宾夕法尼亚大学建造的传奇全数字化计算机 ENIAC 的商业化产物。纽约有 IBM，这个公司骄傲地宣称"公司的业务就是帮助其他行业开展业务"，其销售能力使其在大型计算机供应商中迅速占据了统治地位。

麻省理工学院和哈佛大学不仅是不断发展壮大的联邦研究体系最大的参与者，这些大学的领导者还是这个体系的缔造者。它们的主导地位使波士顿成为战后第一个创业中心，无数公司在这里脱离大学实验室，投入了高科技风险投资基金的怀抱。在那些灯光闪烁、嘀嘀作响的巨大计算机的奇妙而可怕的世界里，相关制造商和市场几乎只存在于东北走廊 800 多千米长的狭长地带中。

然而，特曼注意到了一个被他人忽视的情况。国防开支的巨幅增长使整个国家的高科技产业重新布局，东海岸不仅是先进电子设备之都，而且为西部的创业企业创造了绝佳的入场机会。核时代使西经100度以西的干旱地带在工业上发挥了新的作用，广袤、偏远、人口稀疏的沙漠为进行机密的核研究与核试验提供了条件。

大古力水电站、胡佛大坝以及两者之间的每一条河流与瀑布，再加上 20 世纪 30 年代大干旱与大萧条期间开始建设的大量水坝项目，

1 无尽的前沿 / 021

为战后的航空工业提供了所需要的大量廉价水电。在整个太平洋沿岸，那些设有军事基地与造船厂、参与过对日作战的城市，现在都有全速运转的工厂，它们生产着飞机、导弹和其他设备，在多条战线上支持资本主义美式民主与苏联的对抗。对太平洋沿岸地区的偏重使总部位于西海岸的许多航空航天公司——从波音公司到洛克希德公司，再到休斯飞机公司——成为全美国最大的飞机制造商。

对于该地区的大学而言，科学的确是无尽的前沿。麻省理工学院、哈佛大学和其他常春藤学校仍然高居联邦政府投资名单的榜首，但研究支出的总额已经大到也能让美国其他地方的机构获得可观的资金。大量科研经费涌入美国西部位于太平洋沿岸的大学——从西雅图华盛顿大学覆盖着常春藤的四方院，到帕萨迪纳加州理工学院鲜花芬芳的大厦。在大笔公共资金的涌入与数量不断增加的学生的推动下，这些学校已经变成加州大学校长克拉克·科尔所说的具有极大经济与政治影响力的"综合性大学"。[29]

从舒适的东海岸审视遥远陌生的加利福尼亚时会发现，制造原子弹的物理学家所在的加州大学伯克利分校成为战后研究体系中最重要的力量之一，这一点毋庸置疑。外人主要是对斯坦福大学的成就感到惊讶，这所大学只不过是19世纪一个强盗大亨和他多愁善感的妻子心血来潮的产物，为人所知的仅有那里优美的景色、强健的足球队和赫伯特·胡佛（他在1932年选举中受挫，退休后居住于此）。谁能想到这所大学竟会成为尖端电子研究的中心？谁会想到北加州的一所大学所在的小镇竟会变成高科技世界之都？

弗雷德里克·特曼对此不曾有过片刻怀疑。

2

金州

特曼回到家乡，准备投入工作。在这个过程中，他找到了一位可贵的盟友，华莱士·斯特林，一位历史学家，他于1949年进入斯坦福大学校长办公室。华莱士·斯特林有着橄榄球线卫的体格，富有个人魅力。他是一位从加州理工学院来到斯坦福大学的国际关系学家，对"冷战"的研究细致入微，并能充分认识到研究型大学日益增长的重要性。他将特曼从工程学院主任提拔为教务长，并赞成斯坦福大学围绕特曼所谓的"卓越尖塔"进行重组，建立起物理学、材料科学与电气科学之类的专业。[1]

这样激进而彻底的重组在哈佛大学或者麻省理工学院是绝不可能发生的。但是，利兰与简·斯坦福在创立这所大学之初就为其确定了实用与工程至上的方针，并且没有制定关于大学组织结构的强制性规定。同时，这所大学相当年轻。朝鲜战争爆发时它才不过刚刚成立60年，没有过多根深蒂固的传统与习惯阻碍工程师管理层将斯坦福大学变成军工复合体的完美试验场。

这样的许可使特曼不仅能够增强斯坦福大学的基础科研能力，还能够将斯坦福大学变得更注重工程应用，把著名教授与实验室资源集中到新设立的斯坦福大学电子实验室中。这个研究机构迅速成为军方最重要的侦察与雷达系统研发中心之一。当时，整个美国都生活在对随时可能如雨点般从天而降的炸弹或导弹的恐惧中，斯坦福大学的研究者制造出了信号干扰器与行波管以阻止这种情况发生。研究资源从与"冷战"研究关系不大的领域抽离，这引起人文学科的教授们一片哀号。但这项战略被证明异常有效，仅仅几年，斯坦福大学就成了联邦政府研究经费最大的资助对象之一，并且在学术声望方面首屈一指。

特曼和他的同事还充分利用了斯坦福大学另一项巨大且独一无二的资产：它所拥有的大量土地。斯坦福大学创始人遗赠给学校的36平方千米的土地多年来一直都是昂贵的累赘——在世界西梅种植中心，只有农场主和牧场主愿意租用这些土地。但在战后的迅猛发展中，军事资金不断流入，新的郊区住户也在涌入旧金山半岛，斯坦福大学的庞大地产从资产负债表上的累赘变成了摇钱树。

斯特林与特曼并没有采纳顾问们的建议——为适应战后郊区居民的大规模迁移而在山坡上盖满住宅，住宅尽头往往形成无尾巷。相反，在1952年，他们着手在一片面积大约1.5平方千米的开阔土地上建设了一处先进工业的研究园区。这一举措鲜有先例（但以后会有许多效法斯坦福大学的人）。有幸入驻园区的公司能够得到与斯坦福大学师生们交流的特殊机会，另外，园区离高级商业中心只有一小段骑行的距离。园区坐落在一片开阔地的中央，建造得富丽堂皇，建筑设计与周边的住宅和花园融为一体，看上去更像是一所郊区中学而非一处工业研究设施。[2]

高昂的赌注得到了巨大的回报。在特曼的劝说下，本地初创公司惠普和瓦里安在园区开业的时候成为它的主要租户。像通用电气和柯达这样股价高昂的东海岸公司也加入了，这些公司支付高额租金以得到接近斯坦福大学的头脑精英和"数字大脑"的机会。当地的许多公司都与斯坦福大学签署了合作计划。其他诸如立顿和喜万年这样的电子巨头也在附近建立了微波管研究实验室。"这显然不是巧合，"特曼评论道，"这是斯坦福大学的行动使技术向周边辐射得到的结果。"戴维·帕卡德对此表示同意。"这些人来到帕洛阿尔托的原因只有一个，"他在园区开放两年后指出，"他们希望接近斯坦福大学，因为它是电子行业新想法的主要源泉，而且不断培养出经过良好训练的工程师。"[3]

斯坦福大学研究园真正在现实层面拉近了高科技公司与大学校园的距离，并让那些高科技公司成为大学的"工业分院"，允许它们（支付一定费用）接触斯坦福大学的教授与毕业生。斯坦福大学的教授和毕业生往返于大学教室与高科技初创企业之间，他们加入的那些利润丰厚的初创公司后来都成了高科技巨头。每当特曼和工程学院的教授发现了工程技术领域的最新项目时，他们都会相应地调整教学课程，确保斯坦福大学能培养出这些公司所需的毕业生。正如特曼曾经宣称的那样，西海岸电子行业"销售的是智力产品"。[4]

特曼的新型学术事业发展速度惊人。1957年秋伯特·麦克默特里入学时，他看到的是一个挤满企业的产业园和遍地是明星教授与机敏的研究生的校园。"斯坦福大学就像一个糖果店，"他后来回忆道，"它的开放性与众不同。学术界通常认为自己比工业产业界的层次更高，但特曼一直坚信并坚持要求斯坦福大学应当是开放的。"斯坦福大学鼓励教授们花时间参与工业生产，并且欢迎他们重回校园。许多学生像麦克默特里一样在城里的电子公司工作。[5]

在斯坦福大学，流动的不只是技术，还有人才——人才在斯坦福大学的实验室和研究园区的办公室里，并且开始向南延伸至国王大道的临时仓库和预制办公楼。20世纪50年代，在其他地方，学术界都是纯粹的象牙塔，周围环绕着隔绝人间烟火的坚固高墙，将"纯粹"的研究与商业隔离开来。但是在斯坦福大学，这些高墙已被破除。

比尔·休利特与戴维·帕卡德

到了20世纪50年代中期，特曼最喜欢的两位研究生所创立的公司已经成为新产业在圣克拉拉山谷蓬勃发展的有力证据。在国防合同与各种企业对精密电子测试、测量设备日益增长的需求的推动下，惠普成长为一家大企业，拥有超过1 000名员工和3 000万美元的纯利润。《商业周刊》将其称为"帕洛阿尔托的顶级电子设备厂商"。惠普公司还因其独特的商业文化在本地甚至全国享有盛名，它没有50年代其他美国公司常见的层级严格、穿灰色西装的行政人员与高管。惠普公司的两位创始人出身于工程实验室而非《财富》500强企业，他们对现代公司的管理理论嗤之以鼻。"我从来不喜欢那些管理专家。"帕卡德曾说，他们从一开始就确定了脚踏实地、不注重管理层级的核心方针。这两位创始人喜欢把他们的管理方式称为"瞎转管理"。这是后来被称为"惠普之道"的更全面的企业文化与组织使命的源头。[6]

位于斯坦福大学研究园核心地带的惠普公司总部里面，员工与穿着长袖衬衫的高管在阳光照耀的大楼露台上共进午餐。他们在楼后的草坪上一起打排球、抛马蹄铁，下班后带着妻子交友聚会。虽然当时处在美国工会运动的高潮期，但休利特与帕卡德对带着会员卡的工会成员，就像对三件套西装与狭小的办公室一样没有什么耐心。相反，惠普公司培养员工忠诚度与营造团结氛围的方法是发放股票。

1958年11月上市后，惠普公司的财富随股价水涨船高。而自公司创立之初，两位创始人就有意识地塑造专注追寻更高层次、更美好事物的企业。"我们中的许多人都错误地认为一家公司存在的目的只在于赚钱，"帕卡德曾对惠普的经理们说，"虽然这的确是公司经营的一个重要结果，但我们需要更深入地探寻我们存在的真正意义。"去等级化、友好、以改变世界为理念，再加上为市场增长和最终利润所做出的不懈努力，惠普为未来几代硅谷公司描绘出了蓝图。[7]

惠普公司的创始人不仅专注于商业领域，随着公司的发展，戴维·帕卡德还成为当地最重要的公民领袖之一,担任了一届斯坦福大学校董会主席。帕卡德是一位坚定的共和党人,同时也是自由市场与自由企业政策的拥护者,他有着与其意识形态相匹配的敏锐的政治直觉。作为新一代政治家的朋友,以及新一代政治家的导师与资助者,他利用自己在商业上的声望,成为硅谷在政治界事实上的形象代表。帕卡德虽然主张自由的企业政策,但他对科技产业与华盛顿的关系会如何决定这个产业的命运同样有着深刻的理解。[8]

与他的导师弗雷德里克·特曼类似,戴维·帕卡德也是在第二次世界大战期间才初涉政治的。当时他将其他公司的高管召集起来,组建了西海岸电子生产商协会,这就是人们熟知的WEMA,他们通过游说成功地获得了一大批战时军用合同。随着20世纪50年代大批电子公司涌入山谷,帕卡德成了推动当地发展的游说领头人,从国家级会议到当地扶轮社早餐会,全都有他演讲的身影。无论在哪里,他都会强调是什么让西海岸电子产业脱颖而出。"就让那些东部的电子公司继续把持收音机与电视机生产业务吧,"他曾这样对一名听众说,"西海岸的长处一直是……技术与科学方面的业务,而这才是增长与创新真正的来源。"[9]

帕卡德还利用巡回演讲来宣传他的政治理念。到20世纪60年代早期,帕卡德已然成为一位对积极扩张的自由主义政策直言不讳的批评者。当时,在肯尼迪执政时期的华盛顿,这样的自由主义观点甚嚣尘上。"我们政府中——以及公民中——的社会主义者将国家的重要性置于个人之上,"1963年4月,帕卡德在他的家乡普韦布洛向他的一位听众警告说,"他们会在华盛顿对我们的生活指手画脚!他们会夺走我们的财产,随他们的心意重新分配!"在帕卡德的叙述中,保护个人自由的办法是把市场从繁重的税收与严密的监管中解放出来。林登·约翰逊提出的"伟大社会"则让情况变得更糟。"一旦我们的社会福利被政府垄断——这正在迅速成为现实——政府迟早会采取一系列类似的措施将商业也置于政府垄断之下。"他在1965年向帕洛阿尔托的听众们哀叹道。[10]

帕卡德并不是唯一宣扬这些观点的人。其他战后企业家，尤其是那些来自南部阳光地带蓬勃发展地区的企业家，开始率直地表达他们的自由市场信念，并为保守的候选人及其政治主张慷慨解囊。这个运动的意识形态教父——也是帕卡德的一个熟人——便是前总统兼斯坦福大学校友赫伯特·胡佛，他在人生的最后30年里定居于斯坦福大学的校园中。胡佛同样是华盛顿自由主义的激烈批评者，他原本只是反对罗斯福新政，但随着"冷战"的开始，他的保守主义观点变成了坚定的反共产主义立场。1959年，他将以他的名字命名的胡佛研究所从一个不起眼的外交政策研究所变成了一个有明确政治主张的强大智库。帕卡德时任哈佛大学校董会主席，他盖章批准了这一改变。[11]

胡佛的新机构横空出世。"这个研究所的使命，"前总统在修订研究所章程时写道，"必然是通过其研究与出版物来揭示马克思的学说。"为了避免被"左翼分子"取得控制权，胡佛亲自挑选了新的研究所主任，一位名叫W.格伦·坎贝尔的35岁的经济学家。

来自教师的抗议几乎立即爆发——先是弗雷德里克·特曼与工业界建立的邪恶联盟，现在赫伯特·胡佛又开始搞政治。但在帕卡德的协助下，胡佛战胜了反对者。胡佛研究所得以独立于斯坦福大学其他院系，坎贝尔则直接对华莱士·斯特林校长负责。事实证明，坎贝尔正是这个研究所需要的人。在他近30年的主任任期中，胡佛研究所变成了一个有重大影响力的机构，获得了大量捐赠，并且享有全美首屈一指的保守派智库的盛名。[12]

因此，当弗雷德里克·特曼在农场上建设全美最具创业精神的技术型大学时，W.格伦·坎贝尔让斯坦福大学变成了知名保守派思想家和政治家的聚集地——他们时不时就会引发围绕在胡佛塔周围、更强调自由主义的斯坦福大学校友的焦虑，却不会受其影响。在之后的数十年中，帕卡德成了胡佛研究所最忠诚也最慷慨的捐助人之一。

与此同时，戴维·帕卡德继续扶持 WEMA 以及数量不断增加的会员企业，这些企业全部都是加利福尼亚本地新兴的电子公司。电子行业如此新颖，以至那些经验更丰富的人员对帮助新来者毫无顾虑。"高管们会随意透露关于如何创立公司或者如何发展公司的内幕消息。"一位创业者回忆道。这些西海岸的人明白，虽然他们是电子行业来势汹汹的竞争者，但他们仍是弱势一方，最好团结在一起而非单打独斗。[13]

起飞

虽然北加州后来因为蓬勃发展的初创企业获得了传奇声望，但在 20 世纪 50 年代，惠普和瓦里安这些在当地成立的公司在这个故事中只占很小一部分。这些公司的创始人还没有达到他们未来在硅谷获得的传奇般的王者地位。那些开始独立创业的人仍是少数。

伯特·麦克默特里亲身体会到了这一点。"如果你创办了一家创业公司，"他总结道，"这很可能意味着你是个怪人，没办法给别人打工。"最容易获得、最有趣、最受尊敬的工作都在大型全国性企业中。这些企业有足够的资金和影响力来招募顶尖员工，建立先进的研究机构，并赢得最大的国防合同。硅谷中的大多数工程师都为那些已经安稳处于《财富》500 强的企业工作。[14]

其中最大的两个玩家——以及决定硅谷未来形态的塑造者——是洛克希德公司与 IBM。1952 年，"蓝巨人"建立了北加州电子研究实验室。IBM 的父子首席执行官，老托马斯·沃森与小托马斯·沃森开始大力推动数字运算业务，但很难说服那些身处加州的工程师回到纽约北部被大雪覆盖的丘陵去。在圣何塞市中心一座不起眼的建筑中努力经营 5 年后，IBM 建起了一座耗资巨大的新制造厂。凭借其"精心营造的'校园'氛围",这家工厂赢得了1957年《贸易》杂志的"年度工厂奖"。《圣何塞信使报》的专栏作家弗兰克·弗里曼对IBM的这座工厂赞不绝口,称之为"与纷繁杂乱的日常工作的体验截然不同,更像是身处另一个世界,一个巴克·罗杰斯电影中的世界……全都是思想活跃的年轻人,没有'老古董'"。[15]

然而,真正的巴克·罗杰斯式剧情发生于另一家全国性企业在当地开办的分支机构中,由于绝大部分业务的绝密性质,这个机构并不对普通参观者开放。紧邻高速公路,在高耸的莫菲特菲尔德政府飞艇库的隔壁,矗立着一座巨大的工厂。数十年来,这里一直是硅谷最大的高科技用人企业——洛克希德公司,全称洛克希德导弹和空间公司(LMSC)。"冷战"经济不断跳动的心脏便位于此处。

1954年洛克希德从南加州北上至桑尼维尔开展业务,目的是希望接触斯坦福大学的电子专家,以及美国国家航空咨询委员会下属的艾姆斯航空实验室中进行的高速空气动力学研究。洛克希德公司很快就成了弗雷德里克·特曼的工业分院中最坚定、最热切的成员。洛克希德此次业务迁移的另一个原因是安全。当时,美国全国都对有可能从天而降的苏联炸弹保持高度警惕,国防部鼓励承包商搬迁到"分散"地区,远离那些很可能成为攻击目标的大型人口中心。对洛克希德公司来说,避免所有的敏感军事研究都集中在南加州总部也是合理的,由此其导弹和空间部门迁到了北加州。这样,洛克希德公司进行了合理的疏散,很快就赢得了空军的一笔大订单,助其研发新型导弹卫星。[16]

次年,该公司赢得了另一份研制"北极星"导弹的大订单。"北极星"是当时提出的五种巨型远程弹道导弹之一,联邦政府极力推动五种导弹的研发,希望能探索出将威力越来越强大的核武器投送到半个地球之外的方法。这些导弹是当时最尖端的科技,它们将"二战"中发展起来的两种技术——原子弹和德国的V-2火箭——结合,组成了一种致命而强大的运载系统。到1957年春,导弹计划进入了第一次飞行试验阶段,当时估计的总开销已经达到"曼哈顿计划"总开销的两倍。斯坦福大学的一位研究人员自信地预测导弹计划将引发有史以来"规模最大的科学设备爆炸式发展"。他的猜测不算离谱。[17]

洛克希德公司不但将巨额政府订单带到了圣克拉拉山谷,还源源不断地带来了人才。到20世纪50年代末,每天都有上万名穿着白衬衫、打着领带的工程师走进洛克希德公司的大门,他们研究的尖端技术属于绝密,他们甚至不能在晚餐餐桌上和家人聊起当天的工作。邻近的郊区住满了洛克希德公司的雇员和他们的妻儿,这进一步改变了硅谷的人口结构,提高了受过大学教育的白人中产阶级的占比。

许多蓝领工人也在桑尼维尔找到了工作。像当时其他的电子公司一样,洛克希德公司在实验室旁建立了装配线。不过,就算在不需要工程学学位的工作岗位上,也缺乏多样性。在《平权法案》之前的年代,洛克希德和山谷中的其他大型电子公司都没有招募少数族裔或女性员工的动力。即使在联邦少数族裔的雇佣法案通过之后,洛克希德等政府承包商被要求在雇佣性质上达到某些指标,在桑尼维尔的工厂,雇员中拉丁裔、亚裔与非裔工人的比例也只达到10%,被雇用的工人中超过85%是男性。[18]

导弹制造商、支持创业的大学、独特的商业敏感性、专业人脉、政府资金、精英化(且同质化)的劳动力……许多关键要素齐聚20世纪50年代中期的帕洛阿尔托。有的人开始赚取大量财富,因为第一代硅谷科技明星——瓦里安、惠普、安培——已经在华尔街闪亮登场。

但惠普公司和其他早期电子公司初建时并不是电脑公司。硅谷为仪器与通信设备生产元件——晶振、高频雷达、磁带——而非数字软件或硬件。硅谷最大的高科技公司总部设在其他地方。后来,洛克希德公司将大部分工作外包出去,将业务推给硅谷中其他较小的公司,在20世纪50年代，这里基本还是一个封闭的世界。[19]

在许多方面，20世纪50年代中期的圣克拉拉山谷只是一个缩小版的洛杉矶，这里有航空航天公司、轻工业和一些聪明的科学家。虽然加利福尼亚逐渐获得了适合雇用电气工程师的声望，但它没办法为那些打算独立开办新公司的人提供资金与运营支持。想要获得支持的人需要回到东部，那里与"冷战"的研究机器联系更紧密，那里便是美国战后的第一个创业之都——波士顿。

波士顿拥有麻省理工学院，这所学校仍然能获得比其他任何一所大学更多的联邦资金，并且与五角大楼高层和东海岸最大的电子公司有着密切的关系。麻省理工学院著名的辐射实验室已于战争结束后解散，但其他在军方资助下锐意革新的实验室填补了它的空白：作为高功率数字计算发源地的麻省理工学院林肯实验室，为火箭和导弹设计制导系统的仪器实验室，还有专注于雷达防御的空军剑桥研究所（AFCRL）。接下来是哈佛大学，第二大联邦资金获得者。它拥有延续了常春藤院校传统的完整的人才谱系和大批明星教授，其中就包括集专横与魅力于一身的高科技风险投资之父乔治斯·多里奥特。

洛克希德导弹和空间公司也许统治着硅谷，但波士顿有范内瓦·布什的雷神公司——眼下美国最重要的国防与航空航天承包商之一，还有许多其他公司。在新英格兰的乡野，"美国高科技公路"——128号公路，以及一连串现代化研究园区和公司园区环绕在波士顿都市周边，不断吸引电子公司走出邋遢的剑桥市，进入更广阔的郊区。

即便实力强大如波士顿，也同样缺少一个关键因素，大卫·摩根塔勒后来将之称为终极"使能器"——一种廉价而强力的"燃料"，可以像成品油推动汽车产业一样推动电子产业的发展。这种神奇的东西能让已经十分精密的电子产品变得运算更快、体积更小，甚至可能会将"冷战"时期"智力产品"的分量提高到足以左右市场。

这就是硅晶体管。

肖克利与他的公司

同样是在 1957 年那个忙碌的夏天，伯特·麦克默特里正在为横跨美国做准备时，斯坦福大学电气工程系主任把另一名得克萨斯州的年轻人派到一家刚刚经营一年的初创公司，这家公司位于邻市山景城郊区西尔斯商店旁一座翻修过的匡塞特小屋中。这家公司就是肖克利半导体实验室，这个被派过去的年轻人是一位新任职的教授，名叫詹姆斯·吉本斯。詹姆斯·吉本斯在特克萨卡纳出生并长大（他和未来的计算机巨头、总统候选人 H. 罗斯·佩罗是高中同班同学），他先是就读于麻省理工学院，随后又进入斯坦福大学读研究生，赢得奖学金后在英国进行了一段时间的研究，不久前回到了读研究生时的母校。他得到的工作有一个附加条件：要在前 6 个月里待在肖克利公司，这是当时镇上最热门的新公司。吉本斯接到的命令是在肖克利公司了解半导体生产工业，这样斯坦福大学就能"在课程中加入晶体管相关的内容"，并建立起自己的固态电子实验室。[20]

这位年轻的助理教授来到公司后，发现这里聚集着斯坦福大学最聪明的工程师。但这里已经变成一个不适合工作的地方，这是因为来自公司出色但善变的创始人——出生于帕洛阿尔托的晶体管共同发明者威廉·肖克利。

肖克利坚信锗（第一代晶体管技术使用的材料）过于脆弱而不可靠，不能用作电子电路核心的微型开关。他离开了美国首屈一指的工业研究机构贝尔实验室，开始将更纯净且性能更强大的硅而不是锗制成的晶体管商业化。肖克利尚未结婚，因此不受束缚，他曾经考虑过在南加州创业，但最终还是决定回到家乡。他爱戴的母亲上了年纪，身体不好。另外，他的同乡弗雷德里克·特曼的经历也非常有说服力地证明了帕洛阿尔托和斯坦福大学是适合创业的地方。[21]

肖克利虽然才华横溢，但性格怪异，这种性格有时十分讨人喜欢（他喜欢和他的员工一起玩魔术），有时却很难相处（他让所有的面试者都接受了一系列智商测试与脑筋急转弯测试）。显然，他没办法劝说贝尔实验室的同事和他一起来到阳光照耀的加州。因此，他招募了一批来自其他工业实验室或大学的新星，这些人大多没有显赫的出身，只有技术天分。其中一位是罗伯特·诺伊斯，艾奥瓦州一位神职人员的儿子。另一位是杰·拉斯特，来自宾夕法尼亚州的一个教师家庭。第三位是尤金·克莱纳，年轻时从饱受战争蹂躏的欧洲逃难来到美国。只有一位真正来自北加州，即害羞且沉迷于细节的戈登·摩尔，他在离斯坦福大学不远的门洛帕克一间不起眼的小板房里长大。[22]

这些招募来的年轻人很快得出结论，肖克利制造半导体的方向是错误的。肖克利执着于一种名为四层二极管的昂贵繁复的工艺，并拒绝承认廉价且简单的硅芯片才是正确的方向。詹姆斯·吉本斯来到公司之后没几周，肖克利的这些得力干将——诺伊斯、拉斯特、克莱纳、摩尔以及另外四人——便从这里辞职创办了飞兆半导体公司，飞兆半导体迅速赶超并彻底甩开了肖克利的公司。他们辞职之前曾邀请这位年轻的教授加入他们，但他拒绝了。"这也许是我做过的最昂贵的决定。"吉本斯后来说道。[23]

这些离开公司的人成就了硅谷传奇，激励了后来的上百家高科技企业。肖克利公司的员工无法忍受这个牢骚不断并且总不愿听取他们想法的老板，他们写了一封信寄给华尔街的海登斯通投资银行，尤金·克莱纳的父亲与他们有一些业务往来。这实在是"死马当活马医"：8位只不过在实验室里做过一些实验、从没运营过组织的科学家，写信给一些他们几乎不认识的人，希望对方能帮助他们找到一个银行家，聘用他们整个团队的人来开展新业务，生产除了在科学圈几乎没人听说过的高科技设备,而且他们希望能留在加利福尼亚。收到这封信的银行家对半导体一无所知,转身把信交给了公司的初级高科技分析师阿瑟·洛克。

洛克不是普通人印象中那种典型的老派银行家。他来自纽约罗彻斯特,是一位犹太裔糖果店店主的儿子。他从那里考上了哈佛大学商学院,然后参与组织纽约青年共和党员支持1952年艾森豪威尔与尼克松的竞选,走捷径来到了华尔街工作。洛克并非接受过训练的工程师,因此他的投资直觉只能根据人选判断。"好的想法与好的产品比比皆是,"他后来解释道,"良好的执行能力与良好的管理——简而言之,好人——可不常见。"

洛克审视着来自肖克利公司的8个人,发现这些人与自己很相似:有家室的男人,30岁出头,有着顶尖文凭,为了达成目标而反抗现有体制的奋斗者。总而言之,"好人"。这就够了,洛克放下他的日常工作,开始为他们寻找天使投资人——这个人得非常富有,但也要足够古怪,愿意在一项新技术和一堆未知数上赌一把。他找到了谢尔曼·费尔柴尔德,一个行事古怪的高科技爱好者,因为继承大量IBM股票而成为千万富翁。来自肖克利公司的8位工程师变成一家新公司的创始员工与股东,这家公司叫飞兆半导体。[24]

现代硅谷始于飞兆半导体及其创立者"八叛逆"。飞兆半导体公司的创始资金来自一个古怪的信托投资人,这笔交易由东海岸的一个金融家促成,这家公司的起源进一步印证了硅谷从一开始就与外界以及传统经济的利益有着紧密的联系。但飞兆半导体公司是这种关系的全新形式——不仅是某一家东部电子巨头在加州设立的前哨站,也是一家由工程师自己创立的全新企业。诺伊斯和摩尔与另一名飞兆半导体公司的同事安迪·葛洛夫一道,合作创立了英特尔公司。(葛洛夫与尤金·克莱纳一样,十几岁的时候曾是难民,他从饱受战争蹂躏的匈牙利逃出,在机会众多的战后美国开始了新的人生)。克莱纳变成了科技界最具影响力的风险投资公司之一的创始人，从 PC 时代一直到社交媒体时代，不断投资并塑造了许多能够定义整个时代的公司。洛克于 1961 年搬到西部，与一位名为汤米·戴维斯的年轻资金经理共同创建了戴维斯与洛克风险投资公司，后来投资了英特尔公司与苹果公司。飞兆半导体公司其他的创始人与早期员工还成立了更多半导体公司，这些公司创造了数十亿美元的财富，并将几乎所有消费产品的内部机械结构替换成了微型芯片。

从 IBM 赚的钱投资创建的这家公司并不生产电脑，但这是技术的火花，这些技术最终颠覆了长期以来被"蓝巨人"统治的大型机市场。最重要的是，飞兆半导体的这些成员绘制了一幅成千上万的后来者都会遵循的蓝图：找到愿意投入资金的外部投资人，将股票授予员工，搅动现有的市场，并创造新的市场。[25]

飞兆半导体的创始人进行了一场豪赌，离开一位传奇诺贝尔奖得主并创办了自己的公司。结果证明，他们选对了时机。在"八叛逆"正式创立公司仅仅三天之后，苏联就发射了人造地球卫星 1 号。

3

登月

每小时接近3 000千米，这是1957年10月初的那个周五晚上，苏联发射到太空中的那个沙滩排球大小的金属球的轨道速度。当发射成功的消息登上周六早上的美国报纸时，这颗卫星已经进入环绕地球的第10圈轨道，安·哈代在她位于波基浦西的家中的餐桌边吃早饭的时候，卫星从哈德孙河谷上方超过800千米的高空呼啸飞过。数秒之后，卫星掠过波士顿上空，范内瓦·布什正在他摆满藏书的书房中抽着烟斗。进入第11圈轨道的时候，它正好经过克利夫兰上空，37岁的大卫·摩根塔勒正在那里耙着早秋的落叶，思考着他几天后就要开始的新事业——他沿着管理链向上爬了10年，终于当上了公司总裁，负责运营一家英国化学公司的美国分公司。这颗卫星向南飞过亚拉巴马州和得克萨斯州的军事基地，越过新墨西哥州和内华达州阳光明媚的核武器试验场，飞过加利福尼亚州和华盛顿州的大型飞机制造厂，以及为工厂提供电力的巨型水坝。

这个金属球第12次环绕地球时，湾区丘陵上的晨露还没被太阳晒干。卫星高高地飞越帕洛阿尔托栽满成排橡树的街道和伯特·麦克默特里的公寓上空，他刚刚清理掉这次横跨美国的搬家之旅所用的纸板箱。麦克默特里开始他作为斯坦福大学研究生的新生活不过两周，他在喜万年工作的时间也不比这长多少。北加州像麦克默特里一样的年轻新人在自家后院里一边啜饮着早晨的咖啡，一边茫然地眯着眼睛望向空中，看着这个小机器飞出他们的视野，那时他们几乎没有意识到，人造地球卫星1号将会给一切带来多大的改变。[1]

太空竞赛

人造地球卫星1号的发射令美国政界猝不及防，也颠覆了人们之前对美国在科技方面霸主地位的乐观估计。"我们从此不能再认为苏联人'落后'或者'被打败了'，"艾森豪威尔总统几年后回忆道，"贬低他们所取得的成就或者低估其中的警告意义毫无必要。"华盛顿刚刚从人造地球卫星1号带来的震惊中勉强回过神来，另一记重击接踵而至：1957年11月初，苏联发射了第二颗卫星。这一次搭载了一艘500千克重、配备空气循环系统的飞船，飞船上搭载着一只名叫莱卡、来自莫斯科街头的流浪狗（美国的爱狗人士吓坏了，开始抗议在没有生还可能的情况下将动物送入轨道的行为。记者们努力地想在当前严峻的形势中增加一些幽默，便将这只小狗称为"狗狗星"）。[2]

几天之后，艾森豪威尔当年早些时候委托一个民间小组撰写的评估美国对抗苏联核打击能力的报告被扔到了总统的办公桌上。这个由旧金山律师兼兰德公司联合创始人罗恩·盖瑟主持的委员会带来了非常糟糕的消息。

自进入20世纪50年代以来，美国就花费了数十亿美元研发弹道导弹，又在艾森豪威尔的"新面貌"国防改革中投入了大量资金。尽管如此，美国在这些方面俨然已经被苏联超越。虽然苏联的经济总量比美国小得多，但它投入的资金规模却与美国相当。它培养了更多的科学家，开发新技术的速度也更快，它在突破的道路上高速前进。美国的"冷战"对手现在拥有足以将狗送入太空的强大火箭，这意味着它也有能力让核弹头飞越万里海洋，这些核弹头的速度与威力将彻底压垮美国的民防系统。那些在学校里组织的民防演习和建在后院的防空洞都将毫无意义。苏联现在拥有了摧毁整座城市的能力。这个由国防工业高管与顾问组成的委员会告诉总统，对抗苏联威胁的唯一办法是消除"导弹鸿沟"。该小组估计这需要增加超过 400 亿美元的国防研发费用。[3]

仅仅几个星期，盖瑟这份绝密的报告就被泄露给新闻界，人造地球卫星 1 号在那个秋天引发的焦虑迅速发展成全面的政治恐慌。艾森豪威尔十分不喜欢无节制的政府开销，但来自他自己的智囊团与民主党主导的国会的共同压力令他难以承受。国防合同的大门被彻底打开。大量美元从华盛顿流出，推动着更强大的导弹飞出大气层，或是深深潜入海底。更有数十亿美元涌入战略司令部，进入美国军方如今赖以依存的雷达与晶体管驱动的通信网络。

到 1958 年秋天，美国建立了一个崭新的、大幅度强化过的航天机构——美国国家航空航天局（NASA）。同时，国会同意拨款在国防部建立一个全新的机构，致力于最尖端的太空与卫星研究。用国防部长尼尔·麦克尔罗伊的话说，在这里，研究人员可以"追寻各种灵光一闪……并可以一直研究到对其可行性与可能的成本做出初步结论"。这个小型机构后来被称为美国国防部高级研究计划局（ARPA）。[4]

卫星发展狂潮的另一个巨大的受益者是高等教育，因为总统日益依赖他称之为"我的科学家们"的学术界。作为对国会压力的回应，艾森豪威尔任命麻省理工学院校长詹姆斯·R.基里安为第一任总统科学顾问。当军方各部门还在争夺最近扩张的研究项目的主导权的时候，基里安和艾森豪威尔的科学顾问便已经指出，大学是进行大部分研究活动的合理场所。大学在"冷战"中已经成为他们重要的伙伴，而太空竞赛需要的基础研究又只有在大学中才能进行。另外，把研究任务外包给大学，可以避免使原本已经很庞大的政府变得越来越庞大。[5]

到次年夏天结束时，随着《国防教育法》立法通过，得到资助的大学范围进一步扩大。这一法案投入了数百万公共资金，用于建设教室与实验室，聘用教师与研究人员，以及增设奖学金。只有这样，美国才能培养出与苏联一样多的科学家与数学家。这是一个新时代。"虽然大学有这么多令人恼火的缺点，"总统的科学顾问告诉艾森豪威尔，"但它们对于我们国家的希望来说是必不可少的，必须得到与之相配的对待。"[6]

在导弹与战略防御系统，以及建造这些系统的人才方面的大笔新增开支，令之前包括"曼哈顿计划"在内的所有项目都相形见绌。艾森豪威尔一直对他执政时期世界的发展感到不安，他在1961年1月卸任时曾对所谓的"军工复合体"正在对美国社会产生潜移默化的影响发出了警告，但由他发动起来的飞轮似乎已经无法停止。[7]

当艾森豪威尔的继任者约翰·肯尼迪在上任几个月后就宣布美国宇航员将于20世纪60年代末登陆月球时，飞轮的速度进一步加快。"猪湾事件"的危机刚刚过去，肯尼迪需要提升他的外交形象，他认为登月计划是向世界一举展示美国雄厚的科学实力的机会，这同时也是向美国人展示实力，当时大多数美国人仍然对本国信心不足。"我们决定在这个十年登上月球并实现更多目标，并非因为它们轻而易举，而正是因为它们困难重重。"1962年9月，肯尼迪在休斯敦公开演讲时如此宣称，当时由于古巴导弹危机的爆发，在太空竞赛中投入的外交赌注进一步提高。

得克萨斯州南部一个炎热的日子里，肯尼迪在伯特·麦克默特里的母校莱斯大学热情的听众面前说出了这番话。NASA新设立的任务控制中心就在城镇另一头。"我们的先辈确保了这个国家能够赶上工业革命的第一次浪潮、现代发明的第一次浪潮以及核能的第一次浪潮，而我们这一代绝不甘愿在即将到来的太空时代的浪潮的冲击中倒下。"

目标是激进的，成本是高昂的，但这场挑战是"我们立志要战胜的"。[8]

在导弹研究与登月计划的推动下，20世纪60年代前半叶的美国研发经费占据了整个联邦预算的10%以上，并使高科技领域朝阳光地带倾斜的趋势进一步加强。在遥远的西部，位于南加州与太平洋西北岸，业务已经十分繁忙的航空航天中心进一步飞速发展。1963年《纽约时报》热情洋溢地宣称洛杉矶已经成为"太空工业的底特律"。虽然前总统艾森豪威尔在谈到太空计划时对肯尼迪政府"不计后果的草率财政政策"颇有微词，但NASA使所到各处彻底改观。[9]

圣克拉拉山谷也不例外。艾森豪威尔的导弹项目和肯尼迪的登月计划正好使该地区电子实验室已经在开发和销售的产品的市场需求猛增：用于追踪卫星轨迹的雷达与微波设备，用来提供轻巧且强大能源的晶振与晶体管，以及用来与在大气层之外疾速飞过的航天器保持通信的网络。受益于后卫星时代向高等教育投入的资金，斯坦福大学的砂岩、红瓦四方院得以向外延伸出去，租客们为了能在斯坦福大学研究园区租下一些空间支付了大量美元。

几乎整个20世纪50年代，加利福尼亚这一小片尘土飞扬、鲜花点缀的区域全都是就职于大型电子企业的年轻工程师。到了1957年后的太空时代，初创企业逐渐壮大起来——不仅得益于这段时期实现的技术突破，而且得益于军事与航天合同外包方式的变化——更多资金开始流动，而且资金流动的方式为新进入这个领域的公司提供了巨大的商业机会。如果要解释为什么北加州最终能成长为高科技领域的巨人，那么美国在太空竞赛中发射的导弹和火箭这一宏伟目标一定贯穿整个传奇故事。

世界的目光

人造地球卫星1号发射三个月后从轨道坠入大气层烧毁时，硅谷已经能感受到气氛的变化。一位员工回忆,在桑尼维尔,自成立以来一直进行太空与卫星研发的洛克希德导弹和空间公司,由"加快速度发展"突然变成了"全速运转"。几个月之内,该部门已经变成洛克希德最庞大也是利润最丰厚的部门,更是硅谷最庞大、最富有的雇主。洛克希德沿着美国101号公路圈出来1.2平方千米的园区,聘用了19 000名员工,仅1959年的销售总额就接近4亿美元。[10]

正是洛克希德的桑尼维尔指挥中心引导了以"发现者号"为首的第一批美国卫星进入太空,开始了环绕地球之旅。"发现者号"卫星于1959年夏天将一个太空舱送入轨道并安全回收。第一次成功发射的任务并不是搭载狗或者人,而是搭载一面美国国旗,这面国旗在26.5个小时的旅程中航行超过80万千米。那年秋天,搭载"发现者号"卫星的太空舱在全美国巡回展出,在美国参议院和航空航天大会上短暂停留并展出后,最终停留在桑尼维尔。作为一个建立在秘密任务之上的研究机构——几乎所有在洛克希德园区进行的研究都属于机密,绝对不能与那些没有相应保密许可的人分享——这是员工家属与好奇的周边居民得以访问洛克希德神秘园区并窥见一斑的稀有机会。[11]

在位于同一条公路南侧的斯坦福大学中,增加的科研支出与洛克希德业务愈加繁忙的双重利好,意味着弗雷德里克·特曼在物理与应用技术上投入的巨大赌注得到了远超预期的回报。加强后的战略司令部与卫星监视计划对斯坦福大学电子实验室制造的行波管与信号干扰器的需求也增加了。涌入桑尼维尔的大笔航空航天资金同时惠及"农场"的工程实验室。在1959年,艾森豪威尔政府选择了斯坦福大学,由联邦政府出资建设用于高能物理研究的粒子加速器。很快,耗资超过1亿美元的巨大的斯坦福直线加速器便在校园以西的乡村草原上铺设开来。[12]

与此同时,世界也开始注意到正在发生的这一切。在1958年的布鲁塞尔世界博览会上，一幅斯坦福大学研究园的清晰全景图成了美国产业馆突出的亮点，这幅图象征着美国对应用技术的专注投入使清洁且现代化的智力工作成为可能。"在展览中展出的 9 个园区中，"斯坦福大学的公告自豪地向读者宣告，"合作赞助商认为斯坦福大学的研究园最上镜。"[13]

随后在 1959 年秋天，苏联领导人赫鲁晓夫在莫斯科与美国副总统理查德·尼克松进行"厨房辩论"后，紧接着前往加利福尼亚进行短期访问，并在途中参观了 IBM 圣何塞工厂。IBM 高管对他的到访深感忧虑，因为就在前一天的洛杉矶，赫鲁晓夫访问迪士尼乐园时遭到拒绝，并由此产生了一些龃龉。他抵达圣何塞时，头戴一顶码头工人的帽子，这顶帽子是当天上午早些时候旧金山的工会领导人、活动家哈里·布里吉斯送给他的。然后，他在 IBM 的 CEO 小托马斯·沃森的带领下欣然参观了园区，并在员工餐厅里度过了一段愉快的午餐时光。虽然赫鲁晓夫对美国在技术上取得的成就"进行了热情洋溢的赞美"，但一位记者特别指出，"他迅速补充道，美国不会领先太久"。[14]

6 个月后，另一位国家领导人造访了硅谷的果园与小巷：法国总统夏尔·戴高乐在访问旧金山时，要求在他离开前参观斯坦福大学研究园中那些了不起的研究设施。布鲁塞尔世界博览会的热潮让这个园区在全球享有盛名，戴高乐希望看看这些大惊小怪的骚动到底是怎么回事。他的车队沿着弗吉尼亚州的天际线公路一直开到帕洛阿尔托，将军本人坐在一辆豪华的敞篷轿车中，轿车引擎盖上的法国三色旗在春光中飘扬。平日里安静的小镇热闹起来，人们纷纷出来围观。在绿树成排的韦弗利大街上，当年休利特和帕卡德开始创业的车库位置南侧，一名少年恶作剧般打扮成拿破仑的样子，在总统车队经过时躺在路沟里。数十年后，这里的定居者还能记得戴高乐的敞篷轿车呼啸着驶过城镇乡村购物中心时那陌生而令人兴奋的场景。他那家喻户晓的高卢人容貌与斯蒂克尼的山桃木屋餐馆和乡村萨德赛特洗衣房的背景显得格格不入。[15]

戴高乐这趟观光之旅的终点是惠普公司。比尔·休利特向他展示了公司的装配线与最新的太空时代的产品模型。戴高乐愉快地点头，全程都思考着法国应该如何建造这样闪闪发光的加利福尼亚式工厂与实验室。美国国务次卿道格拉斯·迪伦是戴高乐总统加利福尼亚之行的官方陪同，他宣称总统"留下了深刻的印象"。五年后，出于对美国电脑制造商积极进军法国市场的日益警觉，戴高乐宣布了"计算机计划"。这是一个需要进行多年的大规模计划，旨在建立法国本国的计算机产业，其中包括范围广泛的教育项目、政企合作以及——没错——研究园的建设。

戴高乐是第一个，但绝不是最后一个把圣克拉拉山谷当作模范的人。好奇的官员纷纷效仿法国领导人，组团前来取经：日本的议员，加拿大的大学管理者，苏格兰的经济发展官员，等等。20 世纪 60 年代还没结束的时候，弗雷德里克·特曼已经变成一名经济发展顾问，开始环游世界，向热心的外国听众介绍他曾经忙碌过的小山谷的秘密。[16]

那时，世界上更多的目光开始关注硅谷，这个区域不仅因为惠普公司、洛克希德公司和不知疲倦的"永动机"弗雷德里克·特曼而闻名，还孕育出了新一代科技公司。国防合同并非这些公司的主要业务，它们的产品使各种机器——从电脑到汽车，再到各种在装配线上运行的设备——变得更快、更轻巧也更强大。它们是硅谷名字里"硅"字的来源，正是太空竞赛帮助它们一飞冲天。

有趣的小公司

飞兆半导体公司正是如此。在这家公司成立不到三个月仍未制造出一枚芯片时，"八叛逆"就接到了一份合同：为一种新型的远程轰炸机"载人导弹"生产100枚用于机载计算机的硅晶体管。罗伯特·诺伊斯和戈登·摩尔明智地坚持让飞兆半导体公司开展自己的研究，而不只是依赖无法让他们取得专利的政府合同。"政府对研发的投资会对人们的主动性产生消极影响，"诺伊斯说，"创造性与创新性的工作不能以这种方式进行。"但如果将政府作为客户呢？这没问题。1958年，飞兆半导体公司80%的商业订单都来自政府合同，但这只是一份更大的意外之喜的前奏。[17]

1959年初，在飞兆半导体公司的实验室中，金·赫尔尼研究出一种利用化学氧化物涂层加以保护、在单片硅晶圆上布置多个晶体管的方法。赫尔尼的"平面工艺"使他的同事罗伯特·诺伊斯能够尝试将晶体管相连，制造出集成电路（或称为IC）。它比之前的所有器件都更强大。这种集成电路还有一个优势：材料。在达拉斯，德州仪器公司的杰克·基尔比几乎同时提出了类似的想法，不过他用锗而不是硅实现了他的集成电路。诺伊斯率先于1961年提交了专利申请，这引起两家公司直接而激烈的专利争夺。两人最终被认为是这项发明的共同拥有人，但结果证明，诺伊斯的硅制器件更易于大量生产，这使加利福尼亚采用硅工艺的公司比起其他采用锗工艺的公司更具优势。[18]

这些优雅而小巧的器件不再只是晶体管，而是芯片。这些器件将开启一个全新的产业，并最终推动个人计算革命。但这都是将来的事，眼下集成电路的制造与销售成本异常高昂。飞兆半导体公司生产的第一批芯片每片成本约1 000美元，远高于常规的分立晶体管。企业用户为什么要使用这么昂贵的器件？集成电路过于技术化，也过于前沿，以至小型电气工程师联盟以外的人都无法理解集成电路所具有的将大量信息储存在引脚头大小的一片硅片中的能力。

但NASA明白其价值。航天机构开始在"阿波罗号"飞船的导航系统中使用集成电路,然后又将集成电路用来改进民兵洲际弹道导弹的制导系统。这两项工程都使飞兆半导体公司获得了巨额合同。到1963年时,"阿波罗计划"与民兵项目创造的需求已将硅芯片的成本从1 000美元降为25美元,这样的价格扩大了芯片的市场,增加了可能的买家。然而,联邦政府仍然是芯片的忠实买家。随着"阿波罗计划"继续进行,对减少设备尺寸、重量和加快设备运行速度的需求进一步提高。"让那些小家伙再小一点,"高级军官们对芯片生产商大吼着,"让我们的钱花得更值。"[19]

降低制造成本的要求直接来自顶层。艾森豪威尔一直对军工复合体的影响力与开销感到担忧,他在总统任期临近尾声时已经要求国防部削减其经费。他的民主党继任者进一步加速了成本削减进程——不仅是因为对将军们的权力感到紧张,还因为他们有许多其他希望实现的目标。肯尼迪与约翰逊雄心勃勃,计划对贫困开战、开展新的社会福利项目、登月,与此同时还要削减税收。另外,还有一场耗费越来越高的战争正在越南进行着。赤字支出只能到此为止了,进行更多的财政重组势在必行,尤其是在国防与航空航天领域,这些领域中的无上限独家供应合同已经导致军方无法有效控制项目成本继续暴涨。

在白宫和国会的推动下,国防机构开始开展招投标,并以固定价格的合同为标准。正如约翰逊在1963年11月肯尼迪遇刺后举国悲痛的第一周悲伤地向国会发表演讲时所说,政府需要将"花费的每一美元都产生同等的价值"。为了实现这一点,国防部长罗伯特·麦克纳马拉针对性地补充道,军工复合体需要引进新的参与者。"外包合同应引入竞争,"他说,"以确保充分发挥自由企业制度的优点。"作为福特公司前总裁,好斗的麦克纳马拉上任时承诺将以更像企业的方式来运作政府。他决心实现这一诺言。[20]

这些举措引发了北加州电子产业的震荡。曾在硅谷开展晶体管与真空管业务的东海岸大公司全都削减了业务或者干脆放弃了这部分业务。一些公司进行了合并，另一些则被收购。艾特尔-麦卡洛公司与瓦里安公司，这些曾经统治微波业务的本地公司摇摇欲坠。工程师开始将其称为"麦克纳马拉萧条"。与之相反，集成电路行业的公司则蓬勃发展。越来越多的年轻人自立门户，创建了新的半导体公司。这些年轻人中的许多人曾在飞兆半导体公司工作过，他们的创业公司自然被称为"飞兆之子"。[21]

促进集成电路行业蓬勃发展的是其伟大产品所具有的非凡力量。自蒸汽时代以来，发明家一直在寻找更加快速且廉价的驱动源。硅芯片正符合他们所需。半导体公司每年都能将单个芯片上互相联通的逻辑晶体管数目翻番，使围绕这些芯片设计的计算机更快、更小且更强大。1965年，戈登·摩尔预言单个芯片上的元件数量每年都会翻番。这个预言令人震惊，但在整整10年内，"摩尔定律"被证明都是正确的。硅技术从开始运转的那一刻起，就打破了一切经济规律，成了第二次工业革命的推动力。[22]

硅谷芯片制造商的例子表明公共投资十分重要，但这些资金的使用方式更加重要。去中心化、私有化且快速发展的公共合同承包环境鼓励创业。硅谷已经形成亲密的兄弟会式文化，人们习惯于分享想法而非固守成见。随着太空年代的竞赛进入高潮，这一特征又因另一事实得到了强化：没有任何一家公司能够独吞这笔意外之财。随着半导体市场日益扩大，半导体产业公司的地理分布也越来越集中。从飞兆半导体公司成立到人类成功登月，接近90%的美国芯片制造公司诞生于圣克拉拉山谷中。[23]

4
网络化

北加州的阳光与硅工业或许吸引了好奇的外国领导人和惊叹不已的记者的全部注意,然而,波士顿——19世纪当地的活动家将之誉为"宇宙中心"——在进行导弹项目与登月计划的整整10年中依旧保持着比硅谷更受欢迎也更加严肃的"老大哥"的位置。麻省理工学院在计算机研究领域继续处于统治地位;从剑桥市的大学实验室独立出去的衍生公司,早在加州创业中心声名显赫之前就赋予了波士顿如此盛名。制造大型计算机的庞大产业——IBM对这个产业的统治如此稳固,与其竞争市场的其他企业被称为"七个小矮人"——仍扎根于大陆东部。20世纪60年代,太空时代产生的其他重大技术也都出现在东部。首先是小型计算机,这项技术将大型数字计算机缩小到了更容易操作且成本相对更容易接受的程度。随后出现了最早的网络,使计算机不再只是计算工具,同时还是通信工具,小型计算机的普及也在其中起到了一定的推动作用。

虽然小型计算机与网络并非诞生于北加州,但它们在数十年间的广泛应用使计算机世界迅速扩大并变得多样化。由此,这些技术进一步改变了科技产业的地理分布。算力不再是庞大且资金雄厚的技术机构和一小群有预见力的技术专家的专属。行业中的市场竞争不再只是销售电子硬件（包括整机销售与零部件销售），编写、销售与发布操作系统和软件服务，以及支持通信所需的网络与设备也加入其中。

20世纪60年代，电子产业真正成了一个信息产业，创造了新市场，引入了新用户。最初的那几年——远在网络商业平台与软件爆发的数十年前——为有朝一日圣克拉拉山谷成为最显著网络化的地方准备好了舞台。

小型化思维

不过，首先让我们说回波士顿，人造地球卫星1号发射6个月之前，那里的两位麻省理工学院的研究者萌生一丝创业的冲动，打算自立门户。肯·奥尔森是有幸亲身经历数字计算领域那些最令人兴奋的成就的年轻人之一，这都归功于"二战"期间与战后流入大学实验室的公共投资。然而，学术界缓慢的节奏并不适合奥尔森，他骨子里喜欢鼓捣各种装置，童年的暑假全都用来在机械车间工作或者在地下室里修收音机。1957年初，奥尔森与他的同事研究员哈兰·安德森一道，从哈佛大学商学院的乔治斯·多里奥特教授那里获得了70 000美元。多里奥特建立了一个专注于技术领域的投资基金，并将之称为"风险投资"，用来资助那些未经考验的年轻创业者。奥尔森与安德森离开麻省理工学院，搬进了老旧工业城镇梅纳德一间装有护窗的纺织厂厂房。他们的新公司——数字设备公司——就此开张。

数字设备公司销售的是一种新型计算机，这种计算机由晶体管构成并且可以编程，尺寸与价格都只是相当于大型计算机的零头。这种计算机由诺伊斯和基尔比发明的集成电路驱动，这些集成电路最近才因为太空计划大量及大范围的采购变得成本低廉。奥尔森将这种计算机称为"编程数据处理器"，或称PDP。当时，大型计算机的价格超过了100万美元，而PDP的售价不到20 000美元，小型计算机正式引领了下一代数字计算的走向。[1]

这种冰箱大小的机器仍与现在个人桌面电脑相去甚远，但它从那个由打孔卡片与批处理组成的陌生而冰冷的世界吸引来了用户，使他们能够对计算机的运行进行实时编程与执行。20 世纪 60 年代末，数字设备公司于 1965 年推出的采用集成电路芯片的 PDP-8 型计算机在全国各地的计算机实验室已经普及，同时它也是整整一代硬件爱好者、独立黑客与未来的肯·奥尔森们进入数字世界的大门。这些人中有下课后用电脑来玩游戏的大学生与研究生，有在电脑上编写他们的第一个程序的年轻程序员，也有作为早期教学软件试用者的在校生。

就如飞兆半导体公司孕育了硅谷的芯片产业一样，数字设备公司也将波士顿变成了小型计算机之都，这项产业将雇用数十万人，并在 20 多年内创造数十亿美元的财富。1968 年，PDP-8 项目的一名核心工程师离开数字设备公司，创建了另一家名为通用数据的小型计算机公司。四年后，普莱莫计算机公司在半小时车程之外的另一座历史久远的工业小镇内蒂克成立。马萨诸塞州的小型计算机生产商在曾经为美国内战士兵生产军靴与毛毯的摇摇欲坠的砖砌厂房中生产着计算机，这些计算机迎来了晶体管化的第二代数字计算，比之前大型计算机领域的大多数竞争对手都更严重地影响了 IBM 的市场霸主地位。

小型计算机公司为古板保守的波士顿商业界引入了一些战后电子实验室的叛逆随性的精神，这也是惠普、飞兆半导体公司以及它们所孕育的其他加州公司的标志。在创立公司之前，肯·奥尔森只在学术界工作过，他对管理专家与衣着正式的销售人员没什么耐心。他是一名虔诚的教徒，对于攫取财富毫无兴趣，业余时间喜欢乘坐他最心爱的独木舟，在新英格兰的池塘里安静地泛舟。在奥尔森看来，自己"首先而且主要是一名科学家"。

虽然这常常使奥尔森无法准确分辨商业市场与消费者市场的微妙差别，但也使他的公司能够非常高效地生产科学家与工程师们所需要的产品。到 20 世纪 70 年代初，数字设备公司已经成为全球第三大电脑制造商。多里奥特的 70 000 美元投资——他因此获得了公司 70% 的股份——回报高达 3.5 亿美元。这是高科技史上获利最多的投资之一。[2]

计算机分时

当肯·奥尔森在梅纳德的纺织厂里开张时，约翰·麦卡锡开始思考更好地发挥计算机算力的方法。

麦卡锡在波士顿出生，在洛杉矶长大，是一位工会领导人的儿子，具有激进的灵魂与科学家的头脑。他提前两年从高中毕业，在加州理工学院与普林斯顿大学攻读学位，之后获得教职进入了达特茅斯学院。麦卡锡是为计算机模仿人脑以及与人脑互补的潜力而倾倒的众多学者之一，正是他于 1955 年将这一现象与围绕这个现象的研究领域命名为"人工智能"。

1958 年，麦卡锡被麻省理工学院挖走，他在那里迅速与另一位新星马文·明斯基教授合作创立了人工智能实验室。两人自研究生时期就是密友，并且在 30 年前的同一个月中相继出生。除了同龄人容易产生共鸣，他们也都坚信计算机可以并且应当用于计算以外更大的用途。但为了实现这个目标，电脑需要改变与人类用户交互的方式。这意味着它们必须能让人们不再排队等候。[3]

20 世纪 50 年代晚期，计算机世界的现实正是如此。大型计算机虽然功能非常强大，但一次只能处理一批数据。不耐烦的研究人员必须拿着打孔卡片排队请求，然后花费几个小时甚至几天等待计算结果。而且在错误十分常见的早期编程年代，在初次运行程序之前，他们必须花费大量的时间来检查并完善他们的指令——这个阶段甚至需要更长的时间和更多的打孔卡片。一定有更好的方法。

麦卡锡提出的解决方案是对大型计算机进行改进，使多名用户可以同时使用计算机。他提出建立一套中心辐射系统，计算机位于系统中心，用户终端处于外围，计算机与用户终端通过同轴电缆相连。用户无须等待，而且能在数秒之内得到计算结果，如果数据中有错误，也可以立即重试。人们不再需要使用打孔卡片，而是在终端实时输入指令。"我认为这个方案指出了未来所有计算机的运行方式，"麦卡锡在 1959 年初写给麻省理工学院计算机实验室负责人的信中写道，"而我们有机会在计算机使用方式上率先迈出一大步。"[4]

在波士顿，约翰·麦卡锡并非唯一一个思索如何改进人机交互的人。从 20 世纪 40 年代末控制论之父诺伯特·维纳在剑桥市举办了一系列传奇的讨论会并讨论人与机器的问题以来，围绕这一问题的讨论便持续进行着。让计算机彼此"交谈"的想法并非无法想象：数字网络的历史与数字计算机的历史几乎同样长。数字网络源于另一个诞生于波士顿的系统——半自动地面防空系统，又称 SAGE 系统。这个项目由美国空军出资，麻省理工学院林肯实验室负责设计，是将军用计算机与雷达相连创造出的防空用数字指挥控制系统。这套最早的网络系统于 1953 年在科德角进行了试运行，并于 1958 年人造地球卫星 1 号发射后的那个意义重大的夏天在全美国启动运行。[5]

在城镇的另一边，麦卡锡找到一位名叫约瑟夫·C. R. 利克莱德的心理学家，大家都称他为"利克"。他一直在潜心研究如何通过改进设计来克服计算机的计算速度（闪电般迅速）与人类反应速度（可不那么快）之间的悬殊差异。1960 年，他在题为《人机共生》的论文中探讨了这个问题，这篇短小的论文后来成为高科技历史上影响最大也最为深远的文献之一。在简短的 7 页论文中，利克莱德规划了一种全新的世界秩序，其中人类（不分性别）负责进行创造性的思考："设定目标，提出假说，确定指标，然后进行结果评估。"计算机则负责数据采集与计算之类的重复性工作。根据利克莱德的估计，这些工作占用了人类研究者85%的时间。但这样的人机共生需要新的工具，包括计算机分时。[6]

数字设备公司开发出的第一款计算机为利克莱德和麦卡锡提供了他们所需要的机会。1961年，两人合作对数字设备公司的一台全新的小型计算机进行了改造，使其能够分时使用。同一年，麻省理工学院的计算中心接受了麦卡锡提出的挑战，对一台刚刚交付的IBM计算机进行重新配置，使之能够由多个用户同时使用。计算机分时已经从疯狂的点子变成了现实。

从此，计算机分时研究迅猛发展且规模急剧增长。1962年，约瑟夫·C. R. 利克莱德前往华盛顿，受命在ARPA中运作一套新的计算架构。这个国防部中的小机构组建于1957年底，目标是研究那些"后人造地球卫星1号时代"的"灵光一闪"。凭借卓著的声望与巨大的人格魅力，利克莱德争取到了一笔非常可观的资金，并且具有相当大的行政权限，可以将这笔资金花在他希望的任何地方，而他继续将这些资源的一大部分投给了麻省理工学院和斯坦福大学，在那时，约翰·麦卡锡刚刚加入了斯坦福大学的教师队伍。

随着资金从ARPA流向致力于推动"人机共生"的学术计算项目，这个在人造地球卫星1号刺激下建立的机构，在美国的顶尖大学中高效地创立了一门全新的学科：不完全是物理学或电气工程学的变体，而是独立地追求知识的"计算机科学"。斯坦福大学于1965年初建立了计算机科学系，这是弗雷德里克·特曼作为教务长建立的最后一个新院系。约翰·麦卡锡成为这个小巧精干的机构最初的6位教员之一。[7]

计算机分时研究以ARPA的资金为火种，迅速蔓延开来。买不起属于自己的大型计算机（甚至是小型计算机）的研究机构可以通过接入位于另一个房间、另一座建筑，甚至镇子另一边的计算机以获得算力。政策制定者和记者们很快就开始关注网络，它使大众能够接入使用计算机，并且享有像电力或者电话服务那样的"公共计算服务"。

1964年麻省理工学院管理学教授马丁·格林伯格在《大西洋月刊》中乐观地表示："除非有目前无法预见的障碍，否则到2000年，由公共信息服务提供的在线交互式计算机服务可能会像今天的电话服务一样普及。"[8]

分时浪潮

虽然计算机分时服务最初是为了方便科研人员进行学术研究而诞生的，但现在，为那些渴望在办公室或家中获得计算能力的用户提供这种服务变得有利可图。因此，在20世纪60年代后半期，有大量的创业公司尝试开展计算机分时业务。在得克萨斯州，像H. 罗斯·佩罗创办的电子数据系统公司和山姆·威利创办的大学计算公司这样的企业，它们向用户提供计算能力，也向大型机用户提供软件服务。但这些公司并没有形成麦卡锡和明斯基所设想的网络，仍是由人类程序员而非计算机将数据输入机器，并由人决定每次运行的顺序与时长，只不过是通过电话线进行批处理。

真正的商业化计算机分时诞生在一家规模虽小但技术更加先进的创业企业，它对强大的科学计算机进行了编程，用来决定各项工作的执行顺序与运行时间，并基于电话线路建立了计算机通信网络，为用户提供更快、更廉价、更强大的计算服务。这家公司就是太协公司，一家在帕洛阿尔托开办的小型创业公司，终有一日，它将成为这一领域的领导者。1966年，安·哈代也发现了这家公司。

太协公司是彻头彻尾的加利福尼亚的产物。这家公司源于两位工程师的想法，汤姆·奥罗克和戴夫·施密特曾就职于通用电气设在圣克拉拉山谷的分支部门，他们考察了这个地区的电子企业，发现其中一个稳定的分时计算用户群体有待发掘。太协的首次试运行在洛克希德导弹和空间公司进行，那里的工程师原本需要等待24小时才能让 FORTRAN 代码完成运行，他们立即抓住了这个能让运行过程加快的机会。这次试运行使用的是一台由南加州的科学数据系统公司（SDS）组装的强大的科学计算机，这台计算机已经由伯克利的一个小组改造成了分时计算机。[9]

安·哈代已经在利弗莫尔国家实验室工作了 5 年，但她的丈夫的工作调到了帕洛阿尔托，而跨过海湾通勤是不可能的（优先考虑妻子的工作更是无法想象）。哈代因为初来乍到，没有工作，在新的镇子上也没有目标，她认为自己需要一个设在家中的分时终端来保证自己的技能不至于荒废，于是开始四处寻找这样的服务。

在听说太协公司之后，她直接给素不相识的戴夫·施密特打了个电话。施密特对当地一位主妇想要在一台分时计算机上"玩玩"的想法感到有些不知所措，坦白说，太协公司的设备目前并不能够真正运行。奥罗克和施密特在通用电气时已经习惯了坐享能够同时服务多名用户的分时计算机，他们没有意识到他们从伯克利订购的机器并不能接纳同样数量的用户的操作系统（OS）。这台机器经过测试，能够让至多两名用户同时使用，但像太协这样的商业机构，需要的是一台能够同时服务至少 20 名用户的计算机。他们需要升级系统。"我告诉他们，他们需要雇用我。"哈代回忆道。施密特同意了，但并没有意识到哈代编写的程序对太协最终的成功是多么重要。"如果我当时明白这个系统对这家公司意味着什么，"他后来向她承认道，"我绝不会雇一个女人来设计它。"[10]

太协很快变得炙手可热。洛克希德和飞歌-福特公司的航空航天工程师一直渴望获得算力，现在终于出现了这么一项服务，让他们可能接入所需要的所有算力。但由于用户几乎全部是工程师，太协的计算机系统很快就遭到了攻击。哈代认为他们可能并不是故意要找麻烦："你让一个工程师接触电脑，他们就会什么都试一下。"[11]

数十年之后，技术界才建立起加密标准，但当时的太协公司的团队几乎立刻开始加密自己的密码以稳定系统。哈代开始埋头于在系统中建立其他检查校验，这样用户就更加不容易引起系统崩溃。大型计算机公司还在研究能让不同的机器进行通信的共享协议时，太协已经开始寻找让这种通信变得安全的方法。

网络本身随之诞生。太协公司的创始人在创办公司时只考虑了当地市场，但他们成功的服务很快让他们开始向其他地方扩张。由于其用户通过线缆向他们发送数据的唯一可行方式是通过本地电话线路，因此，将业务推向全国意味着要在他们打算提供服务的每一座城市都建立完整的计算机中心——这个方案既昂贵，又不具有扩展性。

当太协的高层为在缺乏基础设施的年代建立一个全国性数据网络的难题伤脑筋时，哈代找来了她在利弗莫尔国家实验室认识的一名程序员，他的名字（拉罗伊·蒂姆斯）和专业特长（计算机网络）都使他仿佛命中注定一般进入太协公司工作。进入实验室时，蒂姆斯已经20岁，而且没有大学学位。他本想当一名电工学徒，由于政府对技术人员的大量需求，他突然就进入了军方最重要、最机密的研究设施基地开始操作电脑。"这超出了我这辈子见过或者听说过的一切，"他回忆道，"他们放心地把价值数百万美元的机器交给我这样的人，这让我……记忆深刻。"[12]

像安·哈代一样，拉罗伊·蒂姆斯是偶然接触到编程的，但事实证明这或许是冥冥之中的安排。他于1968年初进入太协，着手用一个巧妙的变通方案来解决网络问题：建立一套全国性的小型计算机网络，来充当用户与全能的SDS-940之间的高效信息中介，用户与SDS-940之间通过可以同时传输多条消息的多路复用线路相连。蒂姆斯的临时方案——被命名为蒂姆网——引领了后来这一方向的创新。从1971年建立蒂姆网到20世纪90年代初商业互联网的出现，没有其他向商业客户提供的服务能与之相比。[13]

太协公司发展迅速，但仍然像一家创业公司：规模不大，气氛轻松，还有令人兴奋的技术。在每周70小时的工作之后，公司的员工通常会来到街角的牛排店喝啤酒聊天。哈代有小孩，但她仍然留了下来，并根据工作的需求安排自己的家庭生活。也许是由于郊区的卧室—社区文化，也许是因为工程专业中男性占绝大多数，在硅谷的技术人员中，像她这样的职场妈妈十分少见，更不用说作为技术负责人了。20世纪六七十年代，女权主义革命如火如荼，但帕洛阿尔托的广场与街巷似乎还处于艾森豪威尔时代。

随着市场的增长，太协扩张成为这个在商业上逐渐成熟的行业的领导者，此时，华尔街正好进入了持续数年的牛市。1970年9月，太协公司公开上市，在第一个交易日，其股价就远超发行价，为创始人和早期员工带来了一笔意外之财。然而安·哈代并非其中之一。"跟对待其他男人不同，他们并没有给我股票期权。"她就事论事。她没能提前攒够退休金，不过，她反正也没打算停止工作。未来还会有更加有趣的事。[14]

解除管制

虽然商业计算机分时服务在20世纪60年代末开始腾飞，但计算机网络的未来仍然有赖于政治与政策。在大西洋彼岸，英国和法国一直坚持由政府运营电信业务。但在美国，电话网络为私人所有，政府主要通过"旨在确保服务普及且价格低廉的'法规'"对行业实施管控，其结果是像美国电话电报公司（AT&T）与西联公司这样的通信企业独占了市场。AT&T对电话线路的垄断是太协这样的公司难以建立起全国网络的原因之一，而且这种控制还扩展到接入网络的设备上。按月从电话公司租用的笨重的贝尔公司电话听筒在20世纪中期的美国家庭中随处可见。

然而，在20世纪60年代至70年代早期，几件事的发生使美国对计算行业的监管与电话行业截然不同。当时几乎无人意识到这些区别最终被证实与即将到来的高科技经济的发展息息相关。

首先是卡特电话案。托马斯·卡特出生于得克萨斯州，熟知大草原与油田，他于 1959 年为一种设备申请了专利，这种设备将常规的电话线接入一台双向无线电，为牧场主和油田工人提供了一种能超出普通对讲机工作范围进行通信的方式。AT&T 很快就开始打压他。电信巨头贝尔公司告诉卡特，只有"贝尔大妈"的设备能够接入贝尔公司的网络，卡特电话必须滚蛋。托马斯·卡特的公司可能并不大，但他的愤怒可是得州巨无霸式的，他决定反击。1965 年，卡特提起了私人反垄断诉讼，对象是这一行业中的所有巨头：AT&T 及其 22 家地区分公司，以及第二大电话服务提供商通用电话电子公司（GTE）。

三年后，也就是 1968 年 7 月，联邦通信委员会以一条决定性的裁决结束了此案：AT&T 无权禁止在其线路中使用第三方设备。"我们把它治得服服帖帖的，"卡特咆哮道，"我们好好整了它一下。"华盛顿的一位律师称："这是过去 10 年里通信行业最重要的一场诉讼。"卡特电话案的判决推动了新兴设备制造商加速进入电话市场，也迫使 AT&T 开发能够更加吸引消费者的产品。整整一代美国孩子将伴着他们床头的米老鼠电话长大。对即将到来的联网未来而言，更重要的是，这为高科技领域的新来者打开了市场，让他们能够建造手持设备、耦合器、路由器和其他计算机通信必要的网络基础设施。[15]

另一起"大卫对抗歌利亚"的战争将大门进一步打开。不过这次舞台不是在得克萨斯州的油田，而是在到处都穿着细条纹西装的华尔街。

如果说纽约证交所是美国股市的凯迪拉克，那么场外交易市场就是它那稍有刮痕的 T 型车。这些公司规模太小，无法在大盘或地区交易所上市。自从 20 世纪 30 年代以来，这些公司的股票买卖都控制在一个名为全国证券交易商协会（NASD）的股票经纪自律组织手中。这个市场采取的交易方式陈旧且不够透明：印刷出来的股价表非常不可靠，买家通常只能通过致电经纪人来了解股票的真实价格。随着市场开始急剧扩大，全国证券交易商协会的经纪人意识到他们需要进入20世纪，更要改善他们稍显糟糕的名声。将整个系统计算机化将会是最迅速、最引人注目的方式。

1968年，这些证券交易商开始为它们系统的"自动化"工程招标，获胜的是一家名为邦克·拉莫的有4年历史的南加州创业公司。这家公司与国防工业颇有渊源：公司的创始人是马丁·玛丽埃塔公司总裁乔治·邦克和天合汽车集团的副总裁西蒙·拉莫，公司致力于满足两位创始人所谓的"将电子工业应用于信息处理的全国性需求"。它们早期的用户包括NASA，邦克·拉莫为NASA建立了世界上最早的计算机信息检索系统之一，这个系统使用联网计算机对大量数据进行分类管理，工作方式就像范内瓦·布什提出的Memex那样。[16]

起初，邦克·拉莫为证券交易商设计的系统只不过是另一个数字数据库，将纸质股价表转到线上。但当邦克·拉莫为系统增加一项允许经纪人通过网络买卖股票的功能时，AT&T再次声称它违规了。AT&T的律师辩称这已经不属于计算机分时的服务范畴，而是属于双向通信，"贝尔大妈"将拒绝邦克·拉莫租用它的线路。[17]

就像托马斯·卡特一样，邦克和拉莫也进行了反击。1971年，邦克·拉莫公司向联邦通信委员会提交的投诉最终使委员会做出了另一项里程碑式的裁决。这项决议被称为计算机Ⅰ号决议，联邦通信委员会在决议中做出了妥协：提出一种新的"混合型服务"通信类别，大多数通过计算机进行的双向通信都属于这一类。但这项决议并没有结束争议，在20世纪70年代结束之前，又有计算机Ⅱ号决议与计算机Ⅲ号决议陆续被提出。当联邦通信委员会还在讨论如何用临时法规来对计算机通信进行分类时，技术变革的步伐已经远远走在了前头。

联邦通信委员会的迟疑不决实际上反而解决了这个问题。强力监管的方针已被抛弃，而正是这种方针决定了过去40年的法规制定，并导致无所不能的"贝尔大妈"的出现。相反，一系列商业网络服务提供商开始围绕通信线路崭露头角，这些公司提供着越来越多的内容，并且随着时间的推移，开始提供电子邮件、在线聊天以及其他双向通信服务：美联网于1969年在俄亥俄州建立；来源网，1979年在弗吉尼亚州开始运营；神童网络由哥伦比亚广播公司、IBM与西尔斯在1984年共同出资建立。拉罗伊·蒂姆斯的蒂姆网络并没像其他网络那样成为知名品牌，但这个真正的分时网络是这些网络中运行得最久的，它从1971年运行到2003年，从未崩溃过。"它的网络代码从未出现过任何错误，从来没有，"安·哈代惊叹道，"出色的工作。"[18]

卡特电话和邦克·拉莫的诉讼以及随后的裁决意味着数字通信门户这一领域将为众多个人公司分享，而不是被一两家公司垄断。另外，虽然这些服务都颇受大众欢迎，但这些公司并没有变成计算机行业的AT&T，或者公营的"公共计算服务"。相反，国会和FCC主动阻止AT&T提供网络内容，解除了对整个系统的控制，这导致了20世纪80年代初贝尔公司被强制拆分。

在这段管理真空期，唯一足够强大且应用范围足够广泛，最终成为世界电子商务与通信支柱的是一个截然不同的网络：非层级性、非商业性、自由野性，因为美国的太空竞赛而得以实现。这个网络被称为阿帕网。[19]

星际网络

分时计算业务开始起飞的时候，利克莱德已经转向其他更宏大的想法。几乎是从踏入五角大楼的那一刻起，他就开始发布一系列备忘录，建议将分时网络提高到更高的水平。他建议将分时计算机连接起来，建立一个强大的全国性交互式超级计算机网络。他一时兴起，故意用一个夸大而幽默的说法来突出这个想法的疯狂，他将其称为"星际计算机网络"。[20]

学术界热情地接受了这个概念，哪怕尝试让不同的供应商和不同型号的大型计算机互相通信会出现一些棘手的技术问题。来自不同大学的计算机科学家小组都在研究相似的问题，但它们在互相独立的系统上工作，彼此无法共享数据或发现。这几乎和为了处理打孔卡片需要等待 36 个小时一样低效。利克莱德在 ARPA 的继任者，一个名叫鲍勃·泰勒的抽着烟斗的得克萨斯人，在 20 世纪 60 年代剩下的时间里，都致力于解决这个问题与实现"资源共享计算机网络"。[21]

那时五角大楼正好进入了罗伯特·麦克纳马拉主导下的商业化管理和预算削减时代，泰勒提出网络化计算将消除低效并且解放承包商，使它们能够以最低的价格获得最好的计算机，军方高层认同他的这个想法。关于全国性计算机网络，兰德公司还提出了一个与末日相关的论点。兰德公司的研究人员指出，一旦核打击摧毁常规的电话服务与五角大楼的指挥中心，这种"去中心化"的网络就可以作为军事通信的生命线。

上层点了头，但他们没有给泰勒充裕的预算。为推动这个网络的设计，泰勒转而向学术研究人员寻求帮助，他们过去 10 年里大部分时间都在致力于解决"人机共生"的问题。由此设计出来的阿帕网是一个由研究者为研究者设计的网络，反映了他们最关切的方面：易于通信，不分等级的协作，对软硬件平台没有特殊的偏好。

计算机分时迅速变成一个有利可图的市场，不同的计算机企业激烈地彼此竞争，试图成为行业标准，整个大厦在其内部的压力下轰然倒塌。其他的电子技术基础研究——从雷达到微波，再到晶体管与集成电路——已经被军事化。反对越战的呼声日益强烈，这在学术界引发了严重的忧虑。但阿帕网截然不同：它是一丝不苟的太空时代的产物，由一群天性自由散漫的教授和留着长发的研究生于20世纪60年代末创造并培养，它是一个有着反主流文化灵魂的军工复合体产物。

1969年7月，尼克松当选总统7个月后，尼尔·阿姆斯特朗把鞋印留在了月球表面，实现了约翰·肯尼迪8年前定下的宏伟目标。盖瑟报告悲观地警告过的"导弹鸿沟"后来被证实不过是基于不可信情报的捕风捉影，但由此引发的一系列举措产生了真正的回报。美国因努力追赶苏联而加速各种电子创新，这进一步扩大了计算机产业，并使美国的高等教育体系成为世界上资金最充裕和首屈一指的教育系统。

登月成功后的三个月零九天，阿帕网投入使用。这个网络在美国太空计划昂贵而广阔的世界中只不过是微光一闪。从肯尼迪宣言到尼尔·阿姆斯特朗迈出"人类的一大步"，美国在太空竞赛中一共投入了240亿美元，其中只有大约100万美元投入阿帕网的建设中。只有少量科学家与政府官员知道它的存在，没有任何一家全国性报纸报道阿帕网投入运行的消息。然而在半个世纪之后回头来看，阿帕网后来发展成的网络——互联网——对全球政治与经济变革产生了比火箭发射、轨道卫星和登月计划加起来都要重大的影响。

5
投资人

高科技行业的发展史通常被描述为波士顿与硅谷之间针锋相对的竞争,一个"赢家通吃,败者一无所有"的故事。然而,战后数十年的发展表明,这两个地区的命运从一开始就通过个人情感、同行竞争的好胜心和联邦合同促进的合作交织在了一起。这种联系——不仅仅是竞争——是使两个地区都变得强大的原因。

弗雷德里克·特曼在建立他的"技术学者共同体"时,就考虑了范内瓦·布什的麻省理工学院,提出了一个既有竞争也有合作的项目。雷神公司获得 NASA 的导航系统的订单之后,就把集成电路部分转包给了飞兆半导体公司。计算机分时起源于麻省理工学院,随着五角大楼的投资浪潮转移到了西部。阿帕网至关重要,因为它使帕洛阿尔托、加州大学伯克利分校、剑桥市、华盛顿和其他地方能够进行交流与合作。这一切的核心都是人才。硅谷中有在麻省理工学院接受训练的工程师,有哈佛大学商学院的毕业生,还有其他曾经在 128 号公路沿线某处工作过的人。在两个海岸之间的人员交流中,硅谷往往占据优势,因为没有几个人在体验过北加州的地中海气候之后还想再回到新英格兰的冬季中去。

然而,这两个地区之间存在明显的差异,正是这些差异把这两个地区塑造成了它们最终的形象。地理位置决定了命运。正如1994年安娜李·萨克森尼安在她对这两个地区进行比较的权威研究中所发现的那样，圣克拉拉山谷远离政治与金融中心这一点形成了巨大的优势。这使山谷中的公司可以自由创新，培养出新的模式，并最终减少对军工复合体变幻无常的资本的依赖。在"试图效仿"布什和其他人在波士顿竖立的榜样的过程中，她在论文中写道："它们无意中也改变了它。"[1]

圣克拉拉山谷不是一座大城市，而是由小片住宅区聚集而成的区域。"我刚搬到硅谷的时候，这里看起来就像是沙漠中的一片绿洲。"1966年从麻省理工学院毕业后进入洛克希德公司的马蒂·特南鲍姆回忆说。他在离开哈佛大学的四方院之前囤了足够读一年的书，以防他在硅谷找不到像样的书店（他后来找到了一个书店，但也仅此而已）。高科技行业的从业者都是朋友和邻居。由于没有别的方式打发时间，他们下班后通常都在小联盟棒球赛的球场旁边闲聊，或者在硅谷屈指可数的酒吧的人造革隔间里讨论半导体设计。[2]

在其他地方可能会有排外的情况出现。但随着资金与大量人才流入西部的军工复合体、伯克利分校和斯坦福大学的教室，这种情况反而激发了一种颠覆性且高效的新型工业模式。

哈佛大学和麻省理工学院可能一直以来都是无可争议的学术强校，但它们的办校方针与专注创业、机会主义、生机勃勃的斯坦福大学截然不同。波士顿可能有银行家与上流阶层，但北加州有年轻的金融家和律师，他们对技术领域和这个领域带来的赚取大量利润的机会有全面的理解。圣克拉拉山谷变成了一个聚集聪明头脑且资源丰富的"加拉帕戈斯群岛"，产生了一类只专注于高科技产业的全新商业专家。硅谷拥有其他地方——哪怕是波士顿——都没有的条件。正是这样的生态系统最终使北加州获得了竞争优势。

即使在芯片制造商与小型公司迅速发展的环境中，独立创业仍然很容易失败，创业者需要具备联邦合同无法提供的市场知识与资源。一般来说，电子企业家都是出身普通的年轻人，他们的知识来自书本，缺乏华尔街的经验。这些未来的鲍勃·诺伊斯和肯·奥尔森需要管理上的建议，需要关于市场、营销和广告方面的指导，需要在草拟合同、申请专利和分配股票期权方面的法律支持，他们还需要资金。传统银行——或者在这种情况下的大多数投资者——都不愿意投资给那些只在实验室工作过，而且通常生产的都是从未在市场上销售过的产品的年轻人。创业公司的创始人需要了解他们正在创造的技术又能够在商业方面指引方向的投资者，这些人愿意稍微赌上一把。

他们需要风险投资人。

将军

李子果园里的晨雾尚未散去，租来的蓝色庞蒂亚克在帕洛阿尔托以南数里的乡间小路上轰鸣，比尔·德雷珀（全名威廉·亨利·德雷珀三世）坐在庞蒂亚克的驾驶座上。他的朋友兼商业伙伴皮彻·约翰逊开着同款蓝色庞蒂亚克，在另一座果园里干着同样的事。在肯尼迪所谓的新前沿那令人兴奋的早期时光里，他们每天早上都这么做：早早起床，跳上租来的车辆，出门继续找生意。

德雷珀发现树林中隐约出现了一间木制仓库，他放慢了速度。一位农民多年前建造了这座仓库，用来晾干收获的果实，但当他靠近的时候，他能看出来仓库里已经不再存放西梅。仓库的门上钉着一块标志牌，上面写着公司名字——"技术"（techs），"粒子"（trons）的同音词，这表示里面有一家刚刚起步的电子公司。德雷珀立即停车，跳出庞蒂亚克，向着仓库门走去。

他轻轻敲了敲门，门开了。一个穿着长袖衬衫的年轻人眯起眼睛看向门外的晨光。德雷珀介绍了自己，然后直奔主题。"我是一名风险投资人。我们想购买像你们一样的公司的少数股权，然后给你们资金发展自己的业务。"对于一名缺乏资金的创业者，听到这些就够了。"进来谈。"那个年轻人答道。德雷珀又拿下一城。一个早上接着一个早上，一家公司接着一家公司，比尔·德雷珀和皮彻·约翰逊成了刚刚建立的缺乏资金的电子企业首要的求助对象。[3]

比尔·德雷珀英俊而自信，天生一副运动员的体格。他是与伯特·麦克默特里和鲍勃·诺伊斯这样的中部男子不同类型的加州移民。他出生在 1928 年的新年，是一位杰出的银行家兼外交家的儿子。他在韦斯特切斯特郡富裕的环境中成长，曾在朝鲜作战，在耶鲁大学读本科时是排外而神密的骷髅会成员。1950 年从耶鲁大学毕业（同为骷髅会会员的未来的总统乔治·布什比他早一年）后，德雷珀进入了哈佛大学商学院。

他走进的是"鼓舞人心"的乔治斯·多里奥特的讲堂。这个被称作"多里奥特将军"的法国人——"二战"期间加入美国国籍，加入军队并获得准将军衔——已经进入高科技投资行业 5 年，时任美国研究与开发集团（ARD）总裁，但他还要过几年才会投资数字设备公司。那时，多里奥特还没有成为风险投资界的传奇人物，而只是 MBA 专业中最受欢迎的教授之一。

这位教授时长一年的课程有一个看似平常的标题——"制造"，但却是包含理论与现实经验在内的一段激励人心之旅。"能够告诉我们作为商人的真实感受。"德雷珀说。"我既在培养人才，也在培养公司。"教授明确地告诉他们。由于哈佛大学商学院不接收女性学生，多里奥特为学生的妻子们同步开设了一门课程，教她们一些作为公司高管贤内助的实用小窍门，例如为丈夫准备《商业周刊》上相关内容的剪报，以及当他们在办公室度过了漫长的一天回到家中时，用他们喜欢的饮料迎接他们。德雷珀的妻子菲利斯并不喜欢这些课程。[4]

虽然风险投资人后来在大众印象中有着不同于传统牛仔的形象，

但在早期，他们还只是循规蹈矩的商业机构的产物。多里奥特也不例外。这个一丝不苟的法国人虽然已经退役，但仍然遵循着军人那样精确的时间表：每天早上 7 点起床，走路上班，然后连续工作很长时间，途中只中断 10 分钟时间在办公楼的餐厅里吃午餐，在深夜 2 点准时醒来，细细思索棘手的商业问题。"永远记住，"他严厉地瞪着他的学生们警告道，"此时此刻，其他人正在某个地方生产会让你的产品变得过时的产品。"[5]

多里奥特执掌的风险基金是拉尔夫·弗兰德斯提出的想法，他来自佛蒙特州，三次当选共和党参议员（强硬而公正的弗兰德斯是在 1954 年时第一个站出来谴责"以反共名义进行迫害的"约瑟夫·麦卡锡的共和党参议员，他因此而闻名），之前他曾领导波士顿联邦储备银行。其他金融家创始人同样地位显赫，他们是约翰·汉考克人寿保险公司的保罗·克拉克，马萨诸塞州投资者信托公司的美林·格里斯沃尔德和麻省理工学院的校长卡尔·康普顿。[6]

也许是多里奥特使"风险投资"一词广为人知，但对有风险的新业务进行投资并非新生事物，甚至可以说毫不新奇。从英国王室的伊丽莎白一世到佛罗伦萨的美第奇家族，再到为亨利·福特提供初始资金的金融家，富人与资本一直以来都愿意对新出现但尚未经过考验的想法和公司投下赌注。对新兴产业进行风险投资已经成为镀金时代百万富翁的后代们的爱好。到了 20 世纪中叶，这些赌注中已经有许多得到了回报，这些家族投资基金（例如洛克菲勒家族和惠特尼家族的投资基金）成了许多行业初创公司的可靠资金来源。内部人士将这类交易称为"私募"。[7]

这些拥有祖传财产的巨头对电子设备的工作原理毫不了解，但它们能够察觉其中蕴含的商机。多里奥特的作用是中间人，利用他对波士顿科研圈的了解找出新技术，找到相关的企业家，并帮助他们联系那些富有的精英。当比尔·德雷珀溜进哈佛大学的演讲厅时，将军已经从个人和机构投资者那里募集了数百万美元，为好几家公司提供了创始资金。这些公司大多开在马萨诸塞州。德雷珀察觉到了机会。

他的父亲同样发现了机会。老威廉·德雷珀曾担任杜鲁门政府的陆军副部长，后来前往大西洋彼岸指挥美国在欧洲进行的战后重建项目"马歇尔计划"。他在那里的副手弗雷德·安德森也是一位出色的军人外交官，两人很快成了朋友。回到美国后，他们又增加了第三位同伴，这人正是罗恩·盖瑟，就"导弹鸿沟"提出警告的当代"保罗·列维尔"。

盖瑟提出了那份影响重大的报告，启动技术投资之轮后的两年，这三人整合他们在华尔街培养的专业能力与华盛顿的人脉，将多里奥特的风险投资模式带到了西海岸，只是在结构上稍微有些变化。将军以封闭式的公开交易共同基金来运营 ARD，这三人选择创办一家有限合伙公司。在这样的公司中，合伙人的主要收入来自"业绩报酬"——基金所创造的利润的一大部分。

有限合伙制模式在后来的数十年内成了硅谷风险投资公司的主流，这种模式使投资人的收入情况与他投资的公司的经营情况联系得更加紧密。这鼓励投资人更加仔细地选择投资对象，并与他所投资的创业公司保持紧密关系（例如亲自参与管理）。风险投资人通常能够获得很大部分的公司股权作为他所提供的初始资金的回报，这使风险投资人成了创业者们最重要的商业伙伴，可能也是获利最多的合作伙伴。投资的成功率仅有 1/10，但考虑到电子行业能够带来的利润，你只需要获得一次大的成功即可。

1959 年，德雷珀、盖瑟和安德森从纽约的金融家那里募集了 600 万美元，其中包括来自洛克菲勒家族的 200 万美元，创办了帕洛阿尔托的第一家风险投资公司。不久之后，年轻的比尔·德雷珀来到西部，加入了他们。有趣的是，首创了有限合伙制模式的公司并不那么成功，这在很大程度上是因为几位创始人过于忙碌，地位也太高，不能抛开其他的一切，挽起袖子亲自管理他们投资的公司。这种工作需要年轻人来做——那些尚未获得财富与地位的年轻人，那些愿意开着轰鸣的蓝色庞蒂亚克出门追寻生意的年轻人。[8]

政府

要不是林登·约翰逊想当总统，风险投资可能仍然是专为常春藤学校和信托投资人牵线的小众而高端的行业。

1958年夏天，约翰逊已是第四年担任参议院多数党的领袖，在刚刚过去的一个季度里，他在推动立法方面取得了可观的成就，并且开始考虑如何才能赢得1960年民主党内总统候选人的提名。为了达到这一目标，他需要北方各州民主党自由派的支持，那些人认为在民权问题方面，他这个喋喋不休的得克萨斯人只不过是又一个蓄意阻碍的"南方佬"。一旦他获得提名，他又需要努力吸引商业选区，这些选区目前倾向于潜在的共和党对手——副总统理查德·尼克松。

有一个议题可以一箭双雕：当下普遍认为缺少对小型企业的投资，这阻碍了潜在的创业者创办企业，导致经济增长放缓。这正是约翰逊擅长应对的那类立法挑战。对于来自阿比林的总统艾森豪威尔来说，小型企业也是一个好议题，长期以来，他都是小型创业公司的支持者。正如他所说的，这些企业"对我们自由竞争企业体系的健全与活力至关重要"。

自20世纪30年代以来，国会中的民主党议员一直试图在这方面通过某项法案，但从未成功，部分是因为他们的提案包括设立一家大型政府银行，共和党议员并不接受这样做的理论依据与成本。约翰逊明白，他需要更关注私营部门的方案。他向一位哈佛大学教授求助，这位教授是这方面的知名专家：乔治斯·多里奥特。[9]

夏季休会期日益临近，约翰逊成功地说服其他立法者通过了《小企业法》，这项法案为小型企业及其投资人提供了一系列慷慨的税收减免和联邦贷款担保政策。如果你创办小型商业投资公司（SBIC），每为自己的公司募集到1美元资本，联邦政府就会替你担保，使你能够获得3美元的长期贷款。税收激励政策鼓励早期投资，"管理咨询服务"也能够享受税收减免。这正是多里奥特的模式，只不过美国政府取代洛克菲勒家族成了那个资金充裕的天使。由于对SBIC的监管比较宽松，同时允许任何人创办SBIC，后来有一位批评家将之嘲笑为"盗窃许可证"。[10]

虽然约翰逊采取的措施被当年其他引人注目的法案——《太空法案》《国防教育法》《民权法案》——湮没，变成了背景噪声，但新计划很快受到投资者的欢迎。到1959年，已经有超过100家SBIC开始营业；1961年，SBIC的数目达到了500家。这个计划吸引了大量新人与公司进入这个行业，让雄心勃勃的年轻人得以成为风险资本家，即使他们还不富有。这个计划从轻型制造业到白领服务业尤其是电子行业，掀起了一波投资浪潮。人造地球卫星1号发射后的浪潮已经创造了巨大而饥渴的军品市场。[11]

SBIC和国防开支的共同作用在帕洛阿尔托爆发出来。不安分的比尔·德雷珀从他父亲的公司独立出来，创办了自己的SBIC以开展业务，还劝说他的朋友皮彻·约翰逊加入他。他们每人投资了75 000美元，约翰逊不得不让他的岳父替他出了大部分入股金。美国政府为这对搭档提供了45万美元的贷款。[12]

集团

1962年德雷珀与约翰逊创办公司的时候，他们并不孤单。湾区有许多富有的家族，从事着木材、农业、造船业以及咖啡业等行业，这些传统的企业开始投资电子行业。总部位于旧金山的几家银行和保险公司也开办了SBIC分公司。这些基金经理类似德雷珀与约翰逊：二三十岁有名校文凭的奋斗者，自己尚不富有，但能够作为与他们同辈的电子行业创业者和他们父辈的银行家与金融家之间的中间人。美国银行有乔治·奎斯特，他后来与他人共同创立了科技行业最重要的投资银行之一。消防员基金保险公司则有里德·丹尼斯。

虽然丹尼斯与他的风险投资同行年龄相仿，但他已是湾区新兴的风险投资业的头号人物。1952年，他从斯坦福大学毕业，获得电气工程学学士学位与工商管理学硕士学位，6个月后，这个旧金山本地人把他大学基金的余额——15 000美元——全部投资到一家当地的磁带生产商安培公司。他在一场校内研讨会上看到了一项技术演示，认为这项技术看起来很有趣。事实证明，这项技术远不仅仅是有趣，这项投资最终使他获得了将近100万美元的回报。

丹尼斯为人和蔼，总是系着领结，一丝不苟地安排自己的日程（在他的整个职业生涯里，他都坚持使用颜色编码的日程表，并将这些日程表归档以备将来查找）。他本来已经赚够了钱，可以辞去日常的工作，但他并没有。他开始定期与像他一样有兴趣投资旧金山半岛上古怪的科技小公司的金融界人士共进午餐。其中一些新进风险投资人是富裕的加州家族的后代，其他人则被雇来管理资金。他们已经在艾森豪威尔时代的科学浪潮中成长起来，这使他们比他们的长辈对微电子领域闪耀的商机更加了解，而且他们共同进退。

在木墙板环绕、无限量供应马丁尼的旧金山最私密的餐馆里，紧张的创业公司创始人会在"集团"面前介绍他们的创业公司。之后，投资人会把创业者送出去，让他在外面的人行道上等一会儿，与此同时，他们会讨论是否选择达成交易。"有时，"丹尼斯回忆道，"我们用一杯咖啡的时间就能决定投资10万美元。"他们的成功率异常地高。他们在午餐时投资的最初25家公司中，有20家获得了成功。丹尼斯回忆只有 3 家公司使他们赔了钱。他们在硅谷开展的业务"没有其他人来竞争"。丹尼斯回忆他和他那些午餐时间的同伴自称为"集团",其他人则称他们为"少年俱乐部"。[13]

虽然在后来的几十年内,硅谷的风险投资行业发展出巨大的规模,但人员构成一直保持不变,全为中上阶层白人男性。这个行业有一群这样的初创成员并不意外。"西海岸的风险投资人团体,"几十年后皮彻·约翰逊对一位询问他的政治家说,"几乎全由工程师与 MBA 学员组成。"在 20 世纪五六十年代,女性甚至无法进入这两个领域的绝大部分项目。1960 年,在所有领域中,只有不到 3% 的非裔美国男性完成了本科或研究生学业。全国顶级 MBA 项目中,只有屈指可数的几名非白人学生。[14]

那些为最早的巨型计算机编程的女性"计算者"都已经离开这个行业,通常是为了照顾儿女。如果她们几年后还想回来工作,她们会发现自己的技能已经过时了两三代。软硬件发展得太快,容不得她们停下来生儿育女。

而那些在实验室和公司里寻找能成为优秀 CEO 的人才的投资人对诸如安·哈代这样一直紧跟行业发展的少数女性技术专家也视而不见。仿佛是为了强调这一点,"集团"进行午餐会的一些地点甚至禁止女性进入。[15]

为什么当女性与少数族裔在其他领域取得重大进展时,投资行业中仍然存在这样的做法?原因在于使硅谷风险投资社区与其他地区相区别的特质,这种特质非常成功地发现并培养了一代又一代创业者:私人化却又紧密联系。

就像规模更大的硅谷科技社区一样,这个地区的第一代风险投资人都是在年龄、所受教育和气质方面相仿的男性。他们既是同事与竞争对手,也是朋友,他们在选择投资对象时既会参考传统的指标,也凭借直觉。多年之后,这个地区最成功也最有影响力的风险投资人约翰·多尔承认指导他做出决定的因素之一是"模式识别",这给他惹了不少麻烦。他发现最成功的创业者"似乎都是白人男性,从哈佛大学或者斯坦福大学退学的书呆子,绝对没有社交生活"。"所以,当我发现这种模式出现时,"他总结道,"很容易就能做出投资决定。"[16]

20世纪60年代的创业者可能不是穿着牛仔裤和连帽衫的大学肄业生,但他们也符合一种模式:有某一学科的工程学位,曾在军队服役,举止和政治观点保守,沉迷于技术挑战。事实上,他们与投资他们的风险资本家非常相似。创业者与风险投资人在思想上的契合既是硅谷的巨大优势,也是最大的弱点。

工程师入局

SBIC计划可能为风险投资行业提供了发展所需的资金与新人才,但从长远来看,它并非完全符合硅谷需要的那类风险投资。由于对美国国库资金的流失感到忧虑——毫不意外,SBIC不可能完全偿付所有这些慷慨提供的贷款——国会为这个项目增加了规章制度并减少了扶持,限制了那些随心所欲的基金经理。随着时间的推移与风险投资业务的发展,一部分最初采用SBIC模式的投资人转向了有限合伙制模式,有的人则从一开始就没有考虑过SBIC模式。

最初促成建立飞兆半导体公司的政治掮客阿瑟·洛克就是如此。1961年他意识到未来属于西海岸电子行业,便离开华尔街前往旧金山,很快说服了他的朋友汤米·戴维斯与他合伙。戴维斯刚刚40岁,已是一位经验丰富的投资人,他的职业生涯传奇而多样:毕业于法学院,"二战"时期作为美国战略服务局(OSS)特工曾在华南丛林执行任务,然后前往美国西部为加州一个石油与畜牧业商业帝国管理资金。[17]

戴维斯不满老板保守的投资方针,因此立即抓住机会与洛克结成了搭档。两人在投资时都优先考虑人的因素——"投资对的人"一直是洛克的口头禅，他们很快就发现自己投资了20世纪60年代最热门的公司——科学数据系统公司，其创立者是一个十分古怪的"对的人"——麦克斯·帕里维斯基。这对戴维斯和洛克来说是一笔绝佳的交易，因为急需资金的帕里维斯基给了投资人大部分公司股份以换取初始资金。1968年复印机巨头施乐公司收购这家公司时，这对搭档的25万美元投资获得了超过6 000万美元的回报。[18]

随着交易金额的提高，越来越多的人开始进入风险投资业。其中包括加利福尼亚之外的大玩家内德·海泽尔，一个和蔼可亲、勤劳肯干的芝加哥人。他在华尔街的迅速增长期筹集了超过8 000万美元，创办了一家风险投资基金，投资从超市到半导体的各种行业的股票。然而，像海泽尔这样的大型基金在硅谷毫无名气。第一代电子产业的先驱们刚刚开始获得回报的时候，美国的绝大多数财富都聚集在东北走廊。[19]

虽然硅谷不能再这样获得另外10年的回报，但其相对较小的风险投资规模使风险投资公司能够继续接近它们投资的公司与创业者，并赶上技术发展的潮流。在世界其他地方，像内德·海泽尔那样的人是无法做到这一点的。20世纪60年代，一批新人进入这个行业的时候，这样的情况进一步发展。这批新人是20世纪50年代涌入并填满洛克希德和喜万年公司的实验室以及斯坦福大学教室的那拨移民。他们既是操作员也是技术专家，对电子行业有着深刻的了解，这在瞬息万变、竞争激烈的商业环境中极具价值，其中就包括伯特·麦克默特里。

这个低调的得克萨斯人在硅谷已经待了20年，他从一名初级工程师变成了博士，管理一个有着500名工作人员的实验室。他一如既往地忠于他的故乡休斯敦，每年都会造访莱斯大学，招募工程专业的毕业生。他帮助建立的硅谷"莱斯黑手党"，是除得克萨斯州之外规模最大的校友群体。但加利福尼亚现在成了他的家园,这里的阳光和活力与麦克默特里内心对高科技挑战的乐观与热情正相配。随着风险投资基金的猛增与产业日益多元化,进入一家"有趣的小公司"的想法开始变得不那么遥不可及。[20]

在那些改弦更张的人中,有一位硅谷老将杰克·梅尔乔。梅尔乔在两家成功的创业公司中经历了漫长的职业生涯,其中第二家公司被惠普收购了,现在他开始担忧起自己的健康状况。他的导师和老板工作过于努力,以致出现了痉挛的毛病;梅尔乔自己也非常劳累,有一天他在办公室里突发气道痉挛,不得不吸着氧被担架抬了出去。这使他离开惠普,来到不那么劳累的投资界。"你来与我合伙怎么样?"他问麦克默特里。两人互不认识,但梅尔乔听过不少对麦克默特里的赞扬。麦克默特里认为"这个机会太好了,绝不能错过"。[21]

两个人在一家比萨店二楼的一间公寓里开办了帕洛阿尔托投资公司。每天下午1点到6点,餐厅里安装的一台巨大的默片电影设备就会轰鸣着开始运转,让人不得不跑出办公室静一静。"那是我回家最早的一段时间,绝无仅有。"四年中,麦克默特里和梅尔乔投资了16家创业公司,不论对哪一家公司的投资从未超过30万美元。与东部的一些大型基金相比,他们只是小打小闹。但这后来成了硅谷最具传奇色彩的风险投资人生涯的开端。[22]

"加拉帕戈斯群岛"

风险投资行业是硅谷在20世纪60年代产生的以技术为支撑的独特生态系统的关键组成部分,但也只是其中的一部分。

另一部分则是法律。当德雷珀和约翰逊在果园里寻找生意、丹尼斯还在主持午餐会的时候,一家有四名工作人员的帕洛阿尔托律师事务所开始为年轻的高科技创业者和风险投资人提供服务。麦克洛斯基、威尔逊和莫舍尔事务所是三人合伙创立的事务所，他们——就像他们的许多客户一样——厌倦了在公司工作，并且准备好了像联合创始人约翰·威尔逊后来所说的那样"去冒险"。威尔逊是阿克伦橡胶工业公司高管的儿子，毕业于耶鲁大学，第二次世界大战期间作为海军飞行员首次来到加利福尼亚。他当时的驻地在桑尼维尔的莫菲特菲尔德，由于为"金色的山丘与雄伟的橡树"所折服，所以没过多久他又回到了这里。他的合伙人皮特·麦克洛斯基是加州本地人，毕业于斯坦福大学，曾参加朝鲜战争，率领六次刺刀冲锋，并获得两枚紫心勋章、银星勋章与海军十字勋章。只做个小镇律师对于这两个人来说都有些大材小用，不过帕洛阿尔托也早已不再是普通小镇。[23]

1961年这家公司成立之后不久，就因其为客户提供的密切支持以及日益精于小型电子公司在公司注册、专利申请和人事等方面的特殊需求而闻名。公司创始人还作为高调的鼓动者参与了对整个社区意义重大的斗争，在这场斗争中，麦克洛斯基代表有着田园风光的伍德赛德小镇——他和许多电子行业的高管都居住于此——阻止了原子能委员会架设的大型高架输电线穿镇而过。具有讽刺意味的是，这条输电线的终点正是使硅谷以高科技而闻名的设施——需要大量电力的斯坦福直线加速器。

1967年，麦克洛斯基利用由此提升的公众形象参选国会议员并取得成功。在这次特别选举中，麦克洛斯基在竞争激烈的共和党初选中先是击败了比尔·德雷珀，他这次决定遵从心中长期以来投身政治的冲动；然后击败了共和党看好的候选人秀兰·邓波儿，一位曾当过童星的郊区家庭主妇；最终的对决在布莱克与麦克洛斯基之间展开，麦克洛斯基律师出乎意料地取得了胜利，这被称为"鱼雷击沉了好船'棒棒糖'号"。[24]

麦克洛斯基前往国会山上任，在公司中留下了一个合伙人的位置，一个名叫拉里·索尼西的年轻的加州大学伯克利分校法学院的毕业生很快就填补了这个空缺。随着索尼西的到来，这家小镇公司开始进一步强化北加州特有的高科技法律实践模式。新改名为"威尔逊、索尼西、古德里奇与罗萨蒂事务所"的这家法律公司具有硅谷风险资本注重实践并可以同时进行多项任务的行事风格。几位合伙人从公司创立时起就与风险投资人紧密合作，为那些缺乏资金的企业提供量身打造的方案。他们打造了一类新型专家——不仅是了解公司法与证券法不同方面的律师，还是了解技术及其商业化应用的科学博士。索尼西越来越热衷于帮助客户在早期阶段筹集资金：接触机构投资者，帮助公司上市。[25]

这一模式得到了硅谷日益发展的高科技公司的欢迎。"律师们为能融入这种文化而自豪，"多年之后作为网络年代超级巨星网景公司的法律总顾问来到硅谷的律师罗伯塔·卡茨评价道，"人们自觉有必要敏捷行事，而不被过多的官僚手续妨碍。"迅速行动，并尽一切努力促成交易——法律成了波士顿与加利福尼亚之间差异日益明显的另一个方面。其中，马萨诸塞州严格限制律师与客户进行商业交易，例如在硅谷常见的用股票期权而非现金支付法律服务费用的模式，这阻碍了波士顿的创业公司获得价格昂贵的法律顾问服务（数十年后，硅谷许多业内人士认为是索尼西最早提出经常被用来描述硅谷工作方式的那句话："没有冲突就没有利益"）。随着科技公司变成20世纪60年代股票市场的大热门，一大批新的投资银行在湾区创建，这些公司也采取类似的经营方式，模糊了风险投资、法律与经纪人之间的界限。不过这都是由律师首创的。[26]

硅谷特有的另一点是高科技房地产开发商。波士顿市郊已经挤满殖民地时期的村庄和19世纪建立工厂的小镇，对新建的住宅区和办公园区的规定越来越严格。相反，圣克拉拉山谷中有广阔的土地——可以进行大规模商业开发——以及一群愿意以合理价格出售土地的农场主。在西班牙和墨西哥统治期间，北加州的乡间被划分为大片政府赠地与牧场。到 20 世纪时，这些土地仍保持完整或是只经过了少量分割，因而在整片土地上进行建设变得轻而易举。十几年来，硅谷的土地都十分便宜，随着电子市场逐渐升温，很少有农场主能够抵挡将土地出售给开发商的诱惑。

越来越多鲜花盛开的果园被推土机推平，开发商迅速跟进，立即建起了直建房（由混凝土预制板搭建成的矮层厂房）。没人因这些建筑获奖，不过硅谷快速满足市场需求的能力是它能够如此迅速成长的一个原因。

统领这些推土机的是理查德·佩里和约翰·阿里拉加。当德雷珀和约翰逊前往果园的时候，有远见的他也来到了果园。他的目的不是投资创业公司，而是买下土地建成办公园区。阿里拉加在洛杉矶长大，靠篮球奖学金进入了斯坦福大学，当了一段时间的职业球员，然后回到了帕洛阿尔托。在帕洛阿尔托，他遇到了佩里，一个有着激进创业精神的本地小伙，两人拿出了 2 000 美元，开始在圣何塞周边平原上购买廉价的果园。他们不是唯一这么做的人。母子搭档安·索布拉托和约翰·索布拉托也靠出售家庭餐馆获得的资金进行类似的投资建设，到 20 世纪 60 年代末，他们已建造数百间直建房，并且正在（像阿里拉加和佩里一样）变成硅谷中最富有的一批人。[27]

房地产业的迅速发展不仅得益于大片的牧场，还得益于当地的特殊情况。在一位雄心勃勃的市长的推动下，圣何塞建立了完善的供水与污水处理设施，在开始建造之前并没怎么费劲就获得了许可。这使这座城市能够迅速为涌入硅谷工作的工程师建起住宅社区，还有在第二次世界大战期间与战后，当地政府为建设工业基础设施而争取到的廉价电力供应。廉价的电力不仅使沙子被大量开采并提炼出硅，同时也推动了芯片制造业。另外还有高速公路——20 世纪 50 年代至 60 年代，公共投资拓宽了沿着旧金山湾的 101 号公路，又沿着海岸山丘新建了一条280号洲际公路。[28]

最后但并非最不重要的是加州这个因素。这个爆炸性增长的时代的加州领导者——共和党人州长厄尔·沃伦,民主党州长帕特·布朗——不仅为汽车建起了高速公路,为分层住宅修建了下水道系统,还创建了无与伦比的公共教育系统。资源充足并迅速发展的加州公立学校为洛克希德公司的白领工程师和蓝领流水线工人的子女们提供了同样的教育,将他们之中越来越多的人送入加利福尼亚不断发展并在20世纪60年代新增了三处校园的高等教育系统中。加州居民就读大学——包括加州大学伯克利分校,世界上最好的大学之一——几乎不需要费用。[29]

虽然加州大学校长克拉克·科尔稍微有些蔑视弗雷德里克·特曼那赤裸裸的创业式行事风格,但他立志使加州大学在科研方面达到或超过常春藤学校的水平。"每个教授自己才是真正的创业者,是知识产品的真正产出者,"他评论道,"通过他们的自由行动,公众才能在商业竞争与思想碰撞中获得最好的产品。"虽然科尔保持并鼓励学术研究留在象牙塔中的想法可能阻碍了伯克利的教师与学生将他们的发明投入实用场景(这解释了为什么东部湾区没有成为高科技产业中心),但他对公共教育的广泛投入为加利福尼亚提供了充足的高学历人才库。[30]

硅谷地处加利福尼亚还带来了另外一些巧合。例如,《加利福尼亚民法典》禁止在劳动合同中加入竞业禁止条款。这条禁令其实与电子行业的知识产权或商业机密毫无关系,而是始于1870年,当时加利福尼亚的早期立法者试图将曾经统治加州的各方——西班牙人、墨西哥人、英裔美国人——留下的混乱法律糅合在一起。但这部法律使跳槽变得更加便利,这也成了硅谷科技界的特色。

如果一名工程师离职并跳槽去了当前公司的直接竞争对手那里,虽然工程师的隐性知识可能是技术公司最宝贵的财产,但他的旧雇主对此什么都做不了。相反，马萨诸塞州强制实行竞业禁止条款。华盛顿州、俄勒冈州、伊利诺伊州、得克萨斯州、纽约州、新泽西州和许多其他州也是如此。在美国，除了加利福尼亚州以外，所有发展技术产业的地方都有竞业禁止条款。竞业禁止条款随着技术行业的成长而日益完善，并被推广到其他行业，跳槽的自由使硅谷充满了各种有趣的小公司，也使知识从一代传播到另一代。[31]

　　距离硅谷彻底甩开波士顿还有20年，但它所需要的要素都已经齐备。波士顿可能有麻省理工学院和哈佛大学，还有领导战后电子行业的公司，但它没有这么便宜的土地和完备的基础设施，也没有愿意如此百无禁忌地利用这些条件的当地居民。纽约和费城可能拥有资本、大型电子制造企业与一些大学，但这些地方并不能那么心无旁骛地培养创业公司。只有硅谷有专注创业且奉行机会主义的斯坦福大学，有滚滚前进的推土机，有吵吵嚷嚷的律师事务所，还有在沙丘路开展业务的年轻投资人。只有硅谷有这样的人。加州的淘金热已经过去一个世纪，但"金州"仍然是来自其他地方的热爱冒险的年轻人的目的地，他们卸下一切负担，带着重塑一切的热情抵达这里。

前 记

1965 年，纽约

"我们今天签署的这项法案并非一项革命性法案，"林登·约翰逊总统说，"它不会影响数百万人的生活。它不会重塑我们的日常生活结构，也不会显著增加我们的财富或权力。"总统签署的这类法案通常不会只有这么轻描淡写的结果，尤其是这项法案的签署地点是自由岛，背景中的曼哈顿天际线在澄澈的秋日中格外醒目。约翰逊签署的是一项彻底改革美国移民制度的法律，这项改革取消了自充满焦虑且排外主义盛行的 20 世纪 20 年代以来一直实行的移民配额制度，并为来自世界各地的新移民打开了大门。[1]

现在，移民法将优先考虑具有特殊技能和已有家人居住在美国的申请者。长期以来排斥亚洲移民的法律被废除，对来自拉丁美洲和非洲的移民的限制也消失了。总统称新制度将不按照原国籍限制入境，而"根据个人才能对其进行评估与奖励的原则"运作。这是美国对公民权利和种族平等的追求更进一步的必经之路，纠正了"美国国家行为中残酷而长久的错误"。

在这项法案的反对者中，最激烈的是与约翰逊同样来自南方的民主党人。在这些反对者看来，移民改革就像冒险打开了泄洪的闸门。国家精神、公民与其民族精神之间的联系会受到什么样的影响？"我不知道埃塞俄比亚对美国的发展做出过什么贡献。"北卡罗来纳州的议员山姆·埃尔文怒气冲冲地说。他说关于特殊技能的规定"只不过是无耻的政治宣传",这允许成千上万的移民"来和美国人竞争现有的工作岗位"。[2]

最终,那天在纽约港签署的法案的影响远超约翰逊与埃尔文的想象。随之而来的移民潮带来了新的民族、种族与宗教多样性,并重新定义了"美国人"的身份与本质。来自印度的移民数量是约翰逊政府预测的三倍。仅 1966 年至 1993 年,就有近 600 万新移民从亚洲来到美国。

在这些新来者的影响下发生最多变化——以及经济和文化变得欣欣向荣——的地方是高科技产业的中心:波士顿、得克萨斯州、西雅图,尤其是硅谷。对特殊技能的要求在高科技界并非"无耻的政治宣传",来自中国、印度与苏联的移民成了数百家初创企业与大型科技公司的工程骨干。他们中的许多人最终创办了自己的公司。20 世纪 80 年代,来自印度和中国的移民执掌硅谷近 1/4 的公司。在互联网时代,硅谷公司的创始人中,外国移民的数量达到了 40%,全美超过 25% 的高科技公司的创始人都来自国外。[3]

他们的面孔从未出现在《财富》或《福布斯》杂志的封面上,新一轮移民潮中也包括了对技术发展同样重要的人:来自墨西哥和东南亚的装配线工人。他们焊接了半导体,组装了台式电脑,生产了路由器。到 20 世纪 80 年代末,硅谷的蓝领阶层劳动力中有一半以上来自拉丁美洲或亚洲。[4]

"我们所有人都可以相信,这位伟大的老妇人手中的灯火今天变得更加明亮了,"多年前的那个 10 月,约翰逊总结道,"随着来自全球所有国家的人获得的自由越来越多,她所守卫的金色大门愈发闪耀。"他对自己将引发的一切改变一无所知。

6

热潮与幻灭

"戴夫，你介意我问个问题吗？"在斯坦利·库布里克讲述AI杀人狂的电影《2001：太空漫游》中，在剧情发展的高潮阶段，那台超级计算机闪烁着红眼，用新闻播音员平静的声调如是问道。这部上映于1968年4月的电影是观众前所未见的：精确建模的宇宙飞船，迷幻景象构成的视觉奇观，非线性叙事，缓慢的节奏，甚至没有知名演员出演。这部电影中最像明星的反而是"全能"的灾星HAL 9000，这台计算机从人类宇航员手中夺取了对深空任务的控制权。

起初，《2001：太空漫游》票房惨淡，但在大学生中口碑相传，由此变成了一种文化现象。1968年还有许多标志性文化现象开始流行：披头士的白色专辑，百老汇的音乐剧《毛发》，琼·狄迪恩在《向伯利恒跋涉》中对反主流文化的旧金山抒情而炽热的描写，等等。1968年是政治分裂之年，是人们对战争机器感到愤怒之年，是英雄殉道与街头暴力的一年，也是信任破灭和权威被质疑的一年。在墨西哥城举办的夏季奥运会上，圣何塞州立大学的运动员、田径项目奖牌得主汤米·史密斯和约翰·卡罗尔在颁奖台上举起拳头向黑人民权运动致敬，这成了10年内最深入人心的形象之一。

在距离狄迪恩笔下聚集了神志不清的嬉皮士的海特街60多千米

的路程之外，与圣何塞州立大学的学生运动员的家相邻，圣克拉拉山谷的电子生产企业仿佛处于另一个世界中。当然，那一年的政治之火也席卷了斯坦福大学的校园和丘陵，蔓延至诗人、活动家和回归田园的人们居住的摇摇欲坠的古旧农舍和破败小屋。其中一些自由思想家很快就要开始扰乱高科技行业，就像他们扰乱其他行业一样，但眼下还没有。

从加利福尼亚州到马萨诸塞州，1968年的高科技产业仍被四方院统治。这是大型计算机与小型计算机的产业，关于专业工程与专门投资的产业，销售的对象是企业而非消费者。如果你对硅谷的直建房居住人群进行民意调查，你会发现许多人打算在那年秋天给尼克松投票，你也会发现许多人根本没打算投票。

美国社会可能正在出现裂痕，但科技行业正在高歌猛进。原因是资金。越南战争的压力阻碍了来自五角大楼的大量科研经费的投入，"阿波罗计划"即将结束。不过没关系。华尔街看好所有和电子有关的产品。除了公共市场，高科技公司现在还有不断增长的基础，包括私营部门客户、新产品带来的商机、不断扩大的海外市场，以及新的资金池。快速增长的时间相对来说并不算长，但产生了长远的影响。

奔腾年代

华尔街的科技热潮始于1966年夏天，当时数字设备公司进行了IPO。这家小型计算机生产商发行的每股22美元的350 000股普通股几乎立刻售罄，肯·奥尔森当即成为千万富翁。不过，高净值并没有改变公司低调的商业文化。数字设备公司IPO之后，奥尔森花费的最大一笔钱只不过是买了第二艘独木舟。[1]

另一个位于波士顿的行业领跑者出现在1967年夏末，它就是数字设备公司亮相一年之后进行IPO的王安实验室。"当时有一位银行家打电话给我,要求买入100 000股股票,"一位经纪人说,"他说他根本不了解这家公司的业务,但他听说这家公司很不错。"在 IPO 的前一天,王安实验室的估值为 100 万美元,第二天公司的估值已经变成 7 000 万美元。首席执行官的秘书发现她手上的 100 股公司股票上涨后的价值时大喊道:"我发了,我发了!"[2]

这只不过是开始。当然,20 世纪 50 年代出现了休利特和帕卡德这样的高科技百万富翁,而且在 20 世纪 60 年代早期,分析师所称的"太空时代股"股票也出现了令人兴奋的上涨局势。但这 10 年的后半段时期见证了电子公司在赚取巨额资金方面令人目眩的能力。每个人都想从中分一杯羹。正如一位硅谷记者兼创业者亚当·奥斯本后来所说的,"在 20 世纪 60 年代后期,你只要走到华尔街正中间,高喊'小型机!'或者'软件!',你就会被钱一直埋到脖子"。[3]

推动这波热潮的不仅是那些选股高手。20 世纪 60 年代企业的普遍繁荣创造了新的投资池,并使风险投资人的队伍进一步扩大。20 年前曾短暂而热切地造访帕洛阿尔托的大卫·摩根塔勒就是一个很好的例子。到 1968 年时,摩根塔勒已经在商业上取得巨大的成功,这是当年那个还在被大萧条重创的南卡罗来纳州追求姑娘的小伙子根本想象不到的。他在人造卫星发射之后接任公司总裁职位,这家公司在他的领导下成长为跨国集团,他的职位也由此变得更高。他已经赚够比他退休所需多好几倍的钱,至少可以不用再这么拼。

然而,摩根塔勒一直忘不了帕洛阿尔托。克利夫兰是他移居后的新家,是一个他可以创造"收入丰厚的企业职业生涯"的地方。然而,克利夫兰创业公司的辉煌年代已经是 50 年前的事了。现在这座小城已经变成只能为别人工作。"我对老板感到有些厌倦。"他察觉到未来就在加利福尼亚和波士顿的小型电子公司之中。这些公司正在商业化,正在成长,正在推广新市场,尽管眼下太空竞赛放缓,国防开支也在下降,他还是想要进入这个行业。48 岁的大卫·摩根塔勒作为风险投资人进入这个行业，用自己的钱作为起始资金创办了他的第一家基金公司。

他与硅谷的风险投资人截然不同，年龄更大，也更谨慎。"我希望身处前沿，"他解释道，"但我并不想过于前沿，这会带来过高的失败风险。"不过他明白如何发掘好的技术和优秀的人才，因为他之前的工作是一家接一家地收购小公司——总共收购了57家。这个克利夫兰人在气质和愿景方面和加州人颇有几分相似。他是一个商人，既有麻省理工学院工程学毕业生的专业知识，又像年轻人一样怀着打造科学项目的激情。他喜欢实操，有主见，并且如果必要的话，随时准备更换管理方法。他善于和人打交道，乐于交际，好奇，经常牵线搭桥。虽然他还会在克利夫兰待上十几年，但他已经将自己和加利福尼亚的人才、产品以及下一代的野性更紧密地联系在了一起。[4]

西部展现出了雄心壮志。在牛市的鼓舞下，科技公司的投资人和创业先锋受到了激励，开始了新一轮的创业。在一年之内，出现了许多在未来几十年内领跑这一地区的硅谷公司。阿瑟·洛克与汤米·戴维斯分道扬镳。戴维斯和斯坦福大学的计算机科学教授威廉·米勒一起创办了一家新的风险投资公司——梅菲尔德基金。乔治·奎斯特离开了美国银行的SBIC部门，与另一位年轻的旧金山投资人威廉·哈姆布雷特一同创立了一家专门投资高科技创业公司的新型精品投行。鲍勃·诺伊斯和戈登·摩尔离开了飞兆半导体公司和这家公司事必躬亲的投资人，创办了一家完全由风险投资提供资金而无须向东海岸的老板负责的新公司，他们将其命名为英特尔。

随着新型技术公司的涌现，整个自由世界争相效仿美国的新经济典范。最能体现欧洲对美国的艳羡的是1967年出版的一本书，它出人意料地登上了欧洲畅销书的排行榜。这本书名为《美国的挑战》，既不是宏大的浪漫故事，也不是间谍小说，而是关于美国的技术与经济霸权，以及被甩开的欧洲。作者是著名记者兼出版商让－雅克·塞

尔旺 – 施赖贝尔（在法国他像碧姬·芭铎一样出名，以至法国人直接以首字母缩写称他为"JJSS"），书中认为欧洲需要在科学研究与开发方面进行大量投资，引进美式管理与营销技术，变得更像美国。这样的想法正中痛处，《美国的挑战》在欧洲售出超过 100 万册，总共被翻译成 15 种语言。[5]

施赖贝尔的书登上畅销书排行榜并不是孤立事件。这本书体现的是 20 世纪 60 年代后期大西洋两岸日益增长的担忧，担心美国在经济上取得无法撼动的领先地位，产生"技术鸿沟"，抢走欧洲的人才，削弱欧洲的研究机构，并危及脆弱的国际联盟。1967 年，欧洲各国部长召开会议，讨论进行"技术'马歇尔计划'"的可行性，约翰逊政府也成立了一个跨机构委员会，以评估美国如何利用技术力量来扭转这种不平衡。"我们必须小心谨慎，否则我们大西洋伙伴关系的理念可能会被对美国资本与技术力量的恐惧和担忧侵蚀。"副总统在《纽约时报》的一篇头版文章中评论道。国防部长罗伯特·麦克纳马拉更加言简意赅地指出，欧洲人"所抱怨的是我们在产业发展方面超越他们太多，导致我们最终将形成一种技术帝国主义"。美国的创新大获成功，而整个世界都在奋力追赶。[6]

关灯

事情变化得非常迅速。随着 20 世纪 60 年代的结束和 70 年代的开始，《美国的挑战》仍在畅销书排行榜上，但挑战已经截然不同。焕发活力的欧洲开展了由政府提供补贴、研究数据处理和计算机网络的大型项目。日本变成了经济大国和技术上的竞争对手，不仅模仿美国，而且开始发展更敏捷的方法来生产和销售其工业产品，成为"美国的挑战"。在东亚的其他地方，像新加坡这样雄心勃勃的民族国家开始通过贸易保护主义、廉价的熟练劳动力和崭新的工业园区来吸引美国的制造商。

美国在国际贸易中的地位发生了变化。1971年，尼克松任命的商务部长莫里斯·斯坦斯警告国会，美国可能出现自1893年以来的首次贸易逆差。华尔街的牛市在震荡中戛然而止。那年的大学毕业生进入的是一个疲软的就业市场，他们的遭遇令他们迷惑不解。"之前那些不进入公司工作的人至少还有选择权，"芝加哥大学一名1971年毕业的学生对记者感慨道，"现在这毫无意义，因为看上去你别无选择，就好像你不进公司只是因为你找不到工作。"[7]

随着政治与经济环境的变化，军工复合体也发生了变化。越南战争给美国军事预算带来了巨大的压力。成功登月结束了太空时代国家带来的滚滚财源，1971年NASA的年度预算只有1966年的一半。对预算和环境问题的担忧导致国会投票否决了诸如超音速运输机（SST）之类的大型项目，这个项目是美国对1969年英法合资生产的飞越大西洋的"协和号"喷气式飞机的回应。

1971年初，SST项目的取消使这个项目的指定承包商波音公司陷入了经济困境，并在这家航空巨头所在的西雅图引发了长达数年的严重的经济衰退。《华尔街日报》报道说，对这个决定感到高兴的只有西雅图激进左翼的成员。"这意味着更多心怀不满的失业人员。"一个组织者坐在一间拥挤的房间中高兴地评论道。他头上的切·格瓦拉的肖像俯视着这一切。到1971年，与波音公司相关的工作岗位的减少重创了当地的制造业，两家商业房地产经纪公司在一条高速公路主干道旁竖起了一块充满讽刺的广告牌，上面写着："最后离开西雅图的人会关灯吗？"[8]

政治和经济方面的变化对20世纪60年代牛市和军工复合体繁荣时期疯狂成长的圣克拉拉山谷造成了重大打击。国防预算的削减导致圣何塞都市区的制造业减少了10 000个工作岗位。受到影响的不仅是装配线上的工人：由于导弹和卫星方面的大额订单减少，并且没有其他订单填补空缺，硅谷最大的雇主解雇了大量工程师。[9]

此外，华尔街的交易也缩减至涓涓细流。1968年充斥市场的科技IPO狂热到1971年时已经完全消散。伯特·麦克默特里成为风险投资人的时候，恰好赶上了风险投资行业的寒冬。他和杰克·梅尔彻在比萨店楼上的办公室中创办的第一只基金看上去打了水漂（虽然后来变得非常成功）。"当时最常见的退出策略，"他后来沮丧地回忆道，"就是我们损失所有的钱。"[10]

计算机智能

然而，变革也带来了新机遇。军事研发合同减少的同时，新的合同增加了。理查德·尼克松对癌症宣战的时候，斯坦福大学和伯克利分校变成了医学与生物技术这个发展中的研究领域的领跑者。斯坦福大学的计算机科学系开展了自己的工业合作计划，研究人员可以定期去当地的计算机公司宣传演讲。这也是为斯坦福大学筹集资金的好方法。不久之后，"计算机论坛"每年就能获得当地企业100万美元的支持。

如果说电气工程定义了特曼领导下的斯坦福大学，那么斯坦福大学的新时代则更多地由计算机工程决定。计算机科学方面的联邦拨款原本与其他领域相比微不足道，但现在正飞速增长。20世纪70年代中期，美国每年在计算机科学领域发放的研究生奖学金与教师研究活动方面的投入高达2.5亿美元。在"农场"，工业合作计划的发起人，新创立的专注于对斯坦福大学投资的风险投资公司梅菲尔德基金的联合创始人威廉·米勒成了世界上第一位"计算机副教务长"，并开始致力于将大学的行政工作数字化。1971年，他就任斯坦福大学的教务长。[11]

硅谷在自动化和人工智能领域正在逐渐赶上麻省理工学院，这都归功于约翰·麦卡锡领导下的 AI 实验室和同一条路上的斯坦福国际研究院（SRI）的工作。斯坦福国际研究院是一家智库，因为学生们对其中进行的机密军事研究的抗议从斯坦福大学独立了出来。斯坦福国际研究院仍在开展大量军事研究，但它在赋予机器思考能力方面进行的研究正在引起全美国人关注。1970 年，《生活》杂志邀请它的数百万读者来见见"晃晃"，"晃晃"是一台在 SRI 铺着油毡毯的大厅里滚动的机器人，能够进行点对点导航，以自己的方式"看到"物体，还能进行基础的语音识别。由大型机控制的"晃晃"既是一台智能机，也是一辆无人车，比它所处的时代超前了 50 年。[12]

在 SRI 大厅的另一头是一个关注未来的实验室，即增强研究中心，由一位名叫道格拉斯·C. 恩格尔巴特、说话温和的 40 多岁的工程师领导。当时的学术界与政策制定者正忧心自动化引发的问题：人类工作者被自动化机器替代，人类大脑被人工智能计算机替代。恩格尔巴特是那些通过技术强化人类劳动的研究者之一，这方面的研究者不多，但在逐渐增加。半导体公司可能一直致力于在越来越小的芯片上塞进越来越多的技术，但恩格尔巴特对缩小计算机的尺寸毫无兴趣。真正有潜力的是能够让人类互相联系与沟通的计算机网络。

1968 年 12 月，也就是创办英特尔五个月、史密斯和卡洛斯在奥运会领奖台上高举拳头两个月、理查德·尼克松首次当选总统一个月之后，恩格尔巴特和他的团队在旧金山电脑会议上进行了一场同样能够改变未来的演示。恩格尔巴特静静地坐在台上，用他面前的设备向数千米以外的实验室里的计算机发送指令，结果显示在他背后的旧金山礼堂的屏幕上。他头顶上出现的词语也不是难以理解的计算机语言。他输入的是简单的指令，编辑了一份购物清单。他把一个底部有轮子、后面连着一根电缆的方形木盒握在手中，通过移动这个木盒，让光标在屏幕上移来移去，恩格巴尔特将其称为"鼠标"。

这次演示作为"所有演示之母",铭刻在硅谷的历史上。恩格尔巴特展示的发明预告了未来二三十年的发展：鼠标、互动计算、超链接、网络视频与音频。这次演示十分具有突破性,它的演示对于这些未来设备如何在普通办公场景与家庭生活中发挥作用相当重要。这使可怕的、仿佛 HAL 9000 的计算机成为一种普通的、可使用的甚至相当友好的机器。恩格尔巴特的演示在新一代技术专家中引起了轰动,这些技术专家都来自越南战争时代以及其后痛苦的数年中伯克利分校、斯坦福大学和麻省理工学院的教室和实验室。他们不想和军工复合体扯上关系。他们不想创造现实生活中的 HAL 9000。相反,他们想让技术以人为本,并确保信息自由流动。

当然,有人认为国防开支的减少意味着科技的繁荣时期已经结束。如果你看到"冷战"时期的新兴城市西雅图闪烁昏暗的灯光,可能的确会认为如此。如果你坐在 101 号公路以东洛克希德公司庞大的园区中,你肯定能感受到经济的阵痛。

在那条高速公路上开上一段距离,你就会看到其他公司——那些更新、规模更小的公司,它们初创时可能主要和联邦政府做生意,但现在不再大量承接这些生意了。你还可以在斯坦福大学的研究实验室或者城镇周围的研究机构中找到许多有意思的机会。你会发现新一代年轻的技术人员已经准备好重新定义计算机。也许你能加入这些实验室,或者加入那些风险资本投资的公司。

或者更好的是,你可以自己开一家公司。

第二幕

产品发布

硅谷创造了铁锈带。它们所做的一切，一夜之间都过时了。

——弗洛伊德·夸默[1]

前 记

1969年，帕洛阿尔托

埃德·斯查乌是青少年组花样滑冰冠军，滑冰教会了他勤奋、谨慎与重复练习的意义，使他习惯于在人前表演，迎合他们的欲望，也渴望满足他们的期望。也许正是金属冰刀精准划过冰面时发出的刮擦声和完美的后外刃弧线让他对物理学产生了兴趣——对技术细节以及物理学在这个世界上的运作方式产生了兴趣。

也许这只是时代的烙印：他在奥马哈出生并长大，在1957年人造地球卫星1号进入太空的那个秋天进入普林斯顿大学。当时的美国人人都想着科学，技术变成了头等大事。四年之后，斯查乌获得了科学哲学学位，他加入了西进的队伍，来到了斯坦福大学商学院。他是工商管理学博士，辅修了统计学硕士学位。他迅速完成了这两个学位的学业，25岁左右就获得了斯坦福大学的教职。

埃德·斯查乌喜欢站在讲台上，学生们也很喜欢他。他会蹩脚地唱起过时的民谣，用富有哲理且幽默的方式讲述沉闷的管理科学。他买了一辆摩托车，结婚成家了。他在国王大道上的绿洲酒吧里玩弹子球的时候听到了一些关于产业新趋势的小道消息。那是20世纪60年代晚期，这位穿着蓝色牛仔裤的友善而年轻的教授，在充满粗花呢外套和烟斗烟雾的学术世界里就像一缕新鲜空气。但斯坦福大学这样的地方并不关心谁是好老师。成功的教师职业意味着需要发表论文，而斯查乌在这方面投入得不够多，不能获得终身教职。因此，这位外向的教授在他 30 岁之前进行了第一次"自新"，转变为一名高科技创业者。

他选择的转型时机绝妙。那是在 1969 年，整个圣克拉拉山谷到处都有创业公司，这些公司在新的风险投资基金、专业律师事务所和营销人员的帮助下成长，其中许多都是由像他一样的年轻人创办的。斯查乌明白，凭借他的魅力与人脉，他可以开拓一些事业。但是开拓些什么呢？每天早上洗澡时他都在思考各种可能性。最后他想到了。

理查德·尼克松刚刚签署生效了一系列环保法案——《清洁水法案》《清洁空气法案》，他还创立了美国国家环境保护局，带来了对污染测量设备的大量需求。既然现在有了热销的小型计算机，为什么不建设一套使用小型计算机来自动分析环境数据的计算机系统呢？

事实证明，这个想法不仅价值百万，而且最终转化为一家价值 1 亿美元、名为系统工业的公司，这家公司初创时的业务是测量水质与月岩的成分，然后转向了提供数据存储服务。系统工业公司的规模并不大，也没有突破性的产品，但这位前花样滑冰冠军十分擅长交朋友，并且熟练驾驭当地科技界热情友善的职业关系网络。对埃德·斯查乌来说，这一切都是自然而然的，就像他对生活可能引向的未来非常乐观一样。"做你喜欢的事，"他告诉向他寻求建议的学生们，"尽力做到最佳，好事就会发生。"[1]

1970 年，帕洛阿尔托

看到工程师牵着羊来上班的时候，里吉斯·麦肯纳意识到自己已经不在匹兹堡了。

麦肯纳在钢铁与烟雾之城长大，当时匹兹堡的工厂正在逐渐停工,而且基本找不到工作。他唯一能找到的工作就是为一家出版公司撰写关于电子行业的文章,这份工作最终将他带到了1963年的圣克拉拉山谷。周围的环境与他所知的一切都截然不同——这里有面积数百亩的果园,点缀在国王大道和101号高速公路之间的直建房,朝两边望去是一望无际的群山以及这些公司正在进行的令人着迷的事业。他刚到的时候,这里仍由仪表与管道公司统治,他花了同样多的时间给西雅图的航空航天公司和硅谷的公司打电话推销自己。但很快,小型半导体公司纷纷开始出现,其中大部分都是由飞兆半导体公司的前员工建立的。

没过多久,麦肯纳就加入了其中一家名为通用微电子公司的小公司,这家公司最著名的是它首次使用了金属氧化物半导体技术,也称MOS技术,这项技术后来成了最先进的工艺。这份工作使他得以进入国家半导体公司。后者刚刚创立,管理层都喜欢亲力亲为:首席执行官查理·史波克亲自用锤子和小块的板材为刚生产的芯片建造了安全储藏室。胆小鬼可不适合在那里工作。几天之后,雇用麦肯纳的唐·瓦伦丁把他叫进了办公室。他挥舞着一张电脑打孔卡片,上面用绿色墨水手写着几个名字。"这是在雇用你之前我考虑过的十四个人选。"瓦伦丁说。

"那为什么你要雇我?"麦肯纳问道。

"因为就我所知,"他的老板狡猾地微笑着,"你是唯一不会被我吓到的人。"

国家半导体公司的企业文化不仅是要员工经得起风浪,还有对僵化思想和等级制度的刻意否定,以及根据实际产出而非耀眼的学位和诺贝尔奖给出奖励。只要你有技术天分,出身和举止并不重要。这里可以容忍傲慢的混蛋,只要他们能够取得伟大的成就。

结果就出现了牵着羊上班的工程师。这位工程师是国家半导体公司的首席设计师鲍勃·维德拉,他是飞兆半导体公司集成电路优雅线性度的幕后天才。他备受崇拜，不仅仅因为创造性，还因为极度古怪。他不仅酗酒，还在办公室里放了一把斧头，扔向任何胆敢给他拍照的人。他时不时登上飞机消失几个星期。他不相信超过 30 岁的人还能设计出任何有价值的东西。当节俭的史波克决定削减成本，不准备修剪国家半导体公司自建房前的草坪时，维德拉牵来了一只羊代为进行这项工作。

低调而自律的麦肯纳在他周围的这些怪人之间显得循规蹈矩、格格不入，但他在这种环境中茁壮成长。他没有工程学学位这一点反而变成了一种优势，使他能够作为翻译与中介，将新创建的芯片公司封闭的小世界展示给外面的广阔世界。他需要培养顾客，获取现有市场的份额，并发现全新的市场。他需要讲述引人注目的故事，这些故事关于来自自建房的技术，以及那些创造技术的人。

来到硅谷七年后，里吉斯·麦肯纳结束了他在国家半导体公司点头哈腰、不受尊重的生活，作为一名提供全方位服务的营销顾问，重新开始了自己的事业。当时山谷中已经有许多这样的公司——那些工程师需要尽可能多的宣传专家，但只有麦肯纳有如此广泛的人脉以及对微芯片世界的知识。麦肯纳现在明白，技术产品的营销需要采用与其他行业不同的方式。在接下来的几年里，他制作的所有幻灯片的第一页都写着："我们最不需要的就是广告。"

麦肯纳也学会了芯片制造商对等级制度的反感。在 1970 年开始营业时，他觉得作为一家还没有客户、启动资金仅 500 美元、只有他一个人的公司的负责人，给自己冠上"总裁"头衔也太自命不凡了。于是，他在名片上印上了"里吉斯·麦肯纳本人"。他从未换掉这些字样。[2]

7

资本主义奥运会

"硅谷"之所以得名,是因为唐·霍夫勒需要一个新闻标题。作为电子贸易类期刊《电子新闻》的定期撰稿人,霍夫勒刚刚为加州北部蓬勃发展的计算机芯片行业撰写了一系列专题报道。时值20世纪70年代初,虽然经济增长放缓,但硅谷仍被摩尔定律统治。硅谷复杂的电路板中微型的、闪电般运转的硅半导体元件每个月都在变得更小、更便宜,也更强大。所有曾经包含弹簧、晶体管、存储器核心或者真空管的东西,现在都可以替换为由硅芯片驱动——从工厂设备到大型计算机,再到手表。计算机的强大力量正凝聚在微型芯片中。这是一场革命。

加州北部虽然有许多竞争对手——在达拉斯,电子巨头德州仪器和摩托罗拉制造了数以千计的芯片,但硅谷出现的技术创新正在驱动更强大、更精密的计算机。IBM——美国大型计算机领域的王者——自产芯片,但该行业的其他公司还需要仰仗西部。

"纽约和华盛顿的那些人把这里称为'硅谷'。"有一天几位来访的销售经理在午餐时告诉霍夫勒。简短、令人难忘、略带诙谐——毕竟硅是从沙子中提炼的——这个名字正好适合这位记者向读者们描述加州北部那个悠闲但充满创业精神的角落。《美国硅谷》,1971年1

月 11 日，霍夫勒的文章标题在《电子新闻》的封面闪亮登场。这个名字从此流传下来。[1]

马车轮酒吧

这个名字能够长久流传与唐·霍夫勒的持续报道有关。当时，全美国的记者很少把目光投向东北走廊之外，报道加利福尼亚郊区这片有些书呆子气的地区。霍夫勒只能孤军奋战，他在沃克的马车轮酒吧里那间被他称为"现场办公室"的高脚凳上收集了绝大多数情报。在这个明显缺乏夜生活的地区，这里是半导体行业从业者的首选。随着工作之后的放松闲谈变成塞满软垫的酒吧隔间醉醺醺的八卦对话，霍夫勒收集到了独家新闻。他获知的消息涵盖方方面面：从新产品的发布到大规模招聘，再到最近的婚礼和喧闹的公司派对。霍夫勒知道哪家公司即将启动新生产线，或者哪位 CEO 刚刚购买一辆华丽的新型跑车。"如果《电子新闻》没有报道，"一位业内人士宣称，"那就是没有发生过。"[2]

唐·霍夫勒最早是作为公司内部的一名公关人员进入这个行业的，他既了解其中的技术，也对丰富多彩且个性化的故事有着敏锐的嗅觉。局外人只能看到难以理解的复杂技术和一群平平无奇、穿着长袖衬衫的工程师，而霍夫勒看到了由牛仔创业者和古怪天才建造的未来机器。

当时，战争、抗议游行与登月计划占据了美国报刊的头条，霍夫勒对硅谷小巧古怪的命名与技术"加拉帕戈斯群岛"的报道，给那些受他启发而加入报道行列的记者奠定了基调。富有个性、极具魅力且竞争激烈的半导体产业是绝佳的报道材料，而且美国无疑需要新的英雄。

马车轮酒吧正是寻找这些英雄的好地方。西海岸一带的大型国防承包商和航空航天公司陷入越战后的困境之际，芯片制造商迅猛发展起来。硅谷仍然有许多东部电子巨头设立的、职员全部打领带穿西装的分支机构，但这里的半导体公司才是冉冉升起的新星。这些公司仍然年轻且反应敏捷，有着较低的固定资本成本，与那些拼命保持竞争力的日益僵化的老牌制造商形成了鲜明对比，而且这些公司不再依赖国防合同生存。

统领"飞兆之子"的是英特尔公司，1968年鲍勃·诺伊斯和戈登·摩尔在忍受了东海岸母公司对飞兆半导体公司的微管理的多年折磨之后，从飞兆半导体公司独立出来创建了英特尔。与飞兆半导体公司不同，英特尔的资金完全来自当地公司的风险投资。国家半导体公司的CEO查理·史波克，那个对成本敏感的出租车司机之子，那个不喜欢花钱修剪草坪的人，在还任职于飞兆半导体公司时就率先产生了将芯片组装外包给东亚企业的想法。硅谷还有杰里·桑德斯创立的AMD，他从芝加哥南部街头的小混混成长为喜欢艳丽西装、运动型汽车和古驰乐福鞋的销售主管。桑德斯挖走了其他12名飞兆半导体公司的员工与他一同创业。[3]

20世纪60年代后期，随着东部电子巨头开始收购本地初创企业，如火如荼的并购与收购市场使向西迁移的队伍进一步壮大。这些被收购的员工需要适应僵硬刻板的公司文化或者——更糟糕的是——需要搬迁到公司总部，正如其中一位员工所说，他们"开始寻找其他的牧场"。[4]

然而唐·霍夫勒描绘的仍然是一个非常小众的市场。在20世纪70年代初，如果要猜测哪里将成为计算机世界的中心，北加州的胜算很低。IBM仍然统治着商业计算机领域。得克萨斯生产的芯片远比加利福尼亚多。让计算机界成为热门的小型计算机新技术是波士顿的产业。绝大多数投资资本——包括内德·海泽尔和大卫·摩根塔勒领导的风险投资基金——仍位于密西西比河以东。

华尔街分析师对半导体产业毫无兴趣（"计算机产业就是 IBM，"有人冷淡地告诉里吉斯·麦肯纳），《华尔街日报》拒绝报道任何未在证券交易所上市的公司。使外界对硅谷更加缺乏认知的事实是，硅谷公司的产品主要销售给其他电子公司，而非消费者。英特尔的芯片可能存在于大厅的电脑里或者桌子上的计算器里，但普通人对此一无所知。

10 年过去了，硅谷的规模和影响力都有了大幅提升，并建立起发达的消费电子产业。那之后又过了 10 年，唐·霍夫勒简短精妙的标题才成了整个计算机软硬件产业的代名词。

为什么"硅谷"不仅能击败其他与之竞争的地区，还能作为整个美国高科技产业的代名词？事实证明，技术只是一部分原因。

芯片上的计算机

20 世纪 70 年代初，北加州的芯片制造业已经走出"冷战"的摇篮，建立起健康的非国防业务，为东部的计算机制造商生产存储芯片，同时也将芯片提供给蓬勃发展的新市场：电子计算器市场。英特尔成立不过数月就获得了一家日本制造商的委托订单，为一系列桌面计算器定制一种复杂的芯片。这项委托所促成的设计最终带来可与肖克利发明晶体管和诺伊斯发明集成电路相媲美的技术突破：微处理器。这种器件技术含量远远超过单纯在芯片上布置多个电路的工艺：不但能够在芯片上布置更多的电路，而且这些电路还可编程。只要内置带有存储器的微处理器，任何类型的电器或者设备——汽车、电话、床头钟——都能成功地变成计算机。微处理器运行速度快、功能强大，比机械控制成本更低，并且如戈登·摩尔所说，可以"随便塞在哪里"。[5]

1971 年 11 月，在霍夫勒一系列备受关注的报道并为硅谷命名不到一年之后，英特尔 4004 芯片以"一片芯片上的计算机"作为卖点，在《电子新闻》上刊登的广告中首次露相。仅仅几个月后，英特尔又发布了比 4004 强大一倍的 8008，然后又在 1974 年发布了 8080。那时英特尔公司已经找来里吉斯·麦肯纳制订计划并主导执行，他们的市场营销策略就像所销售的产品一样经过了精心设计。其他公司可能会做广告、印刷小册子，但麦肯纳对半导体行业的理解无人能及。

"首创的技术需要'培养市场'。"麦肯纳回忆道。培养市场不仅需要投放广告和印刷销售手册，还需要在系统设计师能看到的商业期刊上刊登文章，以及为对半导体设计与应用一无所知的公司经理开办教育研讨会。不过广告也很重要：英特尔的广告简明且有现代感，使用普通商人也能够理解的语言，这与业内常见的更重视介绍技术规格而轻视说明的那类广告不同。"8080 微电脑来了，"广告上用引人注目、色彩明丽的字写道，"轻松连接，容易编程，将性能提高 100 倍。"[6]

现在，一小块硅片就包含了一台耗资数万美元的大型计算机或小型计算机的所有计算能力。那些曾经昂贵且占据大量空间的技术，现在几乎变得可以被任何人使用。微处理器使计算机的小型化趋势仿佛启动了超空间驱动一般大大加速，将各种产品从模拟电路转变为数字电路，这让英特尔和其他芯片制造商确信它们确实正在改变世界。"我们才是当今世界真正的革命者，而不是几年前蓄着长发和胡须、毁坏学校的那些孩子。"戈登·摩尔说。[7]

到了 1975 年，英特尔已经拥有 3 200 名员工，销售额达到了 1.4 亿美元。国家半导体公司的销售额为 2.35 亿美元。20 世纪 50 年代至 60 年代的北加州主要为少数资金充裕的客户——美国国防部、NASA、大型计算机生产商制造昂贵的定制产品。20 世纪 70 年代的硅谷则主要用这些小型电子元件生产消费产品。众所周知，英特尔公司总裁安迪·葛洛夫曾将英特尔公司的产品称为"高科技糖豆"。不过英特尔公司对大规模生产微芯片的规划并非亨利·福特式的大型流水线，而是麦当劳的特许经营模式，它在全美国甚至海外越来越多地建立中小型制造厂来提高产量。[8]

在公司总部，芯片开发主管将雇员们分成小组，彼此竞争开发最好的产品。"大就是不好，"1975年12月鲍勃·诺伊斯在面向一群商人的演讲中说，"小组的士气更高，工作起来也更加努力。"英特尔一般不雇用超过30岁的员工。但这并不是为了寻找反体制的叛逆分子，而是为了寻找有志于创造新产业的人才。

在20世纪70年代经济乏力的氛围之中，半导体行业的利润却在飙升。硅谷的居民对他们所赚的钱以及赚更多钱的渴望变得越来越不加掩饰。"推动技术进步的根本原因是对赚钱的渴望。"国家半导体公司的罗伯特·劳埃德说。出手阔绰的花边新闻变成了唐·霍夫勒撰写的产业报道的一大特色。到了1972年，由于积累了太多的好材料，他创办了自己的期刊《微电子新闻》，记录当地公司发生的一切。那些有个性的行为得到了最多的关注。"杰里·桑德斯订购他那辆64 000美元的劳斯莱斯险路的订单墨迹未干，"1975年霍夫勒写道，"梅赛德斯－奔驰的进口商就从纽约打电话来，向他推销梅赛德斯－奔驰将在明年推出的一款豪车，定价40 000美元，7.5升排量。杰里的回答是：'打包，我买了。'1976年杰里的薪水就是这么花掉的。"[9]

随着金钱的流入和关注度的上升，越来越多的东海岸记者开始迁往硅谷。"硅谷"（一般带着引号）一词逐渐出现在《纽约时报》和《华尔街日报》的商业版上。《财富》杂志的吉恩·拜林斯基发表了一系列反响强烈的文章，描写高科技公司的高管和投资他们的风险资本家，他在文中勾勒出他们乐于冒险的叛逆者形象，与霍夫勒在马车轮酒吧听来的秘闻野史和传奇故事十分相似，但这并不仅仅又是一个商业故事：这是讲述那些足够大胆且鲁莽、独自外出闯荡的人的创业故事。"如果你是一名资本家——我就是——你只有开办自己的新企业，才算是加入了资本主义奥运会，"一位硅谷高管对拜林斯基说。[10]

硅谷风格

在局外人看来,这一切肯定是另一番景象。世界上最糟糕的老板——死板又专横的比尔·肖克利的阴影仍然笼罩着这个行业。但芯片制造者并不想采用"不按我说的来就滚蛋"式微观管理方法,他们希望给员工验证新想法的空间。他们仍然保留了电子实验室的行事风格,根据"是否聪明"来挑选雇员,并且对自己坚持"任人唯贤"引以为傲。

然而,硅谷的"任人唯贤"仍然非常看重确知的人选:来自人们熟知的、排名靠前的工程项目人员,或者曾在当地知名公司工作,又或者有知名度且来源可信的人才。公司之间高度的人员流动促进了这一点,形成了流动的员工队伍,他们通常在不同公司工作,偶尔会与同一批经理或同事共事。

由半导体公司确立的招聘惯例后来被硅谷几代技术公司沿用。到20世纪90年代末,网络时代的公司通过员工内推填补了近45%的工程师岗位空缺。在21世纪头10年,软件巨头开始举办内推特别活动,并为成功内推的员工提供带薪假期与现金奖励。这么做自有其道理:伟大的科技公司与普通的好的公司的区别就在于顶尖的工程技术。从第一代芯片生产商到谷歌与脸书时代,这样的人才长期供不应求。另外,那些确定的人选能够立即着手工作,迅速适应,并以市场所需要的速度产出成果。[11]

这是个竞争激烈的市场。硅谷的芯片制造产业崛起之时,正值美国的战后繁荣让位给经济震荡和新出现的全球竞争,硅谷的芯片制造商秉持惠普那样的技术驱动并且完全投入的企业精神,增加了一种达尔文式的奋斗精神,这正好体现这个行业高风险、高回报的现状。这些企业不会给高管预留停车位——这是任人唯贤的标志,但同时也意味着鼓励加班。每个人都能看到是谁早早上班,并占据了前门旁边最好的停车位，大家也能看到深夜是谁的车还停在停车场里。[12]

虽然业内的大多数领袖都散发着平易近人的魅力，但芯片行业的大男子主义仍然根深蒂固。除了秘书和芯片组装线上手脚麻利的女工外，这个行业中几乎全都是男性。其结果如同将球场更衣室、海军陆战队兵营和科学实验室混合在一起，随处可见脏话连篇、一根接一根吸烟以及酗酒的人。而与此同时，就像一位高管的妻子对诺伊斯的传记作者莱斯利·柏林所说的，女人"待在家里做好分内事，好让战士们能去修建神庙"。在那些试图紧跟疯狂的产品周期的公司中，软硬件设计要么完全成功、要么彻底失败的工作性质——设计要么可行，要么不行——使这些公司的工作凌驾于家庭之上，直白的批评司空见惯，自我怀疑则是致命的缺点。[13]

整个山谷中充斥着高浓度的睾酮。一次安·哈代发现太协公司的管理层中只有她没被邀请参加外出静思会，于是她去质问会议组织者为什么遗漏了她，后者回答说："如果邀请了你，那我们也需要邀请所有的家属。""这有什么问题？"她追问道。"好吧，"这位组织者老实地答道，"我们外出参加这些会议只是为了能和妓女过一个晚上。"哈代转身离开，去向 CEO 汤姆·奥克罗尔投诉。会议组织者滚蛋了。哈代不知道那些妓女怎么样了。[14]

20 世纪 70 年代的硅谷文化可能和这种两性关系一样传统。当时的湾区已经成了反叛文化与随心所欲的"自我的十年"的象征，而芯片制造商对变革时代的最大让步是留起了稍长的鬓角。他们倾向于支持自由共和主义，就像戴维·帕卡德主张的那样，但他们也明白是政府塑造了他们的公司，并对体制抱有尊重。正如鲍勃·诺伊斯在 1970 年所评论的："这个社会确实受到了控制，被华盛顿之外的力量控制，如果你要在密集的车流中平稳驾驶，你最好听警察的话。"[15]

这些成长中的公司的组织结构图看起来与典型的"传统经济"公司十分相似。那些对于现代企业开展业务至关重要的支持部门（销售、营销、人力资源）都一应俱全。但它们之间也有重要的区别。首先，它们的产品周期远远短于其他类型的制造业，因为摩尔定律的推动使它们的产品变得更快、更便宜、应用范围更广。另一个区别是从休利特和帕卡德到诺伊斯、摩尔和葛洛夫，这些公司的创始人通常担任公司的 CEO 或董事长，亲自执掌公司。他们将 20 世纪公司的组织结构与 19 世纪个体经营者的个人情感结合在了一起。

当然，如果公司创始人是清醒的工程师，这种高度个性化的方式便运作良好。但如果他们随心所欲，就会导致混乱。电子游戏产业的先驱者雅达利就是一个例子。

1972 年，29 岁具有超凡魅力的诺兰·布什内尔领导的团队在圣何塞附近创立了雅达利。得益于越来越快速且廉价的芯片，雅达利成为许多新兴产业中的早期的市场领跑者。创立之后仅数月，雅达利就以其风靡游戏厅的产品《Pong》撼动了当时低劣的弹子球和射击游戏的世界。

无论是街机版本还是雅达利三年之后推出的家用游戏机版本，《Pong》学起来很简单，玩起来却又极其困难，很容易让人上瘾。这款游戏清晰明了：一块黑色的屏幕，两边像素画的白色线条代表乒乓球拍，还有一个白色数字小点代表来回弹跳的乒乓球。有三种游戏模式可供选择：单人游戏、双人游戏和接球模式。在接球模式中，你的目标不是将球打回给你的搭档，而是试图用球拍上的一个小缺口接住球。

半导体行业的从业者也许已经放弃占据停车位，下班后到马车轮酒吧放松，但雅达利把加利福尼亚的懒散带到了一个全新的水平。公司创立的头几年，主要是在解决年轻高管之间的争吵、生产线上员工滥用药品的问题，还有绝大部分无法通过公司决策的愚蠢的产品创意。有的游戏只可能来自设计师与工程师都是年轻人的公司。其中最引人关注的是 1973 年的《Gotcha》，其控制器设计得看上去和摸起来都像女性乳房。"上面没有乳头或者别的什么，"一位雅达利的设计师热情地解释道,"但看看这葡萄柚大小的尺寸以及并列放置,你能够明白这是什么。"

正如雅达利公司的一名员工后来粗略回忆的那样,公司里有"一群自由思考、吸食毒品、热爱有趣事物的人。我们划船、坐飞机、抽水烟并且玩电子游戏"。雅达利高管——"听说他们也会参与吸食大麻"——足够清醒,能够意识到他们的公司氛围在这个安静的郊区环境中太激进了。第一份员工报刊开头便请求"尽可能地向外部社区展示优雅的举止",因为"由长发佬组成的公司会吓坏他们"。[16]

基于这种快速而松散的组织结构,雅达利在试图将《Pong》的成功转化为长期业务的时候遭遇了一些挫折。但在1975年,雅达利凭借能够接入客厅电视的半导体游戏主机夺得了消费产品大奖。雅达利并不孤单,因为成熟且资本雄厚的美格公司也进入了家庭市场。美格公司的《Odyssey》和雅达利的家用游戏机版《Pong》成了当年必备的圣诞礼物,让一代儿童和青少年对催眠般的闪烁光点和电子游戏的嘀嘀声欲罢不能。

雅达利的产品刚好能将人们的注意力从通货膨胀导致的家庭收入减少和石油禁运导致的排队加油上转移出来。在全美国不管是大城市还是小城镇,零售业巨头西尔斯都将游戏主机摆放在展厅的正中央以吸引潜在顾客。原本把西尔斯等同于购买衣服和洗衣粉的无聊的购物之旅的孩子们,现在排起了三条长队,只等轮到他们玩上一把《Pong》——这是第一种你只需要花25美分就能玩的街机游戏。然后他们就会跑回家,央求父母给他们也买一台。

提供资金进入游戏行业以对抗20世纪70年代的通胀回报丰厚。1976年,在拒绝了华尔街IPO的提议后,布什内尔以2 800万美元的价格将雅达利出售给华纳传播,他个人净获利1 500万美元。电子游戏的革命——这场革命使美国的未来软件工程师首次接触到在晶体管屏幕上操纵像素点的奇迹——开始了。[17]

无心政治

在硅谷崛起的关键因素中,经常被忽视的一个是当时美国全国经济陷入低迷。20世纪70年代北加州的硅族资本家与商业报道中四面楚歌的汽车制造商、失业的机械师和螺旋上升式的通货膨胀形成了鲜明对比。在大企业日益不受欢迎的年代,特别是在大学时曾游行抗议过那些无情的战争贩子公司的年轻人看来,这些新进入市场的一代公司没有什么历史包袱。

虽然政治在美国社会中无处不在,但硅谷的人们却显得尤其(对许多人来说,这也令人安心)与政治毫无瓜葛。他们的政治是一种努力工作、创造伟大的技术、顺便赚许多钱的意识形态。他们几乎都是来自其他地方的移民,他们只忠诚于使他们来到这里的行业,他们的社会关系也都与之相关,而且格外不受当地政治文化的影响。

这种不和谐在圣何塞一目了然。英特尔、IBM等许多科技行业的员工居住在这座城市。这座城市的规模得到了扩大——1970年已经有超过20万居民——但主要是通过吞并独立社区实现的。圣何塞仍然保留了小镇的灵魂,这个地方仍然扎根于硅谷的农业基础之上。当涉及政治的时候,这座城市与周边的科技公司截然不同——由民主党领导,少数族裔不断增加,并且有强大的工会。其白人中产阶级参政议政的内容主要在推动经济增长与农地保护政策,以阻止平原地区杂乱无序的开发状态进一步向海岸丘陵蔓延。[18]

少数族裔学生继续在圣何塞州立大学的校园中活动,在硅谷,拉丁裔与亚裔美国人的社区都获得了新的认同,以及权利与政治上的地位。高速公路另一侧的湾岸平原上是东帕洛阿尔托,这里的居民主要是黑人,其失业率是美国平均水平的两倍,这里破败的基础设施反映了过去20年严重的种族隔离与公共资源分配不平衡状态。黑人民权活动家率先在那里建立了主要招收非裔学生的走读学校与大学,并建议将城市改名为"内罗毕"。[19]

但是附近发生的事件丝毫没有影响当地科技界的招聘惯例与文化政治,科技界人士很少停下来思考工程师的外表与思维方式如此相似意味着什么。从他们的角度来看,相同的背景强化了共同的目标,而成功必定需要专注于创造尽可能好的产品。

20世纪中叶在弗雷德里克·特曼影响下崛起的第一代科技巨头——特别是戴维·帕卡德——后来都深入参与了当地的公民与政治事务。帕卡德担任了斯坦福大学校董会主席,成立了一个区域经济发展团体,成为整个州与当地政治家的捐助者与导师。他甚至捐助了东帕洛阿尔托的内罗毕学院。半导体行业的领导者,特别是鲍勃·诺伊斯,最终深入参与了政治与慈善事业。但他们主要面向全美乃至全球,而非当地。

诚然,"二战"后电子产业的男男女女在议题直接影响他们的家庭与社区时也会积极参与到政治中去。20世纪60年代初,伍德赛德的居民反对在家门口铺设输电线路的同时,帕洛阿尔托的居民也在积极活动,反对扩建斯坦福大学研究园的提案。到20世纪70年代初,当地的激进主义导致旧金山半岛一带提出了一系列控制增长与保护开放空间的地方政策。而且,正像稍后我们会看到的那样,当产业面临危机的时候,半导体先驱也会积极参加政治运动,但芯片生产商在很大程度上仍然对大多数当地事务置身事外。正如后来琼·狄迪恩所描写的罗纳德·里根身边那群不安分又无归属的加利福尼亚人一样,他们是"一群缺乏社会责任感的人,因为他们与任何地方的联系都如此微弱"。[20]

所有政治都是地方政治

在波士顿,要想甩掉历史包袱困难得多。128号高速公路沿线的高科技公司不仅坐落于独立战争时期的战场与19世纪的工业城镇之上，还建立在与过去紧密相连的地区经济环境的基础之上。圣克拉拉山谷中还只有果树时，大城市波士顿已经成为工业重镇长达一个世纪了。1940年时，当地劳动力每五个人中就有两个从事制造业，分散在诸如洛厄尔、沃尔瑟姆和梅纳德那样盖着砖砌厂房的工业城镇。[21]

在后来的30年内，工厂纷纷关闭，公司在更低的税收与更廉价的非工会劳工的吸引下向西和向南搬迁。飞机制造与电子产业迅速涌入并填补空缺。到20世纪60年代末，已经有超过100家公司从林肯实验室和麻省理工学院等接受联邦资助的电子研究机构中独立出来。波士顿大都会迅速发展。建于1940年的128号公路曾被嘲笑为"通往荒芜之路"，现在128号公路沿线波士顿市郊圈出的半圆形地带挤满了办公园区，全美国最知名的高科技公司进驻其中——从雷神、RCA和喜万年这样久负盛名的公司，到宝丽来和王安实验室这样稍新一些、在马萨诸塞州成长起来的公司。此外还有数字设备公司以及以它那初创不久就锋芒毕露的兄弟公司通用数据为首的小型计算机公司。当地发展活动家将128号公路誉为"金马蹄铁"、"创意之路"，当然还有"美国科技高速公路"。[22]

但是，对国防开支的严重依赖以及对其他制造业的长期依赖，使20世纪60年代后期的波士顿经济急剧下滑。1967—1972年，超过10万个制造业工作岗位消失，新英格兰地区获得的防务合同减少了40%。就像在圣何塞一样，越南战争时期的国防预算削减导致大量科学家与工程师失业。但马萨诸塞州的国防相关产业遭受的打击比美国其他地方都严重。"60年代的复苏只是暂时的，而且这掩盖了潜在的缺陷，"1970年秋进行的一项经济发展调查给出了这样的悲观评价，"我们又陷入了历史的窠臼中。"[23]

波士顿的商业机构认为，"历史的窠臼"是不合常理的高经营成本。随着工会工作岗位的减少，平均劳动力成本有所下降，但税收仍然过高，同时20世纪70年代的能源成本飙升又进一步加重了企业的负担。"当心，马萨诸塞州！"1972年波士顿银行出版的一本小册子警告道。这家银行认为，马萨诸塞州的高额税收和高额福利支出使当地企业和居民都不堪重负。[24]

在失业率飙升以及关于"得克萨诸塞"的悲观论调中，马萨诸塞州对小型计算机寄予厚望。数字设备公司的在册员工人数从1970年的4 000人增长为5年后的超过10 000人。通用数据公司从一家200人的创业公司变成了一家拥有3 000名员工的上市公司。小型计算机制造成为计算机行业增长最快的部门，全美国70%的小型计算机制造商位于马萨诸塞州。

其他商业计算机公司也取得了成功。1975年，王安公司的销售额达到了7 600万美元。次年，该公司将总部迁至衰退中的工业城镇洛厄尔，王安公司拥有5 500名员工，规模比洛厄尔之前所有的纺织工厂都要大，这刺激了洛厄尔经济状态转好，公司创始人王安成了当地的救星。王安公司迁入时，洛厄尔的失业率为15%，10年之后这个数据降到了3%。随着像数字设备公司、通用数据公司和王安公司这样的企业不断涌现，到20世纪70年代末，高科技产业为马萨诸塞州提供了25万个制造业岗位，占全州总数的1/3。[25]

但波士顿仍然不是"资本主义奥运会"的发生地。姑且不谈其起源，波士顿与北加州在产出类型和运营环境上截然不同。波士顿计算机行业中的大部分公司都向员工支付工资而非提供股票期权，因此它并不像硅谷那样盛产年轻的百万富翁。波士顿的劣势不仅是只获得相当于流入硅谷的资金一半的风险投资，也缺乏年轻的风险资本家人际网络，这些年轻的资本家不但关注高科技行业，甚至还会亲自投入电子行业中去。[26]

波士顿的劣势在很长一段时间内都不会暴露出来：小型计算机数亿美元市场的辉煌尚未结束，波士顿后来又出现了PC软件公司，在20世纪80年代的大部分时间里统治着市场。然而，这里的生态系统从来不具有像硅谷那样持续的、可以传承数代的活力。多变的高科技年代需要新的灵活性，而波士顿并不具备这一点。但硅谷的扁平网络——由公司和风险资本、律师和营销人员、记者和马车轮酒吧的高脚凳组成——具备这一点。[27]

然而，宏观层面的政治与经济因素在历史中仍发挥着作用。历史因素使波士顿地区在根本上仍然是一个制造业中心，20世纪70年代艰难转变的痕迹随处可见。128号公路沿线地区从未像硅谷那样与美国发生的种种事件隔绝。波士顿最终的经济复苏——20世纪80年代广受称赞的"马萨诸塞州奇迹"——部分源于国防开支的回升。在里根执政的年代中期，国防开支达到了120亿美元，超过了全美国民生产净值的8%。"在128号公路沿线，要么转型，要么完蛋。"20世纪70年代早期防务开支被削减时，《洛厄尔太阳报》警告道。但马萨诸塞州的许多电子公司并没有转型，它们只是等待，直到国防预算回到原先的水平，之后重新飙升。[28]

虽然硅谷的半导体从业者为科技世界带来了颠覆性变化，但他们并非革命者。随着芯片市场的增长，员工工资水涨船高，初创公司变成了公开上市的全球化企业，对鲍勃·维德拉这样的人的容忍度也在降低。"那些主导智囊团的目光狂野、头发乱糟糟的天才和专注于技术的独立公司永远不会把技术发展到'糖豆'阶段，"安迪·葛洛夫说，"我们的需求决定了我们有一群能够适应井井有条、纪律严明的工作环境的高素质甚至杰出的技术专家，他们将构成我们的管理高层。"[29]

变革事业必须由新一代技术专家来推动，他们大多20多岁而非40多岁，他们成长在一个截然不同的美国，这个美国因经济的艰难变革而痛苦，并且为社会正义进行着暴力抗争。硅芯片是硅谷得名的原因，而微处理器则将芯片变成了计算机。

现在是时候使用芯片来建造一台计算机了，这台计算机与过去的任何型号相比都将截然不同，也将更加个人化。

8
权力归于人民

"改变规则的方法是革新工具。"这是李·费尔森斯坦的座右铭，也是他在加州大学伯克利分校学习多年得到的启示。在伯克利分校的时候，他以书呆子技术人员的身份参加了20世纪60年代许多带有革命意味的校园抗议活动。他发现周围都是充满激情的自由主义的文科生，这些人对政治无所不知，对技术却知之甚少，他意识到可以通过为这些革命家设计出更好的通信方式来为社会变革做出贡献。他设计出了更好的印刷与分发系统，印刷出了成千上万张号召静坐、示威、抗议与游行的传单，这些传单如雪片一般席卷了伯克利校园。他制作了无线电设备，使活动参与者可以监听警用频段。他制作了更清晰的电子扩音器，用来召集校园里的人群。费尔森斯坦不擅长社交，觉得难以处理现实生活中的人际关系（后来他被诊断出有轻度孤独症），他决定致力于创造能够帮助人们强力而高效地分享信息的技术，这些技术简单到人人都能使用。[1]

李·费尔森斯坦于1945年出生于费城，比安迪·葛洛夫和杰里·桑德斯这些半导体行业的领军人物只年轻了不到10岁。然而，他这一代人的经历却与前者截然不同，仿佛差了一整个世纪。和同属战后一代的许多年轻人一样，他每个月都会用存下的25美分硬币购买当期的《大众电子》，仔细浏览其中讲述如何制作电子小玩意的引人入胜的连续对开彩页。11 岁时，他用哥哥不要的工具箱组装了一台晶体收音机。12 岁时，人造地球卫星 1 号被火箭运载并发射进入太空，他建造了一个卫星模型，在当地科学博览会上获得了第三名。他上高中时经常骑着自行车前往十里开外的科学与工程学圣殿富兰克林研究所，去参观博物馆里被玻璃罩起来自豪地展示的建于费城的 UNIVAC。高中毕业后的那个夏天，他得到了维护 UNIVAC 的工作，时薪 1.54 美元，工作内容是松开打结的磁带和维护 UNIVAC 的开关。他后来回忆道，他们之所以雇用他是因为他有"技术天赋"，并且愿意接受极低的工资。[2]

他不忙着鼓捣零件的时候，就会参加游行和罢工纠察。"我当时是那种没什么用的小激进分子，"他回忆道，"我当时对政治一无所知，但我知道的足以让我站进纠察队列。"他在华盛顿参加了民权游行，到伍尔沃斯加入要求取消南方各州代表种族隔离的午餐柜台的罢工纠察。在参加了一次针对来访的博物馆高官、"氢弹之父"爱德华·泰勒的和平主义抗议之后，富兰克林研究所差点开除了他。[3]

费尔森斯坦的家人没什么钱送他上大学，于是他选择了加州大学伯克利分校，因为那里的学费相对低，还有电气工程专业以及政治上偏向左翼的名声。他在加州大学伯克利分校时，正好见证了 1964 年 12 月言论自由运动的爆发。这是民权运动的高潮时期。就像全美各地的大学生一样，那年许多大学生前往南方参与"自由之夏"运动，回来的时候斗志昂扬，准备好了进行下一轮激进运动。加州大学的管理层几乎立即开始对他们进行打压，禁止他们在校园内举行示威或其他政治活动。作为回应，学生们开展了长达一个季度的大规模抗议活动，这成为世界观截然不同的两代人之间更广泛斗争的代表性事件。

加州大学伯克利分校作为加利福尼亚公立高等教育皇冠上的宝石，比同在湾区、与其相邻的南部的斯坦福大学更加深入地参与了联

8 权力归于人民 / 115

邦国防研究计划。作为一所典型的"冷战"大学，大学下辖许多重要的联邦研究实验室，热核战争武器的首席设计师也在这里。20世纪60年代来到校园的学生们发现这里挤满了绝密的研究实验室与灯管闪烁的大型计算机，这让许多本科生觉得自己就像现代技术官僚机器中一个闷闷不乐的齿轮。一份学生通讯录中记录了加州大学校长的原话："克拉克·科尔宣称，大学就应当像所有工程一样——在这里对原材料进行加工的工人本身也像原材料一样被他的上层管理者加工。"[4]

然而与他那些在伯克利街垒的同学不同，费尔森斯坦并不认为计算机本身有什么问题，重点在于那些控制计算机的人。"为《财富》500强公司建造工具并不能满足我，"他宣称，"创造能让《财富》500强公司变得无关紧要的工具——这才是我的风格。"费尔森斯坦亲眼见证了伯克利分校的学生从关注公民权利转向抗议越南战争，与此同时他懒散地上着课，以此避免被强征入伍。[5]

那段时间，校园中的情绪日益变得激进而悲观，而且常常伴随着暴力。狂热的1967年充满了各种日益激进的示威活动，最终于10月下旬在奥克兰的陆军征兵站达到顶峰，2 000名呼吁"停止征兵"的示威者在那遭遇了数百名挥舞警棍、喷洒防暴喷雾的警察，暴力冲突爆发了。费尔森斯坦并非那天被送进医院的27名抗议者之一，也不是后来被逮捕的7名反战活动领导者之一（虽然他设计的扩音喇叭被用来煽动公众）。但不久之后，他还是因为这个事件带来的心理压力而导致精神崩溃。

费尔森斯坦没能通过所有的课程，他只能退学。在接下来的几年里，他往返于旧金山湾区两岸的伯克利与刚刚得名的硅谷，继续追寻他的梦想，建造技术工具以帮助人们脱离企业的掌控，甚至有可能推翻整个体制。[6]

在李·费尔森斯坦饥渴地翻阅《大众电子》和拆开收音机的时候，丽兹·施特劳斯正坐在马萨诸塞州韦尔斯利的一所女子预科学校达娜豪尔女子高中的一间教室里。施特劳斯生来就是学习数学与科学的天才：她的母亲是学校的科学老师，而她的工程师父亲则深入参与了麻省理工学院的计算机与雷达研究。达娜豪尔女子高中历史悠久且备受尊敬，学校许多毕业生后来继续从事科学、工程和医学领域方面的工作。在学校只有女性的环境中，施特劳斯建立起了她这一代女性很少被允许拥有的自信。"我从没听说女孩子不擅长科学和数学这回事，因为我所有的同学都是女性，她们中有许多人擅长技术。"她回忆道。但她就读的高中没有计算机，而她父亲的工作是绝密的。"虽然我差不多算个假小子，但我毕竟是女性，"她承认道，"女性和电子产品没有交集。"[7]

她在大学里对计算机也没什么了解。她于1963年秋天入学康奈尔大学，她接触电脑最多的时候就是"帮男朋友敲打键盘，准备他的研究项目中需要的打孔卡片"。这是当时许多大学生都司空见惯的仪式：一路小跑到计算机中心，将卡片放在输入台上，第二天再来拿走一长串点阵打印输出的结果纸页。几年后当施特劳斯决定回到学校攻读教育研究生学位时，对她而言，计算机仍显得相当神秘。

那时已是1971年，丽兹·施特劳斯已经改名为丽莎·卢普。她已经结婚并生了一个儿子，住在加利福尼亚的葡萄酒之乡索诺玛平静的农场小镇科塔蒂。她错过了反主流文化抗议最激烈的时候，但她仍然是一个在教育改革方面充满激情的斗士。她希望所有的孩子都能有积极向上的学习经历，就像她自己曾经在达娜豪尔女子高中经历的一样。

丽莎·卢普有许多同伴。学生示威与教师罢工已经成了一种全球化的现象，因为最近的年轻人接触政治越来越多，他们反对仿佛仍停留在19世纪只会死记硬背、充满条条框框的教育制度。在这个时代的美国，几乎家家户户的客厅里都有电视，教育学家开始质疑教学是否一定需要使用纸张与教科书，并热情地赞同将可编程的"学习机"

引入课堂的想法。最重要的是，美国的校园仍是民权运动的主战场，因为持续的反种族隔离斗争现在变成了围绕最高法院强制推行的校车接送制度的激烈争议。这些措施引起了一些白人父母的强烈反对，还有许多家庭直接让孩子从公立学校退学。蒙台梭利和华尔道夫这样的选择性教育突然大受欢迎。[8]

越来越多的教育倡导者开始讨论如何将计算机用于新式改良学校。新上台的尼克松政府开始研究如何在学校建立计算机网络并为之拨款，包括 IBM 在内的大型电子公司也纷纷为教育领域创造专用的硬件与软件。福特基金会对这一事业十分关注，为此专门成立了一个独立的非营利组织。"教育是新的高增长产业。"福特基金会的主席哈罗德·戈尔斯乐观地宣称。伯克利的教务长罗伯特·齐尔吉将计算机视为"自约翰·谷登堡发明活字印刷术以来，对教育而言最伟大的发明"。[9]

然而，当第一批计算机真正进入教室时，这些企业的夸夸其谈却远远偏离教育的现实。这些电脑的软硬件笨拙僵化，又死板臃肿，完全就是它试图取代的教育体制的翻版。更重要的是，教师们对计算机不够了解，无法教学生使用，而这些电脑的生产商也没有为学生专门设计自主学习的用户界面。这些昂贵的设备最终只能在学校的地下室与储藏间里摆着落灰。

然而，当计算机专家亲自将计算机带入学校，并与师生合作打造更加个性化的课程时，情况就有所不同了。斯坦福大学心理学家迪恩·布朗的例子便是如此，他开始与蒙台梭利的教师合作，教会幼儿如何为设备编程以及玩基础的计算机学习游戏。布朗对于计算机改变教育的愿景，与政治领导人和企业高管提出的想法截然不同，而且在概念上远比他们大胆。"教育是认识与培养已有的潜能，"他在 1970 年写道，"老师应当是富有创造力的艺术家，计算机能成为他手中的凿子。"[10]

丽莎·卢普刚进入索诺玛州立大学攻读硕士时，就参加了布朗领导的课程革命。一切都不一样了。"我刚跟迪恩共处一室 5 分钟,我就对自己说,'这就是我的事业,我的目标'。"卢普回忆道。这个善于交际而友善的家庭主妇完全不符合人们通常对技术人员的刻板印象。"我对计算机并不是很感兴趣,"她高兴地承认,"人才能使我兴奋。"但是,不曾接受过正规的计算机培训却成了她的优势,这使她能够抛开技术术语来向普通人——孩子、老师,尤其是像她一样的女孩和女人——解释,为什么计算机能够成为他们生活的一部分。[11]

新监护人

在费尔森斯坦和卢普身上,改变世界的反主流文化政治与太空时代的技术乐观主义结合在一起,使他们成了一个技术群体的新成员。在 20 世纪 70 年代刚刚来临时,这一群体在湾区、其他大学城与航空航天中心出现,并在稳步扩大。

这一群体中与李·费尔森斯坦相似的人为数众多:曾在科学博览会上获奖的人造卫星一代的男孩,正赶上越南战争时期的文化解放。他们自豪地自称为"黑客",他们永远着眼未来,对集权体制抱有怀疑的态度,不眠不休只为写出完美的代码。他们通过渗透(有时是蓄意破坏)官方机构的计算机网络来展示他们卓越的技术天分。这一群体与叛逆的"电话飞客"有相当高的重合度,这些人发现了如何使用高音信号闯入 AT&T 的网络来免费拨打长途电话。[12]

但还有许多像丽莎·卢普一样的人:婴儿潮一代,由于对改变社会的运作方式,尤其是对教育新一代的方式充满热情,而被计算机吸引。帕姆·哈特是伯克利分校计算机科学系的肄业生,也是旧金山一个叫作"资源 1 号"的公社的联合创始人。她以"长期贷款"的名义获得了一台古旧的 SDS 小型计算机,并将其安放在公社的起居室里,在计算机上运行着一个名为"社区记忆"的分时公告板系统。还有工程师鲍勃·阿尔布雷希特，他辞去了超级计算机制造商数据控制公司的工作，加入了一家名为波托拉学院的教育类非营利组织，一个业务广泛而仅靠低成本运作的组织。波托拉学院项目催生了由艺术家、空想家、"碰巧"是经纪人的斯图尔特·布兰德创作的一部技术反主流文化"圣经"——《全球目录》。《全球目录》融合了高科技与嬉皮风格，其中介绍了流苏鹿皮夹克、野营炉和科学计算机。这本刊物的座右铭是"获取工具"。[13]

阿尔布雷希特的项目是创立人民计算机公司（PCC），这家公司在1972年以一家计算机培训小铺子的形式开张，同时发行了一本松散随意、"关于如何用计算机找乐子"的刊物《PCC通信》。PCC出版的杂志排版歪斜，装饰着手绘的龙图案，给人一种《伯克利倒钩》（费尔森斯坦已经是这份杂志的特约撰稿人）似的地下小报的感觉。杂志上没有谴责尼克松轰炸柬埔寨的专栏，只有介绍如何学习计算机语言的内容，标题通常是《BASIC！》或者《你也可以控制计算机》这种。[14]

如果说鲍勃·阿尔布雷希特是这场革命中的"本杰明·富兰克林"，那么泰德·尼尔森就是"汤姆·潘恩"。泰德·尼尔森是计算机初学者，他曾是社会学研究生，带着私立预备学校的口音和与之相称的举止。尼尔森自认为精于提出"太过伟大而无法实现"的点子。20世纪60年代中期，他提出了一个用于管理读写的非线性系统，称之为"超文本"。1974年，他将这个概念用在一本自费出版的书中，书名是《计算机自由：你现在就可以且必须了解计算机！》。（如果你把书倒过来，就能读到第二本书《梦想机器》，讲述的是如何将计算机作为媒体平台，尼尔森的思想远远超前于他的时代。）

"知识就是力量，所以常常会被囤积居奇，"尼尔森劝告道，"计算机的监护权不能再交给那些神职人员。"他们反对制造普通人也能够理解的计算机。《计算机自由：你现在就可以且必须了解计算机！》在理查德·尼克松耻辱地乘坐直升机离开白宫的同时问世，书中指明了敌对方的身份。"应用深入而广泛的计算机系统会吸引两类人,'组织罪犯'和联邦政府执法部门(我们假设这两者还是不同的),"他写道,"如果我们要拥有作为自由人应得的信息自由,那么现在就必须在底层建立保障措施。"[15]

在那个转型中的时间与地点,这些人开始思考与讨论计算机如何从当权者的可怕武器转变成为个人提供力量并且推动社会变革的工具。当然,北加州一直是"冷战"时期的科研中心,这一点是他们之中的许多人聚集在这里的根本原因。他们迁往西部是为了就读大学或研究生院,或者进入政府实验室和工业研究部门工作。他们对计算机的了解来自他们之前在技术官僚体制中的经历,他们现在所批评的也正是这一体制。他们之中不全是青年,其中有许多二三十岁的专业人士,他们有孩子,也有抵押贷款和研究生学位。

因此,"冷战"科学与技术乌托邦主义者之间的差距并没有想象中那么大。许多能激起个人计算机斗士热情的想法,诸如人机交互与网络协作,同样是20世纪40年代诺伯特·维纳发起的剑桥研讨会与20世纪50年代麦卡锡、明斯基和利克莱德的实验室所致力研究的。新一代人所坚信的正是从范内瓦·布什1945年宣告"无尽的前沿"以来,一直推动政府投入科学研究的理念:技术创新将解决社会问题并为美国创造更加美好的未来。[16]

然而,这种技术狂热也使这场改变世界的运动在颠覆传统的性别、身份歧视,承认社会上存在的种族主义,以及揭露经济与教育上的不平等方面显得异常保守。在这群人中,像丽莎·卢普和帕姆·哈茨这样的女性仍然极为少见,也几乎没有白人之外的面孔。激进女权主义的影响只是昙花一现,黑人民权运动和其他民权运动很少得到支持。对于某些技术专家来说,一心扑在技术问题上是他们逃避身份政治的方法。对于其他人而言,技术则是社会不公的解药。绝大多数白人和中产阶级团体都相信"获取工具"能够解决一切社会问题。

虽然有许多盲点，但新一代人的思想的确因为20世纪60年代的政治与文化的冲击而变得开放。技术确实令他们获得了自由，因为微处理器的存在使他们对思想机器的勃勃野心与强烈的个人愿景离实现更近了一步。他们的核心理念——计算机可供任何人用于创造、交流、工作与娱乐——适逢其时。

信息过载

在整个20世纪60年代的政治语境中，大型机都被认为是美国政治与社会机构——政府、军队、公司、大学——以及它们所强加的令人窒息的顺从性的代名词。"当时操作计算机变得如此令人作呕，令你发自内心感到厌恶而无法参与其中！你甚至不能被动地参与！"1964年底，伯克利言论自由运动的马里奥·萨维奥对此做出了著名的评价："你必须用血肉之躯直面齿轮，直面车轮、杠杆和所有的装置，你必须让它停下来。"那年秋天的学生示威者都在胸前贴上了标语，来自IBM的每一张打孔卡片上印着这样的文字："我是加州大学的学生。请勿弯曲、折叠、碾压或毁坏我。"[17]

学生们不仅将计算机视为剥夺他们个性的工具，还认为计算机剥夺了他们的隐私。就在萨维奥和他的同伴在伯克利开展活动之前的几个月，调查记者万斯·帕卡德的《裸体社会》一书登上了畅销书排行榜，这本多达几百页、令人焦虑的书中描绘了电子窃听的可怕性。"如果奥威尔先生是在今天而非20世纪40年代创作《1984》，"帕卡德写道，"他在书中描述的细节一定会更加可怕……有这么多巨型存储机器，可以想见数秒之内就能从每个公民的一生之中调取所有相关行为——包括失败、难堪时刻和可能的罪行。"[18]

《技术社会》的英文译本紧随着帕卡德的作品出版，这本书汇集法国社会学家雅克·埃吕尔对现代社会现状的悲观看法。晶体管与计算机使现代社会深陷于个人能动性与机器一致性的冲突之中。机器似乎即将取胜。如果真是如此,埃吕尔悲观地总结道:"一切都将按部就班,人类激情的动力将消失在闪亮的铬色光芒之中。"[19]

也许没有一位作家能比一位名为阿尔文·托夫勒的记者兼自封的未来主义者更加深入地挖掘出信息时代的精神。这个精力旺盛的纽约人刚成年时是一位信奉马克思主义的民权活动家,多年来一直在克利夫兰当焊工,体验工人阶级的生活。后来进入新闻业,抛弃了马克思主义,当上了文风轻松乐观的资本主义杂志《财富》的编辑。他和妻子海蒂一同为人提供咨询服务并开始写书(出版很多本书之后,他的妻子才得以在书上署名)。1970年,托夫勒凭借论述技术如何改变一切并在此过程中颠覆人们思想的500页专著《未来的冲击》登上了畅销书榜。

托夫勒41岁,同情年青一代"后物质主义"的主张和性开放的生活方式。他撰写了一篇洋洋洒洒的文章,旨在吸引、启发——以及恐吓——普通读者。"现在正在发生的不是资本主义的危机,而是工业社会本身的危机,"他写道,"我们正同时经历青年革命、性革命、反种族主义革命、反殖民主义革命、经济革命,以及有史以来发展最迅速、最深刻的技术革命。"[20]

"如果你认为生活已经足够混乱,"托夫勒写道,"那么你对此不过一知半解。""变化正如雪崩一样降临到我们头上,而且大多数人都对此毫无准备。"托夫勒认为这是信息过剩导致的问题:"这个社会的整个知识体系正在经历剧烈的动荡。我们思考时所依赖的概念与准则正在迅速发生变化。"他令人难忘地总结道,现代社会正面临"信息过载"的严重问题。[21]

在这个已经对技术和其他几乎所有一切都深感焦虑的国家,托夫勒的书一炮打响。三家重要的每月荐书俱乐部推荐了《未来的冲击》,虽然风评不佳(有人称其为"写飞了的高中学期论文"),但这本书仍

8 权力归于人民 / 123

然销售火爆。写作风格姑且不谈,这本书的反乌托邦色彩显然令人难以接受。"如果未来是这样的话,我不愿意接受。"托夫勒的母亲评价道。尽管如此,《未来的冲击》最终卖出了500万册,阿尔文·托夫勒由此成为令人无法忽视的信息时代先知。[22]

虽然托夫勒的书想法狂野、行文夸张,但也具有惊人的先见之明。他预测技术将使大型官僚机构分散为许多规模较小但较为敏捷、可以根据需求扩充或缩减的"临时委员会"式组织。他讨论了电子通信如何使大众文化分化成数千个不同的专门频道,人人都能够获得自己的定制化信息。他提到了信息泛滥将缩短人们保持注意力的时间,并助长人们对专家权威的怀疑。他指出美国已经在很大程度上转向了服务经济,信息技术极大地加速了这一转变过程。

从"曼哈顿计划"到载人航天,再到"冷战"时期对第三世界国家的大肆干涉,美国人已经将技术视为解决大规模问题(战争、饥荒、贫困、教育、运输与通信)、掌握在大型组织手中的工具。许多学者预言,虽然生产方式会发生变化,但在后工业时代的社会中,"规模越大越占优势"这一假设仍将普遍成立。《未来的冲击》则指出向另一个方向的转变。技术可能将成为解决世界问题、推动社会制度进步并完成自我实现的方式。但要实现这一点,就需要选择小型化的道路。《未来的冲击》中少数乐观的内容就涉及庞大而无情的组织的命运。"官僚主义,"托夫勒写道,"这个本来会用自身的重量压垮我们所有人的制度,本身就在变革中痛苦呻吟。"最后他断言,技术将使大型机构瓦解,并在此过程中恢复个人自主性。[23]

计算机从不遗忘

对大型计算机的现状抱有怀疑的不仅是学生激进分子和夸夸其谈的未来主义者——体制内的政客也是如此。从20世纪60年代中期伟大社会的辉煌岁月，到尼克松执政时期充满丑闻的最后几个月，国会山的立法者围绕计算机是否侵犯个人隐私这一议题，花费了数百个小时来发表愤怒的演说并举行听证会。他们的愤怒并非针对 IBM 或使用其产品的公司，而是针对掌握着迅速扩大的电子数据库的政府官僚机构，这些数据包罗万象，从一个人的年龄、婚姻状况到他的病史和兵役登记号。

参议员山姆·埃尔文是对此持批评态度的人之中最著名也最坚定的一位。埃尔文是恪守信条的宪政主义者（也是强烈主张州权的种族隔离主义者，他相当反对 1965 年的移民改革），他作为参议院水门事件委员会的"亲切的"主席而获得了持久的名声。然而在那之前，1971 年他用了一整年时间针对政府的计算机进行调查，他举行的听证会贡献了许多热门的头条新闻。他一只手握着主席的木槌，另一只手拿着大量打印的微缩胶片资料，埃尔文谴责"档案专政"正在侵蚀华盛顿。他严肃地警告道，"计算机从不遗忘"。[24]

在众议院，斗士们的领袖是新泽西州民主党人尼尔·加拉格尔，他的举止像肯尼迪一样，演讲总能一针见血，这使他成了出名的隐私权维护者。他从 1966 年开始举办关于"计算机侵犯隐私"的听证会，并请来了万斯·帕卡德这样的证人。1970 年时，加拉格尔已经开始直接向计算机专家喊话，在《计算机与社会》上发表的一篇观点痛苦的文章中，他将计算机描述为"罗斯玛丽的婴儿"。"计算机分析与传输档案时的嗡嗡声……通常是灵魂离开血肉之躯的声音，"他写道，"现在提取原始数据的方式与拔牙差不多：一方面人们同意时并不了解详情，另一方面都是连根拔起。"[25]

建造大型计算机的那些人可能并不会用这种末日论，但他们也认为传统的隐私概念几乎在第一台 UNIVAC 上市之后就消失了。"实际上，现在我们所有人的私生活已经没有多少隐私可言了。"计算机设计师先驱艾芙琳·贝瑞森在一封写给加拉格尔的信中表示。政府机构与公司计算机机房中轰鸣着的成千上万的计算机已经获得大量个人信息，这些信息只受到松散的监管，并且基本上没有受到保护。目前程序员可能还不知道该如何处理所有这些数据，但计算机能力的加速提高意味着他们很快就能够处理这些数据了。正如兰德公司的保罗·巴兰提醒一位采访他的记者那样："之所以记录这些数据，背后隐含的假设就是，它们有朝一日会派上用场。"[26]

在尼克松辞职的那个阴沉的夏天，隐私几乎成为每个不满又受到伤害的华盛顿人都认同的议题。"数据库社会即将到来，"保守主义者的良知巴里·戈德华特在6月份由埃尔文召开的听证会上警告道，"我们必须趁还有残存的个人自由时，为这些程序员订立规矩。"11月份的选举之后，一群年轻而一心革新的候选人（其中大多数是民主党人）当选为国会议员，他们就是"水门婴儿"。国会迅速将一系列提案整合在一起，通过了1974年的《隐私法案》。杰拉尔德·福特在新年前夜签署通过了《隐私法案》，为在政治方面确实可怕的这一年画上了句号。[27]

《隐私法案》的开头清楚地阐明，正是计算机催生了这一法案："计算机与复杂的信息技术日益增多的使用，虽然对政府的高效运作至关重要，但也极大地增强了可能发生的对个人隐私的伤害。"就像法案通过之前多年间这一主题下的大多数国会听证会一样，这项法案将矛头直指联邦政府。虽然对监控、人格测试与大量采集顾客信息并将其存入巨型数据库这方面的黑暗技艺最热心的其实是商业公司，但国会的调查主要集中在它能够关注到的"坏人"，以及它们手中的预算源头：联邦政府。[28]

因为美国的隐私斗士们不懈地监督政府，致使他们鲜少关注科技行业正在做或应该做的事。只有少量法规限制了美国公司搜集其产品用户的数据的方式。使用计算机的公民可以对政府所能获知的内容施加一些限制，但在控制公司可能获取的内容方面却无计可施。当然，极少的监管最终导致现代硅谷能够取得的最大的商业成就之一：搜集、综合并个性化大量数据，从中获取丰厚利润。

"小即是美"

在政治家与活动家指出失控的技术是许多社会弊病的根源的同时，他们也接受将新技术作为纠正这些问题的手段。像迪恩·布朗这样的人所认同的计算机教育理念是，更广泛地宣传计算机是一种社会变革的工具。美国计算机协会（ACM）于1970年召开的年会——通常是持续整整一天的极客技术论文天堂——都在探讨"计算机如何协助人们解决城市、健康、环境、政府、教育、贫穷、残疾人与整个社会方面的问题"。消费者权益斗士拉尔夫·纳德做了主题报告。尼克松政府短暂的技术机会计划要求计算机行业提交关于计算机与通信技术如何解决社会问题的建议，这反映了当时的普遍情绪。[29]

上述争论在流行文化中也有体现。耶鲁大学法学教授与隐私权倡导者查尔斯·雷奇对反主流文化价值观的赞誉之作《美国的绿化》在1970年9月出版后，几周内都在畅销书排行榜上名列前茅。正如呼吁采取行动的马里奥·萨维奥通过他的扩音器呼喊的那样，雷奇也将现代世界视为需要重启的机器。"美国人已经失去对社会机器的控制，只有新的价值观与新的文化才能将其恢复。"英国经济学家E.F.舒马赫在他1973年出版的畅销书《小即是美》中也提出了类似的技术观点。对经济增长的不懈追求必须让位于"知足"的新理念。庞大且非人性的系统需要被"人性化的技术"取代。[30]

那些最大的计算机公司发现它们正遭到竞争对手与监管机构的围堵，这也体现了社会对大公司的反感。1969年，约翰逊执政的最后一天，司法部对"蓝巨人"提起了反垄断诉讼。这不是政府第一次将"蓝巨人"作为反垄断目标。在杜鲁门时代，IBM曾遭到反垄断起诉，最终被迫拆分了计算机硬件与服务业务。现在 IBM 极度成功的 System/360 系列导致市场份额飙升与大量现金流入，引起了政府的注意。这起诉讼成了国会中的自由主义者开始质疑商业垄断的背景。1972 年，被称为"参议院良心"的菲利普·A. 哈特向国会提出了一项彻底反垄断的《工业重组法案》。哈特将其描述为"为探寻解决经济集中问题而做出的最大努力"。[31]

在计算机行业，这种集中对消费者的不利影响似乎是显而易见的。从薪水支票到航班预订等一切事务的自动化都可以提高业务效率，但当系统出错时就会导致麻烦。每一张错误的公用事务账单或丢失的酒店预订单都成为计算机怀疑者的证据。计算机行业的高管发现自己处于守势。"如果我们深究其原因，"有人向哈特所在的委员会抗议道，"你也许会发现犯下愚蠢错误的并不是计算机，而是使用计算机和为之编写程序的人。"[32]

婴儿潮一代的活动家李·费尔森斯坦和丽莎·卢普绝对想不到他们居然会与一家大型计算机公司穿着西装打着领带的高管们有许多共同点。但他们都在传播着同样的消息：计算机的力量来自用户。

9
个人计算机

同样的想法也正在斯坦福大学中酝酿。

在 20 世纪 60 年代动荡的政治背景下，曾经不涉足政治的平静"农场"变成了学生中积极分子的温床。与伯克利的同辈们一样，斯坦福大学的学生也为争取公民权利行动起来。他们挤满了纪念礼堂，只为聆听马丁·路德·金在 1964 年"自由之夏"的前夕发表的演讲；1965 年他们组织活动支持加州农场的工人罢工；1966 年他们在斯托克利·卡迈克尔领导下举办了一场"黑人权利日"活动；1967 年时，激进势力的大部分精力转移到了越南战争上。当年 2 月，斯坦福大学的本科生冲着来访的副总统休伯特·汉弗莱大喊大叫让他离开，又在大学的纪念礼堂中举行了和平守夜活动。不久之后，学生们在胡佛塔的台阶上烧毁了胡佛研究所所长 W. 格伦·坎贝尔的肖像。[1]

弗雷德里克·特曼用了 20 年时间，将利兰与简·斯坦福出于个人情怀创建的学校变成了美国卓越的国防研究中心之一。现在，他所建立的追求"卓越之塔"的成果变成了学生发泄对越南战争的愤怒的目标。1969 年 4 月，数百名学生占领斯坦福大学电子实验室 9 天，要求大学停止参与机密研究。不久之后，大学管理层切断了与 SRI 及其有争议的一系列机密研究项目的联系。这一决定令那些希望彻底关闭 SRI 的学生感到失望。[2]

如果真要关闭 SRI，斯坦福大学可能就会阻碍一家正在建立一个互相连通、以人为本的全新世界的机构——这里有"晃晃"机器人、迪恩·布朗的教育实验室，以及道格·恩格尔巴特的"增智研究中心"。

在恩格尔巴特重视网络化合作的过程中，这位最伟大一代的低调成员与围绕着斯坦福大学校园的激进政治潮流和南部湾区平凡无奇的郊区店面完全同步。开普勒书店和 SRI 位于门洛帕克的研究机构就在同一条路上，老板罗伊·开普勒已经把书店变成反战与反主流文化的沙龙。垮掉派诗人、琼·贝兹与"感恩而死"乐队都曾造访过开普勒书店，店里举办的读书会与说唱会是当地许多科技界人士每场必去的活动，其中就包括恩格尔巴特实验室的成员，他们在搭乘通勤列车回家的路上会顺道造访书店。恩格尔巴特通过网络技术拓展思维能力的愿景与迈克尔·墨菲的愿景有许多共同点。迈克尔·墨菲毕业于斯坦福大学，1962 年与人在大瑟尔海岸合作创办了伊莎兰学院。墨菲告诉《生活》杂志的记者，他的目标是"追寻意识中前人未踏之境"。后来在伊莎兰举办冥想顿悟活动时，恩格尔巴特的朋友保罗·萨福说，他用计算机"为思想创造新家园"。[3]

恩格尔巴特于 1968 年 12 月进行的演示，对于将计算机视为工作、教育与游戏工具的湾区程序员以及梦想家群体来说是激发灵感的神启。迪恩·布朗的实验室使用恩格尔巴特的鼠标来测试计算机如何强化学生的学习能力。这场演示还为这场运动带来了新成员，其中的著名人物有斯图尔特·布兰德，他作为一名熟练的摄影师加入了演示团队，离开团队的时候，他为网络计算的力量激动不已。布兰德和阿尔布雷希特合作创立的波托拉学院与《全球目录》也紧跟潮流。萨福回忆道，这场演示"真正将计算带离了过去 10 年它所遵循的路径"，"从此一切都不同了"。[4]

创意工厂

不久之后，距离 SRI 的机器人控制大厅大约 5 000 千米之外，一群公司高管坐在嵌木办公室里，思考着公司下一代产品将从何而来。施乐是一家相对年轻的公司，但它的崛起就像火箭一样迅速，而且获利颇丰。十几年前，施乐公司开发了最早的一批办公复印机，现在它已经彻底垄断市场，就像 IBM 统治着大型机市场一样。

随着资金滚滚而来，施乐公司决定效仿 AT&T 这样更令人尊重的前辈，建立独立的研究机构。还有什么地方比得上帕洛阿尔托呢？20 年来，顶尖的电子公司已经围绕着弗雷德里克·特曼建立起实验室，没有其他地方能比得上这里顶级的土地、顶级的工程人才与顶级的气候。《施乐公司计划在加利福尼亚建立研究实验室》，这是 1970 年春天《纽约时报》商业版中深藏的一则短讯。施乐公司研究部门负责人雅各布·古德曼说，这个实验室的目的是"推动数据处理技术的发展"。[5]

这条无关紧要的声明开启了最终使道格·恩格尔巴特的愿景成为现实并投入市场的事业。具有讽刺意味的是，这项事业虽然最初是由施乐公司投资开展的，但施乐公司最终并没有从由此导向的技术突破中受益。施乐公司并不是计算机公司，而复印机业务利润过于丰厚，并不需要创建一条全新的产品线和销售渠道来获取利润。相反，施乐公司的帕洛阿尔托研究中心（PARC）成了孕育位于加利福尼亚的新公司的温床，这些公司所获得的利润最终将使复印机和大型计算机行业的利润相形见绌。PARC 之于个人计算，就像 NASA 之于微芯片一样：一位财大气粗的资助者对基础技术的研究与开发投入了资金，然后基本不再参与其中。

20 世纪 70 年代的头几年，PARC 大厅里的人与湾区轻松愉快的计算机专业人员的生态系统有着紧密联系。正如 PARC 的科学家琳·康维所说，在半导体行业主导下的当时当地，"充满着大男子主义对女性的厌弃"，PARC 的人员队伍有着不同寻常的多样性。新员工可以利用施乐公司充足的资源与宽松的管理，创造性地解释古德曼对"数据处理技术"的定义，并开展在道格·恩格尔巴特关于增强智能的想法与更广泛的黑客文化的启发下产生的研究项目。在那次伟大的展示之后，恩格尔巴特在 SRI 的部门也发生了变化——投资人无法认识到这一设备的商业潜力，他的一些团队成员跳槽到了 PARC。还有很多工程人员来自斯坦福大学和伯克利分校。

艾伦·凯也在其中，他希望开发出一种小到能够装进书包里的计算机。在大厅另一侧，鲍勃·梅特卡夫与大卫·博格斯发明了一种连接多台计算机的方法，他们称之为以太网。阿黛尔·戈德伯格和丹·英格尔斯就在走道对面，他们也是计算机教育的宣传者和推动者。他们与凯合作开发了 Smalltalk，这是一种具有革命性又适用于课堂教学的新型计算机语言。康维是被从梅莫雷克斯公司挖来的，他早前在 IBM 工作时就在高性能计算机体系结构方面取得过重大进展。领导 PARC 实验室的不是别人，正是鲍勃·泰勒。几年之后，他将建立被称为"阿帕网"的了不起的学术研究网络。[6]

施乐公司组建了一支全明星队伍。但施乐公司的帕洛阿尔托研究中心最初是以无拘无束、更叛逆的形象进入公众视野的，这要归功于斯图尔特·布兰德 1972 年 12 月在《滚石》杂志上发表的一篇文章。布兰德的文章题为《太空战争：计算机游民的疯狂生活与象征性死亡》(以下简称《太空战争》)，他在文章中描绘了技术人员操作研究中心的计算机网络在午夜玩电子游戏，用约翰·罗纳德·瑞德·托尔金笔下的角色命名他们的办公室，留起长发，并且毫不在乎传统权威。艾伦·凯告诉布兰德："真正的黑客一定不合群，喜欢彻夜工作，和计算机爱恨交织……他们往往是年轻人，对传统的目标不太感兴趣，而计算科学对他们来说正是个绝妙的目标……在其中你仍然是一名工匠。"施乐总部的高管对布兰德的报道感到震惊，他们从此禁止PARC的员工接受媒体记者采访。同时《太空战争》成了硅谷传奇的奠基文献。[7]

蓄须、豆袋椅和午夜的电子游戏使一些当代观察家难以认识到这些男男女女正在开发的是桌面计算机和网络系统的基础技术。在《太空战争》发表后仅仅三个月，PARC团队就建造出一台桌面计算机的原型。这台计算机叫作"阿托"，有键盘与显示屏，配有鼠标。它拥有图形界面而非文字界面，屏幕上的文档看起来就和打印出来时一样，这台计算机甚至有电子邮件功能。在"所有演示之母"之后不到5年时间问世的这台机器，将恩格尔巴特来自遥远未来的工具集成在一台能够摆放在办公桌上的机器中。它与几乎所有已有的其他计算机都不同，因为你无须成为软件程序员就能使用。[8]

成为"汤姆·斯威夫特终端"

在四周草木繁茂的施乐梦工厂另一边，李·费尔森斯坦仍在追寻以人为本的计算机。像大多数人一样，他在PARC豆袋椅上度过了美好的时光。虽然他为这里的技术所惊叹，但他内心的社会正义斗士的意识并不乐意接受企业巨头的恩惠。"阿托"的制造成本为12 000美元，其售价很有可能是这一数额的三倍。

费尔森斯坦希望建立以社区为基础、价格便宜到几乎人人都能够访问的网络。他曾与帕姆·哈特和"资源1号"的人共同建立了开创性的电子公告板"社区记忆"，这一公告板系统的终端仍然零星分布在湾区的唱片店与独立咖啡馆中。但是，这些单元只不过是依赖中央计算机数据的显示屏，其敏感的网络常常轻易崩溃。这位沮丧的黑客得出结论：当今世界需要的是具有自己的存储系统的"智能"终端。[9]

大众科学杂志针对家庭爱好者的"建造专栏"仍是费尔森斯坦这样的 DIY 工程师的首选资源，1973 年 9 月刊的《无线—电子》杂志（副标题是"专为有电子创想的人"）的封面文章介绍了一种可能正好解决他的问题的设备。"电视打字机"是唐·兰开斯特的发明，他原先是一名航空工程师，后来他将自己"流放"至亚利桑那州的沙漠中，成了一名消防瞭望员与回归土地的户外活动者。兰开斯特设计的简单设备能够将键盘上输入的单词传输到屏幕上。这在电脑爱好者社区中掀起了波澜，将按键与屏幕上的字符联系了起来，使那些自制爱好者能够建造轻量级的 PARC "阿托"计算机。

兰开斯特的想法使费尔森斯坦开始在"社区记忆"中发帖，并在混乱的《PCC 通信》每周记录中寻找想法，寻求关于如何建造类似电视打字机且拥有增强智能的设备的建议。使用一枚英特尔微处理器可以实现这一点，但是每枚微处理器需要花费数千美元。费尔森斯坦需要的是廉价、智能、易于制造的产品。

结果就是"汤姆·斯威夫特终端"，得名于一套古老的冒险书籍，这是 20 世纪 20 年代中期美国少年的主要读物。费尔森斯坦于 1974 年末在《PCC 通信》中公布了电路设计图。"汤姆·斯威夫特终端"的用户不但能够上下滚动，还可以通过插入不同的预印制电路板增加新功能——打印、计算、玩游戏，这些功能都由负责传输外围设备与终端之间通信的"总线"进行管理。从本质上说，这一系统相当于拆分了通常封装在大量生产计算机或者芯片的体系结构中，并将其变为任何电子爱好者都能自行建造的独立元件。"如果要把工作变为娱乐，"跨页设计图顶端印着的文字宣告道，"那么工具就要变成玩具。"

就像刊登在《PCC 通信》上的大部分内容一样，关于"汤姆·斯威夫特终端"的文章不仅构建了一系列工程规范，还带来了一种新的政治哲学。不久之前，费尔森斯坦的父亲给了他一本由社会主义哲学家、牧师、反主流文化导师伊凡·伊里奇所著的《陶然自得的工具》。

伊里奇已经通过《非学校化社会》掀起了轩然大波，引发了对传统教育的广泛反对，并激励无数学生辍学以追寻和谐。现在他的关注点转向了技术。就像查尔斯·雷希与 E.F. 舒马赫一样，伊里奇谴责精英与专家们对现代生活的功能实行"激进垄断"，因此导致了"机器奴役人"的体制。但现在情况有所不同。"我们现在能够设计出消除奴役的工具，而无须将人束缚到机器上。"[10]

这一愿景令费尔森斯坦着迷。在"汤姆·斯威夫特终端"设计图的一侧，他添加了自己的声明。"美元符号并不尽如人意，"他写道，并向伊里奇的社会主义观点致敬。"在工业系统建立之前，人们建造的都是其他人无须接受多少训练就能使用的工具……PCC 展示的就是如何以这种轻松友好的方式操作计算机软件。"不久之后，他在一篇技术论文中进一步阐述了这个想法。大型计算机就像一个官僚组织——等级森严，彼此孤立，是专家们的势力范围。总线式设计则是"仅受简单通信规则约束的自由交流系统"。[11]

李·费尔森斯坦在 1974 年描绘的对"陶然自得的控制论"的广泛乐观情绪，和泰德·尼尔森同年大胆提出的"计算机自由"一样，在程序员与社会改革家群体中大放光彩，虽然当时反主流文化的宏大梦想正在消散。"爱之夏"与伍德斯托克音乐节营造的美好氛围与阿尔塔蒙特、曼森家族和肯特州立大学的暴力事件混为一谈。在伯克利的住所中被极左团体"共生解放军"绑架的女继承人帕特里夏·赫斯特，于 1974 年 4 月以持枪共犯的身份在一场银行杀人抢劫案中现身。通货膨胀率飙升，收入停滞不前，总统满嘴谎言。这一派衰败景象加深了技术人员的信念：光靠政治不能解决问题。正如伊里奇所说，"管理上的变革不是革命"。社会的不平等源于工业化的生产方式，除非这个平台本身发生改变，否则这种不平等不会消失。[12]

与伊凡·伊里奇不同的是，计算机革命者的队伍中几乎没有真正的马克思主义者。他们可能并不全心认同现行体制，但他们的事业在现行体制中却受益匪浅。他们都曾就读于斯坦福大学和加州大学伯克利分校的一流工程专业，都曾在 ARPA 与国防部的其他机构中创造过未来。他们享受着施乐这样的公司拨出的大笔工业研究预算，这使他们得以在不到三年的时间内就建成梦想中的联网桌面计算机，并且最重要的是，他们可以参照同一条路上的硅谷半导体公司，明白新技术如何使他们变得非常富有。

到了 1974 年，新一代人的大量证据证明，计算机具有变革一切同时又不摧毁一切的潜力。费尔森斯坦将这样的哲学简单概括为："你不需要离开工业社会，但你也不需要接受现状。"[13]

计算机替代老师？

20 世纪 70 年代中期，水瓶座年代的男男女女开始了普通中产阶级生活，他们住在牧场式住宅或是美式死胡同里，家中孩子幼小，大人需要穿着西装打着领带才上班。这条消息在北加州郊区引起了共鸣。虽然外表相似，但这一代人与他们的父母截然不同，他们继续追求个人成就并摆脱青年时代给他们带来的束缚。他们练习瑜伽，到伊莎兰退思，还参加艾哈德（EST）研讨会。他们公然出柜，走出厨房，参加女权与《平等权利修正案》游行。随着性别角色与性道德的转变，1960—1975 年，加利福尼亚的离婚率增加了一倍以上，而《无过错离婚法》的施行也使离婚手续变得更加简单。[14]

在科塔蒂，丽莎·卢普并没有离婚，但她的家庭生活不能使她满足。在索诺玛州立大学的教室里与迪恩·布朗那一次决定命运的邂逅之后，她浪费了几年当全职母亲（她又生了一个孩子，幼儿期的孩子需要照看）。她一刻不停地思考着与计算机相关的事，并且一直与布朗保持着联系。索诺玛与硅谷距离并不遥远，但缺乏网络与组织，她无法联系其他爱好者，也无法获知计算机方面的更多信息。她开始有些不耐烦。她认为继续等待索诺玛的计算机革命毫无意义，她应当亲自发起一场革命。

首先，她开始了自己的硬件搭建与软件编程速成课程。她实际操作计算机的经验仍然停留在康奈尔大学时在 IBM 卡片上打孔。她竭尽所能自学，订阅了《PCC 通信》，然后去门洛帕克参观了从阿尔布雷希特的组织中独立出来的新"人民计算机中心"，成年人和孩子都能走进那里学习如何编程和玩游戏。她学习了 BASIC（一种编程语言），成立了自己的组织——索诺玛计算机俱乐部，为的是把那些离群索居的当地黑客从他们自己的地下室和车库里找出来。就像全国各地雨后春笋般出现的许多其他组织一样，其中混合着终身技术人员和热情洋溢的自学成才者，也反映出在美国"女性和电子产品混不到一起去"，因为其成员绝大多数是男性（1975 年南加州计算机协会对 184 名成员进行调查，只有 5 名受访者自称为"女士"而非"先生"。"来吧，女士们，我们来让这个组织平衡一些！"协会会刊中呼吁道，仿佛成员中缺少女性代表只是因为她们不愿意）。[15]

作为几乎唯一的"女士"，丽莎·卢普并没有退却，她也没有因为自己技术方面粗浅的认识而胆怯。技术变化如此之快，哪怕最熟练的计算机操作员也可能发现他们的知识已经过时。摩尔定律的强大力量正使计算机变得更便宜、更快，从而真正打开了一个时代的大门。在这个时代，教室里的计算机可能和削笔刀一样多。

她说服布朗和计算机设计师斯图尔特·库尼帮助她在科塔蒂市中心开办了一家可以直接进入的教育中心，使任何人都能进去学习如何使用计算机。她租了一台计算机终端，建立起一条 telnet 线路，然后在硅谷的一家分时计算公司开设了一个可以使用笨重的 HP 2000 大型计算机的账号。人们将教育中心称为"LO*OP 中心"，意思是"学习机会开放门户"（Learning Options Open Portal）。这个模仿卢普姓氏的名字说明了谁是这里的负责人。成年人和儿童都能在这里学习如何

9　个人计算机　/　137

编程与使用不同的软件。这里有供儿童玩耍的电子游戏，还有一台公用的复印机，可以吸引那些认为计算机没什么意思的人。

随着计算机产业的蓬勃增长，LO*OP 也随之发展。它从二楼的办公室搬到了临街店面。卢普关闭了她的分时计算账户，从门洛帕克的人民计算机中心购买了数据设备公司的 PDP-8 二手计算机。下班之后，她会将教育中心的设备——小型计算机、电传打字机和外围设备——塞到满是灰尘的皮卡车后座，然后开车绕着索诺玛，像带着帐篷传教的传教士一样来到放学后的校园里。丽莎·卢普希望向人们揭开计算机的神秘面纱，而非神化计算机。在她看来，人类教师仍然是计算机辅助教学课成功的关键。"计算机只是师生之间的一种交流媒介，"她对所访问的班级说，"计算机永远无法替代老师。"技术终于有了人性的一面。[16]

项目突破！

虽然家庭生活推迟了丽莎·卢普进入计算机俱乐部和教育中心的时间，但她选的时机堪称完美。因为就在她为 LO*OP 中心制订计划时，一种与黑客和活动家所见过的截然不同的计算机类型出现了。这种计算机叫"牛郎星"，由阿尔伯克基一家名为 MITS 的小公司生产。这种计算机从 1975 年初在《大众电子》上问世时起，就在计算机爱好者的世界里掀起了一股风暴。

这是一种与众不同的设计。这种计算机有着常见的电路板、元件与总线，同时还有一个漂亮的金属盒将这些全部封装在内。但是，与所有其他的计算机不同，牛郎星配备了英特尔 8080 微处理器，以提供计算能力与内存空间。MITS 的创始人兼设计师埃德·罗伯茨与英特尔达成了协议，以每片 75 美元的价格购买了一批有瑕疵的芯片，这个价格只不过是这种芯片正常售价的零头。在经验丰富以及有耐心和电烙铁的黑客手中，牛郎星变成了一台轻巧灵活的桌面计算机，成本仅略高于 400 美元。

原型机在《大众电子》1 月的封面上首次亮相之后——标题热情地写道："项目突破！"——MITS 被订单淹没了：第一周收到了 200 份订单，到 2 月底时共收到 2 000 份需求。罗伯茨无法使产量满足需求，而业余爱好者却在焦急地等待着牛郎星从阿尔伯克基的装配线上生产出来。镇上的幸运儿拿到牛郎星后，就会召集其他的爱好者一起研究。他们开始以经典的黑客作风讨论如何通过外设与软件将这个系统变得更好。很快，普通的非正式社交和每周的讨论会已经不能满足他们，他们开始更有组织地聚会。这些玩客、业余爱好者和反主流文化斗士开始考虑不仅要制造小型装置来改进牛郎星，还要开办公司销售这些小型装置。[17]

到处都在谈论、聚会和修修补补，但这一切行动的中心是硅谷。如果丽莎·卢普这样的人希望弄清楚如何充分利用牛郎星并加入个人计算革命，那么她就需要"远征"帕洛阿尔托。她通过在 PCC 的关系得知，有一个新小组开始每月聚会，吸引了各种有趣的人——从 PARC 的黑客到英特尔工程师，从斯坦福大学的研究人员到《全球目录》的编纂者。

所以，1975 年 4 月，丽莎·卢普请了一名保姆照顾她的孩子，自己却跳上皮卡车向南，前去参加自制计算机俱乐部的第二次聚会。

10
自制计算机

你在自制计算机吗？还是终端、电视打字机、其他装置？又或者是哪种数字黑魔法小盒子？抑或你订购了分时服务的机时？如果是这样，你是否希望参加志趣相投的人的聚会？在那里，你可以交流信息、交换想法、举办讨论会、推进项目……

1975年3月，自制计算机俱乐部第一次聚会的印刷邀请函上写着上面那段话。对于当时住在帕洛阿尔托的人来说，弗雷德·摩尔匆匆写就然后骑着自行车四处分发传单已经司空见惯。多年来，黑客和计算机解放者一直在举办聚会，他们或是参加PCC每周的意大利面聚餐，或是参加PARC的豆袋椅研讨会，又或是在斯坦福大学的计算机实验室通宵举办《太空战争》竞技。在波士顿、南加州和西雅图，任何有大量程序员与电子爱好者的地方都是如此。但是，摩尔和他的伙伴戈登·弗兰奇的这一宣言标志着一个高科技新时代的开始。[1]

这两个人是一对奇怪的搭档。摩尔是一位和平主义者。十几岁时，他试图离家出走参加古巴革命，但并未成功。1963年，他作为新生在史布罗广场的台阶上参加绝食，抗议被强征加入预备役军官训练营，由此揭开了后来几十年学生运动的序幕。他将计算机视为传播和平运动信息的手段。弗兰奇是 20 世纪 50 年代的工程师，他思想严肃，持有军事证件，他对这个变革时代最大的让步只是稍微留长了头发。他将自己组建的计算机称为雏鹰。摩尔与弗兰奇通过 PCC 结识，并因为在推广计算机与计算机教育方面的共同热情建立起了紧密关系，成为门洛帕克人民计算机中心的背后推动者。当 MITS 的埃德·罗伯茨向中心发来一套牛郎星以供检验时，两人决定举办一场演示会，邀请人们到弗兰奇的车库去参观。[2]

欢迎加入

那个雨夜共有 32 人到来，椅子不够用，他们就盘腿坐在冰冷的水泥地面上，以座谈会的形式分享技术数据与内部八卦。这是极客的天堂。当时在场的莱恩·舒泰克回忆道，这个小组"讨论了最好的微处理器芯片、计算机指令编码八进制和十六进制的优点等各种话题"。"其中有 6 个人已经组建自己的计算机，而几乎所有其他人也都想这么做。"[3]

聚会不仅吸引了许多常客，比如李·费尔森斯坦从伯克利驾车前来，它也吸引了一些新面孔。其中有一个来自库比蒂诺的前电话飞客，他在读大学的时候与一个高中好友一起在宿舍挨门儿推销打着法律擦边球的"蓝盒"。他叫史蒂夫·沃兹尼亚克，他的好友叫史蒂夫·乔布斯。[4]

既有藏品交换，又有情报搜集，还有交流会，每两周举办一次的自制电脑聚会迅速成为当地的一件大事。第二次聚会从弗兰奇的车库改到约翰·麦卡锡的斯坦福大学人工智能研究院举行，后来的聚会又改到了沙丘路上斯坦福直线加速器中心的礼堂里，每月吸引数百人前来参加。在聚会上开始的话题常常一直延续到绿洲酒吧，大家喝着啤酒、吃着汉堡继续讨论。他们为确定俱乐部的名称费了一些工夫。他们先否决了"蒸汽啤酒计算机俱乐部"、"8比特字节香肠"和"微型大脑",最后才定下来"自制计算机俱乐部"。[5]

前两次聚会由弗兰奇主办,但他乏味的说话方式并不适合这些躁动不安的人。因此,李·费尔森斯坦接管了组织者的工作,将他在多年反战抗议活动与社区组织工作中磨炼出的技巧派上了用场。摩尔开始撰写新闻通稿,作为会议记录存档并与外界分享他们在聚会中的发现。这份简报排版粗劣,上面歪歪斜斜地画着俱乐部成员的手绘肖像(大多数人蓄须、留着长发、握着可乐瓶),旁边标注着与会人员的姓名。简报的非正式风格与《PCC通信》如出一辙,尽管自制计算机俱乐部的规模与影响力在不断扩大。

丽莎·卢普在人群中显得与众不同。她是自制计算机俱乐部早期成员中唯一的女性,而且在计算机领域是新手。摩尔的新闻通稿包括对会员技能与需求方面的介绍,以鼓励交换与共享。史蒂夫·沃兹尼亚克的简介十分典型,展示了炫目且出色的技术天分。"拥有我自己设计的电视打字机……有自己建造的《Pong》,"他在简介中写道,"正在组建一台17枚芯片的电视象棋显示器(含三块存储板)以及一台30枚芯片的电视显示器。技能:数字设计、接口、I/O设备,缺少时间,有设计图。"卢普写的则是:"我并非计算机专业人员,所以我最大的贡献就是帮助计算机专家与完全外行的人进行交流。手头有苹果、鲜鸡蛋、美丽的乡村。需要:TTY、声耦合器。"[6]

虽然在自制计算机俱乐部占主导地位的是大量黑客,但个人(或者微型)计算机行业的迅猛增长——以及自制计算机俱乐部的不朽传奇——与类似丽莎·卢普这样的人大有关系。他们并不一定是终身计算机爱好者,但这些传道者对计算机带来的可能性充满热情,并能够翻译技术行话,把故事传播到更广阔的世界中去。他们并不都在加利福尼亚,他们与丽莎·卢普一样都是教育家,致力于将计算机带给从纽约到得克萨斯再到华盛顿的数学教室和学校图书馆里。在自制计算机俱乐部成立后的几年之内,高中计算机实验室和课余计算机俱乐部在湾区以及其他地区迅速增多,这使计算机成为越来越多 1965 年之后出生的美国中产阶级在中学毕业前的共同经历。

记者与出版商同样是传道者。维恩·格林,新罕布什尔州的杂志出版商和无线电爱好者,于 1975 年 9 月创办了《字节》杂志。《PCC 通信》有多粗糙朴素,这本杂志就有多精美。第一期杂志的封面文章标题来自李·费尔森斯坦的梦想:《计算机——世界上最伟大的玩具!》。不仅仅是《字节》杂志在传播计算机领域的消息,在自制计算机俱乐部成立后的三年内,全美国有将近 10 份微型计算机方面的杂志开始出版发行。[7]

同样推动消息传播的还有展会组织者,他们将计算机俱乐部性质的聚会提升到了贸易展会的规模。由 SDS 的组织者转为 MITS 市场总监的大卫·班尼尔精心策划了第一场这样的展会,即 1976 年初在阿尔伯克基举办的世界牛郎星计算机大会(泰德·尼尔森在班尼尔组织的活动中做了一场取悦性质的主题演讲,向人们展示了微芯片驱动的性玩具的惊人可能性,震惊四座)。新泽西州的技术作家索尔·里贝斯几个月之后发起了特伦顿计算机节。1977 年,新泽西州计算机会议变成了每年一度的活动,同样,每年举办一次的还有波士顿"计算狂潮",以及由《字节》赞助、在纽约举办的个人计算机博览会。[8]

在湾区则有吉姆·沃伦,他原本是数学教授,后来转变成编程爱好者,他也是自制计算机俱乐部的成员,开办了最大的计算机展会——一年一度的西海岸计算机博览会,1977 年春季首次召开时就吸引了 13 000 位计算机拥趸。他评论道:"个人计算机造成的影响将能够与枪支相提并论。""枪支抹平了人们体格上的差异,个人计算机对他们的智力将产生类似的影响。"沃伦有着自由精神,因为在位于红木城的住宅里举办裸体聚会而闻名,他懂得怎样宣传才能引人注目。[9]

在另一个不断增长的计算机爱好者群体的重要平台上,沃伦也是推动发展的风云人物,这个平台就是《多布博士计算机健美与正畸杂志:轻巧运行,避免过载》(以下简称《多布博士》)。这本夸夸其谈的花哨的杂志源于《PCC通信》的三期特刊,特刊重印了计算机科学家丹尼斯·阿利森面向儿童在门洛帕克的人民计算机中心进行计算机编程而开发的简化软件代码。"本刊基本上是PCC成员在业余时间编写的,"他在1976年初出版的第二期杂志中向读者解释道,"一旦我们意识到我们目前正在试图弥合的这道信息鸿沟,只需几周就能组建起一支团队并开始一份完整杂志的编辑工作。"沃伦不是程序员,他的继任者亨利·卢斯也不是,但作为《多布博士》的编辑,他协助减少了日益增加的计算机可用性与缺少与之相应的现成可用软件之间的差距。[10]

最后还有零售商,他们原本作为牛郎星电脑系统的经销商进入这个行业,但很快他们的业务就远不止于此。保罗·特雷尔无视那些认为他会永远找不到客户的朋友的建议,于1975年底在山景城开设了字节商店。某一天,有16个人来他的店里参加关于"计算机入门"的研讨会,特雷尔意识到字节商店的常规业务中必须包含计算机课程。入门课程转化成了销量,4个月后特雷尔开了第二家分店,到1977年底,他已经在全美国拥有60家商店。同时成长起来的还有另外三家连锁店与数百家独立经销商,例如电脑棚屋与肯德机(接到那家快餐业巨头的禁制令之后,店主迅速更换了名字)。就像计算机俱乐部一样,这些零售店变成了非正式集市。特雷尔说:"走进店门的人有10%是来卖东西而不是来买东西的。他们代表自己,想卖出他们在卧室或者车库里设计出来的更好的小元件。"[11]

加州新时代

自制计算机风行全美国，但只有在北加州，所发生的一切事情才有如此紧密的联系，为之赋予新的动量与速度。硅谷的半导体行业和计算机行业的硅资本家，以及那里与众不同的风险投资人俱乐部都在寻找下一个大项目。在1975—1976年，芯片制造商还考虑着许多其他业务。他们的主要客户是传统的大型计算机与小型计算机制造商，以及汽车公司、手表制造商和其他将微芯片应用在消费产品中的公司。美国经济的整体放缓迫使美国企业裁员，也带动了更多与日本的海外贸易。另外，半导体公司制造的是"芯片上的计算机"，它们并没有生产真正的计算机。

然而，在国王大道沿线舒适的小世界中，大多数自制计算机黑客与硅谷的体制都有着个人或职业关系。第一次自制计算机聚会的很大一部分与会者在惠普或英特尔等高科技公司任职，还有许多人在斯坦福大学工作。俱乐部集会地点改到大礼堂时，许多本地公司的员工也前来长见识。他们中的一些人因为一轮轮裁员与毫无起色的股票期权而心灰意冷，正考虑着创办自己的公司。有的人只是好奇，想来看看到底是什么值得这么大惊小怪。

尽管许多芯片公司的高层管理者仍持怀疑态度，但很显然，更底层的人已经明显意识到一个崭新的市场正在蓄势待发。英特尔工程师虞有澄（他是硅谷半导体从业人员中日益增多的外国面孔之一）不需要亲自参加自制计算机俱乐部，就察觉到微处理器终将不仅仅应用在交通信号灯与车载交流发电机里。"芯片会应用在哪里？"他思考着。"芯片会进入千家万户，因此，家用电脑会得到发展，将有上百万的销量。"虞有澄说服了他的两位英特尔公司同事辞职，与他一同创办了名为"视频大脑"的家用计算机公司。[12]

约翰·多尔则是另一类开始参加自制计算机俱乐部聚会的英特尔

员工。约翰·多尔是土生土长的圣路易斯人，莱斯大学工程系的毕业生，他追随伯特·麦克默特里来到了硅谷。多尔的工作是英特尔8080的市场营销员，这是驱动牛郎星计算机的芯片。在研究新兴的个人计算机生态系统时，多尔意识到英特尔微处理器的市场可能会增长到他的老板不敢想象的规模。1980年，他辞职后来到沙丘路，加入了正崭露头角的风险投资巨头克莱纳－珀金斯公司。他后来在这家公司操刀了硅谷历史上最大的几笔交易。[13]

更广泛的政治与文化势力加速了微计算热潮的发展。自制计算机俱乐部第一次举办聚会的5个月前，加利福尼亚的选民将36岁的杰里·布朗选为该州的新州长。杰里·布朗是帕特·布朗之子，帕特·布朗是自由派的标志性人物，正是在他执政加利福尼亚的时候，创造了长时期的战后繁荣，1966年他被保守派罗纳德·里根击败。杰里·布朗胜选主要是靠他的知名度与"水门事件"后的反共和党情绪。他因自己走向全国的野心（他几乎立刻开始竞争1976年民主党总统候选人提名）以及融合了反主流文化思想与务实思想的财政保守主义而闻名。

布朗的工作职责是州内事务，但他放眼宇宙。他定期到湾区禅宗中心冥想。他与斯图尔特·布兰德成了朋友，并征求他的建议。他们都喜欢戏剧性的夸张举止，都相信技术的力量能改变这个世界。"我们现在在加州提出的并非骑马冲进城镇大肆破坏然后扬长而去的牛仔价值观。"这位萨克拉门托的权威们喜欢称之为"自由之魂"的州长宣布道。布朗因为减少公共开支，特别是减少社会服务而与他的父亲疏远了。"限制带来了约束，"他说，"但也创造了可能性。"[14]

高科技企业符合布朗所构想的世界观，在这样的社会中，企业与政府高效且有远见，但仍保持着闪亮的心灵。1977年夏末，成千上万的美国人在电影院中排队，只为观看一部拍摄于北加州的大片《星球大战》，布朗宣布在全加州举办"太空日"，以庆祝技术上取得的成就。他的这项"关于未来主义者"的提案后来使他得到了"月光州长"的嘲讽绰号,但这样的建议也强化了加州作为新思想与新运动起源地的声望。

新兴产业同样出现在加州。10年前萌生出女性主义书店与健康食品合作社的反主流文化价值观已经催生由婴儿潮一代主导的新一代公司,这些公司力求兼顾赚钱与公益。SRI 心理学家杜安·埃尔金和阿诺德·米切尔日后在市场心理学方面的研究对硅谷公司的产品定位产生了重大的影响。用他们的话来说,越来越多的美国人选择了"自愿简单……外在简朴而内在富足"的生活方式。埃尔金与米切尔注意到消费者仍然希望购买商品,但商品的价格标签远不如所反映出来的社会价值观重要。[15]

虽然社会理想主义与技术热情驱使着摩尔和弗兰奇这样的自制计算机爱好者,但俱乐部、新闻通信、贸易展会、商店、微芯片行业的兴趣以及加利福尼亚的未来主义的兴起都表明,技术狂热者坚信个人计算不仅是一场新运动,而且是一个新的市场。车库中的计算机爱好者很快就将变成创业者。

11
铭记

MITS对所取得的成功毫无准备。1975年1月埃德·罗伯茨在《大众电子》的封面上展示的只是一个空机箱，而不是能够正常运行的计算机。牛郎星计算机的订单大量涌入时，他手头上只有几台原型机。这家小公司勉强生产了足够的基础套件，至于它起初向牛郎星计算机的客户所承诺提供的可插入电路板与外围设备就不必想了。但是，这些附加组件可不只是花哨的配饰，它们对于牛郎星成为真正实用的计算机至关重要。

发烧友们抓住了这个机会。李·费尔森斯坦大学时期的两位朋友鲍勃·马什与加里·英格拉姆在自制计算机俱乐部第一次聚会不久后就创办了一家公司，这家公司叫作处理器技术公司，生产插入式内存条与输入－输出电路板。他们在马什位于伯克利的车库里开起了"公司"，为费尔森斯坦留了一个角落，让他可以一边设计电路板和其他产品，一边担任频繁出故障的牛郎星计算机的店内维修工。他们的生意迅速发展起来。正如新泽西州的计算机爱好者索尔·里贝斯所评价的，处理器技术公司"使牛郎星成了一台真正的计算机，而不仅仅是玩具"。[1]

在数千米以外的圣莱安德罗市东湾镇的另一个车库里，工程师兼计算机爱好者比尔·米拉德决心实现更大的目标。他不仅要为牛郎星计算机建造附件，还要建造并出售一种完全由英特尔 8080 驱动的微型计算机。他的公司生产的计算机叫作 IMSAI，价格比 MITS 计算机高 100 美元，但事实证明，它们要可靠且强大得多。米拉德的计算机的销量很快就超过了牛郎星。与此同时，其他在自制计算机俱乐部影响下出现的名字古怪（如克罗门克、开坦、多态）的小公司也开始在湾区萌芽。许多公司都是通过出售牛郎星计算机及其外设起家的，但通常都转向了建造全新微型计算机的业务。[2]

《大众电子》杂志的编辑莱斯·所罗门认同他们，并承诺为他们撰写封面故事。在他的帮助下，费尔森斯坦与处理器技术公司的团队一同将"汤姆·斯威夫特终端"推向商业化。虽然他们尽量避免与牛郎星竞争（他们的设备被设计为"智能终端"而非计算机），但最终还是生产出了牛郎星的重要竞争对手索尔计算机。索尔计算机是第一种同时包含 BASIC 软件与硬件的计算机系统，其用户群已经不仅仅是那些简单查询《多布博士》杂志就能够对计算机进行编程的人。为了表明《大众电子》对早期个人计算机行业有多大的影响，他们用莱斯·所罗门的名字为这种计算机命名。[3]

在全美国，几乎所有聚集了大量工程师和活跃爱好者的交流之地，都有创业企业纷纷冒出。专业出版物、零售商与贸易展会将消息传递给入门者。加利福尼亚州州长参加禅宗退思会，而《星球大战》则打破了票房纪录。当前的时机正适合告诉大家：技术具有启发性，能够解放思想，还很有趣。

创业队伍中还有一些看起来不那么像计算机大亨的人，例如萝拉·哈普与卡罗尔·伊利这两位来自南加州的电气工程师的全职太太。她们一直开玩笑说要开一家旅行社，但当哈普的玩客丈夫开发出一种内存电路板时，她们赶上了微型计算机的潮流。美国独立两百周年的 1976 年夏天，两人共同投资了 6 000 美元，在哈普位于郊区的家中建起了生产设施。她们这家名为"矢量图像"的公司在12个月内成功出货4 000台,当初的投资获得了超过40万美元的利润。到1977年夏天,她们已经开始生产一种设计精妙的计算机系统,并将其誉为"完美的微型计算机"。这一计算机显示了由非专业人员来设计计算机所达成的效果。与牛郎星计算机面板上大量复杂的开关和指示灯不同,矢量1号计算机的正面只有两个简单的按钮。

5年后,矢量图像公司的年销售额达到了2 500万美元。虽然哈普与伊利在几乎只有男性的行业中的女性创始人身份引人注目,但与许多其他高新技术行业的创业者一样,她们为职业上取得的巨大成功付出了巨大的个人代价。矢量图像公司成立后几年,她们都与丈夫离婚了。"我从婚姻中逃离,"卡罗尔·伊利说,"逃进了一家公司。"[4]

第一代进入微型计算机行业的人并不都抱着赚大钱的目的。李·费尔森斯坦从他为处理器技术公司设计的每台计算机中赚10到12美元,他认为这"加起来不过是多一些的小钱"。像他一样的黑客最初感兴趣的只是让牛郎星运行起来、交换元件或者以他们多年来在PCC或其他地方的相同的方式分享知识。

但是很快,计算机用户不仅仅是黑客了。1977年,吉姆·沃伦估计共有50 000台个人计算机正被人们使用。他估计的数字有些偏高,但与实际情况差得不那么离谱。市场规模转变成了金钱,吸引了既有商业智慧又有工程天赋的人。那些从自制计算机俱乐部和其他俱乐部诞生的企业,通常会有像戈登·弗兰奇和弗雷德·摩尔这样的奇怪搭档:痴迷技术的黑客与目光独到的创业家。但是在数十家鱼龙混杂的早期创业公司中,少数几家最终发展成数百万美元规模的公司还需要像萝拉·哈普和卡罗尔·伊利这样的人:了解如何运营公司,并能够将高科技梦想销售给从未拆过收音机或订阅过《大众电子》的人。

史蒂夫的崛起

这当然也成了这些自制计算机公司中最为传奇的苹果公司的秘诀。苹果公司与1975—1976年从计算机俱乐部土壤中萌芽的十几家其他公司的区别并不大。它之所以脱颖而出，是因为从很早的时候起，它就在绿洲酒吧和街头计算机实验室的黑客世界与马车轮酒吧和沙丘路的硅谷生态系统之间架设起了桥梁。虽然苹果公司自创立之初就将反主流文化纳入公司方针，但它也是第一家加入硅投资人行列的个人计算机公司。

起初史蒂夫·沃兹尼亚克不过是戈登·弗兰奇潮湿的车库中又一名黑客，只因为他对技术更为痴迷而显得有些突出。他25岁，乐于交际，因为父亲是洛克希德公司的工程师，这一辈子都浸淫在硅谷的电子世界中。其他小学生还在组装晶体收音机时，沃兹尼亚克已经在鼓捣晶体管了。在高中和大学期间，他最感兴趣的是设计计算机。他在自制计算机俱乐部看到牛郎星时立刻被吸引了，但他没有买一台牛郎星的钱，于是他开始建造自己的计算机，其成果就是苹果Ⅰ，这好比一个十年级手工课上做出来的简单的木盒，里面装着设计精巧的电路板。这台机器装有宾夕法尼亚州MOS科技公司售价20美元的微处理器，而非昂贵的英特尔8080处理器，这体现了黑客的才智，使之极具性价比。虽然在自制计算机俱乐部几乎人人都在做生意，但沃兹尼亚克对于出售他的小型装置毫无兴趣。他建造这台机器只因为这很酷。

他的朋友史蒂夫·乔布斯不得不劝他改变主意。乔布斯比沃兹尼亚克小5岁，但他们已经搭档赚了几笔钱——首先是在伯克利盗打电话的"蓝盒"公司，然后是为雅达利编写新游戏，当时史蒂夫·乔布斯正在雅达利工作。乔布斯帮助沃兹尼亚克建造了苹果Ⅰ（"我们从惠普计算机和雅达利游戏机中拆下一些部件"来建造它，乔布斯后来自豪地说）。在看到自制计算机俱乐部众人的反应之后，他意识到这些木箱中的电路板可以开创一项更大的事业。[5]

史蒂夫·乔布斯出生在邻镇库比蒂诺的工人家庭，他从小就展现出极强的自信与不懈的专注。他是出生在硅谷的孩子，但是是新一代的硅谷孩子。他12岁那年在进行一个项目的时候用完了所有元件，于是直接打电话给惠普公司，要求转接比尔·休利特，并在电话里询问这位技术巨头有没有多余的元件。他拿到了想要的元件，休利特还给了这名自大的初中生一份暑期兼职工作。

当道格·恩格尔巴特进行"所有演示之母"并展示第一个计算机鼠标原型的时候，乔布斯还只是霍姆斯特德高中计算机俱乐部一位头发蓬松的常客。施乐公司创立PARC并研发图形用户界面的时候，乔布斯正在盗打电话并帮他的同学修理损坏的立体声收音机。无论是外表还是世界观，他与那些数十年来从事电子行业的光鲜利落的工程师都相去甚远。自制计算机俱乐部创办的时候，他从大学退学，到印度旅行，养成了不同寻常的饮食卫生习惯，这使雅达利公司很高兴同意了让他上夜班，那样他的放克音乐不会打扰到别人。

乔布斯是一名黑客，但与史蒂夫·沃兹尼亚克并不同。他的优势来自他的坚韧，以及他向其他人解释计算机的革命性力量的非凡能力。正如里吉斯·麦肯纳后来评论的那样，"沃兹尼亚克很幸运，能够结识一位技术布道者"。[6]

1976年的愚人节，两位史蒂夫和第三位合伙人罗恩·韦恩创立了苹果电脑公司。公司的第一版标识由韦恩设计，具有像《PCC通信》和《多布博士》这样的技术杂志所钟爱的复古嬉皮士风格。标识上画着坐在树下的艾萨克·牛顿，周围环绕的不是牛顿的名言，而是威廉·华兹华斯的诗句："一个灵魂，永远孤独地航行在陌生的思想海洋中。"第一版的销售传单同样古怪，第一句中就有错字。[7]

乔布斯说服字节商店的保罗·特雷尔购买了50台苹果Ⅰ，特雷尔同意购买，但附加了一项前提条件：这些电脑不能是组装套件，得是完全组装好的。乔布斯卖掉了他的大众微型巴士，沃兹卖掉了两台惠普计算机来凑齐启动资金，这一行动后来被苹果公司的营销人员包装为公司传奇。经过好几个月每周长达 60 小时的工作，苹果公司最终生产了 200 台苹果 I。这些计算机并非全部作为商品卖出。沃兹尼亚克对于成为资本家仍然犹豫不决，他把一台计算机送给了丽莎·卢普开设在科塔蒂的 LO*OP 中心。[8]

那时候，两位史蒂夫已经有了一条全新的苹果生产线，生产的产品堪与仍在开发中的索尔计算机媲美：一种完全组装好的计算机，包含终端、键盘与 BASIC 软件。他们将其称为苹果 II。为了进军业余爱好者之外的市场，乔布斯显然需要走出自制计算机俱乐部的小圈子，寻求扩大业务的建议（罗恩·韦恩对乔布斯的勃勃野心感到震惊，离开了公司。乔布斯以 2 300 美元的价格购回了他那 10% 的股份）。

乔布斯是英特尔公司鲍勃·诺伊斯的仰慕者，他希望为苹果 II 举办一场宣传活动，就像当年使英特尔 8080 一飞冲天的那场活动一样令人眼花缭乱。就像 10 年前他大胆地打电话给比尔·休利特一样，乔布斯再次拨通了英特尔公司的总机，电话被转接给策划那场营销活动的里吉斯·麦肯纳本人。

麦肯纳对苹果公司的车库办公室与两位联合创始人蓬头垢面的外表毫不在意。他在硅谷已经与"许多奇怪的人"共事，十分熟悉自制计算机的环境与从中冒出的有趣的小企业。但是，他们的第一次会面还是不欢而散。两位史蒂夫希望获得帮助，在《字节》杂志上刊登一篇沃兹尼亚克撰写的介绍苹果 II 的文章。事实证明史蒂夫·沃兹尼亚克更擅长设计和制作优雅的电脑主板而不是撰写易懂的文章，他写出的作品杂乱无章，更适合《多布博士》的发烧友读者群。麦肯纳告诉他们这篇文章必须得重写，感觉受到冒犯的沃兹尼亚克拒绝了。麦肯纳回答道："那我帮不了你们。"[9]

但史蒂夫·乔布斯不会接受否定的答复。他坚持不懈地给麦肯纳打了"大概40个电话",说服他接受了苹果这个用户。麦肯纳告诉他这是有条件的。成功的商业营销涉及许多不同的要素,而这一切都需要花钱。苹果公司需要风险投资来维持运作。乔布斯已经在徒劳地试图筹集资金:向沃兹尼亚克在惠普公司的老板、计算机制造商康懋达公司,以及刚刚将雅达利出售给时代华纳公司赚到1 000万美元的前任老板诺兰·布什内尔求助,但他一无所获。

麦肯纳和布什内尔都向乔布斯推荐了那位可能愿意伸出援手的金融家:野心勃勃的国家半导体公司高管,现在变成风险投资人的唐·瓦伦丁。瓦伦丁同意造访他们的车库。这位开着梅赛德斯-奔驰、打着领带的共和党人看到的是一个瘦小且胡子拉碴的小子("就像胡志明"),和他那有些书呆子气同样头发蓬乱的商业伙伴。"你为什么要介绍这些人类的叛徒给我?"会面结束之后,瓦伦丁打电话质问麦肯纳。这位风险投资人没有投资——当时还没有,但他仔细思考了苹果的潜力,并介绍两位史蒂夫结识了费尔柴尔德与英特尔公司的老雇员迈克·马克库拉,他刚30多岁,就已经以微芯片百万富翁的身份退休了。马克库拉对此很感兴趣。两位创始人十分年轻而且有些奇怪,但硅谷里有的是奇怪的科技人才,苹果Ⅱ也令人兴奋。[10]

有了马克库拉加入并担任顾问,苹果公司就有了足够的可信度与资金,使硅谷的风险投资人与商人开始另眼相看。1976年12月,里吉斯·麦肯纳接受了苹果这个客户,设计了一份全面的营销计划,用潦草的笔迹密密麻麻地记在一本窄行线圈笔记本中(麦肯纳1976年提到的分销渠道中就有"苹果专卖店",他想得很长远)。接下来的当务之急是更好的品牌形象。麦肯纳的艺术总监罗勃·简诺夫将嬉皮士风格的牛顿蚀刻画换成了标志性的被啃了一口的苹果图案。以将20世纪60年代摇滚海报的迷幻图形融入公司品牌形象宣传活动而闻名的当地知名设计师汤姆·神藤给图标增加了彩虹色条纹。这为干净利落的高科技线条添加了反主流文化色彩：具有颠覆市场的野心的微型计算机公司的完美新形象。[11]

麦肯纳的团队精心设计，为苹果公司的平面广告带来了类似的改变，将带有错词的新闻稿变成了字体清晰、极具视觉冲击力的光鲜夺目的彩色跨页广告。"我们试图打动的是特定的群体，"麦肯纳解释道，"将目光投向下一代更便宜的计算机爱好者，具备编程技术，会利用套件组装他们自己的计算机的人。"而且，苹果Ⅱ也适合那些不会自制计算机的人："像教师和工程师这样的专业人士，或者那些愿意投入时间和精力学习如何使用这种新型计算机的人。"

在1977年，这些目标人群几乎全都是男性。苹果Ⅱ首次面市的跨页广告刊载在《科学美国人》等大众杂志和许多专业出版物上，画面中一个年轻的丈夫坐在厨房桌边，在他的电脑上关注股票行情，与此同时，他的妻子正微笑着站在厨房水槽边，一边忙着手上的活一边看过来。广告文案实际上是由一位女性撰写的，但这样的画面胜过千言万语。"几周之内，"文案撰写者承认道，"史蒂夫（乔布斯）就收到了俄勒冈州一位女性的来信，指责他的这则广告涉及性别歧视——确实如此。"所有计算机公司，无论它们的广告简单朴素还是光鲜亮丽，都与苹果公司类似：它们将产品推销给已经倾向于使用计算机的人。女性和电子产品仍然联系不到一起。[12]

到乔布斯、沃兹尼亚克和马克库拉开始参加1977年的商业巡展的时候，苹果公司得到了专业的包装，这掩盖了苹果公司仍是一家只有十几名员工的小公司的事实。两位史蒂夫穿上立领衬衫，梳理了头发，在胸前带上名牌。他们的第一站是吉姆·沃伦举办的第一届西海岸计算机博览会，这次博览会也是科技史上的一座里程碑。苹果的摊位令人羡慕地就位于入口附近。[13]

虽然新创业者纷纷涌现，但第一届西海岸计算机博览会的日程设置与氛围更像《全球目录》，而非《华尔街日报》。主题演讲的标题——诸如《如果"小就是美"，那么"微"岂不是绝妙？假装大众在乎的微计算浅谈》或者《算力归于个人：神话、现实与挑战》——专注于讨论计算机改变世界的潜力。日程安排了残疾人使用计算机的研讨会，以及四场如何在教育中使用计算机的主题演讲（丽莎·卢普参加了其中一场），还有欢迎新手的小组讨论会，主题为"使你在博览会上显得聪明的计算机入门指南"。大会少有提及计算机商业应用，只讨论"极小业务使用的计算机与系统"。只需 4 美元，与会者就能够买到官方会议 T 恤，上面写着"计算机怪胎是严厉的情人"。[14]

不过这并不是 PCC 的聚会。这终究是个风云变幻的时间点。"我们眼下正处在新世界的边缘，"泰德·尼尔森在他的主题演讲中宣布，"小型计算机即将重塑我们的社会，你们都明白这一点。"他继续说道：

"这些小小的电脑……将给社会带来根本性的变化，就像电话或汽车带来的变化一样……热潮将会持续。美国制造业将迅猛增长。美国社会将为之疯狂。未来的两年将被人们铭记。"[15]

当与会者从分组讨论室走进贸易展厅，看到聚集在硅谷新兴的小型计算机公司展台周围的人群时，尼尔森的热切就显得理性了。围观人数最多的是苹果公司的展位，两位精心打理过的史蒂夫自豪地展示了他们的新型苹果 II。这台设备终于实现了技术布道者一直以来许诺的：一台独立的单元，你只需要把它插到墙上的插座里，再接上普通电视机与磁带机，就可以开始打字了。电脑中装有 BASIC，因此你不需要自己写软件。它有 8 个——数数看，整整 8 个——扩展槽，允许用户自行添加应用与内存。苹果 II 并不便宜——它售价 1 300 美元，是苹果 I 的两倍，是牛郎星的三倍以上——但它是全靠微处理器实现的友好的小机器。就像苹果的第一份平面广告中所说的,"你现在没有借口不拥有一台个人计算机了"。[16]

这些展会向全世界展示了苹果Ⅱ,也将史蒂夫·乔布斯介绍给了全美国的新闻界。在1977年最忙碌的几个月中,商业记者在波士顿、达拉斯和纽约的贸易展厅里来回穿梭,麦肯纳的团队则确保"销售副总裁"可以与他们交谈。乔布斯就像面貌新鲜的卢克·天行者,懂得对消费者友好的说话方式,他在可信的评论中加入了足够丰富多彩和有趣的内容,使之变成有趣的故事。通常他是唯一会被媒体引述的个人计算机创业者。

苹果电脑的主板也许并不是由乔布斯建造的,但他明白如何用能够引起共鸣的语言来进行解释,这在工程师的世界中是一种罕见的天赋。芯片产业中猛冲猛打、坚决果断的人比比皆是,所以乔布斯的善变性格并不显得突出,但他的技能使他脱颖而出。他身上结合了安迪·葛洛夫在理解产品方面的敏锐目光与鲍勃·诺伊斯的超凡魅力,与他反主流文化的魅力一同形成了朝气蓬勃的整体形象。这位留着蓬乱胡须的赤脚素食主义者也明白,他正进行的营销工作所要的不仅仅是光鲜的标志与生动活泼的口号。"创新来自个人,"里吉斯·麦肯纳指出,"而非来自公司。"[17]

对这些记者和他们的读者而言,大型计算机行业熟悉而容易理解,微计算机行业则十分神秘。他们很难理解为什么有人会花1 300美元购买除了平衡支票簿收支之外别无他用的苹果Ⅱ。乔布斯敏锐地意识到了这个问题。"大多数人购买计算机并不是为了完成某些特定的工作,而是为了了解计算机,"他告诉《纽约时报》,"计算机未来将成为消费产品,只是现在它还不是。现在还不需要那些程序。"[18]

没错,缺少的是程序。苹果与其他公司成功开发出了个人计算机的硬件,但其需要的运行软件仍远远不足。这对那些不想学习BASIC来编写自己的应用程序的家庭与办公用户而言是一个巨大的阻碍。虽然宣传声势浩大，但个人计算机业务的规模仍然很小。1977年，在总额超过220亿美元的计算机产业中，个人计算机的销售额约为1亿美元。为了扩大规模，软件制造商也需要发扬硬件设备制造商所具有的创业精神。[19]

然而，软件是一种截然不同的业务主张。黑客们从小时候玩第一套晶体收音机套件的时候，就已经开始购买电子硬件。你走进一家爱好者商店，只要付款就能得到零件，但你没办法在零售店的货架上找到代码。这是一种经验，是通过实践获取的。如果你自己不写软件，你也可以从别人那里借用代码。唯一在销售软件的公司是IBM这样的巨头，它们将软件与巨大且昂贵的计算机一起打包出售。在黑客的道德体系中，从大型计算机公司窃取软件，相当于使用"蓝盒"拨打免费的长途电话，除了那些已经赚了太多钱的公司外，没有谁的利益受到损害。[20]

到了创办自制计算机俱乐部和《多布博士》出版微型BASIC的代码的时候，人们普遍认为计算机软件应当被共享，应当从公司中"解放"出来并免费提供。然而，自制计算机俱乐部愉快的交换聚会举办了还不到一年，组织者就收到了一则言辞尖锐的消息，来自一个试图将软件变为生意的人。这封"致爱好者的公开信"毫不留情地将缺少可用的软件归咎于黑客自己。他们购买硬件而不购买软件的行为造成没人去写好用的程序。"谁会愿意去做专业的工作而一无所获？"作者质问道，"你们的所作所为就是盗窃。"[21]

这封信来自阿尔伯克基，作者是一名20岁仍坚持不懈的大学肄业生，他的名字是比尔·盖茨。

喷气之城

比尔·盖茨（全称威廉·亨利·盖茨三世）是"冷战"时期一个

来自西雅图的小伙子,他出生与长大的时间和地点,带来了让一名好奇的男孩学习计算机的机会。他的童年时代正值西雅图波音公司迅速崛起,当时这家航空航天巨头聘用了数十万员工,并以惊人的速度成功生产出好几代创新性商业客机。西雅图还是华盛顿大学多个由联邦资助的科研与工程项目的所在地,其中包括新设立的计算机科学学科。这座城市因此渐渐从低矮的平房成长为拥有上百万居民的大都会,高速公路蜿蜒穿过街区,浮桥在湖面上延展,连接到城市东侧的郊区。

1962年,西雅图在太空年代的发展热潮催生了21世纪博览会,这是一场具有未来主义意义的世界博览会,其标志是高耸的太空针塔与反映最新的计算科学方面的技术创新的展品:一台包含了整个信息库的UNIVAC,一台可以同时传输图片与声音的"电视电话",以及此前不久带着NASA宇航员艾伦·谢泼德进入太空的"自由7号"太空飞船。盖茨参观博览会的时候只有6岁,他最喜欢乘坐博览会里崭新亮丽的单轨火车。但到了上初中的时候,他已经痴迷于数学与科学,对于在其他学科中取得好成绩毫不在意。比尔·盖茨从小就只关注技术,而且自信比其他人都更了解技术。

幸运的是,他的父母把他送去了只招收男生的私立湖滨中学,希望这所在学术界以严谨出名的学校能够影响他们的儿子。一位机智的老师相信计算机将成就教育的未来,他劝说湖滨中学的家长集资为学校购买了与分时计算系统相连的专属电传打字机。从八年级开始,盖茨就常常到计算机房去。他在那里学会了BASIC,并结识了一名文静的十年级学生保罗·艾伦。两人很快开始出没在华盛顿大学的各个计算机实验室,他们摸透了一台数字设备公司PDP-10计算机的方方面面,同时还因为常常闯入他们不该去的地方而臭名昭著。高中最后一年,盖茨与艾伦开始了他们的第一笔生意——出售一种基于微处理器的设备,他们对设备进行了编程,使之能够分析城市街道上的交通流量。他们把自己的公司命名为交通数据公司。

1973年9月，盖茨进入哈佛大学开始读大一。同年，《无线—电子》杂志的封面上刊登了唐·兰开斯特的电视打字机。他的好友兼商业伙伴艾伦也来到了波士顿，在霍尼韦尔工作。盖茨在大学里的时间不长，但给人留下了深刻的印象。"他是个十分出色的程序员。"他的指导教授回忆道，但他"烦人得很"。盖茨对业余黑客与电子游戏的兴趣远胜于对哈佛大学课业的兴趣（他一度沉迷于雅达利的游戏《打砖块》，这是两位史蒂夫在创办苹果公司之前开发的游戏）。[22]

在他大二读到一半的时候，牛郎星电脑上市了。牛郎星的套装中全都是硬件，没有包含软件。盖茨和艾伦立刻意识到其中蕴含的机会。虽然他们之前与MITS并无接触，也没有人引荐，但他们仍然给埃德·罗伯茨寄去了一封信："我们将为牛郎星计算机编写BASIC程序，作为交换，您可以为我们提供办公场地并支付特许使用费。"罗伯茨虽然有些怀疑，但他当时孤注一掷，说他会考虑一下。经过六周的通宵工作，艾伦拿着打孔纸带飞向西部，去展示他们的新软件。这下奏效了，两名西雅图人达成了交易。几个月后，两个人离开波士顿前往阿尔伯克基，交通数据公司有了个新名字：微软。[23]

像大多数黑客一样，比尔·盖茨对于利用后门和灰色地带获得免费利益并不感到愧疚。他在湖滨中学和哈佛大学的时候都曾经因为盗用免费的机时，将学校的计算机用在自己的业余项目上而惹上麻烦。但是现在，他和艾伦把醒着的每分每秒都用于开发软件业务，他对那些认为自己能够分文不花就得到代码的人越来越感到愤怒。在盖茨和艾伦前往MITS闯荡的几个月之后，他们为牛郎星电脑编写的一卷BASIC代码纸带就落到了一个自制计算机爱好者的手中，那名爱好者照着黑客的老办法复制了50份，分发给其他俱乐部成员。其他人也为他们的朋友制作了副本，以此类推。盖茨的个人传记作者斯蒂芬·曼尼斯和保罗·安德鲁斯意识到，这份软件变成了"世界上最早也是盗版最严重的软件"。[24]

这位年轻的创业者为此大为光火，将他的怒气发泄在日后将留名科技史的"盖茨来信"中。在信中，盖茨在科技世界引发了一场经久不息的战争。其中一方相信信息软件是具有专有权的数据，应当得到保护并需要付费，另一方则相信一个类似自制计算机俱乐部的软件世界，人们在其中共享、交换、迭代并改进软件，而且不收取任何费用。20年后，开源软件推动者埃里克·雷蒙德将双方的分歧称为"大教堂"与"集市"，之后广为众人所知。[25]

随着个人计算革命的加速进行和资金流入加快，乔布斯和盖茨从有些古怪的小孩变成世界上最负有盛名的两位商业领袖，"大教堂"与"集市"之间的隔阂——也是创业者与理想主义者、雇佣兵与传教士之间的差异——日益扩大。

自从无线电时代以来，男孩们就在鼓捣电子设备。如果没有那些使大规模生产微处理器成为可能的技术，没有那些富于创新精神的芯片公司创造出的几乎一切皆可计算的市场，黑客们可能仍然待在他们的地下室和卧室里。如果没有那些教育家、布道者和营销人员向人们展示微型计算机如何应用在教室、办公室与家庭娱乐中，那么微型计算机可能仍然只是一件有趣的小玩具。

这一切并不是凭空产生的：使自制计算机成为可能的相同条件——微处理器与小型化；从军工复合体向技术的其他应用方向转变；分时计算与BASIC这样的语言广泛传播；人们渴望与技术建立更加鼓舞人心并且互动的关系，也为硅谷的黑客们提供了将他们的点子转变为可行的商业业务的途径。从《星球大战》到电子游戏，再到杰里·布朗的"太空日"，萧条的经济催生了人们对于由高科技推动的可以逃避现实的幻想的渴望。

同时，电子爱好者团结起来时，这个繁荣而自满的战后世界的居民正经历着一段痛苦且令人难以理解的变革。美国和西欧被数据淹没，越来越不信任那些管理着数据的专家与机构。个人计算机让人们有望重新夺回控制权。

"事实上，目前的主要问题之一——可能是唯一的主要问题——是我们的世界正受困于信息过载，而且无法在没有获得帮助的情况下解决这个问题。"英国未来主义者克里斯托弗·伊文斯在其1979年出版的富有远见的畅销书《微型千年》中写道，"现代世界需要计算机，未来世界将需要更多计算机，而正因为世界需要这么多计算机，才必然会出现这么多计算机。"[26]

12
有风险的生意

成百上千的人参加自制计算机俱乐部的集会，字节商店与计算机博览会的展台外排起了长队，《字节》杂志的订阅量飙升，成千上万本《101个BASIC计算机游戏》从书店的书架上被抢购一空，这一切显然预示着一场革命正在来临。但是，1977—1978年，这些在计算机俱乐部的世界中诞生的大量小公司，很少能做到苹果公司所做到的事：获得外部资金和专业管理知识，以将新手在车库中创办的初创公司转变为规模更大、针对更广阔的消费市场的企业。

其他地方富有经验且拥有更多资源的公司没有坐视硅谷新兴的计算机行业瓜分市场，而是闯了进来。乔布斯和沃兹尼亚克在西海岸计算机博览会上展示苹果Ⅱ的同时，一个叫作康懋达的宾夕法尼亚州计算机制造商也在距离它几个展位的地方推出了自己的个人电子交易器，缩写为PET（设计者认为这个花哨的首字母缩写对20世纪70年代风靡的宠物石开了个绝妙的玩笑）。几个月后，总部位于得克萨斯州的休闲电子产品巨头睿侠公司也带着一款名为TRS-80的个人计算机加入了竞争。这两款计算机都不如苹果Ⅱ功能强大和精巧，但它们的售价只有苹果Ⅱ的一半，同时带有可以启动的显示器。[1]

但是，一个令人尴尬的事实仍然存在：无论是小规模的创业公司，还是资金雄厚的电子企业，微型计算机制造商所改变的世界仍然属于那些规模较小、书呆子气的早期计算机用户群体。微型计算机仍然不具备足够的计算能力与办公程序，无法真正在办公市场中挑战大型机与小型机。个人计算机适合用来玩游戏，或是随便玩玩，除此之外别无他用。即使在硅谷，比起主流的半导体与其他电子行业，自制计算机仍然只是下班后的业余选择。如果新一代人才希望制造出像安迪·葛洛夫"糖豆"微处理器那样能够颠覆市场的产品，他们需要更快的速度、更多的软件，以及更多能帮助他们成长的投资人。然而，风险投资人心中还有其他疑虑。

资金危机

问题的出现可以追溯到1970年，那一年，华尔街热情洋溢的60年代让路给了市场紧缩。那个夏天，《福布斯》杂志的头条上出现了《熊市杀死了风险资本吗？》这类标题。源源不断的公共拨款被缩减至涓涓细流。1969年有超过500家新公司上市，而1975年则只有4家。

当石油输出国组织实施石油禁运，导致美国司机不得不排好几个小时的队才能加上油的时候，资金匮乏的科技公司开始减缓生产速度，并向外国公司出售技术与生产许可。1969年，全美国的风险投资行业筹集到了超过1.7亿美元的资金。到了1975年，风险投资只筹集到微不足道的2 200万美元，而且每4笔投资只有1笔投进了科技公司。似乎硅革命刚刚爆发就陷入了停滞。[2]

为什么一切都变得如此艰难？电子产品是一个增长中的市场！微芯片正在推广至一切领域！这个行业中的公司灵活而有活力，能够根据需要开设或关闭工厂。这些公司已经将生产线转移到了阳光地带，同时还利用起中国台湾与新加坡的廉价而熟练的劳动力。这些公司并没有被庞大的养老金计划与美国那些传统制造业中充斥着的过时的生产工艺所拖累。

然而，高科技创业公司这种闪亮的新颖性在其度过初始资本积累阶段、筹集资金的时候就变成了一种劣势。科技创业者变得富有，但其大量资金中的一大部分仍然来自传统资金：镀金时代财富的捐赠基金、大型工会的退休金计划、巨型企业的内部投资。新兴经济依靠传统经济来筹集资金，传统经济则选择了保守的做法，尤其是在低迷的市场中。科技投资被称为"风险资本"自有其原因。虽然收益可能很大，但成功的概率很小。从库比蒂诺到克利夫兰，科技界的风险投资人无法吸引投资者接受他们所推销的产品。[3]

硅谷的基金经理却对这场危机视而不见，尤其是那些在投资方面资历较浅的人。麦克默特里在和梅尔乔创办第一只规模较小的基金之后，又与里德·丹尼斯合作，开始为一只规模更大的新基金筹集资金——正好在石油输出国组织的石油禁运令进入高峰期的时候。虽然有丹尼斯的人脉和声望，他们仍然花了大半年才募集到1 900万美元。然后道·琼斯工业平均指数开始暴跌，到1974年秋天已经跌至600以下。甚至连麦克默特里这样罕见乐观的人也被吓坏了。"我们十分恐慌，"他承认道，"以至有15个月我们都没有进行投资。"[4]

东部的情况也不好。斯图尔特·格林菲尔德曾是IBM的产品营销人员，他在20世纪70年代初进入了高科技风险投资领域，在纽约的帝杰投资银行领导管理"新芽"基金。1974年初时，他也在试图募集新资金，并从投资人处得到了投资1 200万美元的保证。他对能够筹得两倍于这个数量的资金十分乐观。但是就像他所说的，"怪事发生了"，那年夏天和秋天，投资人相继给他打电话，"撤回了他们的投资"。退休基金曾是他最大的投资人之一，但在那之后的三年，格林菲尔德都没有得到任何来自退休基金的资金。[5]

高科技世界仍然在新创办的公司的驱动下蓬勃发展，但新创办的

12 有风险的生意 / 165

公司无法成功起步。显然，经济不景气与高利率挫伤了投资人的热情。在 21 世纪初芯片业务的爆炸性增长之后，这个行业进入平台期也不足为奇。即将成为下一个热门的微型计算机，当时仍是小众市场。但是，正如风险投资群体所意识到的那样，吓跑投资者的最大因素并不是以上这些，而是美国税法。[6]

死亡与交税

他们的这个想法根深蒂固。1921 年，美国宪法第 16 条修正案立法通过，联邦所得税设立之后不到 10 年，国会对工商业界的压力做出了回应，对投资收益（又称资本增值）制定更低的特殊税率。之后历经大萧条与罗斯福新政、战时紧缩政策与战后繁荣，虽然政府开支与税收水平不断提高，但资本增值税仍维持在较低的水平。资本增值税的实际税率集中在 15% 左右波动，最高只到过 25%——即使在最高税级的税率超过 90% 的情况下。[7]

虽然税率不高，但投资人与他们的政治盟友仍然狂热地反对资本增值税。1928 年，美国银行家协会宣称资本增值税"不公平且在经济上不合理"，并指责这一税种导致了股票市场过度投机。1930 年，赫伯特·胡佛总统宣布这一税种"通过扼杀土地与证券的自由转让，直接加剧了通货膨胀"。在整个 20 世纪 30 年代，纽约证券交易所总裁迪克·惠特尼——像胡佛一样，他也强烈反对罗斯福新政——抓住每一个机会抨击资本增值税，他断言经济复苏将源于"私人企业的主动性、私人管理层的智慧与私人资本的勇气"。[8]

当然，投资人强烈反对提高资本增值税率还有一个原因：这是一项对他们大部分收入征收的税，对于在科技风险投资世界常见的有限合伙制模式更是如此。常规资金管理费只是他们收入的一小部分，他们大部分的收入增加都来自投资收益，他们能够从中抽取可观的

20%——应当缴纳增值税的也正是这部分收益。然而,每当宾夕法尼亚大道两端泛起税收改革的传言时,由此引发的反对声之中,这一点鲜被提起。

银行家与投资人在里根改革之前数十年就提出了供给侧的论点:减税将释放对新产业、新公司、新创业浪潮的投资。减税对国家财政收入的影响将被这一轮经济增长所创造的新税收弥补,甚至还会有盈余。到20世纪60年代,两党政客都不约而同地将维持资本增值税的差别税率视为税收政策的支柱,虽然鲜有证据证明资本增值税率的确具有华尔街人士所宣称的巨大影响。只有少数勇敢的投资者敢于提出低税率会鼓励仅为税收优惠而进行的投机性投资,而更高的税率会使选股人"回归基本面"。但是,资本增值税的差别税率仍长期存在。[9]

情况在1969年发生了变化。由民主党主导的国会认为,富人需要付出相应的公平份额,稍微提高税率。到1972年,资本增值税率已升至36%以上,而当年的总统选举中出现的言论也预示着资本增值税率有可能进一步提高。民主党候选人乔治·麦戈文宣称"对钱生钱征收的税应当等同于对人们劳动赚到的钱征收的税"。理查德·尼克松虽然获得压倒性胜利,但仍然关注那些有可能拉进共和党阵营的中产阶级"沉默的大多数"。削减资本增值税可不会在这部分人中赢得多少选票。[10]

在民粹主义的包围下,商人再次抛出了资本增值税和其他公司税率的降低实际上有利于小公司的论点。风险投资之王内德·海泽尔对国会的毫无作为感到愤怒。随着经济的恶化,即使是这个资金雄厚的芝加哥人也遭受了严重的损失。"这个国家是由企业家创立的,"他宣称,"但是国会正在扼杀这一进程。"美国经济的未来并不在于扶持美国钢铁或通用汽车这样的公司。"如果我们能确保有资金流入新兴公司,那么即使通用汽车最终经营不佳,新公司也能与之竞争。"[11]

与此同时,《雇员退休收入保障法案》(ERISA)于1974年通过,这一法案对私人养老金计划设定了严格的规章与绩效指标，其中包括"谨慎人原则"，这一原则增加了基金经理对他们使用退休人的资金进行投资所负有的个人责任。这就是斯图尔特·格林菲尔德突然之间失去所有投资人的原因。《雇员退休收入保障法案》通过数年之后，一项行业调查发现，大多数管理人已经"只愿意投资蓝筹股与债券"。风险资本失去了它们最大的资金来源之一。[12]

红色地毯房

1973年初乌云开始聚来之时，在旧金山开展业务的风险投资人皮特·班克罗夫特正和一些同事在午餐时间喝着马丁尼酒抱怨。"把洛克菲勒、菲普斯和惠特尼的代表派到华盛顿去游说国会要求减税，这一定会让我们狂笑起来。"他回忆道。他们必须用不同的形式组织起来，改变一下局势。

那顿喝了两杯马丁尼酒的午餐导致了一场临时组织的峰会，将这个行业中最大的参与者聚集在了一起。峰会是在东部与西部中间地带一处最容易抵达的地方召开的，那恰好是内德·海泽尔的地盘——美联航位于芝加哥奥黑尔国际机场的红色地毯房。在那场会谈中诞生了一个名头响亮的全新组织，即美国国家风险投资协会（NVCA）。并不是所有人都认同NVCA应当参与政治，一位成员愉快地表示，除了偶尔举办高尔夫球球会外，这个小组并不需要组织更加正式的活动。但大卫·摩根塔勒并不这么认为。当海泽尔征集前往华盛顿游说减税的志愿者时，他立即挺身而出。[13]

摩根塔勒转行成为风险投资人才不过几年，但他非常喜欢这一职业。他与这个领域中诸如麦克默特里和格林菲尔德这样的人立场不同，后者拥有足够多的个人财富，不必那么担心如何筹集外部资金。摩根塔勒的职业生涯始于罗斯福新政时期，并经历了整个军工复合体发展的鼎盛时期。他足够年长，对政府干预作用有足够的认识。但他也曾长时间担任公司高管，因此强烈反对过度监管与高税收。在福特政府成立初期，摩根塔勒经常跳上从克利夫兰出发的短期航班，冲进华盛顿国会山的大理石走廊。皮特·班克罗夫特则从旧金山飞来与他共进退。

起初进展不是很顺利。两个人并不了解委员会制度中拜占庭式的等级制度，不了解立法手腕，也不了解与参议员或众议员的会面并不能保证立法通过。他们没有聘请高价的专业游说者，而是亲自参加大部分的会谈。他们只能无助地眼看着1976年的立法者进一步提高了税率。现在那些最富有的人需要缴纳接近50%的资本增值税。"那时候我们太稚嫩了，"摩根塔勒后来回忆道，"我们在某种意义上还自视为来自纽约的大人物，直到我们到了那里，发现那些议员把我们视为来自乡下的好小伙。"[14]

然而事实证明，这些乡下小伙子来到华盛顿的时机恰到好处。"水门事件"之后的时代强调重组体制并且欢迎局外人。总统引咎辞职了。制造业的工作岗位被削减。像纽约这样的自由派大都市正濒临破产。从罗斯福新政时期到艾森豪威尔的军工复合体时代，曾推动了大笔政府支出与巨额赤字的凯恩斯主义突然变得不受欢迎了。紧缩政策——减税、削减支出、平衡预算——得到了关注。[15]

在新氛围中，联邦政府对高科技企业如何为经济提供所需的增长动力愈发感兴趣。1976年初，福特政府的商务部发布了一项研究，将"技术型企业"赞为强有力的就业机会创造者。研究发现，高科技企业创造工作机会的速度是"成熟"公司的40倍。抛开研究的样本量较小——总共涉及16家公司——以及20世纪70年代初期微芯片热潮中技术岗位像野火一样增长并不足为奇，福特团队发现了一个富有吸引力的选举年谈话要点。[16]

摩根塔勒和班克罗夫特找到了突破口。如果高科技公司能够创造就业岗位，那么华盛顿就必须采取行动，改善糟糕的风险投资环境。NVCA是时候发布自己的白皮书了。1976年11月，就在另一位我行我素的企业家、在华盛顿同样是外来者的吉米·卡特赢得总统大选几周后，《新兴创业公司——濒临灭绝的物种》一书出现在了国会山。全书的大部分由皮特·班克罗夫特撰写。摩根塔勒则确保每位议员的办公室都收到了一本。共和党在大选中失败并没有使他们受阻，他们对那位佐治亚州出身的花生农场主寄予厚望。卡特是中间派改革家，在竞选活动中曾大力称赞小型企业，所以他们竭尽全力指出高科技公司同样是小型企业。

"今天这些成功的新兴小公司将成为明天重要的创新型公司，"书中宣称，"这些公司能使美国在技术上保持领先地位，并帮助我们维持外贸平衡。"6个月后，他们发布了一份后续报告，报告提到了一项全面的税收计划，以对抗正在扼杀创新型公司的现象——"资本投资减少"。就像自从20世纪30年代以来的银行家们所做的那样，这些报告也提出了明确的供给侧论点。通过减税做出的投资都将得到回报，此回报将是创造新的工作机会与"以所得税形式增加税收入"——事实上这要比制造业中的"成熟企业"多出数十亿美元。美国的未来有赖于高科技公司，而减税是确保这些公司蓬勃发展的手段。[17]

伍德赛德晚餐会

硅谷的技术"加拉帕戈斯群岛"并没有参与最初几次前往华盛顿大理石殿堂的游说。对于这些自认为与传统经济类型完全不同、由工程师转变而成的芯片制造商而言，进行国会游说并不容易让他们接受。20世纪40年代由戴维·帕卡德与人合作创立的贸易协会WEMA，至今仍然主要关注军事采购政策，这与目前统治硅谷的公司关系不大。虽然20世纪70年代企业游说风起云涌，但WEMA才刚刚雇用了第一位在华盛顿的游说代表。WEMA的总部仍位于距离权力走廊约5 000千米之外的帕洛阿尔托。[18]

这正适合硅谷。芯片制造商高度怀疑那些寻求政府帮助的人。陷入困境的底特律汽车制造商可能会毕恭毕敬地对华盛顿伸手求援，但硅谷绝不会如此屈服。当然，当帕卡德希望他们向共和党候选人捐款时，他们掏了钱，但国家半导体公司的查理·史波克总结了大部分少数派人士的看法："我反对政府，我将所有政客视为混蛋。"[19]

对此，唯一可能的例外就是他们的共和党众议员代表皮特·麦克洛斯基。这主要是因为麦克洛斯基不在乎华盛顿的权力集团对他的看法。这位曾受勋的海军陆战队队员在早期就曾发声批评越南战争，他甚至在1972年初选时反对尼克松总统，以示对轰炸柬埔寨的抗议。他是一位热心的环保主义者，在共和党政治立场开始急剧右转的时候，他仍坚持中间偏右的立场。加州州长罗纳德·里根与加州共和党领袖在1972年和1974年都曾尝试找人来挑战麦克洛斯基，但均未成功。在尼克松辞职之后，这位众议员显得不那么叛逆，但他仍然无法得到像样的委员会职务。[20]

虽然这个贴近底层的爱尔兰人与硅谷素有渊源，但他并不是技术专家。他是一名律师。威尔逊－索尼西律师事务所在他离开后才成为技术领域的法律巨头，而他在国会山任职期间也没有在经济问题上花太多时间。里德·丹尼斯认为这需要改变。

作为从一开始就组织硅谷风险投资群体的人，丹尼斯自然成为最早就加入NVCA的人之一。不久之后，他担任了该组织的主席。由于身处硅芯片行业的中心，他清晰地察觉到高科技领域另一个迫在眉睫的威胁：日本。美国经济滞胀的同时，日本政府却在大力促进经济发展，其中包括对半导体研发进行大量投资。丹尼斯看到，在那些厌恶政治的芯片产业界朋友的神气外表下，他们正变得越来越紧张。

在早期硅谷的小圈子中，人们彼此都认识，而里德·丹尼斯与皮特·麦克洛斯基结识的时间尤其长。20 年前他们在斯坦福大学时是同学，在伍德赛德，他们曾长期是邻居。所以，他决定邀请这位众议员——还有其他一些老朋友——来吃晚饭，讨论政治。[21]

当他们在加州温暖的夜晚聚在点着蜡烛的桌边举行晚餐会时，自制计算机俱乐部乱哄哄的旧物交换会也在离此数千米的地方举行，不过两者之间的区别非常明显。这里没有顶着一头乱发、手拿主板的工程师，而是穿着运动大衣的百万富翁，他们全都望向当晚的贵宾。英特尔公司的鲍勃·诺伊斯就在现场，还有正在将沙丘路变成风险投资人首选住所的地产商汤姆·福特。来客中还有一位民主党党员梅尔·莱恩，他这辈子都住在加利福尼亚，是《日落》杂志的出版人，这份杂志的亮光纸页将"二战"后加州阳光明媚的生活介绍给了全美国读者。房间中唯一的女性是女主人，她安静地扫视着房间，重新斟满酒杯，并从厨房里端出来新菜肴。

40 年后，麦克洛斯基仍然记得餐桌上的话题迅速擦枪走火，变得咄咄逼人。不要再坐在众议院后排嚷嚷环保、拥抱树木并且反战了，他要开始表现得像个"商人议员"。科技行业需要减税。它需要更松散的监管。他们在与日本人的竞争中需要帮助。但他们真正需要的是认清现实。"我是民主党控制的议会里的共和党议员，"他嚷嚷道，"我不在任何重要的委员会里。在尼克松圈子里，人人都想送我进监狱。"他顿了顿，看着餐桌边上冷漠的面孔。他实际上只能帮他们做一件事。他可以把他们介绍给权力更大的委员会的朋友们，还可以帮助他们学习华盛顿的行事方式。[22]

充满火药味的第一次晚餐会是一场全新攻势的开端——这次是由公司 CEO 们亲自推动的，他们要让华盛顿在决定高科技行业盈亏的问题上有所作为。桌边的许多高管强忍着自己对自由放任主义的不快，向东前往华盛顿，像大卫·摩根塔勒一样开始亲自游说国会制定能够缓解资金短缺并促进科技行业发展的政策。

WEMA成立了"资本积累特遣队",让埃德·斯查乌负责其运作。埃德·斯查乌的系统工业公司自1969年成立以来,已经成长为一家年营业额1 700万美元的公司。这位前商学院教授可以从他曾经的学生那里获得资本,这为公司在收入较低的初创时期提供了必要的帮助。但要吸引新投资人为他提供维持经营所需的资本变得日益困难。于是,他将自己研发的某些技术授权给了日本企业。即使这样,仍然不够。1974年,他用了6个月才筹集到75万美元。"我们只差36个小时就要破产了。"他回忆道。[23]

斯查乌之前对政治活动并不十分热衷,但他的公司濒临倒闭的经历使他产生了政治信仰。他同时具备学者的研究兴趣与能力,撰写了一份简洁有力的四页白皮书,阐述了高科技企业创造工作机会的能力。斯查乌很快就有了同志,在另一场烛光晚餐中诞生了一个专属于硅谷芯片制造商的游说团体:半导体行业协会(SIA)。

虽然伯特·麦克默特里现在与里德·丹尼斯并肩作战,但他并未参与任何一场晚餐会。他愿意一往无前地为这个行业献身,但他认为他的商业伙伴正在浪费他的时间。眼下虽然市场萧条,但有迹象表明市场将会反弹。最有希望的迹象之一是ROLM,他的前合伙人杰克·梅尔乔为其提供了创始资金,并且自1969年创立以来就一直在培养这家公司。

麦克默特里与ROLM的关系比与他的投资列表里任何其他公司的关系都要密切。这是私人关系——公司的四位年轻的创始人都曾是"莱斯黑手党"的成员,其中三人在麦克默特里改行成为风险投资人之前几个月还曾在他手下任职。第四位则是他曾尝试招募的对象。ROLM凭借其产品线的多样性在同行中脱颖而出:早期的招牌产品包括可随时投入战场的"加固"军用小型计算机和第一台完全由计算机控制的电话交换机(在AT&T控制着所有长途电话线路并迫使顾

12 有风险的生意 / 173

客按月租用笨重的家用电话机时，进军电信硬件领域尤其需要魄力）。

虽然存在种种困难，但这家公司仍在坚持运营，即使它并未给投资人带来任何收益，但它仍在缓慢而稳定地成长着。ROLM 需要筹集更多资金，因此它于 1976 年公开上市——15 个月后股价就跌破了发行价。但当里德·丹尼斯将人们请到餐桌边时，ROLM 的股价开始从底部反弹。"市场开始有起色了，"麦克默特里回忆道，"早起的鸟儿要出来了。"对伯特·麦克默特里而言，耐心得到了回报。最终他和他的合伙人从对 ROLM 的投资中得到了 40 倍的回报，这使他得到了一笔财富，和城里最有眼光的风险投资人的名声。[24]

虽然这些迹象表明，某些硅谷的内部人士并不相信进行政治活动是必要的，但那些对此深信不疑的人已经一心一意地投身其中。硅谷与华盛顿的关系的另一个阶段已经开始。

1978 年之战

吉米·卡特将资本增值税从精英小圈子带进了主流的政治辩论，这并不是因为他与风险投资人立场相同。尽管卡特在整个竞选活动中都在谈论简化流程与促进小企业发展，但卡特并不是风险投资人所梦想的改革者。

首先，他的政府拒绝改动遭到反对的"谨慎人原则"。斯图尔特·格林菲尔德是 NVCA 在这一问题上的负责人，劳工部对这一原则产生的意外后果的不安令他感到震惊。他在政府中的联系人对他的多次来访感到厌倦，因而态度直截了当。"国会意不在此，"他们告诉他，"但那些工会的朋友很高兴，因为你们这些家伙创办的企业里总是没有工会。"格林菲尔德愤怒地离开了，他认为他们"打算直接攻击 NVCA"。丹尼斯与摩根塔勒也遭遇了类似的阻碍。在又一次徒劳无功的访问后，他们离开了劳工部。出门时两人发现助理秘书的门后贴着《纽约客》上的一幅讽刺漫画，画面上两个人大笑着说："冒险之都！还记得风险投资吗？"[25]

在1978年初，总统宣布了一项毫不掩饰地针对富人的民粹主义税制改革计划。"少数特权阶级正享受着其他纳税人的补贴，"卡特宣称，"他们频繁地从应税额中减去乡村俱乐部、狩猎小屋、精美的饭菜、剧院、体育比赛门票和夜总会表演的费用。"这个迎合民意的宣言中还包含了一项对资本增值税率的改革提议：不降低其税率，而是彻底取消差别税率，对资本收益实行与常规收入相同的税率。[26]

科技界的游说工作开始全速运转。加利福尼亚人加强了WEMA，使其变成了全国性组织，并更名为美国电子协会（AEA）。波士顿的高科技行业也动员起来，行业中领军的小型计算机制造商帮助成立了马萨诸塞州高科技委员会，数字设备公司与王安公司都加入了马萨诸塞州商业圆桌会议。斯查乌也通过吸纳更多的全国性小团队扩充了他的特遣队，并开始与摩根塔勒、丹尼斯和风险投资人更紧密地合作。[27]

这些充满活力的人用白皮书轰炸着国会山。他们在一场接一场的听证会上做证称技术行业的高税率正在"杀死产金蛋的鹅"。斯查乌在追求减税的过程中表现出了不羁的热情，他甚至亲自谱写并演唱了一首题为《风险资本老蓝调》的小曲儿，然后将录音磁带送到了每一位众议员与参议员手中。听过小曲儿的人评价说斯查乌的歌声是"介于利德贝利与感冒的法兰克·辛纳屈之间的哀鸣"。[28]

精明的华盛顿新人们很快加入进来。其中一位名叫马克·布鲁姆菲尔德，是众议院筹款工作人员，他很快就加入了一个致力于实现供给方的目标、名为美国资本积累理事会的新游说小组。布鲁姆菲尔德是一名长跑运动员，在1976年曾参与罗纳德·里根竞争共和党总统候选人的竞选工作。他具有为弱势群体奔走呼告所需要的坚韧

12 有风险的生意 / 175

与同情心，斯查乌一同寻找能够制定税收政策并同情他们的立法者。在1978年春末，他们找到了一位：崭露头角的年轻共和党议员，比尔·斯泰格尔，在权力巨大的众议院筹款委员会中拥有席位。幸运的是，斯泰格尔刚好也是皮特·麦克洛斯基的朋友。

斯泰格尔来自威斯康星州奥什科什，是一名脸颊红润、格外注意仪表整洁的共和党人。他于1967年首次当选时，因为看上去太过年轻，常常被误认为是国会实习生。在他4H俱乐部会员的外貌下隐藏的是严肃的头脑与出色的职业道德，他很快就获得了负责制定税收政策的众议院筹款委员会的美差。尽管如此，他在头几个任期中也一直是不起眼的少数党成员。他代表的是一个到处都是木板农庄和奶牛场的农业选区，最感兴趣的似乎是教育与农业议题。

然而，他也是一群乡村议员——既有共和党人也有民主党人——中的一员，他们非常关注将资本增值税保持在较低水平。富有的农民和奶农同样是企业家，他们很大一部分收入可能来自财产增值或公司股票。斯泰格尔的家族就拥有一家开发公司，他明白资本增值税如何影响公司盈亏。在布鲁姆菲尔德和麦克洛斯基的引见下，斯泰格尔很快就加入了科技行业领导者的阵营。他同意提出法案，将资本增值税恢复到1969年的水平。[29]

硅谷和风险投资人找不到比斯泰格尔更好的代言人了。斯泰格尔熟知权力中枢的运作，朋友遍布国会山，诚挚而有条理，明白如何才能在政治上重拳出击。他也意识到税收问题既是经济学问题，更是心理学问题。"资本增值税作为投资决策的决定因素，甚至比作为财政收入来源更重要，"他解释道，"这一点至关重要，但令人悲伤的是，总统的顾问们并没有意识到这一点。"[30]

这一法案使默默无闻的斯泰格尔在华盛顿圈子内一举成名，同时也使日益聚集到华盛顿的科技高管获得了越来越多的政治关注。从三年前首次笨拙地造访国会山以后，大卫·摩根塔勒已经从政治新手变成了巧舌如簧的创业者阶级的布道者。"1969年以前,我们的社会向创业者传递的明确信息是,这个社会高度重视创办提供新的工作岗位与新技术的公司。"他在那年的一次听证会上做证。资本增值税改变了这一切。"能成为最好的创业者的高素质成功人士一定会迅速理解这一信息。"虽然鲜有证据表明公众确实关心资本增值税的削减——实际上民意调查显示,卡特的税收计划在选民中的支持率不低——但他们还是逐渐吸引了华盛顿政界的全部注意力。[31]

重要的是,那些长期以来将这些税收优惠视为使富人不公平受益的民主党人开始接受这种说法。《华盛顿邮报》上一篇支持该法案的社论通过将美国的投资人称为"今天'被遗忘的人'",巧妙地重拾罗斯福新政式的修辞。加利福尼亚下调财产税的13号提案更是给这样的情绪推波助澜,正是这项提案终结了金州战后漫长的公共开支与基础设施增长时代。[32]

忧心忡忡的立法者观望着酝酿中的税收抗议,不想站到历史的对立面。"这就是霍雷肖·阿尔杰所预见的,"一位分析师说道,"人们希望保持较低的投资税率,以免有朝一日自己变得富有。""显然,"《华盛顿邮报》的编辑部在那年6月评论道,"对于税收结构的根本看法已经发生深刻的变化——尤其是在民主党人之中。"[33]

卡特政府强力回击。财政部长迈克尔·布鲁曼塔尔嘲笑说这一法案应该叫作"百万富翁救济法案"。但是,其他民主党人开始团结起来推进减税事业。怀俄明州保守派民主党参议员克利福德·汉森利用斯查乌特遣队提供的有用的立法语言,说服了60位共同提案人,通过了斯泰格尔在众议院提出的配套法案。随着夏季会期临近尾声,减税的倡导者显然已经赢得多数议员的支持,足以防止法案被总统否决。白宫被迫做出让步。1978年秋天,卡特签署了一项全面的税制改革法案,与他几个月前提出的民粹主义方案大不相同。其中包含了比尔·斯泰格尔的努力:资本增值税率降至28%。风险投资人与他们的高科技行业赢得了胜利，而他们的代表也在这个过程中成长为经验丰富的政治操盘手。[34]

1978年，华盛顿政界得到了重要的政治教训。高科技行业现在是高尚甚至有些民粹主义的政治形象。阻碍这一产业的发展不会有好下场。次年，高科技行业的另一位盟友，得克萨斯州的共和党人劳埃德·本特森——斯图尔特·格林菲尔德称他为"一枚宝石"——通过斗争迫使劳工部对"谨慎人原则"做出了更宽松的诠释。阀门打开了。1978—1980年，数额惊人的15亿美元风险投资流入了高科技领域。[35]

回顾1978年，高科技行业确信减税是高科技热潮的催化剂。同样的一群人在整个20世纪80年代游说国会进一步降低资本增值税率。但是，资本增值税率真的是决定性因素吗？减税固然有其作用，但无疑还有其他因素参与其中。比如经济开始回暖，保罗·沃克尔领导的美联储对经济采取的高利率休克疗法抑制了通货膨胀，最终个人计算机达到了必要的技术和价格关键点，得以创造出庞大的消费者市场。

后续的分析指出，需要缴纳资本增值税的投资仅占风险投资整体的一小部分，这表明"谨慎人原则"的松动实际上对扩大风险投资资金池有更大的影响。1978年减税政策带来的好处可能是心理上的，这使风险投资人和企业家都有更多信心再次投身创业。[36]

比尔·斯泰格尔未能亲眼见证高科技行业即将到来的空前转型。吉米·卡特签署税收法案之后，AEA在帕洛阿尔托举办了一场盛大的宴会，致敬将他们的事业带向胜利的议员斯泰格尔和汉森。超过400名硅谷的公司高管挤满了国王大道上瑞奇凯悦酒店的宴会厅，埃德·斯查乌是宴会的主持人。[37]

不幸的是，在加利福尼亚举办的这次庆祝活动也是斯泰格尔参加的最后一次庆祝活动。活动后的第二个周一，这位国会议员在华盛顿因心脏病发作去世。他当时39岁，自青春期以来一直身患糖尿病，考虑到脆弱的健康状况,他本不应当这么努力地工作。国会两党议员都向他表示哀悼并在众议院列队向他致敬。"我认为比尔·斯泰格尔取得的成就不可估量。"乔治·布什悲痛地说,他是这个威斯康星人最亲密的朋友之一。风险投资人则以自己的方式表达了他们的感激之情,他们创立了一只大学基金来资助斯泰格尔的幼子。[38]

共和党失去了一颗冉冉升起的新星,但斯泰格尔的妻子珍妮特继承了家族的政治遗产,在共和党和民主党政府中担任政治职务长达20年。她是第一位女性联邦贸易委员会主席。1990年,她在联邦贸易委员会任职时,对迅猛发展的软件行业发起了首起反垄断调查。她的目标是微软公司。

第三幕

公开上市

这里是西部,先生。当传奇变成事实之后,传奇自然就会流传出去。

——《双虎屠龙》(1962)[1]

前 记

1979 年，图森

特里什·米尔林斯的母亲日复一日地替人打扫房屋，以此养家糊口。她们住在新泽西州的一个海滨小镇，富有的白人偶尔来此小住，其他像她一样的常住镇民大多数是黑人工人。米尔林斯生于 1957 年，个头高，体格健壮，不怎么有耐心，她是她母亲收养的唯一一个孩子。她几乎在每个方面都是优等生，尤其擅长数学。但老师们过了很久才发现她的天分，因为没人指望一个瘦瘦高高的黑人女孩能掌握这些技能。等到周围的大人们意识到这一点时，米尔林斯已经远远落后于其他优等生，她不得不在放学后和暑假期间花费大量时间来追上他们。八年级的时候，她累坏了，对母亲说她不想上大学了。米尔林斯夫人十分生气，第二天带着女儿去上班，让女儿看她是如何擦洗地板和清理厕所的，并告诉她如果没有大学文凭，这就是她以后的工作。米尔林斯记住了教训。

米尔林斯靠着拿篮球奖学金进入了当地的蒙莫斯大学，校园沿着泽西海岸的栈道延展开来。她本打算学习电气工程专业，但这个专业必修的实验课刚好和篮球训练的时间冲突，于是她决定改修计算机科学。

特里什·米尔林斯进入科技行业的契机与那些有幸进入斯坦福

大学或麻省理工学院精英小圈子的聪明的年轻人截然不同,但这也是 20 世纪 70 年代到 80 年代初成千上万的美国人走过的道路——既有白人也有黑人,既有男性也有女性,既有移民也有土生土长的美国人。许多像蒙莫斯大学这样中等水平的教育机构都开设了计算机科学专业,以满足不断增长的对受过专业训练的程序员的需求。学校里大型计算机的数量跟不上开设课程的数量,所以米尔林斯必须搭乘班车到有更多资源的罗格斯大学的计算机实验室去分析她的打孔卡片。她所接触的技术环境并非自制计算机俱乐部或是计算机博览会,而是普通学校里工人阶级的孩子们所接触的,他们在学校里学习的是能让他们走出阿斯伯里公园、威尔克斯-巴里或者尤蒂卡的技能。他们所处的技术环境仍然是大型计算机、电传打字机、信息管理系统的世界,这里使用 B 语言编程,到处都是在大公司担任 IT 职位、等待每月续约的程序员。

她于 1979 年毕业时,个人计算革命正如火如荼。但特里什·米尔林斯生活在大型计算机的世界中,年轻的她在硅谷没有任何人脉。她是黑人、女性、同性恋,没有任何公司向她敞开大门,给她提供真正支付工资的实习或暑期工作。她查阅贸易类期刊,尽可能多地投出简历,费尽辛苦终于找到了第一份工作,费城郊区的一家国防承包商联系了她。过了几个月,亚利桑那州图森市的休斯飞机公司也发来了录用通知。

米尔林斯打点好行李,带上所有家当,向西飞到了沙漠中。她再也没有回新泽西州居住。[1]

1980 年,华尔街

虽然本·罗森从未在硅谷工作过,但他的职业生涯从一开始就与这个地方相关。罗森于经济大萧条低谷的时候出生在新奥尔良,他表现出一些技术天分，这使他在20世纪50年代初向西前往加州理工学院享有盛誉的电气工程专业学习。一年级的研究生戈登·摩尔是他上大一那年的化学老师。后来，罗森拿他在飞兆半导体公司和英特尔公司共同创始人的班上得到的糟糕成绩开玩笑说："他显然没有听说过分数膨胀。"接下来他去了斯坦福大学，在那里获得了工程学硕士学位，然后前往哥伦比亚大学攻读工商管理硕士。

与其他按部就班的同乡不同，本·罗森一度难以决定他长大后要成为什么样的人。他曾经在几家大型电子公司担任职务。后来辞职去了法国的里维埃拉，在海滩上出售飞盘，顺便把自己的皮肤晒黑了一些。最终在20世纪70年代初回到了西装革履的世界，在华尔街的金融公司摩根士丹利安顿了下来，在那里赢得了华尔街最出色的电子行业分析师的名声。他的事业像半导体产业一样蒸蒸日上。[2]

这些公司迫切需要罗森这样的人。加利福尼亚的芯片制造商可能正在制造了不起的高科技产品，但华尔街对此并不感兴趣。"我们认为，"1978年美林的分析师轻描淡写地指出，"有前途的技术、新产品和新服务未来很可能是由大型公司资金充足的部门开发出来的。"这个观点相当普遍。里吉斯·麦肯纳回忆道，分析师非但没有推动20世纪70年代硅谷的发展，相反，"他们看空硅谷"。但是，罗森一直对微芯片抱有乐观的态度，即使这一产业的发展在这个10年遭遇了困难。到了20世纪70年代末，他已经把自己的分析师事业变成了一个商业帝国，出版了举足轻重的行业杂志并举办了半导体行业的年度会议，这个会议对参与微芯片业务的所有人而言都是大事。[3]

因此，当加利福尼亚的创业者开始在主板上安装微处理器并以其为核心制造计算机时，罗森是华尔街最早捕捉到这个趋势的人。罗森意识到一个新产业出现了。他于1978年初组织了一次"个人计算机论坛"，向他的投资客户展示了个人计算机。他的满腔期待很快就被打回现实——只有大约 20 人出席，演讲者的数量几乎超过了参加者。"本，"罗森的一位银行客户对他说，"等你召开真正有投资潜力的行业会议的时候，记得告诉我。"[4]

然后，突然之间，一切开始成为现实。

13
讲故事的人

"我们发明个人计算机的时候，相当于发明了新时代的自行车。"1980年8月13日早上，当读者打开《华尔街日报》时，印有粗体大字的苹果公司的整版广告映入眼帘。大字下面一整页印得满满当当，还有作者史蒂夫·乔布斯留着大学教授同款胡子的照片，文章标题是《谈谈计算机及其对社会的影响》。

文章反复将乔布斯称为个人计算机的"发明人"，这巧妙地掩盖了苹果电脑精巧的内部结构实际上出自与乔布斯共同创办公司、不擅长面对媒体的史蒂夫·沃兹尼亚克的天才创造。文中没有内行人才看得懂的技术语言。相反，这篇宣传文章使用的是浅显易懂的语言。"我们将大型计算机（包括大型机与小型机）比作旅客列车，将苹果个人计算机比作大众汽车。"乔布斯写道。大众甲壳虫汽车可能不如旅客列车强大，但它可以按照你自己制定的时间表，随时把你送到你想去的任何地方。它带来了解放。它释放了创造力。它就是未来。[1]

这是反主流文化的计算机专家多年来一直在四处宣讲的故事。现在史蒂夫·乔布斯将这个故事推向华尔街交易者这个更广泛的群体。这些人认为计算机是IBM制造的那种庞然大物，文字处理只是秘书的工作，他们从未使用烙铁制作过计算机硬件，也从未走进任何爱好者商店的大门。尽管金融界并不了解技术，但却对苹果公司的销售数据垂涎三尺。苹果公司现在有超过 150 名员工，1980 年时利润接近 2 亿美元，这是整个微型计算机行业三年前的总利润的两倍。苹果公司正在准备 IPO，经纪人蠢蠢欲动。有人评论说："他们就像被香甜的蜂蜜引来的熊。"[2]

华尔街觉醒

令吉米·卡特在大选年格外忧虑的是衰退仍然困扰着美国经济，但华尔街正逐渐恢复往日的繁忙景象，高科技行业是这波热潮的主要推动力。1980 年初，分析师们带着对未来的迷茫迎来了新的 10 年——"这要么是酝酿已久的衰退的开始，要么是人们盼望已久的'电子产业的 80 年代'的开端"，本·罗森预测道。

事实证明，发生的是后一种情况。那年的股票中位数涨幅最终达到了 40%，而电子行业的表现更是令人印象深刻。电子行业的股价飞速上升，平均涨幅达到了 65%。人们对科技股热情高涨，一些分析师甚至开始担心 20 世纪 60 年代后期的非理性繁荣重演。在半导体行业，股价无视经济逻辑出现猛涨。芯片成本日益降低，来自传统行业猛增的需求得到满足，但就像罗森所评论的，"技术股的股价只会不停地飞涨"。[3]

许多因素共同促成了这一波热潮。其中一个因素是芯片业的发展颠覆了原有的经济逻辑，在摩尔定律飞轮效应的推动下，在成本降低的同时，电子产品的功能反而变得愈发强大。另一个因素则是资本增值税减免带来信心提升，以及养老金投资规定放宽后资本的洪流加速涌入科技产业。仿佛所有人都突然开始创立新的风险投资基金，包括经纪人、老牌公司、新老风险投资人，还有创业者。现在风险资本中有很大一部分投向了技术行业。"我们从一个极端走向了另一个极端。"

戈登·摩尔有些忧虑地评价道。新投资者的大量涌入使这个行业得到了一个带有讽刺意味但又难以否认的新绰号"兀鹫投资者"。[4]

所有这一切都引起了对个人计算机，尤其是苹果公司的热议。狂热的股票交易员炒高了苹果公司主要竞争对手的股票，哪怕这些公司并没有可以预见的新产品发布。他们的胃口越来越大，还扩展到了和不断发展的生物科技领域相关的一系列新公司，尤其是总部位于北加州的基因工程公司，这是一家由斯坦福大学与加州大学的科学家和硅谷的风险投资人共同创办的公司。

虽然基因工程公司创立后的四年中只有一年真正实现了盈利，但股票交易员垂涎于能在早期就参与这么一个利润丰厚的新领域。证券行业杂志《新发行》将该公司称为"相当于将这个行业中的凯迪拉克、梅赛德斯－奔驰与劳斯莱斯合一"。美国最高法院在1980年6月"戴蒙德诉查克拉巴蒂"一案中做出的判决，促使基因工程公司的估值飙升，判决裁定在实验室中创造的新生命形式是可以申请发明专利的。吉米·卡特签署的《拜杜法案》允许大学及其研究人员将政府资助的科技研究成果投入商业化运作，这尤其有利于医学的发展。生物技术商业化的巨大前景使基因工程公司似乎只是分得其中一杯羹。[5]

生物科技与计算机软硬件差别甚大——生物技术更多地基于基础研究，受到更严格的监管，而且产品开发周期更长——但投资者准确地意识到这两个领域有着相同的风险资本 DNA。实际上，基因工程公司的存在要归功于尤金·克莱纳和他的风险投资合伙人汤姆·珀金斯。汤姆·珀金斯采用了一种"孵化"模式，招募年轻的合作者，授权他们去寻找有前途的技术并围绕这些技术创办新的公司。基因工程公司于当年10月14日上市，发行价为每股35美元，仅一个小时之后就飙升到了每股88美元的峰值。这是华尔街史上涨幅最大的一次。虽然峰值持续的时间不长，股价最终只比发行价高了几美元。IPO 使基因工程公司的创始人变得富有，但对其他投资人而言则没有那么好。[6]

《商业周刊》不以为然地评论道，大多数华尔街股票经纪公司仍然缺乏拥有足够的知识、正确理解高科技或生物技术以及"能对这些要素进行正确估值"的分析师，并迅速将基因工程公司称为"投资人对一只股票反应过度的完美范例"。但是，公司的联合创始人鲍勃·斯旺森注意到了其他起作用的因素。"市场已经准备好接受有风险的小公司，"他评价道，"生物科技是能够吸引人们想象力的技术。人们会说，'我们就把这家公司的股票存起来留给子孙后代，这是对未来的投资'。"[7]

苹果公司带来的热潮也很容易被认为是市场的过度反应。个人计算机产业的年龄比上幼儿园的小孩年龄还小。虽然个人计算机销量猛增，但仍不确定这些设备是否只是一时流行。这些新来者尚不能够成功打入被 IBM 大型计算机、数字设备公司和通用数据公司的小型计算机主导的巨大的办公市场，它们还没有像德州仪器或者英特尔公司那样推出主流产品。

而且在 1980 年底，苹果公司的奇迹也只是昙花一现。虽然苹果Ⅱ的销量成千上万，但其最新产品苹果Ⅲ却没有达到预期。经验丰富的投资人开始怀疑它能否继续保持惊人的增长率。如果说华尔街准备好了接受一家有风险的小公司，还有更多其他的选项，它们与苹果公司的前景相仿，甚至更好。

然而，苹果公司——以及硅谷——拥有一些成熟的计算机公司和新时代许多其他竞争者所没有的优势。北加州的这个故事正是美国式的传奇：一个关于发明、亲力亲为、富有创业精神和勇于打破常规的故事。同时，这个故事又是经过精心设计，通过多种多样的宣传途径传达出来的，它将苹果公司定位为一家认真的商业公司。这是资本家可能喜欢的反主流文化信息。

苹果电脑的营销策略

虽然1977年苹果Ⅱ首次亮相时引起了轰动，但科技界还是花了一些时间才关注到苹果公司及其创始人，并且意识到微型计算机的商业潜力。数字设备公司的肯·奥尔森对"计算机在个人家庭中的需求或用途"不屑一顾。1977年的风险投资人对此也抱有怀疑态度。"他有一阵子没洗过澡了。"阿瑟·洛克在见到史蒂夫·乔布斯时心想。尽管如此，洛克仍对计算机博览会上苹果公司展位聚集的人群以及迈克·马克库拉照看他们这一事实印象深刻。他同意投资6万美元。[8]

大卫·摩根塔勒认为微型计算机是一个棘手的商业提案，至于两位史蒂夫，"两个人差不多都还是孩子，这让我没了兴趣"。但洛克的投资激起了他的好奇心，于是他派出一位低级助理去了解苹果公司的情况。结果并不是很好。"他们让我等了半个小时，"这位同事说，"而且他们相当自大。"摩根塔勒对这种愚蠢的行为没什么耐心，于是他转身离开了。一年之后，在对25家个人计算机公司进行调研之后，这个克利夫兰人意识到"那两个家伙会成功"，便以更高的价格加入了1978年的第二轮投资。尽管这笔交易获利颇丰，并确立了他作为业内最出色的交易者之一的名声，但摩根塔勒一直后悔自己错过了第一轮投资的机会，"这代价很高"。[9]

苹果公司并不是市场领导者。真正将大众市场引入个人计算机领域的是坦迪/睿侠公司和康懋达公司——两家远离硅谷与计算机俱乐部圈子、没有得到风险投资的公司，其最初的销量远超苹果Ⅱ，价格与销售渠道是主要原因。坦迪公司的TRS-80的价格便宜得多，而且通过这家资金雄厚的得克萨斯公司遍布全国的睿侠商店随时可得。真正的计算机迷对这种简陋的计算机嗤之以鼻，称之为"垃圾-80"，但市场的深度就像一位睿侠公司高管所说的"让我们大吃一惊"。"我们仍在努力满足订单需求。"康懋达公司也差不多，它推出的不起眼的 PET 计算机被正统派贬斥为带巧克力键帽的按键式计算器，却获得了成千上万份订单。[10]

里吉斯·麦肯纳明白，苹果公司如果想为更昂贵的产品扩大市场，就要打动人心，而非大脑。需要让那些逛电脑世界和字节商店的好奇买家相信苹果电脑不是便宜的玩具，而是必不可少的家用电器，物有所值。这家由两位辍学大学生创办的公司看上去得像一家"稳定的大型电脑制造商"。因此，他们推出了鲜艳的彩色杂志广告，向潜在买家承诺了一个可以高效完成家务与探索的新世界。"其他个人计算机公司强调的是它们的产品的技术规格，"麦肯纳指出，"苹果公司则强调这项新技术的乐趣与潜力。"[11]

跨页广告宣告了苹果 II 的初次亮相——埋头敲打计算机的丈夫和洗着碗看着他的妻子——只是一系列广告页与公司宣传册的开端，这些材料使用友善的标题，直接深入那些务实、关心价格且对计算机技术略有了解的顾客的内心。"公关是一个教育过程，"麦肯纳坚定地说，"而不是一个推销过程。"苹果公司来教育客户了。[12]

"精巧设计使之简单。"开头一句话安慰用户。"如何购买个人计算机？"另一句话向用户发出邀请。"我们正在寻找自亚当以来苹果最富创造性的用法。"这句宣传语印在一幅动人的照片上，照片上是一位英俊的冲浪运动员，他全身赤裸，只被一台位置恰到好处的苹果 II 挡着。苹果电脑不只是一种更好的家庭记账方式。它事关自由、创造与革命。广告还耍了一些小花招，将苹果电脑称为"最畅销的个人计算机"，这只有在你把 TRS–80 和 PET 当成名头好听一点的计算器的时候才成立。简单，不过多涉及技术细节的广告文案至关重要。"不要出售硬件，"苹果提醒与其合作的经销商，"出售解决方案。"[13]

苹果公司投放广告的渠道进一步彰显了雄心壮志。除了常见的计算机爱好者商店外，苹果公司还在《花花公子》《纽约客》和航空杂志上购买了广告版面。其他公司则主要向那些从小就在地下室的工坊或科学博览会的展位度过童年的小众群体推销产品。苹果公司面向的群体更广阔：25~54岁的男性，家庭收入超过35 000美元，教育程度大学及以上（尽管苹果公司的营销团队和里吉斯·麦肯纳公司的办公室里都出现了女性高管，但没有人想到要向女性消费者推销这些友好的小商品）。[14]

苹果公司在追赶积极进取的美国男性的内心世界与想法时，在产品宣传方面也变得日益大胆。到这个10年结束的时候，其杂志广告上的演员打扮得就像历史上的伟人，广告图片和文案都在强烈地传达着苹果电脑正在改变世界的信息。"什么样的人才会拥有属于自己的个人计算机？"一则广告问道，旁边配有一张照片，一名演员打扮成本杰明·富兰克林的样子，欣喜地赞叹着苹果Ⅱ的神奇。广告继续写道："如果对您来说时间就是金钱，那么苹果电脑能帮助您获得更多收益。"这个系列的广告还模仿了托马斯·杰斐逊、托马斯·爱迪生、莱特兄弟和亨利·福特。"苹果是属于富有创造力的传奇人物的工具，也属于像您这样的人，"一则广告文案写道，"不要错过历史。"

彼时24岁的乔布斯外表看起来就像他的公关人员一样整洁时髦，他修剪了头发，穿上了运动外套，打上了领带，表现出加利福尼亚新一代资本家的轻松与自信。麦肯纳指导他的用户接受了一些知名记者的一对一采访，这些记者都是他在多年商业生涯中结识的，不仅有那些报道科学与技术领域的专业记者，还有负责报道华尔街的大众新闻记者。麦肯纳特别注意争取在《华尔街日报》上较高的曝光率，他的团队将之视为特别重要的"定位/教育工具"，因为《华尔街日报》乐于直接刊载公司高管和支持苹果公司的分析师的原话，尤其是在记者知之甚少的行业方面，例如个人计算。在共进午餐或晚餐的时候，乔布斯不但向记者们介绍了苹果公司，还顺便上了一堂关于计算科学的历史及其哲学的速成课。[15]

"人类会制造工具,(并且)可以创造工具来强化其原有的能力,"乔布斯总是喜欢这么说,"我们正在建造的就是强化人类能力的工具。"他解释道,首先是 ENIAC,然后是商业大型计算机与分时共享计算。随着进程的发展,每张办公桌上都会有一台计算机。[16]

在史蒂夫·乔布斯一遍又一遍地用浅显易懂的语言讲述计算机发展的历史与未来前景的时候,却从未提到过政府的角色。他从不提及促成 ENIAC 和随后而来的其他超级计算机的军事研究。尽管乔布斯经常将比尔·休利特与戴维·帕卡德称为苹果创业灵感的来源,但他从未讨论过促进惠普公司和其他硅谷公司发展的军工复合体。他从未提到过推动微芯片产业发展的登月计划,也没提到过将斯坦福大学变成工程强校的研究经费。他和他的微型计算机同行从不提及洛克希德仍是硅谷地区雇员最多的公司。

史蒂夫·乔布斯,这个仅有高中学历的人的养子,的确是"美国梦"的产物,他也是"二战"后,尤其在北加州,对人才、场所与公司的巨额公共投资所能造就的成功例证。但如果政府在他的叙述中无所不在,就会作为威胁因素潜藏在故事背景中,正是这个政府应该对核焦虑、被误导发动的对外战争和墨守成规负有责任。

尽管乔布斯太年轻,没有参与过当年的反主流文化运动,但他承认 20 世纪 60 年代的那场骚动改变了他。"那时产生的许多想法都集中于真正独立思考,通过自己的眼睛认识世界,而不限于别人教给你的看待事物的方法。"乔布斯对他的倾听者说,他发现应该通过商业而非政治改变世界。"我认为商业可能是世界上保守得最严密的秘密,"他说,"这真是绝妙,就像是剃须刀的刀锋。"[17]

讲故事的能力——以及描绘非凡的美国高科技史的能力——使史蒂夫·乔布斯成了新型商业名人,以及个人计算机行业的主要推广者。"他是我们中的一员,但处于一个更大、更陌生的世界之中。他将不成熟的行业与产品介绍给我们这些无法直接接触到高科技的广大公众。"华尔街初级分析师埃丝特·戴森解释道,她是当时少数几个持续关注个人计算机业务的人。"我们的小行业拥有许多自己的明星,但只有史蒂夫拥有足够的魅力与口才,能在行业之外也成为明星。"[18]

电脑牛仔

当然,史蒂夫·乔布斯所讲述的高科技界传奇并不新鲜。他只是重述他这一生从洪斯戴高中的大厅到雅达利的夜班再到自制计算机俱乐部的展会上听到的一切。这就是从一开始就推动硅谷发展的自由市场叙事的最新版本。

随着半导体一代的成长,这个传奇逐渐被完善,个人计算机行业也加快了市场发展速度。追求独立的时代精神上又添加了一些高收入人士的自我满足。在1979年的一场贸易展会上,人群中的记者提到了硅谷"不同寻常的领地意识",硅谷宣称"嘿,是我们让这一切成为可能"。技术是叛逆者、牛仔与革命者的领域。这是有着真挚心灵的行业。

在20世纪70年代的最后几年,微型计算机行业的商业杂志成了这一信息的主要推广者。随着消费者人数的增长,现在出版这类书刊相当有利可图。诸如《BASIC计算机游戏》之类的入门读物销量多达数十万册,这类书籍友善而实用地引领新一批普通用户与程序员进入往往令人困惑的个人计算机世界。

英国化学工程师亚当·奥斯本是这些出版物的编者之一,他在20世纪70年代初移居加利福尼亚之后就变成了计算机爱好者。奥斯本修剪整齐的胡须以及优雅的口音与头发蓬乱的加利福尼亚人相比显得格格不入。他因为编写入门手册《微型计算机入门》成了传奇。奥斯本找不到任何对如此深奥的主题感兴趣的出版商,因此,他决定自费出版。急不可待的计算机爱好者将超过30万册书抢购一空。事实证明，这个决定使他获利颇丰。由此他开始写作一整套这个领域的丛书，他以可观的价格将这套丛书的版权出售给了教育出版机构麦格劳-希尔公司。

微型计算机小圈子里的小报已经变成更高级的商业杂志，在此过程中也扩大了订阅者基础。西海岸计算机博览会的主办人吉姆·沃伦主编的《智能机月刊》更新成了《信息世界》。亚当·奥斯本在《信息世界》上开了一个专栏，他在专栏中对产品的辛辣评价以及对各家公司前景直截了当的评论，为他赢得了"高科技行业中的霍华德·科赛尔"的美称。索尔·里贝斯和李·费尔森斯坦这样的计算机俱乐部老会员成了杂志的定期撰稿人。诸如《个人计算》《计算！》的新杂志和《字节》一起出现在报摊上，这些杂志上都刊载着最新款微型计算机的全页广告。计算机领域出版的书籍增多了。几乎每家与个人计算机业务相关的大公司都至少有一本杂志面向其粉丝与客户。这些杂志还会教读者如何利用外设或软件来提高计算能力，从而进一步推动了销售。[19]

只要读过这些杂志就能明显地意识到个人计算机正在发展。杂志上再也没有那些自己编写的软件代码，取而代之的是股票走势预测与产品发布消息。但《信息世界》还没有变成《商业周刊》：微型计算机这一代的教义仍在传播，这体现在记者与编辑们讨论计算机及其潜力的方式，还表现为他们进一步将计算机与传奇关联起来。"个人计算机用户是在电子世界中骑马走向西部阳光（虽然逐渐黯淡）的人。"《信息世界》的专栏作家威廉·申克尔在 20 世纪 80 年代初宣称："他是那些顽固的个人主义者中的最后一人，而个人计算机是他唯一有效的武器。"[20]

如此重大的概念当然也在商业畅销书的助力下得到了更多宣传，且传播得更快。这些商业畅销书都对美国"旧经济"的状况感到失望，并对由技术驱动的美国未来做出了乐观的预测。其中最著名的就是阿尔文·托夫勒，在动荡不安的 20 世纪 70 年代，他的作品《未来的冲击》成了信息超载的美国人的定心丸。托夫勒的热心书迷包括里吉斯·麦肯纳,他欣然承认自己将托夫勒的书读了"一遍又一遍"。[21]

在苹果公司轻松欢快的广告文案与史蒂夫·乔布斯的技术传道之下,暗含着《未来的冲击》那些折起的书页上的想法。1970年托夫勒写道:"关键的新计算机,为解决社会、哲学乃至个人问题提出了新颖的解决方案。"10年之后,乔布斯也有类似的想法:"我认为个人计算机将极大地促进个人主义的发展,这与孤独或隔离不同。这将帮助那些在热爱的工作与爱自己的家人之间陷入为难的人。"[22]

那时乔布斯与托夫勒对彼此都心生仰慕。托夫勒认为个人计算机的发展浪潮证明了他的预言准确无误,他在20世纪80年代初出版了续作《第三次浪潮》。在这本充满了"技术领域"和"信息领域"这类托夫勒式戏剧化用词的超过500页的书中,托夫勒宣称在计算机技术的推动下,一个全新的政治经济时代即将到来。工业时代的巨型机构——包括美国式的强大政府——将变得小众化且多元化。市场将成为个人自主的市场,为消费者提供近乎无限的选择。他写道,这个未来将"前所未有地变得理智、可持续,且更加体面和民主"。[23]

罗森来信

麦肯纳可以让记者们复述史蒂夫·乔布斯的"福音",托夫勒可以说服好奇的读者购买关于奇妙的高技术未来的书籍。但是,要说服公司管理者和投资者看好个人计算机行业,则需要金融界内部可信的声音。虽然将计算机当作增强个人能力的工具很不错,但只有当计算机成为必不可少的商业工具时,这个行业才能真正赚到钱。苹果有可能成为另一个数字设备公司吗?或者另一个王安公司?又或者另一个IBM?华尔街并不确定。

本·罗森进场了。虽然投资人对微型计算机行业抱着怀疑的态度，但在这个行业改进早期型号、推出功能更强大的计算机的同时，这位熟悉技术的分析师一直在保持密切关注。他饶有兴趣地注意到，1979年11月德州仪器发布了TI-99/4，一款与苹果Ⅱ不相上下的桌面计算机，由此进入了个人计算机市场。如果把所有外设计算在内，大概需要2 000美元才能让德州仪器的计算机变得可以用来计算个人纳税申报单。然而这也表明，微型计算机可能在争夺小公司用户方面又有了些许进展。

在罗森的密切关注下，坦迪/睿侠公司将竞争升级，它发布了更加高端的TRS-80 Ⅱ，并在随后一年中陆续发布了三款产品，每款产品都具有更加强大的计算能力和更广泛的市场吸引力。"各公司开始将获得本·罗森的好评报告视为个人计算机业务取得成功的关键，"里吉斯·麦肯纳评论道，"罗森的劣评是死亡之吻。"[24]

令麦肯纳高兴的是，本·罗森把他的五星好评留给了苹果公司。罗森在他参加的会议上认识了许多半导体专家，其中就有迈克·马克库拉，马克库拉加入苹果公司之后做的第一件事就是把史蒂夫·乔布斯与苹果Ⅱ介绍给罗森。罗森当时就着迷了，带着马克库拉送给他的计算机上下班，因为摩根士丹利的IT部门拒绝给他配置一台。用他的话说，他很快就成了"自封的个人计算机尤其是苹果公司的布道者"。[25]

罗森在拜访他的投资人客户的时候也带着他的苹果Ⅱ。他会给来访的金融记者进行演示，这在商业读者中为苹果和罗森自己都赢得了宝贵的关注。1978年8月，《福布斯》杂志刊登了题为《本·罗森的苹果电脑》的文章，讲述了这位分析师如何使用苹果电脑进行工作。他在摩根士丹利公司内部夸赞苹果公司的产品——摩根士丹利是一家真正老牌的承销商，承销了美国一些最大和最知名的品牌的IPO。他告诉他的同事，苹果Ⅱ并非玩具且苹果公司的经营十分认真。作为对这位忠诚用户的回报，罗森得到了世界一流的售后服务。"如果他不明白苹果电脑的某些功能,"《时代周刊》的记者迈克尔·莫里茨写道,"他就从家里给乔布斯或马克库拉打电话。"[26]

在罗森登上《福布斯》杂志的两个月之后,一家波士顿小型软件公司发布了可视计算(VisiCalc),这是一款功能完善的个人计算机商务应用程序,并且专为苹果Ⅱ设计。这个电子表格应用程序背后的二人组又是一对将工程技术与金融资本结合在一起的魔法师:丹·布利克林是数字设备公司老员工、哈佛大学MBA学员,而鲍勃·弗兰克斯顿则是一位拥有麻省理工学院多个学位的计算机科学家。在当时"太空侵略者游戏"和基础教育应用程序占据主流的个人计算机软件环境中,布利克林和弗兰克斯顿推出的这款软件证明了微型计算机也可以成为严谨的商用设备。亚当·奥斯本称赞可视计算终于做出了一些东西,"让这些愚蠢的小盒子能派上些用场"。[27]

那年夏末,当苹果公司"新时代的自行车"的广告刊登在《华尔街日报》上并引起巨大反响的时候,本·罗森开始乐观地宣告半导体与个人计算机在硅谷将拥有的地位:"市场将越过衰退的低谷,向前,一直向前。"他宣称:"电子产业黄金时代的有利影响将是引人注目且长期的,它将延续到这个世纪的余下部分,并很可能一直延续到下一个世纪。"守旧的老摩根士丹利急切地签下了合同,承销苹果公司即将进行的IPO,这进一步提振了罗森的乐观情绪。然而,这场革命并没有赢得所有人的认同——至少当时还没有。马萨诸塞州的监管机构仍然认为苹果公司股票"风险太大",禁止居民购买。显然,128号公路沿线的居民将无法参与分享硅谷至今最辉煌的一笔交易。[28]

上市

12月12日,苹果公司在股票市场首次亮相,以每股22美元的价格发行了460万股股票。汉博奎斯特公司与摩根士丹利共同承销。几周之内，苹果公司的估值就接近20亿美元，超过了福特汽车公司、高露洁-棕榄公司和伯利恒钢铁公司。这对伯特·麦克默特里来说前所未见。"我们生活在一个愚蠢的时代。"他对一位记者说道。[29]

苹果公司IPO令硅谷生态系统的上下游都赚了大钱。像阿瑟·洛克和大卫·摩根塔勒这样的早期风险投资人赚到了数百万美元，两位史蒂夫和他们的创始团队也是如此（几年之后，《时代周刊》的封面上刊登了一张总是羞于接触媒体的洛克的漫画，画中他穿着美元做成的西装）。摩根士丹利对结果感到满意，这促使该公司全力投入了高科技业务。这家不愿意为本·罗森配置苹果Ⅱ的承销商变成了硅谷公司最青睐的交易者，承销了后来20年最大的几场IPO。[30]

看好个人计算机——和苹果公司——也给罗森带来了可观的回报。次年，他将杂志与会议主办业务交给了年轻的副手埃斯特·戴森，并与芯片创业者L.J.赛文在达拉斯市郊创办了新的风险投资公司。赛文罗森公司在康柏电脑和开创性的文字处理软件"莲花"这样的热门产品上获得了巨额利润，2 500万美元的基金在三年内就变成了1.2亿美元。在创造这个惊人的财富过程中，其他技术推广者也不甘于袖手旁观。《时代周刊》的记者迈克尔·莫里茨与乔布斯是旧识，他利用这一点获得了与苹果内部接触的难得的机会，然后彻底离开了新闻业，于1986年加入了唐·瓦伦丁的红杉资本，成为一名风险投资人。[31]

其他记者则变成了创业者。1981年，亚当·奥斯本用他从麦格劳-希尔公司拿到的版税收入创办了自己的计算机公司。他所生产的计算机不是最漂亮或功能最强大的，却具有罕见的优势——体积足够小，能让出差的人坐在飞机上使用。这是第一台便携式个人计算机。"我在这个行业中发现了一个巨大的缺失，"奥斯本自夸道，"而我填补了这个漏洞。"

为了建立个人的声望，奥斯本将自己置于公司营销宣传策略的中心地位，并且毫不犹豫地模仿乔布斯那种夸张的比喻。"亨利·福特彻底变革了个人交通工具，"他在一则广告中写道，"亚当·奥斯本在个人商务计算领域也是如此。"奥斯本的"可装进行李箱"的电脑重达十几千克，并不如他宣传的那样具有革命性，但是技术内行的人欣赏其传承。奥斯本对技术知之甚少——毕竟他接受的是化学专业的训练——他找来了硅谷最伟大的技术人才李·费尔森斯坦来设计他的电脑。反主流文化计算机又回到了原点。[32]

此前一代高科技创业者是训练有素的工程师，他们拥有多个学位，在研究实验室与机械车间里工作过数千个小时。硅谷最初一批风险投资人也是如此。像亚当·奥斯本这样的公司创始人——教材作者、杂志撰稿人，喜欢出风头——在早年是无法想象的。但现在，高技术不仅涉及工程学，它已经变成一门需要讲故事与市场营销的生意。

高技术产业也变得不仅仅涉及计算机与电子，还变成了新型经济的象征。史蒂夫·乔布斯一生中无数次登上杂志封面。第一次登上的是大型杂志《公司》1981年10月的那一期。在封面上，乔布斯满脸胡须的脸颊一侧印着一句醒目的话："他永远改变了商业。"[33]

14

加州梦

  1980年下半年，接连发生的三件事——苹果公司欢庆其成功，生物技术领域的基因工程公司惊人般初次亮相，以及罗纳德·里根当选美国总统——标志着美国长期以来对加利福尼亚这个有着新起点、新想法以及能够让人梦想成真的地方的痴迷进入了一个新阶段，而且变得愈发强烈。

  里根也是一个进入主流的"独行侠"，人们本以为他太过保守，无法入主白宫，但他以充满活力的姿态将20世纪70年代的低迷一扫而空，凭借着热切期盼未来的上镜形象赢得了总统大选。"有人曾说，美国人与其他人的区别是，"里根在他的第一次竞选演讲中说，"美国人活在对未来的期待之中，因为他明白未来将非常美好。"[1]

  硅谷象征着这一未来。这里仍然是美国几个主要高科技地区之一，但20世纪80年代初的爆炸式增长与媒体热议对其商业文化产生了巨大的影响，即使远在潮湿多雨的西雅图的比尔·盖茨和大雪纷飞的波士顿的肯·奥尔森，也被新闻界归入常用分类"硅谷创业者"之中。硅谷的新加州梦腾空而起，这不仅是因为技术达到了拐点——每张桌子上都有电脑！家家户户的客厅里都有电子游戏机！——也是因为那么多美国人都希望且需要重新拥有梦想。对于这个偶像被刺客的子弹击倒、充斥着腐败和丑闻的社会来说，新的英雄已经降临。

美国的两个主要政党都开始了变革：共和党人胜利地挥舞着创业精神与自由企业的旗帜，民主党人则急于在后工业时代重新定义他们的政党，他们发现硅谷那代表着未来的吸引力令人无法抗拒。美国的政治阶级也希望被载入硅谷传奇中，并将"加州梦"树立为这个国家未来发展的榜样。

然而硅谷的规模仍然很小，仍然年轻，仍然在探索自己的定位。硅谷孵化科技公司的能力无人匹敌，但也仅此而已。硅谷的成员远离主流：工程师名字后面带着一长串字母缩写的头衔，他们一生都专注于鲜少有人关注或理解的研究领域。成功来自自省和锐意进取，追求的是比同一幢楼内或同一条街上的其他人都要更快地制造出更好的产品。硅谷尚未准备好成为世界上其他地区的榜样。"如果这个地区对我们的意识形态、人生观与生活方式有这么大的影响，"1980年大选临近的时候，一位当地居民评论道，"愿上帝帮助我们。"[2]

雅达利民主党人

苹果热潮席卷华尔街的同年8月，身穿细条纹西装的股票经纪人在早上的通勤火车上翻开《华尔街日报》时，应当会看到关于科罗拉多州民主党人加里·哈特的头版文章，他正在竞选连任参议员。对于这份保守派报纸，哈特出现在头版显得有些奇怪，因为他在人们记忆中是作为最偏向自由派的总统候选人乔治·麦戈文的竞选活动负责人进入政界的。然而，正如《华尔街日报》所解释的那样，这位科罗拉多州参议员并不是假惺惺的自由派，也不是像卡特那样的民粹主义者或中间派。他是新一类的民主党人，也是尼克松辞职后被选出的一大拨"水门婴儿"中的一员。他显得更年轻，出生于更偏远的西部，一心要改变这个被破坏的政治体系。[3]

许多像哈特一样的人成为电子产业蓬勃发展的典型地区的议员。参议员保罗·聪格斯来自马萨诸塞州洛厄尔市，是一位希腊裔美籍杂货店店主的儿子。他亲眼见证了自从几年前王安公司把总部搬到他的家乡之后，高科技企业使那里的经济重新恢复了活力。曾被评为"完美的自由主义者"的聪格斯相信，他所属的政党与那类依赖专业技能而非工会权力的经济日益脱节。未来既不属于顽固的保守主义，也不属于传统的自由主义，而是属于"经同情心软化过的自由市场力量"的中间阵营。众议员蒂姆·沃斯也是这股新势力中的一员。沃斯是一个很上镜且爱好户外运动的科罗拉多人，具有一种仿佛随时都能去山间徒步数千米的气质。他因长期参加支持可替代能源的活动和拆分AT&T的斗争而出名。他观察力敏锐，从不害怕泄露秘密，是华盛顿记者可靠的线人。[4]

另一位是有着刀削般下颌线、举止稳健的田纳西州年轻议员小阿尔伯特·戈尔。虽然戈尔并非出身高科技产业选区，但他既是热情的环保主义者，也是毫不动摇的托夫勒式未来主义者。戈尔是一个着眼于未来的思想者，却被困在只关注眼前利益的无情政治世界中。他组织了一个"国会未来信息交流中心"，每月举办自带午餐的研讨会，研究诸如克隆、气候变化与计算机网络等令人费解的问题。这个小组是跨党派的：与他一道参加的还有另一位狂热的托夫勒支持者和宏大想法的爱好者——佐治亚州共和党人纽特·金里奇。[5]

新浪潮也席卷了州政府。1978年，一位名叫比尔·克林顿、头发浓密的麦戈文前竞选助手在32岁时当上了阿肯色州州长。另一位年轻的律师布鲁斯·巴比特成了亚利桑那州州长。有些人从一开始就是中间派，有些人则在新氛围下偏向了右翼。1978年激烈的反税收情绪赶走了马萨诸塞州年轻的自由派州长迈克尔·杜卡基斯，对商界更友好的民主党人爱德华·金取而代之（金十分保守，罗纳德·里根甚至将他称赞为"我最喜欢的民主党州长"，他后来成了共和党人）。

杜卡基斯反省之后变得更加偏向中间派，他在1982年击败了金，重回州长位置。同样的情况也发生在阿肯色州的克林顿身上，在任满一届之后，他被共和党人击败，在政治上更偏向中立之后，他又重夺州长位置。这也与他遵从了该州的传统主义有关：他的妻子兼政治伙伴将姓氏从罗德姆改成了克林顿。[6]

这些人进入政坛时对高科技还没有概念。他们小时候是管理学生会的那类孩子，而不是在地下室制造收音机的那类孩子。但他们也被20世纪60年代改变了，获得了类似的"改变世界"的情感。李·费尔森斯坦和丽莎·卢普对抗体制，而这些人决定从体制内部改变它。这群人对高科技领域的集体热情最终使华盛顿新闻界给他们起了一个讽刺的绰号"雅达利民主党人"。他们并不怎么喜欢这个绰号。"我们更喜欢被称为苹果民主党人，"沃斯挖苦道，"这听起来更美国化一点。"但一旦那些专家开始用这个绰号，这个标签就变得难以去除了。[7]

虽然众人纷纷猜测这些野心勃勃的年轻政治领导中谁可能参选总统，但只有加利福尼亚州州长杰里·布朗站了出来，竞争1980年民主党候选人提名。尽管布朗在好莱坞名人中的人脉比在硅谷中强——他那富有极高魅力的支持者包括沃伦·比蒂和弗朗西斯·福特·科波拉——他仍然热衷于针对这个行业中冉冉升起的新星进行竞选活动，并认为美国的"再工业化"有赖于硅谷这样的地区所销售的产品。[8]

布朗竞逐白宫的短暂尝试最终失败了。由科波拉本人执导的布朗在威斯康星州议会大厦台阶上现场直播的演讲彻底决定了他将出局。这位导演创意十足，两个月后他凭借《现代启示录》获得了奥斯卡最佳影片奖。他让布朗站在一块蓝色屏幕前，在屏幕上播放大胆的图像，意在呼应州长的未来主义议题。但色键滤镜技术出了问题，在电视上看起来就像布朗的脑袋脱离了身体，飘浮在背景图片的前方。零下的温度、冷淡的人群和布朗令人尴尬的演讲内容使情况更为糟糕。这场怪异的演说是美国政治史上最具灾难性的演讲之一——高科技竞选者善变的电子产品葬送仪式。政治记者幸灾乐祸地将之称为"布朗启示录"。[9]

民主党人就高科技夸夸其谈，但1980年在选举中取胜的是共和党人。硅谷与其他地方的选民有着相同的感受：卡特令人失望，是变革的时候了。里吉斯·麦肯纳这辈子都是民主党人，但他对未来深感忧虑。"我不相信现任政府懂经济学。"他沮丧地说道。[10]

里根对宗教权利的讨好让硅谷中许多悠闲的人对他失望，而他担任加利福尼亚州州长时削减公共高等教育支出的政策也使他在斯坦福大学和加州大学伯克利分校的高等教育群体中没有什么支持者。然而这位候选人听起来似乎将实现他们多年以来一直期盼的减税政策与监管改革措施。戴维·帕卡德曾在1976年大选中明确支持杰尔德·福特而非里根，但他加入了一个备受瞩目的公司高管小组，他们在1980年为里根筹集了数百万美元。随着政治实力的增强，这些往常沉默少言的硅谷人开始公开赞扬里根"更清楚地理解如何能有效提高我们经济社会中的生产力"。在大选前夕，杰里·桑德斯直截了当地告诉他的芯片制造业同事："我直接号召各位把票投给共和党人！"[11]

这确实不该有什么可意外的。虽然有大量媒体宣传围绕着反主流文化的个人计算机群体，但硅谷仍然掌握在那些50多岁、在"冷战"期间发家致富的爱国者手里。这一群移民来到加利福尼亚、白手起家的百万富翁喜欢将自己视为牛仔资本家，在他们眼中，那位出生于中西部、会骑马并在自己的牧场里清理灌木丛的电影明星是理想的总统候选人。20世纪70年代末高科技行业在华盛顿进行的游说活动更加增强了这个行业对政府官僚体制不利于商业的看法，以及对供给侧经济学的坚信。

另外，许多人单纯地没有参与政治之中。总体而言，1980年刚刚进入个人计算机行业的下一代还在忙着制造产品，无暇关注政治，哪怕政治界正日益关注他们。"我从未在总统大选中投过票，"几年之后史蒂夫·乔布斯承认道，但他丝毫不感到尴尬，"我这辈子都没投过票。"《信息世界》对大选季的评论仅有一幅社论漫画。"我本打算记录所有候选人的重要声明，"两个人站在计算机前，其中一人对另一个人说，"但是对空磁盘做数据处理根本不可能实现。"[12]

自由市场共和党人

对共和党而言，11月4日的大选是一次辉煌的胜利。不仅里根在选举中取得了压倒性的胜利，而且近30年来共和党首次掌控了美国参议院。第二天，华尔街迎来了有史以来最繁忙的一个交易日，共交易超过8400万股股票。国防承包商几乎克制不住他们的激动之情。"我痛饮一杯伏特加马丁尼，第二天早上在宿醉中醒来。"南加州罗克韦尔国际公司的一位高管说道，里根很可能会恢复最近被取消的数百万美元的喷气式战斗机合同。美国商会领导人理查德·莱瑟热情洋溢地宣称这场胜利是"长达40年的经济自由主义的终结，那段时期你必须依赖政府官僚才能获得结果"。[13]

新一代民主党人也同意这一点。保罗·聪格斯宣布："新政死于本周二。""过时的民主党口号和解决方案再也没人买账了，"加里·哈特说，"传统的自由主义，以前的务实做法已经不再吃香，至少在这段时间如此。"[14]

罗纳德·里根的当选使华盛顿对创业者缓慢酝酿的喜爱之情变成了热恋。很多人在支持里根，他于20世纪60年代进入政坛时，最早的捐助者与支持者中包括一些白手起家的南加州大亨，例如集团大王贾斯汀·达特和养老院百万富翁查尔斯·威克。被通货膨胀和政府监管压榨的小型企业人士热切地支持主张减税与精简政府的里根。相反,那些守旧的美国公司则下注大力支持几乎所有其他共和党候选人,直到里根无疑将获得提名。

虽然里根政府积极地支持各领域的商业活动,但他的幕僚与支持者几乎不停地谈论作为特例的创业者,将他们视为美国资本主义更优越的范例,也是一种更好的政府模式。"创业者的目标是取得成功,"威克宣称,"他愿意承担风险。"国家"只不过是一门巨大的生意。其他管理这个国家的人——社会科学家——从来不需要考虑怎样才能发出工资"。白宫应当尽一切可能支持创业者,并向创业者学习。[15]

高科技行业的领袖与达特或威克并非一类人,他们和大街上的店主也没有太多共同之处,但里根很少注意到这些区别。"创业者"对这位"伟大的沟通者"而言只是一个粗糙而宽泛的分类,也是推进其议程的有效修辞策略。在他的理想主义架构中,创业者被置于核心地位,这一架构描摹了美国曾经是、未来将再次呈现的种种样貌。在新任总统的支持下,美国人纷纷开始创业,数量创下了历史新高。"两个世纪前,在这个国家,"里根宣告道,"小型企业的创业者……反抗高额税收和政府干预,并协助建立了这个国家。"总统接着说道,现在是时候支持新一代充满想象力的冒险者,发起反对陈旧繁杂的规章制度和高额税收的"另一场革命"了。几年之后,里根宣布美国进入了"创业时代"。[16]

这个消息在选民中引起了共鸣。开创自己的事业是有风险的,但在经历长达10年的经济衰退后,这可以让人重新获得控制权。一位波士顿企业家热切地说道:"能够把握住趋势的正是你自己。"生意不再单纯意味着细条纹西装与公文包,不再意味着要向正确的人推销。"创业者是商业中的摇滚明星。"本·罗森坐在他崭新的风险投资人办公桌边打趣道。[17]

高科技产业在国会的游说团体抓住了这个机会。美国电子协会已经从尘土飞扬的帕洛阿尔托外派办事处变成了常驻 K 街的小分队，其成员多达 1 600 家公司，从东海岸一直分布到西海岸。国会游说主管肯·哈格蒂成了他口中"草根游说"的大师，并定期组织 CEO 们来到华盛顿，以个人身份在国会旁观举证。"他们的经历，"哈格蒂夸耀道，"是任何巧舌如簧的华盛顿游说者无法复制的。"[18]

另外还有风险资本家。里根承诺要进一步降低税率，而风险投资人则希望他更进一步，彻底取消资本增值税。"资本就像是玉米的种子，"硅谷传奇风险投资人，时任 NVCA 主席的汤姆·珀金斯说，"不应当对资本征税。"[19]

然而，新的"创业者游说团"中还包括上一代人：银行家、电子制造商以及老牌风险投资人。其中就有伯特·麦克默特里、大卫·摩根塔勒和埃德·斯查乌，他们进行了一段时间的游说，并且相信应该与体制合作而不是将其摧毁。

与此同时，这个行业中引领这一切政治变动的主要催化剂——个人计算机软硬件制造商——则大多继续对华盛顿视而不见。如果你阅读《信息世界》、参加戴森或者罗森组织的个人计算机会议、走进马车轮酒吧或者绿洲酒吧，你就能听到许多有关新芯片设计、用户界面、操作系统和电子游戏的讨论，但没有多少关于政治的讨论，而新一代似乎正喜欢如此。

书呆子天堂

个人计算机市场的迅速增长着实惊人。1980 年，美国人一共向几十家电脑制造商购买了 724 000 台电脑。到了两年后的 1982 年，这个数量猛增，100 多家公司一共生产了 280 万台电脑。在 1981—1982 年，美国有 16% 的学校配备了微型计算机。次年这个数字增加了一倍多，达到 37%。大型计算机和小型计算机行业虽然仍然生产着更多的产品并获得了更高的销售收入,但个人计算机的显著不同之处在于,它是真正属于个人的——大部分美国人几乎每天都会在家里、工作地点或学校见到这些计算机。这样的销量意味着大量利润,而其中很大一部分都流入了北加州这个区域。[20]

随着个人计算机热潮每分每秒都在造就百万富翁,记者们也来到了硅谷,按照人类学的规范开始记录这里的书呆子统治阶级。"低矮而有品位的玻璃混凝土建筑散布在褐色的山丘之中,仿佛一所巨大的景观化专科学校。"《绅士》杂志的报道中写道。"没有烟囱,没有铁路支线、没有噪声,只有全世界最美丽的高速公路和销售额高达数十亿美元的高科技产业。"有人看着一幅幅雷同的图景,却无法掩饰内心的惊恐。英国建筑评论家雷纳·班纳姆看着米色的直建房和乏味的购物中心,在他眼里是贪婪的里根式资本主义与加利福尼亚嬉皮士的和谐相处,这是一个奇怪的王国,由"敏锐、坚定、有社会责任感、关注生态环境、开着保时捷的博士"统治着。[21]

即使是平庸的美国出版界也无法抵御诱惑,在普遍的赞誉中开始深入挖掘。"开车穿越硅谷,两侧都是单调的低矮方块建筑,建筑顶上的公司名牌展示着杂糅的高科技术语,为里面是干什么的提供了些许线索。"《国家地理》杂志的记者写道。在这个高度依赖汽车的地方,"粉棕色雾霾的不透明帷幕"覆盖了一切。外界对硅谷的反应就像"电子大脑"时代以来美国对计算机科学的反应一样,混杂了着迷与恐惧。无论这里多么陌生,毫不掩饰自己的古怪,只有单调平坦的高速公路,硅谷仍然是一个奇迹——这个地方拥有无与伦比的能力,能够持续不断地推出一项又一项创新,同时制造大量财富。[22]

个人计算机时代使一位工程师所说的硅谷"掠夺成性的加尔文主义道德观"超速运转。每周工作 80 个小时是常态,完全沉浸于工作之中则是荣誉的象征。当你的行业以比尔·盖茨和史蒂夫·乔布斯为标杆时,认为有必要为了成功放弃个人生活、定期洗澡甚至购买合适的起居室家具仿佛就很正常了。工作狂文化已经在20世纪晚期美国的资本主义中风行,又在个人计算机行业中进一步强化,因为它基于一种完全沉浸式的黑客文化——将一切抛在脑后,只为制造主板或写出完美的代码。正如苹果公司一位工程师所说的,"交朋友与设计电脑是两条垂直线"。[23]

但竞相努力工作不仅是为了虚荣。就像15年前的半导体行业一样,技术变革的速度令人叹为观止。公司必须竭尽全力才能跟上,保证其产品线不被淘汰。一如既往,加州表面上的轻松舒适不是每一位工作人员都被寄予的惊人的高期望值,他们明白,稍有疏忽就可能被逐出科技天堂。"目标不是建立乌托邦,"《绅士》杂志的一位专栏作家指出,"而是利润。"

行业的热门并没有增加在高科技领域致富的微小可能性,但此时产生的一起引人注目的消费使赢家与输家之间的鸿沟变得更加明显。现在人人看起来都像是缩小版的杰里·桑德斯,可以靠股票期权购买贵得离谱的跑车。过度劳累的工程师出门去拿早报,看到邻居家的车道上停满了法拉利和德劳瑞恩跑车,加倍坚定了他努力工作的决心。技术人员抱怨"30岁就被榨干",但同时也怀有一种算不上秘密的希望,希望到那时候他们已经赚到足够退休的钱。[24]

劳动群体还在其他方面发生了变化。高科技行业的飞速发展及其对技术纯熟的工程师的渴求,恰好发生在各行各业的办公室终于都向女性敞开大门的时候。这意味着硅谷中的女性面孔比过去10年里曾经有过的都要多。

像安·哈代这样已经在这个行业历练数十年的女性晋升成为高管。新的入行者在这个全新的面向消费市场的行业中找到了机会,现在进入这个行业不再需要技术背景。扩大的市场营销与公关业务成了最可能接受女性进入高层管理的部门。早期的明星之一是简·理查森,她是苹果公司的一名雇员,很快就升任市场总监——在这家以品牌与传奇故事为产品的公司中,这是个权力极大的职位。里吉斯·麦肯纳对史蒂夫·乔布斯而言可能已经成为父亲一样的人物,但他和他的团队对理查森负责。她进入苹果公司的时候,公司里几乎没有女性,几年之后,她的团队大多都是女性员工。[25]

  对于在硅谷寻求职业生涯的女性来说,里吉斯·麦肯纳公司成了她们另一个重要的第一站。埃伦·拉帕姆就是其中之一。1975年,她被一些关于微型计算机的早期传闻吸引,从东海岸来到了斯坦福大学商学院,"我认为微型计算机的世界是年轻、思想开放且具有创业精神的。它有着传教士般的精神,"她说,"微型计算机革命同时也是一场文化领域的革命。"拉帕姆获得MBA学位之后先是到了麦肯纳的公司,然后跳槽到了苹果公司。1981年,拉帕姆套现她的苹果公司股票,成为一家销售由苹果电脑驱动的音乐合成器的创业公司的CEO。詹妮弗·琼斯刚好在拉帕姆离开RMI公司之后加入了。她也几乎将全部时间都花在了苹果公司上。"80年代是最好的年代,"琼斯说,"那时这家公司变得举足轻重。"团队中的另一名成员安德烈娅·安迪·坎宁安在20世纪80年代中期开办了知名的公关公司。坎宁安效仿里吉斯·麦肯纳,在她的名片上只印着"安迪"。[26]

  并不是说这一切的获得轻而易举。里吉斯·麦肯纳公司的高管常常每周工作80多个甚至90多个小时,而且觉得他们并不总是能得到应得的认可。里吉斯是硅谷名人,但他们不是。在一次活动中,公司为整个团队发了印着"我是里吉斯·麦肯纳"的T恤。这是典型的硅谷团队建设的场景。但对于这群试图通过自身能力而被认真对待的专家来说,这有点直戳痛处。除此之外还有许多硅谷技术人士对市场营销人员态度轻蔑,这一点体现在多年来一直伴随这些RMI女性的蔑称上——"里吉斯小妞"。

  对于技术方面和非技术方面的女性而言,在硅谷生活都需要对批评不敏感、坚韧、愿意异常努力地工作。没几个人有着闪闪发光的麻省理工学院或斯坦福大学的工程学位,更别说哈佛大学的 MBA 学位了。她们必须在工作中学习业务。"规划好自己的路线,拼命工作,提高自己。"简·理查森说。她在苹果公司从事市场营销 7 年之后跳槽到了微软,从事同样的工作。"如果你愿意付出 150% 的努力,一切皆有可能,而且你必须热爱你的工作。"[27]

激烈的市场竞争与无尽的工作时间意味着各家公司需要设置大量福利设施,让员工在工作中保持快乐。员工的不满可能意味着顶级人才将流失到对手那里,或者更严重的,工人响应工会组织者的号召成立起工会。英特尔公司在圣何塞的园区周围新铺设了慢跑跑道。惠普公司每天早上提供免费的咖啡与甜甜圈。ROLM 骄傲地自称为"工作的好地方"。整个硅谷的排球场下午都挤满了盯着电脑屏幕工作了一整天、出来休息一会儿的年轻员工。[28]

每当工作时长超过 12 个小时,工作与个人生活之间的界线就变得愈发模糊。科技公司因为独特的社交活动而变成传奇并享有盛誉,这些活动充分体现了它们现在拥有的财富。惠普不再像早年那样举办有益健康的野餐会,那时比尔·休利特和戴维·帕卡德会穿上围裙自己动手做汉堡。现在公司的社交活动更接近雅达利"业务真有趣!"的精神,重点在于成桶的啤酒和偶尔的娱乐活动。年轻、富有活力以及对于铺张不以为意都在提醒员工,他们是在特别的地方工作的特别的人。

"吉米 T"的泳池派对

在 20 世纪 80 年代初,没有谁能比那个年代传奇故事的主角——天腾公司更能代表硅谷的新时代精神。像苹果公司一样,天腾公司与硅谷的前几代人也有着密切的联系。

天腾公司背后的人来自伯特·麦克默特里人数众多、充满创业精神的"莱斯黑手党"。詹姆斯·"吉米 T"·特雷比格的职业生涯反映出得克萨斯州与硅谷之间的联系仍然存在：他从莱斯大学毕业后，在德州仪器公司短暂地担任过销售员，然后到斯坦福大学攻读 MBA，并进入惠普公司担任小型机市场销售。特雷比格在惠普公司热切地接受了比尔·休利特"瞎逛管理"的智慧并迅速取得了巨大的成功。然后他辞职加入了克莱纳-珀金斯公司，开始四处寻找创立自己公司的途径。1974 年，他找到了创业方向：一种更好的新式小型机，一种有着内置备份系统、永远不会停止运行的"防故障计算机"。

特雷比格找来了他的三位惠普前同事，又说服了尤金·克莱纳和汤姆·珀金斯给他们投资，由此创办了天腾公司。对于银行这样的公司客户而言，它们承担不起电子数据库出现故障，这种机器是它们梦寐以求的，特雷比格的计算机因而大受欢迎。天腾公司于 1977 年上市，最终变成了克莱纳-珀金斯公司的一场大的胜利，也给硅谷的众多风险投资公司带来希望，相信 20 世纪 70 年代的疲软总有一天会结束两只"早鸟"之一（另一只是伯特·麦克默特里投资的 ROLM）。

到 20 世纪 80 年代初，天腾公司已经变成美国发展最快的公司之一。它的成长方式几乎与其销售的产品一样受到关注。特雷比格有着得克萨斯人的体形，喜欢招摇，相信工作和玩乐都要全力投入。他坚持每年休假一个月，同时他还是一个业余的无线电报业务员。他的公众形象与低调的休利特和帕卡德相去甚远，但他决定要建立他在惠普公司见过的那种忠诚度与公司文化——他为他的员工提供的福利几乎与他生产的那些计算机一样出名。

当然，天腾公司的所有员工都有股票期权。他们每隔四年还有六周的公休假，以及由公司出资、配偶同行度假。公司总部的游泳池全天开放。排球场设有更衣室和淋浴间。没人戴工牌，上下班也不需要打卡。最具传奇色彩的是天腾公司每周五下班后举办的啤酒酒会，这不仅吸引了上千名员工，也让硅谷中其他希望拓展人脉并免费喝几杯酒的人来到了天腾公司位于库比蒂诺的办公区。

1980年7月的《商业周刊》在一篇热情洋溢的特稿中写道,"这种'以人为本'的管理风格强调不拘小节、同事间保持竞争压力与开放沟通",配图是在公司游泳池旁微笑的特雷比格的照片。一位高管表示,天腾公司成功的关键是"我们把所有人都看作负责任的成年人,以及我们愿意花钱让人们高兴"。当然,要想换取这些好东西,需要付出艰辛的努力。"因为天腾公司的发展需要高效率,这里没有那些不可靠的人的位置,"另一位高管说,"天腾公司是一个人人都很重要的群体。"[29]

虽然这些轻松愉快的氛围下隐隐透露出一些激烈的竞争,但表现出来的仍然是一幅与其他地方严峻的经济现实相去甚远的资本主义乌托邦景象。在同一期《商业周刊》上,只需往前翻几页,在讲述计算机行业高科技奇迹员工的热情洋溢的"信息处理"一节之前,你就能看到令人震惊的关于工厂倒闭、工人罢工,以及可怕且高效的日本汽车的糟糕新闻。两者的反差再明显不过了。

这也与对128号公路的报道形成了鲜明的对比。诚然,在全国性杂志和报纸上可以找到许多关于波士顿人与波士顿计算机的乐观报道,而且还有许多经济方面的好消息:在经历了这个十年最初的衰退之后,小型计算机利润和巨额国防合同的奇妙结合使该地区的高科技行业如虎添翼。到了1982年,马萨诸塞州有超过20万人受雇于高科技行业,比硅谷还要多。在数字设备公司、通用数据公司和王安公司三驾马车的带动下,总销售利润接近200亿美元。[30]

然而,记者们描写有关波士顿高科技生态系统的方式极少像对20世纪80年代早期硅谷的大部分报道那么热情洋溢。他们甚至将波士顿的高科技繁荣称为"马萨诸塞州奇迹",使之成了铁锈带挣扎着走出危机并在逆境中取得胜利的故事。这掩盖了这个地区更悠久的独特的创业历史:麻省理工学院和哈佛大学是联邦科研共同体中举足轻重的成员，波士顿是最早的高科技之都，多里奥特是最早的风险资本家，还有以第二次世界大战后十年间源源不断地从剑桥市涌出的电子创新为基础的数字设备公司和其他公司。记者们忽视了一点，这个"奇迹"不是一个卷土重来的故事。这个故事讲述了一个地区性的高科技产业从起步之时就遥遥领先，而且从未停止过发展。

报道中还缺少对于个人及其生活方式的报道。128号公路沿线既没有特雷比格，也没有泳池派对，只有保守老套的肯·奥尔森和王安这种头脑清醒的老一代工程师，以及雷神公司这样的老牌科技承包商。无论是《纽约时报》《商业周刊》，还是《时代周刊》，对波士顿行业巨头的报道与其他行业CEO的人物特稿区别都不大——欣赏、尊敬、平淡。波士顿的创业者建立了有巨大影响力的高科技大公司，雇用了上万名员工，制造了相当富有创造性的产品，而天腾公司只是又一家在他们之后创立的小型计算机制造商。

这些公司只是无法成为好的报道素材，而且它们不在加利福尼亚——阳光地带、名人与独行侠之地、美国的未来。

改变世界的人

早在史蒂夫·乔布斯的媒体参观活动和特雷比格的啤酒会之前，硅谷传奇的种子就已经播下了。自20世纪50年代以来，传奇就已经通过媒体报道流传开来，这些传奇讲的是前往阳光普照的露台的旅程和深夜的黑客马拉松，包括杰里·桑德斯的豪车和鲍勃·诺伊斯买下飞机的故事，也包括对风险投资人的"资本主义奥运会"和对芯片制造商的"高科技糖豆"的歌颂。这些故事都是技巧高超的公众关系的产物——从弗雷德里克·特曼坚定不移地推动本地发展到里吉斯·麦肯纳拓展人脉的高超手段。就像所有具有持久生命力的传说一样，它们源于真实的力量。

硅谷极富创业精神，这个独特的生态系统鼓励冒险和自我迭代。硅谷在极短的时间内产生了惊人的技术创新，在不到五年的时间内将个人计算机从自制计算机迅速发展为大众消费产品。这是一段惊人的过程，这也是一种不同的商业模式，这个模式表明你可以在赚钱的同时改变世界。《纽约时报》评论道："对许多人而言，新型高科技公司体现了没有惩罚的进步与不会引发巨变的经济成长的奇妙结合，这正是未来产业的种子。"[31]

与此同时，硅谷并不像媒体报道中那样，有那么多打破常规的独行侠。硅谷的商业文化是在充满理着平头的军工研究员和导弹测试的"冷战"世界中形成的。在这个世界中，胆大妄为能够得到工程技术领域的回报，但仅此而已。它表现为由高学历的男人们紧密团结组成的精英阶层，几乎所有女性的身份都是妻子与秘书。由于微型计算机一代的出现，硅谷表现出了反主流文化的一面，但其保守主义的一面仍然存在。

那些提供资金的人和参与管理的"监护人"也是早前时代的产物，他们的判断力是由那个时代塑造的。在当时，电子意味着硬件（没有软件），市场则是其他公司（而不是各种各样的消费者），公司高管都是白人男性。硅谷可以大谈改变世界，但现在那里已经变成一个致力于追求金钱的地方。个人计算机一代的梦想家和希望做些好事的人——李·费尔森斯坦和丽莎·卢普那样的人——基本上淡出了视线。个人计算机的新领导者与之前的芯片制造商十分相似：充满技术热情，尤其争强好胜。

唯有硅谷最适合突破技术的极限。但硅谷无法，也不愿改变世界。

《时代周刊》考虑过将乔布斯选为1982年的"年度人物"，但他们最终选择将个人计算机称为当年的"年度机器"。这一变化激怒了那位渴望曝光的年轻大亨,并且整篇报道令他对迈克尔·莫里茨怒不可遏,因为编辑(他通常撰写关于摇滚明星的报道)把莫里茨对乔布斯的报道修改成了"八卦"的名人介绍。《时代周刊》撰写封面报道时隐约猜到了乔布斯的不满,但文中仍然没有采用他和麦肯纳自1977年以来就一直在兜售的"伟人"故事。"我们本应选出一位领导了这场技术革命的工程师或创业者作为年度人物,"《时代周刊》写道,"但这一系列动荡的事件显然并不是由某个人单独主导的。"[32]

因为有一些其他事正在发生。

15
日本制造

这个蓝色的长方形铝盒重量不到 400 克，如果里面放上磁带，还要再重一些。铝盒配有套了海绵耳塞的耳机，外观线条流畅的控制按键分别用来播放、倒带或停止。如果你想和遇到的人聊一会儿，还可以按一个粗短的橙色暂停按钮。索尼随身听是一种便携设计，能以前所未有的便携性与个性化方式使你随时随地听音乐。随身听于 1979 年上市时，正赶上热衷健身的"自我一代"拥上慢跑跑道或穿上旱冰鞋，当即成为一种现象级电子消费产品。尽管随身听的定价高达 200 美元，但仍卖出数亿美元的销售额，成为生机勃勃的 20 世纪 80 年代的标志性随身物品。NASA 将一款特制的随身听送入了太空，英国的戴安娜王妃拥有一部镀金的随身听。索尼的宣传广告称："一场街头革命正在进行。"[1]

随着全美国的人行道上挤满了戴着耳机的音乐爱好者，美国电子行业的高管们开始失眠。日本的经济奇迹已经颠覆底特律的汽车工业，排挤了匹兹堡的钢铁生产商，还抢走了 RCA 电视和惠而浦冰箱的市场份额。日本使用了现代化生产方式并大量采用自动化技术，能够以较低的成本生产产品，并保持质量。日本的员工以忠诚和勤奋著称，他们的生产效率是美国人的两倍。郊区高速公路上到处是本田汽车，寿司店纷纷出现在大城市的街角，书店的书架上堆满了书，书名描述的全是日本人什么事都能做得更好。美国的高科技公司可能是唯一免受重创的，但仍有令人担忧的迹象预示着风暴即将来临。随身听就是迹象之一。

日本能取得成功的原因很多，其中之一是日本的制造商能够灵活地适应并改进现有创新模式与商业惯例。索尼随身听也不例外。硅谷并不涉足音乐行业，但随身听却是从那里发展起来的技术的产物：英特尔的微型化晶体管、安培公司的磁带技术，以及创造了20世纪80年代流行音乐乐音的合成器。但索尼随身听内部使用的微芯片实际不是美国生产的，而是日本制造的。其他日本产品，从电视机到家用立体声音响，再到被称为VCR的时髦新产品使用的微芯片也是如此，而且日本芯片还在驱动越来越多的美国产品。

日本芯片就像丰田汽车一样便宜、实用、供应充足。硅谷的芯片制造商吓得要死。

《日本第一》

杰里·桑德斯是那些忧心者中的一位。表面上一切向好，他创办的有着11年历史的AMD公司股价飞涨。该公司在1980年售出价值2.25亿美元的产品，比华尔街的宠儿苹果公司高出7 500万美元。自20世纪70年代以来，半导体行业的客户群增长了10倍以上，而且市场的未来似乎是无限的。"半导体工艺制程就像当今的原油，"桑德斯喜欢这样打比方说，"而控制这些原油的人也将控制电子产业。"[2]

这正是让杰里·桑德斯焦虑的原因。虽然世界上绝大多数芯片依然是美国制造的，但日本公司却在快速增长。更糟糕的是，日本已经开始涉足技术最先进的领域。硅谷曾发明了4K RAM内存芯片并将其投入应用，但眼下最先进的技术已经达到16K RAM。此时日本公司占有了整个市场的40%以上。[3]

另一个更加不利的消息是日本早在几年前就由政府资助成立了一个研究联盟,以研发下一代功能更加强大的芯片。这种芯片能在一个小小的硅片上排满成千上万的集成电路,由此制造出比之前所有型号都要强大数千倍的计算机。它采用的方法是超大规模集成电路(VLSI)。这个方法由PARC的琳·康威与加州理工学院的卡弗·米德领导下的一组研究人员于20世纪70年代末开发完成,这个方法对英特尔用来制造"芯片上的计算机"的工艺进行了简化与标准化,并通过将设计与制造分离使其可扩展。米德与康威推出的超大规模集成电路指导手册被全世界计算机科学家简称为"那本书",他们的方法在整个行业内产生了巨大的连锁反应;芯片设计不再需要大公司的资源与人力,现在可以由小团队进行。标准化的复杂芯片设计促进了组装厂的自动化。设计成了独立的流程,由此出现了许多单纯生产其他公司设计的芯片的公司,这些公司大多位于亚洲。[4]

新的超级芯片与桑德斯本人也大有干系,他将AMD公司定位为电信公司的设备供应商,这些公司的设备需要强大的新技术。这项在加利福尼亚开发的技术——不得不说的是,他居然还免费授权给了日本公司使用——现在已将日本推向市场的主导地位,这令他十分沮丧。[5]

令他更加沮丧的是,由于日本政府的支持,这些竞争对手在价格方面的优势远胜硅谷公司。这是被大肆宣传的"日本奇迹"的最新体现,这个"日本奇迹"给美国和欧洲带来了长达20年的经济焦虑,并且已经使美国的钢铁与汽车行业屈服。日本长期生产晶体管化的廉价电子产品,早在几年前就已经沿着微芯片产业链向上游移动,靠的是美国媒体所称的"日本有限公司":实力强大的通商产业省(MITI)。这个新成立的超大规模集成电路联盟是通商产业省斥巨资研发、投资并启动市场的例子之一。

就像汽车、钢铁以及更早的纺织品行业一样，此时的半导体生产成了日本的"目标产业"，受到旨在增加全球市场份额的特殊项目与贸易补贴的推动。除创建半导体研究联盟外，通商产业省还对下一代芯片的生产与早期销售进行了大量补贴，使之可以"远期估价"：各公司提前降价，以便能占领更大的市场份额。在太平洋沿岸的美国看来，该策略完全就是倾销：非法使用更便宜的芯片淹没市场，一旦建立起客户基础，便立即提价。[6]

讽刺的是，这一问题部分源于20世纪70年代的风险资本不足，导致许多美国公司只得将其发明授权给日本公司，以换取急需的现金。当美国统治精密芯片市场时，这当然没问题。但是现在，行业内最有价值的一些知识产权掌握在日本人手中。

雪上加霜的是日益严重的盗窃问题。随着微芯片及其背后的技术变得越来越有价值，整个硅谷掀起了一波引人注目的芯片盗窃浪潮，被盗的商品涌入一个不断壮大的"灰色市场"，那里的买家不会过问商品的来历。案件的细节就像好莱坞犯罪片一样疯狂。1981年的感恩节期间，窃贼设法躲过了闭路摄像头、运动检测器，穿过好几层铁丝网，将先进芯片制造商单片内存公司储存在森尼韦尔仓库中的50多万枚可编程电路芯片一扫而空。"灰色市场"商人与外国买家在旧金山机场秘密交易，每一批芯片都能换来装满几个手提箱的现金。硅谷最大的电子犯罪集团之一的领导人绰号叫"独眼杰克"。受贸易禁运限制的国家（民主德国、南非）的公司成了其热心客户，从而使这个问题牵涉到了国家安全层面。有传闻说，硅谷被盗芯片的最大买家之一是克格勃。[7]

自1977年半导体行业协会成立以来，芯片制造商就一直在努力让华盛顿关注他们的问题。里吉斯·麦肯纳也是如此，他出生于匹兹堡，因此对一个地方如何能在上一代人手里取得巨大成功，而在下一代人手里急剧没落有着深刻的理解。这些加利福尼亚人在国会前论证，向联邦监管机构提交行业数据，甚至在《华盛顿邮报》出版商凯瑟琳·格雷厄姆带着重要记者出席麦肯纳精心组织的行业晚宴时抓住时机让她倾听他们的请求。已经决定退出英特尔日常管理的诺伊斯将他的大部分时间都花在了多次前往华盛顿并向议员们请愿游说上。这就是精力旺盛的发明家眼中的"退休"。[8]

起初，就连鲍勃·诺伊斯的冲劲与魅力也不太奏效。政治家完全搞不懂什么是 RAM 和 ROM，在全美国有那么多工作岗位正在流失，很难说服他们关心那些在未来才可能流失的工作岗位。底特律的汽车产量已经削减了 30%，超过 20 万汽车工人失业。1979 年 10 月，克莱斯勒的 CEO 李·艾科卡亲自来到国会，低声下气地请求联邦政府提供超过 10 亿美元的贷款担保，以使这家陷入困境的公司能够继续经营下去。尽管有些不情愿——佛罗里达州共和党人理查德·凯利斥之为"这是在讹诈国会！"——立法者们仍然在圣诞节前给了克莱斯勒想要的支持。[9]

与之相反，从芯片制造厂繁忙的装配线到发展中的个人计算机公司满满当当的隔间来看，硅谷是一个繁荣发展中的城镇。这里是一片没有烟囱、没有失业，只有阳光和机会的工业区。生活如此美好，人们有幸无须过多关注国家新闻。许多人甚至懒得订阅报纸。"每个人都在高科技冲浪板上。"繁荣的桑尼维尔市议员拉里·斯通开玩笑说。这座城市的预算盈余大到其领导人甚至考虑将 100 万美元的税收收入返还给市民。[10]

高涨的股票估值反映了华尔街的看法，人们认为硅谷芯片制造商提供了一个发展美国制造业的正确范例。底特律三巨头意识到对来自海外的竞争反应迟缓，它们的资产负债表被庞大且老龄化的员工群体的养老金与福利拖累。在硅谷之外，像国家半导体和英特尔这样的公司早已将生产迁至海外，十多年前就在东亚设立了工厂，这个行业已有接近一半的雇员来自海外。由于芯片制造商坚决反对工人成立工会，因此美国本土的高昂劳动力成本也不是问题。这对蓝领工人来说是件坏事，但对芯片公司却好得很，因为它们能够根据需求的变化扩大或缩小生产团队。

另外，并非所有的美国芯片公司都感受到了迫在眉睫的威胁。日本的崛起在硅谷与其他地区之间制造了一道裂痕，反映出两者截然不同的生态系统与经营方式，这使加利福尼亚人在与美国其他地区的竞争中脱颖而出。

在硅谷占据领导地位的公司从未丢弃创业时期一切从简的传统，认为技术将保留在一个公司内部的想法与事实相悖。当有才华的工程师跳槽的时候，技术往往随之而去。就像英特尔公司的安迪·葛洛夫所说的那样，这是一种"百花齐放式的框架"：创业者离开更大的公司创办自己的公司，但初创企业没有足够的资源进行下一代的研究。实际上，这个地区的工业研究实验室是在联邦政府资助下运作的，例如洛克希德公司、艾姆斯航空实验室、斯坦福大学和 SRI 的研究机构，而联邦政府已经不像过去那样提供这种研究投资了。[11]

相比之下，像 IBM、RCA 和德州仪器这样资金雄厚并且多样化经营的公司则有大量资金投入新研究与新工厂。德州仪器在 20 世纪 60 年代后期抓到一些侵犯其专利的日本公司之后，把侵权变成了巨大的市场优势：作为向日本提供该技术许可的交换，德州仪器获得了在日本制造芯片的许可——它是唯一获准这样做的公司。到 1980 年，德州仪器已经在日本拥有了三家全资工厂。

德州仪器公司总裁弗瑞德·布希是一个说话刻薄的得克萨斯人，他毫不关心加利福尼亚人面对日本竞争的抱怨。"西海岸的那些家伙有些精神分裂。"他批评道。人人都有同样的机会在与日本的竞争中领先。那些加州人只是反应太慢。"想着我们靠自己打进日本是痴人说梦。"如果硅谷希望向华盛顿抱怨，那么他们只能自己去了。[12]

对半导体公司的 CEO 而言，里根政府的头几个月并不比卡特任职期间好多少。事实上情况似乎正逐步恶化。"华盛顿真是一场灾难。"里吉斯·麦肯纳回忆道。那些暴躁的国会议员不但没有责问日本这个问题应当如何解决，反而只想知道在竞选募款的时候，"为什么我们从来没从硅谷人手里拿到过钱？"芯片制造商不敢相信他们联合起来的明星力量仍不足以改变立法者的想法。[13]

硅谷高管在华盛顿待的时间越长，他们越能意识到要改变议员对这一问题的看法是多么艰难。"日本人挑战了这个国家的传统政治，"一位高管评论道，"共和党人对这类新的国际竞争者感到困惑，他们没有意识到我们需要一种新型的私有企业系统，使政府可以在其中引领未来的发展方向。民主党人不知道要怎么和我们这些没有成立工会的行业打交道。"减税还不够，对无论是在增长中还是在萎缩中的行业一视同仁地提供补贴——这种方法在一些铁锈带民主党团体中开始流行起来——也远远不够。

"我们都相信母性与开放市场，"愤怒的查理·史波克告诉记者，"我亲手推行了放任主义与自由市场的方法，但这并不适合这个世界。"现在美国也是时候采用"目标产业"了，就像日本通商产业省所做的那样，为研究提供支持和一些经过慎重考虑的贸易保护措施。是时候制定一项产业政策了。[14]

紧跟加州

杰里·布朗也碰上了麻烦。他推行卫星项目的主张与混合着东方哲学的暧昧态度让他得到了怪人的名声，而当他开始素食并与流行歌手琳达·朗丝黛约会时，这个名声变得更广为人知。与许多民主党人相比，他对于公共支出的吝啬让他太过偏向右翼，但他的个人形象在许多人看来又太过偏向左翼。一位记者称他为"41岁的怪人"，他于1980年总统初选落败后回到尘土飞扬的萨克拉门托，寻找新的议案以改变形象、提高支持率，并——千万要——帮助他摆脱"月光州长"的标签。[15]

里吉斯·麦肯纳再次介入其中，又一次在东部的游说中无功而返之后，他决定打电话给州长，向他解释硅谷芯片制造商所面临的严峻形势，这个问题使全加州的高科技奇迹都处于摇摇欲坠的危险境地。当麦肯纳坐在铺着长绒地毯、四周镶着木墙板的州长办公室时，他坚持道，"你不需要只听我的说法。你需要与前来的行业人士共进晚餐"。

很快，很多人都聚集在麦肯纳位于桑尼维尔的农舍的舒适的餐桌旁，告诉州长他应该做的事。参加晚宴的是形形色色的一代高科技人才，他们被这位营销大师引导着，正是麦肯纳让他们成了商业界的名人：鲍勃·诺伊斯和他身旁的史蒂夫·乔布斯，查理·史波克和他对面的杰里·桑德斯，以及坐在桌子另一头冉冉升起的明星，软件公司CEO桑德拉·库特兹格，硅谷少数几位女性公司创始人之一。诺伊斯和史波克愿意空出时间到场不足为奇，但只有里吉斯·麦肯纳能够说服硅谷那些对政治不感兴趣的个人计算机行业从业者抽出一个晚上的时间来和州长共进晚餐。一切进展顺利。"杰里很聪明，"麦肯纳回忆道，"而且他完全认同我们。"[16]

技术巨头的影响力没过多久就显现了出来。"我们不能满足于现状，"布朗在他1981年1月的州情咨文演讲中说，"其他州正试图说服我们的高科技公司向加利福尼亚以外扩张，同时这些行业本身也面临着激烈的竞争。"在削减预算和开支的同时，他提议在加州大学伯克利分校斥资1 000万美元，建立一座由州政府与公司共同出资的微电子研究中心。仿佛为了证明布朗对各州之间竞争的警告，马萨诸塞州和北卡罗来纳州随后也提出了类似的研究项目计划。[17]

1981年秋天，里根签署其改变游戏规则的一系列经济政策之后，杰里·布朗紧跟着成立了"加利福尼亚州工业创新委员会"，任命了一长串由里吉斯挑选的关键人物，以寻求让加利福尼亚州超前于华盛顿的经济政策。委员会的成员是一个罕见的组合：不但有戴维·帕卡德、史波克和乔布斯这样的专家，还有大学校长和工会代表。但是，其中没有南加州的航空业大亨或内陆帝国的水果大王。硅谷似乎将成为加州未来所有工业创新的发源地。

这一策略看起来相当合理。毕竟硅谷以外的那些地方已经在试图搞清楚怎样成为硅谷。自从 20 年前戴高乐的豪车驶入帕洛阿尔托以来，各州和各地的政客们一直不停地试图复制沐浴在这里的阳光下的奇迹。苹果等公司迅速增长的财富和美国制造业日益令人绝望的状况，促使人们做出了一系列新的探索，将崩溃的铁锈带城市和被破产清算的农田打造成光鲜的以"硅"命名的地方。

在全美国，各州的资金都很紧张，但领导人都从预算中挤出一部分，资助在各州纷纷出现的研究园区和高科技产业园。人人都认为，只要建好园区，技术就会出现，以此就能扭转局面——哪怕如惠普公司 CEO 约翰·杨所说，高科技只不过是美国第九大产业。"如果前八大产业都出了问题，高科技产业显然无法弥补全部缺口。这又不是变戏法。"杨的悲观评论无关紧要，各州和各地的官员已经有了一些奇想。"我们是经济领域的波姬·小丝。"马萨诸塞州高科技委员会的首席游说者霍华德·弗利笑着说。[18]

他自比为风靡美国的年轻超模十分恰当。政客们可能不了解主板上的微芯片，但他们开始将支出重点转向这个富有魅力、年轻而且看上去充满经济潜力的行业。随着各州纷纷出台政策，政府开始意识到微芯片是推动整个行业发展的动力。现在日本已经拥有 16K RAM 市场 40% 的份额和 64K RAM 市场惊人的 70% 份额，日本对美国电子产业的威胁不再只是假想。

所以，当 1982 年加利福尼亚工业创新委员会发布最终报告时，政客们开始倾听了。

委员会的成员强烈建议采用"选择赢家"的方法，这一方法基

15 日本制造 / 227

于"美国的赢家毫无疑问是高科技公司"的假设。他们的用语中既有对自由企业的赞誉，也有对更加激进的国家计划和补贴的请求，这与硅谷和帮助其诞生的政府之间复杂的关系如出一辙。"加利福尼亚州显示出的冒险精神仍在美国传承并发扬"。报告称，政府"有必要尽其所能确保我们的尖端行业——半导体、计算机、电信、机器人与生物科技——保持竞争优势"。不只是加利福尼亚州需要采取行动，"这种加利福尼亚州经验必须成为20世纪80年代美国的经验。美国如果要促进经济增长，就必须有意识地走出一条推动技术创新与创造力的道路"。

在说明此事利害关系之后，委员会列举出令人惊讶的五十条政策建议，这些政策是推动创业之轮所必需的，从取消资本增值税到就国际贸易协定重新进行谈判应有尽有。虽然他们没能达成全体一致——帕卡德这样的保守派基于自由放任主义的反对意见抵消了对新研发支出和贸易保护的广泛呼吁。但总体的基调和野心十分明确：杰里·布朗和加利福尼亚人打算为美国产业政策规划蓝图。[19]

布朗提出蓝图的时机恰到好处。经济衰退仍在持续，里根经济政策中大幅度减税和削减支出的措施并未如白宫所承诺的那样提振经济。新派民主党人被报道的频率和党内元老对此的关注都在增加。对于保罗·聪格斯、加里·哈特和蒂姆·沃斯这样的政治人物而言，将自由市场与教育、培训政策相结合的议程在政治上对他们而言无疑十分有利：他们所代表的选区的选民全都接受过大学教育，家里有苹果电脑，床头柜上摆着《日本第一》。半导体和个人计算机行业的形象正是这种信奉"小即是美"的人群所希望看到的：富有创业精神、精英化，而且没有烟囱。

白宫在这位民主党州长和一群刚刚改组过，主张减税和放宽监管，并下定决心增强美国竞争力的国会自由派面前瑟瑟发抖。到1983年夏天，总统宣布成立自己的产业竞争力委员会，成员包括诺伊斯和惠普公司的约翰·杨等硅谷重要人物。这个小组负责研究"影响美国公司在国内外参与竞争的能力的技术因素"。[20]

半导体行业对这些政治关注度欣喜若狂。"我们在华盛顿正走向胜利，"杰里·桑德斯夸口道，"我们不再被视作牛仔资本家、精英制造商或者加利福尼亚的哭包。"在里根卸任之前，SIA 已经从一小撮奇怪的政治门外汉变成了举足轻重的国会游说力量。其成员公司与数据控制公司和霍尼韦尔这样的计算机巨头一道，于 1983 年成立了微电子与计算机技术协会（MCC），这是一家日本式的私人研究机构，致力于推动下一代计算机技术的发展。美国各个城市为成为微电子与计算机技术协会总部激烈竞争，并提出大把诱人的税收减免和公共补贴政策。赢家奥斯汀得到了计算机大亨 H. 罗斯·佩罗的大力协助，他允许微电子与计算机技术协会的高管无限制地搭乘他的私人公务机，以此诱使他们迁往得克萨斯州。熟悉佩罗战术的硅谷老手们又好气又好笑地旁观着。这太容易猜到了。佩罗从不愿意被拒绝。

一个又一个联盟在微电子与计算机技术协会之后出现，这在很大程度上归功于 SIA 的游说力量与政治人脉。1984 年，共和党控制的参议院通过了一项降低反垄断法执行力度的法案，允许各公司进行联合研究。几年之后，芯片制造商获准成立了一个里程碑式的公私研究联盟以研发下一代半导体技术，这个联盟被称为半导体制造技术战略联盟。[21]

但最引人注目的变化来自提出了新政、产生了新左派并正试图重返白宫的民主党。民主党中最明亮的政治新星认为，该党的未来在于从政治上转向对商业更有利的中间立场。1982 年中期选举临近之际，众议员民主党党团会议决定出资撰写一份关于长期经济政策的报告，并让蒂姆·沃斯执笔。这份题为《重建通往机遇之路》的报告显示民主党中发生了许多变化。"应当由我党来重新激发美国的创业精神，"报告宣称，"以鼓励投资与冒险——无论在私营行业还是在公共领域——如果我们要保持在世界经济中的领导地位，这一点至关重要。"

虽然这份报告也针对民主党处境不利的铁锈带选区提出了更好的再就业培训计划和其他措施，但其在基调上与杰里·布朗的加利福尼亚团队的建议相当一致。"新兴世界经济最明显的特征是，"民主党人总结道，"要靠人才赢得未来。"[22]

给老师的苹果电脑

没错，人才。这是让政客们对日本感到不安的另一个问题。因为来自日本的挑战不仅在于随身听和微芯片，还包括一条培养聪明的数学生和科学生的流水线，总有一天，他们会创造出新一代高科技产品。日本人和新加坡人全年上课，他们的课程要求严格，标准高得令人崩溃。美国则只有苦苦挣扎的学生、老旧的教学楼和资金短缺的学区。但是，美国有硅谷及其高科技魔法，那就是史蒂夫·乔布斯不停地向彼得·斯塔克提起的"教室中的计算机"。

斯塔克与雅达利民主党人截然不同，这位来自东部湾区的加利福尼亚州国会议员是坚定的自由主义者，每当看到这些新派人物装腔作势，他立刻就会出言批评。"蒂姆·沃斯居然在谈论经济，真是荒谬，"他嘲笑道，"而加里·哈特只会重复里根的话。"然而，斯塔克确实比大多数国会议员都更接近高科技世界的中心：他的东部湾区选址就在硅谷邻区。另外，他也是负责制定税收政策的众议院筹款委员会的小组委员会主席，这使他手中握着雅达利民主党人无法比肩的权力。正是这两件事让史蒂夫·乔布斯在 1982 年来到了斯塔克身边，劝说他进行新一轮减税。

此时乔布斯的名气已经达到一个新高度。但是一如既往，在瞬息万变的高科技行业中，光鲜的外表下掩盖着冷峻的现实。IBM 正在进入个人计算机行业，硅谷的其他公司则在奋力挣扎以保持它们的市场份额。现在苹果公司针对教育领域的业务对于公司的损益情况格外重要。对乔布斯而言，这也是证明苹果公司为什么能够比其他任何一家公司更具创造力、更无私也更具前瞻性的重要论点。有一次，乔布斯在大受欢迎的新闻节目《夜线》上认真地向美国广播公司的泰德·科佩尔解释道，当学生们使用计算机时，他们所看到的是"他们自己富有创造性的想法得到了表达"。结果是"十分民主的"。[23]

但是，教育市场的增长潜力是有限的。在计算机很早就投入使用并广受欢迎的地方，市场已经接近饱和（在明尼苏达州的高中生中，参加计算机课程的比例高达惊人的97%）。1978年加利福尼亚州通过为财产税设置上限的第13号提案，使该州的教育经费骤降。其他州的类似措施也阻断了学校的主要收入来源。里根当选总统时曾承诺将大幅削减教育部的经费，他在很大程度上实现了他的诺言。学校根本没钱购买电脑，更不用说花哨的苹果电脑了。要想让学校得到更多电脑，只有通过公司赠送。但这个代价高昂。乔布斯心想，要求国会为能够给这么多人带来这么多收益的事业拨款难道不合理吗？

幸运的是，国会中有许多人像乔布斯一样坚信"计算机基础教育"（阿尔·戈尔对此相当关切，以至他为其他议员开设了计算机课程）。美国税收制度已经对那些向高等教育机构捐赠计算机的公司提供了大量税收减免，将减免范围扩大到向K–12学校捐赠电脑的公司似乎没有那么不切实际。毕竟就像乔布斯在争论中所说："孩子们等不起了。"虽然斯塔克和大公司的关系不算紧密，但他还是被乔布斯轻松说服了，很快便提出了基本由苹果公司的团队起草的《1982年技术教育法案》，圈内人则不那么官方地称之为"苹果法案"。

从来不去投票的政治新人史蒂夫·乔布斯将他作为明星的所有影响力都用在了让国会通过"苹果法案"上。他效法那位曾是他导师的芯片制造业创业者，"我拒绝雇用任何游说者，我总是亲自前往华盛顿，"他自夸道，"实际上我在国会大厅里奔走了大约两周，这是最不可思议的。我可能与2/3的众议员和一半以上的参议员见过面,并坐下来与他们详谈。"法案的提出如闪电般迅速,但乔布斯对此反应平淡。"我发现众议员通常不如参议员聪明,他们更容易对他们的选民言听计从,"这位28岁的大亨说,"也许这就是制定宪法的那些人的打算。他们不应该想太多,他们只需要代表选民。"[24]

"苹果法案"在他预期的群体中得到了热烈支持,阿尔·戈尔在听证会上支持这一法案,继承了保罗·聪格斯曾经的128号公路沿线选区的吉姆·香农也支持这一法案。但令乔布斯大为恼火的是,许多众议员对这一法案表示质疑——这不就是对个人计算机制造商的一次巨大让利吗?为什么像苹果公司这样有钱的公司还需要减税?——在斯塔克的委员会面前,乔布斯不耐烦地对批评进行了解释。他分辩道,如果只是为了增加苹果公司在教育领域的销售额,那么还有其他更有效的方法。另外,这一法案会让苹果公司的所有竞争对手像苹果公司一样受益。他故意不提苹果公司在教育市场上占有很大的份额。"众议院如果不愿接受我们这个提案,那真是疯了。"他总结道。[25]

众议院最终同意了,"苹果法案"以压倒性投票结果得到通过。人人都在担心美国教育现状以及如何让他们的孩子掌握现代工作需要的技能。在中期选举的年份投票支持在学校增设计算机,这会在个人履历上记下光彩的一笔。

然后是失败。在参议院方面,这个法案直到1982年选举结束后议员们任期将满时才被提出,并由此被搁置,胎死腹中。斯塔克承诺次年将再次提出这一法案。对冷酷无情的立法斗争缺乏经验的乔布斯十分恼火,但只能认输。他已经花了整整两周亲自为这一法案游说,但最终毫无建树。华盛顿像所有人常说的那样毫无用处。

幸运的是,苹果公司还有加州。乔布斯在游说国会的同时,也成功地确保了"苹果法案"成为加利福尼亚工业创新委员会提出的一项重要建议,并且让加利福尼亚州支持一项类似的税收政策,以作为联邦立法失败的保险举措。在州议会中两党和州长杰里·布朗的支持下，这项政策在当年9月获得通过。乔布斯也许没能征服全美国，但他掌控了美国最大的州。

这场让计算机进入教育界的运动标志着硅谷最新一代人公开进入了政治领域，许多评论员对此评价积极。"苹果公司履行了企业公民的责任，这种品质如此罕见，以至令人遗憾。"《公司》杂志的专栏作家米尔顿·斯图尔特赞赏地写道。到1983年，苹果公司新推出的"孩子们等不起"计划——乔布斯亲自设立了四个人的部门——已经向加利福尼亚州的学校赠送了近1万台苹果电脑。得益于加利福尼亚州的税收减免，苹果公司最终付出的成本仅有100万美元，这只是苹果公司每年数亿美元收入的零头。另一层意思是，苹果公司只花费了每年广告费的一小部分，就使苹果Ⅱ成了成千上万加州学生接触的第一台电脑。[26]

史蒂夫·乔布斯或许没能得到他想要的联邦税收减免，但对计算机教育的热情在持续上升。因为在他提出"孩子们等不起"计划的那个春天，里根总统的国家优质教育委员会发布了一份猛烈抨击美国教育现状的评估报告《处于危险中的国家》，这份令人难忘的报告指出，"我国社会的教育基础目前正被一波平庸的浪潮侵蚀"。报告强调，在人造地球卫星1号发射之后取得的所有教育成果都被白白浪费了。学生们懒惰且缺乏纪律，对即将到来的全球化挑战毫无准备。必须做出改变，而且必须尽快。"历史不会对游手好闲的人大发慈悲。"[27]

随着教育竞争力变成燃眉之急，"计算机基础教育"变成了政客的试金石。该委员会列举出的许多问题都需要进行大规模的结构性改进——从增加每学年天数，到改变学校的财政拨款方式，再到（最棘手的）纠正美国教育中长期存在的严重种族与经济不平等现象。这些问题解决起来都十分困难，代价高昂且充满政治风险。相反，增加学生接触计算机的机会十分容易，立竿见影，而且在政治上很受欢迎。

给美国孩子们电脑，让他们可以像日本同龄儿童一样学习数学与科学。教他们BASIC，让他们玩电脑游戏，使他们准备好在新经济中参与竞争。将计算机送进条件困难的内陆城市教室，消除巨大的贫富鸿沟。除此之外，你还得用美国的方式改进美国的教育。计算机是创造力、智力探索、获取信息又无须死记硬背的工具。那些自PCC和卢普教育中心创立之初就渗透在计算机与教育领域的思想，现在已经成为主流，并且获得了公共拨款。

整个20世纪80年代期间，在计算机基础教育前景与竞争压力的激励下，一个又一个州议会通过了计算机义务教育计划，这意味着学校不得不想办法掏钱在教室中配备计算机。意识到巨大而诱人的未来客户市场所带来的机会，各家计算机公司纷纷给学校提供巨额折扣，希望它们的产品成为学校的首选，但苹果仍保持着领先地位。加州学校里配备的大量苹果电脑巩固了它在教育市场上的主导地位。在1985—1986学年，全美国的教室里近80万台计算机中有55%的电脑是由苹果公司提供的。[28]

然而计算机并非美国教育的灵丹妙药。实际上，计算机反映并放大了其中最严重的一些问题。在这样高度不平等且社会经济被隔离的体制中，一些学生能够比其他学生更早接触计算机基础教育。贫困以及少数族裔的学区要比更富裕的白人学区更晚获得计算机，同时在培训条件和软件上也有所落后。另外，无论是在贫困还是富裕的学区，相较于为学校配置计算机的资金，针对教师的适当培训计划所获得的投入少得可怜。

在加利福尼亚，培训通过在独立的计算机商店举行的一系列相当粗略的研讨会来进行。"无论学校是否做好准备，捐赠都会送来，"《洛杉矶时报》写道，"有些校长报告说，由于他们缺乏经过培训的人员和防盗设备，也没有资金购买教育软件，他们获赠的苹果电脑在箱子里放了好几个月。"那些已经精通计算机的学生把学校的计算机实验室变成了他们最喜欢的课后去处。但对那些之前从未在家中接触过计算机或电子游戏的学生而言，上机时间并不能释放他们的创造力——只是令人沮丧地做作业。"人会犯错，但只有计算机才能真正把事情搞砸。"有人开玩笑地说。[29]

整件事中最大的受益者似乎是计算机公司与软件制造商，他们聚集了一大批新掌握了计算机知识的受教育人群。急于普及计算机基础教育对许多身处美国教育第一线的人而言显而易见。对此感到厌倦的老师们希望科技热潮能够退去，好让"我们可以回到真正的教学中去"。但科技热潮再也没有消退。[30]

30年后，史蒂夫·乔布斯在国会山的短暂冒险所种下的种子已经成长为价值数十亿美元的庞大业务。随着一波又一波席卷美国教育政策的改革浪潮，恒定不变的是两党议员都承认的一项共识，即对21世纪的教育来说，计算机基础教育与让学生能够接触高科技一样至关重要。科技巨头几乎在每一间美国教室里都彰显着自己的存在，资金急缺的州和学区热切地接受了微软公司的打折软件，谷歌公司的免费云应用和Chromebook，亚马逊公司的电子阅读器，以及——没错，来自个人计算机年代教育技术先驱苹果公司的iPad、iMac和其他名字里带"i"的玩意儿。[31]

资本增值税

随着芯片制造商日益受到关注，加上史蒂夫·乔布斯为普及计算机教育奔走呼吁，长期以来在国会山为高科技创业争取支持的风险资本家们变得空前忙碌。他们的领袖是在卡特时代的税收斗争中最为人熟知的人物，现在已经正式当选议员，甚至比那些雅达利民主党人更加雅达利，他就是1983年初进入了国会山的共和党众议员埃德·斯查乌。

这位总是哼着蓝调的 CEO 在斯蒂格修正案诉讼中对政治产生了热情，并就此在这条道路上一去不复返。当皮特·麦克洛斯基辞去众议员职位，竞选参议员但最终失败的时候，斯查乌乘虚而入，这位在当地颇受欢迎的共和党人成功保住了一个共和党议员席位。斯查乌正是当地选民喜欢的那种候选人。他不像里根和奥兰治国防鹰派那样，他是骑摩托车的百万富翁，管理着沙丘路的董事会会议室和斯坦福大学的教室，在马车轮酒吧或绿洲酒吧也如鱼得水。他是他们中的一员。

这位来自硅谷的议员与雅达利民主党人在推动高科技发展的方式上有所不同。聪格斯和沃斯这样的人可能代表高科技选区，但他们从未经营过高科技公司。他们对产业政策的愿景是精心包装出披着"硅谷"外衣的大政府自由主义。他们狂热地试图复制日本的成功模式，却没有重视他们身边已经出现的硅谷奇迹。对斯查乌而言，产业政策的答案不是精心设计的补贴或培训计划，而是保持较低的资本成本和开放出口管制，使美国公司能够自由竞争。"我最担心的一点是，在对高科技表示关心的疯狂冲刺中，有人会把事情搞砸，"他真诚地对一位记者说，"我来自一个像大象托普茜一样迅速成长的行业，这个行业从未向政府求助过。"[32]

一如既往，斯查乌全力投入他的新工作之中，虽然还只是一位少数党新议员，但他仍然拼命想让自己的信息传递出去。他参加了没有其他人参加的听证会，也参加了委员会会议并记下大量笔记。他重新组织起团队，将大卫·摩根塔勒和游说者马克·布鲁姆菲尔德拉进"资本收益联盟"，呼吁进一步减税。现在他们要达成这个目标容易得多，他们在参众两院都获得了原本反对者的支持。保罗·聪格斯曾对斯蒂格修正案投下了反对票，但其后果给他留下了深刻的印象，因此，他于 1984 年宣称，"这项法案对我的选区的经济复兴的影响比我本人大得多"。[33]

斯查乌也许只是一名无关紧要的新议员，但他对新法案的不懈努力给人留下了深刻印象。"除去他做的其他事情,"一位共和党议员同僚评价道,"他现在已经能让国会议员正确念出'硅谷'这个词了,我想你们许多人都能意识到这是一个相当大的进步。"[34]

还有一个新面孔也加入了他们:伯特·麦克默特里。里根入主白宫的时候,麦克默特里掌握着硅谷最有价值的投资组合之一,到1983年已经飙升超过2亿美元。斯蒂格修正案的通过极大地改变了他对政治的看法,所以他担任了一期NVCA主席,并成为20世纪80年代与华盛顿政治关系最为密切的硅谷金融家之一。

里根上任后不久,麦克默特里开始组织一批又一批议员和行政部门官员来到硅谷,带着他们参观投资组合中他最喜欢的那些公司。他特别喜欢将他们带去一家名为太阳微系统的创业公司,这家公司由三名斯坦福大学毕业生创办,生产介于小型计算机与微型计算机之间被称为工作站的计算机。公司的联合创始人斯科特·麦克尼利——"真是擅长表演",麦克默特里回忆道——总能让他的观众惊叹。"谁告诉你们可以这么做的?"一位参议员在了解了太阳微系统公司的产品后惊讶地问这位创业者,"你们怎么获得许可的?"麦克默特里感伤地摇了摇头说:"这是华盛顿和硅谷脱节的一个完美例证。"[35]

尽管如此,这个得克萨斯人仍然对政治世界印象深刻。他起初并不是里根的支持者,但第一次参加在白宫举办的商业领导人小型聚会时,他发现总统充满了魅力而且十分投入,并且"像我所见过任何一位CEO那样高效地组织了那场聚会"。在与白宫建立关系并获得国会中富有活力的拥护者的支持之后,像麦克默特里和摩根塔勒这样的风险投资家以及像杨和诺伊斯这样的右倾CEO成功推动了又一次税收减免。史蒂夫·乔布斯和里吉斯·麦肯纳也许还在和自由派民主党人眉来眼去,但那些金融家和芯片制造者大多和共和党走得很近,而且正从中受益。

美国"通产省"

虽然外部观察者（无论当时还是现在）倾向于将硅谷视为一个整体，将"高科技产业"视作单数名词，但来自日本的挑战和由此引发的政治问题清楚地表明有多个高科技产业并存。而在20世纪80年代早期，硅谷不同行业的商业利益并不一致。半导体行业希望贸易管制，这样它就可以让那些价格更高的芯片重新夺回市场份额。苹果这样的个人计算机公司则依赖廉价芯片来保持价格竞争力。

整个硅谷希望因为尽可能少纳税团结起来，但人们对减免税种的侧重不同。资本增值税对老一辈人来说仍是头等大事，但年青一代很少对此发声支持。鲍勃·诺伊斯和伯特·麦克默特里这样的人以经过几乎所有行业检验的方式游说立法者：拜访议员办公室，分发大量问题简报，花费许多时间参加听证会，在总统任命的委员会中任职。几年前，史蒂夫和比尔这样的人还在盗打电话和盗用机时，他们对这样的政治活动既没有兴趣也不需要。

里吉斯·麦肯纳——新一代的智囊，共和党强势地区的孤独的民主党人——试图让个人计算机的从业者也参与到传统的政治中来。他为加里·哈特1984年参选总统募款，为自己在业内的关系和新一代喜欢技术的政治家搭线。但是，无论国会山出现多少雅达利民主党人，他们在里根革命进行过程中都很难受到青睐。乔布斯推动的"苹果法案"的不幸结果也毫无帮助。有没有一位"硅谷议员"在华盛顿努力工作对麦肯纳来说没有多大区别。他和埃德·斯查乌对彼此都没什么耐心，他们都是强大的斗士，但是对华盛顿为支持高科技产业需要做出的行动有不同的观点。

那么产业政策怎么样了？杰里·布朗推动其制定，雅达利民主党人则喋喋不休。像埃德·斯查乌这样的共和党人几乎无法容忍，哪怕他们同意必须做出改变。靠着通商产业省，日本正在蚕食美国的市场。但是新设立一个美国的MITI让两党议员都担忧，因为过于"共产主义"。MITI能够在芯片、冰箱和随身听竞争方面取胜，是因为它牢牢掌控着国民经济，为市场提供补贴，选择受青睐的生产商肯定是选择了赢家。经济学家查莫斯·约翰逊所称的日式"资本发展主义"完全不符合美国的风格，而且肯定不会在里根年代出现。

真正符合美国风格的是国防支出。里根革命使军工复合体恢复了运作，唤醒了越南战争之后一直休眠的国防合同这头野兽。或许大多数行政部门都厉行节俭，但五角大楼是个例外，因为在里根执政的每一年，国防预算都在猛涨。

就像人造地球卫星1号发射之后的那几个月一样，国防经费猛涨也促使大量资金被用于大学研究。但这时研究的已经不是导弹与火箭，而是超级计算机、人工智能、场景建模和网络安全。ARPA在名字前加上了代表"国防"的D，变成了DARPA，但仍是计算机科学领域的领头羊。1983年，在民主党人重建通往经济发展机遇的道路，埃德·斯查乌和大卫·摩根塔勒再次敦促削减资本增值税的同时，DARPA也开始推进一项新计划，以应对日本经济威胁带来的对国家安全的挑战，而这主要针对计算机领域。

1982年9月——杰里·布朗的工业创新委员会提出关于经济前景的五十点建议的同一个月，DARPA发布了《20世纪90年代从微电子到人工智能的超级计算防御计划》。这份报告标题乏味，内容枯燥，完全没有引起公众关注。半年后，因这份报告而启动的战略计算项目（SCI）公布以后也几乎没有在媒体上激起任何波澜。但计划为这个项目投入的资金是巨大的：高达6.5亿美元，甚至比仅仅几年前DARPA的全部预算都多。DARPA招募了PARC富有活力且注重细节的琳·康维来执掌这个项目，她同时是VLSI的共同发明人。项目与计算机科学领域的精英院校签订了非竞争性的独资研究合同，包括：麻省理工学院、加州理工学院、斯坦福大学、卡内基·梅隆大学。

日本正在研究"第五代"计算机项目，雄心勃勃地打算推动超级计算、人工智能和机器学习的发展，而DARPA的新举措的目标是更进一步，利用尖端的计算能力来应对常规的国防挑战。SCI最初的研究项目列表中包括建造自动驾驶汽车、用于战斗机的计算机自动驾驶仪，以及协助进行战场决策的AI软件。

客气地说，该项目的最初几个月十分坎坷——康维和其他顶级技术人才迅速离开了项目，而学者们对这些项目的军事用途明显怀着矛盾的心情，但在计算方面的努力最终产生了巨大的影响。从20世纪80年代早期到20世纪90年代中期，计算机科学研究领域的联邦拨款增长了三倍以上，每年流入学术实验室的资金接近10亿美元。五角大楼目前是超级计算、芯片设计和人工智能等前沿研究的最大资助者。20世纪70年代中期到新世纪的这段时间，用于计算机科学与电气工程学术研究的资金中有70%来自联邦拨款，而其中大部分来自DARPA。[36]

政府资金将计算机科学的学术殿堂变成了互联网时代搜索、社交引擎、云计算方面的创新温床，更不用说还资助了一整代计算机科学研究生，他们将在硅谷以及更广阔的领域设计软件的未来。此时政客们仍在争辩什么才是应对20世纪80年代来自日本的挑战的最优途径。但是就在他们争论的时候，军队高层和官僚已经替他们做出了决定。[37]

DARPA就是美国的通商产业省，而DARPA在之后的10年内所做的努力不仅使美国在全球高科技竞争中重回领先地位，也使硅谷比以往任何时候都更富有且更具影响力。

16

老大哥

当 DARPA 的领导者考虑未来的计算机时，硅谷居民们却在专注于现在的计算机。大多数硅谷技术人员在 20 世纪 80 年代头几年所担心的凶恶的赛博格并不是五角大楼，而是 IBM。

在传统观念中，人们一直嘲笑 IBM 在个人计算革命到来的时候睡过去了。实际上自从苹果 II 投入市场以来，"蓝巨人"就一直在测试小型计算机的原型机。可以肯定的是，那场在林登·约翰逊总统任期接近结束时发起的反垄断诉讼已经拖延至里根时代（1982 年美国司法部才将其撤销），这场斗争消耗了 IBM 的精力并限制其进入新市场的能力。但到了 1980 年夏天，当苹果狂潮席卷华尔街、可视计算证明个人计算机软件的确有商业用途时，IBM 高层同意开发一种个人计算机产品，并赋予其一个有分量的称呼："曼哈顿计划"。项目的主管经理们需要迅速拿出成果并且保证成本相对低廉，所以他们做了和 40 年前范内瓦·布什同样的事。他们将研究工作外包，走遍美国的每个角落，寻找潜在的硬件与软件合作伙伴。

他们在位于美国东北部的常青之州华盛顿找到了微软公司。

超越 BASIC

牛郎星计算机陷入低谷之后,比尔·盖茨和保罗·艾伦于 1979 年将微软搬回了西雅图(顺便去掉了公司名字里的连字符)。两位创始人曾经考虑搬到硅谷,但艾伦对此表示反对,因为湾区工程师跳槽太快了,而且房价也太高。西雅图的天气虽然总是阴沉沉的,但下雨会让所有人都留在办公室里像疯子一样工作。

他们搬往北方的同时,销量也开始猛涨,越来越多的公司为争取在个人计算机业务中的地位,开始将微软 BASIC 与它们的计算机捆绑销售。微软令人艳羡的销售数字很快引起了 H. 罗斯·佩罗的注意,他提出要以相当可观的价格收购这家公司(佩罗后来称这笔交易的价格超过 4 000 万美元,比尔·盖茨则回忆说要比这少得多)。这个年轻的大人物认真考虑了这样做的可能性并产生了兴趣,甚至在和罗斯会面之前抽空理了发。但他最终还是拒绝了交易。[1]

到当年 6 月 IBM 的人来拜访微软的时候,微软在软件方面已经实现超过 700 万美元的销量,并拥有 40 名员工。就像许多其他高科技公司创始人一样,盖茨和艾伦也全身心投入他们的公司,不分昼夜追求成功。比尔·盖茨的度假方式和弗雷德里克·特曼一样:他每年只抽出一周时间去参加对抗激烈的网球训练营。[2]

盖茨仍然总是瞪着圆圆的眼睛,看起来身材瘦削,但自信心已经随着销量增长大大提升。他对 IBM 的来访毫不惊讶,毕竟他的软件正在成为全球标准,但他对于与"蓝巨人"合作可能带来的巨大潜力感到兴奋。就在几周前,他说服了他在哈佛大学的朋友,一个名叫史蒂夫·鲍尔默的精力旺盛的底特律人,让他从斯坦福大学的 MBA 课程中退学,负责他的公司的一部分运营工作。在微软,人们通常穿着运动衫和皱巴巴的卡其布衣服,但就像盖茨说的,鲍尔默"是穿高档西装的那种人"。盖茨让他这位更体面的同事与他一同参加面向 IBM 的介绍会。[3]

虽然鲍尔默身着套装，但盖茨掌控着整场会谈。这个 24 岁的年轻人沉迷于技术细节，对他来说就连 IBM 也没有什么大不了。许多早期的高科技百万富翁都成长于没有人脉、也算不上富有的家庭，但盖茨不同。他是一位银行家的孙子，也是一位成功律师的儿子。他的母亲玛丽时任全国联合劝募会的委员会主席，IBM 新任 CEO 约翰·欧佩尔恰好也在委员会中（一位 IBM 高管在谈判后期向欧佩尔提起与微软的交易时，这位 CEO 答道："哦，那家公司是玛丽的儿子比尔·盖茨创办的"）。[4]

盖茨仍然秉持着几年前驱使他向自制计算机俱乐部写信的信念：计算机软件应当是独立的智力与商业产品，与硬件一样具有价值。IBM 所代表并长期主导的计算机产业是一种全面性的业务，将硬件与软件作为一个整体进行开发与销售。苹果公司也采用了这一模式。现在，因为急于向市场推出具有竞争力的微型计算机，IBM 的高管愿意将软硬件拆分开来，采用一种新的做法——比尔·盖茨的做法。

在 6 月那一天的微软会议室里，对话很快就延伸到了 BASIC 之外。"蓝巨人"对微软的整套计算机语言产品产生了兴趣，还希望在盖茨的帮助下找到一套合适的操作系统。在一系列日后成为计算机圈子的传奇的事件中（这些有争议的细节也成为硅谷后来对于与微软相关的一切都感到厌恶的一个论点），IBM 的团队试图与加利福尼亚的开发者加里·基尔代尔达成交易，但以失败告终。加里·基尔代尔是 CP/M 操作系统的设计者，这一系统似乎正要成为市场标准。

由于这一计划的搁浅，盖茨抓住机会，将另一家西雅图公司设计的操作系统改造成了他称为 MS-DOS 的系统，而基尔代尔称其抄袭 CP/M。经过许多年的诉讼后，基尔代尔与 IBM 就他的操作系统达成了交易，但那时微软已经在 IBM 的个人计算机世界中牢牢占据了自己的地位。软件领域将要创造出的财富向北流入了西雅图。[5]

硅谷以北

甚至 IBM 和微软的谈判还在进行的时候，投资人就开始竞相吸引比尔·盖茨的注意。微软当时仍是比尔·盖茨和艾伦的合伙公司，甚至还没有注册过。正如伯特·麦克默特里回忆的，1981 年秋天，比尔·盖茨的"大门都被投资银行家挤破了"，同样前来的还有其他希望尽早在公司里分一杯羹的人。那时麦克默特里和里德·丹尼斯刚刚分道扬镳，这个得克萨斯人开了一家新公司——技术风险投资公司（TVI）——又找了几位新合伙人。这些合伙人中最年轻的是 30 岁、名为大卫·马夸特的风险投资新手，他成功挤进了微软的大门。

那些穿着翼纹鞋，带着一摞条款并承诺可观的股票估值的华尔街来客并没有打动盖茨。他对发财不感兴趣，对资产净值也毫不关心。这是在富裕家庭中长大的人才拥有的特质。他关心技术，喜欢"聪明"的人——指的是"擅长技术的那种聪明"。他父母的许多朋友都想投资给他，但他家乡的这些资金大多来自木材和飞机制造行业，而非技术行业。盖茨希望他获得的投资来自擅长技术的聪明投资人，而这只能通过与硅谷高科技生态系统建立起关系来实现。[6]

这正是大卫·马夸特脱颖而出的地方。他也是一个技术爱好者：他是一名机械工程师，曾自制计算机，他既了解编译器设计，又了解资本市场。经过数月的努力，其间还时不时陪盖茨和他的父母去看华盛顿大学的球赛，马夸特和 TVI 最终向微软投资 100 万美元，由此获得了微软 5% 的股份。马夸特成了微软董事会成员，并把持这一职位超过 30 年。[7]

马夸特的投资与指导只是微软与硅谷之间几项重要的联系之一，这些联系中既有合作也有对抗。马夸特来到贝尔维尤后不久，就将盖茨介绍给了一位来自施乐 PARC 的精力充沛的计算机科学家查尔斯·西蒙尼。

与英特尔公司的安迪·葛洛夫一样,西蒙尼是一名匈牙利移民,是布达佩斯一位电气工程教授的儿子。他十几岁时逃离祖国去了丹麦,然后就读于伯克利分校与斯坦福大学,最后进入了 PARC。虽然施乐公司在将 PARC 创造的奇迹投入商业运作方面困难重重,"就像那些大肆挥霍的彩票中奖者一样",西蒙尼遗憾地说,但这个实验室一直是非凡发明的源泉,西蒙尼在那里的时候也取得了一系列重要的成就。他为传奇的施乐奥托电脑开发出了"杀手级应用",这个应用可以让通过键盘输入计算机的字符能够像写在纸上一样出现在屏幕上。图标和下拉菜单的进一步改进将烦琐的编辑流程变成了轻松的点击操作。图形用户界面是一项伟大的突破,行业内人人都明白这一点。前一年西蒙尼的团队为对此颇感兴趣的史蒂夫·乔布斯进行了一点演示(用乔布斯的话说,他曾提出允许施乐公司在苹果公司公开募股前投资 100 万美元,以此劝说这家复印机巨头"敞开和服")。[8]

西蒙尼在 PARC 已经有些不安分了,又从一个朋友那里听到了所谓"西雅图那个疯子"的一些有趣传言。只经过一次对话,这个匈牙利人就意识到自己找到了高科技领域的灵魂伴侣,一个像他一样精力充沛且彻底沉迷于技术未来的人。圣诞节前,西蒙尼加入了微软的员工队伍,成了他后来所说的"PARC 病毒的信使 RNA",并将一个充满可能性的全新的软件世界带入了微软。[9]

南北之间的另一个大型组织则是英特尔公司,IBM 选择了它生产的芯片来驱动新式个人计算机,这是对其整体开发模式的又一次颠覆。当然,当时英特尔远比微软成熟且财力雄厚。虽然英特尔正深陷与其他芯片制造商的激烈竞争中,并受到势如破竹的日本制造商的打击,但英特尔借此在未来的市场中抢占了先机,其结果是革命性的。得益于这些 PC 中的芯片,英特尔的收入在 1980—1984 年间几乎翻了一番,达到了 16 亿美元以上。到了 1990 年,英特尔的收入接近 40 亿美元,而且以微软的 Windows 操作系统为平台、用英特尔处理器驱动的个人计算机 Wintel 帝国由此崛起，统治了桌面计算机市场。[10]

西雅图与湾区之间最持久——也最脆弱——的合作关系之一自然是微软与苹果，也即比尔·盖茨与史蒂夫·乔布斯之间的合作关系。随着他们各自的公司迅速发展和个人财富猛增，这两位头发蓬乱的奇迹男孩变成了自亨利·福特时代以来前所未有的名人创业家。他们之间的激烈竞争也成了无数杂志文章、书籍和每周电影的创作来源。史蒂夫·乔布斯是一个高明的讲故事的人，他用伟大的构想和设计精妙的计算机吸引着客户和投资人。比尔·盖茨则是书呆子中的书呆子，他根本不关心计算机的外观或者别人如何谈论计算机，他关心的只是里面是否装有合适的软件。

这两个高科技奇迹男孩之间后来发生了很多事，以至人们很容易忘记——即使微软同意为 IBM 提供软件，而双方的计算机产品面临着直接竞争——这些人和他们的公司在个人计算革命最关键的头几年里一直有着密切而互利的关系。自从 1977 年沃兹尼亚克在没能抽出时间亲自完成为苹果 II 设计的软件以来，苹果一直是微软公司的重要客户。盖茨也欣然承认苹果公司的电脑在技术上的优势。两家公司生产不同的产品，而他们也需要彼此的产品才能成长。

西雅图远在硅谷 1 200 千米之外，但南北之间在历史上、精神上、流动的人才与专业联系上，与硅谷是一致的。西雅图也是一座在淘金热中建立起来的小城镇，被国防热潮改变，并且受益于"二战"后西部的移民潮，发展成了一个"冷战"地区。这里也有重要的研究型大学和大量知识经济工作岗位，其技术环境是直率风格的航空航天派与越战时期左翼的奇怪混合，这里到处都是早期计算机使用者和野心勃勃的技术爱好者。

但是，西雅图并不是孤立的"加拉帕戈斯群岛"。在"二战"后决定性的几十年里，这里一直都是波音公司的驻地，业务繁忙且联系紧密。即便经历了 20 世纪 70 年代早期的衰退，这里也没有像硅谷那样变成风险投资人、律师与公关人员的温床。这里并不需要他们。只需搭乘波音737飞机，经过两个小时就能将查尔斯·西蒙尼或大卫·马夸特这样的人从一个地方运送到另一个地方，让他们可以花上一天时间来达成一笔交易或安排一次新的合作。微软只是未来几十年将从翡翠之城走出来的数家极具市场竞争力的高技术公司中的第一家，这也就不足为奇了。

也许硅谷和西雅图视彼此为竞争对手，但它们实际上是更大的整体的组成部分。任何一方成长的同时都促进了另一方的成长。当然，没过多久，硅谷的人就开始担心那个来自西雅图的软件团队会不会打垮他们所有人。

个人计算机（PC）

IBM的个人计算机于1981年8月12日首次亮相，此时距"曼哈顿计划"推行仅一年稍久一些，这令那些熟悉"蓝巨人"缓慢开发流程的人感到难以置信。微型计算机的市场永远地改变了。在整个硅谷，惊慌失措的公司高管们齐聚在战略早会上，讨论如何应对当天的这条新闻。一部分人却只关注这件事的积极一面。"IBM下场，意味着再也不会有人说个人计算机只是一时兴起了。"一位惠普公司高管评论道。大多数人则因为意识到IBM的充沛资金将撼动这个刚刚兴起的行业而瑟瑟发抖。IBM投入了庞大的营销资金，并计划从电脑天地到西尔斯商店的所有分店铺开销售，一位分析家预测，"他们将卖出成千上万台这种东西"。[11]

在市面上所售的产品中，IBM对占有23%的市场的苹果电脑造成了最直接的冲击。乔布斯和苹果公司当时正努力让昂贵且笨重的苹果Ⅲ成为热销产品，而IBM推出的新产品——定价相近且功能相仿——让这一目标变得更加困难了。但是就算苹果公司感到紧张，也没有表现出来。相反，苹果公司的营销人员加大力度讲述他们的故事。个人计算机正在改变一切，而苹果公司是一家拥有革命性产品的改革型公司。一台由古板的 IBM 推出的姗姗来迟的电脑并不会带来多大威胁。实际上，迈克·马克库拉断言："它们推出的产品只会刺激人们对苹果产品的需求。"[12]

为了让这条消息具有更强的冲击力，苹果公司的营销团队在 IBM 的产品发布之后，在《华尔街日报》上满版刊出了一则广告。这则广告是典型的苹果风格，在印有加拉蒙字体的天鹅绒手套下暗藏着咄咄逼人的铁拳。"欢迎 IBM，"广告中写道，"诚挚欢迎。"在醒目的标题下则是一篇直白的充满不屑的文章。"欢迎进入自 35 年前计算机革命开始以来最激动人心也最重要的市场，"文章写道，"在投入巨大努力将这一美国技术推向世界的过程中，我们期待一场良性竞争。同时我们也感谢你们的那部分付出。"[13]

苹果公司的傲慢部分源自其公司 DNA。充满官僚主义的、古板的 IBM 及其对用户极度不友好的大型计算机，正是苹果公司高管团队认定的对手。但这也反映了一个事实，就是史蒂夫·乔布斯正努力开发另一款产品，他相信这款产品将像四年前的苹果 II 一样颠覆市场。这款产品叫作麦金塔。

麦金塔电脑诞生的故事——以及乔布斯因为令人无法容忍的行为而被踢出钟爱的优雅而昂贵的丽莎电脑项目之后，如何抓住机会将麦金塔项目变成自己的项目——时常被人们讲述，这也理所应当。这是计算机行业前所未见的项目，而其轰轰烈烈的首次亮相至今仍然是产品营销与广告界的一座里程碑。麦金塔电脑继承了丽莎电脑与苹果 III 的先进性，并将其与苹果 II 像大众汽车一样的实用性相结合。它发扬了施乐奥托电脑及其商业化后代施乐星工作站对用户友好的优点，同时价格也没有高到惊人。几位 PARC 的工程师跳槽到苹果公司，加入了麦金塔团队，带来了他们在施乐公司创造出来但无法成功实现商业化的图形界面技术（GUI）。[14]

麦金塔团队起初只是苹果公司内一个臭鼬工厂式的小项目，但最终发展成了100人的团队。与大多数苹果公司的其他员工一样，麦金塔团队几乎人人都不到30岁，并且能抛开一切，每周在项目中投入80个小时的时间工作。他们有极强的使命感。在辉煌的20世纪80年代初，苹果公司的员工已经手握巨大的股票期权财富，相信自己在一个真正特别的地方工作。"苹果以人为本，"苹果公司客户服务中心的工作人员乔·凯尔纳说，"我们能够自由地保持自我，而这种自由能够催生创造力。"上班是一种乐趣，程序员里拉·雷兹诺说，因为"这里几乎每个人都在玩"。"苹果有一种精神，"产品经理帕特·马里奥特插话道，"我认为这一切源于我们坚信自己在做正确的事情，生产高质量的产品——在世界上留下我们的印记。"[15]

麦金塔项目让这些情绪得到了彻底抒发。1981年，苹果公司在研发上投入了惊人的2 100万美元，其中大部分被用在麦金塔项目上，同时建立了一座技术上最先进的自动化工厂来建造这些新电脑。"史蒂夫追求完美，"弗洛伊德·夸默回忆道，"他当时离开芯片界，来到了苹果公司担任营销主管，计算机不可能达到他想要的那种高度。"虽然公司财源滚滚，但一种特立独行的态度在全公司盛行。在一次外出活动中，乔布斯为苹果公司定下了这样的基调，他当时提醒团队成员（"乔布斯总裁语录"中很关键的一条）："当一个海盗要比加入海军好。"在这句话的启发下，团队成员缝制了一面叉骨骷髅旗——作为装饰的眼罩上画有苹果为人熟知的彩虹色标志——并自豪地将其悬挂在苹果公司不断扩大的库比蒂诺园区中的大楼上。[16]

"海盗对战舰"

当苹果公司英勇地升起飘扬的海盗旗时，IBM 的战舰正在吞噬市场。虽然痴迷于设计的乔布斯对平凡矮胖的PC不屑一顾，但苹果公司一些更务实的头脑已经意识到IBM对市场的威胁。"蓝巨人"已经在美国的办公室中存在了80多年。苹果正在努力进入办公计算机市场，IBM曾经就代表办公计算机这一行业，而它也明白如何为企业用户提供想要或需要的产品。这不仅仅在于对某种特定设备的品牌忠诚度，还与围绕着大公司被养成的购买与使用计算机的习惯而形成的生态系统有关。[17]

如果说电子数据处理在20世纪60年代成了一种宗教，那么管理信息系统（MIS）的管理员就是其中的大祭司。在20世纪50年代初这些电子大脑出现之前，这类职位甚至并不存在。但20年后，公司信息技术管理人员已经拥有巨大的权力。他们购买计算机，运行计算机，并控制了信息。MIS管理员的口头禅是："标准化。"如果不同部件之间无法通信，要想管理一套大型商业计算机系统是不可能的。这就是IBM于20世纪60年代推出、统治了整个市场、同时也是全面设计模式巅峰之作的System/360计算机的天才之处：一系列计算机与外围设备无缝衔接在一起，由配套的软件提供支持，并附带完善的客户支持与培训，可以根据MIS管理员的需求扩大或缩小规模。

随着20世纪70年代小型计算机和稍后的个人计算机涌入全美国的办公室，MIS管理员的强势控制地位稍有动摇。自带键盘，可以由用户亲自操作而不需要挥舞打孔纸带的人操作的设备数量迅速增长。在微型计算机方面，起初的渗透只是小范围的，主要由本·罗森这样的人推动，他们绕开了公司的IT部门，直接购买了自己的个人计算机用于工作。但是在可视计算取得突破之后，其他办公软件应用迅速跟上。王安公司生产的晶体管文字处理器的普及进一步激发了企业对桌面电脑的兴趣，同时也让他们意识到，键盘可能不再只是打字员与秘书的专属了。

不过，大型计算机——其中许多是 IBM 制造的——仍然是企业计算环境隆隆运作的核心。要想让个人计算机在处理核心办公任务中真正派上用场，它们需要接入现有的大型计算机。刚刚才从车库中走出来的硅谷公司现在面临着巨大的挑战。IBM 在进入个人计算机市场时可能慢了一步，但其团队比任何人都更了解办公计算机，以及做出公司采购决定的人的心理。[18]

IBM 的产品立即对市场产生了灾难性的冲击。起初商业用户们还担心在个人计算机上投入的数千美元会打水漂，但熟悉的 IBM 标志促使许多人冒险尝试。而针对那些不那么信服这三个蓝色字母的人（尤其是那些一看到这三个字母就开始哼唱《2001：太空漫游》背景音乐并联想起 HAL 9000 闪烁的红眼的婴儿潮一代），IBM 发起了一场声势浩大的营销活动。

从 1981 年秋天开始，IBM 的广告开始在美国的大众杂志和电视上密集投放，一直持续了 6 年。广告中是一名打扮得像查理·卓别林的演员，在 IBM 的个人计算机与外设的帮助下摆脱了种种滑稽的困境。平面广告的留白风格与整洁的印刷字体，以及电视广告的亲切友善的台词与苹果早期的宣传如出一辙。这是又一个能够改善你的生活的小型友善装置。这些广告所传达的消息遥相呼应沃森 30 年前让那些活泼的女士坐在 IBM 办公楼的玻璃窗后面想要表达的意思：个人计算机非常好用，即使是小姑娘也会用。

1982—1983 年，个人计算机的市场增长了一倍以上，仅在 1983 年就有 1 100 万台电脑出货，IBM 占据了其中的 26%。即使拥有重新推出、经过改良的苹果Ⅲ和丽莎电脑，苹果公司的市场占有率仍降到了 21%，落在了 IBM 后面。当 IBM 的个人计算机的销量远远领先的时候，苹果Ⅲ仍在乞求客户，丽莎电脑则深陷尖锐的批评之中。"如果一位高管有大量时间，不需要经常使用电脑，但又需要在办公室里摆上个什么机器，"《财富》杂志的一位评论员叹道，"那么丽莎电脑

16 老大哥 / 251

可能是最好的选择。"[19]

虽然个人计算机的市场总额扩大了如此之多，但这样的市场排序并不是苹果所期盼的。1983年，苹果公司不仅没有雇用新员工，还开始裁员。乔布斯从外面找来了百事公司的高管约翰·斯卡利担任新的公司总裁。这位新员工为公司带来了面向消费者的专业营销知识，并且也许像《时代周刊》所描述的那样，"为一个自信到近乎自大的公司带来了些许谦逊"。斯卡利也带来了其他不那么专于技术的东海岸人才，其中包括健壮而友善的前大学橄榄球教练比尔·坎贝尔，他之前在柯达公司工作。微型计算机纯粹主义者困惑地看着新来者身上的西装领带。糖果和相机推销员在一家应当改变世界的公司里能有什么用？"IBM毫无疑问赢下了第一轮。"乔布斯那年10月坦率地承认。当被问到他对此做何感想时，乔布斯回答："我生气了。"[20]

海盗旗上空的风突然停住了。个人计算机是一场革命，变革者怎么可能接受使用那些守旧派制造的机器？它们如何反击？苹果公司会走上UNIVAC的老路吗？个人计算机行业的其他创业公司纷纷倒下。亚当·奥斯本收起了他沉重的笔记本电脑，并于1983年10月宣布破产，破产消息传出那天，他匆匆躲进自己的办公室，像一名有罪的被告那样躲着成群的记者。萝拉·哈普与卡罗尔·伊利的矢量图像公司对IBM的突然进攻毫无准备，陷入了管理危机。仅仅几个月，她们位于南加州的开创性公司就从市场明星跌落到挣扎求生的境地。受到影响的不只是小公司：在1983年前9个月投入了超过2.2亿美元的巨资之后，德州仪器宣布放弃家用计算机市场。更糟糕的是，出现了新的竞争者，它们带着专业知识与储备资金加入了竞争。[21]

最大的竞争者是惠普公司。这家以音频振荡器与雷达干扰机起家的公司之前已经几次成功进入新市场，首先它在1966年推出了小型计算机（市场占有率第二），然后它于1972年又推出了手持计算器（控制了整个市场）。1983年底，惠普公司手上拥有惊人的7亿美元现金,并准备好了征服一个新的市场。在制造个人计算机时,"我们能够一直实验下去,直到我们得到正确的结果——并不用担心破产",1978年从休利特和帕卡德手中接管公司的约翰·杨说道。而且惠普意识到了市场的风向。"如果个人计算机不是惠普公司的主要业务,"20世纪80年代末惠普公司计算机部门负责人保罗·埃利说,"我们就不会成为这样一家成功的计算机公司。"[22]

不过这仍然是一次巨大的转变。惠普一直针对科学家和工程师销售产品,向企业客户推销是惠普要闯过的第一道难关。杨参照苹果公司和微软公司围绕激烈竞争的产品所开发的团队模式来组织工作方式,在惠普公司发起了大规模重组,这对惠普公司的文化产生了持续的影响。惠普之道依然存在于文件中,但其扁平化的组织结构和"瞎逛管理"让位给了一个更加中心化的系统。杨决心要成为领导者而非模仿者,惠普的个人计算机加装了某些其他竞争者都没有的功能:触摸屏。惠普公司于那年秋天发布了电视广告,首次进入了消费者市场。"虽然惠普公司有许多首创的技术,"一则广告中写道,"但你们中一些人甚至没听说过我们。也许现在你们要改变看法了。"这些广告的措辞如此谦卑,看起来这家硅谷最初的创业公司并没有新一代创业者讲述故事的天赋。[23]

还有一些从未进入过计算机行业的公司也加入了竞争。美国政府刚刚迫使AT&T进行拆分,打破了其对电信业的垄断,但这家电话公司仍拥有超过340亿美元的资产可以挥霍。"贝尔大妈"目标远大,在1984年初宣布同时推出自己的微型计算机与桌面电脑产品线。它的广告上写道:"算我一个。"虽然AT&T的电脑过于昂贵,无法与IBM竞争,但一家通信公司加入竞争却为计算机之间的通信引入了新方法。AT&T继续推进着自邦克·拉莫以来它就一直奋力阻止其他竞争对手做的事:建立局域网(LAN)系统,使相距达500米的计算机能够互相连接。

所有这些激烈的竞争令硅谷技术人员筋疲力尽,并对未来忧心忡忡。他们的个人生活勉强存在于每周工作 80 小时、全天沉迷于技术的世界中。这个行业中的性别差距仍然惊人,在下班后的活动中表现最为明显。一位在斯坦福大学工作的女士提到有一次她与两位男工程师进行的灾难性的四人约会:"仿佛我们两位(女士)不存在一样。在其他地方,男人们常常通过橄榄球互相认识,而在这里,他们则是通过电脑。"硅谷的离婚率远高于加州其他地区,而加州的离婚率本就高于美国其他地区。"妻子们通常十分沮丧,"一位硅谷心理学家说,"她们感觉自己的丈夫像是与芯片结婚了。"[24]

一位当地的家庭问题咨询师在她的办公室里见到了太多焦虑的人,于是她自助出版了一本名为《硅综合征》的书,书中满是为嫁给反社会计算机书呆子的女性列出的小建议。"一本为工程师与科学家的妻子、母亲、女儿、恋人、同事和秘书创作的活力新书,"这本书的封面上欢快地写着,"如果你希望更好地了解如何与你的科学家/工程师伙伴、老板或伴侣沟通与互动,这本书正适合你!"这样的措辞暗示硅谷的问题并非其浓厚而具压倒性的男性技术文化,而是那些没办法适应的女人。[25]

其他公司也注意到了员工不堪重负,同时急于挽留有价值的员工,因此尝试进行了一些风格上的改变。AMD 为需要心理治疗的员工支付治疗费用。锐意进取的英特尔稍微注意了一下其员工在工作与生活方面的平衡,并在晚上 7 点关掉办公楼中的灯,强迫所有员工回家吃饭。然而,每当工作时长超过 12 个小时,工作与个人生活之间的界线就变得愈发模糊。"你会变得非常害怕停止工作,"另一位当地治疗师评论道,"因为别人可能会超过你。"[26]

似乎是觉得自己巨大的蓝色阴云笼罩在硅谷上空的时间还不够久,IBM 于 1982 年 12 月买下了英特尔公司 12% 的股份,其 8088 芯片被用在英特尔的个人计算机中。6 个月后,IBM 又收购了 ROLM

公司 15% 的股份，这表明了 IBM 的野心，希望其桌面电脑能成为未来完全联网的"电子办公室"中的一个节点。硅谷现在正在前所未有的高度上飞翔，但在许多人看来，它飞得离太阳太近了。[27]

PC 平台

然而，真正让 IBM 的个人计算机成为这一行业颠覆者的并不是硬件。是微软的软件与英特尔的芯片一同打破了整体开发体系，并且颠覆了整个计算机软硬件行业的经济生态。

"PC 平台"——一种与苹果公司和其他早期微型计算机制造商所使用的操作系统截然不同的系统——迅速成了行业标准，几乎消灭了其他竞争者。因为与苹果公司的封闭系统不同，IBM 使用的 MS-DOS 并非只能用在 IBM 计算机上。IBM 个人计算机搭载的英特尔芯片也可以用于其他计算机。从得克萨斯州到东京，各个公司纷纷开始"克隆"计算机，这些计算机能够提供与 IBM 相同的系统平台与操作程序，但价格要低得多。这十分有利于普通消费者与小型企业市场，这些市场中的用户并不愿意花费数千美元购买高档计算机。

随着 PC 平台的扩展，软件公司终于找到了属于它们的市场机遇。市场上现在出现了大量小公司，试图从计算机爱好者一直认为应该免费获得的东西上获取利润。如今它们的产品有了一个明确的对象。在经历了这么多年的"干旱"之后，各种程序开始像兔子一样繁衍：电子游戏、电子表格、文字处理程序、教育软件……增长速度远远超过为苹果电脑编写的程序。眼下最成功的创业故事是软件公司。

硅谷可能诞生了第一批微型计算机，但眼下最大的热门却出现在其他地方。一向精明的本·罗森现在是得克萨斯州的一个风险投资人，他靠敏锐的嗅觉找到了新兴公司中的一些佼佼者，并在此过程中大赚特赚。1982 年，罗森投资了一家位于休斯敦的 IBM 克隆机制造商康柏公司，这家公司创立第一年的销售额就达到了1亿美元。同年，罗森还把赌注压在了波士顿一位年轻的软件开发者身上，他承诺将为PC平台开发"所见即所得"（WYSIWYG）程序，这种程序专为那些因绿色屏幕和早期微软系统中黄色光标导致眼花的用户开发。这个年轻人名叫米奇·卡普尔，他的公司叫莲花软件公司。

自从20世纪70年代初米奇·卡普尔从大学毕业后不久，第一次拿起泰德·尼尔森的《计算机解放》，技术就深深印在了他的脑海中。吸引他的并不是编程——他承认自己的编程水平只能说"还行"——而是一些当时并不被大部分人理解的东西：软件设计。"软件设计师就像游击队一样，"他在几年之后写道，"没有得到正式承认，而且常常不被理解。"然而，良好的设计——缺陷少、操作简单、使用户感到愉悦的界面——是一个好软件的基础。"大多数计算机软件如此糟糕的原因是其中根本没有设计，只有工程实现。"卡普尔在他闪亮的职业生涯中，一直决心要改变这一点。

他大学毕业后漂泊了几年，当过一段时间的DJ，又参加过瑞士的冥想速成班，凑了一笔钱买下了他自己的第一台个人计算机，这改变了他的整个人生轨迹。他很快就开始在位于波士顿的公寓里为苹果Ⅱ编写软件。不久之后，卡普尔进入了个人软件公司，这家公司创造了使苹果电脑成为商用计算机的可视计算程序。他在那里继续编写了更多程序，同时还担任顾问，因此分到了丰厚的版税。

他被有关硅谷的"微革命"传言吸引，调到个人软件公司位于桑尼维尔的办公室。但他并不喜欢硅谷。"这里的文化很单一，"他回忆道，"这里的人任何时候脑子里都只有同一个伟大想法。"平淡的郊区生活和加利福尼亚的干燥气候让他渴望回到哈佛大学广场的书店中去。6个月后，他这么做了。

卡普尔在桑尼维尔度过的时光也许不那么令人振奋，但让他对创业产生了兴趣。当时几乎所有人都在创办公司，他为什么不呢？

IBM个人计算机需要软件，为什么不为这个新平台创造一些像可视计算一样好的应用程序呢？风险资本家把卡普尔吓坏了——他曾经见过冷漠坚定的阿瑟·洛克，觉得他"非常吓人"——但他认识本·罗森，罗森曾是他编写的第一个软件产品的用户。因此，他给罗森写了一封长达17页的信，向他要钱创办自己的软件公司，他将公司起名为莲花软件公司。那时罗森成为风险投资人也不过几个月，但他同意了。事实证明他赌对了。1983年，卡普尔的公司运营第一年的销量就达到了5 300万美元，第二年公司的收入增长了两倍。[28]

莲花软件公司正逐渐发展为20世纪80年代最成功的公司之一，变成了新一拨为不断扩张的PC帝国提供软件的公司中的翘楚。微型计算机的精神家园可能是硅谷，但许多崭露头角的软件公司——波士顿的莲花软件公司、犹他州的完美文字、洛杉矶的阿斯顿·塔特、西雅图的阿图斯公司——全都像微软一样：位于硅谷之外，同时对硅谷产生了威胁。[29]

"1984"

1984年初，苹果公司的男男女女们正身处局外，旁观着不断发展壮大的PC帝国。在加利福尼亚州通过的《不让一个孩子掉队法案》的助力下，开发教育市场变成了苹果公司一个巨大的成功案例。然而，与庞大的办公市场相比，教育市场微不足道。家用电脑也是一样。这一市场比以前要大得多，但是依然仅有约8%的北美家庭拥有个人计算机，而在工作中需要使用电脑的人数是这个数字的三倍，同时还在迅速飙升。[30]

乔布斯极度自信的铠甲上开始出现裂纹。"IBM想把我们彻底抹去。"他向一名记者承认道。苹果——和乔布斯——需要一场巨大的胜利。在媒体面前作为苹果象征的乔布斯感觉随着苹果公司市场份额的缩减，他的声望也在同步下滑。这时商业媒体对他的重视程度远不及 IBM 的约翰·奥佩尔，这也令他恼火不已。当里吉斯·麦肯纳公关团队的一位成员通知乔布斯他不会出现在《财富》杂志的封面上时，这位苹果公司的负责人十分愤怒，抓起他正在小口啜饮的一杯水，泼在了那个助理脸上。这个迎面赶上乔布斯怒火的受害者脸上滴着水，愤而离场，驱车 20 分钟来到了 RMI。"看看你'儿子'干的好事，"这个助理难以置信地对麦肯纳说，"里吉斯，这家伙疯了。"很快，乔布斯愧疚地打电话来道歉。虽然这位被泼湿的高管怀疑是里吉斯劝乔布斯这么做的，但她仍然同意回到公司，毕竟要击败 IBM 的压力会让任何人发疯。[31]

曾参与可乐大战的经历则让约翰·斯卡利更加乐观。就像可口可乐可以与百事可乐共存一样，苹果公司也可以与 IBM 在同一个世界生存和发展。而且 IBM 在 1983 年圣诞节隆重推出的产品十分失败——PCjr，一种针对家庭市场改造过的个人计算机。非凡的个人计算机的矮胖小弟弟不是通过另一个"曼哈顿计划"，而是由 IBM 的常规开发流程开发出来的，这种区别也体现了出来。一位软件发行商表示，PCjr 提醒市场"苹果才是人民的计算机"。"这是苹果发起反击的一年，"斯卡利在 1984 年 1 月宣布，"我们将赌上整个公司。"他们把赌注压在了麦金塔电脑上。[32]

在连续几年营销支出均低于更大的竞争对手之后，苹果公司提高了营销预算，并聘请洛杉矶的广告公司 Chiat/Day，这是一家长期以来深受计算机公司青睐的广告公司，它不久之前为本田摩托车和耐克跑鞋设计的广告引起了轰动。来自 SRI 的阿诺德·米切尔帮助苹果瞄准了这样的目标市场：那些"更喜欢作为独立个体而非群体的一部分"的"成就者"。但 Chiat/Day 的营销策划警告说，虽然麦金塔电脑这么富于海盗精神，但它"必须明确地被定位或描绘为一件商业产品"。[33]

麦金塔电脑在市场上有一个十分关键的优势：人们无须对计算机十分了解就能使用。"人们十分害怕需要选择 正确的电脑，"Chiat/Day 提醒苹果公司的高层，"同时他们还担心自己购买的电脑会不会很快过时。"IBM 的查理·卓别林系列广告成功地传达出了"简单易用"的信息。苹果公司的麦金塔电脑则确实更加实用（IBM 只是宣传）。与施乐电脑和丽莎电脑相比，麦金塔配置较低，也更简单，但仍然带有图形化界面、图标以及友善小巧的鼠标。但是，斯卡利一直在提醒所有人他的可口可乐－百事可乐模式："苹果不应当模仿，而需要将自己展现为截然不同的东西。"乔布斯对此表示赞同。"我们需要能够让你感受到冲击力的广告，"他说，"感觉像是这台电脑实在太好用了，我们根本不需要展示电脑图片。""麦金塔的营销广告必须与众不同，并反映出这种产品的前卫设计与革命性本质。"公司高层总结道。[34]

麦金塔的广告的确不同凡响。1984 年 1 月 2 日，麦金塔电脑在"超级碗"期间播出的价值 130 万美元的电视广告中首次亮相于世界舞台。这则广告由好莱坞科幻导演雷德利·斯科特执导，总长达 60 秒，有着令人惊叹的视觉效果，取材自乔治·奥威尔的《1984》以及所有与之相关的影射。广告的宣传文案是："1 月 24 日，苹果公司将推出麦金塔电脑。你们将明白为什么 1984 年不会像《1984》所描述的那样。"电脑全程都未在广告中出现。

在随后的几个月中，麦金塔电脑的广告在全美国无线电视上铺天盖地，从冬奥会到夏奥会，再到不停地宣传共和党"美国迎春晓"的广告以及民主党首位女性副总统候选人的总统大选季。其他的麦金塔电脑广告都不如"超级碗"广告那样令人难忘——历史上很少有其他广告能引起与之相提并论的轰动——但它们要传达的信息是相同的。"我们不是 IBM。我们不是当权派。我们的电脑将使你获得解放。"在一段优雅女性精心修剪的手指点击鼠标的视频上方，出现所有这些广告都用到的宣传语："麦金塔，我们普通人的电脑。"

"美国迎春晓"

到了 10 月，随着经济增长不断加速，蒙代尔的竞选宣传渐显颓势，可以预见他将在大选日被轻易击败，里吉斯·麦肯纳对此十分乐观。"好消息是蒙代尔将会失败，我们将目睹我们所知的传统民主党的终结，"他对《华盛顿邮报》的记者海恩斯·约翰逊说，"我认为这很好，因为这样的话，将出现一整代与之不同的年轻民主党政客。坏消息是里根很可怕，我是认真的。"[35]

然而，麦肯纳的担忧并不能掩盖一个事实，1984 年的秋天对硅谷来说正是一段好时光。约翰逊大选前夜在硅谷投放的广告标题是"令硅谷满意的社会"，并且有许多证据表明，硅谷的确非常满意。虽然日本在廉价芯片和电子产品方面的冲击仍在继续，但是个人计算机的繁荣极大地扩大并丰富了市场。硅谷现在的主要业务不再只有半导体，还包括了计算机软硬件。尽管大量的 IBM 克隆机正源源不断地在东亚的组装线上被生产出来，但美国在制造新一代个人计算机和编写新软件方面仍然领先。虽然对全球化竞争的忧虑仍未消失，但在滚滚钞票面前，忧虑稍有缓解。

那年圣诞节，苹果公司一共举办了 19 场节日派对，其中包括一场花费 11 万美元、以狄更斯笔下的乡村为主题——甚至有 30 位身着古装的巡游表演者——还有一场查克·贝里音乐会的奇怪组合。杰里·桑德斯出席了 AMD 更为豪华、花费了 70 万美元的晚礼服宴会，在宴会上进行表演的是一支男孩合唱团、一支完整的管弦乐团和舞台摇滚明星芝加哥乐队。"当然，我收到了埃塞俄比亚饥荒中的孩子的来信，"桑德斯轻描淡写地说，"但是我们的员工为此努力工作，这是他们应得的。"[36]

这些过头的公司派对标志着硅谷的炫耀性消费达到了一个新高度，但这样无节制的假日狂欢也不会最后一次预示艰难时期的到来。1985年初，华尔街对个人计算机的狂热开始有所冷却，就连微软的IPO也因此推迟了一年。这一新兴市场继续震荡，逐渐成熟，一些先驱者被无情淘汰，其他则变得比以往更加强大。半导体制造商仍在为市场份额奋战，它们的命运只有当日本的经济奇迹最终被证明并不是那么神奇的时候才稳定下来。新技术与有影响力的新参与者纷纷诞生，不仅出现在制造智能机器的领域，还出现在将这些机器与其他设备连接起来的领域：工作站、关系数据库软件与计算机网络。

然而，在这一片混乱中，有一个元素自始至终存在着，且从未真正消失，甚至在20世纪80年代还变得比过去数十年更具影响力，同时对硅谷的某些人而言也更加不祥。这就是科技反主流文化最初的"老大哥"：计算机助力下的联邦政府及其高科技战争方式。

17

战争游戏

电脑问大卫·莱特曼："玩个游戏怎么样？"年轻的极客回答："好的。""全球热核战争怎么样？"随着这两行命令出现在电脑屏幕上，1983年夏天轰动一时的电影《战争游戏》就此精彩开演。

西雅图郊区的一个少年仅靠他卧室里的一台IMSAI计算机和调制解调器，无意间黑进了一台绝密的国防部大型计算机。很快，主人公和他的女伴就发现他们身处空军司令部位于山中的地堡深处，疯狂地试图为一台决定发射数千枚核弹头的超级计算机重新编程。最后是莱特曼的编程技巧使世界免遭"相互保证毁灭"。电影剧情完全是好莱坞式的创作，但对于那个夏天在美国电影院凉爽的黑暗影厅中吃着爆米花的上百万观众而言，《战争游戏》距离现实并不是那么遥远。

在《全面禁止核试验条约》关系缓和的数十年之后，美国又一次开始了核扩军，同时还引入了最先进的技术。越南战争后的美军虽然再也无法在规模上赶上苏联人——美国取消了征兵制，而苏联则实施强制征兵——但在技术上却有巨大的优势。美国是微电子研究中心，就算是日本，在计算机方面也只能对美国甘拜下风，苏联要想达到与美国接近的水平，必须投入巨资才行。国防部长卡斯帕·温伯格并不特别看好技术，但他相信经济战略的力量能够耗尽苏联国库。美国国务卿乔治·舒尔茨也是如此，他是北加州人，自尼克松时代就与斯坦福大学和硅谷科技界保持着密切联系。就像艾森豪威尔任期之初一样，国防议程再次转向了高科技。[1]

就在《战争游戏》上映仅三个月前，里根宣布了一项大胆的新计划，利用卫星、激光与各种由计算机控制的技术在太空中架起一道复杂的导弹防御屏障。这个计划中到处都有北加州参与的痕迹：这套基于激光的系统很早就由"氢弹之父"、利弗莫尔国家实验室负责人、伯克利分校的爱德华·泰勒公开提出，戴维·帕卡德也公开赞成这一想法。这个项目被称为"战略防御倡议"（SDI），推动了技术前沿的可能性发展。尽管新闻报道的插图中都是激光、卫星与高层大气中乱射的光束，SDI实际上仅仅与计算机相关。因此，SDI的提出以及随之而来的政治争议注定与1983年夏天DARPA宣布的另一项重大计划密不可分，那就是战略计算。[2]

里根一直在努力摆脱"战争贩子"的名声——就在SDI公布数周之前，他在那场著名演讲中将苏联称为"邪恶帝国"——虽然总统保证这一新计划只是为了保持核威慑，但是美国许多杰出的科学家还是纷纷谴责这一计划危险而无用，国会中那些热衷于技术的民主党人也大声疾呼。要让这套防御系统发挥作用，就像"要用一枚子弹击中另一枚子弹"，一位助手对参议员保罗·聪格斯说道。聪格斯已经变成这一计划直言不讳的反对者。这一计划很快得到了一个恶意的绰号"星球大战"。[3]

原力的光明面与黑暗面在太空中展开大战，未来看上去遥不可及，但《战争游戏》所描绘的那种情境发生的可能性却一点也不小。"战略计算"这个计划对计算机软件的高度依赖，增加了代码错误导致意外毁灭世界的骇人可能性。最糟糕的是，在已经习惯于认为政府本质邪恶的美国人心中，这一系统将由官僚建立并把控。"技术不是解决我们痼疾的万用灵药，"《战争游戏》的导演约翰·班德汉姆在被问及他的

17 战争游戏 / 263

电影的寓意时解释道，"而不受限制的官僚主义必然会让你深深陷入困境。"连山姆·埃尔文本人也不能比这说得更好了。[4]

然而，与20世纪60年代及70年代早期的隐秘战争不同的是，计算机世界现在不再仅仅是庞大政府与大公司专有的领域。计算机世界已经成为游戏玩家和黑客的乐园，他们是微型计算机和调制解调器领域的大师，就像马修·布罗德里克在班德汉姆的电影里所扮演的年轻主人公一样。个人计算机已经成功普及，尤其是在美国儿童和青少年之中。

无论是电影或电视中的虚构人物，还是乔布斯与盖茨这种现实生活中的百万富翁，电脑书呆子已经成为人们熟知并讨人喜欢的流行文化形象。就在关于SDI的争议正在酝酿的同时，记者史蒂文·莱维在他的《黑客》一书中将这一群叛逆的人的历史描述成传奇（硅谷高科技界商管对书中将他们描绘成英雄十分高兴，他们将这一标签视为荣誉，斯图尔特·布兰德开始举办年度"黑客大会"来歌颂他们掀起的这一运动）。威廉·吉布森所著科幻小说《神经漫游者》中的主角就是一名非法程序员，这本书差不多也在那段时间出版，在小圈子里相当畅销。在面向青少年的电影《十六支蜡烛》和《菜鸟大反攻》中，即使技术平庸的极客也能追到姑娘。随着末日钟在午夜时分敲响，在一个有这么多人梦想着当黑客的好莱坞式结局中，用技术实现和平从而避免战争也就不足为奇了。[5]

星球大战

硅谷正是计算机世界中的"绝地武士"最初出现的地方，而这不仅仅是因为苹果公司在1984年的"超级碗"广告中的描绘。在硅谷学术界——斯坦福大学、SRI、PARC——自越战以来的反战情绪从未完全消退。到了20世纪80年代中期，这些地方已经成为核裁军运动的中枢。

20世纪70年代，国会限制了对于有军事用途的学术项目的国防拨款，NASA和能源部的资助也进一步减少。里根政府的上台改变了这一优先级：提供给大学的军事拨款从1980年不足5亿美元飙升到1985年的9.3亿美元。计算机科学方面的经费增量尤其明显，里根上台后两年内，在五角大楼联邦基础研究资金中，计算机科学已经占到60%。随着SDI的提出，这一比例有望进一步提升。[6]

批评依赖新的国防资金的声音在里根上任后不久就出现了。整个1981年，PARC的内部邮件系统都充满了对于好战的新政府及其核扩军计划的讨论。到了1982年春，150名PARC员工联名签署了一封请愿书，说服施乐公司赞助了一个向全美国播放的特别电视节目《直面核弹》。当年秋天，这个小组有了名字：计算机专业人员社会责任联盟（CPSR）。小组成员宣称："我们相信，保障国家安全并不在于保持军事优势，同样，此种军事优势也不能通过应用计算机来建立。"CPSR最初的成员包括硅谷在AI和人机交互领域的一些重要人物，其中就有最近获得终身教职的斯坦福大学计算机科学教授特里·威诺格拉德。[7]

作为相信自由主义并拥有麻省理工学院博士学位的婴儿潮一代，威诺格拉德早年为自己定下了不接受军事研究经费的准则。看着越来越多的资源涌入计算机科学研究领域，他劝说同事与他一起抵制。威诺格拉德在CPSR早期的一篇新闻通稿中写道："一旦大学变得开始依赖军事资金，就会难以在某些可能危及一切的'小'问题上坚定立场。几个小问题很快就会累积起来，令你处处受制于人。"[8]

这种不安情绪一直传递到了大学行政管理的最高层。时任斯坦福大学校长的唐·肯尼迪是一位生物学家，他曾在吉米·卡特政府中担任美国食品药品监督管理局（FDA）局长。他不打算拒绝研究经费，但他在斯坦福大学待了超过20年，能够敏锐地认识到政治如何干扰独立的研究议程。他担心新的国防意外之财将"彻底打破科学研究的平衡"。[9]

困扰学术界的不仅是伦理问题，也有科学本身。使用一台人工智能计算机来管理国家核武器库的想法完全是《战争游戏》的剧情走进了现实，这是一场极有可能发生的噩梦。AI 的确能做许多事，但最先进的技术远远不足以让人工智能进行作战参谋。那些最接近计算机核心的人对此更是心知肚明。实际上，DARPA 对 SDI 在技术与伦理上的目标相当不安，以至里根政府很快将这一项目的预算划拨到了五角大楼的其他部门。[10]

然而，对核扩军和 SDI 的持续反对只是里根时代的硅谷故事的一小部分。虽然电脑大亨占据了报纸头条，但军事电子的世界从未离开过心悦之谷。在 20 世纪 70 年代末至 80 年代初，圣克拉拉山谷所获得的人均国防投资是美国最高的。硅谷 1/5 的经济产值仍来自航空航天与国防领域。毫不夸张地说，这些技术人员激烈反对的国防建设正是在他们自家后院里进行的。

成就了伯特·麦克默特里风险投资职业生涯的 ROLM 公司，在 1975 年的 1 000 万美元收入中有 99% 来自坚固、耐冲击、专为士兵在战场上使用的小型计算机"军标"订单。数据库领域的甲骨文公司是 20 世纪 80 年代升起的一颗新星，这家公司最初起家靠的是拉里·埃里森和他的合作伙伴于 20 世纪 70 年代在安培公司工作时完成的一份 CIA 合同。随着军事开支的猛增，这个长期以来一直存在的国防部门进一步发展壮大，即使它仍有一部分隐藏在公众视野之外。[11]

这一领域跳动的心脏仍位于一切开始的地方：洛克希德导弹和空间公司。洛克希德在 20 世纪 80 年代有 24 000 名员工，是英特尔的两倍，比苹果大五倍。自洛克希德迁来桑尼维尔之后 30 年间，公司占地将近 1 平方千米的园区已经大到需要设立自己的消防部门，但其周围的安保仍然十分严密。国防合同持续占据其业务的绝大部分，使之一直保持着隐秘与低调，与硅谷其他地方日益轻松、开放合作的文化形成了鲜明对比。

洛克希德的员工不会在马车轮酒吧或小联盟比赛的场边闲聊他们在办公室的日常。他们倾向于在一家公司干一辈子,而不是经常跳槽。他们中许多人是军人或退伍军人,与国防机构有着紧密联系,这种联系在新一代硅谷公司中已经日渐消失。他们一直剪着短发,衬衫熨得笔挺,他们并不担心日本,也不需要与硅谷的风险投资公司、当地律师或公关大师建立联系——因为他们并不需要,他们有国防部。

自太空竞赛的鼎盛时期以来,桑尼维尔就专精于反导防御,因此,洛克希德迅速成为 SDI 系统的主要承包商也不足为奇了。这是一笔巨款——这里投个 1 亿美元,那里来个 2 亿美元——随着洛克希德聘请其他公司作为服务提供商与第三方供应商,激起了一波又一波招聘浪潮并形成了对整个地区的经济影响。"人们在疯狂花钱,"桑尼维尔市长汤姆·莱沃克惊叹道,他指出国防开支是其主要原因,"这不过是我们所经历的又一个遍地黄金的年代。"1985 年初,洛克希德公司资金充裕,前途光明,因此宣布将在 5 年内斥资 50 亿美元对包括桑尼维尔在内的设施进行现代化改造。"星球大战"也许是一个奇迹,又或者是一个资金无底洞。但有一点可以肯定,"星球大战"对硅谷来说是一大笔意外之财。[12]

这波热潮既带来了利润,也引起了争议。洛克希德公司的知名度及其获得的大量 SDI 合同使之成了抗议者最好的靶子,抗议者经常聚集在公司门前,举着横幅唱着歌,以示对国防建设的反对。1986 年 4 月,有 21 人在一场抗议活动中被捕。当年 10 月,在一场万圣节的活动中,激进分子将南瓜从 101 号高速公路上的一座天桥抛向下方的车流,之后有两倍于这个数字的人被捕。洛克希德公司的管理层将这些示威像对待讨厌的小麻烦一样轻轻掸去,并许诺公司业务将照常进行。[13]

不喜欢新秩序的不仅仅是那些投下南瓜的人。埃德·斯查乌敏锐地察觉到国防合同对他的选区有多大的帮助,但他也担心这一大笔资金会将研究资源——以及研究人才——从私人部门吸引走。"我们对国防方面研发的专注投入,"他对一位记者说,"使我们在全球市场上拥有竞争力变得更加困难。"另外,国防建设将政府采购系统变成了一列满载价值 640 美元的马桶座圈和其他"镀金"设备的失控列车,这在国会山引起了两党议员的严厉批评。国防部的成本超支为里根带来了大量的负面报道,因此,他在第二任期中被迫成立了"国防管理蓝带委员会",并委任忠诚而节俭的戴维·帕卡德来负责。[14]

"经典之战"

在里根时代的硅谷,鹰派与鸽派、左翼与右翼之间争斗不断,这些人的冲突不仅仅关乎美国国库在国防或者高科技武器伦理与科学问题上的投入。这种争斗还扩展到了更大的范围,而最激烈的地方当属那座一直以来的硅谷叙事中心、智力中心与城镇广场占地 8 平方千米的园区:斯坦福大学校园。

而这所校园的中心则是胡佛塔高 87 米的砂岩城垛。罗纳德·里根入主白宫,巩固了胡佛研究所作为美国首屈一指的保守派智库的声望。赫伯特·胡佛多年前委任了 W. 格伦·坎贝尔来领导研究所,这位青年经济学家早先经历过 20 世纪 60 年代那些抽着烟斗的人文科学教授和投掷石块的学生的抗议活动,算是看惯风雨,对所有这些人的哀声不为所动,不久之后还将这一机构的研究内容从外交事务扩展到国内政策,开始涉足诸如经济货币主义、放松监管和福利改革之类的敏感保守派议题,这进一步增加了研究所的知名度与争议性,吸引了支持右翼的亿万富翁的慷慨私人捐赠。研究所在政治研究领域的扩展吸引了里根这种备受瞩目的"访问学者",他在卸任加州州长之后以名誉研究员身份加入了胡佛研究所,并带来 1 700 盒州长文件与他早期拍摄的8集西部电视剧《死亡山谷的日子》的珍贵录像带，他将所有这些资料捐赠给了胡佛档案馆。[15]

因此，在里根就职后的几个月内，坎贝尔提议将加利福尼亚的总统图书馆与博物馆修建在斯坦福大学校园内就不足为奇了。暗中酝酿几年之后，1983年白宫开始认真审查这一提案，这在"农场"掀起了轩然大波。

曾长期担任胡佛研究所研究员、时任国务卿的乔治·舒尔茨在1983年斯坦福大学的毕业典礼上致辞时，抗议者举行了一场集会，抗议里根总统的政策，并点名胡佛研究所也参与其中。一封由1 500名教职工与学生联名签署的请愿书要求胡佛研究所搬离斯坦福大学校园。那年秋天，格洛丽亚·斯泰纳姆在斯坦福大学参加一场图书签名会时，也忍不住发表了自己的看法。"我深深同情你们，"全美国最著名的女权主义者说，"那些导致（里根）粗鄙无文的中西部大学应当负责接收他的那些文件。"一个自称"斯坦福反里根大学社区"的学生团体被组织起来。住在校园附近的教职工抗议总统图书馆可能产生的交通与噪声；位于图书馆选址旁橡树丛生的山丘上的著名行为科学高等研究中心，威胁要彻底从斯坦福大学搬出去。[16]

围绕里根图书馆的激烈论战又持续了四年，直到总统的团队最终决定放弃帕洛阿尔托而选择意识形态环境更友好的南加州。"那些曾反对图书馆的慢跑者、环保主义者、有终身教职的桀骜不驯的人，在起伏的山峦上举办了一些自吹自擂的聚会，"一位胡佛研究所研究员在《国家评论》上尖酸地写道，"庆祝他们终于从里根主义的恐惧中解放出来。"W. 格伦·坎贝尔于两年后退休，他声称受到了唐·肯尼迪的逼迫，因为这位斯坦福大学校长"不喜欢我"。关于党派倾向的指控是非常不公平的，坎贝尔固执地表示。"胡佛研究所并不偏向右翼——这是一种错觉，因为斯坦福大学的其他部分明显偏左，而胡佛塔不偏不倚地位于中间。"[17]

精力充沛且高调的坎贝尔在离开学校时接受了一份创办仅两年、每年只出版寥寥几期的学生小报的离职采访。然而，作为有自己风格的理性声音，《斯坦福评论》在斯坦福大学的保守派学生中已经产生巨大的影响。

《斯坦福评论》创办于1987年春末，是一个名为彼得·泰尔的哲学专业大二学生的创意。泰尔出生在德国，成长在加利福尼亚，是地区象棋比赛冠军，也是J.R.R.托尔金的狂热崇拜者，他正好在关于里根图书馆的争论最激烈的时候来到了斯坦福大学。在接下来几年的本科学习与后来在斯坦福大学法学专业学习期间，泰尔将他的惊人脑力都用在《斯坦福评论》上，使这份偏自由派的保守主义报纸的观点成了斯坦福大学新生校园生活的特色。在此期间，一场更加两极化的冲突爆发了：关于本科课程设置的论战。

20世纪80年代中期，"经典之战"在美国许多顶尖大学的校园中进行得如火如荼，学生与教员要求——并赢得了——一种更具包容性、文化上更多元的人文教育方法。20世纪60年代民权与平权运动的胜利极大地提升了大学校园的多元化程度，现在有色人种占斯坦福大学学生总数的1/3。但随着大学的扩招，由一家全国性期刊率先提出的"对学生们不学无术的公众关注"也在增加。诸如E.D.赫施所著《文化常识》与阿兰·布鲁姆《走向封闭的美国精神》这样的畅销书，都对美国的高等教育现状表示了担忧，这将关于教育大纲选题的学术讨论变成了20世纪80年代文化论战的引爆点。[18]

泰尔在《斯坦福评论》中设立他称之为"理性辩论论坛"的栏目时，这一争论在斯坦福大学的校园中愈演愈烈，其热度与发展速度——紧跟在备受媒体关注的里根图书馆争论之后——让斯坦福大学的"经典之战"变成了全国性的新闻。许多学生将之视为一场早就应当发生、从此不再强调西方文明和死掉的白人男子作品的转型，但泰尔和他的保守派同侪则将之视为"对学术自由的限制"。不久之后，另一位校园叛逆者，法学生基思·拉波斯也加入了他的编辑部。基思对罗纳德·里根的热爱与他对正统自由主义的强烈厌恶相得益彰。拉波斯（后来人们发现他是同性恋）稍后因为在斯坦福大学一位教授的家门外高声大喊反同言论以及"我希望你死于艾滋病！"而臭名昭著。他声称他的举动只不过是对斯坦福大学限制言论自由的抗议，他不久后就离开了斯坦福大学。[19]

这种意识形态上的洁癖与不分场合的表演式政治的混合，也同样表现在《斯坦福评论》其他坚定的拥护者身上。当地象棋冠军大卫·萨克斯于1990年作为新生入学，他意识到自己不擅长社交，又喜欢抨击自由主义，这两点使他在除《斯坦福评论》之外的其他地方都像个格格不入的怪人。萨克斯后来否定了自己为这份报纸撰写的许多内容，但他毕业后不久就以合著者的身份与泰尔合作撰写了一部名为《多样性神话》的专著，阐述了更多这方面的观点。两人宣称多元文化教育"在知识领域等价于垃圾食品"，而这只是这类内容的冰山一角。美国已经变成"受害者王国"，而像斯坦福大学教务长康多莉扎·赖斯这样的大学管理层正在助长这一点（讽刺的是，鹰派的赖斯是胡佛研究所的研究员，后来还担任了乔治·布什的国务卿）。"每一个个体都必须摆脱过去的历史文化与新的多元文化的影响，靠奋斗决定自己的命运。"[20]

泰尔、拉波斯和萨克斯后来都投身科技行业，最终变得非常富有。但他们并不是孤身一人做到的，而是组建了一个庞大的人际网络。这个网络中的人是泰尔在经营《斯坦福评论》多年间汇集起来的，都有斯坦福大学的学位，熟读安·兰德的著作，致力于重塑硅谷互联网经济新世界的事业。在2002年将他们创立的在线支付公司以15亿美元的价格出售给eBay之后，这些人中的核心群体不到10年时间就成长为被称为"Paypal黑手党"的千万富翁。他们之中几乎所有人都继续跟进，成立并投资了其他的科技大热门公司。

斯坦福大学校园内的激烈论战只持续了几年，但其余波却久久不散。这是因为，正是那些20世纪80年代末、90年代初骑着自行车从阳光照耀的四方院中飞驰而过的年轻人，在日后建立了一部分硅谷在20世纪90年代末、21世纪初最富有且最有影响力的公司。那些对于是否接受五角大楼资助感到煎熬的教员变成了硅谷下一代CEO的顾问与导师。执掌校园的学术机构管理者在接下来的时代中变成了有影响力的政治顾问。斯坦福大学风雨激荡的里根年代变成了塑造下一代硅谷政治环境的舞台。

虽然此时斯坦福大学左翼与右翼的两极分化十分严重，但他们之间仍有一些相联系的共同点。彼得·泰尔和特里·威诺格拉德都关注校园内的言论自由。W. 格兰·坎贝尔和唐·肯尼迪都相信斯坦福大学的研究者有机会也有义务为政治与政策做出贡献。无论是呼吁设置新的多元文化课程的学生，还是对于《走向封闭的美国精神》嗤之以鼻的保守长辈，都同意大学时代的经历会塑造人们之后一生的轨迹。

在斯坦福大学尤其如此。弗雷德里克·特曼的大学已经不再是尘土飞扬的偏远小镇，它现在已经成了富有而庞大的高科技世界的中心。如果你想在科学前沿取得突破，或者你想开创全新的行业，你就应该来这里。因为在这里很容易获得人脉与资源，在这里能得到全世界的关注。这里是世界上联系最紧密的地方，万事俱备，让你能够创造辉煌的事业。

在这些已经准备就绪的年轻男女中，有一些人吸取了他们在斯坦福大学的经验，继续进行着左翼与右翼之间的政治斗争，但许多学生则从里根图书馆与"经典之战"中学到了不同的教训。政治劳神费心、混乱无序、伤害感情且缺少确定性。相反，商业有着改变世界的力量，只要看一看那些从斯坦福大学、自制计算机俱乐部和沙丘路上的风险投资公司中纷纷诞生的公司，你就会明白这一点。技术不会指定经典，也不会告诉你该如何思考，技术为创造力与自由表达创建了一个中立的平台。也许埋头专注于你面前的代码或商业计划，为创造未来而忙碌更容易一些。

美国在线

随着里根政府国防预算的膨胀，硅谷当地的计算机软硬件公司成了追寻高科技优势的大型国防承包商眼中的诱人目标，太协公司就是其中之一。

有鉴于在20世纪70年代初彻底完蛋的分时计算与网络公司数量，太协公司的运营可以说十分出色。安·哈代仍然留在公司，最终成了公司的副总裁。蒂姆网已经发展成一个商业应用程序的早期在线平台，这一平台以后将会变得无所不在：银行业务、账单支付、旅行预订。这一切线上服务都是由哈代的部门推出的，而她和她的团队也成为最早试用这些技术的人之一。她常常出差，于是教会了她的上小学的孩子们使用电子邮件，这样当她在旅程中的时候他们也可以与她交流。到了20世纪80年代初，其他像美联网和神童网络这样的分时计算公司开始将业务扩展到利润丰厚的消费者市场——提供电子邮件、电子报纸，甚至一些早期在线黄页服务——但蒂姆网仍然坚持面向企业用户。太协公司CEO汤姆·奥罗克正准备退休，他不想花钱让蒂姆网参与这些方面的竞争。[21]

哈代希望她的老板对拓展业务有更大的野心，因为她看到了市场是如何开始迅猛增长的。大一些的公司已经在太协公司周围窥伺，寻找潜在的收购机会。他们看到了精心设计、久经考验的系统的价值，并重视太协公司3亿美元的市场估值。1984年，其中最大的公司之一——麦克唐纳-道格拉斯——抢先收购了太协。

这场收购使哈代成了这家大型国防承包公司中仅有的女性副总裁，这让她的新老板不知如何是好。在她参加的第一次公司会议上，

"每位演讲者的开场白讲的都是荤段子",她回忆道。在高管会议上,公司总裁约翰·麦克唐纳紧张地跟在哈代身后,以保证没人敢出言不逊。没人想到会有女人出现在房间里。在那之后,"他们花了一整年时间,试图找到在不被我起诉的情况下赶走我的办法"。国防相关的工作十分无趣,但她不知道接下来该干什么。"自主创业?我对创办公司一窍不通。"她否定了这个想法。她友善但不够强硬,而且"好女人不会那么做"。但是,在新公司的工作糟透了。

出于绝望和无奈,哈代终于也像周围的男人多年来做的那样,创办了自己的公司。公司名叫关键逻辑,其业务是为大型计算机编写事务处理安全软件。这些软件的基础是很久以前哈代在太协公司时设计的安全操作系统。事实证明,这将变得日益重要。她在硅谷的20年生涯中积累了大量人脉,她得到了风险投资,组建了一支强大的团队,并赢得了潜在的早期客户。

多年后,安·哈代终于成了一名创业者。她是一个专注、低调的人,是一位严肃的中年管理者,身处一个计算机书呆子会被选为杂志封面人物的时代。但她的业务类型——大型计算机、大型企业用户、大笔政府合同——如今像个人计算机那样,变成了20世纪80年代硅谷高科技产业的一部分。"这都多亏了硅谷。"她评价道。哈代在硅谷工作多年,因此能够理解成功不仅仅来源于技术天赋。"是时机,是运气",而她又一次交了好运。[22]

计算机网络的历史几乎与计算机本身的历史一样长——安·哈代自己就会第一个这样告诉你——但在20世纪80年代,网络的用途发生了变化。如果说虚构故事中大卫·莱特曼险些引发热核战争反映了里根时代的美国现实,那么他通过卧室里安装的调制解调器引发的混乱同样反映了现实。因为个人计算机市场的爆炸性增长使计算机网络也变得个性化。

起初,微型计算机的出现令分时计算公司颇为头疼。它们的业务就是为那些自己买不起计算机的公司提供计算能力，而现在大多数公司都有这个能力了。1969 年于俄亥俄创立的网络公司美联网意识到，要想生存，就要把新的个人计算机用户接入网络。同样看到了商机的还有调制解调器制造商。将电话听筒变为计算机通信接口的设备也早在 20 世纪 50 年代初就出现了，但直到卡特电话一案之后才有许多制造商能够进入这一业务领域，毕竟调制解调器属于电话通信设备。20 世纪 70 年代后期，当人们开始纷纷购入苹果 II 和 TRS-80 电脑的时候，调制解调器制造商趁机冲进市场，大量出售它们的产品。

这是个完美的目标市场。毕竟李·费尔森斯坦在加入自制计算机俱乐部之前就帮助建立了"社区记忆"。阅读《全球目录》的这一代人希望"获取工具"，以使他们可以互相交流。如果你在家里放上一台电脑却没有人可以交流，将毫无乐趣可言。随着早期计算机用户开始在他们的桌上摆上微型计算机，他们的调制解调器一直等着联上网络的第一声蜂鸣，网络公司也编写了新软件以吸引新用户开始接入网络。1978 年夏天，已经有超过 1 000 名用户开始使用美联网的新服务 MicroNET。1979 年夏天，一家名为来源网的新公司在北弗吉尼亚州创业。虽然这只是一家初创企业，其节俭的创始人却在纽约广场饭店举办了一场发布会，发布会特别邀请艾萨克·阿西莫夫出席，利用了这位科幻电影明星的号召力。"全世界翘首以待的信息应用程序！"公司的媒体通稿中宣称。"这是信息时代的开端！"阿西莫夫附和道。[23]

但是，这些一心逐利的网络公司并不是"社区记忆"的真正后裔，它们也与一直运转着的阿帕网不同，阿帕网是属于计算机科学研究者和政府承包商们的书呆子领域。真正将这两个最初的非商业网络的"无政府"和"去中心化"本质推广开来的是另一个完全独立的网络：Usenet。要进入这个网上世界，你不需要订阅内容服务，而只需要加入一个由参与者产出内容的新闻组：一个针对特定主题——微型计算、游戏、园艺——的讨论版，讨论版上有包括帖子与回复的讨论串。

Usenet 是 1980 年在北卡罗来纳州建立的"穷人的阿帕网"，这个网络允许用户（以极度缓慢的拨号连接速度）传输文件并互相发送电子邮件。Usenet 在运营初期，信息数据的交换只会在一天中的特定时期批量处理，这相当于退步到了分时计算出现之前的"石器时代"。你可以通过 Usenet 向欧洲发送邮件，但需要两天才能得到答复。但无论怎样，在阿帕网的使用受到严格限制的当时，能够访问一个"去中心化"、用户驱动、专业化的通信网络对上千名用户来说堪称一个奇迹。Usenet 新闻组——到 1984 年已超过 900 个——将计算机通信的陌生世界变得个人化，使之能够借力人们在现实生活中所具有的激情与热切。而且它还在逐渐发展改进，借助用户名这一面纱为用户提供了匿名接入功能，使之成为"社区记忆"的梦想家和实干家一直期盼的、通过电子公告板能够自由表达思想的场所。

Usenet 新闻组只不过是 20 世纪 80 年代互联网出现之前的网络世界中涌现的多种不同形式的电子公告板服务（BBS）之一。当时上网的人大多数是 30 多岁的高收入男性——考虑到他们是当时微型计算机制造商的推销目标，这也不足为奇——而网上的讨论串体现了他们主要的关注对象。1985 年早期 BBS 中最著名的一个出现了：全球电子链路（WELL）由斯图尔特·布兰德和他喜气洋洋的黑客团队在马林县建立。WELL 的名气来自那些在这里举办了他们首次线上聚会的硅谷名人，其中包括"感恩而死"乐队的填词作者约翰·佩里·巴洛、记者史蒂文·莱维、莲花软件公司创始人米奇·卡普尔，当然还有布兰德自己。运营美联网（现在美联网由更加无趣的 H&R 布洛克税务公司所有）的无趣的俄亥俄人根本无法匹敌 WELL 的魅力与闯劲。

WELL 有着彻底的反主流文化血统，因为它从传奇的田纳西社区"农场"雇了一批人作为创始员工，同时有大量关于"感恩而死"的讨论串和文件交换。但是就像最早的反主流文化计算机爱好者一样，20世纪80年代的WELL在创造自己的在线交流新领域时，却将20世纪60年代关于性别平等的讨论抛在脑后。WELL上的女性用户数量不多，而且一些早期用户分离出去创立了她们自己的对女性更友好的电子公告板。留在WELL的大多是白人男性，他们将继续在万维网的发展和早期推广中发挥极其重要的作用，那些为第二拨女性主义者和X时代反叛女性建立的电子公告板则没有那么大的影响力。[24]

每出现一个致力于高尚社会事业的BBS——这样的BBS为数不少——就有一个与之对应的BBS专注于更黑暗的目标。新兴的白人至上主义运动发现BBS是招募并留住成员的沃土；3K党大龙头和"白色雅利安抵抗运动"的领导人成了BBS世界中的先行者，BBS的影响力与半匿名性吸引着新的追随者。密码朋克虽然不那么邪恶，但同样决心要在阴影中活动，这是网络空间中一种无政府主义黑客组织，其成员使用复杂的加密技术——这些技术都是由军工复合体研发出来的——来屏蔽政府监控可能进行的电子窃听行为。[25]

当志同道合的人在最早的网络上结识彼此的时候，群落意识就出现了。这是这些网络有朝一日将作为各种政治活动、宣传鼓动与谣言传播平台并发挥巨大力量的先兆。到1995年，就在互联网及其浏览器的普及使Usenet、美联网与BBS日渐没落的前夕，仅在美国就有超过70 000个BBS。[26]

新思维

1989年初，里根卸任总统。大约一年前，他首次出访莫斯科，并在莫斯科国立大学计算机科学专业的学生面前发表了演讲，大谈芯片革命的辉煌。这次演讲由斯坦福大学自己的英雄人物、国务卿乔治·舒尔茨精心策划。

里根卸任,刚一回到他位于圣巴巴拉的农场开始退休生活,布什政府就转而选择了一种成本更低且更灵活的 SDI 系统,这一系统更加依赖微型化电子设备与计算机控制。伯克利分校的爱德华·泰勒就像支持原来的"星球大战"计划一样,成了新方法的推动者。里根在任期的最后一年里,几乎把所有时间都花在劝说白宫选择微型化的发展方向上。"我们不需要一场大爆炸来实现导弹防御,"泰勒在 1989 年初对一群国防承包商说,"我们需要的是精准再精准。"另一个优点是现在导弹的造价更低,每枚导弹成本仅为 100 万美元。国防规划人士将这一系统称为"智能卵石"。虽然洛克希德公司获得了一份主合同,但这是里根年代为桑尼维尔的财富增长带来的巨大推动力即将消失的第一个征兆。[27]

然而,硅谷并未随着里根时代的结束而远离外交政策的焦点。1990 年夏初,苏联领导人米哈伊尔·戈尔巴乔夫访问斯坦福大学,参加一场听上去像是回应两年前里根在莫斯科的演讲的活动。此时柏林墙已经被推倒,西方赢得了"冷战"胜利。"让我们不要再争论是谁赢得了'冷战',"戈尔巴乔夫对聚集在宏伟纪念礼堂中的大批师生说,"相反,让我们着眼于未来,因为那些未来的思想与技术就诞生在加利福尼亚。"戈尔巴乔夫像 30 年前的戴高乐一样对硅谷深深着迷。"我一直想来这里,但我一直没有机会,"他对一群等待的记者说,"真是太棒了!"[28]

但是,政府那只"看不见的手"在创造未来的加利福尼亚时从未缺席。20 世纪 80 年代通过 SCI 和 SDI 流入硅谷的巨额资金提醒我们,硅谷这辆崭新的创业跑车引擎盖下隐藏着的依然是国防业务,绝大部分远离铺天盖地的关于黑客和投资者的媒体报道。制造导弹、激光、拦截导弹的合同在诸多讨论如何建设"下一个硅谷"的研究中并未得到太多关注。真正被提起的时候,国防开支都被视为属于过去的某种基础性的东西,只不过是 20 世纪 80 年代以及之后的知名创业者的序幕。

微芯片、个人计算机和电子游戏这样的新兴产业获得了大多数媒体的关注，但它们也受到海外竞争、国内挑战者和错误的商业决策的打击。在"冷战"末期由鹰派主导、高投入的时光里，国防承包业务在很大程度上并未受到经济繁荣或大萧条的影响。就像以往一样，这些联邦合同资助了一些有风险的前沿技术的开发，若非如此，这些技术将不可能出现在学术研究与应用中。这些技术也催生了新产业与新公司，使硅谷在下一个时代中仍然保持领导者地位。

18

筑于沙上

1988年大选日前夕,《华盛顿邮报》记者海恩斯·约翰逊重访硅谷,以探察当地选情,并与如今陷入悲观的民主党权力掮客拉里·斯通进行了沟通。"这里已经发生了变化,随之而来的是人们意识到现在社区并非它本应是或者我们原本以为它是的样子。"斯通闷闷不乐地评论道。[1]

斯通有许多数据可以证明他的悲观断言。一直以来都处于白热化状态的房地产业已经降温,那些几年前为农庄与平房付出高价的人现在发现他们快无法承担按揭贷款了。个人计算机市场的饱和加剧了这一痛苦。个人计算机已经不再是价格高昂的新奇产品,而是负担得起的大众商品了。几乎在每张办公桌上和每一个了解技术的家庭中都有电脑。个人计算机的销量开始趋于平缓,利润开始下滑。工程师把玛莎拉蒂换成了小型货车,忧心不已的当地民众公开质疑繁荣年代是否一去不复返。硅谷的硅山看起来似乎终究不过是一团散沙。

最重要的是,这些技术人员失去了为他们代言的国会议员。1986年埃德·斯查乌尝试挑战在任参议员艾伦·克兰斯顿的位置,赢得了一个人口众多的主要选区,但最终在总票数上以令人遗憾的微弱劣势落败。

里吉斯·麦肯纳则令这一苦涩的失败雪上加霜，他与克兰斯顿一起出席了一场挤满媒体的新闻发布会，宣布令斯查乌受到高度评价的硅谷商业声誉完全是个骗局。在斯查乌前往华盛顿担任众议员之后，麦肯纳进入了斯查乌的系统工业公司的董事会，他宣称这个公司管理不善。"如果没有那些追随埃德的人，"麦肯纳直白地说，"这家公司甚至无法存续至今。"斯查乌对此进行了反击："我认为里吉斯说的是错误的。他的声明显然带有政治目的，试图中伤我的公司。"斯查乌指出，公司的利润从1980年到1981年翻了一番，他在离开公司赴任众议员之前还领导了第二次公开募股以筹得更多资金。但麦肯纳毫不让步，他称他的评论得到了公司领导层其他人的支持："这不仅仅是我个人的意见。"系统工业公司董事会中的几位成员在当地报纸上刊登了整页广告，上面用醒目的标题写道："里吉斯，你应当感到羞愧！"这是一场政治斗争，与欢乐友善的硅谷以往所见的一切都截然不同。[2]

两年之后，里根时代结束了，那些曾把斯坦福大学与胡佛研究所的一小部分精神带到华盛顿的人陆续返回家乡。半导体产业群体终于有了他们的新一代芯片制造行业组织——半导体制造技术战略联盟，但这个组织将在得克萨斯州的奥斯丁而非加利福尼亚州运作。不过，最终硅谷还是留下了自己的印记：在无人能够立即担任组织负责人的情况下，鲍勃·诺伊斯勉强同意搬到得克萨斯州担任主席。

随着新任总统乔治·布什的到来，得克萨斯州也得意扬扬，而硅谷对这一切将导致的变化抱有疑虑。布什家族毫无疑问重视商业，但新总统的经济团队与这个行业的接触显得疏远而陌生。"薯片和芯片有什么区别？"传闻有一位布什的顾问这么问道。这句引述不足采信，没有确切的来源，但证实了全部硅谷芯片制造商对新政府的怀疑，而这令他们发疯。[3]

"灰谷"

缺乏信心的原因之一是他们意识到,在涉及污染与劳动力成本等旧经济的痼疾时,硅谷金光闪闪的新兴经济也不是那么出色。自从惠普公司开始生产振荡器而安培公司开始制造磁带以来,工厂已经沿着101号高速公路从圣何塞一直延伸到圣马特奥。在半导体产业繁荣时期,成千上万名员工(其中有多得不成比例的女性、亚裔与拉丁裔)在装配线与工厂中工作,这远超科技行业向外界展示的白人男性专业工人的数量。

20世纪80年代初,公众已经逐步了解硅谷这个被隐藏的存在。当时有新闻爆出,剧毒的化学物质已经渗入飞兆半导体公司位于圣何塞洛斯帕索斯工人街区旁的制造厂下方的排水管中。当地居民早已注意到流产、死产的异常情况,以及无论婴儿还是成年人,健康问题层出不穷,现在他们相信已经找到罪魁祸首。自弗雷德里克·特曼缔造斯坦福大学研究园以来,硅谷的高科技宣传者们一直在鼓吹这一行业"清洁"与"无烟"的优点,而有毒的地下水与他们所宣称的并不符合。

这是人们等了很久才落下的另一只靴子。从生产微芯片所需的化学浸泡到所有计算机设备内部都存在的有毒金属,硅谷从一开始就进行着污染极其严重的生产。促使对公众健康威胁进一步加剧的是这个因制造业而繁荣的城市实际建在农田之上,当地建造的给水排水设施迅速且廉价——前提是真正建成了的话。令人担忧的是,洛斯帕索斯的饮用水蓄水池紧邻着飞兆半导体公司泄漏的储水罐。污染不仅仅是附近的工人街区所面临的问题,成千上万的家庭藏在研究园区与公司园区后面更为豪华的小区里,依靠私人水井来获取饮用水。这些水井较浅且不受监管,更加容易渗入有毒物质,而且不会被及时发现。[4]

随着有毒物质的进一步扩散,即使是罗纳德·里根政府中讲究无为而治的环保局,也无法再对硅谷的问题视而不见。"现在看来显而易见,"环保局地区负责人朱迪斯·艾尔斯总结道,"没有烟囱并不意味着没有环境问题。"这些事件动摇了当地官员的信念。"我曾经毫不怀疑地相信这是个清洁产业。"圣何塞市市长珍妮斯·海恩斯感慨道。但是自洛斯帕索斯事件之后,接二连三被揭露的事实颠覆了她的假设。"我们现在明白了,自己正在经历一场化学革命。"EPA 最终将硅谷中的 23 个地区指定为污染异常严重的超级基金治理地区,其中包括斯坦福大学中一大片充满田园风光的研究园——自 1950 年以来,这里已经发展成了"无烟"制造业的国际标准。由此,硅谷的房地产开发业务中新出现了一个利润丰厚的专业:环境修复。[5]

糟糕的公众形象使帕洛阿尔托这样的城市开始实行严格的环境法规,于是高科技公司开始寻找其他地方来生产它们的产品。有的公司选择了当地的备选方案,象征性地向东迁移,来到了海湾另一侧地价便宜的平原上,那里是公认的工业区,土壤与水早已被炼油厂、盐池、汽车组装厂、化工厂污染。在这些湾区东岸的部分工厂中,机器人开始承担越来越多的工作,就像在史蒂夫·乔布斯位于弗里蒙特的昂贵工厂中一样。而在需要目光敏锐的监督人员和精细的操作技术的岗位上,人们逐渐意识到他们可以通过将公司迁至海外来削减成本。[6]

现在美国的高科技品牌生产已经从新加坡与中国台湾扩散到了中国南方与印度,那里正开始的经济自由化与私有化为外国公司创造了巨大的新机遇。这些工厂通常被急切甚至唯利是图的分包商拥有并经营,这使得高科技品牌的实际生产活动进一步远离了湾区的阳光。(后来一代的苹果用户可以看到这种经济地理信息被刻在每部 iPad 或 iPhone 背后:"苹果公司,加利福尼亚设计,中国制造。")

再说硅谷,仍然留在本地电子行业的低薪流水线工人再也负担不起住在工作地点附近的成本。劳工组织者加大了活动力度,希望从加利福尼亚州到马萨诸塞州的工厂都建立工会，却不断遭到顽强的抵制。"高科技行业的工作条件与敏感性足够好，工会化完全不必要。"一位高管对他们嗤之以鼻。"公会之所以存在，完全是因为管理层以不正确的方式对待他们的工人，"特雷比格补充道，"人们希望感觉自己是企业的公民。"劳工领袖们对此毫不妥协，劳工组织者兰德·威尔逊抗议说高科技公司是在假装它们不存在蓝领员工。"高科技行业并没有它们吹嘘得这么好。许多这样的企业都是高科技血汗工厂。"[7]

但当推土机轰鸣着推平年代久远的电子厂，为整齐有序的办公园区与企业园区平整道路的时候，像威尔逊这样的声音很难被听到。在亚洲劳动力市场的诱惑下，把高污染的高科技制造业转移到看不见的远方极其容易。

生产的全球化使无污染的白领高科技界传奇得以延续并迅速发展。每有一期新杂志采用硅芯片环绕的图案作为封面，世界对高科技研究园区的狂热仿佛就加强一分。从珀斯到皮奥里亚，每个地方依然都想创造属于自己的以"硅"冠名的地方。在对这个承诺将创造白领工作岗位与丰厚税收收入的行业的追求中，市长与州长们故意忽视了硅谷在最初成为工业重镇的过程中所做出的妥协。"各地的城市都希望拥有无污染工厂，以及与校园一样的办公室。"《美国新闻与世界报道》如实报道，仿佛洛斯帕索斯事件从未发生。"我不认为你会在这里看到任何污染，"得克萨斯州州长马克·怀特在宣布建设又一处高科技园区时说，"除了他们上班时开的日本汽车。"[8]

下一步

在硅谷的商业界，表象也是具有欺骗性的。对于苹果公司与其富有创造力的联合创始人而言，1984年是辉煌的一年。从1月"超级碗"广告引起的巨大反响开始，紧接着就是 Mac 正式发布的重大事件。整个春季，新型号的苹果电脑供不应求。史蒂夫·乔布斯亲自设计了他在弗里蒙特建造、专门生产麦金塔电脑、年产量高达一百万台的工厂。就像他一次又一次宣告的那样，"这真是棒疯了！"[9]

麦金塔电脑同时也在征服着一个新市场：高等教育。"这些学生是未来的知识工作者。"乔布斯对《信息世界》说。这些学生完全符合阿诺德·米切尔的"成就者"人格特质。在他们 19 岁时摆在桌子上的麦金塔电脑会让他们一直将这个品牌与温情脉脉的大学年代联系起来。（这还拓展了不同性别的用户范围：大学生是麦金塔电脑唯一同时包括男性和女性的目标市场。）被弗洛伊德·夸默指派负责这一项目的年轻营销主管丹尼尔·勒维说，这么做的目标是"培育起一代人"，使他们从一开始就忠诚于苹果公司产品。勒维激情四射的产品营销说服了许多成就卓著的精英大学加入新的"苹果大学联盟"，并购买成千上万台低折扣麦金塔电脑。[10]

然后，就像硅谷记者迈克尔·斯温与保罗·弗赖伯格后来所形容的那样，"苹果的狂信者耗尽了"。在最初的销售狂潮之后，麦金塔电脑的销量一直没能达到乔布斯曾公开预测的巨大数字。对新型苹果电脑的早期评价称赞了其易用性——终于有一台不需要 100 多页的用户手册和 5 个小时的设置就能使用的思考机器了——但见多识广的计算机用户很快就指出其局限性，特别是在商务领域。最初的麦金塔电脑没有配备硬盘。图形界面与内置程序占满了大部分内存，用于安装新软件与存储的空间已经所剩无几。电脑的外壳如此光滑，以至没有用来连接打印机之类外设的插孔。自 1981 年以来，比尔·盖茨和微软公司就一直在与麦金塔团队紧密合作，为麦金塔电脑开发一套软件。但乔布斯为他钟爱的新型计算机打造的封闭环境使其他开发人员难以编写可在其平台上运行的软件。那则以"1984"为主题的广告创造了历史，也造就了 Chiat/Day 的声誉，但这则广告的主角却并没有那么成功。"这则广告甚至比麦金塔电脑还要成功。"里吉斯·麦肯纳评论道。[11]

1985年春天,苹果公司首次宣布出现了季度亏损。那年夏天,它解雇了1 200名员工——超过整个公司的20%。到9月底的时候,苹果公司股价从1983年每股62美元的高位跌到不足17美元。在董事会与约翰·斯卡利心中,苹果公司所有问题的根源是多变、自视为救世主并且狂妄自大的史蒂夫·乔布斯。在这次美国商业史上最著名的解雇案中,斯卡利剥夺了乔布斯的经营权,让他改任象征性——且毫无实权——的董事长。四个月后,乔布斯出售了他手中所有的苹果公司股票(但留下了极具象征意义的一股),离开了公司。

对于屏住呼吸旁观的商业媒体而言,乔布斯与斯卡利的决裂产生的影响已经远远超出库比蒂诺。来自东部的西装革履的职业经理人击败了来自金州、富有远见的长发企业家,"棒疯了"的大胆承诺无法战胜冷酷的季度盈利指标。个人计算机行业现在是一个大市场,而天才怪人们已经无法适应这个市场了。

在对这次解雇的分析总结中,使乔布斯一跃成为商业界超级巨星的特质现在反而成为他最大的缺陷。"那些激励创业家创办公司的品质——独立创新和对理念的坚持——正是他们作为管理者的败因。"一位商业管理专家评价道。华尔街立刻释放出对此表示支持的信号:乔布斯刚一离开公司大楼,苹果公司的股价就上涨了1美元。但硅谷的资深人士并不这么肯定。"未来苹果公司的灵感将从何而来?"诺兰·布什内尔问道,"苹果公司在气质上会变得像一个百事新品牌一样吗?"[12]

乔布斯震怒,并且渴望复仇。他立刻做出了一个大胆的举动,维持媒体头条新闻对他的关注。他通过抛售苹果公司的股票获得了700万美元,并拿来创办了一家新公司,即NeXT计算机公司。他冷酷地告知斯卡利和苹果公司董事会他不是独自离开,而是从麦金塔电脑的"海盗团队"中拉走了一批顶尖人才，还从里吉斯·麦肯纳的圈子里招募了一些他最偏爱的人才。乔布斯不再考虑那些无聊的商用计算机，他的目标是那些大学生和他们的教授。太阳微系统公司自1982年创办后一直利润丰厚，它通过销售兼具小型计算机的计算能力和个人计算机易用性的高性能"工作站"，在由波士顿统治的小型计算机行业中抢下了一大块市场。乔布斯将太阳微系统的理念与精巧设计的崭新软件结合起来，将 NeXT 称为"学者工作站"。

在乔布斯口中，这又是一个大市场。他承诺新设备将"比我们今天所拥有的计算机强大 10 到 20 倍"。他仍痴迷于设计与产品营销，他在设计计算机之前，甚至还高价聘请了传奇的企业标志设计师保罗·兰德来为 NeXT 设计徽标，其最著名的设计是 IBM 短粗的蓝色字母标志。[13]

自苹果 II 诞生之初，乔布斯就在宣扬计算机推动创造性学习这一观点，这使他获得了整个教育界的仰慕，虽然并非所有的老师与教育专家都认同他的乐观想法。麦金塔电脑在校园中的巨大成功坚定了乔布斯关于"教育是下一个伟大的创新领域"的信念。NeXT 团队坚持不懈地争取着各所大学的 IT 主管。"他们一直在各处询问人们想要什么，"一位主管说道，"我们甚至对此有些厌倦而且起了疑心，但这些人干得真不错。"[14]

虽然这位 31 岁的企业家起初拒绝了来自外部的投资——从苹果公司创立之初，他就一直受到风险投资人的恩惠，现在他终于有足够的财富可以摆脱他们了，但他追求完美时消耗资金的速度令人咂舌。"蜜月期结束了。"1986 年春，NeXT 成立仅 6 个月后，他对公司员工们这样说。为了开发出能够满足人们超高期望的产品并迅速出货，史蒂夫·乔布斯需要新的资金注入。[15]

H. 罗斯·佩罗给了他所需的资金。

H. 罗斯·佩罗个性坚韧，语速飞快，尤其擅长营销，这位身高一米八的传奇商业人物有着可与乔布斯媲美的人格魅力。在罗斯的一生中，他所做的几乎每一件事都取得了成功：他从美国海军学院毕业，成为所在班级的终身班长，在 IBM 的职业销售生涯中打破了多项纪录，还有他于 1962 年在达拉斯创办的价值高达 10 亿美元的电子数据系统公司。佩罗"十分自信"，一位评论家后来写道，"他是那种能够走进别人家，直接打开灯的人"。[16]

20 世纪 60 年代初，佩罗凭借 EDS 率先开创了一种利润丰厚的新商业模式，销售大型计算机的软件、咨询与 IT 服务。他早期的商业成功主要来自一系列价值数百万美元的合同，其内容包括为新设立的联邦医疗保险与贫困者医疗补助保险建立并管理数据库。到 20 世纪 70 年代初，全美国 90% 以上的联邦医疗保险索赔都由 EDS 处理。"大政府"业务的利润使这位主张"小政府"的保守派变得出奇富有。虽然佩罗自称白手起家，是奋斗中的自由企业家的最好体现，但一位评论家讽刺地指出，他实际上是"美国首位公共福利事业造就的亿万富翁"。[17]

飞兆半导体公司的硅少年们总是穿着长袖衬衫，数字设备公司的电脑小子们看起来像是通宵搞编程的研究生，而佩罗的 EDS 团队则看起来像是 IBM 的缩影，再加上少许得克萨斯州 ROTC 的风格。这里人人都打领带、穿西服、留短发。员工们必须签署涉及方方面面的竞业条款，他们一旦离开公司，就会失去股票期权。后来，佩罗又着迷于一本题为《匈奴王阿提拉管理法》的管理学小簿册，他把他手上的平装本翻得字迹模糊，还购买了 700 册在公司会议上发放。[18]

当他遇到史蒂夫·乔布斯的时候，这个顽强的得克萨斯人正在寻找下一个关键的时机。1985 年，他将 EDS 出售给了通用汽车公司，这笔交易让他赚了一大笔钱，但他完全无法融入通用汽车公司的组织架构。佩罗过去一直是发号施令的人，别人都听从他的指挥，因此他忍不住公开向通用汽车公司总裁罗杰·史密斯提出关于如何改善公司经营的建议。在他喋喋不休了大约一年之后，罗杰·史密斯终于忍无可忍，赶走了佩罗。

不久之后，佩罗偶然看到了公共电视台上播出的一部纪录片，该纪录片对乔布斯和 NeXT 进行了简单介绍。他发现了另一个有远见的"独行侠"，一个对追求伟大的想法有信仰的人，而且他需要资金。佩罗拿起电话，几周之后他投入了 2 000 万美元，这位再循规蹈矩不过的计算机亿万富翁拯救了乔布斯的巨大野心，并获得了 16% 的公司股份。

这是科技界最不可能走到一起的一对合作搭档，是对外表有着严格要求的大型机时代大亨和蓄须光脚的加利福尼亚传教士的组合。然而，乔布斯愿景背后的平等主义与佩罗长期以来主张的民粹主义刚好契合。"有了这些电子工具，"这个得克萨斯人热情洋溢地说，"你就能将最出色的教授提供的最好的'课件'带给那些规模很小、得不到任何捐赠物资的文理学校。"乔布斯同样对他的新资助人感到满意："虽然我从未在得州生活过，他也从未在硅谷生活过，但显然我们都有相似的经历。"[19]

当然，他们的经历相同点之一是在与公司高管发生冲突后，被耻辱地赶出了自己的公司。佩罗与乔布斯的高度易爆组合可能太不稳定了。"如果像罗杰·史密斯这样的人都不能接纳佩罗加入自己的董事会，"华尔街分析师理查德·谢弗沉思道，"我不相信史蒂夫就能。"正在稳步将本·罗森创办的新闻通信与会议业务发展为科技预测帝国的埃丝特·戴森则抱有更乐观的态度。"佩罗为行业带来了更多智慧与更加实际的思考方式，"她说，"我认为他们很合适。"[20]

但是，乔布斯与佩罗所预想的 NeXT 的光辉未来没能到来。这家公司耗光了得克萨斯人所投资的每一分钱，从未实现盈利，而佩罗和乔布斯终究也不是那么合得来。这位退役海军军官敏锐地意识到政府合同非常有利可图，并试图说服他的新门生积极争取联邦业务。乔布斯却对此毫无兴趣。当佩罗的团队试图获取一份利润丰厚的国家安全局合同时，乔布斯坚决反对，他不会让他的公司参与间谍业务。佩罗被激怒了，立刻给这位年轻的大亨打电话，但无人接听。"无论什么时候，我只要给白宫打电话，就能联系上总统，"佩罗向丹尼尔·勒维抱怨道，"我正在和你们做生意，为什么我不能和史蒂夫谈谈？"在下一次董事会议上，佩罗辞去了他的董事职务。勒维很快也离开了公司。[21]

乔布斯希望 NeXT 电脑成为每个教室中都有的工作站的宏伟抱负远未实现。他进入商业市场，然后在最后关头开始销售软件。硅谷最早的神童仍然一如既往擅长讲故事。NeXT 电脑当然很漂亮，但远不如友好的微型麦金塔电脑那么方便使用。"史蒂夫的问题在于他希望再造一个苹果公司，"他的一位同事评价道，"他就像一个不断离婚、结婚、试图建立原来那种关系的人。"[22]

最终挽救 NeXT 的是游子乔布斯回归苹果公司。在花费了十多年试图与不断前进的 PC 平台对抗但徒劳无功之后，苹果公司开除了首席执行官，由乔布斯取而代之。乔布斯以临时方案的身份入场，随后全面接管了公司。他对公司的产品线进行了全面改造，由此在市场上取得了一系列颠覆性的成功：1998 年推出 iMac，2001 年推出 iPod，最为重要的是，2006 年推出 iPhone。在乔布斯的回归合同中，NeXT 被纳入，合并为苹果公司的一部分。很快便再也没有什么工作站了，但其基于 Unix 开发的软件则保留了下来，成为驱动这些新设备的操作系统的核心，并最终使苹果公司成为最富有的公司。

加州入侵

媒体的注意力可能仍然完全放在史蒂夫·乔布斯身上，但在 20 世纪 80 年代中期，加州有将近 100 万人在计算机行业工作。他们中的绝大部分人并不为充满魅力而光鲜的个人计算机公司与软件供应商工作。他们也并不支取六位数的薪水。他们是编程大军,他们的生活与个人计算机紧密相关,一呼一吸间都是软件语言,他们熟知每一种操作系统的来龙去脉。他们在大型计算机而非微型计算机上工作。他们是像特里什·米尔林斯一样的加州人。

在休斯公司工作两年之后,这位来自新泽西州的篮球冠军厌倦了亚利桑那州的炎热与小城市的慵懒。她把房子租了出去,买了一辆房车,然后搬到了旧金山。但是,如果说1982年初她来到这里时微型计算机世界正在蓬勃发展,那么那些成批雇用程序员的大型公司依然深陷里根时代的衰退之中。当它们从衰退中脱身的时候,将工作外包比雇用全职员工更为常见。由于没有稳定的薪水用于支付旧金山高昂的住房费用,她在自己的房车里又住了一段时间,与其他无力支付高额房租的难民们一同在马林娜公园露营,直到警察进行了一次清理,把他们赶了出去。

苹果公司的员工也许会一直不停地谈论他们在工作中享受到的乐趣,但对米尔林斯这样的人来说,编程只不过是一种糊口方式。她参加的业余橄榄球队让她在这座城市中的生活有了点乐趣。即便如此,她也意识到旧金山的风格并不适合她。她最初的一份工作是在一家计算机教育中心教授编程,这家中心是当时涌现出来的许多家机构之一,旨在为有志成为技术人员的人提供数个月的快速培训。一个学期之后,她因为给学生评分过于严格而被解雇。"我给他们应得的分数,"她笑着说,"而非他们想要的分数。"

她最终在红木城找到了一份稳定的编程工作,离硅谷又近了一些,但湾区的反复无常令她感到厌烦。人们总是在跳槽,而随着物价的上涨与就业的放缓,他们还会离开城市。"我厌倦了总要从头开始交朋友。"她回忆道。她学到了很多东西,但在湾区的生活并没有那么容易改善。1984年底,她决定再次搬家,这次是搬到西雅图。西雅图林木繁茂、雨水丰沛、物价低廉而且环境友善，那里没有多少黑人，但是有许多软件工程师的工作岗位。当年1月，特里什·米尔林斯向北开了1 000多千米，开始她的下一场冒险。对某些人来说，硅谷可能埋藏着金子，但这个来自泽西海岸的清洁工的孩子并没能找到。

米尔林斯并非当时唯一前往北方的人。经济衰退与高昂的房价将人们赶出了加州，其中许多人最终来到了太平洋西北沿岸。俄勒冈州波特兰市现在有英特尔设立的大型生产与设计设施，西雅图则有微软、波音等公司。那里的生活节奏要慢一些，生活成本也低得多。那里有和湾区完全一样的文化，却没有湾区那样拥堵的交通。

西雅图市区的人口在20世纪80年代猛增了近40万。虽然人们来自四面八方，但在当地传统看法中，西雅图正在被"加利福尼亚化"。自封为西雅图的"城里坏老头"的报纸专栏作家埃米特·沃森将加利福尼亚移民比喻成把自己的猫砂盆填满、需要另找地方方便的家猫。那些没来得及换掉车牌的移民在路上会被其他车辆鸣笛。[23]

但加利福尼亚人仍在源源不断地到来。硅谷已经变成一处不再生产任何实物的地方，半导体组件现在在其他地方生产出来。个人计算机的销量已经达到上限，像史蒂夫·乔布斯这样的新时代英雄没能阻止旧式竞争对手。硅谷的原材料不再是硅与铜线，而是人才与思想。新的产品以一行行软件代码的形式出现，除了存入软件的软盘外，产品基本上是无形的。在资本的流向充满不确定性的情况下，软件是不错的行业。只需要少量前期资金，也不需要将大部分股权出售给风险投资者就能够启动。更不需要那么多员工，只需雇用外包人员。"软件，"《福布斯》杂志评论道，"是未来财富之所在。"事实证明，西雅图未来的财富也在于软件。[24]

天鹅绒血汗工厂

特里什·米尔林斯来到西雅图的时候，微软的规模还很小。三年之后，她以外包人员的身份为微软工作的时候，它的规模稍大了一些。当她两年后成为全职员工时，微软已经发展到 3 500 名员工，占据了距西雅图市区东北大约 25 千米的一处绿树成荫的园区中的四栋大楼。"人们来到这里，"她回忆道，"因为他们喜欢这样的工作。"[25]

他们同样是为了这里的福利而来。正如《西雅图时报》1989 年的一篇关于微软的长篇报道详细描述的那样，在微软的工作环境非常好。休息室里摆满了免费苏打水，几乎每间办公室都有窗户，每张桌子上都摆着两台电脑。工作日时常会举行午间足球赛，或者高管们竞相跳入附近湖中搞笑的竞赛。金钱让一切都变得更加美好。微软给出的每一份招聘方案中都包含购买几千股微软股票的期权。微软在 1986 年公开上市，这使其早期员工立刻变成了千万富翁。年轻的员工在办公室里闲逛，衣领上的纽扣刻着"F.Y.I.F.V"，意为"去你的，我的期权已经全部兑现了"。

免费苏打水和股票期权相较于微软早年的时候算是有所进步，但令人难以忍受的长时间工作仍然十分常见。如果有人错过会议，盖茨总是毫不犹豫地冲他们大嚷，而且他还有一种不同寻常的习惯，即在家通过电子邮件一直办公到深夜。"在微软，公司为创造舒适的工作环境做了许多事，"一名员工评论道，"但工作绝对是第一位的。这是一座天鹅绒铺成的血汗工厂。"微软的许多员工并非都来自大西洋西北岸地区，而是从美国其他地方或世界各地远道而来，但他们却几乎没有机会去体验旁边的这座城市。另一名员工对记者说："有的程序员在微软工作了两年，却从未去过西雅图。"[26]

与硅谷那些总在跳槽的人不同，微软的许多员工之前从未在其他公司工作过。盖茨与鲍尔默喜欢直接从大学或研究生院招聘，其他科技公司的工作经历并不会纳入考虑，甚至还有可能是扣分项。微软的员工往往戴着股票期权的"金手铐"，另外，在西雅图也没有几家能在规模与财富上与微软相比的公司，因此它们都倾向于安于现状。微软的员工大部分是 30 岁以下的男性，受领导公司的两人所确立的激烈竞争与充满活力的氛围影响而情绪高昂，这处环绕着常绿植物的公司园区秉持着一种"以奉献、自我鞭笞与对微软之外的世界充满怀疑为特征的企业文化"。另一位传记作家后来将微软描述为"另一个星球上的兄弟会"。[27]

从加利福尼亚向北看去，这个盘踞在西雅图的庞然大物看起来不仅仅是位于另一个星球上，更像是敌对的外星人进行入侵的母舰，无时无刻不在渴望着吞噬整个软件市场。20 世纪 80 年代初的友好时代早已远去。苹果与微软已经从商业伙伴变成法庭上与公众舆论中的对手。1983 年，微软发布了 Windows 的第一个版本，其可视化图形界面操作系统源于查尔斯·西蒙尼三年前从 PARC 跳槽时种下的种子。这是对苹果公司的一次警告——虽然事实上两家公司都挪用了一个最早在 PARC 提出的想法——也是一场不断升级的战争的开始。这场战争于 1988 年圣帕特里克节苹果公司就版权侵权对微软提起诉讼时完全爆发。

这也是一场公关战争。微软在公司定位上渐入佳境，这有赖于曾在露得清工作的营销主管，对面霜有效的策略对软件同样相当有效。那些累赘难记的程序名一去不复返了，现在每个程序的名字中都带着"微软"：微软 Word，微软 Excel。微软公司将存有 Word 的免费磁盘贴在《PC 世界》上一同寄出。虽然微软现在只将产品卖给其他计算机设备制造商，但已经开始在消费电子展会上铺天盖地地投放广告，宣布即将发布的产品。

与 Windows 一同推出的还有比尔·盖茨的公共形象，他是所有人眼中的天才少年。史蒂夫有里吉斯·麦肯纳，盖茨则可以仰仗帕姆·埃德斯特伦。帕姆身形娇小，蕴含着仿佛聚焦激光般的公关能量，她认为自己的使命是将这位未经雕饰的计算机大亨打造为美国中产阶级家喻户晓的名人。埃德斯特伦让盖茨登上了《财富》杂志与《时代周刊》的封面，也让他进入了《人物》杂志"25 个最令人着迷的人物名单"。她仿照里吉斯的做法，邀请记者到西雅图与盖茨和其他高管会面，并在盖茨位于普吉特湾海岸的盖茨家族别墅中为 25 位媒体记者举办了一次"睡衣派对"。[28]

在硅谷坚持工程纯粹性的人看来，更加令人愤慨的是微软并不怎么有创新精神，还总是发布错误百出而且庞大笨拙的产品。盖茨采用的是"蓝巨人"的策略，这家公司在计算机市场上起步较晚，但最终完全占领了市场："不要成为最初引入技术的人。做第二个，并以此赚钱。"这些西雅图人用他们的第一批客户作为产品测试员，由此开发出功能更完善的第 2 版。这还是他们有东西可以发布的情况。消费者可能会对此有怨言，但微软最重要的市场是企业用户。企业用户并不需要完美的产品，它们只需要足够好用的产品，同时它们需要迅速得到产品。

盖茨承诺向计算机制造商提供软件的事人尽皆知，而那时微软甚至还没开始设计软件。1983 年，硅谷风险投资家安·温布莱德为它起了一个名字：雾件。这个叫法一直流传了下来——盖茨和温布莱德第二年开始约会的时候，这个说法甚至流传得更广。爱情与忠诚促使温布莱德对微软的产品发布模式采用了更加正面的说法。"嘿，谈谈冒险的意愿吧！"她后来评论道，"公司先推出一个新产品，然后等这些反馈回来，想想这东西有多烂，然后去追寻正确的目标。"[29]

靠着一代又一代的软件与 Windows 的后续版本，微软逐渐深入到硅谷的领域内。然后在 1990 年 5 月，盖茨与微软公司发布了 Windows 3.0 并大获成功。微软终于发布了一个能够兑现其承诺的新的操作系统。盖茨骄傲的母亲玛丽·盖茨将 Windows 3.0 发布的那一天称为"比尔一生中最快乐的一天"。凭借 Windows 3.0 与后续在 20 世纪 90 年代初推出的升级版本，微软赢得了惊人的市场份额，并获得了苹果公司及其拥护者永远的敌意。DOS 系统的蓝色屏幕让位给了"所见即所得"程序，这些程序以 PC 平台的价格为用户提供了麦金塔电脑的易用性。与这个新操作系统捆绑在一起的是微软的产品，是对那个时代最畅销的软件进行模仿的产品。莲花软件公司有 Notes 和 1-2-3，微软公司则有 Word 和 Excel。

现在，有关微软公司的头条新闻不仅是在报道这位新时代的 CEO，也在报道一个正在占领市场的公司。"强大的微软正在滋生恐惧与嫉妒。"《PC 周刊》指责道。《商业月刊》将微软公司称为"硅霸"。在作为其竞争对手的科技公司的办公室隔间周围，工程师们神情严肃地将盖茨的公司比作"死星"。莲花软件公司的米奇·卡普尔忧郁地得出结论：微软横扫软件行业的毁灭性打击已经将 20 世纪 90 年代初的硅谷变成"死亡国度"。[30]

网络即电脑

比尔·盖茨对着硅谷火力全开的时候，斯科特·麦克尼利正热切盼望着一场战斗。麦克尼利是 1982 年合伙创办太阳微系统公司的 4 位研究生之一，他们创办的这家公司的爆炸式增长向硅谷展示了个人计算机所蕴含的市场潜力。

这是又一个只有靠着硅谷独特的生态系统才能取得巨大成功的故事：斯科特·麦克尼利和维诺德·科斯拉是斯坦福大学 MBA 班的学员，安迪·贝希托尔斯海姆是斯坦福大学的计算机科学家，比尔·乔伊是伯克利的工程师。再加上另一个来自伯克利的约翰·盖奇，他在整个 20 世纪 60 年代都在组织反战游行，成了太阳微系统的监护人——先是销售主管，后来又担任首席科学家。克莱纳－珀金斯公司的约翰·杜尔在离开英特尔成为风险投资人之后，最初的几笔投资之一就是为太阳微系统提供了资金。赌注的回报异常丰厚。到 1988 年，太阳微系统的年销售额超过了 10 亿美元，《华尔街日报》的报道将其 CEO 麦克尼利誉为"计算机行业中的破坏者"。他却享受着这样的关注。

麦克尼利出身显赫，他在绿树成荫的底特律郊区长大，是 20 世纪 60 年代美国汽车公司市场营销部门负责人之子。麦克尼利从他父亲那里懂得了优秀的市场营销策略的价值，而当他看着父亲的公司受到日本竞争者与更强大的国内竞争对手的重创时，同样从中学到了保持市场份额的惨痛教训。像比尔·盖茨一样，他进入哈佛大学就读，但不同的是，他完成了学业，获得了学位。从哈佛大学毕业后，他进入斯坦福大学商学院，成为微型计算机时代来临之际涌向西部追求财富的未来创业者中的一员。脾气和善、不爱说废话的麦克尼利是个工作狂、坚定的单身主义者和热情的自由主义者。当他最终找到伴侣组成家庭的时候，他为儿子起名马弗里克。他和他的合伙人完全沉迷于如何将太阳微系统公司打造为软件与硬件行业中的佼佼者。

太阳微系统公司靠工作站赢得声誉的同时，还为各种计算机开发出了能够在局域网中实现文件共享的软件——这在一个被固定的桌面电脑统治的年代实现了市场突破。太阳微系统公司的团队在 1987 年宣布了一项更为大胆的计划，这一计划对工作站的意义就像 IBM 个人计算机对个人计算的意义一样：他们邀请其他公司生产使用相同软硬件的克隆电脑。这一招奏效了，创造出了一个全新的工作站生态系统，这个系统逐渐通过路由器与网络连接在一起。

太阳微系统并非计算机公司，而是一家系统公司——它设计开发出自己的电路板与软件，然后外包或购买其他的部分。麦克尼利和他的同事预见到，未来的计算力在于回归由旧式分时系统创建的网络。相比于你把计算机连接起来并共享计算能力所能做到的，孤立的桌面电脑能够完成的工作微不足道。"网络即计算机。"太阳微系统的营销口号宣称。[31]

到20世纪90年代初,太阳微系统公司每90分钟就有100万美元入账,这吸引了硅谷的明星工程师与最活跃的经理人。没错,这里的工作节奏快得令人受不了,但同时也有只在硅谷才能见到的尤其激烈的恶搞氛围。除了每周五的啤酒会与大量团建活动,每年还会举办愚人节恶作剧,员工们拿公司的高管开玩笑,高管们则迎合他们。捣蛋鬼们常常选择破坏高管们的个人财产,包括他们的豪车。有一年,员工们把比尔·乔伊的车推进了池塘。几年之后另一群人把安迪·贝希托尔斯海姆的保时捷911挪进了他的办公室,并在里面放了一个很大的鱼缸。这些玩笑只有在受害者是千万富翁的情况下才有趣。[32]

令人不安的是,有时公司的这些"玩笑"会进入歧视女性的领域。每天早晨,工程人员都会启动支持公司运转的内部计算机系统——每台计算机都被其男性创建者起了女性化名字。为了与这些显著性别化的叫法保持一致,他们把启动计算机并联网的过程叫作"上"。一位女性工程师愤怒地向主管反馈:"每天早上我都不得不听着我的那些男同事在走廊上大喊'我正在上凯西'或者'我几分钟前上了朱迪,她正在哼哼'。"就像另一名女员工所说,在太阳微系统工作就像"住在男生宿舍里"。[33]

与先前的飞兆半导体公司和苹果公司一样,太阳微系统也催生了一个生态系统,既包括相关产品,也包括被连接在一起的人。其中有硅图公司(SGI),既是工作站开发商,同时也开发软件,能够为建筑公司与好莱坞工作室提供3D建模与先进图形功能;也有思科公司,该公司于1984年从斯坦福大学的人工智能研究院独立出来,公司生产的硬件将太阳微系统的计算机连接成网络,而其生产的路由器很快就会成为即将到来的网络时代的主要推动力量;还有MIPS,制造为工作站平台设计的微处理器与计算机系统。

太阳微系统与 20 世纪八九十年代硅谷生态系统中的其他公司高管——无论工作站生态，还是个人计算机生态——继续在下一世代的公司中担任着领导职务，而它们之前的半导体一代则变成了风险投资家。人们不断进入新领域，但仍留在这个行业中。这样的人才流动是硅谷所特有的，而位于西雅图的另一个高科技世界尚无法复制这一点。[34]

然而，更好看的收支平衡表并不意味着硅谷上空的阴云已经散去。向价格更高的硬件与基础架构的转变也提高了创办公司的成本。"过去只需要 1 000 万美元就足够让一家公司从创立发展到 IPO，"MIPS 公司的 CEO 鲍勃·米勒说，"现在则平均需要 4 000 万到 5 000 万美元。"这一领域大浪淘沙，零散的小公司变得更加少见了。[35]

即使芯片制造商规模庞大且发展势头良好，它们也无法再得到想要的东西。1989 年末，布什政府并未遵从包括詹姆斯·吉本斯这样的硅谷权威人物在内的政府半导体咨询委员会的建议（这位很久以前被派到肖克利半导体公司的助理教授，如今成了斯坦福大学工程系主任），宣布不再增加对半导体制造技术战略联盟的拨款，也不会有更多政企联合体。这笔钱"现在没有，以后也不太可能有"，布什的科学顾问斩钉截铁地对国会说道。而在硅谷，高科技界的巨头们觉得新任总统什么都不明白。[36]

然而仅几个月后，另一场更大的变故发生了。1990 年 6 月，鲍勃·诺伊斯因心脏病突然发作，于奥斯丁去世，享年 62 岁。半导体制造技术战略联盟失去了这位充满活力的总裁，硅谷的人们也痛失了一位技术先驱以及他们同华盛顿政治掮客之间最可靠的纽带。他的去世标志着时代更迭，那个逝去的时代曾由鲍勃·诺伊斯这样的人领导：穿着长袖衬衫、理着平头的工程师，他们是大萧条时代之子，被"冷战"塑造，他们是芯片与计算机终端这样的实体产品的制造者。[37]

仿佛是为了强调创始一代的退场，"冷战"迎来了终结。曾在20世纪80年代的动荡时期维持在高位的国防项目现在面临着当量的削减，这使加利福尼亚的经济被彻底颠覆。在洛克希德公司努力寻找非国防客户的时候，其位于桑尼维尔的工厂裁员超过1/5。到1991年，加利福尼亚总共失去了60 000个航空航天工作岗位。一直作为可信的时代风向标的《时代周刊》推出了一期封面故事，将硅谷称为"阴郁深谷"。[38]

虽然太阳微系统和其他诞生于新世代的公司在国防项目削减导致的混乱和微软的猛攻中受挫，但对这些公司的悲观预测却并未成真。这些公司仍在发展，且仍在创造新事物。这些新事物不仅仅是计算机与软件软盘，还有网络基础设施：由金属与模塑材料制成的设备，使计算机可以彼此通信、共享信息，并以指数级速度提升其计算能力。

淘金潮序幕

20世纪90年代初又发生了一件事，即硅谷的公司数量与技术工作岗位数量都明显超过了128号公路沿线地区。在布什第一届任期内，销售额达到甚至超过500万美元的硅谷公司的数量已经是128号公路沿线的两倍，在硅谷工作的高科技从业人员是后者的三倍。在高科技时代的头几十年，受到研究型大学和政府资金的推动后，这两个地区基本上是同步发展的。麻省理工学院保持着计算机科学研究领域巨头的位置，波士顿的其他实验室仍为翘楚，但是当毕业生决定进入私营部门时，他们通常飞快地奔向加利福尼亚。

因为硅谷已经发生改变，而波士顿还没有。小型计算机仍然是波士顿商业的核心驱动力，国防合同更是重中之重。最大的风险基金、最有经验的操盘手和最有雄心壮志的MBA学员全都在西部。波士顿缺乏生产新一代电子产品所需要的原材料，而到20世纪80年代临近尾声的时候，128号公路沿线最大的一些成功案例已经迅速被时代远远地抛在了后面。肯·奥尔森错过了微型计算机带来的机遇，这一点已经人尽皆知，而随着1983年个人计算机市场的异军突起，数字设备公司濒临破产。它削减了规模，东山再起，但在1989—1991年再次深陷困境，裁员超过一万人，不得不从运营预算中削减数十亿美元。在此期间，奥尔森一直担任公司总裁一职，但1991年时他不得不辞职并将公司的日常管理工作转交他人。[39]

王安公司没能赶上商用个人计算机市场的兴起，也没能跟上工作站崛起的步伐，迅速衰落了下去。1986年，王安最终放弃他35年前在波士顿北区一家店面中创办的公司的控制权，将权力转交给了他的儿子。事实证明，让家人来执掌公司是一个糟糕的商业决定，这位创始人几年后被迫将他的继承人免职。王安心爱的公司于1992年宣布破产。[40]

随着波士顿的衰落，高科技世界的能量果断地转移到了西海岸。硅谷不再仅仅是北加州的一个地名。硅谷现在是一个影响力遍及全球的网络指挥与控制中心，也是一条庞大供应链的中心，这一供应链从中国的代工厂延伸到以色列的研究实验室，再到太平洋沿岸多雨的竞争对手兼硅谷"分身"的西雅图。

20世纪80年代可能有些坎坷，但繁荣与萧条的交替是高科技行业的天然属性。其他地区可能会因为经济衰退与技术落后而一蹶不振，但硅谷自有其专门的生态系统，有风险投资人、律师、房地产商与研究实验室。硅谷有弗雷德里克·特曼的斯坦福大学，其"卓越尖塔"比以往任何时候都更为伟岸。这也意味着这个地区长期处于不稳定的状态，但也是不断更新的状态，在这样的状态下，新一代技术人员队伍会崛起并迅速取代老一代技术人员。

大卫·摩根塔勒参透这其中的奥秘已经有一段时间。虽然他一直希望机器人技术与人工智能能够重振中西部的制造业，但他在发掘出苹果公司这一处大金矿后就很快意识到"加利福尼亚会是下一个赢家"。虽然已经超过 65 岁，但他依然决定，只要能找到人协助，他就将投资业务转移到湾区。幸运的是，这个能够协助他的人就是他的儿子加里。作为公司运营者与投资人，加里曾在一系列高科技和生物科技公司中取得过巨大成功。克利夫兰的摩根塔勒风险投资公司于 1989 年搬至帕洛阿尔托，刚好在大卫·摩根塔勒初次造访 40 年后。[41]

第四幕

改变世界

绝不要沉迷于你自己卖的货。

——克里斯托弗·华莱士（"臭名昭著大先生"）1997 年 [1]

前 记

1990 年，斯坦福大学

"Shoe。"这是 1978 年杨致远来到加利福尼时唯一认识的英文单词。他当时只有 10 岁，失去了父亲，和他的弟弟随母亲一起来到了圣何塞。他们的母亲是一位大学教授，先是离开了中国大陆，然后又离开了中国台湾，为她的两个儿子寻找自由与财富上的机会。[1]

到 20 世纪 70 年代后期，类似杨家这种迁移路线已经变得十分普遍。在《哈特-凯勒法案》取消了长久以来限制亚洲移民数量的配额制度后仅十多年，美国的亚裔人口数量就激增至 300 万。他们到来时正赶上中产阶级的工作与住房从城市向市郊转移，从铁锈带向阳光地带转移，很大一部分新移民被吸引到美国西部太平洋沿岸不断扩张的城市郊区，比如圣何塞这样的地方。1970 年时，这座城市只有不到 15 000 名亚裔居民。到了 1990 年，亚裔居民数量增加到这个数字的 10 倍还要多，远远超过这个城市的总人口增长速度。[2]

从安迪·葛洛夫和查尔斯·西蒙尼等出生在欧洲的难民，到代工厂超净间组装芯片的亚裔和拉丁裔妇女，移民们已经在硅谷工作了很长一段时间。但是始于 20 世纪 70 年代的移民潮，无论规模与影响力，都是硅谷前所未见的。

从圣马特奥到桑尼维尔再到弗里蒙特，那些曾经全是白人的城郊住宅区现在已经变成充满活力的多元化社区，居民多是来自印度、中国的高学历优等生。他们创办报纸、开办企业，建起礼拜堂、学校与艺术中心。他们追随家人、大学同学和同事们而来，创造了一个又一个在美国少见的种族多元化社区。他们在高科技公司工作，或者创办高科技公司。到 1990 年，硅谷工程人员中有 35% 的人出生在国外。1990 年 H-1B 签证计划（使工程人员能够获得永久居留权）通过之后，这一数字继续飙升。[3]

杨致远成长为少年的时候，这场人口移民的大地震已经改变了硅谷。这个曾经害羞的移民小男孩也变了。他现在精通一切科目，从辅导班转到了高级英语班，在数学考试中名列前茅，还获得了网球比赛冠军。他是高中毕业典礼上的荣誉致辞学生，还是学生会主席。他参加了许多预科课程，在高中毕业之前就已经学完相当于大学一年级的课程。到大学申请季结束的时候，他已经选定要去的学校，还获得了奖学金。

杨致远选择了斯坦福大学，虽然他并未获得全额奖学金，不得不打零工付学费，但斯坦福大学离家很近，而且这里毕竟是斯坦福。他和弟弟喜欢在家中的苹果 II 上打游戏，不过他在高中时并不是电脑迷。但是正如他所说的，在硅谷世界学术中心的生活使他迅速成为"真正的计算机专家"，他甚至在四年内就获得了电子工程学的本科与硕士学位，并在 22 岁的时候开始攻读斯坦福大学博士学位。杨致远比其他研究生的年龄要小得多，因此在一部关于少年医生的热门电视剧《天才小医生》播出后，他的同学们给他起了"天才小医生"的绰号。[4]

杨致远出类拔萃，但并非个例。南部湾区的学校和斯坦福大学的教室中几乎都是像他一样美国化的孩子。他们是优等移民父母所生的优等孩子，他们是 MTV 时代生活在美国的世界公民，卧室里的苹果电脑和客厅里的雅达利游戏机陪伴着他们成长。他们恰好都在高科技产业即将带着他们这一代冲上云霄时长大成人。

带着他们扶摇直上的正是互联网。

19

信息意味着授权

喧闹声吵醒了鲍尔德斯通街上的所有居民。当时是1990年5月一个工作日的早上6点，圣何塞的探员们突击搜查了位于这个安静郊区街角的一间平房，追查一起高科技盗窃案，目标是一个18岁的大一新生，他在自己的卧室里运营着一个名为"亿万少年俱乐部"的BBS，拥有极高的黑客天分，甚至建造了自己的IBM克隆机，配备了全套有版权的软件。"这个年轻人相当聪明。"领导这次搜查的警官承认。然而他可能犯下了罪行。特工们当天并没有逮捕他，但他们所做的事却具有破坏性：没收了他的计算机，还有堆得高高的装满软盘的鞋盒。[1]

像这位"亿万少年俱乐部"的创办者一样的人还有许多。黑客们从大型计算机公司窃取软件代码，从电话公司窃取远程拨号指令，在网上彼此交易并通过邮件发送给其他程序员。这是盗打电话的2.0版本，是像乔布斯、沃兹和盖茨这样的计算机巨头曾经为炫耀他们的编程技巧所做的恶作剧的升级版。但是现在，通过在拨号网络服务基础上迅速发展壮大的留言板网络，连住在市郊的孩子都可以与他人建立起联系。如今整个美国企业界都依赖芯片和电子数据中的一个个比特与字节的运行，如果信息落入无关之人手中，将会造成数百万美元的损失。而由乔布斯、沃兹与盖茨创办的企业也已经发展为大公司，其封闭且享有知识产权的软件系统代表了一种黑客们极不信任的体制。

圣何塞的那场突袭只是当天在全美国进行的14场行动之一，在特勤局的亚利桑那州外勤办公室——这里领导了"太阳魔鬼行动"，共有150名特工高调参与了清剿。联邦政府共逮捕了3人，没收了42台计算机、超过23 000张软盘，自国会于1986年通过严格的计算机犯罪法案以来，他们一直暗中进行的这场战争就此引起了公众的关注。[2]

检察官坚持认为需要采取大胆的行动。"眨眼之间就能进行一次出于犯罪目的的计算机信息传输。"当这次突击搜查的新闻登上当年6月《纽约时报》的头版时，美国检察官史蒂芬·麦肯纳姆断言道。计算机自由与公民自由的支持者同样确信这次搜查违反了美国宪法。"第四修正案对搜查个人财产进行了严格的限制。"圣何塞坚定的自由派议员唐·爱德华兹大声疾呼。[3]

硅谷那些主张"信息需要自由"的人也被激怒了。在离开莲花软件公司后的几年时间里，米奇·卡普尔发现了WELL，在网络上开始了他的新篇章。卡普尔在WELL发布了大量帖子，都是关于他关心的议题：软件设计、隐私与言论自由。"太阳魔鬼行动"让他突然意识到所有聊天室在政府的窥探面前都十分脆弱。"被搜查的也可能是我。"他意识到。[4]

卡普尔在IBM收购莲花软件公司时获得了数百万美元，他为被指控的黑客们设立了一项法律辩护基金，并开始在他的朋友中募集资金。WELL的另一位常客约翰佩里·巴洛也是出资人之一，这次搜查让他回想起20世纪60年代以及一个"庞大而僵化，邪恶而高效"的政府。到那年夏末，卡普尔、巴洛以及其他几位高科技行业内部人士甚至更进一步，建立了一个新组织来对抗政府对计算机信息自由流动的威胁，并为这种在诸多方面都反抗旧式媒体的新媒体订立了新规则。他们将这个组织命名为电子前沿基金会（EFF）。昙花一现但富有影响力的网络繁荣年代的记录者《Upside》科技杂志将 EFF 称为"信息高速公路上的 ACLU"。[5]

对技术界来说，"开拓新前沿"的隐喻一直令他们难以抗拒，而网络世界的发展更是让硅谷纵情欢呼。"就像曾经的西部一样，"《信息世界》专栏评论家雷切尔·帕克兴高采烈地向他的读者宣告 EFF 的成立，"电子前沿是一个未知的领域，没人能够对其主张所有权，在这里很少有界限。"非法的黑客攻击是不幸的，但也无法避免。"大公司的数据库就像当年在新开拓的土地上运输贵重货物的富国银行的马车一样，一定会有人从什么地方朝骑手开枪。"巴罗在谈起网络世界的时候提到了大量有关约翰·韦恩的传说，还有寥寥无几的美洲原住民历史。"这里幅员辽阔且未经探索，在文化与法律上的地位都十分模糊，简而言之……难以界定，人人可得。"[6]

"太阳魔鬼行动"在沙漠的落日中逐渐被人淡忘，但它引出的有关网络空间的法律问题变得日益紧迫。就在联邦政府在圣何塞进行那次黎明前的搜查当月，一位名为蒂姆·伯纳斯－李的英国计算机科学家开始传播一条谦逊的建议，即采用泰德·尼尔森 30 年前提出的"超文本"概念来组织互联网上激增的信息。他将之称为"万维网"。[7]

互联

到 20 世纪 90 年代初，互联网已经有超过 30 年的历史，但仍然保持着自 1969 年创立以来一直具有的学术精神及其引以为傲的独立于商业的精神。卡特政府与里根政府强力推进的放松监管通信与信息产业的举措已使拨号上网业务变成竞争激烈的市场。神童网络与美联网已经拥有数以百万计的用户，数百个 Usenet 群组与 BBS 纷纷成立，但它们主要通过电话线连接，就像过去数十年间分时计算公司所做的那样。甚至 WELL 上的硅谷内部人士群组也依赖拨号网络。

然而，互联网的覆盖范围与用户群体正在迅速扩张。20 世纪 80 年代中期，美国国家科学基金会接管了阿帕网，并将其更名为国家科学基金网，这令计算机科学家们欢欣鼓舞，他们过去一直哀叹这一网络在国防部管理下发展缓慢。除了改变名字，国家科学基金网也改变了业务重心，专注于为学术研究人员提供服务，并将更多的学校接入网络。随着 DARPA 在超级计算机领域对抗日本的努力取得成果，联邦政府现在拥有 5 个全新的超级计算机中心，都需要高速与高容量的网络连接。国家科学基金网满足了这个需求。这还产生了一个出人意料的作用：由于接入网络的大学数量不断增加，成千上万的大学生现在可以在宿舍连接互联网，从而在精通技术的年青一代中推动了在线社区的发展。[8]

除了那些成为聊天室常客的大学生，国家科学基金网还向私营公司开放了互联网——前提是它们必须遵守该机构的"可接受的使用政策"，并且仅将网络用于通信而不是用于商业交易。虽然有这些严苛的规定，各家企业仍然急不可耐地进入了主干互联网。国家科学基金网比当时存在的任何其他通信方式都快，并且可以处理电话线路无法处理的庞大数据。1990 年，营利性运营商开始将超过 3 000 家商业用户接入这个网络。20 家最大的计算机公司通过国家科学基金网提供硬件、软件与咨询服务。曾经只有最忠诚的计算机科学人士出席的网络会议，现在挤满了穿着商务西装的男男女女。[9]

法国企业斯伦贝谢集团就是以这种方式使用互联网的公司之一。20 世纪 80 年代马蒂·特南鲍姆的大部分时间都在该公司就职，领导着一间位于硅谷的 AI 实验室。特南鲍姆——那个 20 世纪 60 年代离开 MITS 时买了足够读一整年的书籍的家伙——见证了网络通信数据量的增长，面对被错过的商业机会变得越来越沮丧。"各种东西来来去去，"他思考着说道，"但却没人能赚到钱。"在1987年的股市崩盘导致斯伦贝谢集团整合之后，特南鲍姆离开了公司并在斯坦福大学校园中得到一个职位，开始仔细思考如何为电子商务建立一套系统。

在与同事出外散步或者去林间长跑时，特南鲍姆提出了他的第一个想法：将传统的邮购目录转换为电子文件的形式，并通过当时已有约2 000万使用者的电子邮件发送出去。1990年他离开了斯坦福大学，获得了几笔DARPA资金，创办了一家名为集成技术企业的小公司，这家公司后来变成世界上第一家电子商务公司。只要互联网仍然禁止商业交易，通过拨号网络分享这样的文件就还是缓慢无比，但特南鲍姆对此毫不在意。他相信国家科学基金会最终将抛弃非商业化立场。[10]

值得一提的是，那个改变一切的创意并非DARPA与国家科学基金会或者这两个机构资助的产物。这个想法诞生于美国之外，是由位于日内瓦的欧核中心（CERN）的一名英国科学家提出来的。

虽然如此，蒂姆·伯纳斯-李这个想法的灵感却来自美国的黑客与自制计算机文化。他希望信息能够被组织起来，但他也希望信息能够自由而透明地流通。伯纳斯-李和他的CERN团队使用一台NeXT工作站（就像他所属的科研群体中任何一个有自尊心的成员一样）创造了未来网络世界的许多基础。超文本标记语言（HTML）为现今在互联网上传输的所有信息提供了一种通用的语言——无论文字还是图像。超文本传输协议（HTTP）是传输这一新语言的平台。邮件地址标准（统一资源定位符，URL）将这些内容定位到正确的位置。还有浏览器"万维网"，成了用户访问这一切的门户。[11]

1991年8月6日，当伯纳斯-李将服务器与浏览器程序发布到一个在线新闻组时，他便将强大的互联网通信渠道向非电脑专家敞开了，就像苹果Ⅱ 14年前向非技术领域的用户打开了微计算的世界一样。但与苹果电脑不同的是，"用户"不需要在当地的计算机商店中购买万维网，也不需要买一大摞软盘。虽然 Mac 和 Windows 之间的竞争愈演愈烈，但万维网与其位于瑞士的起源一样保持中立。万维网向所有人提供免费下载，并专门设计成可以与一切系统兼容，超脱于伯纳斯－李客气地提到的"数据格式的技术与政治斗争"。[12]

与此同时，在大西洋彼岸，互联网遭遇了严重的容量问题。随着越来越多的用户加入网络世界，这一已经进入中年的网络的速度与带宽都不够用了。用国家科学基金会召集来的全明星计算机科学家的话来说，现有的互联网"支离破碎、不堪重负、运行状况不佳"。一直以来美国都位于技术前沿，但是现在，日本和西欧却有超越美国的预兆。

科技界对开放互联网商业交易的呼声日隆，这刺激国家科学基金网上的商业运营商成立了一个贸易组织以游说国会，推动政策改变。当前迫切需要另一个能够真正实现"互联"的通用全球标准。伯纳斯－李的万维网客户端被下载了成千上万次，但其他的浏览器与协议也被大量下载。国家科学基金网采用了一些通用的规则与分类系统，其中包括有重大意义的 TCP/IP 软件协议。这一协议是温顿·瑟夫近 20 年在斯坦福大学开发的，允许不同类型的计算机互相通信。但这仍不足以适应互联网的发展速度，而且对成熟的商业互联网而言更是不够的。这时需要一个注重规则的成年人来掌控全局。[13]

田纳西绅士

阿尔·戈尔登场了。这位一向没什么影响力的众议员现在成了一名参议员。与许多其他雅达利民主党人不同的是，戈尔长期以来一直既是计算机拥护者，也是计算机用户。在个人计算机市场刚刚起步的时候，他就宣称微型计算机创造了"能够优化我们的资源分配以及探索新领域的全新机会"，并为他的议员同僚们组织了计算机课程。他定期邀请顶尖的计算机科学家来到他的办公室，介绍硬件与软件行业的新趋势。他有三台家用电脑，并且当时正在使用一台早期笔记本电脑写作《濒临失衡的地球》，这本书后来成了畅销书。他会参加计算机产业会议，为《科学美国人》撰稿，还能熟练地使用 VLSI、AI、RAM 和 ROM 等相关术语。更重要的是，他是婴儿潮一代，时常引用 E.F. 舒马赫的话，还听"感恩而死"乐队的歌。[14]

这个田纳西人的立场属于中间派，崇尚以市场为中心、技术至上。他相信引入强大并且连接网络的计算机能够在教育、经济与民主交流方面开辟崭新的领域。发展技术不仅仅是一项政策，还可以解决其他政策问题。戈尔早在 1988 年就曾参选总统，且很有可能在 1992 年再次参选。对这样一个志在当选总统的人来说，强化互联网并将之商业化可以作为一个标志性的议题——"信息高速公路"可以为 20 世纪 90 年代初衰退中的美国经济注入一剂强心针。[15]

戈尔或许是新技术的早期使用者，但他并不是孤军奋战。20 世纪 90 年代初，新的一波热潮正在高科技产业酝酿，而政府采取的举措有可能成就也有可能破坏互联网未来兑现诺言的能力。1991 年 12 月，仅在蒂姆·伯纳斯－李发布其网络浏览器之后 5 个月，两党一致同意通过戈尔推动的《高性能计算法案》。布什总统公开赞同这一法案，众议院少数党领导人纽特·金里奇也表示赞同。这一法案开启了一个拥有更好的标准和更快、容量更大的网络连接的时代，同时仍然完整保留着互联网"去中心化"的民主结构。正如马蒂·特南鲍姆希望的那样，国家科学基金会之后很快开始拆除线上花园的围墙，修改了"可接受的使用政策"条款，允许在线商业交易。[16]

米奇·卡普尔及其与之打交道的人毫不掩饰他们对政府的反感。与他一同创办 EFF 的除了巴罗，还有约翰·吉尔莫。作为拥有数百万美元净资产的太阳微系统公司的早期员工，吉尔莫还是"密码朋克"背后的关键人物。"密码朋克"是一个自由主义黑客组织，致力于创造基于密码学的货币与通信系统。他们所追求的未来是脱离政府控制的"密码无政府主义"的崇高状态。[17]

也许是因为他一直往来于东西海岸之间,卡普尔明白变化并不总是意味着要冲开路障,还可以从内部改变体制。1988年,他为迈克尔·杜卡基斯提供了10万美元资金用于竞选总统,而且他与负责制定电信政策的委员会主席、马萨诸塞州众议员埃德·马基关系密切。除了领导EFF,卡普尔还担任了1991年新成立的一个商业互联网提供商游说小组的主席。

身兼二职的卡普尔于1992年春天来到国会山,强调保持互联网自由的重要性,并警告说,不要让互联网的结构与管理被少数几家私有企业把持。大型电信与电缆企业早已对商业互联网虎视眈眈,他担心这个系统"去中心化"与中立的精神正岌岌可危。"新的信息基础设施不会一蹴而就,"他警告道,"既无法通过大量投入公共资金来实现,也不会通过少数大亨的私人资本来实现。"几十年来,互联网很大程度上一直作为学术性的思想"沙盒"而运作,其迭代与协作并不受股市行情与季度盈利报告的影响。政府的角色是确保商业竞争、扩大接入覆盖、允许言论自由,并保证这个系统不会被任何单个组织一手遮天。[18]

听证室几乎是空的——只有马基、戈尔和几名对此有足够了解并报以关注的委员会成员——但卡普尔传达的信息在听众中引起了强烈共鸣。在那个鲜有立法者了解互联网是什么,更不用说几乎没有直接体验互联网的方法的年代,这一小撮高科技行业的推动者和基本是民主党人的政界人士开始描绘未来网络世界的蓝图。[19]

重新发明

恰在此时,技术界被匆匆卷入1992年的总统大选。就在高科技大亨卡普尔在国会山就互联网政策发表深思熟虑的细致评论的同一周，总统候选人比尔·克林顿与杰里·布朗像不守规矩的小学生一样正在争吵不休。阿肯色州州长克林顿在 1992 年的初选季中艰难挣扎，其中多起事件是自作自受——因长期婚外恋被抨击指控，年轻时试图逃避征兵被揭露，以及他承认曾经吸过大麻但"没有吸进肺里"。他成功抵挡住了同样为人熟知的高科技面孔保罗·聪格斯先前发起的强大挑战。在纽约州初选最激烈、总统提名已经近在眼前时，克林顿不得不面对做出了大胆承诺、破釜沉舟参与这场竞争的布朗。

早在 1982 年竞选参议员失败之后，这位加利福尼亚州前州长退回到了轻松的公司法世界，离开了政治中心。现在布朗重新出山、重拳出击，矛头直指克林顿的妻子希拉里，抨击她的律师事务所与企业有利益牵连，还谴责克林顿"每周一丑闻"。克林顿几乎难以克制自己的暴躁脾气，他对布朗颇受欢迎的超简单固定税率提案嗤之以鼻，称这只会使富人受益，并要求布朗通过公布自己的纳税申报表来公开自己庞大的净资产。加利福尼亚人获胜希望渺茫，但他那好斗的局外人形象在这个刚刚经历了经济衰退的大选年很有市场。当克林顿在史坦顿岛渡轮上向早上上班的人打招呼时，他不得不忍受路人高喊"加油，杰里！"或"布朗，冲呀！"[20]

更加凸显了这种对不同类型政客的渴求的，正是另一位似乎最不可能的角逐者，他加入了竞赛，他就是 H. 罗斯·佩罗。

佩罗虽然是第一位竞选总统的科技大亨，但他没有花太多时间谈论他赖以发家的计算机软件和硬件（更不用说帮助他做到这一点的医保合同了）。相反，他把自己包装成纯粹的白手起家的商人，一个直言不讳的人，许诺将收拾华盛顿的烂摊子并解决经济问题。佩罗抛弃了他多年来对共和党的忠诚（同样彻底放弃了他与得克萨斯州同乡乔治·布什之间长年的友谊），以独立候选人身份参选。他一如既往地蔑视政治，在 CNN 广受欢迎的拉里·金现场节目上宣布参选，并向曾写信劝他参选的"寻常百姓"宣誓效忠。布什的支持者认为他是个怪人,克林顿的支持者则将他视为有线电视上的苍蝇,但到 6 月的时候,在民意调查中佩罗已经与他的这两名对手不相上下。[21]

在争取科技界群体的人心时,结果则是一边倒。虽然杰里·布朗与硅谷渊源颇深,H. 罗斯·佩罗当了 30 多年的计算机行业巨头,但比尔·克林顿已经进行了长达两年的魅力攻势,说服了新兴经济的巨头让他作为他们的代言人,而他的努力即将结出硕果。

几年前,大约就在开展"太阳魔鬼行动"的特工们破门而入的时候,拉里·斯通接到了一通电话。在担任过两任市长之后,斯通回到了桑尼维尔市议会,他的其中一位同事是里吉斯·麦肯纳的妻子戴安娜(她参选议员的部分原因是受到斯通的鼓励)。虽然硅谷在两次总统选举中都支持罗纳德·里根,而且硅谷许多 CEO 都是共和党的支持者,但高科技界的底层成员大多稍微偏向左翼。与总统的政治立场相比,硅谷需要的只是一位合适的候选人。因此,当比尔·克林顿最亲密的政治助手克雷格·史密斯在春季的某一天给斯通的办公室打电话时,斯通拿起了听筒。"克林顿州长计划来访。斯通能帮忙组织一场募捐活动吗?我们最近很难吸引人们参加这种活动。"史密斯满怀歉意地说。

斯通瞄了一眼日历,心沉了下去。他有一张那天的棒球门票,正好是奥克兰运动家队的比赛。当时是成为 A 队球迷的好时机——运动家队在 1989 年赢得了 MLB 世界大赛,当年正向着再次夺下冠军三角旗前进——而且拉里·斯通不想为了那个希望不大的南方州长错过一场精彩的比赛。但是,他是民主党的忠诚一员,只好不情愿地答应了。

斯通回忆道,劝说他的朋友们参加这次活动就像拔牙一样困难,但随着那晚活动的进行,比尔·克林顿超出了所有人的期待。这位年轻的州长对技术知之甚少,但他愿意学习。房间里的每个人都受到了克林顿的礼遇：仔细聆听并提出了许多问题。克林顿有一种特殊的天赋，能让与他谈话的人觉得自己是宇宙中最重要的人物，哪怕只是短短一瞬，这种天赋正中硅谷红心。硅谷这个地方的人自尊又自傲，特别在意别人能否欣赏其高光时刻。[22]

这场活动只是开端。在克林顿正式宣布参选之前不久，他与戴安娜和里吉斯·麦肯纳在旧金山装修豪华的费尔芒特酒店中进行了一次私人会谈。他们三人讨论了技术，也讨论了政治。"有没有隐藏的"威利·霍顿"*？"戴安娜问克林顿，她指的是共和党人曾经用来破坏迈克尔·杜卡基斯1988年竞选活动的种族主义把柄。在得到克林顿绝无此事的保证之后，麦肯纳一家成了克林顿热情的早期支持者。[23]

硅谷群体不仅仅是竞选活动的雄厚资金来源。他们聪明且手握权力，他们正在建设未来。克林顿出生于阳光地带，崇拜白手起家的创业者，他主张保护弱势的公共部门，又被私营部门的财富吸引。硅谷的高科技群体正是他想要保留的那种公司。"他十分机敏，平易近人，还受过技术训练，"一位CEO热情洋溢地说，"他听进了我们的话。"[24]

戴夫·巴拉姆是当晚被克林顿说服的人之一。像其他许多人一样，巴拉姆年轻时从海军退役，来到了西部，被这个地方迷住了，他曾经委婉地说这里"每天都有梦想被实现"。他于1969年在惠普公司开始了他的职业生涯，同年，戴维·帕卡德前往华盛顿，在尼克松政府中担任国防部副部长。虽然巴拉姆的政治倾向偏左而非偏右，但他老板的举动向他表明，同时作为科技界领袖与政治家是可能的。20世纪70年代末，他与里吉斯·麦肯纳的妻子戴安娜一同竞选桑尼维尔市议会议员。戴安娜当选了，而巴拉姆没有，但他与

---

* "威利·霍顿"出自1988年老布什参选总统时发布的一系列广告，用于攻击竞选对手杜卡基斯的"周末休假计划"，该计划允许一级杀人犯周末外出休假。当时美国有一名黑人杀人犯威廉·霍顿利用该计划屡次实施犯罪，并得以免除死刑。这一系列广告发布后有力地打击了杜卡基斯，后被引申为政治打击。——编者注

麦肯纳夫妇一直是好朋友，他们因为同属于科技界少数敢于直言不讳的孤独民主党人而走到了一起。巴拉姆急切地想向国家党派领导人分享他所知道的一切，因此他把看好科技政策的建议书雪片般寄给从吉米·卡特到迈克尔·杜卡基斯的每一位民主党总统候选人。他一直未得到答复。

随着硅谷明星的崛起，巴拉姆在政策专家中找到了更加愿意聆听他在教育与技术经济方面的想法的听众，包括他于1987年初次结识的希拉里·克林顿。五年后，巴拉姆的财富与业内人脉进一步增加——他曾是高性能计算的明星企业硅图公司的早期雇员，之后又跳槽到苹果公司担任高级职务——但他仍然希望找到一位有着与他一样的硅谷世界观的民主党领袖。他相信克林顿正是他要找的人。鉴于不景气的经济状况以及硅谷与布什政府之间的冷淡关系，现在正是吸引一些共和党人转投克林顿的好时机。[25]

巴拉姆斗志昂扬、整装待发，他于1992年春天向苹果公司告假，全力投入了克林顿的竞选工作中。他凭借数十年来个人与职业上的人脉，组织了一场克林顿与硅谷最重要的一些CEO的私人会面，其中包括毕生支持共和党的苹果公司的约翰·斯卡利与惠普公司的约翰·杨。说服杨可能是巴拉姆最大的收获，但也可能是最难取得的成果——毕竟他曾担任里根的产业竞争力委员会主席，还与布什阵营的许多内部人士保持着密切联系。

克林顿走进房间开始讲话，25个富有且位高权重的人听着。杨记下了大量笔记。克林顿在某些议题上听起来与早年的帕卡德有些相似之处，他提出要建立一个帮助人们自力更生并对教育与研究进行投资的政府。他重提了10年前加里·哈特和其他人提出的主张，即有必要围绕朝阳产业发展经济并实现贸易政策的现代化。强调了高科技——硅谷高科技——对这个国家未来的重大意义。他理智、谦虚，而且显然很聪明。这群人对他印象深刻。结束之后，克林顿径直走向约翰·杨,用一位旁观者的话说,杨热情得"话如泉涌"。[26]

在那之后不久,一个酷热的 7 月天,克林顿在阿肯色州的一项行动彻底确立了他重视技术的形象。他宣布阿尔·戈尔将成为他的竞选搭档。鉴于克林顿和戈尔都是 40 多岁,而且来自相邻的州,这一选择令人惊讶。为了最优化选票的效果,副总统候选人通常会选择在各方面与总统呈现差异的人,但克林顿承诺戈尔将会是另一类副总统。他将与克林顿平起平坐而非作为下属,他将负责一系列事项,包括成为美国的"技术沙皇"。

在过了这么久之后,戴夫·巴拉姆终于找到了愿意读他的建议书的人。不仅如此,戈尔本人还请他优化竞选活动中用到的科技政策纲要。巴拉姆则邀请了约翰·斯卡利、米奇·卡普尔等人加入。卡普尔对政客们大胆的承诺半信半疑,但他察觉这正是唤醒仍在沉睡的互联网方面的政治家与商业家的行动。"这是心理层面的,"他对一名记者说,"如果人们认为国家有可信赖的领导者,他们就会准备好开始行动。"[27]

到了 9 月,往常对政治保持沉默的硅谷大声宣布了效忠对象。杨、斯卡利和其他 30 位科技界的高管公开表示支持民主党候选人。"我仍然是一名共和党人,"斯卡利说,"但我投票支持比尔·克林顿,因为我不相信美国的工业能经得住布什总统再折腾四年。"当他表态的时候,芯片战争的幽灵仍然在约翰·杨的脑海中盘旋。他在华盛顿做的所有工作都没能带来政策上的太大改变。"克林顿了解商业与技术,也了解对有熟练技术的劳动力的需求。"杨说。施乐集团首席执行长保罗·阿莱尔补充道,"比尔·克林顿展示了他的意愿",就是与高科技企业合作以应对海外竞争,"而布什没有"。[28]

这些认同震动了这个联系紧密的行业。当时仍是硅谷共和党人幕后首脑的戴维·帕卡德发出了一封言辞激烈的信作为回应,他在信中责备自己的老朋友们被"卷入比尔·克林顿热气球的上升气流中"。随后,帕卡德又召集了另一群高科技行业高管,签署了一封支持乔治·布什的信。但当这封信于 10 月中旬发布的时候，双方的政治局内人都明白民主党将获胜。[29]

虽然这两次认可都来得太迟，不足以影响最终的选举结果，但 1992 年的总统大选对高科技行业与政治党派而言都是一个分水岭。硅谷不再是商业部门的"余兴节目"，而是强有力的参与者。民主党人则是硅谷的盟友。克林顿的竞选主题是《不要停止思考明天》。硅谷正是那个"明天"——无论是硅谷生产的产品，还是运营公司的方式，他的支持者也强化了这样的信息，用克林顿一位助手的话说就是，克林顿不是"一个传统的大量征税、大笔支出的民主党人"。[30]

首席极客

克林顿获胜将他在高技术行业中最重要的一些支持者推到了政治聚光灯下。当华盛顿的环路上关于斯卡利和杨是否会在总统内阁中担任职务的传言甚嚣尘上时，两人都接到了令人羡慕的邀请，参加了新当选的总统于 1992 年 12 月中旬在小石城举办的经济峰会。斯卡利理智、轻松又上镜，他一直喜欢就技术与未来发表大胆的见解，并且很高兴能有机会在大舞台上扮演政策专家的角色。"当前 10 年最大的变化将是工作本身的重构，"他对召集来的专家们说，"在这种新型经济中，战略资源将不仅是石油、小麦和煤炭这种来自大地的资源，还有在我们的脑海中产生的思想与信息。"[31]

一个月之后，在新任总统首次发表国情咨文讲话时，斯卡利发现自己正坐在希拉里·克林顿的右手边，她左侧坐着的则是另一位前共和党人，美联储主席艾伦·格林斯潘。这一选择充分说明了新的经济秩序与克林顿班底对重塑政企关系的计划：一边是硅谷，另一边是华尔街，中间则是特别强势的第一夫人。

约翰·斯卡利坐在最佳席位上听取 1993 年美国国情咨文报告数

日之后，克林顿与戈尔就飞赴西部，沐浴在硅谷的冬日暖阳之下，并进行了一些关于高科技的热烈讨论。首先是在一间位于洛斯加托斯时髦郊区的小酒馆里，与他们在顶尖高科技界的一群亲密支持者共进晚餐。里吉斯·麦肯纳坐在克林顿旁边，戴夫·巴拉姆则坐在戈尔旁边。新任总统小口喝着不含咖啡因的健怡可乐，而他的副总统"用诗一般的语言讲述着吉比特的'格式塔'"。近三个小时后，从餐厅走出来的克林顿和戈尔受到了上千名激动的当地人的欢迎，他们在这个寒夜一直等在门外。克林顿与戈尔不停地与人握手并逗弄婴儿直到深夜。这在洛斯加托斯前所未见。[32]

主要的活动则被安排在次日。"政策专家与计算机书呆子们会面，"一位当地记者这么写道，"双方旗鼓相当。"两位领导人驶入硅图公司总部，参加了由公司 CEO 埃德·麦克拉肯主持的市政厅电视直播会议。麦克拉肯说话细声细气，扣子扣得一丝不苟，留着一头孩子气的披肩金发，他也是一位倒戈的民主党人，同时还是受过戴维·帕卡德的创业者精神激励的惠普公司老员工。硅图公司一直以来都是在华尔街最成功的硅谷公司之一，它为好莱坞大片创作的炫目特效，明显使其比那些生产米色盒子的硅谷同行更具魅力。硅图公司创造出了普通人也能看到的炫酷技术，麦克拉肯认为现在正是进行这类接触的好时机。"随着一家公司的销售额接近 10 亿美元，"他沉思着说道，"它应当在其群体中扮演一些更加明显的角色。"[33]

在一场远程视频聊天的演示之后（戈尔挥了挥鼠标，克林顿则惊讶地看着），两位领导人宣布了联邦高科技计划，其中包括许多硅谷高管多年以来梦寐以求的东西：在新技术研究方面投资 170 亿美元，更多类似半导体制造技术战略联盟的同盟组织，永久性的企业研发经费税收扣抵，光纤信息基础设施，等等。在过去 10 年出现这么多政治辩论、报告与委员会之后，民主党人又回到了 10 年前的起点。高科技行业似乎正要面临一项国家产业政策。[34]

戴夫·巴拉姆把这一提案转给了正在等待的记者们。"自从南北战争以来我们就在制定产业政策。我们修建了铁路和运河，提供土地建立了大学，"他解释道，"政府与私营部门之间一直有着联系，这是我们认为最高效的方法。"硅谷并非人人都同意这一点。招摇浮夸的赛普拉斯半导体公司 CEO T.J. 罗杰斯是狂热的自由主义者，他也曾在 20 世纪 80 年代将诺伊斯领导下的芯片制造商痛斥为"哭包"。他对克林顿主义者的认真态度嗤之以鼻。"我坚决反对人为选出赢家与输家。"他说。但对于当天在会议室里的工程师们而言，他们被克林顿的魅力与戈尔的技术天分彻底折服。"我只想说，我没有投你的票，"一名员工在问答环节后悔地向新总统承认，他的话在现场引起了一片笑声，"我希望当时投的是你。"[35]

技术沙皇

虽然当天下午在硅图公司进行了大张旗鼓的宣传，科技界名人也"入轨"白宫，但戈尔作为高科技关键人物的工作比看上去要难。一方面，他要掌管的整体政策覆盖面较大，这使他所能调动的人力资源有几分捉襟见肘。副总统的精英政策小组忙于解决诸如贸易、环境与"政府重塑"计划——戈尔雄心勃勃地计划精简政府机构规模并使之现代化——之类的大问题。另一方面，克林顿团队也推出了雄心勃勃的计划，包括财政刺激与减少赤字、医疗保险改革、福利改革与自由贸易。各种政策"作战室"如同雨后春笋一样出现在旧行政大楼。

1993 年，普通人——以及无技术背景的政策制定者——仍然难以理解技术议题。在克林顿的白宫政府中，人人都有电子邮件账号（当年 3 月，克林顿高调地发送了第一封由总统发出的电子邮件），但只有最敬业的极客才会用这个账号与这栋楼之外的人交流，更不要说其他城市或国外的人了。网络联网的原理甚至让克林顿政府中一些级别最高的人都感到迷惑不解，其中包括国家经济政策负责人、华尔街的亿万富翁罗伯特·鲁宾。"我还记得第一次向鲁宾展示一个网页浏览器的时候，"白宫技术政策顾问汤姆·卡利尔说，"他问我'这是谁拥有的？'"卡利尔回答说没人的时候，那位金融家简直不敢相信。[36]

因此，克林顿-戈尔团队在咨询行业领袖们之后提出的"信息高速公路计划"并没有引起华盛顿政治圈内人士太多的关注。这个计划现在被称为"国家信息基础设施"（NII），它于1993年9月开始执行的消息，基本上淹没在媒体对政府医保改革法案的报道之中。值得注意的是，虽然这项政策本质上是关于电信监管的，但克林顿却任命了来自商务部而非联邦通信委员会的官员来负责。克林顿的商务部长是罗恩·布朗，一位手腕强硬的政治调停人，也是民主党前主席。自赫伯特·胡佛担任哈丁和柯立芝的商务部长以来，他是担任这个职务的人中地位最显赫的成员之一。将NII置于商务部管辖的信号表明，"信息高速公路"涉及技术与高技术产业，但其核心仍是一项经济政策。[37]

"信息意味着授权——与工作机会。"报告宣称。NII将克服"地理与经济状况的限制，为所有美国人提供公平的机会，使他们能够充分实现其才华与野心。"然而，抛开其大胆的措辞，这一计划不会成为由政府赞助的登月工程的翻版。它甚至不会成为又一个洲际高速公路法案。"信息高速公路"将由私营部门建设、拥有并运营。政府的主要角色是监管，而这预先放松大量管制，消除长期以来将电信、电视与高科技行业划分为不同市场的阻隔。[38]

戈尔提案中"商业优先"的方法令电信业和有线电视行业感到高兴，却让高科技行业中的左翼感到担忧。数周之内，60个利益集团宣布将组建联盟，以争取让"信息高速公路"免受大型企业影响。那些反对白宫的群体包含了反对"战略防御倡议"的斗士，即计算机专业人员社会责任联盟（CPSR）的成员，他们现在从EFF那里获得了可观的资助。CPSR警告称，由公司经营的"信息高速公路"会让赛博朋克小说里的情景成为现实。"不需要小说家的想象力就可以认识到，权力的迅速集中以及电脑、电缆、电视、出版、广播、消费电子、电影与其他行业中大公司的兼并所隐含的风险。"互联网上什么可以发生、什么不可以发生，不应当由任一个集权当局来决定；互联网自律的混沌状态正是其强大力量之源。"网络空间的生活似乎正在被塑造成托马斯·杰斐逊所期望的那样，"米奇·卡普尔写道，"构筑在个人自由至上的基础上，并对多元化、多样性与共同体予以承诺。"政治家不应当来捣乱。[39]

但是在1993年将尽的时候，一个更加棘手的问题出现了——这个问题直指EFF成立时的隐私问题的核心。由于越来越多的数据在互联网上传播，非法黑客不断增多，情报界开发出了一种被称为Clipper芯片的无法攻破的新加密技术。这种加密隐私正是计算机制造商长期渴望的，因为这允许他们为不熟悉技术的用户提供更高级别的安全性，但这种芯片也带来了一些麻烦。联邦政府计划保留用在Clipper芯片上的密钥，使政府能够解锁任何安装了芯片的软硬件。坏人无法窥探人们在网上干了什么，但政府可以。

这种联邦政府不受限制的窃听权力的前景超出了硅谷的言论自由斗士们的容忍极限。CPSR发言人称，无论在哪种情况下，都不应当存在能够让第三方势力接触到人们信息的后门，哪怕掌握Clipper芯片密钥的是"特蕾莎修女与教皇"。大型科技公司同样讨厌Clipper芯片。在它们的产品上附带一份美国政府的间谍设备，会损害它们向国内消费者销售产品的形象，同时也会严重影响它们培养海外市场的能力。如果一家中国公司知道这意味着CIA可以查看它的每一份电子表格或电子邮件，它为什么还要购买微软办公软件？[40]

副总统对此顾左右而言他。1994年2月，对"国家信息基础设施计划"的讨论已被关于Clipper芯片的争议淹没，戈尔向他的技术界朋友保证这一计划尚未"最终确定"。愤怒的情报官员指责白宫摇摆不定，他们威胁称这将损害国家安全，但反对 Clipper 芯片的势力最终取得了胜利。"是的，要加密"，克林顿的团队裁定，但并不只有一种标准，同时掌握解码密钥的第三方也并非一定是政府。"Clipper 完蛋了，"EFF 执行主席杰里·伯曼高兴地说，"戈尔在保护隐私和安全方面各迈出了一大步。"[41]

Clipper 芯片或许没能成功，但对于执法人员能否窥探数字世界的争议成了硅谷和华盛顿之间的一大痛处，一直延续到千禧年，并且随着可以记录个人一举一动的移动设备的出现而进一步加剧。阿尔·戈尔的一些早期支持者一直没能原谅这位副总统从一开始就与这个可怕的芯片有所关联。"正是那时，我们认清了戈尔对国家安全状况的维护多于网络空间，"约翰·佩里·巴洛叹道，"阿尔·戈尔是个蠢货，还是个独裁主义者。"[42]

在 20 世纪 90 年代的头 4 年——当时 97% 的美国人都无法接入互联网，而且需要通过拨号连接与纯文本界面上网，政策制定者与推动者为即将到来的网络世界制定了关键的基本规则。而华盛顿的这些政策制定者没有做过的事也许与他们做了的事同样重要：他们没有把网络置于集权控制之下，无论是联邦政府，还是类似"贝尔大妈"那样的网络时代的私有垄断企业。

相反，互联网一直保持着学术化的根源，一直是一个"去中心化"的网络世界，无人能够控制它。电子通信无法定量配给，特工们无法刺探，而米奇·卡普尔的小规模独立的杰斐逊式愿景可以开花结果。在一切都越变越庞大——政府、企业、社会组织系统——的一个世纪之后，规模较小且网络化的企业取得了胜利。那些质疑何为进步，在机器中寻求灵魂，并让计算机变得个人化的"越战世代"现在掌握了权力，而商业互联网正是他们的辉煌成就。

20
硅谷西装客

只要看到那些黑色的林肯城市汽车，你就知道华尔街的人又来了。在 20 世纪 90 年代末那段令人眼花缭乱的日子里，整个硅谷到处都是他们，当时纳斯达克股票正节节攀升，人人争先恐后地想从中分一杯羹。如果停车场里有一辆林肯城市汽车，这就表明那些东海岸的资金经理来献殷勤了，想要得到机会承销又一家互联网公司的 IPO。他们一走进房间就很难不注意到，他们价值 3 000 美元的西装与丝绸领带在加利福尼亚休闲风的 T 恤与短裤海洋中显得与众不同。久而久之，这些来访者渐渐熟悉了硅谷的穿衣风格。第二次来访的时候，他们就不会打领带，第三次他们就会换上运动外套与卡其布衬衫。那些开着林肯城市汽车的银行家从来没有穿过全套硅谷风格的衣服，但是他们努力试过了。

20 世纪的最后几年，互联网的惊人增长甚至超越了最乐观的预测，这使硅谷受到了前所未有的关注。硅谷完成了蜕变，不再是一个地方，而是代表了一种思想，变成了高科技产业的代名词，这个产业的产品几乎改变了世界上工作、学习与娱乐的每一个方面。相较于 20 世纪 90 年代，80 年代所创造的让人们开上兰博基尼、喝上夏布利葡萄酒的财富都相形见绌。在因个人计算机而欢欣鼓舞的 1983 年夏天，纳斯达克指数不过升至略高于 300 点。而在 2000 年 3 月，纳斯达克指数突破了 5 000 点。在比尔·克林顿担任总统的 8 年间，这一以科技股为主的指数上涨了将近 600%。[1]

但股票价值的飞速增长只是衡量网络时代改变美国经济的指标之一。普及软件得以现实中的硬件设施为基础：铺设数百万千米的铜缆，实现宽带连接，将路由器与服务器接入一间间办公室、一座座学校与一套套住宅。传统的商业公司花费数十亿美元改善其在网络时代的运营。与消费者和其他公司之间的交易都已经迁移到线上。从白宫到国会山的会议室，整个华盛顿特区都在引导公共投资加速涌向互联网。自由贸易热潮席卷全球，为美国科技公司打开了巨大的劳动力市场，也扩大了产品的用户群。

累计投资令美国的经济充满活力。GDP 连续十年保持增长，这是美国有史以来最长的和平繁荣时期。互联网只需几毫秒就能完成交易，消除了时区与语言的障碍，使硅谷成为全球商业网络的指挥控制中心。硅谷公司的独特商业文化早在微芯片年代就开始渗入大众意识之中，现在已经从人们感到好奇的对象变成了可以效仿的榜样。商业创新意味着抛开束缚，增强软件工程团队，并在楼后建一个排球场。

而这一切发生的速度之快令人震惊。《纽约时报》的科技记者约翰·马尔科夫在 1993 年 12 月初发表了第一篇关于万维网的报道。"在接下来的 4 年里，"他回忆道，"我就像是被一辆重卡碾了过去。"互联网变成了之后 10 年最大的新闻，作为改变世界的力量终结了 20 世纪并开启了 21 世纪。像马尔科夫这样的记录者——从自制计算机年代以来就居住在帕洛阿尔托的当地人——在试图解释这一全新世界的技术基础并记录其令人震惊的迅猛成长的过程中，发现自己的署名文章逐渐从商业版的背面移到了首页。科技变成了杂志出版行业最新的热门话题，催生了一大批以湾区为中心的月刊，如《连线》《红鲱鱼》

与《行业标准》。在1994—1999年,《时代周刊》与《新闻周刊》至少刊登了34篇关于高科技经济及其行业领袖的封面文章。[2]

网络热潮的终结也显得不同寻常,尤其是非理性繁荣于2001年迅速破灭,20世纪90年代的繁荣与之一同消亡更是令人意想不到。然而,硅时代的这一篇章也显示出与先前相似的模式,不过规模要庞大许多。从大学教室与实验室里走出了带着新点子的年轻人,他们遇到了风险投资人,投资人给了他们资金与建议,并将他们引进这个行业的专业关系网。硅谷的律师帮助年轻的创业者完善了细节。房地产大亨们把上一代留下的办公园区给下一代开垦了出来。科技界内外的传教士都在传播硅谷魔法传奇,催生了新一代"奇迹男孩",并使美国的领导阶层相信这确实是一次永无止境的增长。

相同的还有那些西装客:不仅包括华尔街的银行家,这些穿条纹西装的人随着纳斯达克指数的上涨而增多;也包括把华盛顿与硅谷之间的破旧小径变为轰鸣不止的高速公路的政客与政策专家。

一切都始于一个浏览器。

"巫师"

约翰·多尔喜欢超前5年思考未来。1974年时,这个来自圣路易斯州莱斯大学的毕业生刚成为哈佛大学商学院新生,他当时就对硅谷风险投资的前景非常着迷,打电话给那些从未联系过的公司,看看有没有哪家公司能给他一份工作。但当时的市场正处于最低点。"忘了风险投资这一行吧,"风险投资人对他说,"去英特尔为安迪工作。"多尔在英特尔显得出类拔萃,不仅是因为他在葛洛夫多变而锐意进取的环境中所表现出来的亲和力,还因为他是最早看好微型计算机行业的半导体人才之一,他推动了英特尔为爱好者生产并销售电脑主板,这甚至早于两位史蒂夫发布苹果Ⅰ。20世纪80年代初,微型计算机狂潮席卷硅谷之时，他作为克莱纳-珀金斯的新合作伙伴出现在各种学术会议上，学习有关 VLSI 和立体工艺的技术，这些技术可以让芯片运行更快，并将廉价的桌面电脑变成强大的工作站。

在 1994 年多尔第一次看到马赛克浏览器的演示之前，他就关注互联网很久了。8 年前，他曾请假去蒂姆·沃斯的参议院办公室待过几个月，全身心投入其中，学习着与阿帕网相关的一切。自从成为国会山身价最高的暑期实习生以后，多尔在计算机软硬件领域成果不断。在这一过程中，他越来越坚定地相信互联网将是下一个大热门。那也正是他想要促成的。"我们以开创新业务的方式进行思考，"他曾经解释道，"甚至有时想得更远，想着创造一个新行业。"这正是多尔和他的合伙人在 20 世纪 90 年代所做的事。[3]

马赛克浏览器正是他们起飞的发射台。如果说蒂姆·伯纳斯-李的网页客户端是互联网的苹果Ⅱ，那么马赛克浏览器就是麦金塔电脑：为数百万人打开了网络世界的大门。马赛克浏览器由伊利诺伊大学超级计算机中心的一群研究生创造，他们厌倦了早期网络的纯文本 HTML 环境。马赛克浏览器把互联网变成了令人沉迷而多彩的鼠标点击式体验。1993 年这一新浏览器发布之后的数月，硅谷业内人士浮想联翩。主导发明这个软件的学生马克·安德里森前往西部，希望利用这一轮热潮获利。安德里森在集成技术企业的小隔间里找到了第一个落脚点，马蒂·特南鲍姆当时正在那里忙着建立他的电子商务平台，并且明白一个好的图像化浏览器对于将客户吸引到线上必不可少。但是几个月后，23 岁的安德里森就被斯坦福大学前计算机科学家、创办了硅图公司的吉姆·克拉克用丰厚的薪水从特南鲍姆资金微薄的小公司挖走了。

克拉克是 20 世纪 80 年代末为约翰·多尔指明未来方向的人之一。现在他已经不满公司谨慎的运营导向（也不满首席执行官埃德·麦克拉肯总是待在白宫），并在四处寻找新事业。安德里森出现的正是时候。正式签署合同之后，两位新的合伙人立即飞回厄巴纳市-香槟，与整个马赛克浏览器工程团队签约。几周之后，克拉克从硅图公司辞职，并向他的老朋友多尔求助以开创他的新事业。克莱纳-珀金斯公司投入了500万美元，马赛克通信公司就此诞生。[4]

这个很快更名为网景的公司迅速崛起，展现了组织严密、数十年来不断成长的硅谷网络的原生态。多尔为网景召集来的领导层经验丰富，分别来自高科技行业和风险资本支持的新兴行业，全都是为了出色想法而来的人才。多尔招募了AT&T无线公司的CEO吉姆·巴克斯代尔，他是联邦快递的前CEO。他选择的副总裁麦克·霍默则是苹果公司的老将。威尔逊·桑西尼是他们的外聘法律顾问。当时克莱纳-珀金斯公司里就全都是高科技风险投资合伙人：来自太阳微系统公司的维诺德·科斯拉，来自飞兆半导体公司与苹果公司的弗洛伊德·夸默，以及1986年在多尔的劝说下以普通合伙人身份加入的里吉斯·麦肯纳。甚至网景公司的办公场所也有着悠久的历史，它的第一间办公室是惠普转租的，很快公司规模扩大，新总部就位于飞兆半导体公司刚修复的山景城生产厂房中，转角就是马车轮酒吧。[5]

没有什么产品能比网景公司于1995年推出的领航员浏览器更适合用来开创一个全新行业了。领航员浏览器可以在各种计算机（Max、PC、Unix工作站）上运行，彻底躲开了20世纪80年代的桌面电脑大战。领航员浏览器被设计为在高速宽带网络（就像安德里森在伊利诺伊大学的实验室里使用的由国家科学基金会资助的那个网络一样）上运行，并且足够安全，可以用于金融交易，目标是一个无须拨号上网，只需要一次点击就能买到几乎一切的未来。网景公司以免费提供浏览器的方法进一步打破了现有秩序，这对打造用户群来说是一个非常有效的方式。网景公司成立一年后就有了600万用户。[6]

网景公司只不过是20世纪90年代中期那个迅速发展的时代里约翰·多尔和克莱纳-珀金斯投资的众多互联网公司中的明星之一。

克莱纳－珀金斯公司还投资了总部位于乱糟糟的北弗吉尼亚州的美国在线。美国在线的前身是来源网，它通过向全美国的家庭大量分发刻有其产品的光盘，挤占了美联网和神童公司的市场份额。克莱纳－珀金斯公司孵化了一些全新的公司，例如 @Home，该公司承诺将把高速宽带引入全美国的家庭中（这一投资后来成了网络时代最著名的失败案例之一。在 20 世纪 90 年代末泡沫最严重的时候，@Home 与互联网门户网站 Exite 达成了一笔价值 72 亿美元的合并交易，两年后这只股票的市值蒸发了 90%，最终公司宣布破产）。

克莱纳－珀金斯公司在上一个时代投资的一家公司也帮助了网络世界发展壮大。1995 年 3 月，太阳微系统公司兑现了"网络即计算机"的承诺，推出了第一种在设计时就考虑了网络的编程语言 Java。Java 的产品经理凯米·波乐丝让她的团队向硅谷的新闻纪实报纸《圣何塞信使报》送去了一篇报道，讲解他们所谓的"Hot Java"。之后，她感觉这款新编程语言将是个大新闻。发布的那一天，波乐丝疯狂地来回翻看报纸的商业版，想看它是否刊登了那篇报道。她并没有找到，沮丧地丢下了报纸。这时她看到了报纸头版，那篇报道就刊登在上面——《为什么太阳微系统公司认为 Hot Java 能为您助力》。[7]

Java 不仅仅是提供助力，它还改变了游戏规则。Java 让网络变得富有生机，让程序员们能够用图片与动画构建与当前的桌面软件一样健壮稳定的应用程序。另外，Java 通过浏览器运行，而不是在操作系统上运行。网页不会像 PC 平台那样"群雄割据"。程序员可以使用 Java 构筑应用，并在任何种类的机器上运行。网页从静态而笨拙变得动态而敏捷。就像太阳微系统公司的 CTO 埃里克·施密特所说："这是电报与电话之间的区别。"Java 让太阳微系统成为互联网时代的明星品牌，也让波乐丝变成了网络时代的超级明星（她很快离开公司，创办了网络多媒体公司马林巴）。1996 年的时候 Java 已经占据主流，甚至克莱纳－珀金斯公司设立了一笔 1 亿美元的基金，专门用于投资基于 Java 设计软件的公司。[8]

多尔参与过 20 世纪 80 年代的芯片大战，是日式管理原则的忠实信徒，他把这些公司统称为"克莱纳系"。这是一系列共享资源与专业知识的新公司，这些公司共生运作，创建出了一个完整的市场生态系统——从网络与路由器到浏览器与门户网站，再到程序语言和软件应用程序。20 世纪七八十年代日本电子财团就是这么统治世界的。这也在很大程度上反映了使硅谷一飞冲天的人际关系、专业知识与隐性知识的网络特征。当然，其他的硅谷风险投资人，无论老手还是新人，在互联网中也都取得了巨大的成功。但克莱纳－珀金斯公司比其他公司都更能代表互联网一代。这家公司就是互联网时代的 MITI，而约翰·多尔就是幕后的"巫师"。[9]

从农场到工厂

戈登·摩尔总说弗雷德里克·特曼的大学为硅谷所做的最重要贡献是每年能培养出 800 名硕士与博士毕业生，充实了这片区域的人才库。这一条"摩尔定律"自然适用于 20 世纪 90 年代斯坦福大学计算机科学与工程专业培养出的年轻人。40 多年来，"农场"在 AI、软件设计与网络方面不断创新，聚集了世界上最著名的计算机科学家，并吸引了许多优秀的研究生。斯坦福大学鼓励技术转化，这意味着其中最优秀的人才已经有完善的想法，梦想着将他们的设计商业化。如果你只是想学习计算机，你去其他学校也可以。但如果你希望在学习计算机的同时创办公司，你就得来斯坦福大学。[10]

那位被同学称作"天才小医生"的研究生成了互联网时代第一个杰出例证。在拿到斯坦福大学学士与硕士学位之后，杨致远在攻读自己的博士学位时遇到了瓶颈。他入学的时候选择的是计算机辅助设计方向，因为在 1990 年的时候硅图公司还是硅谷的宠儿，这个选择看起来挺不错。但几年之后,形势发生了改变。还好他在斯坦福大学,他和一同攻读博士的好友大卫·费罗早就体验过了马赛克浏览器的神奇世界。当他们的导师休假的时候,他们两人就缩在工程学系四方院角落的一辆堆满了比萨盒的拖车里,把他们所有的时间都用来制作网站:虚拟篮球联赛主页,还有介绍日本相扑的网页。

两人花了大量时间浏览网页,费罗还整理出一个自己最喜欢访问的网站列表,方便他在不断增多的海量在线信息中漫游。杨致远还是本科生时曾在斯坦福大学图书馆勤工俭学,负责整理书架,这让他发现了杜威十进制分类系统的优点。他意识到他们可以更进一步,将列表转换为 HTML 格式并放到网上,让其他人也能使用。不爱出风头的费罗并不想让自己的名字出现在上面(毕竟他们本来应该是在写论文的),于是杨致远干脆把这个网站命名为"致远万维网指南"。当时是 1993 年底。几个月之内,随着越来越多的人下载使用马赛克浏览器,涌入网络,并试图浏览互联网令人眼花缭乱的大量内容,这个网站迅速发展成一门真正的生意。[11]

1995 年初,这一指南已经获得了 100 万点击量,与网络相关的创业公司在整个硅谷中酝酿,这两位研究生意识到他们在那辆拖车中胡闹的时候创造了一个真正的商业机遇。杨致远和费罗从斯坦福大学退学,还带走了他们在学校里认识的一些朋友,成为全职"网络冲浪者"——他们浏览网页,试图根据内容合理地将网页划分到不同的门类。与新一代创业公司的工程团队绝大多数是男性的情况相反,这些早期网络冲浪者中有很大一部分是女性。[12]

硅谷的主要投资人纷纷来与两位退学研究生洽谈,而他们选择了曾是记者的风险投资人迈克尔·莫里茨(现在就职于唐·瓦伦丁的红杉资本)投资的 300 万美元,并将他们的新公司命名为雅虎。"他们最大的优势,"对于杨致远和费罗,资深议员瓦伦丁明智地评价道,"正是了解自己的弱小与缺乏经验。"硅谷的导师网络又一次发挥了作用。莫里茨和瓦伦丁为雅虎公司与律师、公关专家和网络提供商牵线搭桥。他们找到了一位经验丰富的 CEO——从斯坦福大学毕业，在高科技企业工作了 20 年的蒂姆·库格。马克·安德里森为杨致远和费罗在网景公司提供了服务器空间，这样他们就可以不必再依赖不堪重负的斯坦福大学的网络了。[13]

雅虎公司处处反映了互联网时代硅谷的新潮流，不仅仅在于公司名称中的感叹号与各种古怪可笑的头衔——杨致远的头衔是"首席酋长"，其他的头衔更加古怪。雅虎的运作靠的是精巧的程序设计，但这并不是在零售商店出售或与台式机捆绑销售的软硬件。其产品是内容：针对网络上海量信息的独特分类系统，这一分类工作最初由人工进行，后来随着雅虎网站的规模逐渐扩展到令人无法想象的程度，这一工作转而由算法进行。英特尔出售微型芯片，微软销售软件套装。雅虎和其他互联网年代的公司免费提供产品，它们唯一的收入来源是广告。对硅谷而言，这是一种全新的模式。

在花费 40 多年磨炼技巧之后，硅谷的商业生态系统现在已十分了解如何培养生产芯片或代码的有趣的小公司，但硅谷对这些公司变成信息平台后会发生什么却毫无头绪。

商业超级高速公路

20 世纪 90 年代中期，网景浏览器病毒一般迅速传播，以及雅虎为网上冲浪提供的便捷服务使越来越多的人开始进入互联网。他们浏览网页、搜索信息、聊天、发送电子邮件，但他们几乎不在网上进行交易。后来美国人日常消费生活中司空见惯的场景——访问网站、点击、输入信用卡卡号并点击"购买"——在互联网早期年代仍是一个陌生而令人不安的想法。你没办法确保信用卡号不会被盗。没有便捷的支付运费方式，你甚至无法选择收货时间。最终是一笔无人注意到的联邦研究拨款为硅谷提供了一切问题的解决方案。这项拨款只不过区区 250 万美元，却最终实现了马蒂·特南鲍姆让互联网变成繁荣市场的梦想。

正如政治上经常发生的那样，美国财政部的这笔拨款最初根本没有考虑过互联网。这不过是被轻描淡写为"技术再投资计划"（TRP）的一部分，这个计划在布什政府任期即将结束时展开，目的是缓解由于"冷战"结束而导致的依赖国防领域的州——例如加利福尼亚州——在经济上受到的打击。然而在硅谷，这笔由克林顿政府在 1994 年拨出的经费被用来建立商业网络协会，这是一个由特南鲍姆领导的致力于电子商务的新行业协会。"资本主义正在进入互联网。"《华尔街日报》宣称。在特南鲍姆的管理下，商业网络协会开发了用于保护信用卡数据并确保安全配送的软件。这有助于公司与工程师开发新的电子商务安全工具。最重要的是，这让笨拙的传统公司适应了在线交易。该协会一度拥有 800 个公司会员，早期，"所有开展电子商务的人都加入了"，特南鲍姆说。[14]

到那年年底，许多企业都开始竞相开发自己的电子支付软件，同时许多新公司也进入了这个领域，让它们的用户首次体验在互联网上进行交易。"除了性，最能让人兴奋的似乎就是互联网商业了。"吉姆·比道斯评论道，他的数据加密技术是商业网络协会软件的核心。1995 年，比道斯将其技术商业化，创办了网络认证公司威瑞信——威瑞信的认证标志常常出现在许多支付页面上，让网上消费者能放心输入自己的信用卡号而无须担心被黑客窃取。

同年，一位叫作皮埃尔·奥米迪亚的伊朗裔美国工程师在位于硅谷的一居室公寓中上线了网上拍卖网站 eBay。起初，eBay 的业务并不完全是电子化的——许多用户倾向于通过邮寄支票的方式购买物品，但随着越来越多技术的出现与新用户涌入这些网站，情况发生了变化。奥米迪亚的创新之处在于把 BBS 或 Usenet 群组构建社群的能力与电子商务平台结合起来。他并非在销售商品，而是创造了一个让人们能够互相交易的社区。他通过拍卖模式创造了一种令人上瘾的产品，买家反复访问这个网站，只为查看自己能否最终中标。连续 14 个月，eBay 每月增长都达到了 40%。eBay 与其他电子商务门户网站都开发或购买了自己的专利技术，但进行信用卡交易与网上交易物流的许多基础技术都出自商业网络协会。线上零售商最终创造了数万亿美元财富，1994 年初，TRP 项目投资的那些资金可能获得了硅谷历史上最大的投资回报。[15]

马蒂·特南鲍姆和吉姆·比道斯解决了网上购物的安全性与可靠性问题。皮埃尔·奥米迪亚证明可以让人们沉迷于网上交易。但是，所有像威瑞信这样的公司都无法解决网络零售的另一个大问题：消费者不愿意以可能更高的价格从一个看不到的买家那里购买商品，当对商品不满意时，他们没有简单易用的途径退款。

这正是杰夫·贝佐斯热衷于解决的棘手问题。

"遗憾最小化框架"

杰夫·贝佐斯走上互联网商业的道路，始于戴维·E. 肖决定要用计算机在华尔街赚点钱。肖拥有斯坦福大学的计算机科学博士学位，在哥伦比亚大学有一份安逸的教职，在里根执政时期经济迅速发展的那几年，他被摩根士丹利的高薪吸引进了华尔街。18 个月后，即 1988 年，他决定离开公司创办自己的对冲基金——这是一种不同的基金，应用最复杂的算法来抢得最佳的交易，其交易规模与速度只有使用计算机才能进行。德劭公司交易大厅里的太阳工作站数量超过员工人数的 4 倍，人员和设备都连班倒，以从市场中获得更多的动力与利润。巨大的回报使肖收到了大量求职简历，但他只雇用了其中 1% 的求职者。1990 年 12 月，他雇用了杰夫·贝佐斯。[16]

贝佐斯出生在新墨西哥州，在得克萨斯州与佛罗里达州长大，从小学时崭露组装小型电子装备的天分，再到担任橄榄球队防守队长时对所有战术过目不忘的记忆力，这位未来的巨头从小就表现出异乎寻常的天赋。他的祖父普雷斯顿·吉塞是一名导弹专家，曾是 ARPA 创始团队的成员，后来又在美国原子能委员会中负责整个西部地区（他所负责的广大区域中包括了上千名科学家，分属于洛斯阿拉莫斯、桑迪亚和利弗莫尔国家实验室，利弗莫尔国家实验室当时的员工中包括安·哈代、拉罗伊·蒂姆斯等），他对贝佐斯的童年产生了重大影响。[17]

退休之后，吉塞回到他位于得克萨斯州西部的农场，他的孙子每年都会来这里过暑假。白天的时候，贝佐斯体验农场的辛苦工作——铺设灌溉管道、固定设备、为牛接种疫苗——并逐渐体会到了聪明才智与辛勤劳动所能创造的成果与价值。到了晚上，他则惊叹于布满整个西南夜空的大量星座与星系，这点燃了他对太空的热情。在前往普林斯顿大学学习电气工程与计算机科学之前，他一度考虑要成为一名宇航员，而他对太空的痴迷后来也未曾消失。脱离地球的束缚，进入最后的前沿：这是自主创业的终极目标，是他远景规划的最终意义。他的祖父投身于 20 世纪 60 年代初登月工程乐观主义所带来的热潮，而这个祖父的孙子则希望在开始自己的职业生涯时能实现当年的希望与愿景。

毕业之后，贝佐斯有许多著名大公司的技术职位可以选择，但在华尔街担任计算机科学家的新兴机会听起来更大胆且有趣。他最钦佩的科技界人物是那些敢于冒险的人，是那些足够自信、敢于率先突破界限的人：微软的比尔·盖茨和 PARC 的艾伦·凯。几年之后，贝佐斯在他的电子邮件签名里（不那么恰当地）引用了一句凯的话："发明未来要比预测未来更简单。"[18]

虽然表现得和蔼可亲，不时发出笑声并热切地将自己描述为"书呆子"，但杰夫·贝佐斯仍是一名一丝不苟的分析师，因此，肖在

1994年初让他评估互联网的前景。贝佐斯的信条是发现市场空白并投身其中，互联网市场显然是巨大的空白。很快就会有人通过在网上卖东西赚到很多钱。研究了几个月之后，他开始思考：为什么这个赚钱的人不能是自己呢？

当然，这是个疯狂的想法。贝佐斯现在的工作相当赚钱，更不用说当时正值年中，辞职就意味着他会失去1994年的奖金。他是否真的要为一个成功的可能性不大、基于互联网的零售创业公司放弃一切？接下来发生的故事，贝佐斯曾一遍又一遍地告诉好奇的记者们：肖劝他花些时间思考之后再下决定，于是贝佐斯决定画一张他所谓的"遗憾最小化框架"（"只有书呆子会起这种名字。"他笑着说）。"如果我80岁的时候回忆起这个决定，我会后悔这种尝试吗？"贝佐斯记得当时这么问自己。答案是肯定不会。他知道自己想在互联网上销售商品，也明白在纽约做不到。因为他已经想好要在网上卖的商品——你不需要预先亲手摸到或亲眼看到，也不是特别昂贵的东西，同时不易损坏——图书。他将成为一名网络书商，而他将在西雅图开展业务。

虽然西雅图人可能有别的想象，记者们也总是把这描写成又一个勇敢的年轻人前往西部去追寻自己的命运的故事，但贝佐斯决定迁往翡翠之城，实际是一个关注细节的华尔街分析师所做出的理智决定。大部分早期互联网用户都在加利福尼亚。但互联网的规定是，与公司总部位于同一个州的客户进行网购时必须支付州消费税。鉴于此，他希望选择一个人口更少、没那么多用户需要支付额外税金的地方。华盛顿免征所得税这一点更可谓锦上添花。

然后是物流方面的考虑。西海岸最大的图书分销商离西雅图很近，所以他的团队刚开始并不需要有自己的仓库，他们只需要订购图书并从那里寄出。西雅图还有一个优点，这表明杰夫·贝佐斯并不仅仅考虑了卖书。西雅图有微软及其数以千计的软件工程师，其中一些不那么安分的人也许会离开加入一家创业公司。如果一切按他的计划运行，他将需要很多这样的工程师。"人生苦短，没空和不那么聪明的人混在一起。"贝佐斯曾说，而他就是最聪明的一个人。[19]

贝佐斯先后开了60次会，又花了很大力气来游说，才从22位投资人那里筹得了最初的100万美元。"对图书行业有一点了解的人都不给我们投资。"他回忆道。1995年夏天，亚马逊开张营业了（贝佐斯本来开玩笑地打算称之为Relentless.com，不过还是选择了平和一些的名字）。亚马逊早期的用户群体也都是计算机迷，计算机手册占据了畅销榜单，但这没有持续多久。亚马逊很快就证明，通过互联网销售产品可以解决长期以来困扰许多实体经营者的仓储问题。亚马逊不需要按预期需求把商品布置在货架上，却能够满足客户对于从知名到生僻的每一本书的需求。消费者蜂拥而至，迈克尔·克莱顿的畅销小说迅速取代计算机图书登上了亚马逊的销量榜。亚马逊自夸的座右铭是："若未绝版，必定有货。"正是如此。[20]

尽管亚马逊位于西雅图，但是它与硅谷的联系如此紧密，似乎本该设立于桑尼维尔。西雅图有微软公司、波音公司，还有华盛顿大学，这很不错，但对于只有少量员工、位于车库中的公司来说并不那么必要。贝佐斯需要只有硅谷能提供的对创业公司的那种支持。亚马逊是商业网络协会的早期成员，采用了商业网络协会的软件与安全协议，这样一来，那些着急的购书人就不需要通过缓慢的普通邮件来寄送购书费用支票了。然后事情有了转机：约翰·多尔对亚马逊进行了一轮投资，提供了800万美元和一支管理团队，并由此获取了这个有朝一日会变成世界上最富有、规模最大的公司之一的15%的股份。贝佐斯与多尔一拍即合不足为奇，因为贝佐斯也是那种会提前5年思考事情的人，他"愿意种下种子，并一直等到种子长成树林"。[21]

不过，多尔并没有等太久。1996—1997年，亚马逊的销售额增长了将近10倍，从1 500万美元增长到近1.5亿美元，其中40%的业绩来自常客。当年亚马逊公开上市，贝佐斯保留了公司41%的股份。1998年底，亚马逊已经有数百万用户，市场估值达到了惊人的300亿美元，甚至超过了有着百年历史的美国零售业帝国西尔斯。[22]

那些追求新奇的关于这个西雅图"书呆子"的媒体报道，所关注的都是他销售的书籍和他在华尔街引起的热潮，并不怎么关注真正吸引来这么多用户并让他们一次次光临的东西：数据。因为亚马逊不仅能向它的客户提供要买的书，还会推荐他们一开始没有意识到的自己想要的书。通过仔细地在每一笔交易中挖掘数据，亚马逊能够以可怕的准确度追踪其用户的喜好。"买了一本史蒂芬·金的惊悚小说？这是您也许会感兴趣的另外五本书，还有这些音乐。""您可能也喜欢"变成了一个令人上瘾的功能，因为这个功能如此具有针对性。贝佐斯看上去也许只是一个呆呆的书迷，但他也是纯粹的量化主义者，而他在华尔街的工作经历让他意识到了计算机模型能够完成的非凡工作。亚马逊背后嗡嗡作响的引擎就在其宽敞而受到严密看守的房间里，房中摆满了灯光闪烁的黑色刀锋服务器。从一开始，亚马逊就不是一家书店，而是一个数据平台。

杰夫·贝佐斯也动摇了史蒂夫·乔布斯作为科技界有史以来最固执的CEO的地位。随着亚马逊的估值攀升，贝佐斯的净资产飙升到了数十亿美元，但他仍然一如既往真挚而谦虚。他开着老旧的本田雅阁，使用旧门板和粗短的板材钉成的办公桌。亚马逊在偏僻的街区租用了邋遢的办公场所，内部就像期末的大一新生宿舍一样杂乱。亚马逊没有制作电视广告，也没有举办引人注目的发布活动，甚至没有在公司门前摆上巨大的标志。

这一切都服务于贝佐斯在每一次新闻发布会上向所有记者强调的，也是他在每一封年度公开信中向股东传达的信息：用户至上。硅谷的网络公司可能有着极度奢华的办公室和节假日狂欢。亚马逊只有门板办公桌与比萨派对。"与公司相关的一切,"《广告周刊》赞赏地写道,"都经过精心设计,以创造出一种不拘小节的弱者形象,更关心的是人而非利润。"[23]

"互联网女皇"

这一切在西部风行的时候,东部也发生了一件事,这件事日后成了科技史上诸多幸运的意外事件中最为幸运的:大量资金涌入了股票市场。许多因素触发了投资资本的流动。20世纪90年代早期的衰退结束了,后冷战时代国防预算削减的阵痛消退了。克林顿的经济计划削减了政府支出,减少了赤字,使银行的资金变得充裕。电信管制的放开与《北美自由贸易协定》打开了新的市场,降低了劳动力成本,提高了企业利润。美联储主席艾伦·格林斯潘逆传统与经济定律而行,将利率维持在较低水平,为无论是投资者还是个人的借贷活动提供了驱动力。

市场上资金充盈的同时,硅谷的公关专家们让各种报刊的商业版面上充满了关于互联网公司和运营这些公司的神童的报道。当华尔街投资者读到最新一代备受追捧的极客——安德里森、杨致远、美国在线的史蒂夫·凯斯——的故事时,他们也被卷入互联网热潮。到1995年4月,美国在线的市值已接近13亿美元,相当于每位用户价值640美元。在这个疯狂的世界里,公司实际的盈利能力似乎并不重要:美国在线的市值是其收入的7倍,1994年底上市的互联网服务提供商Netcom的市值是其收入的14倍。市场仍然十分动荡,几乎每一篇关于网络股的文章都会引用一位专家对这些股票持续经营能力的担忧,但人们仍在不停地买入。[24]

到了1995年8月9日,网景公司公开上市,华尔街彻底疯狂了。这家公司成立刚一年,还不曾带来一毛钱利润。但投资者热情高涨,以至纳斯达克在网景公司的股票承销商的要求下,将当日的开盘钟推迟了90分钟。等到市场开盘时,网景公司的股票价格飙升到发行价的两倍多,达到了75美元的高值。网景公司当日收盘时的市值达到了惊人的23亿美元。理论上,马克·安德里森现在有了8 000万美元身价,吉姆·克拉克变成了一名亿万富翁。"人们开始盲信于我,"克拉克兴致勃勃地对他的传记作者迈克尔·路易斯说,"IPO实际上让无政府主义得到了信任。"[25]

这同样让新一代高科技行业分析师得到了信任与声望。他们中的佼佼者是35岁的摩根士丹利分析师玛丽·米克尔,她对互联网选股从无偏差的直觉使她获得了"互联网女皇"的头衔。

就像本·罗森和他在上个时代对微型计算机的关注一样,这个土生土长的印第安纳州人一直在对华尔街无人关注的互联网进行着深入研究,而她对所见所闻相当乐观。她还与硅谷互联网革命中的关键人物建立了联系,其中包括多尔。她在1993年摩根士丹利负责商业软件与金融软件开发商财捷公司公开上市时与多尔结识,并在摩根士丹利两年后负责网景公司的公开上市时与多尔再次合作。米克尔意识到这个市场将会发展壮大,把高科技行业变成一类截然不同的业务。"这是个媒体市场,"她在1994年底对《圣何塞信使报》说,"赢家将是在编辑信息和呈现信息方面做得最好的公司。"[26]

即使在网景公司引发地震之后,高科技市场仍然令人不安地难以预测,股票以惊人的速度不断涨跌,米克尔则在其中游刃有余。"如果我相信一家公司,"她说,"我就会买入它的股票。"她相信AOL、网景、亚马逊与eBay。如果她将一只股票评估为"买入",她就会长期持有这只股票。米克尔的坚定与挑选高科技行业赢家时的直觉使她迅速聚集了庞大且急切的读者群体。早在1995年,以米克尔的洞见为主要内容的摩根士丹利年度互联网报告就在华尔街引起了轰动。网景公司IPO之后,摩根士丹利收到了大量索取报告的请求,都来自不寻常的对象——学校和小投资者，于是它们与哈珀·柯林斯出版社达成协议，于次年春天将该报告以图书形式出版。[27]

米克尔并非摩根士丹利在网络时代唯一的明星。留着标志性八字胡的自信的交易王弗兰克·奎特隆自1981年从斯坦福大学工商管理学硕士毕业以来，就一直担任摩根士丹利公司湾区办公室的技术银行家。他主导了硅图公司、MIPS和思科公司的上市，并利用他在硅谷的人脉完成了互联网热潮中最大的几笔业务，首屈一指的就是1995年网景公司上市。奎特隆于1998年离开摩根士丹利加入德意志银行，之后进入了瑞士信贷，年薪超过1亿美元。

还有摩根士丹利的银行家兼米克尔的亲密战友露丝·波拉特，她是帕洛阿尔托本地人，在硅谷有着深厚的人脉。她的物理学家父亲丹曾工作于SLAC；她的兄弟马克是通用魔术公司的CEO，这家传奇公司在20世纪90年代初试图制造一种口袋大小的计算机——超前于时代的iPhone，但没有成功。露丝·波拉特和米克尔一同审查了20世纪90年代涌现的几乎所有互联网创业公司，摩根士丹利成为其中50家公司的主要股票经纪商。[28]

有观察家质疑让对高技术行业最乐观的分析师与高技术行业联系最密切的银行家合作是否恰当，已经有传言称，一些基金的银行家（包括奎特隆）向他们的研究员施压，要求他们对一些股票夸大宣传。但是，在市场对于互联网的狂热中，这种担忧很快就消失得无影无踪了。[29]

很快，当你走过报亭时，便很难不去注意杂志封面上最新一代高科技男女牛仔们的笑脸。刚毕业的MBA学员选择进入硅谷的小型互联网公司而非《财富》500强公司任职，他们愿意冒险赌一把：股票期权将成为他们通往名望与财富的捷径。在华尔街进行IPO成为几乎所有硅谷初创企业必不可少的重要仪式，无论这些企业有多新或未经考验。"他们为什么要进行IPO？"一位经纪人嘲笑道，"这就好比问为什么摇滚明星要和模特结婚？部分原因是他们可以。"华尔街对于与互联网有关的一切都抢着要，米克尔评论道："这些公司傻了才不去接触资本。"[30]

创造性做账

并非所有人都能愉快接受这些大多没有盈利能力的新互联网公司席卷华尔街。克拉克与安德里森的公司一炮而红之后，商业专栏作者就对"网景热潮"不甚赞同。"对那些关注基本面的人来说，这确实表现出了过度投机的危险信号。"一位分析师警告道。[31]

如果你对这些闪亮登场的互联网公司的基本盘有所了解，那么你的确有理由感到担忧。不仅是因为这些公司中的大多数没有盈利能力，而且它们在进入华尔街时大多采取了一种有创造力——坦白说具有欺骗性——的做账方法。自从第一间直建房出现在果园，硅谷的公司就一直在这么做，新创立的互联网公司向员工提供股票期权以吸引人才，这些创业阶段的企业无法以其他方式负担他们的薪水。这使这些公司资产负债表上的工资项显得比原本应有的要少得多，并且在员工中建立起了忠诚度与动力，他们的跳槽倾向被尚未完全兑现的股票期权的"金手铐"束缚。与其他在相对独立的环境中发展起来的特质一样，硅谷将股票作为报酬的一部分，这个方法变得日益普及和独特。

当这些公司走到20世纪90年代华尔街牛市的舞台中央时，在高科技"加拉帕戈斯群岛"中十分合适的这种做法就显得有些问题了。上市之后，公司必须开始向财务会计准则委员会（FASB）——一家名不见经传但手握大权的机构——提交损益报表。基本上它们会制作两套会计账簿，一套提交给IRS，另一套提交给财务会计准则委员会。如果说一家公司倾向于尽可能少地上报收益而尽可能多地报告亏损，那么对财务会计准则委员会就要给出较高的收益数据，以鼓励华尔街买入股票。尽管收入数据中必须扣除常规工资，但没有法规要求高科技公司也以同样的方式计入股票期权。如果你将这些高额期权作为薪资补偿入账——实际上这就是它们的主要目的，那么损益表看上去就不乐观了，尤其是当股价攀升的时候。

硅谷能够长期维持这种非同寻常的记账方式，是其在互联网热潮初期取得的一项重要政治胜利的结果，是互联网时代的硅谷公司在哥伦比亚特区的影响力日益提升的又一个标志。1993年夏天，马赛克浏览器闪亮登场时，财务会计准则委员会监管者提议禁止股票期权不入账的行为。这立刻激起各个公司持续不断的激烈反对，并刺激硅谷采取了一系列政治激进行动。1994年春天，软件工程师们涌入圣何塞会议中心，集会反对这一举措，局势达到了沸点。高科技公司高管们在台上急切地将此事形容为"迄今为止又一场'大卫对抗歌利亚'之战"，诚挚而弱小的硅谷对抗东部那些开倒车的官僚。"财务会计准则委员会只不过是康涅狄格州一群处于真空环境中的会计，"T.J.罗杰斯向人群高喊。"在这个问题上，记账有其更深层的意义，"3Com的凯瑟琳·威尔斯鼓动道，"这不仅仅关乎借项，这关乎梦想。"[32]

对克林顿新任命的证券交易委员会主席阿瑟·莱维特来说，整个行业都令他感到头疼。莱维特是一位经验丰富的华尔街人士，一位中间派政治家，他对企业的自我吹嘘并不买账。他同情个人投资者，并希望为这样的投资者提供尽可能全面而透明的公司财务报表。股票期权不入账是个骗局，他对此一点都不喜欢。

然而，科技界的抗议呼声大到使国会两党立法者都开始采取行动，准备通过立法来保持股票期权不必入账的自由，莱维特意识到他的抵抗是徒劳的。他建议财务会计准则委员会放弃这一提案，后者也照做了。只在其中一项上做了些改变（并且直到1997年才真正生效）：公司必须在损益表上增加脚注，标明扣除股票期权之后的收益数值。两者之间差距惊人——采用新的计算方式，网景公司的收入下降了接近300%——但许多硅谷人都明白，没什么人会去读小字附录。莱维特后来对他的屈服感到后悔，"这可能是我在证券交易委员会的几年中所犯下的最大错误"。[33]

小圈子

硅谷人说对了一件事：这些股票期权可以改变人生。当特里什·米尔林斯的微软公司股票证券组合价值达到100万美元时，她几乎不敢相信。最初她于1988年以外包身份进入微软工作，那时她来到西雅图已经三年时间，而微软公司公开上市已经两年。1990年她成了公司的全职雇员，一直工作了6年，经历了5次股票分割。她在公司的那些年里，微软Windows操作系统及其令人愉悦、充满图标的软件应用所带来的巨额利润令MS-DOS的营收相形见绌。米尔林斯——她很快就结婚并改名为米尔林斯·德兹科——终于有了足够的钱来干些不一样的事。

米尔林斯·德兹科在这个规模不断扩大、财富迅速增长的行业中工作了超过20年，她发现这个行业的人员组成几乎毫无变化。她所有的同事，尤其是上司，基本都是白人男性。假如碰巧和微软的另一位黑人经理一同组织会议，就像看到一头独角兽一样令人难忘。她了解到整个公司只有40名非裔员工，于是与人合作创办了一个叫作"黑人在微软"的小组，以提供对其他工程师来说可以理所应当获得的同种职业支持。

她从技术岗位转为公司的多元化主管，致力于招募并留下更多女性与少数族裔员工。虽然她赞赏微软对这一问题的认识，但是她意识到问题的根源不仅仅在于招聘的过程和应聘人群的构成。高科技行业的人才渠道有问题，这是数十年来完全由男性负责的工程项目以及工作场所经常公然出现性别歧视与种族主义的产物,而几乎完全以男性"书呆子"形象呈现的高科技文化加剧了这一问题。当像她这样的人指出这些令人沮丧的不平等现象时,许多行业内的人都开始为之辩护。科技界就是精英化的!只有聪明的工程师才能脱颖而出!看看那些第一代或者第二代印度裔和华裔吧,他们难道不算"多元化"吗?即使像米尔林斯·德兹科这样的微软百万富翁,似乎也无法解决这个问题。

如果说微软的情况不算理想,那么在互联网时代的硅谷,形势更糟糕。早期的 BBS 版主和赛博朋克自然大多数是白人男性,但一开始还是有许多女性参与其中。就像早期微型计算机与自制主板一样,早期互联网上的许多人都是自学成才的程序员以及从不同背景进入网络的参与者,不难想象这将延续到互联网商业化之后。如果硅谷的新产业不再是由电子工程师与软件黑客创造,而是孵化于软件平台上涌现出的想法与内容,那么是不是就意味着高科技世界将向之前从未涉足其中的人开放?

不,恰恰与此相反,随着互联网财富机器的加速,旧的模式愈演愈烈。技术可能是新技术,但风险投资人、律师、市场营销人员与公司高管还是旧的,而他们对招聘的态度也一如既往。他们鼓励员工内推,从学校院系中招聘。太阳微系统公司有 60% 的员工来自内推;网景公司在总部挂着一条标语,上面写着:"你曾与之共事过的人中最出色的是谁?我们怎样才能雇用他/她?"[34]

随着 1998 年春天互联网热潮达到顶峰,《旧金山纪事报》调查了硅谷的多元化现状,得出一些令人遗憾的结论。它对 33 家公司的调查发现,员工中有 7% 的拉丁裔与 4% 的非裔(当时湾区人口中拉丁裔占 14%,非裔占 7%)。没错,移民有许多机会,特别是在工程领域。接近 1/4 的员工是亚裔,而其中绝大多数是男性。科技公司的老板坚称这不是歧视。"哪怕你的皮肤白绿相间,只要你会编程,就可以得到最高的职位。"一位人力资源总管说。在赛普拉斯半导体公司，其员工有 3% 的非裔与 6% 的拉丁裔，公司首席执行官 T.J. 罗杰斯宣称："我们只雇用适合职位的人。"

硅谷的少数族裔对此做出了相应的回应。拉丁裔把他们的姓氏改得英语化。业余时间，黑人创业者在高尔夫球场上与白人风险投资人聚在一起。南亚移民在技术产业中人数众多，但在高管中并非如此。他们在创业公司网络中抱团，互相雇佣。

到 20 世纪 90 年代末，这个小圈子变得如此单一，硅谷公司未能确保适当的多元化，这甚至引起了联邦官员的注意。任何获得联邦合同的公司都必须遵循平权行为准则，而高科技行业却未能遵守。"作为有史以来发展最快的软件公司，我们发展得太快，以至错过了遵守政府所规定的平权原则。"鲍勃·桑德斯特罗姆反驳道。网景公司在被指责没能遵守平权准则后，才后知后觉地聘请他负责多元化项目。苹果不得不为拒绝雇用 15 名黑人员工支付 40 万美元赔偿金，甲骨文公司则因为支付给女性与少数族裔雇员的薪酬不平等而被罚款。[35]

米尔林斯·德兹科沮丧地观察着这一切。软件正在重塑世界，而用多样化的思维来塑造软件至关重要。她曾作为极少数群体在微软度过了一段艰难的时光，这种孤立状态在由白人占绝对主导的太平洋西北岸变得尤为尖锐。随着时间的推移，"黑人在微软"组织逐渐变得不仅仅是一个可以讨论理发店的地方，还赞助了一些活动，把少数族裔中学生从西雅图中区安排到微软公司参观一天。这段经历点燃了一些关于如何改变科技行业的新想法。"我们所做的这一切，"米尔林斯·德兹科沉思着说道，"正在创造大量消费者，而直到孩子们开始创造技术之前，鸿沟会一直扩大。"答案就在源头，在于教会少数族裔和女孩如何自力更生。[36]

1996 年，微软造就的许多百万富翁辞职，其中许多人开始了自己的慈善事业。比尔·盖茨最终也会这么做，只不过规模要大得多。

与这些高高在上的人相比，米尔林斯·德兹科的财富不值一提，但已经足够她做一些事来制造改变。其中一件事就是设立科技基金会，低收入的少数族裔孩子放学后可以在这里学习如何设计计算机与编程。如果大公司不打算解决人才渠道问题，那么她要尝试自己来解决。

21

大宪章

"20世纪的中心事件是物质被推翻。"《赛博空间和美国梦：知识时代的大宪章》以此开篇，这是一份控制论的独立宣言，由华盛顿一家名为进步与自由基金会（PFF）的智库于1994年夏天发布。这家机构也许名不见经传，但这篇文章的四位作者却绝非默默无闻。

首先是埃丝特·戴森，她主办的年度个人计算机论坛与新闻月刊《Release 1.0》已经成为科技界最有影响力的人了解未来的渠道。接下来是"SDI博士"乔治·杰·凯沃斯，他是里根总统的科学顾问，曾是高科技前沿计划最乐观的捍卫者之一。名单上另一位里根时代的大人物是前总统演讲稿撰写人乔治·吉尔德，供应侧经济理论的传播者，也是流行科学的"讨厌鬼"，他对女权主义风险的想法一度使他被美国妇女组织称为"年度大男子主义者"。现在吉尔德已经变成和阿尔文·托夫勒一模一样的技术未来主义者。托夫勒是这篇文章的第四位作者，他为文章提供了富丽堂皇的措辞。他们四人中没有完全意义上的硅谷原住民，但他们的思想都在硅谷人的内心留下了深刻的烙印。[1]

埃丝特·戴森从未想过要成为这个帝国的"托马斯·杰斐逊"，但考虑到她分析一切问题时都能切中要害的天赋，这也不足为奇。她是知名理论物理学家弗里曼·戴森的女儿，成长在普林斯顿高等研究院的早期数字计算巨人中间，早在 1974 年进入《福布斯》杂志担任事实核对员时，她对技术生态系统的理解就开始被磨炼。作为《福布斯》杂志的记者，她发表了关于日本电子实力崛起的最早几篇报道之一。不久之后她跳槽到摩根士丹利，与本·罗森一同预言了未来世界将由微处理器驱动。

到了 1994 年，在接手罗森（成为风险投资人之后）的简讯与会议业务 11 年后，戴森成了最新一代硅谷讲故事的人中最有影响力的一员。"铁幕"落下后，她甚至走向了全球，将她的帝国扩展到了俄罗斯与东欧。埃丝特·戴森身上结合了本·罗森敏锐的行业嗅觉与里吉斯·麦肯纳创造媒体热门话题和举办盛大晚宴的能力。最重要的是，她还有一层独特的技术未来主义色彩——托夫勒主义再加上选股人的敏感性。订阅《Release 1.0》每年需要花费超过 600 美元，而高科技行业最有影响力的 1 500 个人愿意阅读上面每一篇用词含蓄的文章。[2]

戴森在政治上偏向自由主义，但从未投过票。她在苏联的工作经历让她对专制政权有了直观的认识。然而，她对国家与市场之间的相互依存关系，以及华盛顿特区与科技界之间建立富有成效的合作关系的必要性也有着微妙的理解。"无论您是否乐意，"1993 年她在自己的个人计算机论坛上提醒观众，"华盛顿有人比微软更能控制你的未来。"当克林顿政府邀请戴森加入 NII 顾问委员会时，她欣然同意了。1995 年，她成了 EFF 及其运作良好的游说机器的主席。互联网经济刚刚开始起步（那篇文章发布时，亚马逊公司才刚刚成立一个月），但政府监管对其成长至关重要。[3]

虽然后来的评论家将《赛博空间和美国梦：知识时代的大宪章》称为天真的技术自由主义者的典型案例，但其愿景更多的是改弦更张而非颠覆性的革命。没错，第三次浪潮中的社会需要并且理应有一个"小得多"的政府。"较小的政府并非意味着软弱的政府，要求一个小政府也不意味着出于狭隘的意识形态理由而'反对'政府。"一不小心，你就会将这篇文章的某些段落误认为《克林顿-戈尔国家绩效评估》中的谈话要点，这份被称为"重塑政府"的报告当时正试图重组一个僵化的联邦官僚体制，以适应数字时代。

但与其所体现的哲学更接近的是一个与PFF关系密切的人——凯沃斯和吉尔德的党内同志，多年来一直沉浸于阿尔文·托夫勒的未来主义福音。这个人就是纽特·金里奇。[4]

投下炸弹的人

在栖身国会的15年间，这位身为众议员少数党领导人的佐治亚州议员已经变成火药味十足、带着鲜明倾向性、专门针对有线电视节目的理性主义的先驱者与实践大师。他的杀伤力极强，吓坏了那些死板的国会礼仪捍卫者。这同时是一种惊人且有效的政治手段。

在华盛顿古板守旧的环境里，金里奇大量使用的历史比喻和他引以为傲的未来主义立场使他变得引人注目。自20世70年代以来，他就一直是阿尔文和海蒂·托夫勒的朋友，在还是一位不出名的历史助理教授的时候，他曾飞越半个国家，只为听托夫勒的演讲。进入国会之后，他邀请托夫勒夫妇前往国会山与保守机会协会会谈，这个由他帮助建立的组织是一个类似雅达利民主党人、但以技术为中心的共和党组织。尽管托夫勒夫妇并不赞同金里奇在社会议题上的保守态度——他们对性自由、非常规家庭结构的实践总是让右翼人士觉得荒谬，但他们与他抱有相同的信念，用托夫勒的话说就是，"削弱华盛顿并将权力下放是必不可少的"。[5]

1994年夏天，克林顿政府发现自己在解决一个危机的同时，正面临着另一场危机，他们之前做出的乐观竞选承诺遭遇了预算上限与立法过程中讨价还价的现实问题。共和党采用了纽特·金里奇仿佛炸弹般引起轩然大波的战术，成功地把医疗卫生改革方案变成了政府权力过度扩张的危险象征。金里奇现在正忙着和他的副手们合作，为国会中期选举准备一份被称为"与美国签订的合同"的竞选纲领，这是一份保守主义优先事项的宣言，共和党人宣誓，如果他们当年11月赢下国会控制权，就会贯彻执行这一宣言。

金里奇8月下旬出席PFF为配合《赛博空间和美国梦：知识时代的大宪章》的发布而在亚特兰大举办的一场小型会议时，脑海中考虑的都是这些。当时，这家智库成立还不到一年，但它与金里奇这样的保守主义者的联盟，使这家"唯一专注于数字革命的市场导向型机构"获得了特殊的影响力。凯沃斯担任PFF的主席，成员中有许多共和党人。（PFF成立时，EFF正是民主党高层的宠儿，得到了大笔公司资助，选择PFF这样的缩写并非偶然。）

戴森带着戒备与好奇同金里奇会面。"我认识的每一个人似乎都认为他是敌基督。"她回忆道。然而，这位佐治亚州国会议员对互联网的了解出乎她的意料，同时他深信一个事实，正如宣言所称，信息技术的兴起"宣告了现代生活的中心范式，即官僚机构的灭亡"。白宫的民主党人也了解技术，但他们似乎无法脱离"信息高速公路"与政府微观管理的第二次浪潮。金里奇并不执着于政府传统，因此他准备好了做一些与众不同的事，这与硅谷一直希望的革命更接近。"我离开的时候并没有被说服，但是很感兴趣，同时我确信他基本不是我的朋友们所设想的那种只有一面的人物。"戴森后来写道。[6]

5个月后，共和党海啸般赢取了华盛顿，金里奇变成了全美国权力第三大的政治家，这位新任众议院议长在他就职后的第一天完全投身于高科技相关事务之中。他公布了国会名为"托马斯"的服务性新网站，将所有法案、听证会与立法报告都公布到网上。"这将导致一场思考与讨论方式的剧变，人们将关注于想法而非个人，"他大胆预言，"这将让美国人之间的讨论变得更加有益。"金里奇接下来从讲坛来到委员会会议室，论证新的税收抵免提案，以使每个美国穷人都能买一台笔记本电脑。这样一项措施很可能耗资惊人，但金里奇希望通过此举表明态度：他此行就是要把这个国家带入互联网时代。[7]

金里奇革命

1995年夏天举办的第二届PFF年会体现了这个躁动的小智库在金里奇掌管的华盛顿的地位之高。这次会议离开了闷热的亚特兰大，改为在空气清新的阿斯彭山间举行，那里是权贵们的避暑胜地。大厅里挤满了公司游说者，他们希望弄明白议长究竟如何看待议程的下一个重大科技议题——《电信革命：美国机会》，这是当年同步发布的白皮书的标题，意指1994年初由白宫提交给国会的电信法案，这一法案被那些不希望让宽带互联网公司在更加开放的环境中经营的顽固民主党人束之高阁。现在"老狮子"被赶下了委员会主席宝座，金里奇计划将该法案继续向前推进。"我们应当争取尽可能少的监管。"他宣称。FCC将成为白宫所属的一个小办公室，而控制互联网规章的多层级政府机构将会消失。

金里奇说，他的这一措施的灵感源于他对计算机软硬件行业的了解，这一领域摆脱了繁杂的联邦监管，才得以实现创业梦想。硅谷的成功正是因为华盛顿"没有碍事"，金里奇后来就事论事地对《连线》杂志的记者约翰·海勒曼解释道："我认为我们显然正处于一个应当直接解放市场，让技术自行其是的时刻"。金里奇最喜欢的论点就是，美国政府花费了13年时间和数百万美元，试图证明IBM进行了市场垄断，但徒劳无功，因为科技界会自己选择赢家与输家。[8]

PFF会议的氛围呼应了金里奇"不要碍事"的观点。从戴维·帕卡德20世纪60年代在帕洛阿尔托扶轮社俱乐部发出反对"伟大社会"的哀叹，到越战时期自制计算机俱乐部会员把暴躁的反政府口号推向新高度以来，硅谷一直在对官僚主义抱怨不休。然而，科技界的代言人在阿斯彭的演讲已经很久不曾如此尖锐了。联邦政府"无能得不可救药",约翰·佩里·巴洛说。互联网将打破政治、商业和一切规则。埃丝特·戴森预言,在网络市场中,"只有好东西才能生存"。[9]

华盛顿的转变令硅谷支持自由市场的一派感到兴奋。最初的一代风险投资人与芯片制造商一直是坚定不移的共和党人,而一些新星也是如此。"美国必须重回私有化,"斯科特·麦克尼利说,"以使经济重新回到私人手中。"另外,麦克尼利微笑着说,他喜欢金里奇的风格,这"让我相比之下看起来像个外交官"。[10]

硅谷的技术自由主义者并不比那些主张放松管制的右翼更喜欢政府,但他们对整个行业变得如此公司化感到失望。一场危机在 EFF 内部爆发。在金里奇革命之前,这家基金会就依赖于 AT&T、IBM、微软以及苹果这样的公司的大额捐赠。"我已经拒绝了这些公司的捐赠,"EFF 联合创始人、密码朋克蒂莫西·梅说,"他们代表的不是我的利益。"那些并不为公司捐款而感到困扰的人也感到沮丧。他们加入基金会是为了改变世界,而不是为了在商务部参加无休止的副助理部长会议。[11]

1995 年 9 月,这位反传统的议长接受了各种高科技媒体的报道,巴洛对他的采访登上了小约翰·F. 肯尼迪创办的月刊《乔治》的创刊号,副总统的白宫幕僚对此怒不可遏。金里奇不为所动。"戈尔试图建立的模型是对福利国家的未来主义展望。他只是在粉刷书房,而我要盖一整栋新房子。坦率地说,我的计划就是要取代他的世界。"[12]

端正卫兵

与此同时,参议员詹姆斯·埃克森观察着新的网络环境,他眼前所见一片污秽。这位内布拉斯加州民主党人震惊于他听到的有关填满互联网阴暗角落的色情与犯罪的传言，这些传言一应俱全——从成人网站到1995年春天美国国内恐怖分子蒂莫西·麦克维在俄克拉何马城联邦大楼爆炸案中所用过的《暴乱指南》的线上版本。

埃克森所想确实没错，色情业是早期互联网增长最快的产业，一份广泛传播的调查报告将之称为"计算机网络用户最大的娱乐应用之一"。BBS和Usenet群组——20世纪80年代的信息高速公路随着90年代初上网途径的增加，如同杂草一般生长——现在已经充斥着色情内容，因为更快速的带宽使用户得以方便地下载并共享图片与视频。最糟糕的是，这一切完全不受监管，甚至儿童随时可以无意间接触到这些信息。白宫在鼓吹"信息高速公路"的必要性，但美国的父母们却在犹豫是否要购买家庭网络服务，因为正像一位来自芝加哥的母亲所说，她的孩子"可能看到扑面而来的大量成人片，而我却毫不知情"。[13]

公众日益担忧网上内容真实而迫切的风险，其他人也加入了埃克森，与他一同呼吁。华盛顿最大的宗教权利游说团体基督教联盟将"互联网准则"作为1995年宣讲的重要纲领。国会山上的其他宗教保守派人士也竭力推动对网上内容的限制。

那年夏天国会继续就电信改革进行辩论时，埃克森提出了补充法案《通信内容端正法案》，这一法案规定，淫秽、下流、色情、肮脏或不雅的在线内容的创作者将受到严厉的罚款，甚至会被判处入狱服刑。这位抽着烟斗的参议员用维多利亚时代的措辞引发了一场政治上的熊熊大火。批评他的人大声疾呼《通信内容端正法案》是迄今为止覆盖范围最广的审查，这项法案让官僚们对网络内容进行审查，同时压制言论自由。华盛顿在媒体面前已经饱受质疑；阿尔·戈尔的妻子蒂珀曾成功推动在包含暗示性歌词的流行音乐上贴上警告标签，以及推动电信法案对电视节目进行分级，并在有线电视转接盒中安装"V芯片"，以使父母可以限制孩子们所看到的东西。然而，埃克森的提案要激进得多，并且令科技公司与言论自由支持者震惊的是，这一提案在参议院以惊人的 86 ：14 获得了两党一致多数通过。

在几乎所有其他议题上，纽特·金里奇都站在宗教权利一方，但在这个问题上，他坚定地支持网络自由的捍卫者。"我不认为这是严肃地讨论这样一个严肃议题的方式。"这位议长宣布。他另外提出了《网络自由与家庭授权法案》，这一提案反映了科技界所希望看到的：设定内容标准并开发过滤软件的责任在业界而非政府。然而，这些真诚的自律承诺仍然不够。华盛顿严重偏向右翼，家庭价值观高涨，而大选年即将到来。

在国会以压倒性多数通过，并于 1996 年初作为电信法案最终版本的附属法案被递交到比尔·克林顿面前的，是埃克森提出的更为严格且主张干预的《通信内容端正法案》，而非金里奇的反提案。电信法案中有太多重要内容，令克林顿无法拒绝。在法案生效当日，互联网公司通过让数以万计的屏幕黑屏的方式来表达抗议。与此同时，《通信内容端正法案》几乎立即就面临违宪指控，从 ACLU 到微软，每一个人都支持这一指控。当年夏天，这一法案中最严格的条款被移除。但有一点被保留下来：委员会匆匆起草《通信内容端正法案》时留下了一则条款，这一条款规定，任何网络提供商或平台都不应被视为第三方在其站点上的任何信息的发布者。[14]

因此，《通信内容端正法案》产生了巨大的影响，但并非以埃克森参议员或基督教联盟设想的方式。通过使网络平台免于对第三方在其网站上传的内容负责，最高法院的这一裁决不仅是网络时代科技公司的一次伟大胜利，对于未来将出现的社交媒体平台巨头而言也是伟大的胜利。

到 1997 年，网络空间已经成为 EFF 所宣告的下一个辉煌前沿。超过 5 000 万美国人进入网络。搜索引擎全力运转，网站数量激增，浏览网站已经变为日常。随着信用卡安全交易技术的完善，电子商务终于开始腾飞。数百万用户正在点击购买，价值数十亿美元的产品通过网络空间流通。虽然埃克森付出了一切努力，但还是没能阻止淫秽内容的泛滥。色情产业仍然是互联网最大的利润来源。[15]

换班

在这场喧嚣之中，发生了一起令人悲痛的标志性事件：1996年戴维·帕卡德去世，享年83岁。帕卡德一直住在他与露西尔于1957年在洛斯阿尔托斯山间修建的牧场中，这处传统的住宅与硅谷极尽招摇的灯红酒绿形成了鲜明对比。3月的最后一个星期五，商界与政界领袖们齐聚斯坦福大学的纪念礼堂，向这个成就卓著、影响深远的人表达敬意。比尔·休利特悲痛而沉默，他坐着轮椅来到现场，坐在前排位置上。活动手册上印着一张帕卡德驾驶拖拉机的照片，简单地写着"戴维·帕卡德，1912—1996。牧场主"。[16]

这位低调的巨头之死恰逢其整个职业生涯中都忠诚支持的共和党发生变革。在克林顿与金里奇掌权、两党势力严重不平衡的年代，像北加州政治家皮特·麦克洛斯基和埃德·斯查乌那样鲜明的自由共和主义做派在华盛顿变得更加少见。

在这波浪潮面前，硅谷的共和党人比其他人抵抗得都要久一些。埃德·斯查乌在1986年竞选参议员失败之后重返业界，但他仍致力于发掘与提拔下一代政治人才。沿着沙丘路建起了风险投资走廊的地产大亨汤姆·福特对此提供了额外帮助，他创办了林肯俱乐部，一个为中层共和党候选人募款的组织。1988年当选国会议员的前经济学教授汤姆·坎贝尔是斯查乌与福特提拔的人才之一。还有一个人是贝基·摩根，他是帕洛阿尔托校董会成员，曾在州参议院任职三个任期。

然而，随着美国国家政治日趋保守，加州政界也愈加倾向自由化，坎贝尔和摩根这样的人变得日益稀少。坎贝尔于1992年竞选美国参议员，但输掉了初选。当年秋天在选举中获胜的是来自马林县自由派大本营的民主党人芭芭拉·博克瑟。次年，期满卸任的摩根回到家乡，领导硅谷合资企业协会——一个地区性经济发展组织。到1996年，最知名的当地政治家现在都是民主党人——且与高科技行业最亲密。埃德·斯查乌进行了一些尝试，组建了第三个全国性党派，这足够说明情况发生了变化。[17]

与此同时，高科技行业民主党人的声势愈发浩大。3月9日，帕卡德纪念仪式在斯坦福大学举行三周之前，总统与副总统搭乘空军一号专机来到湾区东部城镇康科德参加"网络日"活动，这是一场为期一天的宣传活动，意在推动将加利福尼亚的公立学校接入互联网。数千名硅谷工程师涌出办公室、走进教室，铺设同轴电缆并安装路由器。白宫媒体人员将摄影师带进高中图书馆，拍下了穿着卡其布衬衫的克林顿站在梯子上、努力在天花板上布线的镜头。这场活动是太阳微系统公司首席科学家约翰·盖奇的创想——正是他提出了"网络即电脑"——并且是另一个项目的盛大开场礼，一个将使克林顿的白宫政府与互联网时代的"硅谷流星"联系在一起的项目。

共和党控制国会山的第一年充满挫败，尤其是在国内项目上。医保改革已死。作为另一个标志性议题的福利改革则被严重推向右翼。电信改革已经变成了想要维持当地市场垄断地位的运营商之间的争吵，偏离了放松监管将降低服务价格并推动互联网普及的伟大愿景。克林顿一直在寻求连任，而戈尔正悄悄地为2000年参选打基础。两人都需要一个既能吸引民主党核心选民，又能吸引中间选民的议题。

当时距1996年大选不到一年，承诺将每所美国学校接入互联网正是他们想要的议题。谁会反对让孩子们与老师们接入美好的网络世界呢？政府将提供补贴与政策支持，私营部门则提供基础设施、电脑与打折的电信服务费率。教育技术是伟大的社会计划与新经济的完美融合。政策幕僚告诉克林顿与戈尔，这可以成为"对你们与美国都具有决定性的议题——从眼下到国情咨文发布时再到1996年大选与克林顿–戈尔的第二届任期"。[18]

"每个孩子都必须能够接触电脑，必须了解电脑，必须能够接触好软件与好老师，当然还必须能够接触网络，"克林顿在"网络日"对人群说，"这样每个人都将有机会充分实现他的人生。"然而一个具有讽刺意味的巧合是，这个项目最先在13号提案通过后的加利福尼亚开展，那里是财政总收入不足时公共教育呈现最佳状态的例子：自1978年开始，财产税上限导致每位学生平均获得的教育拨款直线下降，教学楼老旧不堪，教师工资偏低，采购资金仅够满足基础需要。要想使学校达到正常水平，需要大量来自家长的捐款，这使有钱有闲的富裕地区与缺少这种条件的贫困地区之间形成了明显而令人不安的区别。

总统在"网络日"举办的"电子谷仓募款活动"吸引了私营部门的资金与劳动力，是所有PTA募款活动中规模最大的。这一切都体现了这些国家领导人为解决教育不平等问题以及弥合分化日益严重的鸿沟，而对硅谷的技术所抱有的希望。教室中的计算机项目是民主党的登月计划与大社会计划，在这个政府参与更少、信息技术参与更多的时代与时俱进。总统当天在康科德宣布："技术将解放美国人，令他们团结起来，而非阻碍他们。"[19]

诉讼律师

约翰·多尔为这种情绪欢欣鼓舞，但那年春天他还有别的事需要考虑。毫无盈利的新兴互联网公司飙升的业绩正在塑造新的经济规则，并且使他这样的风险投资人变得极度富有。但是，火热的市场也打开了通往另一个方向的闸门：在股票下挫时遭受损失的股东们发起了诉讼。加州的公司尤其容易遭到这样的起诉，因为加州法律提起此类诉讼的门槛相对较低。在绝大多数情况下，这些所谓的过失都不会被真正仔细地审查，毕竟进入股票市场就要冒风险，但公司通常因为出庭的成本与麻烦而选择和解。

加利福尼亚股东诉讼之王是比尔·勒拉什。这位豪饮苏格兰威士忌的圣迭戈诉讼律师满口脏话、极其高效，曾提起数百起此类诉讼，这让他变得十分富有。即使在互联网热潮之前，"被勒拉什盯上"就已经成为在硅谷最令人头疼的事之一，而互联网流行起来时，这一切变得更加糟糕。由于20世纪90年代股市如过山车般，这些诉讼显得格外离谱，但对于其中90%的诉讼，公司都会选择庭外和解，只为摆脱勒拉什。每当硅谷高层们想起这位在拉霍亚悬崖上的别墅中享受生活的卷发诉讼律师时，都会被迫提醒自己这又是一个让他们讨厌南加州的原因。1996年《连线》杂志的一篇关于勒拉什的人物特稿概括了硅谷对他的态度——《吸血混蛋》。[20]

比尔·勒拉什恰好也是一名对民主党政客尤为慷慨的捐赠人。他们这样的诉讼律师通常在早期就频繁捐赠，随支票一同到来的还有他们对维护股东起诉权的劝诫。他们认为，集体诉讼的本质是民众对抗强权。其他民主党核心选民——工会与消费者权益组织——也赞同这一点。这关乎弱势群体的利益：小投资者、受伤的受害者、受到不公对待的消费者。民主党人不是正应该关心这一切吗？毫不意外，当使提起人身伤害诉讼变得更加困难的法案被提出时——正如1995年国会山发生的那样——投票结果显示出了严重的党派分歧。共和党人站在上市公司一边，而民主党人大多支持原告与他们的律师。

在金里奇革命给克林顿白宫带来的诸多头疼问题中，这是在政治上最令人焦虑的一次。白宫的两大重要盟友在这一议题上分别支持不同阵营。一方（技术）掌握着未来经济的关键，而另一方（辩护律师）则提供了大笔竞选资金。正当总统为此苦恼时，科技巨头们检视了另一方的意向，与共和党立法者会面，并重新考虑了他们最近在某种程度上对民主党的偏向。尽管克林顿的硅谷支持者们以个人身份提出了请求，但克林顿还是否决了诉讼法案。国会迅速推翻了他的否决。这是科技界的胜利、克林顿的失败，也是白宫与硅谷亲密关系上的一道丑陋裂痕。拉里·埃里森对此忍无可忍，甚至拒绝认同克林顿竞选连任，并为共和党的挑战者鲍勃·多尔开出了一张大额支票。[21]

勒拉什也很生气。他决定要在州一级阻止政府的"压路机"。他于1996年秋天资助了一项州议会提案，试图完全规避联邦限制。加州第211号法案（简称"211法案"）是硅谷最糟糕的噩梦。它不仅进一步降低了提起股东诉讼的门槛，还使公司管理层与董事会成员需要对原告所遭受的任何损害承担个人责任。勒拉什的论调是，这是一次试图从高科技股市的骗局中拯救退休人员养老金的高尚举动。硅谷将之视为宣战。[22]

约翰·多尔从克林顿否决这一法案中意识到，硅谷需要迅速行动，而且由他亲自领军。20世纪80年代，埃德·斯查乌曾是硅谷的国会议员，他代表高科技行业在从贸易到税收的各项议题上进行了坚持不懈的斗争。鲍勃·诺伊斯和史蒂夫·乔布斯曾作为富有魅力的CEO大使，穿行在华盛顿的权力走廊中。戴维·帕卡德曾是这一切的幕后主使，其职业生涯给年青一代带来了灵感。而现在，做了克莱纳系的"巫师"仅仅几年之后，多尔成了硅谷最重要的政策企业家，集斯查乌、诺伊斯、乔布斯与帕卡德为一体。

在多尔的主导下，与"211法案"的斗争成了1996年大部分时间里硅谷的头等大事。多尔进行密谈、筹集资金，并在克莱纳–珀金斯公司外墙挂上了"向'211法案'说不"的横幅，将其变成斗争司令部。多尔的团队最终筹集了3 800万美元与"211法案"进行斗争，几乎是当年两大党派各自在加利福尼亚花费的总统竞选资金的两倍。高昂的开销反映了战斗的艰难。捍卫股东权益的主张颇受选民欢迎，加利福尼亚工会与年长的倡导者发声表示支持。"这场斗争花了我15%的白天时间，"多尔回忆道，"以及大多数不眠之夜。我十分担心，不认为我们能赢。"[23]

不过多尔有一个优势，那就是总统正在寻求连任。克林顿和戈尔过去四年中一直在谈论硅谷对国民经济的重要性。这一法案的投票结果可能会威胁到硅谷，使之脱离正轨。克林顿的幕僚抗议说，他们不会考虑州内部事务。"这可不是普通的州内事务，"硅谷的人们回答道，"我们也不是普通的选区。"

《圣何塞信使报》开始刊出头条，报道政治上逐渐增大的裂隙。克林顿有些提防。"他们是什么意思，我在和高科技行业作对？"克林顿急切地对拉里·斯通说。"如果你愿意与我们谈谈，"斯通恳求克林顿，"我们会向你解释这为什么如此重要。"几天之后，斯通接到一个电话：总统希望举行一场会议。他们告诉斯通，规模不要太大。克林顿即将前往圣何塞的学校参加一场活动，所以他们可以把这场会议安插进来。斯通挂上与白宫的电话，立刻打给里吉斯·麦肯纳，问他能不能找到合适的与会者。麦肯纳立即打电话给戈登·摩尔，然后又打给了约翰·多尔。

于是在8月底酷热难耐的那一天，美国总统与美国最有影响力的几位科技界领袖一同围坐在中学食堂的一张餐桌旁，告诉他们自己将会支持他们反对"211法案"。"我们把他争取过来了！"多尔的幕僚欢庆道。"我认为他的这一立场将为他在全国，尤其是在加州赢得巨大的支持。"多尔随后表示。当谈及克林顿竞选连任时，他说："我原本尚未做出决定，直到我听说了克林顿在此问题上的立场。现在我支持他。"[24]

三周之后，总统得到了回报。多尔组织了75位硅谷的重要人物，热情洋溢地表达了他们的支持。他们在与克林顿和戈尔的通话中盛赞了政府在经济方面的建树，也夸耀了他们为之付出的努力。"本届政府确实了解经济。"多尔在开场白中宣称。克林顿执政时代对硅谷大有裨益，而硅谷也有利于克林顿和戈尔。"我认为值得一提的是，"他补充道，"那些今天对你们表示支持的加利福尼亚公司在过去四年中创造了超过 28 000 个工作岗位。"

在遭到放逐 10 年后被请回苹果公司重掌大权的史蒂夫·乔布斯也做出了类似的评论。"过去四年是硅谷有史以来最好的四年。"他说。"历史上的硅谷不会寻求救助，也不需要税收抵免，"这个 15 年前曾为之努力游说的人说道，"我希望这样的四年再来一次。"虽然过去十年史蒂夫·乔布斯经历了如此多的挫折，但他仍然是硅谷的代言人，而且他给出了认可。[25]

当然，硅谷并非人人都为克林顿与戈尔疯狂。几周之后，弗洛伊德·夸默开始为不那么受欢迎的共和党候选人鲍勃·多尔组织竞选活动。许多加入他的人从微芯片的早期时代就在这个行业中了，他们在整个硅谷都倒向民主党人时试图维持戴维·帕卡德的共和党遗产。杰里·桑德斯的警句一如既往："我们要么选择多尔–肯普所主张的竞争，要么选择克林顿代表的强制征收。"夸默补充道："我们不希望通往 21 世纪的桥梁由华盛顿修建，因为我们担心这座桥梁会收费。"[26]

还有许多硅谷人选择"都不支持"。对共和党愈发失望的埃德·斯查乌支持他的朋友，身为前科罗拉多州州长的民主党人迪克·拉姆，此人正与 H. 罗斯·佩罗争夺改革党候选人资格，但处于劣势。那年仲夏，斯查乌同意加入拉姆团队，作为他的副总统候选人。赛普拉斯半导体公司的 T.J. 罗杰斯坚持认为硅谷与华盛顿政界的关系越少越好。"华盛顿真正为硅谷提供了什么？"他问道，"我们不能也不希望在他们的游戏中取胜。"[27]

虽然他们在谁来当总统的问题上莫衷一是，但所有人都同意"211法案"对科技行业来说十分可怕。到那年10月，这些资金、认可加上多尔的努力推动建立了一个强大的联盟。多尔的好友兼导师安迪·葛洛夫说："'211法案'把整个行业动员起来，这从20世纪80年代的日本威胁以来就再没出现过。"多尔仍然十分紧张，但很高兴。"人人在这个议题上的态度都保持一致，现在只缺一位特蕾莎修女。"[28]

到了投票日，勒拉什的提案在全加州以3∶1的得票比例终告失败——在圣克拉拉谷，这个比例达到了4∶1。克林顿赢得了加利福尼亚并成功连任。在整个运动过程中，结识约翰·多尔的政界人士都对他留下了深刻的印象。"在政治上我学到了要紧靠富有的捐赠人、伟大的演讲者以及真正做实事的人，"一位资深民主党活动家说，"多尔三者兼顾。"[29]

而约翰·多尔已经开始预想五年之后。硅谷的规模已经很大，变得如此富有，在经济上举足轻重，因此，它不可能再对政治置身事外。与"211法案"的斗争是一场代价高昂的艰苦战斗，因为它们是从零开始的。如果现在这个行业已经有了现成的组织，那么就可以说硅谷做好了准备，能够对付下一个比尔·勒拉什或Clipper芯片，再或者华盛顿和萨克拉门托甩出来的任何问题。更不要说强大的微软那颗西雅图死星了。为了发挥作用，这个组织应当是一个无党派平台，有大量企业参与并涉及广泛的议题——一个克莱纳系的政治变体。这个组织不仅是一个游说团体，而且将传达一个愿景。"我们需要一个新的法律与思想框架，以帮助我们在新经济中取得主导地位，"多尔解释道，"我将与许多人一同致力于构建这个新网络。"[30]

1997年初，这个组织有了名字：TechNet，而且有了自己的工作人员与数百万美元资金。像里吉斯·麦肯纳与弗洛伊德·夸默这样长期以来一直在幕后扶植领导人的政界元老同意加入这个组织，许多知名硅谷 CEO 也加入了进来。这个组织避免参与两党筹款活动的原则并没有持续多久；一年之内，TechNet 就成立了共和党与民主党政治行动委员会，这些委员会变成了为来访政客提供大笔经费的取款机。但是，TechNet 同样还定期举办"关于新经济的研究生研讨会"，以帮助议员们更好地了解现状——以及他们将如何最好地帮助硅谷的发展。这对两党议员都很有说服力。"我们能够让提案在国会通过，眼下要做到这一点可不容易。"马克·安德里森评论道。在硅谷全速运转的时候，决策者很难"和高科技作对"。[31]

约翰·多尔创办的 TechNet 变成了年轻的新经济公司——及其 X 时代的公司创始人——与华盛顿接触的渠道之一。另一个渠道是阿尔·戈尔。这位副总统最喜欢的就是和聪明的技术专家坐在一起讨论政策。在多尔的帮助下，戈尔的政策助理开始在加利福尼亚与华盛顿定期举办"戈尔与科技界"会议。在这些会议上，那些令人惊叹的 30 多岁网络大亨坐在铺有抛光红木板、摆放了镀金装饰的白宫的礼仪室中。这与那些朴素的直建房、自制计算机俱乐部的交换聚会以及在 PARC 的豆袋沙发上熬通宵截然不同。随着互联网的迅猛发展，硅谷的人已经前所未有地成了体制权力的参与者。

22
不作恶

在 TechNet 动员起来,"戈尔与科技界"会议也逐渐增加之时,微软却引人注目地缺席了。比尔·盖茨的公司因为对 PC 平台的完全占有而获得了丰厚的收入,因此,他并不像硅谷人士那样对监管抱有忧虑。同时,微软的庞大体量使它本身就是一股政治力量。盖茨没有造访戈尔的办公室,而是让副总统前来拜访他。

其中最引人瞩目的一次会面发生在 1997 年 5 月,当时盖茨举办了日后将变成年度活动的首届 CEO 峰会。他把合作伙伴与竞争对手一视同仁地邀请至西雅图,举办了一场气氛融洽的奢侈盛会,以凸显他的王者地位。戈尔进行了主题演讲(熬了半宿准备的),然后他与这位科技巨头以及其他知名人士一同在日落时分登上游艇,穿越华盛顿湖,来到了盖茨位于东侧、价值 6 000 万美元的新房子。这间令人目眩神迷的建筑设施先进,配备有高清晰度的屏幕,还有一间足可容纳数百人的宽敞的接待大厅。

随着戈尔和 CEO 们享用蕨菜浓汤与野生鲑鱼,以巧克力蛋奶酥作为餐后甜点,并饮下大量当地产的葡萄酒,他们谈论的话题转向了美国当前正在经历的、很大程度上得益于技术推动的非同寻常的经济时刻:生产力飙升,华尔街股价飞涨,互联网零售似乎正要站稳脚跟。戈尔在当天早些时候的讲话中敦促科技领袖们多唤起自己的社会责任感，多思考如何回馈社会，并将他们的经验应用到美国所面临的更广泛的挑战之中。盖茨也开始考虑这些事情，他与妻子梅琳达刚刚开始考虑要如何捐出他们的财富。饱餐之后的客人们对戈尔的呼吁点了点头，但一如既往地很难从商业上转开注意力。1997年，互联网可能风起云涌，但微软仍是世界上最富有且强大的高科技公司，其他所有公司都在竭力避免被碾碎。[1]

1992年，每10台PC中就有9台运行着微软操作系统。次年，微软的市值超过了IBM。"这是我们这个时代的标准石油公司。"一位分析师说。哪怕是在纳斯达克达到白热化峰值的时候，微软的股价也远高于其他公司，其市值是太阳微系统的10倍，是网景公司的100多倍。微软向其总部所在的华盛顿州的学校捐赠1 000万美元时，克林顿向西飞行，并将与盖茨的联合声明打造成了总统访问的重头戏。当盖茨与新任众议院议长纽特·金里奇单独共进晚餐时，这条报道登上了报纸头条。[2]

然而，这基本上是一厢情愿。比尔·盖茨从未大张旗鼓地举办活动表示支持，他通常认为华盛顿的钩心斗角与他的生意无关。1990年，由于微软逐渐统治了市场，联邦贸易委员会开始搜寻其可能违反反垄断法的蛛丝马迹。盖茨公开对此表示了不屑。"在可能发生的事情中，最糟糕的不过是我从联邦贸易委员会的楼梯上摔下来，撞到了头，一命呜呼。"1992年初盖茨开玩笑地对《商业周刊》的记者说。这位亿万富翁的态度在后来几年中有所软化——年龄渐长，结了婚，再加上他那对具有公民意识的父母的旁敲侧击让他愈发热心公益——但他保持着对华盛顿环路中发生的一切不太感兴趣的态度。直到1995年，反垄断调查达成协议，允许其继续运营后，微软才在华盛顿设立了游说办公室。[3]

不管怎样，比尔·盖茨忙着与硅谷争论，无暇顾及华盛顿特区。

尽管他的公关团队为他精心打造了可亲的科技极客形象，但在涉及他的公司事务时，比尔·盖茨仍然是世界上最好胜的人。史蒂夫·鲍尔默紧随其后。"在微软，"营销主管让·理查森回忆道，"一切都围绕着如何让人们臣服而展开。"他们在软件市场上的焦土式统治令竞争者闻风丧胆，将后来者拒之门外，也使硅谷一开始就全心全意地拥抱互联网。"我的公司的政策是永远不要投资一家直接与微软竞争的公司，"约翰·多尔笑谈，"只有白痴才会去阻挡迎面开来的火车。"[4]

只有太阳微系统公司同样好斗的斯科特·麦克尼利敢于与微软作对，他在盖茨与微软试图进入工作站市场的时候，用他那风靡 PC 的 Java 编程语言予以颜色，还不停地配以尖酸的俏皮话。微软的领导层是"鲍尔默和大蠢蛋"，微软的操作系统是"巨大的毛团"。考虑到微软可能会分走太阳微系统公司的一杯羹，麦克尼利的好斗看起来确实有道理。"光靠和解与妥协没办法击败比尔·盖茨。"一名太阳微系统公司的资深员工评价道。[5]

浏览器战争

随着网络热潮发展得如火如荼，竞争也变得异常激烈。来自雷德蒙德的微软团队并非没有注意到互联网——早在 1994 年春天，微软就开始向在线网络投入资金，那时克拉克与安德里森创办网景公司仅仅数月——但网络的发展速度远超比尔·盖茨的预期。"我们没料到，"他在 1996 年夏写道，"仅仅两年内，互联网就使整个业界与公众沉迷其中。"1995 年春天，随着 Java 和网景领航员浏览器相继进入市场，比尔·盖茨和他的同事们才意识到互联网不仅将发展壮大，还可能吞噬微软的核心业务。马克·安德里森将是另一个比尔·盖茨：他不仅要编写一个软件，还想要创造一个能使微软的操作系统变得不值一提的全新平台。就像 1980 年的比尔·盖茨一样，1995 年的马克·安德里森毫不掩饰他的宏大野心，他要痛击 Windows 操作系统，让这个占据市场的庞然大物变得不过是"一套没怎么调试过的设备驱动程序"。[6]

盖茨决定是时候给他的高级雇员写一份备忘录来解释微软的使命了。他取的标题是《互联网浪潮》，而当这份备忘录于 1995 年 5 月下旬分发到雇员们办公桌上的时候，微软已经在开发自己的浏览器，准备迎战网景。"自 1981 年 IBM 推出个人计算机以来，互联网是随之出现的最重要的一项发明。"盖茨写道。而且与早年间昂贵且数据量较小的计算机网络不同，接入互联网意味着以一笔固定费用打开了一整个信息世界。"额外使用的边界成本，"他解释道，"基本上为零。"

虽然这份备忘录后来在法庭上被挥舞着作为微软垄断行为的证据，但也显示了盖茨当时的远见与进取心。他单独列出了正在开发视频与语音功能的新兴公司；谈到了可以播送电视节目并提供客户服务聊天机器人的未来互联网。但是，他写道："浏览网络的时候，你几乎找不到微软的文件格式。"这必须要改变。"我要求每个产品计划都尝试加入网络特性。"他告诉他们，而传播这些新潮产品的方式就是把它们捆绑到 Windows 操作系统中。网景公司已经占据浏览器市场 70% 的份额，微软需要迅速站稳脚跟。盖茨知道安德里森是对的。网景浏览器是数百万人初次接触并最终沉迷于网络的契机。现在网景正处于一个转折点，即将变的不仅仅是浏览器，还可以像当初 MS-DOS 对个人计算机做的那样，为整个互联网计算环境设定标准，并对市场造成同样重大的影响。网景过于危险，不能任由它继续作为直接竞争对手，微软需要将之变为合作伙伴。[7]

盖茨发出备忘录约一个月之后，一个代表团从雷德蒙德飞到网景公司的办公室，向这家硅谷最热门的创业公司提出了一笔交易。安德里森对他们的动机感到怀疑，于是记下许多笔记。微软打算推出自己的浏览器 IE，但它愿意分享市场。网景公司仍然可以统治 Mac、

Unix 和其他较老版本的 Windows，微软则将获得剩下的大部分市场。网景公司没有接受这个条件。相反，吉姆·克拉克给他的律师打了个电话：威尔逊-索尼西律师事务所的合伙人加里·吕贝克。

吕贝克是南北战争史爱好者，就像一位联邦政府将军那样神气十足、咄咄逼人。他参与过好几场雷德蒙德与硅谷之间影响深远的斗争。在 1988 年关于图形用户界面的诉讼中，他就是苹果公司阵营中的一员，而在 20 世纪 90 年代前半期，他一直在劝说联邦贸易委员会与美国司法部仔细调查微软在个人计算机市场中的竞争行为。微软此前与联邦贸易委员会达成和解才得以继续运营，但盖茨与鲍尔默讨价还价，争取让协议的表述不会限制 Windows 的新功能——IE 正是一个新功能。美国司法部虎视眈眈，但微软并不担心。"这阵反垄断的风头总会过去，"在达成和解之后不久，盖茨对一群英特尔公司高管说，"我们根本没必要改变我们在商业上的做法。"他们是对的。虽然吕贝克苦苦哀求，但司法部并未阻止微软推行捆绑浏览器计划。接下来两年，微软几乎把网景公司生吞活剥。[8]

起初这并不明显。Windows 用户仍然可以照常使用领航员浏览器——网景公司的产品仍然是许多人的最爱——但每一台 Windows 电脑开机之后的屏幕上都有 IE 的图标迎接你。一场"军备竞赛"开始了，微软与网景公司不断发布改进过的新版本，争夺着市场份额。一场公关战争也同时爆发，帕姆·埃德斯特伦和她的团队将盖茨的形象重塑为互联网时代的先知，而网景公司的团队则将马克·安德里森捧为互联网旗手。盖茨写了一本关于网络未来的畅销书《未来之路》。1996 年 2 月，时年 24 岁的百万富翁安德里森开玩笑似地摆出姿势坐在镀金宝座上的照片被刊登在《时代周刊》的封面上。7 个月后，盖茨露出笑脸的照片登在同一份杂志的封面上，标题是《网络将鹿死谁手？》《时代周刊》的编辑们似乎知道答案。"他已经征服了电脑世界。现在他想要征服互联网，"文章写道，"如果微软击败了网景公司，比尔·盖茨就将统治信息时代。"[9]

他确实统治了信息时代。微软进入网络慢了一步，但是 Windows 系统的普及让它能够迎头赶上。随着一个个版本的发布，在这个曾经由领航员浏览器统治的市场中，微软的市场占有率越来越高。网景公司的浏览器业务跌至其收入的 20%。网景公司想要成为互联网时代唯一平台的梦想已经破灭。到 1997 年底，网景公司的收入严重低于预期，很快不得不裁掉 3 200 名员工中的 360 人。互联网时代的流星不到四年就轰然坠地。即使在一切要快于往常的这个行业中，网景公司也只能算是昙花一现。吉姆·克拉克对此直言不讳："如果四年前我就知道会像现在这样——微软会摧毁我们，而三年间政府对此袖手旁观——那我一开始就不会创办网景公司。"[10]

垄断与反垄断

硅谷回应浏览器战争的方式不仅揭示了北加州科技行业与微软之间日益紧张的复杂关系，也成为这个行业政治上自相矛盾的又一例证。这是个奇特地混合了对集权的反感，但是又与政治体制内某些特定势力有着深入而紧密的关系的产物。这并非计算机行业第一次将法院作为武器来获取市场优势——如大型机行业的七个小矮人就曾促成了司法部对 IBM 的反垄断调查——而这也不会是最后一次。反垄断法可能跟不上互联网的发展速度，但它是延缓市场领导者发展的有效工具。一旦一家公司发展得足够大——IBM、微软以及后来的谷歌与脸书——它背后就会出现一个巨大的靶子。

网景公司是硅谷的缩影：由最初的"八叛逆"之一创办的风险投资公司为其出资，硅谷最具标志性的律师事务所作为代表，其管理团队多为硅谷老将。微软一直以来——哪怕常年处于激烈的市场竞争中——都与硅谷有着密切的联系，利用着硅谷的人才库并与硅谷投资者和公司合作伙伴保持着长期合作关系，但这些并不重要。（实际上，在吉姆·巴克斯代尔加入网景公司的几个月之前，盖茨还曾试图请他出任微软的 CEO。）网景公司没有准备在其浏览器战略失败情况下的备选计划，这也不重要。在许多在硅谷谋生并致富的人心中，微软就是主张"软件需要付费"的贪婪资本家、雾件制造者，总是送出蹩脚的第一代产品。现在，正是这个邪恶的帝国在打压网景公司，在造成进一步损害之前必须阻止它。[11]

虽然他们激进而高调地宣传自己有最好的产品，但网景公司及其盟友并不希望自己争取政府帮助的活动引起公众关注。起初他们暗中对国会进行游说。尽管 TechNet 的游说者在那段时间在几乎所有议题上都能说服国会——从更多的技术工人签证，到研发资金税收抵免，再到电子商务的消费税——但他们在针对微软的反垄断案上无法取得多少进展。白宫并不愿意反对一家正在蓬勃发展的科技巨头，其创始人还是美国最富有、最受尊敬的人之一。IBM 长达 13 年的诉讼案进一步削弱了政府对高科技行业反垄断调查案的兴趣，现有的微软和解判决也是一样，当其最终落实执行的时候，已经过时了。科技领域的发展太快了。

但在 1997 年一年的时间中，政治的冲击逐渐变强，这在很大程度上是由吕贝克和他在威尔逊－索尼西律师事务所的合伙人苏珊·克雷顿共同撰写的一部数据详尽的白皮书所推动的，这部白皮书一一列举了微软主导浏览器业务的种种作为。万圣节前夕，司法部终于采取了行动。闪光灯纷纷点亮，记者们蜂拥而至，聆听司法部长珍妮特·里诺和反垄断负责人乔尔·克莱因宣布微软违反了先前达成的和解判决，因此美国司法部将对其处以每天 100 万美元的罚款，直至其停止浏览器捆绑销售。比尔·盖茨对此大为震惊，他的盟友们仍在公然挑衅。"这些家伙根本不知道他们在和谁打交道。"安·温布拉德宣称。[12]

微软与反垄断者的斗争现在成了新闻头条。在司法部做出严厉判决三周之后，消费者权益倡导者拉尔夫·纳德在华盛顿召开了一场会议揭露微软的威胁。这很难说得上是一次民粹主义运动——会议组织者向与会者收取每人1 000美元的费用以"资助纳德未来将对高科技产业进行的调查"，但吸引来了许多折中主义者。加里·吕贝克参与了会议，并指出微软在线百科全书Encarta中"盖茨"这一词条中充满了奉承话。网景公司的律师罗伯塔·卡茨警告道，微软正将竞争对手从新的在线商城中逼出。拉尔夫·纳德的知名度本来在逐渐降低，但与比尔·盖茨的战斗给了他一个机会，让他重披全美国小公司头号斗士的战袍。"无论何时，这个软件巨头都十分危险，"纳德警告说，"不应当让它有机会统治网络的未来。"

"微软不满足于其在个人计算机软件领域占有的巨大市场份额，还通过策略性地布置系统桌面，提供产品与服务的链接，打算在我们畅游'信息高速公路'的时候牵住我们的手，将我们——不那么巧妙地——推向它自己的合作伙伴或子公司。"纳德写道。他将这些言论发布在微软控制的在线杂志《Slate》上，直言不讳地表达了他认为比尔·盖茨的公司危及消费者选择权与言论自由的观点。[13]

虽然有这些猛烈言论的抨击，但并非所有人都认为微软有问题。普通Windows用户喜欢微软软件的功能与易用性。"我认为他们的产品是顶尖的。"一位用户对记者说。充满赞誉的盖茨传记源源不断地流入书店与图书馆；一本针对小学年龄段的传记《比尔·盖茨：身价上亿的计算机天才》正好在美国政府打算公布这一诉讼案时上架。"也许盖茨不是坏人。"偏向自由主义的声音争辩道。"美国政府的垄断要比微软厉害多了。"一位硅谷工程师说道。自由党谴责试图扳倒微软的"官僚小人国"。卡托研究所发布了一份长达50页的简报，抨击司法部的行动。"这就是在大政府与大企业之间选边站队，而我们很清楚该站哪边。"卡托研究所的一位经济学家说。[14]

斯科特·麦克尼利长期以来都是卡托研究所的赞助者，但他对自由的热爱与他对微软在高科技行业 20 年来的历史中哥斯拉一般的践踏行为的痛恨同样强烈。微软摧毁了网景，现在又盯上了太阳微系统公司，要求开发一个只能在 Windows 而不能在其他平台上运行的 Java 版本。Java 作为一种编程语言，其影响力正是来自这种通用性。"我们希望用户有选择的自由，而非代替他们选择。"麦克尼利在奈德主办的会议上宣称。随着网景公司走入绝境，硅谷其他公司仍在犹豫，不愿公开批评世界上最大的软件公司，自由主义者麦克尼利反而变成了硅谷中对政府行动的最大支持者。[15]

1998—2000 年，在华盛顿特区巡回法院艰难进行的为期两年的诉讼破坏了微软的声誉，撕毁了盖茨精心打造的公众形象，并将公司股价腰斩。主持审判的法官托马斯·彭菲尔德·杰克逊变成了媒体名人，他对于媒体对他的关注相当高兴，就像盖茨对于被拖入诉讼的不满一样显而易见。在诉讼开始之后不久宣布的一项由两部分组成的交易中，美国在线收购了网景公司，并与太阳微系统公司组成战略联盟，打造了一台网络软件"战车"以抗衡微软在商业与消费者市场上的统治地位。微软公司的法律顾问比尔·诺伊科姆高喊"违规"——微软的竞争对手正组成联盟针对微软，美国司法部怎么还能说微软在垄断？政府简直"落后行业五步"。[16]

千禧年

微软备受煎熬之际，硅谷却在高歌猛进——不仅在华尔街扶摇直上，在华盛顿更是如此，政客被新奇科技与新兴经济的组合吸引而来。而当时的华盛顿正充斥着丑闻与党派阴谋，克林顿对年轻的白宫实习生莫妮卡·莱温斯基的越轨之举从耸人听闻的八卦变成了特别检察官的案情材料，接着又变成了共和党主导的弹劾（参议院并没有跟进，随之而来的参议院共和党人内斗导致纽特·金里奇辞去了议长职务）。

华盛顿的丑闻旋涡进一步增强了高科技行业"无瑕金童"的声誉。民主党与共和党唯一能够达成一致的便是硅谷是高科技仙境，是经济增长的奇迹，更是竞选募款的绝佳地点。TechNet 分别为民主党与共和党新成立了政治行动委员会，并已经开始在阿瑟顿的小巷和伍德赛德的乡间小路上为东部募集大量竞选资金，它的募款能力使硅谷及其领导人的形象在两党眼中更为耀眼。

"他们是明星。"当时负责电信小组委员会的路易斯安那州共和党人比利·陶赞说。"很难把高科技议题划分成民主党或者共和党，自由派或者保守派。"埃德·马基补充道。那个无数议员认为互联网充满色情内容又浪费资源，为了《通信内容端正法案》争议不止的时代早已过去。现在他们看着纳斯达克指数并阅读文件后就会明白，高科技是政治胜利者。当民主党与共和党建立自己的高科技工作小组时，成员纷纷加入。"我们现在是舞会上最漂亮的女士。"一位高科技行业的游说者说。[17]

讽刺的是，20 世纪 90 年代互联网热潮惊人的增长曲线并不完全由政客们所追捧的互联网经济造就。相反，这是由于计算机本身的缺陷导致的，半个世纪之前，这个缺陷就被引入系统之中。最早的计算机语言的创造者渴望节省内存中的每一个比特，同时也几乎没有想到他们编写的代码可能到了 2000 年仍在使用，因此，他们在编程中使用了两位数的时间戳，例如四位数的"1974"变成了两位数的"74"。

随着千禧年的临近，这种高效率的行为正在导致一场灾难，就像好莱坞设想过的任何一种情况一样可怕。1999 年 12 月 31 日午夜时分，当所有时间戳切换至 00 的时候会发生什么？现在的世界被计算机控制。如果计算机认为我们回到了 1900 年，那么从电网到空中交通管制系统的一切都会变得一团糟。"千禧年预示了我们这个社会将会面临的巨大挑战,我们必须在全球范围内团结以便进行应对。"《印度时报》不祥地警告道。业界估计消灭"千年虫"将耗费1.5万亿美元。常年缺乏资金的各个政府也面临着巨额开支,政府最终将花费65亿美元来解决这一问题。[18]

这对大城市与大公司而言是一场灾祸,对软件服务业来说却是一笔意外横财。重新编程的热潮导致对程序员的需求激增,远远供不应求。面对高额开支与人才匮乏,企业巨头与政府将目光投向海外——投向了印度庞大的、受过良好教育且英语普及的劳动力群体。随着政府放松对经济的管制,印度的技术产业在之前的10年内规模猛增。印度还在宽带基础设施方面投入了大量资金,这意味着在班加罗尔这样的高科技枢纽城市,其互联网连接甚至比电力供应更稳定可靠,这使本地的软件服务公司可以轻松接下对地球另一端的计算机进行编程的工作。千禧年恐慌还极大地增加了跨越太平洋来到彼岸的工程师数量。在1998年春到1999年夏之间,有超过130 000名H-1B新签证持有者入境美国,其中40%是来自印度的计算机专家。[19]

采取攻势

约翰·多尔和他称为"极客指挥官"的阿尔·戈尔之间日益紧密的友谊,体现了20世纪萧条年代里高科技界与政治资本之间的亲密联系。随着克林顿为丑闻所困,这位如同骑警一般行事正派的副总统变得日益引人注目,他为竞选总统做准备的同时,也开始涉及越来越多的议题。戈尔打算继克林顿之后入主椭圆形办公室的计划从来都不是什么秘密,而在克林顿任期的最后几年,对于戈尔的一举一动,他的幕僚都要考虑2000年的竞选。副总统定期按照约翰·多尔的要求与人会面,他仍然对技术充满好奇,但他也明白与马克·安德里森和凯米·波乐丝这样的新星结交的好处。硅谷还意味着募款的金字招牌，多尔在这方面贡献良多。1992 年支持克林顿与戈尔的高管们差不多每人只提供了 1 000 美元，现在他们则慷慨解囊。从 1994 年到 2000 年，民主党在硅谷募款的总额增长了 10 倍。[20]

多尔作为戈尔的政治副手抛头露面，在东西海岸都引起了许多注意。互联网时代最有影响力的会议 Agenda 的创始人斯图尔特·艾尔索普开玩笑地印制了数百个"戈尔 – 多尔"竞选宣传徽章。多尔经常被严肃地问及他的政治野心。"不可能。我不适合（当副总统），"他对《旧金山纪事报》说，"人人都想弄死我，我没有那么顽强。"但他确实在政治方面更进一步的意愿，其中就包括对副总统非常热衷的环境议题越来越感兴趣。多尔回忆道，戈尔让他"对环境觉醒了"，两人越来越多地谈论如何利用技术解决迫在眉睫的气候危机，以及"绿色技术"可能带来的硅谷下一波浪潮。[21]

然而，华盛顿的政治体制对硅谷的欢迎并不总能得到回应。硅谷中包含着广泛的政治意识形态，硅谷人唯一的共识就是对传统的监管者不屑一顾，对精妙设计的技术具有改变世界的力量这一点深信不疑。曾经推动创立 EFF 的开源精神仍然强大，尤其在普通黑客与程序员中，他们对大政府与大公司仍有很深的疑虑。

与此同时，华盛顿特区与华盛顿州雷德蒙德之间的关系则变得更加冷淡。微软否认垄断，并表示技术行业发展得太快，旧规则不再适用，但这样的抗议最终没能使杰克逊法官信服。在 2000 年的夏天，他做出了裁决：微软必须拆分为两家公司——一家经营操作系统业务，另一家则从事应用程序与互联网业务。

然而最终，杰克逊对媒体关注的热情成了比尔·盖茨的救命稻草。杰克逊法官因在下达判决之前曾与记者交谈，一年之后他的裁决被哥伦比亚特区巡回上诉法庭推翻。上诉法庭批评道："司法机关与新闻界私下分享对尚未判决的案件案情的看法，会严重损害公众对司法机构健全公正的信心。"[22]

微软这个新时代的 IBM 完整保存了，但它与过去不同：在法庭上受挫，被市场打击，其收入仍然依赖于个人计算机时代为其带来收入的 Windows 和 Office。这场诉讼深刻地改变了这家西雅图公司对政治的态度，也重塑了其他科技公司的态度。

20 世纪 90 年代，微软在华盛顿的行政事务部门仅有一名员工，挤在切维蔡斯郊区的销售办公室一角。这位科技巨头的说客不得不频繁往来于不同城市，以至他把大部分文件都长期堆在自己的切诺基吉普车后面。这场诉讼的结果向微软表明，游说议会不能再是这种放在吉普车后的后知后觉了。随着这场与司法部的战役不断升级，微软扩大了华盛顿特区办事处的规模，从两党聘请了一批重量级人物，并开始向政治双方投入高达六位数的捐款。[23]

随着克林顿任期将尽，过去 8 年间一直参与国家信息基础设施项目、为学校联网以及参与网络安全项目的白宫官员都进入了游说公司，站在高科技行业一方推动着同样的议题。自从与日本的芯片战争开始以来，游说还从未如此引人注目，而且这次有明显的不同：除了新（TechNet）旧（SIA 与 AEA）贸易协会继续存在之外，最大的高科技公司本身就成了游说力量。"微软是我们行业的典型代表。"一位科技界的游说者评论道。这是一个新时代的开端。[24]

虽然数以百万计的企业与消费者依旧在购买一盒盒塑封包装的微软启动盘，但软件业的新时代也即将到来。这个时代将属于免费软件，而收入由广告带来。在这个时代，文字处理软件、电子表格以及其他一切数据都存储在云端，只需点击一个按钮即可下载。桌面电脑与壁橱大小的服务器机房让位给了巨大而能耗极高、可以处理 TB 规模数据的服务器集群。使用这种模式的新公司可能会影响比尔·盖茨与史蒂夫·鲍尔默曾执掌超过 20 年的软件"印钞机"，或许远比任何反垄断行动都要严重地动摇它们的业务。

盖茨计算机科学大楼

自詹姆斯·吉本斯那次改变命运的肖克利半导体出差之旅后已经过了40年，他现在功成名就，准备退休。他的整个职业生涯都在斯坦福大学度过，从普通教员一路升到了工程学院院长。吉本斯在个人计算机时代的财富席卷硅谷的时候接任这个职位，他变成了一位拉赞助的专家，从休利特和帕卡德时期开始的工程学院校友那里为他的学校募集资金，还说服了许多从未踏足斯坦福大学教室的人慷慨解囊。

其中一位就是从哈佛大学辍学的比尔·盖茨，他出资600万美元修建了一座崭新的计算机科学大楼。大楼于1996年初一个风雨交加的星期二落成，正是吉本斯准备退休的时候（保罗·艾伦也想参与捐赠，但好胜的盖茨拒不同意。"你自己找栋楼命名。"他对曾经的商业伙伴说）。这份赠礼相比这位大亨的财产来说只不过是个零头，但这体现出对他的公司会落后于高科技增长曲线的担心，与斯坦福大学计算机系建立的牢固关系会是一份不错的保险。在这位硅谷死敌用自己的名字命名的大楼里，全都是Unix的拥护者与开源倡导者，他们相信封闭的专有系统会限制创新，并且一直在推进相关议程。既然里根时代的五角大楼已经不再是紧迫的敌人，那么现在微软就变成了他们的头号目标。[25]

吉本斯并非没有注意到个中讽刺意味。"我预测，"院长在落成典礼上说，"未来18个月内这里会发生一些大事，以后人们会指着这里的某个地方、某间办公室、某个角落说，'没错，这就是他们在1996年和1997年做研究的地方'。你们会明白这是一件大事，你们会在书上读到。"吉本斯和盖茨未曾料到这一预言后来被证明是多么精准，而那些把微软从高科技行业顶端赶下来的孩子正是出自这栋挂着盖茨名字的大楼。[26]

即使在满是聪明头脑与远大抱负的计算机科学系，谢尔盖·布林和拉里·佩奇也因他们的才华、对自己想法的自信和他们的形影不离而显得鹤立鸡群。布林于 1993 年作为研究生进入斯坦福大学，他性格随和，出生于俄罗斯，6 岁时和父母一同移民美国，父母分别是数学教授与 NASA 科学家。9 岁生日时，他父母送了他一台康懋达 64 电脑作为礼物；中学毕业的时候，他已经开始在一位朋友的麦金塔电脑上编程了。他 19 岁时就从大学毕业。佩奇也是教授的儿子，他性格文静一些，但同样狂热，在 1995 年来到斯坦福，导师是特里·威诺格拉德。"他的智商比平均值高出 4 个标准差，"软件工程师埃伦·乌曼对他这么评价，"远远居于钟形曲线的末端。"[27]

然而，这两位谷歌创始人的故事不仅仅限于他们的智商，或是硅谷培养高科技创业家的出色能力。这也是流入硅谷的联邦研究经费这段不断书写的传奇的一部分。因为联邦研究经费承担了研究生的研究费用，而支持布林和佩奇在斯坦福大学大部分工作的资金来自克林顿时代国家信息基础设施计划的一个关键要素：数字图书馆项目。这个项目设立于 1994 年初，由强大的 DARPA、国家科学基金会和 NASA 三驾马车共同推动。

虽然有这样的名字，但这个项目与图书馆毫无关系，也无关图书馆中书籍的电子化。这个项目是关于未来的：将纸质文明世界走向无纸化以后创造的互联网内容组织起来。自从第二次世界大战末期范内瓦·布什提出 Memex 的构想以来，这个问题就一直困扰着信息科学界，随着互联网变得商业化，这一问题变得愈发紧迫。《科学》杂志报道说，甚至在马赛克浏览器问世之前，网络上就已经有大量信息在流动，"就像是一家巨大的二手书店"，而且信息量每天都在增加。在雅虎上冲浪的用户甚至没能突破这些信息的表层。TCP/IP 协议只能做到这么多了，而已经内容饱和的互联网所需要的不止于此。20 世纪 90 年代中期向六个强大的计算机科学系提供的 2 400 万美元经费最终给出了答案。[28]

斯坦福大学正是获得资金的六所学校之一，它另外还得到了来自施乐 PARC、惠普公司、技术社区中有影响力的人物以及高科技出版负责人蒂姆·奥莱利的支持。研究者的任务是在接下来四年内为这个单一而集成的虚拟图书馆创造所需要的搜索技术。1994 年已经存在 12 个互联网搜索引擎，并且每时每刻都有新的搜索引擎上线，但互联网的发展速度已经超过现有算法能够处理的速度。这些搜索引擎以 URL 而非整个网站的内容作为索引，因此并不是十分准确。数字图书馆的任务是创造人们从未设想过的网络搜索：更强大，更智能，使用机器学习技术。

布林与佩奇两人属于最早进入威廉·H. 盖茨计算机科学大楼的那一群人，他们在位于三楼的共用办公空间里开始研究这项有朝一日会把"太阳王"微软赶下宝座的技术。他们对数字图书馆事业的贡献始于佩奇的学位论文：一种网络链接追溯系统，可根据链接到网站上的其他来源数量来确定其相关性与可信度。

佩奇这种对等验证的灵感最初来自学术界——被引用得最多的学术论文往往也是该领域中最重要的观点，而他的关系圈让他注意到了硅谷的生态系统。那些人脉最广的人也是最有权有势的，由于与关系网中的其他人相识而积累不少信誉与声誉。这个项目相当于把雅虎反过来，由软件代码而非人力驱动，这等于解决了互联网最大的问题：找到可靠和准确的信息，把最有价值和经过严格验证的内容排在最前面。

他们与雅虎的区别还在于，这个系统的人类创造者不会进行任何价值判断。相反，他们设计了一种算法，以一种不带个人感情且并不直接与政治挂钩的方式来实现这一点。他们的首页界面简洁而有大量留白，与充斥着横幅广告的商业搜索首页形成了鲜明对比。简单的设计是布林和佩奇从他们在斯坦福大学的导师身上学来的设计偏好，但这也反映了他们的初衷不是赚钱。他们之所以对网络搜索感兴趣，是因为它是一个独特的数学难题。他们的目标是追随学术界的父母的脚步，成为另一个约翰·麦卡锡或特里·威诺格拉德。然而，当他们两人开始合作的时候，数字图书馆项目已经在卡内基·梅隆大学催生了一个创新性的商业搜索引擎——民赞网。很快就会有另一个搜索引擎诞生了。[29]

引擎

互联网相关股价飙升、反垄断之战正在酝酿时，布林与佩奇还在研究生院完善他们的算法，准备开始他们辉煌的学术生涯。但是对盖茨大楼中的人来说，要抗拒20世纪90年代"淘金热"的塞壬之歌变得越来越难，他们刚开始不到两年，斯坦福大学技术许可办公室就参与了他们的秘密项目。斯坦福大学开始从其他搜索公司为他们的技术寻找机会，但没人感兴趣，或者至少出价不值得让他们退学。雅虎、Excite以及其他的互联网宠儿都热衷于增加越来越多的功能，以使用户一直使用他们的主页并查看他们的横幅广告。一个真正优秀的搜索栏会把用户带到其他网站，为什么要给它投资？布林和佩奇一直在等待。

1998年秋季新学年开始的时候，两人决定自己创办公司。佩奇的宿舍变成了谷歌公司的第一间办公室。但很快一间宿舍就不够用了，混乱蔓延到了隔壁布林的房间。他们不得不购买1TB的内存——当时这需要花费高达15 000美元——而且记在他们自己的信用卡账上。靠着研究生院津贴创办的公司也只能做到这一步了，但幸运的是，他俩接触到了一位关键的天使投资人：太阳微系统公司的安迪·贝希托尔斯海姆，他只听他们讲了30分钟，就当场签下了一张100 000美元的支票。

贝希托尔斯海姆的投资就像是朝帕洛阿尔托的空中发射了一枚信

号弹，提醒与硅谷联系紧密的人际网络"这里有大事要发生"。硅谷寄予厚望的网景公司还在挣扎求生。远在西雅图的亚马逊正在隆隆前进，但其高昂的股价尚未转化为真正的利润。雅虎和其他的搜索门户上充斥着花哨的广告。此时，谷歌清爽的白色界面对用户来说就像是视觉上的绿洲。谷歌的搜索算法历经4年的学术测试，是尖端技术的一次飞跃。

有了基础资金，布林与佩奇在1999年初将公司搬出宿舍，搬到了他们的朋友苏珊·沃西基家附近的车库（沃西基也是出生于知识家庭，教授的孩子们正在占领世界）。他们请来了曾在网景公司工作、正任职于亚马逊的拉姆·施里兰担任顾问，施里兰则说服他的老板杰夫·贝佐斯也以个人身份投资。威尔森·索西尼变成了谷歌的法律顾问。没过多久，这家搜索公司就发展到车库装不下的规模，于是搬到帕洛阿尔托大学大道上更适合成熟公司的位置。他们现在有了6名员工。彼得·泰尔的规模同样不大的Confinity公司与他们同在一栋楼里，这家公司很快更名为PayPal。

1999年6月，一笔惊人的交易达成了：布林与佩奇获得了高达2 500万美元的风险投资，由当时硅谷重量级的互联网大亨克莱纳－铂金斯的约翰·多尔和红杉资本的迈克尔·莫里茨各出一半。贝佐斯曾就如何找钱给了他们建议，而这两位研究生自信得几近自大，让风险投资人彼此竞争开价。这场豪赌非常成功。他们现在手握一家价值1亿美元的公司，同时各自保留了15%的股份。布林和佩奇不再是在三楼玩抛接球的天真傻小子了，他们现在神气得仿佛即将主宰宇宙。[30]

然而，他们还是很难把学术界抛在脑后。随着谷歌获得投资的消息传开，特里·威诺格拉德收到了一封邮件，来自负责分配盖茨大楼工位的管理员，他想知道这两位创业者是否打算辍学，这样可以把他们的隔间腾出来（在硅谷，没有什么比斯坦福的工位更宝贵了）。"没错，我们会离开。"佩奇不情愿地对他的导师说。他们花了一年时间才彻底搬走。布林并没有将他的学生主页从斯坦福大学的服务器上撤下；20 年后这个网站仍然存在，上面列出了他的学术论文和他最近的教学内容，并在顶端简单标注着："现在我在谷歌。"[31]

谷歌以令人瞠目的速度成长，1999 年 9 月谷歌每日搜索量为 350 万，到年底时就达到了 600 万。这家公司由硅谷老手资助并培育，其简洁的线条与精巧的产品结构同苹果 II 呼应，又继承了惠普与英特尔信仰"工程至上"的传统。这听起来就像如今已经非常经典的硅谷信息：反叛权威，另类思考。巨型计算机公司随处可见，华尔街的资金渗透硅谷，但布林与佩奇承诺要回到更简单、更理想化的时代。

微软过大的野心与其招致的报应似乎进一步证明了硅谷一直以来都是对的：提倡小巧、创业精神、灵活与协作。不要扩张得太大，不要故步自封，以及就像谷歌广受赞誉的企业座右铭所说："不作恶。"这个传奇——硅谷自 20 世纪 60 年代开始就一遍又一遍地告诉自己，随后又从唐·霍夫勒的年代就向世界传播——忽视了一个不便言明的事实，即这个地区历史上的每一家创业公司的下场不外乎两种。在大多数情况下，公司最终会倒闭。但在少数情况下，公司会获得成功，而成功就意味着扩张。初创企业要么自己发展壮大，要么就被其他大公司吞并。惠普、英特尔和苹果公司初创时都是小公司，但最终成长为大企业，太阳微系统与微软也是如此。

这些公司即使发展壮大了，仍然固执地认为自己初来乍到。这就是微软最大的弱点，微软依旧由那些最初创办时就在公司的人经营和控制，它仍将自己视为一家初创的公司，而非一家大型跨国企业。虽然未来令人难以置信，但规模扩大是不可避免的，每一家成功的初创企业都有潜力变为另一个"老大哥"。在接下来的 20 年内，硅谷前所未有地证明了这一点。

前　记

2000 年，帕洛阿尔托

　　查马斯·帕里哈皮蒂亚来到旧金山是因为他厌倦了循规蹈矩。他出生在斯里兰卡，幼年时移居加拿大，并在接下来的 20 年里谨遵父母的期望。他聪明但不擅长社交，16 岁高中毕业后就直接进入滑铁卢大学著名的电气工程专业。毕业后获得了一份投资银行的工作，这份工作十分稳定，丰裕的工资远远超过这个贫困移民家庭的孩子所梦想的收入。

　　然而他却不想安于现状。他所从事的工作——金融衍生品交易——勾起了他对冒险的欲望，渴望摆脱公司的束缚。"我基本上是为父母而活。"他感慨道。当时是 1999 年，正值互联网热潮趋于白热化。而他却被困在多伦多的大雪中，只能远远地望着自己大学时的朋友搬到加州并投身其中。他打印了许多份简历，然后寄往西部。

　　虽然他申请的大多数公司都拒绝了他，但他最终还是得到了两个工作机会，一个是 eBay，另一个是音频播放软件公司 Winamp，它们的软件让用户能够在计算机上下载并播放音乐文件。股价高昂的 eBay 颇为诱人，但 Winamp 更有活力。另外，Winamp 的办公室位于旧金山的一个嬉皮街区，这样就避免在高速公路上艰辛通勤 60 多千米前往位于圣何塞普通街区的 eBay。就这样，这个斯里兰卡出生的加拿大人投入了网络音乐的世界,这一举动令他的父母大为震惊。[1]

事实证明,他加入的是软件革命新阶段更具颠覆性的先锋。"音乐工业应当感到恐惧——十分恐惧。"1997年《公告牌》杂志在Winamp软件面市之后不久警告道。互联网基础设施的强化,电缆宽带取代了缓慢的拨号调制解调器——这是20世纪90年代中期电信革命的一项重大成果——使乐迷们可以方便地交换与共享以兆字节计算内存的音乐与视频。

公司面市几年之后帕里哈皮蒂亚进入时,每个音乐极客都知道Winamp,都熟知软件启动时会播放的恶搞音频——一个浑厚的男中音念出,"Winamp,确实在抽打羊驼屁股"。网络音乐的利基市场正在迅速扩大,这都要归功于Napster,一个年轻人在他的洛杉矶的卧室里创建的点对点音乐共享网络。翻录与共享音乐文件并不完全合法,但技术的发展已经远远超过产权保护法律能够赶上的速度,精通技术的年轻人纷纷使用这项服务。"Napster对音乐爱好者来说就像糖果店。"《华尔街日报》引领风尚的技术专栏作家沃尔特·莫斯伯格写道。[2]

用户高高兴兴地交换着成千上万的免费音乐文件,导致唱片商店无人问津,音乐产业高管如坐针毡,大一些的高科技公司开始四处寻找在网络音乐中分一杯羹的机会。帕里哈皮蒂亚进入公司几个月之后,Winamp走了好运,以接近1亿美元的成交价被美国在线收购。6个月之后,即2000年1月,美国在线以惊人的1 650亿美元收购了媒体巨头时代华纳公司,这预示着信息社会的到来——科技公司变成了新闻发布与社交互动的强大平台。[3]

美国在线–时代华纳的触手覆盖了从青少年使用的即时通信服务到他们父母阅读的新闻杂志再到他们的祖父母收看的有线电视新闻网(CNN)的全部内容。现在,追求冒险、受创业热潮感染的新移民查马斯·帕里哈皮蒂亚不再是效力于一家生机勃勃的初创企业,而是为世界上最大的媒体公司之一工作。

但这也许算他走运。美国在线与时代华纳达成交易之后不过数月，互联网泡沫破灭，华尔街与风险资本的投资突然停止流入旧金山热火朝天的创业现场。由于缺乏资金，各种初创公司——网上配送服务、搜索引擎、企业软件公司——都纷纷衰落。美国在线的股票与其他股票一同暴跌，与时代华纳公司的合并也飞快地变成了一场灾难。到处都有人被解雇，帕里哈皮蒂亚意识到他不能像他们一样被裁员：离开美国在线意味着失去他的工作签证。旧金山也许前景惨淡，但他要留下来。

23

人人参与的互联网时代

硅谷的第二个世纪之初，辉煌年代戛然而止。在2000年3月超过5 000点的高峰之上维持了数日的壮观，纳斯达克综合指数在一年之后就暴跌至2 000点以下，道琼斯互联网指数只有前一年的1/5。"我们所建立的模型不可能预计到这么大幅度的变化。"思科公司的约翰·钱伯斯坦言。那些已经募得数千万美元风险投资的公司已经烧光了所有的钱，再也没法筹得一美元。市场变得惨淡，投资者把钱紧紧握在手里，这时候人人避之不及的就是名字后面带着".com"的新公司。[1]

华尔街技术分析师们的地位也一落千丈，人们指责他们长期看涨的态度将市场推向了过热。"分析师的年代已经结束。"《纽约客》在2001年宣称，这距离它刊发吹捧玛丽·米克的长篇人物特稿不到两年。虽然在千禧年即将来临之时，"互联网女皇"开始克制自己的激情，但她一度大力推崇的许多股票暴跌了90%以上。作为米克在2001年9月有多么过分乐观的证据，她最钟爱的"推荐买入股票"亚马逊，股价下跌了94%，徘徊在6美元以下。互联网股价大跌还被归咎于另一位亚马逊的鼓吹者亨利·布洛杰特，他本是默默无闻的美林证券预备分析师，自他预言这家公司的股价有朝一日会涨至400

美元才声名鹊起。[2]

在阳光明媚的圣何塞平原上,大型芯片制造商与硬件公司裁掉了数千名员工,痛苦从那里一路蔓延至旧金山的"多媒体峡谷",这里名字浮夸的电子商务初创企业就像多米诺骨牌一样接连倒闭。那些刚刚涌进城里从事互联网工作的自信的年轻人,如今在拥挤的咖啡馆里消磨失业的日子,或是在散伙聚会上一醉方休,或是将他们的遣散支票兑现,前往巴厘岛冲浪休长假(对那些受过大学教育的年轻人来说,生活没有那么惨淡)。

即使经验最丰富的老手们也未能幸免:大卫·摩根塔勒眼看着一笔5亿美元的投资收益蒸发得只剩几个零头,那家公司的股价仅在2001年第一季度就下跌了96%。伯特·麦克默特里在20世纪90年代后期就不再进行投资,经济衰退似乎是彻底退隐的好时机。随着泡沫破裂并席卷整个金融技术领域,安·哈代的软件合同化为乌有。她不像摩根塔勒或者麦克默特里那么富有,于是搬到墨西哥,过上了她从未尝试过的嬉皮士的生活:心血来潮的时候跳上巴士去旅行,在瓦哈卡的艺术家社区里转悠,工作了数十年之后可以好好放松一下了。[3]

对全国性媒体而言,高知名度互联网公司的迅速衰落是很吸引人的题材,可以作为对加利福尼亚过度依赖技术的警世寓言。越是高调的品牌,公众越乐见其倒下。这方面最好的例子是主营猫粮与宠物狗玩具的在线供应商Pets.com,这家公司在互联网热潮进入尾声时上市,估值接近3亿美元。它将大部分资金投入营销之中,电视频道中充斥着它的广告,广告的主角是一个小狗手偶吉祥物,它在里面逗弄宠物或者冲着邮递员哼"血汗泪"乐队的歌:"有涨就有跌……"这家公司后来确实跌了下来——Pets.com的玩偶气球在1999年梅西百货感恩节大游行之后不到一年出现,IPO之后仅268天,这家网络零售商就彻底关门了。这款手偶吉祥物后来又从互联网泡沫破裂的阴霾中复出，变成了一家贷款公司的代言人。[4]

  国家政治局面也发生了剧变。由于受困于比尔·克林顿第二任期的丑闻，又无法拿出有说服力的竞选纲领，阿尔·戈尔在2000年总统大选中虽然赢得了普选胜利，但没有明确获得选举人票胜利。选举结果悬而未决，令人焦虑长达数周，直到美国最高法院裁决乔治·布什获胜。极客司令官失业了，硅谷与华盛顿的短暂恋情看起来像是从未发生过。

  然而，对于数十年来一直在经历科技行业繁荣—萧条周期循环的创业者与投资人而言，虽然经济萧条，但并非无法忍受。这一轮的繁荣如此持久，又如此巨大，以至哪怕在市场崩溃、化作乌有之后，硅谷仍然比之前更大、更富有。Pets.com及其同行也许一败涂地，但互联网零售业务的销售额仍在稳步上升。人们已经习惯在网上购物，他们不会再变回去了。

  四年来狂热的交易使富有的投资人变得更加富有，哪怕数十亿美元的金融资产一夜之间灰飞烟灭。相比互联网时代刚开始时，圣克拉拉谷增加了200 000个就业岗位——而且到2001年中，软件与半导体公司实际上还在增加雇员数量。新的人才不断涌来，像查马斯·帕里哈皮蒂亚这样充满渴望的年轻人意识到，科技、金融与媒体世界之间的联系如此紧密，不是熊市可以打破的。[5]

  如果你在2001年的衰退期仔细观察，越过挥舞着求职简历的MBA和空荡荡的办公隔间，你会看到下一代硅谷公司正自信地站稳脚步——而且市场泡沫的破裂对他们来说再好不过了。硅谷不仅没有消亡，反而获得了前所未有的财富和影响力，在软件驱动业务（搜索、社交、移动计算与云计算）的重重浪潮推进中不断向前。

  唯利是图的银行家和本来要成为百万富翁的MBA们离开了，布道者们留下了。后".com"时代是书呆子们的复仇，聪明的软件工程师创造出了最终把互联网变成印钞机的工具。20世纪90年代的互联网企业就已经脱离了自工业革命以来一直指导资本主义的商业模式（生产商品、以特定价格出售、获取利润）。免费的网景浏览器与雅虎分类目录通过广告获得收入，但它们的界面难用又恼人，且常常无法达成目标。

后来被称为 Web 2.0 的公司设计出了一种更优雅、不引人反感，也更能赢利的方法。基于 60 年来在人工智能与人机交互领域的发明，它们建立起了庞大的用户基数，然后利用这些用户数据精准地送出它们想要看到的信息——与信息一同送出的还有精准的广告。这就是一位记者所称的"网络商业的圣杯"：你可以在潜在客户想要购买商品的一瞬间接触到他们。"你不是顾客，"一位程序员用 21 世纪初日益常见的措辞打趣道，"你就是商品。"最早也最好地做到这一点的是谷歌公司。[6]

谷歌总部

2000 年 3 月纳斯达克指数攀至顶峰的时候，谷歌的员工数已经从 6 人增长至 60 人。它每天执行超过 700 万次搜索，这个数字到当年 6 月份翻了一番，因为雅虎当时不再试图运行自己的搜索算法，而是让谷歌成为其主页上的主要搜索引擎。

由当时已经衰落的数字设备公司研发，先进程度类似的搜索引擎 AltaVista 仍然是谷歌在搜索引擎竞争中的劲敌，但布林与佩奇的公司正在迎难而上。到 9 月的时候，两位创始人宣布谷歌现在已经索引 5.6 亿个网页，并将推出 10 种语言的主页。次年 1 月，在约翰·多尔的鼓动下，好奇的阿尔·戈尔在大选失败后第一次访问硅谷时造访了谷歌公司。戈尔拒绝了多尔加入谷歌董事会的邀约——他尚未决定未来是否会再次参选总统，但他同意以顾问身份签约，换取了优先认股权。[7]

2001年初市场暴跌，风险投资人捂紧钱包的时候，谷歌仍在增长。它仍未公开上市，因此几乎不受纳斯达克崩盘的影响。相反，市场的崩溃反而对其有利，因为谷歌运行搜索所需要的大量计算机硬件价格下降，也更容易在硅谷找到办公地点，租金也变得相对便宜。谷歌很快就搬到了山景城，搬进了曾是硅谷巨星但如今已经衰落的硅图公司腾出的豪华园区。最重要的是，互联网泡沫破裂导致的大规模裁员使硅谷获得了之前负担不起的一流工程人才。现在这家小公司有了一批精挑细选过的工程师，他们希望得到好工作，所以愿意接受股票期权而不是高薪。

硅谷中消息灵通的人也因为其他原因希望在谷歌工作。时髦的年轻人总是轻蔑地谈起那些愚蠢的网站和唯利是图的互联网企业，但谷歌干净整洁的界面在20世纪90年代后期充斥网络的弹出窗口与闪烁的广告之中如同一片避世绿洲，成了他们首选的搜索引擎。谷歌在首页上表现出的对露骨商业的鄙夷延伸到了企业文化中：佩奇和布林依然表现出斯坦福大学研究生（他们不久之前还是）身上常见的真挚的理想主义，他们决心保护信息自由、透明的互联网，并且尽可能久地避免穿西装打领带——及其所代表的一切。他们通过内推雇用员工来保持这样的精神。谷歌对自身的认识如此与众不同，甚至他们的第50号员工的头衔是"首席文化官"。[8]

两位创始人将谷歌总部打造成了斯坦福大学研究生心中的梦幻之地，里面摆满了乒乓球桌和舒适的办公家具，那里永远阳光明媚，从来不需要戴自行车头盔。为了吸引有志加入的博士与大学教员，他们复制了弗雷德里克·特曼在斯坦福大学采用的教职咨询模式：用80%的时间完成日常工作，剩下20%的时间可以自由支配，用来随意尝试新想法。楼层面积很大，办公空间都是互通的，人们挨得很紧。这里就像盖茨大楼一样，唯一的不同在于厕所里装着价值3 000美元且带加热功能的日本抽水马桶。在谷歌员工自助餐厅里烹饪免费食物的大厨之前曾为"感恩而死"乐队服务。这些奇事与福利是典型的硅谷风格，是新版的惠普后院抛马蹄铁和天腾公司游泳池。但谷歌园区本质上的趣味性是科技界前所未见的。[9]

　　为避免谷歌员工为园区附近日益增长的繁华分心，两位创始人不停地强调他们试图达成的目标的无限重要性。硅谷早几代追究自我实现的人们有伊莎兰学院，2000年后的人们则有"火人节"。这个一年一度在内华达州举办的关于艺术、毒品与自由表达的节日——他们自称为"世界创意文化的催化剂"，谷歌公司的两位创始人每年必定参加——已经成为与谷歌相关的一切事务的隐喻与意象。谷歌园区中的一栋建筑前厅里摆着"火人"的仿制品。谷歌每年出资让班车将员工送到黑岩沙漠。2001年，布林和佩奇同意聘请圣克拉拉谷老将埃里克·施密特作为CEO的一个关键原因就是，施密特已经是"火人节"的常客。[10]

　　成功聘请施密特是约翰·多尔和迈克尔·莫里茨长久争取的结果。作为第一笔投资的条件，他们坚持要求两位创始人聘请一位经验丰富的CEO。他们沮丧地看着佩奇和布林拒绝了将近50位候选人，最终选择了施密特。这位新上任的CEO将更多硅谷DNA带入Googleplex，在这家新时代公司与硅谷传奇人物和公司之间建立起了联系。施密特进入谷歌时已经40多岁，有着一份金光灿灿的履历。他有伯克利分校的博士学位，在贝尔实验室和施乐PARC工作过。他在太阳微系统公司工作过14年，是最早的一批员工之一，并且升到了相当高的职位，可以作为有名的愚人节员工恶作剧的目标。离开太阳微系统公司之后，他加入并管理顶尖网络软件公司Novell。施密特并不是风险投资人的首选，但他的技术天分与管理能力让他非常适合那些崇尚工程高于一切的公司。

　　与施密特一同到来的还有其他来自谷歌早期以斯坦福大学为中心的紧密小圈子之外的人。其中值得一提的一位便是来自华盛顿的新雇员：前财政部长办公室主任雪莉·桑德伯格，施密特请她来发展谷歌的广告业务。还有柯达公司的高管比尔·坎贝尔，他在斯考利刚就任 CEO 的时候加入苹果公司，后来又执掌商业软件巨头 Intuit。坎贝尔现在是硅谷备受欢迎的"教练"，风险投资人常常请他来鼓励那些年轻有为的创始人，并拓展他们的世界观。

作为布林和佩奇的顾问，2001—2002 年坎贝尔是谷歌会议室中的常客，像他们的父亲一样。"教练"与许多硅谷传奇人物都建立了亲密的联系。就像他同为匹兹堡出身的密友里吉斯·麦肯纳一样，坎贝尔与史蒂夫·乔布斯关系亲近。但他对谷歌小伙子们的感情是发自内心的。"这对我来说就是家庭，"他对作家肯·奥莱塔说，感情溢于言表，"每天都在创新。他们在考虑改变世界。"[11]

广告引擎

抛开迅猛的增长以及媒体报道的热烈追捧不谈，创办已经 4 年的谷歌并没有获得任何利润。工程高于一切。谷歌公司在乒乓球台与马桶圈上一掷千金，而互联网泡沫破裂的持久影响使得新的风险投资不再流入。两位创始人需要一种模式，既能够将他们的搜索引擎变现，又不会将其充满禅意的简洁变成堆满广告的一团乱麻。

AltaVista 就是前车之鉴。AltaVista 是唯一在设计的精巧复杂方面可以与布林和佩奇的创造相媲美的网络爬虫，在一系列并购之后，这个搜索引擎从数字设备公司的实验室转到了网络广告巨头 Overture（最初名为 GoTo.com）手中，并很快堕落成充满横幅广告的地狱。但 Overture 缺乏的设计纯粹性被通过搜索盈利的新模式所弥补，这个模式可以将广告整合进搜索本身。与传统的广告营销不同，这个模式不再布满横幅广告或弹出窗口，希望偶尔有那么一些人会点击你出售的商品，而是让公司购买关键字的使用权，通过竞价争取让它们的产品靠前显示。广告客户只有在搜索用户点进链接的时候才会付费。[12]

目光敏锐的谷歌人看到了 Overture 的做法，也明白这就是未来。但他们并不喜欢 Overture 把搜索结果出售给出价最高者的做法，这使得用户难以区分真正要搜索的网站和付钱挤进列表的网站。这很不"谷歌范儿"。相反，他们搭建了一套系统（与 Overture 的系统十分相似，以至于被提起了专利侵权诉讼），采用了关键词竞价的概念来生成付费的结果，但用明显的小字标注着"广告"，并列在常规搜索结果之上或两侧。谷歌的网站一如既往保持简洁，也不会改变其核心准则。"不作恶也能赚钱。"谢尔盖和拉里在这段时间内发布在他们公司主页上的《我们信奉的十件事》中如此宣称。他们称为 AdWords 的关键词技术——随后以商标 AdSense 的名义将这个技术出售给其他网站——使谷歌脱颖而出，彻底改变了软件商业模式。[13]

用户在搜索框中输入的每一个字母，谷歌或者其客户都会从中获得一些关于用户的信息碎片，他们可以利用这些信息提供有针对性的广告，因此更有可能促成一次购买。来访者在 Googleplex 的大厅等待的时候，他们可以看到人们当前正在输入的搜索内容被投影在墙上滚动显示，就像一件有趣的全景视频艺术品。随着谷歌陆续推出新产品——如 2002 年的谷歌新闻、2004 年的谷歌邮件以及 2006 年以 16.5 亿美元从三位 PayPal "黑手党"手中收购的 YouTube——广告引擎变得越来越智能。

通过扩展业务领域并将其庞大的用户基数变现，谷歌颠覆了已有的软件生态系统。微软参与互联网革命的时机可能有些迟，它需要在搜索领域奋力追赶谷歌，但微软通过销售软件包仍然能够获得数以亿计的利润。然而，当谷歌推出在线文字处理与电子表格应用程序的时候，用户们蜂拥而至。这些服务高度类似微软的 Office，但全都是免费的！微软继续统治着商用市场——企业的 IT 负责人对放弃可靠且熟悉的系统而改用其他产品兴趣不大，但谷歌的入侵仍然令盖茨和鲍尔默警觉：PC 平台不会永远存续下去。

当然，"免费"软件与免费内容确实付出了代价，而一些早期版本的软件将这一点向用户表示得过于直白。谷歌邮件最初会根据用户在邮件中输入的内容生成小广告。但在经过激烈抗议与进一步改进之后，明显的监视迹象消失了。互联网用户知道他们在网上留下了许多信息的痕迹，但这种公开性的坏处还不明显，而种种服务的好处却很多。谷歌的创始人是布道者，而非唯利是图的人，约翰·多尔一有机会就会宣传，他们只是想让信息变得自由。[14]

到了 2004 年，谷歌的利润直线攀升，其营业收入突破了 3.2 亿美元，已经接近网上拍卖巨头 eBay，并远远超过雅虎与亚马逊。当年 8 月，谷歌公开上市，《财富》杂志宣称这是"华尔街有史以来最期盼的出世"，人们显然已经忘记英特尔、基因工程公司和苹果都曾让华尔街兴奋不已。到当年 12 月，谷歌的股价已经翻了一番，达到了每股 165 美元；两年后，谷歌股价接近每股 300 美元。看来谷歌终究不会是又一个互联网炸弹了，而谷歌所取得的巨大成功也促使投资人开始寻找下一个大机会。[15]

黑客之道

"没有人去上课，"《斯坦福日报》惊叹道，"没有人干活。学生们在电脑前全神贯注，一坐就是数个小时。脸书社交狂潮正在横扫校园。"2004 年初春，硅谷商界再度泛起泡沫，但位于这一切正中心的大学生却突然被他们的屏幕紧紧吸引，忙着查看可能到来的约会，并在他们的网上好友圈子分享喜欢和厌恶——这个圈子里可能包含你在现实生活中并不认识的人，但突然之间，你同他们产生了一种新奇的熟悉感与亲切感。"这提供了一个方法，使你能够了解一个人，却不必与他接触。"一名斯坦福大学二年级的学生惊叹道，炫耀着他多达

115个好友的脸书好友列表。[16]

这是一种新的线上交流方式，使用的是真实姓名与照片，而不是用户名和虚拟头像。而且你愿意在上面展示你的真实信息——包括爱好、喜欢的电影与情感状态——因为Thefacebook（次年更名为Facebook）仅对大学生开放，且限制在少数几所精英大学。它源自其中最顶尖的一所大学——哈佛大学。一个月前，异常专注的19岁的年轻人马克·扎克伯格在他的宿舍里搭建了这个网站（宿舍正在迅速取代车间成为硅谷标志性品牌的传奇诞生地）。不到一个月，脸书仅在哈佛大学和斯坦福大学就有了近10 000名用户。[17]

脸书作为最新成员，隶属于科技泡沫破灭之后掀起的一波高科技新浪潮：社交网络。这些公司在2003年到2004年初以惊人的速度接连出现，这样的速度与疯狂自1/4个世纪前第一家微型计算机公司从自制计算机群体中诞生以来还未有过。

随着带宽的增加，用户能够创建与其网上形象相配的漂亮的自定义页面，长期存在的线上交流习惯现在有了技术作为催化剂。脸书上线时，总部位于洛杉矶的MySpace拥有100万用户；线上约会成为新时代的"单身酒吧"。硅谷已经有了两个颇受欢迎且在成长中的社交网络——Friendster与领英，二者都吸引了蓝筹风险投资支持，它们与竞争对手的不同之处是要求用户使用真实姓名。虽然这些公司的市场估值高得惊人，但没人知道要怎么利用社交网络热潮赚钱，而且很难让许多人克服与网上的陌生人分享自己生活中的不适感。[18]

21世纪初的大学生没有这么多顾虑。他们从小在电脑上做作业，又常常在网上聊天室混乱的社交环境中偷偷玩到深夜。他们在Napster上交换文件直到它被关闭，他们会在自己的MySpace页面上添加HTML装饰样式。尽管如此，脸书起初仍然只是一名大学生的业余作品，是承载他们的俏皮话和八卦资讯的工具，他们毕业之后大概就会改用更加严肃的产品。网站服务器空间的费用在最初几个月是由一位有钱的室友提供的，而在一个资金格外不足的时段，则是由扎克伯克的父母代付的。这似乎并不像是下一个改变世界的科技公司。[19]

当然，后来马克·扎克伯格和他的室友搬到帕洛阿尔托，获得了资金与指导，变成了那十年退学学生创业成功的典型故事，为无数杂志的封面报道、书籍和一部好莱坞大片提供了素材。科技投资人（和科技记者）一直都在寻找下一位史蒂夫·乔布斯或比尔·盖茨，而马克·扎克伯格正好符合——努力奋进，富有远见，在没达到法定饮酒年龄时他就对技术心无旁骛。

脸书很快就从大学发展到了高中，然后向全世界敞开了大门。事实证明，成年人也喜欢分享聚会照片以及引用自己最喜欢的电影中的台词，脸书令人震惊的增长速度从未放缓。2006年底，老牌科技和媒体巨头——微软、雅虎、MTV、美国在线——都急切地涌入脸书位于大学大道的办公室，不顾一切想要获得这家公司及其年轻、受教育程度高且多金的市场的一部分。扎克伯格拒绝了大部分邀约，其中包括雅虎提出的以10亿美元收购脸书的建议，这令他的顾问既感到不安又印象深刻。"不用了，谢谢。"硅谷最新登场的创业之星决定自己创造历史。

社交网络

谷歌和脸书是21世纪头几年高科技行业里最大但不是唯一的成功案例。还有其他的现象级网络公司也利用互联网的速度与市场渗透率建立了新的网上社区，包括Reddit这样的社交新闻聚合网站，它将自定义新闻订阅源和观点鲜明而激烈的讨论帖相结合，预示了脸书后来将会发展的形态。这些论坛由义务版主管理维护，就像以前的BBS一样。还有一群热心的志愿者运营着非营利性的网络百科全书维基百科，到2018年时，维基百科已是互联网上访问量第五大的网站，仅次于谷歌、YouTube、脸书和中国的搜索巨头百度。[20]

将这些大大小小的企业联系起来的共同点是它们网站上的内容都来自用户，而非记者、学者或"专家"。互联网媒体已经颠覆了音乐行业，如今也开始取代传统的新闻出版业。报纸曾经大胆地将其内容免费发布在网上，而现在它们需要奋力与成千上万的博客和网络媒体争夺用户的注意力。那些老牌科技公司即使推出新项目，也无法留住用户。维基百科的蓬勃发展导致微软精致昂贵的百科全书项目Encarta被关闭；通过算法精选的谷歌新闻则胜过了雅虎和美国在线提供的千篇一律的头条新闻。

现在有如此多的内容在网络上涌现，甚至阿尔文·托夫勒所预言的"信息超载"都显得有些过时，但是更多的数量并不意味着更好的质量。这些变化也助长了这个本就因战争与经济不安感、种族与性别不平等、信仰与政治分裂的国家中不断滋长的团体意识。人们会围绕共同的兴趣或主张在网络上聚集。他们也会因为对其他人和事的反对或纯粹仇视而聚集。

在社交媒体出现的早期，人们对新型网络能够弥合而非扩大分歧寄予厚望。2006年，可信的时代思潮引领者《时代周刊》评选出了一个令人惊讶的年度人物："你。"《时代周刊》的记者写道，这一年的故事不仅仅"关于冲突或伟人。这是关于规模前所未见的社区与合作的故事……这个故事是关于大众从权贵手中夺取权力，关于彼此无私互助。这不但将改变世界，还将改变世界变化的方式"。这就是许多硅谷人长久以来怀有的伟大梦想，这个梦想贯穿了"社区记忆"、自制计算机俱乐部和WELL，正是这个梦想驱动了丽莎·卢普和特里·威诺格拉德这样的人，以及那些每年9月涌向内华达州的沙漠观看火人燃烧的成千上万的人。[21]

这一切完全开放的赋权都浮在商业互联网松散、脆弱而不可预测的基础之上。正如埃丝特·戴森与她的伙伴1994年所评论的那样，这个曾被 20 世纪 90 年代初的政治辩论所统治的系统将"从第二波浪潮的规则中解放出来"——这意味着尽可能少的监管。全新一代的思想机器传达了米奇·卡普尔所主张的杰斐逊式互联网精神：有着多种声音、独立而"去中心化"的论坛，设计者们坚持着不偏不倚的立场。然而，这些强大的工具触及媒体与政治领域时，选边站队是不可避免的。[22]

增长负责人

脸书搬进斯坦福大学研究园边缘一栋曾被惠普公司借用过一部分的大楼时，才刚刚创办 5 年出头。这个平台的发展速度令所有竞争对手与前辈都望尘莫及。整个园区洋溢着一种扩张性的、真挚的以及开诚布公的精神。使用软件连接世界，并以巨大的规模进行，这家公司正在实现硅谷几代人一直以来的追求。在脸书宽敞的开放式办公室里，墙上贴着的海报印有他们实际上的座右铭："快速前进，打破常规。"

马克·扎克伯格仍然执掌着公司，他拥有超过 24% 的股份并控制着 5 个董事会席位中的 3 个。硅谷互联网时代的业内人士圈子变成了公司的投资人与亲密的顾问。早在 2004 年，彼得·泰尔就为脸书提供了第一笔大额投资并进入了董事会。马克·安德里森也是他们的一位导师，他定期与扎克伯格见面，在当地的一家小餐馆享用碎肉鸡蛋早餐。许多明星高管来自雅虎和谷歌，其中包括谢丽尔·桑德伯格，她后来在 2007 年成为公司总裁。像英特尔和太阳微系统这种早年硅谷巨头中的大男子主义在脸书并不存在；脸书的高层是一个亲密而友好的团队，对产品的价值充满热情。"技术并不会使我们彼此疏远，"高管克里斯·考克斯说，他因向新员工发表的乐观演讲而在公司小有盛名，"从全局来看，彼此沟通能改变一切。"[23]

查马斯·帕里哈皮蒂亚是当时决策层中的技术乐观主义者之一。早在脸书创立之初，他就认识马克·扎克伯格。他当时仍就职于美国在线，是公司史上最年轻的副总裁。尽管他没能说服他的老板收购或投资这家由喜欢穿短裤和人字拖参加商业会议的 21 岁年轻人执掌的公司，但帕里哈皮蒂亚仍然促成了一笔交易，使脸书可以使用美国在线广受欢迎的即时通信服务（扎克伯格和他的团队早已是其忠实用户）。不久之后，帕里哈皮蒂亚搬到帕洛阿尔托，进入梅菲尔德基金会工作，这是一家由汤米·戴维斯和斯坦福大学的比尔·米勒于 20 世纪 60 年代后期创办的风险投资公司。他和扎克伯格定期共进晚餐。

冷静专注的扎克伯格和多动的帕里哈皮蒂亚很合得来。"我从未见过能够这样仔细倾听的年轻人，"帕里哈皮蒂亚评论道，"他不需要说太多。"当年轻的 CEO 建议这位前媒体高管加入脸书时，他很轻松就做了决定。在过去的 10 年间，帕里哈皮蒂亚大部分时间都很想回到创业公司。他在传统乡村俱乐部式的风险投资公司感到格格不入。这是个改变的好机会，他还能顺便赚上好几百万美元。他的职位——负责用户增长的副总裁——明确表明了脸书的工作重点。"人生中的好事很多时候就像是即兴旅行。"帕里哈皮蒂亚后来回忆道，而他乘上旅游巴士的时机恰到好处。[24]

2007 年，脸书向第三方应用程序开放了社交网络，在新闻推送中增加了游戏、问卷和其他内容，允许开发人员使用被其称为"社交图谱"的关于用户社交关系与兴趣的数据宝库。2010 年，脸书公布了 Open Graph，可以将用户个人资料与关系网关联。脸书已经不仅仅是互联网上的社交网络。它改变了网络本身，就像扎克伯格所说，使之变得"更社会化，更个性化，也更容易语义认知"。脸书同样允许学术研究人员接触其信息宝藏，体现了"更自由、更透明的信息流将更有益"的硅谷特色信念。[25]

脸书及其创始人都非常年轻，并且执着地关注未来。但随着公司财富与影响力的增长，扎克伯格对他在硅谷历史上的地位有了更深刻的理解。在脸书的新总部，他采用了史蒂夫·乔布斯的出了名的做法，进行"边走边聊"式会议。他会带着一位有潜力的员工或商业伙伴到脸书大楼后走上不远的一段路，沿着陡峭而曲折的小路漫步，穿过桉树林，爬上耸立的山丘。虽然这座山不算很高，但在山顶可以一览无遗山下的景色。向北望去，能看到斯坦福大学里面砂岩、红瓦的教学楼，向东能透过海湾的雾霾看到群山，向南则能看到在斑驳的阳光下延展的城市，那里诞生了许多标志性的硅谷公司：肖克利、飞兆、英特尔、苹果、网景与谷歌。

扎克伯格会指出这些地点，向身下的大楼做个手势，再转向他的同行者开始述说。"脸书最终的规模会超过他提到的所有这些公司，"一位新员工后来回忆他所说的，"如果我加入公司，我就能参与其中。"《时代周刊》也认同这位年轻的 CEO 正在创造历史，将他评为 2010 年年度人物。"我们进入了脸书时代，"《时代周刊》的记者写道，"正是扎克伯克将我们带入了这个时代。"[26]

社交媒体"总统"

像之前几代的科技公司一样，脸书的成功不仅因为其创始人的才华，还得益于它成长时所处的时代。后"9·11"时代，在互联网的推波助澜下（但不仅仅是由于互联网），长期酝酿的对政府的不信任、对传统监管者的厌恶和美国大众媒体的"去中心化"都在加剧。新闻聚合网站、"你也许还喜欢"的 RSS 新闻源还有谷歌新闻也加剧了有线电视的衰落。从国会山到镇议会，政治讨论变成了两党分立的激烈争吵，从乡村搬进城市的移民与政治区域重新划分使美国人在阶级、种族、地区与政党上尖锐对立。恐怖袭击与中东地区无休止的战争引发了人们对家庭与社群这种熟悉领域的向往，增加了对外国人与宗教少数群体的怀疑，"他们"和"我们"成了对手。当现实生活令人恐惧的时候，社交媒体变成了"桃源乡"。

但脸书和其他社交网络也填补了半个世纪以来政治解放、经济失调，以及曾经将 20 世纪中叶的美国凝聚在共识与社区中的保龄球联赛、教堂野餐与工会聚会消失后留下的文化空白。社交网络变成了更加国际化的城镇广场，它可以跨越国界、发出新声并创造出人际交往的欢乐时刻，这种交往甚至可能变成现实生活中的友谊。这使每个人都变成了记述者、哲学家与行动者——哪怕他们的行动只不过是点个"赞"。

脸书和最初设计为 140 个词的"微博客"状态更新社交平台推特，在 2011 年的"阿拉伯之春"和"占领华尔街"运动期间已经成为进行政治组织与沟通的强大机制。推特迅速吸引了不成比例的非裔美国用户，"黑色推特"变成了公民活动与文化交流的强大平台；21 世纪第二个十年最大的种族平等运动"黑人的命也是命"最初就是以推特标签的形式出现的。而在 2008 年和 2012 年的总统竞选中，候选人将社交网络作为强大的工具，有针对性地接触潜在选民，同时也在这个极其强调媒体自由的平台上进行广泛的竞选宣传。[27]

几乎没人能比奥巴马做得更早也更好。像马克·扎克伯格一样，这位前伊利诺伊州参议员在 2004 年还默默无闻，凭借着出众的魅力、独到的眼光以及机遇，迅速成为国际关注的焦点。自从布林和佩奇成功后，硅谷的权势人物一直在寻找新的"奇迹男孩"，他们最终找到了扎克伯格。同样，那些对克林顿感到厌烦、反对布什政府向伊拉克开战（也反对在 2008 年大选中领先的希拉里·克林顿投票支持它）的民主党人在奥巴马身上发现了新面孔和令人信服的声音。

就像富兰克林·罗斯福利用广播、约翰·肯尼迪利用电视一样，贝拉克·奥巴马比他的政治对手更充分、更富有创造力地利用社交媒体,并在这个过程中与硅谷形成了密切而友好的关系。任职于谷歌的埃里克·施密特是他的早期赞助人和顾问。在哈佛大学时便是扎克伯格团队一员的克里斯·休斯从脸书请了假,担任奥巴马的新媒体导师,协助他在竞选中传达出像 Web 2.0 那样设计得炫酷亮眼的有针对性的信息。

传统的邮件广告宣传在廉价且像病毒一样快速传播的脸书网页面前显得不值一提;候选人发出一条精心撰写的推文,所吸引的选民比任何巡回演讲都要多。克林顿也许在 20 世纪 90 年代早期赢得了科技界的选票,但新一代选民在情感与金钱上都支持奥巴马,他之于希拉里·克林顿就像 Unix 之于 MS-DOS。斯坦福大学的志愿者涌进奥巴马在帕洛阿尔托的代表办事处,科技公司高管则纷纷给奥巴马提供高额捐款。一位记者打趣说,奥巴马的竞选已经变成"硅谷最热门的初创企业"。[28]

2009 年就职之后,总统阁下就变成了硅谷常客,他在脸书和领英主持大会,与曾给他高额捐款的赞助人会面,并与技术巨头们共进私人晚餐。在约翰·多尔和安·多尔家中举办的 CEO 聚会是史上与会者总资产最高的会议之一,扎克伯格、埃里克·施密特和史蒂夫·乔布斯都和多尔与奥巴马一同坐在桌边。[29]

在华盛顿,新总统进一步推动学校联网并利用新软件改造官僚体制。在他主导的医保登记网站推出并遭遇灾难性的失败之后,他向他的科技界盟友与赞助者寻求帮助。奥巴马任命了美国第一任首席技术官,加强了白宫科学技术政策办公室,还为科技展拍照助势,以鼓励孩子们投身工程。他在 Reddit 开了一个"随便问"的帖子("大家好——我是贝拉克。"总统开头这么写道),在推特上有数百万关注者,还招募了数量惊人的前谷歌员工。反过来,奥巴马的幕僚们在公职任期结束之后则大多前往谷歌工作。[30]

在他任期即将结束时,奥巴马政府的 FCC 在"网络中立性"这一引人关注的议题中与硅谷并肩作战（对抗电信公司），阻止了互联网供应商屏蔽特定内容或对其收取高额费用，这对支持信息自由的人群来说是最终的重大胜利。但是，奥巴马最仰慕和依赖的似乎是技术界的大资本家。他曾与多尔、施密特等人密谈，讨论他在总统任期结束后的生涯，甚至一度提出了亲自成为风险投资人的想法。[31]

在奥巴马担任总统期间，美国变得更加分裂与对立，但他仍然对社交媒体弥合分歧的潜力保持乐观态度。外国黑客攻击与网络安全漏洞数量的激增丝毫没有影响这位总统对科技界与政府携手就能解决问题的信心。"我相信，如果我们坚持下去，如果我们继续保持协作精神，像前辈创新者那样，我们的事业将像大教堂一样，能够延续数个世纪，"在 2015 年初由白宫发起并在斯坦福大学校园中举办的网络安全峰会上，他向支持他的人群宣告，"这座教堂将不仅仅关乎技术，还在于我们向这个系统架构中嵌入的价值观。这将关乎隐私，关乎团结，关乎沟通。"就是马克·扎克伯格本人也不能说得更好了。[32]

24

软件吞噬世界

虽然媒体对布林、佩奇和扎克伯格议论纷纷,但史蒂夫·乔布斯仍是 21 世纪头十年硅谷无可争议的最重要的人物。作为那个时代的传奇,乔布斯在 1997 年夏天重返苹果公司。当时的苹果正在微软和个人计算机平台主导的桌面电脑市场中挣扎着想要保住自己的立锥之地。乔布斯使苹果公司起死回生。这一复苏过程具戏剧性的是,乔布斯与他最大的商业竞争对手比尔·盖茨达成了合约,盖茨同意向苹果公司投资 1.5 亿美元使之不致破产。[1]

在之后的十年中,苹果公司轰鸣着回到了硅谷传奇的中心,乔布斯接连高调推出重磅产品——线条圆润讨喜的 iMac、时尚易用的 iPod,还有颠覆市场的 iTunes,iTunes 利用了 Napster 无政府主义文件交换的势头,创造了一个合法而利润丰厚的音乐平台。在 2005 年前后,苹果团队已将重点转移到硬件领域最大,也可能是利润最高的挑战上。苹果想要打造一部手机。手机已经是一个庞大的市场,但乔布斯对模仿已有的东西没有兴趣,他要创造截然不同的新事物:简单易用、设计优雅的手持计算机。

口袋里的超级电脑

早在苹果 II 问世之前，硅谷的技术人员就一直在尝试创造这样的设备。这并非易事。1972 年，施乐 PARC 的艾伦·凯试制了一台儿童用的随身设备原型机，他称之为"动态笔记本"。1991 年，一支硅谷业内人士组成的全明星团队携手创立了 Go 公司，为一种笔记本大小、使用手写笔而非键盘的电脑开发软件。尽管有比尔·坎贝尔担任 CEO，约翰·多尔作为主要投资人，但 Go 对它所处的时代而言过于超前了。苹果公司也通过牛顿掌上电脑涉足了这种使用手写笔、笔记本大小的电脑的领域。但这个项目同样夭折了，因为其软件故障百出，同时又是约翰·斯考利的偏爱。乔布斯重回 CEO 职位后，马上砍掉了这个项目。"上帝已经给了我们 10 支手写笔，"乔布斯的传记作家沃尔特·艾萨克森回忆乔布斯挥舞着手指说道，"就别再发明新的了。"最接近实现这个硅谷梦想的是通用魔术公司曲折的尝试。[2]

21 世纪初，其他公司已经靠着具备电子邮件功能与一些非常基础的网页浏览功能的手机取得了巨大的成功。配有小型键盘的黑莓手机在最初几年就成了商务人士不可或缺的设备，它将迅速用拇指输入的能力变成了工作狂的荣誉象征。奔迈 Treo 手机则拥有电子邮件与日历功能，还有一块彩色显示屏。

手机巨头还有摩托罗拉、诺基亚与三星，它们每年都通过增加新功能、优化联网功能和将键盘做得越来越小而使其手机"更智能"。微芯片技术的进步为市场提供了动力，因为十年来促使电脑变得更快也更便宜的先进精简指令集处理器（ARM）现在已经能够应用于这些轻巧在手、可以浏览网页又具有够用的电池容量的设备之中。[3]

然而，这些手机的设计方式激怒了乔布斯与其他持同样看法的设计纯粹主义者。电信公司在手机设计方面有巨大的影响力，并为手机捆绑上了用户不想要或不需要的应用软件。运营商极力抗拒试图提供更丰富浏览体验的移动设备，它们抗议称，智能手机将占用过多网络带宽。毫不意外，乔布斯对自己希望手机所拥有的功能有着明确的想法，而且因为他是史蒂夫·乔布斯，他和他的团队能够从无线网络供应商手中夺回控制权来实现这个想法。

2007 年 1 月，乔布斯向世界揭晓的苹果 iPhone 是一种前所未见的手机：金属与玻璃组成的流线型机身，没有键盘，没有按钮，也没有天线。它有一块触摸屏，有电话功能与 GPS 功能。不久之后，iPhone 还会具有语音识别功能。iPhone 看起来就像是大小刚好能放在掌中的神秘黑色石碑，这块石碑曾在《2001：太空漫游》中令猿人如痴如醉，现在也同样令人类兴奋不已。[4]

当天的展示顺序经过了精心设计，为的是给人留下深刻印象，其他硅谷巨头在台上围在乔布斯身边，对他的作品表示赞赏。埃里克·施密特开玩笑要让苹果和谷歌合并——"我们可以叫作苹谷"——杨致远则像追星少年一样热情洋溢。"我也想要一台，多么棒的设备！"压轴的则是苹果公司董事会成员阿尔·戈尔的 iPhone 语音邮件，转达了他对这一成就的祝贺。[5]

那些没有在会场中参与发布会的人则不那么信服。微软 CEO 史蒂夫·鲍尔默不假思索地对 iPhone 表示了否定。"iPhone 不可能获得任何有意义的市场份额，绝不可能。"他对《今日美国》杂志说。在鲍尔默看来，500 美元的零售价简直不可思议，对当时的其他人来说也是如此。另外，这款手机的第一个版本仅支持苹果公司的应用程序。史蒂夫·乔布斯对第三方软件的态度一如既往：他不希望任何软件来破坏他的设备那美妙的简洁性。[6]

对 iPhone 用户和苹果的收入来说都很幸运的是，乔布斯最终被说服了。一年之后，苹果应用商店正式上线。苹果公司仍然牢牢掌控着局面，在任何应用上架之前都会对其进行审核，并从利润中抽成可观的 30%。这种策略极其成功，同时带来了高额利润。开发人员竞相为 iPhone 开发软件，他们选择了苹果而非其他竞争平台。有了大量有趣的应用程序，消费者对 iPhone 高昂价格的担忧得以缓解，这台设备不仅好看，还很实用。苹果公司欣然接受了它在全新的移动生态系统中的吹笛手角色。它的广告词"有个应用帮你办"如此受欢迎，苹果公司甚至为此注册了商标。[7]

  iPhone 及其应用商店的推广在整个互联网世界掀起了波澜。网站纷纷被重新设计，使其在移动设备上的显示效果与在桌面电脑上一样好，社交和搜索巨头加班加点地开发移动应用程序。像太阳微系统公司元老埃里克·施密特和网景公司教父约翰·多尔这样的领导者，在谷歌身上看到了平台与浏览器大战的影子，他们对此感到担忧，当时比尔·盖茨靠专有软件大赚一笔，几乎把所有竞争对手挡在了市场之外。微软的鲍尔默已经在嘲笑谷歌为"黑色驴"，称其大部分营收仍然依赖搜索，Plex 的高管也明白他们绝不能错过移动市场这个机遇。对于这个难题，谷歌给出的"不作恶"答案就是，发布了一套名为安卓的开源智能手机操作系统，并免费提供给任何希望使用它的手机制造商。这一举措对谷歌的业务大有裨益，因为这为其产品的移动版提供了一个匹配良好的平台。安卓平台像野火一样迅速蔓延，几乎成为所有非 iPhone 手机的标准操作系统。截至 2016 年底时，安卓手机已经占据全球市场的 80% 以上，谷歌一半以上的收入来自移动业务。[8]

  苹果更是因为进入手机市场获利丰厚。推出 10 年后，iPhone 已在全球总计售出 10 亿台。它是人类历史上最畅销的消费产品。人们口袋中的数百万部带有地理信息与摄像头的超级电脑迅速催生了全新的商业形式，如共享汽车（优步与来福车）、本地搜索（Yelp）以及短租房（爱彼迎）。这进一步促进了社交媒体的增长，催生了专为手机设计的应用（Instagram 与 Snapchat），并把现有的社交网络变成了更加强大的广告与销售载体。公司转向移动设备使脸书的用户群增长更为迅速。到 2018 年，3/4 的美国人拥有智能手机。[9]

指尖上有这么多零碎的东西令人沉迷，人们每天盯着小屏幕看的时间急剧上升，甚至出现了一种新的流行应用，提醒用户放下手机。到 2017 年，移动应用市场规模已经超过电影行业，仅向应用开发商付款总额就高达 570 亿美元。苹果变成了全球市值最高的公司，销售额接近 2 300 亿美元。虽然苹果公司惊人收入的秘诀在于它仍然是一家硬件——尤其昂贵的硬件——公司，但 iPhone 最大的贡献是将软件从桌面电脑中解脱出来，并将其应用在棒棒糖大小的超级计算机上。iPhone 始终处于开机状态，随时可用，而且很快变成了生活必需品。[10]

不同凡"想"

iPhone 发布 4 年前，史蒂夫·乔布斯被诊断出患有胰腺癌。尽管他宣称自己在 2004 年接受手术之后身体健康，但他日渐憔悴，随后几年里谣言甚嚣尘上。"关于我去世的报道太夸张了。"他引用马克·吐温的话打趣道，但到 2009 年他已经坚持不住了。他从苹果公司病休，接受肝脏移植，不久之后重回公司，但于 2011 年初再次离开。这次再也没有回来。当年 10 月 5 日，乔布斯去世，享年 56 岁。"终此一生，他都领先于时代。"《圣何塞信使报》赞颂道。[11]

没有其他技术领袖能像他如此具有标志性，如此经久不衰，能够连接起几代人，并能成为这么多硅谷传奇时刻与高科技产品的台前人物与幕后灵魂。甚至那些关于乔布斯是个傲慢混蛋的故事——里吉斯·麦肯纳和比尔·坎贝尔这样的密友对他的回忆中那个温和谦逊的形象正好与之相抵消——也是硅谷传奇的重要组成部分。他的去世引发了巨大的悲痛，不仅是那些与他有私交的人，还有数百万认为自己同样了解他的苹果用户。"史蒂夫既是一位梦想家，也是一位实干家。"其中一位用户在苹果公司网站的纪念墙上写道。"我很感激我们曾拥有一位像他这样的创造天才。"另一位用户写道。在全球的苹果零售店中，人们献上鲜花、写下寄语表示敬意。[12]

乔布斯去世几周之后，在苹果公司库比蒂诺园区举办的私人追悼会上，新任 CEO 蒂姆·库克为与会的公司员工、名人以及硅谷巨头们播放了一段录音。扬声器中乔布斯的声音响起，念出了 1997 年广告宣传活动中的文案——题为《不同凡"想"》——这条广告在他重回这家他亲手创立的公司之后不久开始播出。"致疯子，"乔布斯念道，"他们特立独行。他们桀骜不驯。他们惹是生非……因为只有那些疯狂到以为自己能够改变世界的人……才能真正改变世界。"[13]

并非所有人都将史蒂夫·乔布斯视为圣人。在这个社交媒体驱动的年代，追悼会还没散场，批评之声就开始响起。乔布斯是一个混蛋、一个贪婪的资本家、一个可怕的老板，推文与博客文章呼喊道。关于"好史蒂夫"与"坏史蒂夫"的你来我往，只有一部分与乔布斯有关，这还关乎他所象征的这个地方与这个行业。到 2011 年，那些最大的科技公司已经改变全球人的工作、娱乐和交流方式。它们提供了前所未有的接触信息的途径。几乎所有问题的答案都可以通过谷歌搜索得到。久别的朋友与家人靠着脸书得以重逢。智能手机终于实现了"公共计算服务"的梦想。

然而，从新科技公司中受益最多的似乎是那些领导并投资这些公司的富人。硅谷巨人们的财产比上帝都多，是普通人无法想象的数字。美国仍在挣扎着试图走出摧毁市场的大萧条，严重的收入不平等使左右两翼的民粹主义运动愈演愈烈。库比蒂诺园区纪念乔布斯的时候，"占领华尔街"运动的示威者占领了纽约市的祖科蒂公园，向"1% 的人"表示抗议。科技大亨们则是那 0.001% 的人，他们那些改变世界的承诺似乎除了让人们对智能手机上瘾外一无是处。

硅谷似乎已经没了新点子，只知道靠着被一小部分受过良好教育的年轻都市人群喜欢的应用与游戏赚快钱。甚至行业内的领军人物也将硅谷视为一个未能兑现其承诺的地方。彼得·泰尔变成了那些直言不讳的批评者之一。"曾经说好的未来呢？"一条由泰尔的风险投资公司创始人基金发布的备忘录在 2011 年问道，"我们想要飞车，得到的却是 140 个字符。"[14]

第一天

杰夫·贝佐斯也相信互联网经济能实现的不止于此。贝佐斯富有远见，不屈不挠，他热情的管理风格和对高标准的坚持已经被人拿来与乔布斯进行比较。随着亚马逊的发展壮大，自他早期的图书销售时代以来，他的口号大体上未曾改变："长远思考，用户满意度至上，乐于创新。"为了强调亚马逊一直忠于创始之初的使命，贝佐斯在每年的公司年度报告中都会附上 1997 年他给公司股东所写的信件原文。落款写着这位 CEO 最喜欢的格言："今天仍然是第一天！"[15]

与硅谷充满高科技行业色彩的游乐场相反，亚马逊仍在批量建成的商业办公楼里办公，使用着门板桌，精简的运营仍然是其商业模式的核心。就像他的朋友兼董事会成员约翰·多尔一样，贝佐斯也是日本制造原则的忠诚信徒，执着地追求在生产链上的每一个环节减少"無駄"（在日语中意为浪费），也就是无用功。贝佐斯没有像乔布斯那样分发禅宗公案，即便对创新前景充满激情，他也仍然是一名量化分析师。引领他的是数据而非情感。"有正确的答案也有错误的答案，"他曾写道，"好答案和坏答案，数学帮助我们进行区分。"他对接受采访十分谨慎，对公司公关兴趣不大，同时亚马逊仍然没有投放过电视广告。贝佐斯相信"酒香不怕巷子深"。[16]

亚马逊在网络泡沫破裂之时作为烫手山芋的那些日子早已被人们忘在脑后，它的新形象变成了不可阻挡的零售业巨兽。亚马逊颠覆了出版业，走向新的领域，在为客户提供价值与便利的同时将实体商店逐出市场。亚马逊的很大一部分增长来自将其自身转变为第三方购买与销售平台，为大小企业提供接触亚马逊庞大受众群体的机会。现在亚马逊正进一步涉足大型软件平台，其中最大的是亚马逊网络服务系统，或称 AWS。

贝佐斯谈起 AWS 的时候，就像是乔布斯在讨论苹果 II。"最激进、最具变革性的发明通常是那些让其他人得以发挥他们的创造力——追寻其梦想——的技术。"他在 2011 年对股东说。亚马逊在 2006 年不声不响地推出了这项服务，针对新的用户群体：寻求存储空间与先进计算能力的软件开发人员。但是，AWS 的起源可以追溯到互联网泡沫破裂的黑暗时期，当时的股票分析师会因为将亚马逊评为"建议买入"而被解雇。亚马逊走出困境部分靠的是将自己转变为一个可供其他零售商出售产品的电子商务平台，而亚马逊必须重构其基础技术架构才能实现这一点。[17]

最终结果便是产生了一套设计简洁且有弹性的软件服务套件，链接着一个由许多计算能力强大、嗡嗡运转的数据中心组成的全国性网络。贝佐斯之前把公司迁至西雅图，部分原因是为了靠近华盛顿与俄勒冈的图书发行中心。这些州广阔的农村腹地现在为驱动数据密集型业务的服务器中心提供了一片沃土。得益于罗斯福新政时期在当地庞大水系上修建的大坝，当地拥有廉价的水电，使之成为整个美洲大陆最适合为 AWS 这样的系统提供所需巨量电力的地区之一。在东海岸，亚马逊重新调整了位于弗吉尼亚州北部国家安全走廊之中、接近互联网原始骨干网的数据中心。从西海岸到东海岸，亚马逊拥有强大的算力，几乎没有"无驮"。[18]

这个平台被赋予的"云计算"是个新名词，但其基本概念却与 UNIVAC 一样古老。"云"就是 21 世纪的分时计算，其中数据中心取代了大型计算机，笔记本电脑取代了"笨拙"的电传打字机，虚拟机上则和其他设备一样运行着 Linux。这个网络并不使用分时系统及其继任者所使用的电话线，而是在宽带互联网上运行。这个系统所主张的价值与安·哈代40年前在太协的SDS mini上所构筑的系统没什么不同：一种允许客户按需使用算力，可以降低成本并提高效率的操作系统。

云计算技术根基深厚，但其市场机会是全新的。开源软件使小型团队得以开发和运行新的系统与应用程序。许多开发移动应用程序、企业工具以及视频和音乐流媒体的公司纷纷涌现。这些创业者与开发人员拥有技能、笔记本电脑与高速的宽带连接。他们需要服务器空间与算力，而AWS可以为他们提供。

AWS看起来像是意外之喜，是杰夫·贝佐斯精心设计的长期计划之外的一步。但这完全是情理之中。甚至从贝佐斯还是个坐在老本田车里傻笑、在网上卖书的家伙时起，亚马逊就一直是一家大数据公司。它为亚马逊储备了技术精湛的工程人才，这些人有能力创造出一个复杂但善解人意、能够鼓励人们不断购买商品的平台，以及一套运输配送系统，拥有无与伦比的物流能力。亚马逊数十年来一直在应对美国零售业的季节性波动——圣诞季销售狂欢，一年的其他时间里缓和起伏——使之有了更智能的基础架构，能够适应访问量的急剧增长。这家在线巨头的实体零售业竞争对手严重低估了一个由软件支撑的平台可能对它的商业模式造成的颠覆性的影响。AWS提升了这种敏感性，变成了一项服务，能够帮助一家全新的由软件驱动的公司夺取从酒店到出租车再到广播电视领域的传统市场份额。这不是飞车，但其意义绝对比140个字符要大。

AWS为21世纪第二个十年最大的一些新型消费者公司提供了后端支持，还将亚马逊带入了高额国防合同领域，为被数据埋没的情报机构提供存储与分析服务。"我们需要购买创新产品。"一位五角大楼的官员解释道，于是，他们在2014年与亚马逊签署了一份合同：一份价值6亿美元、为17个国家安全机构建立云平台的合同。中央情报局信息主管将之称为"近代史上最重要的技术采购之一"。[19]

其他技术巨头意识到了其中的巨大商机，也纷纷涌入市场，这进一步侵蚀了曾经统治企业计算数十年的由硬件驱动的业务。大型企业用户不再需要购买独立计算机来填满自己的数据中心或服务器机房，也不再需要购买大包的企业软件。作为时代变化的信号，IBM——这家公司曾是大型计算机的代名词，将软件视为附带产品而非独立产品的可怕硬件巨头——成立了自己的云计算部门。

虽然 IBM 仍是《财富》500 强公司的主要供应商，但云计算市场中最强大的竞争者从一开始就是那些软件公司：亚马逊、谷歌与微软。微软多年来一直在努力寻找新的畅销产品，其云计算服务 Azure 终于一鸣惊人，该业务仅在 2016 年至 2017 年就迅速增长了 70% 以上。在这家曾经是专有软件"大教堂"的公司中，形势发生了重大的变化，Azure 中 40% 的虚拟机都运行着开源 Linux。亚马逊格言在雷德蒙德仿佛是第一天。[20]

真知晶石

搜索与社交，移动与云——21 世纪头十年高科技界的故事似乎比以往任何时候都更像是自由市场的成功故事。然而，AWS 和其他云计算巨头所获得的 9 位数金额的国防合同标志着在 20 年相对冷淡的关系之后，五角大楼与科技行业重新达成合作。而这次，一切都围绕着软件。

当然，硅谷的国防经济从未消失过。"冷战"斗士们仍在胡佛研究所接受会见，庞大而安静的洛克希德仍在 101 号高速公路沿线发展。但是，对互联网时代的投资人和创业者来说，国防项目既无好处也无必要，而且五角大楼也减少了对学术研究的投资。洛克希德公司将大部分的导弹与空间部门都迁至科罗拉多。那些"冷战"时期的著名企业——雷神、波音——继续在五角大楼最大的承包商中名列榜首。尽管互联网巨头拓展了新的前沿，但军事软件却远远落后。未来的国防部长阿什·卡特在 2001 年评论道："信息技术的前沿已经从国防领域转移到商业公司。"[21]

美国由此带着技术困局走进了后"9·11"时代。广泛分布的无国界恐怖主义网络的出现意味着美国的战争方式史无前例需要更高科技的工具。大规模数据泄露和外国情报机构的监控对美国公司与政府机构的困扰强化了这一需求。黑客行为不再属于郊区卧室里的少年黑客叛客，而是成了西方最危险的敌人发动的信息战。随着常规战争成本的激增，军事与情报领导人需要一种快速而相对便宜的方式来提高军事技术水平。

为此，他们再次求助于硅谷，但完全颠覆了"冷战"的供应链。不再是由政府向研究实验室与承包商拨款，让他们开发未来可以商业化的军事技术，现在的国防机构通过设立风险投资公司，为有朝一日能发展为军事承包商的私人软件公司提供初始基金。五角大楼不再采用传统的研究与采购流程，而是资助"黑客马拉松"和设计研讨会，使政府机构运作得更像初创企业。

起初国防合同的数量增长几乎没被注意到——就像早些年的硅谷一样，这类活动的绝密特性使观察家无法完全了解其规模与范围——但很快，科技巨头们为军方做的工作越来越多，这变得不可忽视。同样变得愈发清晰的是长期存在的一种讽刺现象：在新型军工复合体中获利最多的那些人，也正是科技行业中那些直言不讳批评大政府、拥护自由市场的人。在太空时代的硅谷，这一矛盾体现在戴维·帕卡德身上。而在网络时代，这个人则是彼得·泰尔。

与 2008 年聚集在贝拉克·奥巴马身边的科技界同行相反，泰尔坚信现代政治是死路一条。"政治就是在未经他人同意的情况下干涉他们的生活，"泰尔在奥巴马就任之后不久写道，"我呼吁将精力集中在其他方面，投入有人视作乌托邦的更和平的项目中。"[22]

24　软件吞噬世界 / 417

并非只有泰尔这么认为。他是压注私人太空旅行的几位科技巨头之一，"一种能够逃离世界政治的无限可能性"。他也是在新西兰购买大片庄园作为额外保险、以防社会崩溃的诸多人之一（几年之后，泰尔进一步入籍新西兰，以防一切真的彻底脱轨）。泰尔还在一些更私人的追求上耗资百万：设立奖学金鼓励聪明的年轻人退学创业；设立致力于让人类返老还童的基金会；一个为"奇点"——有思考能力的机器实现自我复制并可能完全取代人类的时刻——未雨绸缪的智囊团。他成了"海上家园"项目的主要赞助人之一，这个项目计划在国际水域建造一座不受政府控制的水上城市。这种自由主义乌托邦是一位前谷歌员工的创意，而这位员工恰好也是经济学家米尔顿·弗里德曼的孙子。这也许是技术自由主义者逃离政府控制触手的计划的终极表现形式。[23]

当然，最初也正是这个想法催生了 PayPal：一种基于互联网的货币替代系统，可以摆脱由政府控制的货币的束缚。这家公司最后降格为一家线上支付处理系统公司的结局，虽然为泰尔及其同事带来了丰厚收入，但他从未放弃过更大且更具颠覆性的系统可能这一想法。他通过出售 PayPal 获取了数百万美元，还顺便带走了一个关于反欺诈软件的主意，他相信这种软件可以"在保护公民自由"的同时根除潜在的恐怖袭击威胁。他从他的老朋友那里和斯坦福大学的人脉网络中发掘出一支敏锐年轻的领导团队，并于 2003 年出资创办了一家数据挖掘公司，并以托尔金的《指环王》中"真知晶石"的名字将其命名为帕兰提尔（这参考了施乐 PARC 早期以托尔金为主题的办公室，并向这个硅谷传奇致敬）。老牌风投公司对这家初创公司并不热心——红杉资本和克莱纳-珀金斯都拒绝投资，尽管这个团队相信就像 CEO 阿历克斯·卡普所说的，他们"正在打造世界上最重要的公司"。[24]

后来，一个出人意料的"天使"出现了：美国中央情报局（CIA）。

中情局一心想要获得顶尖的软件工程,于是在互联网热潮的尾声进入了风险投资领域,它创办了一家名为 In-Q-Tel 的机构,并雇用了洛克希德的前 CEO 来运营。从 2005 年到 2008 年,CIA 是帕兰提尔第一个也是唯一一个客户,在看过这家公司的追踪软件带来的令人印象深刻的结果之后,其他情报机构也成了帕兰提尔的客户。联邦调查局前局长乔治·特奈特担任了帕兰提尔的顾问,他对于情报机构没能在"9·11"之前就拥有"威力能与之比肩的工具"痛心疾首。康多莉扎·赖斯也签约成为公司顾问。虽然帕兰提尔参与的情报工作的确切内容仍是最高机密,但有传言称其软件是字面意义上的"杀手级应用",曾协助定位了奥萨马·本·拉登。帕兰提尔的高管们对这些猜测不置可否。[25]

很快,其他政府客户也签下了订单。警察部门借助帕兰提尔的可视化、图像与数据挖掘技术来追踪犯罪。美国移民海关执法局(ICE)购买软件对其目标进行侧写。为了进入政府承包商受偏爱的小圈子,帕兰提尔在华盛顿游说者身上投入很多,还资助了负责国防拨款的众议员与参议员,最终取得了超过 10 亿美元的联邦合同。后来渴望数据和关注隐私的公司进一步扩大了帕兰提尔的营业额,到 2013 年,该公司的利润中有 60% 来自私营部门。[26]

到 2016 年,帕兰提尔的估值达到 200 亿美元,是硅谷第三大私人公司,拥有数千名员工,其企业文化与谷歌早期一样独特而怪异,随处可见对《指环王》的引用。帕兰提尔在帕洛阿尔托市区的办公室被称为"夏尔",其 2 000 名员工被称为"帕兰提尔人",招聘门槛极高。"我参加了脸书、谷歌、D.E. 肖和许多其他公司的面试,"一位工程师说,"毫无疑问,帕兰提尔的问题是最难的,也是最多的。"帕兰提尔的领导者想表达的似乎是,"如果你能够通过我们的考验,你就是出类拔萃的"。[27]

在极客式日常之下,这家公司令高科技行业的隐私卫士们非常不安。"它的业务领域很可怕。"一位 EFF 律师说。这家公司的创始人和投资人与硅谷精英之间的关系使其业务显得更加可怕。查马斯·帕里哈皮蒂亚是其中一位投资者,泰尔仍是脸书的董事会成员。帕兰提尔某年甚至赞助了 EFF 的年会,这令一些会员大为惊恐。关于该公司的监视软件是否被滥用的质疑开始出现,无辜的人是否也会陷入本应是捉拿恐怖分子和小偷的罗网?但帕兰提尔的合同仍然纷至沓来。[28]

彼得·泰尔身上一直充满矛盾:他是同性恋,却反对给少数群体特殊待遇;他捍卫言论自由,却又出资进行了一场诉讼,消灭了一家知名线上杂志;他是坚定的保守自由主义者,却与硅谷一些最大的自由左翼过从甚密。他说话吞吞吐吐,又吝于公开发言,这加重了他的神秘色彩。"他真的就像一位象棋大师,"一个年轻的仰慕者说,"会多算好几步。"随着帕兰提尔一飞冲天,现在泰尔变成了当代的 H. 罗斯·佩罗:本是自由企业的拥护者,却在他所指责的政府身上赚着大钱。[29]

25

宇宙主宰

"我想亲眼见见成功之源。"2010年一个阳光明媚的夏日，俄罗斯总统德米特里·梅德韦杰夫在斯坦福大学的讲台上说道。这位领导人身着夹克和牛仔裤，外表就像硅谷的风险投资人一样时尚随意，美国与俄罗斯国旗矗立在他身后。梅德韦杰夫是经历过戈尔巴乔夫"新思维"和公开性改革的那一代人，42岁时当选俄罗斯总统，他的任务是消除自"冷战"结束以来就一直困扰俄罗斯的人才外流问题。他的国家是世界上增长最快的互联网市场之一，网民数量已达到6 000万，并且还在持续增长。俄罗斯的金融家与寡头曾向美国的科技界巨头投资数百万美元。现在这个曾经的超级科技大国是时候创办一些它自己的能改变世界的公司了。

就在几周之前，这位俄罗斯领导人公布了几项引人注目的计划，将在莫斯科郊区建立一座高科技"创新城"，地址距离20年前里根盛赞高科技革命的礼堂仅20多分钟车程。接下来他登上飞机，沿着此前许多国际领导人的足迹飞往旧金山，造访了推特，并以总统身份发送了第一条推文（账户名@KremlinRussia）。他与史蒂夫·乔布斯会面，乔布斯当时刚接受完肝脏移植手术回到苹果工作，看上去气色不佳。他和斯坦福大学领导层座谈。"对我们来说不幸的是，"他直率地对斯坦福大学教务长约翰·埃切门迪说，"风险资本发展得不太好。"原因是人们不愿冒险。"这是文化问题，正如史蒂夫·乔布斯今天告诉我的。我们需要改变这种心态。"[1]

俄罗斯总统的巡回宣传引起了许多怀疑。他发出第一条推文之后没多久，一个名为 @KermlinRussia 的高仿账号就开始毫不留情地挖苦起他热情推动的高科技实验。"人们需要明白，拨给现代化和创新的资金将被浪费在腐败与欺诈上。"一则推文写道。"我们明白你们知道我们都是贼。"另一则推文写道。在喧嚣的社交媒体世界中，没有什么事物——以及人——是神圣的。[2]

梅德韦杰夫意识到打造另一个硅谷的尝试很难按计划实现。尽管世界各国的政府在高科技领域——研究园、风险基金、宽带网络，甚至整座城市——投资了数十亿美元，美国在创新方面仍然远胜它们，能够接连不断地推出颠覆市场的高科技公司。中国是唯一打造出规模或影响力能与谷歌、脸书比肩的公司的国家。

世界各国对硅谷徒劳无果的追逐表明，哪怕在这个长期以来被认为是自由市场成功案例的行业中，政治仍然举足轻重。政府对网络世界的甚少干涉使谷歌、脸书和亚马逊得以发展壮大，变得无处不在且不需要担心监管或反垄断调查（美国的自由放任现状与欧盟形成了鲜明对比，那里的科技巨头不断因为侵犯隐私或不正当竞争而被法院处罚）。硅谷向世界敞开大门，使之能从全球人才库中发掘人才，即使在政客们开始就美国移民政策激烈辩论时也是如此。1995—2005 年，超过一半在硅谷创办的公司都有出生在外国的创始人。斯坦福大学大约 40% 的工程学学位由国际学生获得。吸引这些人才有助于使美国大学保持世界一流水平。[3]

这是一个毋庸置疑的美国传奇，是持续几代人的潜移默化的国家构建——包括与私营企业签订的国防合同，对学术实验室的拨款，对风险资本的税收减免，以及两党政客的持续支持，等等。任何由总统下令建造的高科技城市都无法与发展了几代人、稍稍带有无政府主义气质、充满活力的资本主义高科技生态系统相提并论。

硅谷如此吸引梅德韦杰夫这样的外国领导人的原因,正是推特上的讨厌鬼兴高采烈地奚落他打造高科技乌托邦野心的原因。硅谷文化是美国文化,允许人、资本以及信息自由流动,这是世界上其他所有国家都无法比拟的。而在梅德韦杰夫访问美国的前后几年里,这种文化让硅谷和西雅图的一小群人变得极为富有。

位置的力量

到 2011 年夏天,马克·安德里森在《华尔街日报》的评论版宣布"软件正在吞噬世界"时,新的高科技平台不仅在改变整个行业,它们也在改变高科技行业的地理分布。[4]

自艾森豪威尔时代以来,在整个北美与其他地区,高科技行业一直在研究园和公司园区这样广阔的市郊环境中发展。即使 20 世纪末其他白领行业和中产阶级居民纷纷回到人口稠密的城市环境中时,高科技行业仍然如此。这种对郊区的坚持部分与硅谷的超规格影响力有关,这导致其模仿者认为高科技魔法需要大片的土地和镜面玻璃环绕的低矮办公楼。但是,这也反映了高科技行业需要很大的建筑来容纳格子间成批的程序员、摆满房间的刀锋服务器,以及一柜柜同轴电缆和路由器。办公场所、人员与设备的前期成本相当可观,需要高达一两千万美元甚至更多的早期风险投资。

这在新时代有所改观。经过 20 年的政府引导下的通力合作,宽带不但在美国,也在全世界大为普及。经历了高科技行业最大的公司十多年的软件和硬件创新之后,超级计算能力进一步小型化:由于笔记本电脑、平板电脑和移动设备也能够提供类似水平的计算能力,长期居于主导地位的台式机市场出现萎缩。iPhone 和其他移动平台使流行应用程序得以迅速建立起庞大的用户群；曾经高科技公司从想法走向市场途中必须经过的可怕的"死亡谷"，现在变成了路上的小小阻碍。最重要的是，云计算服务使新公司不必在算力和服务器机房方面耗费宝贵的风险投资。

创业启动成本直线下降，初创企业的种类激增。想为 iPhone 开发应用，你只需要出色的编程能力，一台好的笔记本电脑，以及每月为租用一些 AWS 服务器空间支付小笔费用。所有种类的支持服务都可以外包给那些钟点承包商（为促进这类对接，还出现了一大拨软件类新兴公司）。公司创始人不再需要从完全接入网络的科技园区寻找房间，在科技孵化中心或联合办公空间租用一两张办公桌即可完成工作。科技初创企业不再受到办公场所的束缚，它们离开郊区前往城市，从布鲁克林到博尔德，从慕尼黑到墨尔本再到孟买，受年轻时尚一代欢迎的高密度、高租金地区纷纷出现它们的身影。还有一小部分创业者选择不在某个地方扎根，他们变成了高科技"游牧民"，可以通过良好的网络连接在全世界任何地方开展工作。

那些一直以来都渴望获得硅谷魔法的城市紧紧抓住新时代带来的机遇，纷纷赞助创客空间与体验日，还举办了关于如何吸引更多风险投资的研讨会。虽然越来越多的地方出现了独立发展的高科技聚落，但高科技投资者仍然坚定地集中在他们自 20 世纪 80 年代就栖身的那些地方。城市理论家理查德·佛罗里达所著的关于"创意阶层"如何推动城市高科技梦想的著作曾被广泛传阅，他发现 2013 年旧金山和硅谷的公司共计获得了 40% 的风险投资，并进行了全美国 30% 的交易。西雅图仅名列第七。初创企业在盖茨和贝佐斯所在的城市四处开花，但是飞到沙丘路筹集资金太容易了。"技术创新的成长资本来源几乎没有不经过旧金山和纽约的。"一位西雅图投资人沮丧地评论道。[5]

虽然大大小小的城市中都出现了当地的"黑客马拉松"、联合办公空间和科技孵化中心，但创新经济的财富与人才却越来越多地被 5 家公司垄断：亚马逊、苹果、脸书、谷歌与微软。人们很快意识到，一家公司要想在这些巨头的世界中赚钱，最稳妥的方法就是被其中一家收购。截至 2018 年中，脸书已经进行了 67 笔收购，亚马逊进行了 91 笔，谷歌则进行了 214 笔。硅谷元老们对创业公司纷纷离场感到困惑。"难道再也没人想要建立公司了吗？"里吉斯·麦肯纳感到疑惑。长期以来，高科技行业的目标一直是将竞争者挤出市场以夺取市场份额。现在竞争则变成建立一个独特而占主导地位的平台，使之直接成为市场本身。[6]

　　财富的集中也波及了房地产行业。高科技行业最大的那些公司放弃了批量建成的商业办公楼与暗褐色直建房，转而在城中或郊区建起令人眼花缭乱的个性化园区。脸书将位于门洛帕克的旧的太阳微系统园区改造成了一处壮观的建筑群，在趣味性和园区福利方面只有 Googleplex 能与之相比，其开放式内部庭院类似缩小版的帕洛阿尔托大学大道，你无须找地方停车，所有的食物和饮料都免费。2015 年，脸书在马路对面启用了一座由弗兰克·盖里设计的办公楼，这座办公楼被设计成马克·扎克伯格所说的"完美的工程空间"，并传达了一条信息——"我们希望我们的办公空间看上去像尚未完工，"扎克伯格写道，"当你走进我们办公楼的时候，我们希望你能感受到在我们连接世界的使命之中还有那么多工作尚未完成。"[7]

　　即使节俭的亚马逊也按捺不住，在西雅图市中心一组普通建筑中加入了一种宏大的建筑风格。它建造了一组引人注目的"生态球"，其内部是可供亚马逊员工观赏的室内花园。在华盛顿湖另一边，微软为了与它在城市另一端的对手致敬巴克敏斯特·富勒的设计相抗衡，建起了可供员工午间小憩的树屋。但是，最令人惊叹的标志性建筑是苹果公司庞大的新库比蒂诺总部，一个由玻璃与钢铁建造而成的表面光滑的圆环形建筑，可容纳 12 000 名员工。"苹果公园"是乔布斯去世前最后几个想法之一。为了向创始人和硅谷的过往致敬，苹果公司在办公楼的阴影中栽种了一片杏树。[8]

新一代投资人

硅谷的财富机器似乎势不可当。在谷歌 IPO 后没几年，公司就有 1 000 名现任或前任雇员资产达到甚至超过 500 万美元，其中包括两位创始人于 1999 年请来的公司内部按摩治疗师。佩奇和布林各有约 200 亿美元的身家。那些 20 世纪 90 年代的互联网王者有的摇身一变成了天使投资人和风险资本家，使他们的净资产不断攀升。其中首屈一指的是马克·安德里森，他于 2009 年与合伙人本·霍洛维茨共同创办了一家新型风险投资公司，专门将年轻的高科技公司创始人培养为精干的公司领导人，而不是把他们推到一边，再找个成年人来管理。马克·扎克伯格正是一个好例子。"硅谷的大胆无畏正在回归。"安德里森对一位记者说。[9]

同样回归的还有 20 世纪 90 年代的华尔街明星分析师。玛丽·米克尔从未怀疑过自己对互联网的信念，即使在互联网泡沫破裂、股价暴跌、股东纷纷提起诉讼的时候也是如此。露丝·波拉特也没有失去信心，2004 年在帮助谷歌上市之后，她一跃成为高科技行业金融业务的头号人物。9 年后，波拉特就任谷歌公司首席财务官一事成了更加轰动的头条新闻。米克尔当时也已经搬到加利福尼亚，她在 2010 年底离开摩根士丹利，成了克莱纳-珀金斯公司的合伙人，还带来了她那已经成为传奇的年度互联网趋势幻灯片。米克尔再次看好行情，而且这并不是空谈：新一代的公司基础更好，市场已经成熟，互联网行业的经营者与投资者对业务取得成功所需要的条件也有了更深的认识。[10]

华尔街的智者迁往西部，华尔街与硅谷之间的关系也发生了变化。为了帮助经济从2008年的房地产泡沫破裂与严重衰退中恢复，美联储一直维持着较低的利率，以向市场注入流动性，这使有钱人积极寻找高收益的投资对象。大量而多样的投资资本——私募股权、对冲基金、天使投资人——使公司对在创业初期公开上市的需求有所减轻，美国证券交易委员会对上市公司的审查力度也进一步减弱了初创企业在华尔街发行股票的热情。来自全世界新兴超级富豪的海外投资成了另一个日渐增长的资本来源，这在2008年市场崩盘后的动荡时期尤为重要。2009年5月，急需资金的脸书找到与克里姆林宫联系密切的俄罗斯金融家尤里·米尔纳达成一笔高额交易，米尔纳最终获得了脸书接近9%的股份。"许多公司都曾与我们接洽，"马克·扎克伯格当时说，"但（米尔纳）因为它们带来的全球化视野脱颖而出。"这个俄罗斯人还对推特进行了巨额投资。[11]

而所有这些国内外投资背后，是从一开始就存在的天使——美国政府。美国金融业者大量投资是因为美国税法的规定（归功于持续进行了50年的游说活动）——使那些用钱赚钱的人大为受益。资本所得税率固定在15%，虽然不时有人尝试废除附带权益免税额，但这条规定仍然坚挺。风险投资人、对冲基金经理和私募股权基金都能够通过管理其他人的投资赚取数十亿美元，并将这一切归为"资本所得"。

然后是公司所得税。50多年来，美国一直允许在海外经营的本国公司推迟为其海外市场所得利润纳税。在21世纪头几年，这项规定使软件公司收益颇丰，因为它们的全球影响力以及产品并无实体，使之能够将利润从高税区转移至低税区。（正如科技巨头和其他公司不断辩解的那样，美国的公司所得税率在全世界第二高。）科技公司通过股票期权冲销、设施折旧与研发支出进一步降低其应税额。

这些精心设计的把戏——根据IRS规则完全合法——让苹果、谷歌、亚马逊这样富裕的公司变得更加富裕。在奥巴马时代，华盛顿不断试图改变这一体系，但很难让这些受到欢迎的高科技品牌扮演逃税富人的角色。"我爱苹果！"2013年密苏里州民主党人克莱尔·麦卡斯基尔兴奋地在一场参议院听证会上高喊，这场听证会本意是要求蒂姆·库克对其公司的创造性记账方式做出解释。肯塔基州共和党人兰德·保罗谴责某些参议员"欺负"库克和这家身为"美国最伟大的成功故事"的公司。[12]

脸书的员工和前员工也在这些财产惊人的富豪之列。Napster共同创始人兼脸书早期领导层的肖恩·帕克成了当代的杰里·桑德斯，他大肆挥霍2012年从脸书的IPO中获得的数十亿美元成了头条新闻。次年，帕克在大苏尔红杉林中举办了婚礼，这场婚礼的创意源自在硅谷最受喜爱的奇幻作家J.R.R.托尔金，到场的350多位宾客身着定制的中世纪服装，现场有一座仿造的中世纪城堡。另外，根据脸书公司发展史记录者大卫·柯克帕特里克所述，还有"一群兔子……任何人都可以去抱"。那晚最后，斯汀表演了无伴奏清唱。[13]

脸书的股票加上对其他硅谷初创公司的明智投资，使查马斯·帕里哈皮蒂亚也变成了亿万富翁。他与人合作创办了一家名为"社会+资本"（后来删掉了加号）的新风险投资机构。这是查马斯风格的风投，正是自2000年以来硅谷产生的大量个人财富使之成为可能。他们的有限责任股东中不仅包括外部投资者，还包括一群精心挑选的有钱朋友和一家非常有钱的公司——脸书。他们的目标不仅仅是要进一步利用社交平台的连接能力，还要支持更多样化的企业家群体并建立"目标驱动"的投资组合。

即使在这个风险投资的新时代，硅谷通过朋友与熟人构成的紧密关系网络仍然占据统治地位："社会+资本"的第一笔投资是Yammer，这是一个商业社交网络，由《多样性神话》的作者，后来因PayPal成为百万富翁的大卫·萨克斯创办并经营。帕里哈皮蒂亚在Yammer的董事会中担任观察员，董事会成员包括彼得·泰尔和肖恩·帕克。[14]

这些新一代投资人身着著名设计师设计的 T 恤而非运动外套，开的车是特斯拉而不是梅赛德斯-奔驰，使用说唱歌词作为商业隐喻。他们比之前的风险投资家更受关注也拥有更多资金，但同样冷酷无情，超过了成长缓慢的东海岸竞争对手，直接锁定了早期交易。他们聪明而幸运，他们也明白这一点。"这不是跳棋，"本·霍洛维茨忠告有志创业的人，"这是国际象棋。"[15]

难以忽视的真相

在那个时代变成富豪的人还有阿尔·戈尔，他是美国政治史上退隐后生涯最成功的人之一。他首先当上了媒体大亨，以一家名为潮流电视的有线新闻企业重新启程。2006 年，他参与了一部名为《难以忽视的真相》的纪录片，这部影片获得了奥斯卡奖，从此他就以留着胡子的气候变化先知而闻名。让他成为千万富翁的是他接下来作为硅谷顾问与风险投资家的一步。

戈尔在谷歌早期的投资算是中了大奖，在 2003 年进入苹果公司董事会之后的几年内，他的身价进一步飙升。四年之后，iPhone 风靡一时，这位前副总统的身价高达 1 亿美元，他接受了约翰·多尔的邀请，成了克莱纳-珀金斯的合伙人之一。这位政治家曾因为他诚挚又有点呆板机械的外表被嘲笑，曾经渴望总统宝座并几乎当选，现在他终于找到了自己的归宿。"无论出于什么原因，"他对一位记者说道，"目光长远在商界能够获得远胜于政界的回报。"[16]

多尔邀请戈尔成为合伙人的决定不仅仅是出于友情或政治目的，还是一个商业决定。20 世纪 90 年代的热潮结束之时，克莱纳-珀金斯已是硅谷最知名的公司之一，并且在 21 世纪之初，他们的产品组合里还新增了对谷歌和亚马逊的投资。多尔已经准备好下一步行动，他的目标更加远大：不仅是消费软件，还有在合适的条件下可能提供巨大市场机遇的全球"伟大挑战"。替代能源——绿色科技——则是其中最大的挑战和机遇。

就像其他看过戈尔《难以忽视的真相》纪录片的观众一样，多尔愈发忧心于不再能随心所欲使用化石燃料的后果。当开着新买的丰田普锐斯在硅谷行驶的时候，多尔意识到能源价格上涨与中东的局势动荡很快将迫使政策达到拐点。乔治·布什的政府可能有大量石油天然气从业人员，但限制碳排放和强制使用新能源似乎已经不可避免。这就是绿色科技领域需要的公共部门推力：就像集成电路和"阿波罗计划"一样，政府支出将使昂贵尖端的产品所占有的市场份额上升，直至能颠覆市场。

2001年春天，多尔进行了一场题为"绿色科技的救赎（与利益）"的真情流露的TED演讲，公开宣布了他将发起这场新运动。这个行业"比互联网更大"，他宣称道，"这可能是21世纪最大的机会"。11月，戈尔以更大的格局谈论了这个行业潜在的影响。"我们即将开始的是一项'曼哈顿计划'、'阿波罗计划'和'马歇尔计划'的结合，"这位前副总统解释道，"要说我们能够独立完成就有点夸大其词了，但我们希望尽自己的一份力量。"[17]

2008年，戈尔-多尔团队再次开始全速运转，游说布什政府并鼓励总统候选人推进环境条约和其他减少碳排放的措施。到了秋天，克莱纳-珀金斯10亿美元的绿色科技基金已经投资了40家不同的公司，还有数百名创业者前往沙丘路毛遂自荐。奥巴马的当选对绿色阵营来说是一场激动人心的胜利。终于有一个关爱环境的民主党人回到了白宫。当年秋天房地产市场的崩溃是一场挫折，但奥巴马承诺将实施一个数额庞大的基建与开支计划，以使经济恢复——还有什么时候能比现在更适合生产太阳能电池板和开发电动汽车呢。[18]

约翰·多尔总是预先考虑到5年之后，但这次政客们让他超前了15到20年。在共和党领导的国会的强烈反对下，奥巴马提出的巨额经济刺激计划并没能像最初预期的那样规模庞大或颠覆市场。碳定价无疾而终。然后，另一项技术突破迅速改变了美国能源市场的经济情况，而这种新技术毫不绿色。但重要的是，水力压裂法——将数百万加仑的液体高速注入基岩中，以释放其中蕴藏的天然气——极大地提高了美国国内的能源产量并压低了价格，消除了市场上使用替代燃料的动力。

索林佐公司被媒体炒得沸沸扬扬的政治丑闻更是雪上加霜，这家太阳能公司在获得5亿美元的政府投资之后破产（虽然这个金额大到令人震惊，但这在绿色能源行业只是九牛一毛。到2015年，埃隆·马斯克的各家企业共获得近50亿美元的政府补贴）。在此抨击之下，奥巴马政府在未来绿色能源方面的野心有所收敛，克莱纳-珀金斯也是如此。[19]

多尔与戈尔的这场豪赌远未达到预期，虽然在一个政治分歧更少、经济不那么倾向于紧缩的时刻，这可能是另一次成功的"登月计划"。克莱纳-珀金斯仍然是硅谷中最大的势力之一，但其公司对替代能源的关注导致它错过了社交网络与移动计算的机会，哪怕克莱纳-珀金斯聘请了玛丽·米克尔来提升其在消费互联网领域的声望。随后多尔和他的公司收到了另一个坏消息：一个名为鲍康如的初级合伙人于2012年起诉该公司存在性别歧视。

多尔当时与鲍康如关系相当密切。正是他将鲍康如请进公司担任自己的首席幕僚，并在此后一直是其导师和内部拥护者。鲍康如是"约翰·多尔小分队"的一员，她指控公司是一个充满敌意的老男孩俱乐部，这对多尔个人而言是个沉重的打击。在过去10年间，由于对从事风险投资的女性人数少感到担忧，多尔一直努力在克莱纳-珀金斯招聘并提拔女性员工。鲍康如提起诉讼后不久，多尔在公司的网页上写道："当公司遭受不实指控时仍然坚持并非易事。"[20]

这场诉讼和与之相关的丑闻持续了三年之久，并在硅谷历史上首次引发了对这个行业特有的性别失衡的广泛公众讨论与深刻反思。克莱纳－珀金斯由男性主导的公司文化受到考验，同样受到考验的还有整个风险投资行业。在这个行业中只有 8% 的女性投资合伙人，而只有不到 5% 的风险投资公司有女性创始人。[21]

硅谷支持者反驳说，这个极低的比例与美国的其他公司相差无几，在《财富》500 强公司的 CEO 中，女性所占的比例也是微不足道。但这一申辩在不断激化的公众讨论中没能得到多少认同，而当最大的那些公司不情不愿地公布了关于女性员工人数与少数群体的工资数据时，情况变得愈发糟糕。在整个行业中，女性仅担任了 20% 的技术岗位。自 20 世纪 80 年代以来，计算机科学领域的女性比例在持续下降。[22]

约翰·多尔后来对作家张美龄说，他曾苦苦思索还有什么他本可以为鲍康如做的事，他认为如果自己更早一些提拔这位门生，"就不会有这起诉讼了"。2015 年 5 月鲍康如败诉，在他的盟友公开欢庆胜利之时，多尔要沉默得多。紧随绿色技术公司的挑战之后，这起诉讼在职业生涯上和情感上对他来说都是一次挫败。多尔虽然继续担任克莱纳－珀金斯的董事长，但他于次年开始不再主动参与投资。现在是时候让其他人接任宇宙主宰者了。[23]

模式识别

20 世纪 60 年代初，当德雷珀和约翰逊缓缓驶过一座又一座西梅仓库寻找投资对象时，硅谷还是一个偏远且人迹罕至的地方，那里的小巷尽头突兀地连接着果园与牧场，几条车流稀少的混凝土公路从中穿过。这里的电子产业刚刚起步，品牌大多不为人知，所拥有的资产与未来相比微不足道。

半个世纪之后，硅谷已是一大片躁动不安、价值数百万美元的花园别墅和高档服装店，拥挤的高速公路的每个出口处都有一片围着玻璃外墙的办公园区。曾与硅谷慵懒氛围格格不入的旧金山现在已经是硅谷高科技王国的重要组成部分。推特和企业软件巨头 Salesforce 都将总部设在旧金山。谷歌和脸书的专属巴士沿着 101 号高速公路行驶，使它们居住在旧金山的众多员工免于开车上下班的辛苦，这也引发了当地居民的抗议，他们将这些车辆视为贪婪的技术巨鳄活生生的例证。全球的消费者都在日常生活中使用湾区与西雅图科技巨头提供的平台，无人不知谢尔盖和拉里，马克和史蒂夫，还有杰夫。

高科技行业的规模和影响力都已经发展得极为巨大。然而其影响力和投资的网络仍然像几十年前"集团"的牛排午餐时一样，紧密地缠绕在一起，彼此密切相连。与谷歌和脸书相关的那些利润丰厚的交易——更不用提 2000 年之后其他一飞冲天的公司——都只有很少的人参与其中：全是男性，都是富豪，一致坚信他们这个行业是一个杰出的精英体制。

有的人，如彼得·泰尔和大卫·萨克斯，把他们的大学关系网变成了强大的赚钱工具。其他像肖恩·帕克和拉姆·施拉姆这样的人则借助一家公司早期的成功，建立起持久的影响力与人才发掘网络。还有像马克·安德里森和查马斯·帕里哈皮蒂亚这样的人，他们走的是大卫·摩根塔勒和伯特·麦克默特里所开辟的从创业者到风险投资人的道路。一切都在激烈的竞争环境中蓬勃发展，人人锐意进取，批评起来毫不掩饰，这里的人努力工作的同时也在尽情享乐，商业伙伴就像家人一样。

随着财富的增长，也诞生了关于硅谷如何持续打造创新企业的神话。人们说这是因为硅谷容忍风险，并不惩罚失败。这是因为硅谷工程至上——不带丝毫出身或血统偏见，只为寻找最出色的技术人才。这是因为由约翰·多尔一锤定音定义的"模式识别"，即寻找下一个带着疯狂而天才的创意的斯坦福大学或哈佛大学辍学生。

在所有这些主张之中，多尔无意间说出的话最接近硅谷密码的核心。"西海岸的投资者之所以更为大胆，并不是因为他们都是不负责任的牛仔，也不是因为好天气让他们更为乐观，"硅谷最有影响的科技孵化器 Y Combinator 的创始人保罗·格雷厄姆在 2007 年写道，"他们更加大胆是因为他们了解自己在做什么。"硅谷的大玩家们了解技术和人，也知道成功的秘方。

他们在全美国最好的工程和计算机科学项目或最有前途的初创公司中以及他们的熟人所认可的人中寻找"A 级男人"（极其偶尔也会找女性）。他们寻找的是那些表现出盖茨或扎克伯格那样的斗志，卡普尔、安德里森、布林和佩奇那样专注而有设计洁癖的人。他们会投资那些尝试对现有事物稍加改进的人——改良的搜索引擎或者更好的社交网络。他们不仅为这些幸运的创业者提供支持与经验丰富的人才，还让这些人的名字出现在媒体上，让他们在重要的科技会议上登台露面。他们选出赢家，而且由于他们在硅谷积累的经验与人脉，被选择的人通常能够成功。[24]

硅谷能够维持巨轮持续转动，从芯片发展到微电子，到互联网时代再到下一代网络不需减速，保持网络的连接性与私人化正是这种能力的关键。风险投资一直是男人的世界，2000 年后的精英阶层——主要来自男性世界的谷歌、脸书和 PayPal 黑手党打造的帝国——更是如此。创业和风险投资生意不仅仅在会议室和小隔间里进行，还藏在安东尼奥坚果屋的啤酒与花生堆里，在霍比或巴克餐厅的早餐桌上，在深夜编程讨论会和扑克牌局中，在沿着天际大道骑车的地方。如果你身处其中，这会是个美好的世界，但如果你没有时间、没有钱、不会打扑克，也没有价值 10 000 美元的单车，这里就会相当难熬。

在鲍康如诉讼后的一阵公开批评与行业自省热潮下，风险投资人承诺将尝试改善。随后被揭露的业内性骚扰与性虐待事件更增加了纠正技术领域性别失衡的压力。统计数据开始略微增加。由本就在小圈子里的人指出不足之处效果显著。查马斯·帕里哈皮蒂亚原本是局外人，他进入风险投资行业时就下决心要撼动其所谓的精英阶层。"整个行业中充满了'有钱的人渣'，"他对记者卡拉·斯威舍说。这不仅仅对社会有害，还有碍创新。他后来说，"根本不明白真正目标是什么的人已经泛滥成灾"，"这个行业的人必须消除一些不平等"，即使"这并不是我们最初的目的"。[25]

查马斯的解决方案是完全消除投资公式中的人为偏误，改用计算机算法进行投资决策。社会资本将这个模型称为"资本即服务"，并开始邀请创业初期的企业省去传统的自我推介会议，只需要提交其数据——收入、用户群体、成本。在对数据进行分析之后，公司将决定是否进行投资。"无须大费周章，不需要喝着价值7美元的手冲咖啡聊天，不需要专门设计演示文档，没有偏见，没有政治，没有废话。"帕里哈皮蒂亚的商业伙伴阿什利·卡罗尔解释道。这是对这个硅谷独有的问题做出的富有硅谷特色的解答。他们用技术来解决难题。[26]

那些多年来一直致力于技术行业多元化的人仍持怀疑态度。"10年了，还说着同样的鬼话。"特里什·米尔林斯回忆道，她回想起投资人和公司高管曾经多次给她的许诺，这个行业将发生改变。她于1996年发起的项目取得了巨大的成功，这个开创性的模式启发了其他人为少数族群的孩子建立类似的学校。这个项目最初只不过是青少年预科培训，后来逐渐发展到从幼儿园到高中全部覆盖，为超过5 000名西雅图学生提供了科学与工程学教育，这个数字还在不断增长。但是，那些大型科技公司内的员工面孔看上去还和她当年刚刚进入微软工作时无甚区别。"为什么那些有色人种没能加入这场运动？为什么没人为之做点什么？为什么所有人都继续向那些本已拥有更多资源的人提供更多资源？"她十分疑惑，"科技行业的领导者没有采取行动的动力，他们没有去其他社群发掘人才。"[27]

尽管如此，21世纪第二个10年中期对高科技行业多元化的讨论还是硅谷前所未见的。数十年来一直暗流汹涌的私下讨论高调、持续而公开地爆发出来。在压力下，最大的几家科技公司公开了其员工统计数据，证实了对任何曾到访谷歌、脸书或苹果熙熙攘攘的园区的人来说都显而易见的事实，更不要说硅谷的其他公司了：员工群体绝大多数是年轻男子、白人或亚裔，尤其是在技术与高管职位中。随着硅谷最知名的几家公司投入数亿美元进行招聘工作，并开展了精心设计的"多元包容"宣传活动，相应的统计数据开始上涨，但幅度仍然很小。

硅谷只为女性和少数族裔提供有限的机会，这不仅仅是21世纪的那些程序兄弟会和傲慢混蛋CEO的责任。这一切的起源要早得多，可以追溯到商业还完全是男人的世界的时代。硅谷刚刚诞生，地处偏远，当时女性和电子还扯不到一起去。这种文化长期存在，需要长久时间才能出现有意义的变化。

改变世界

虽然高技术行业的缺陷吸引了越来越多的关注，但北加州和西雅图展示出的宏伟愿景却让人不由得眼花缭乱。政府羸弱且两极对立严重，高科技行业则熠熠生辉、富有野心，还有数十亿美元可供使用。谷歌高等研究实验室的CEO是氢弹研制者爱德华·泰勒的孙子，总是穿着直排轮旱冰鞋，他在公司中的头衔是"登月队长"。埃隆·马斯克的特斯拉公司生产着能够轰鸣疾驰的跑车，车上有一个按钮，可以让驾驶员一键进入"狂暴模式"。在生产汽车以及开玩笑地把焊枪改造成价值500美元的火焰喷射器并卖给崇拜者之余，马斯克还通过他的商业航天公司SpaceX推进登月计划，击败了洛克希德公司和其他公司，赢下了一些大合同。杰夫·贝佐斯也加入了竞争，每年向他的太空探索公司蓝色起源投入 10 亿美元。蓝色起源的公司徽章上显眼地写着它的座右铭："Gradatim Ferociter"，意为"步步为营，大胆无畏"。

当然，除了这些，还有在比尔·盖茨领导下成绩斐然的慈善事业，以他的名字命名的基金会募得了 400 亿美元的捐赠，已经成为全球解决公共卫生和贫困问题的领袖。盖茨从"天才小子"向年长政治家的彻底转型，激励了高科技界的年青一代。马克·扎克伯格向陷入困境的新泽西州纽瓦克的教育系统注资 1 亿美元用于公共教育，还倡导对移民制度进行改革，并宣布他和妻子将像比尔和梅琳达·盖茨一样，捐出他们的毕生财富。

高科技行业长期以来进行着的游说工作一如既往活跃，而高科技领域的世界主宰者在政治问题上也越来越公开地表达观点，甚至超出了通常的资本所得税减免、网络商品税或网络中立性范畴。有些人的主张显得奇怪而自私：2014 年，比尔的儿子、威廉的孙子、硅谷的第三代风险投资人蒂姆·德雷珀率先发起了一场运动，旨在将加利福尼亚划分成六个州（自然，其中一个州将被命名为"硅谷"）。其他人则带着硅谷独有的锐气：2016 年，查马斯·帕里哈皮蒂亚曾试图说服纽约百万富翁迈克尔·布隆伯格以第三方竞选人身份参选总统，他保证将投入公司的全部资源作为支持。帕里哈皮蒂亚承诺"曾协助脸书成长到拥有 10 亿用户的同一支团队将竭尽全力鼓动全美国，以使他入主白宫"。布隆伯格拒绝参选，因为他担心自己参选会使像唐纳德·特朗普这样的人当选总统。[28]

他的这一决定使硅谷的重要人物都坚定地站在了希拉里·克林顿一方，成了竞选活动资金与政策建议的可靠来源。唯一不随大流的是个引人注目的人：彼得·泰尔。他克制住自己长期以来对混乱的竞选政治的不屑，公开支持特朗普离经叛道的参选。泰尔在共和党大会上发言支持特朗普。他撰写专栏文章，抨击低下的行政效率，同时又巧妙地提及"曼哈顿计划"的荣光。讽刺的是，泰尔所主张的"让美国再次伟大"涉及重新回到政府支出大增的年代，那正是硅谷起步的时代。"美国人在那个计划主导而非经济主导的时代能够花费远远更少的金钱完成更为艰巨的任务，"他写道，"我们无法回到过去，但我们可以重拾曾经指引我们的祖父母实现如此伟大成就的常识。"大选之后，泰尔成了特朗普大厦与那些无比困惑又震惊不已的科技巨头之间的联系人，这些人无法相信 2016 年 11 月所发生的一切。[29]

在极短的时间之后就出现了高涨的呼声，认为这次选举结果出人意料的原因正是美国的大型高科技平台本身。它们对连接全世界的狂热信心、对工程技术力量的狂妄自大、令人瞠目的精巧思考机器，这一切似乎都为坏人提供了乘虚而入的机会，使它们能够利用脸书、推特和 YouTube 这样的网络，甚至是整个互联网，使本已存在分歧的美国进一步分裂。

向来将科技视为惊人奇迹的美国政客开始将马克·扎克伯格召进国会山听证室，当面就脸书的商业模式进行充满敌意的对质。欧洲立法者更进一步，迫使消费互联网公司遵守严格得多的隐私条款。每周都有消息透露说，这些社交媒体骚乱的幕后黑手都来自海外，是由俄罗斯政府一手策划发动的。他在自己的门生兼傀儡德米特里·梅德韦杰夫前往硅谷朝圣之后仅仅两年就取而代之。

自"冷战"结束以来，硅谷以国防计划为中心的历史已被大众记忆淡忘。在斯坦福大学阳光斑驳的四方院和校园大道上镶着抛光木板的酒吧里，唯一值得一提的似乎只有谢尔盖、拉里和马克，或者如果你怀旧的话，还有两位在他们位于洛斯阿尔托斯车库里起步的史蒂夫。洛克希德和特曼的僻静之地似乎与光彩夺目又富有活力的全球资本主义中心关系不大，这里代表的是机敏的新市场经济对笨拙的旧式官僚机构所取得的巨大胜利。

硅谷现在所贩卖的商品——影响力、覆盖范围还有智能程度——

的影响远远超过了最初使其在地图上成为标志的硬件和软件产品。然而，正如2016年大选所展示的那样，新时代的社交媒体平台是硅谷生产过的最强大的武器之一。

这个地方拒绝接受旧式政治，像史蒂夫·乔布斯这样成为亿万富翁的巨头们根本懒得去投票。这里的信仰体系通常分裂成截然不同的两类，要么是反对整个政治体系的技术自由主义者，要么是缺乏耐心的"有个应用帮你办"的技术官僚式信仰，人们相信硅谷能够解决所有的政府失败。硅谷的天才少年们埋头苦干，工程至上，他们创造出了非凡的思考机器，却没有预计到它们有可能带来多大的破坏。硅谷精神是20世纪末那个繁荣、喧闹、大体处于和平年代的美国的产物，如今在21世纪初正经受着严峻考验。

那些曾参与创造出互联网时代令人惊奇的创意大爆炸的人对这些自由所产生的后果感到失望。"我们当时太天真了，"米奇·卡普尔面对颠覆、混乱的政治局势遗憾地说，"我们没能料想到现在已经显而易见的事实——如果人们有邪念与恶意，他们就会利用网络来将其放大。"[30]

尾　声

进入无人车

无人驾驶的汽车静静驶过山景城充满桉树香气的小巷,趁着可怕的早高峰结束后稍微冷清一些的间隙出来撒欢。它们线条紧凑,闪闪发光,由全电引擎驱动,不断旋转的定位装置从车顶探出来。这些车实际上并非没有驾驶员:如果仔细观察的话,能看到车里有一两个人头的轮廓,属于年轻的谷歌员工,他们的工作是测试、监控和记录,以及在发生故障时抓住方向盘。

在 21 世纪第二个 10 年后期财富令人炫目、技术达到饱和的那几年,进入无人车领域的不止谷歌一家公司。苹果、优步与特斯拉也争先恐后地加入了这场把汽车变成计算机的竞赛,这是 21 世纪版的机器人"晃晃"。即使这些车辆还不是完全无人驾驶的,它们也显示了美国高科技行业 70 年来对能够思考的机器和可联网计算机的追求取得了怎样巨大的进展——以及这些最大也最富有的公司试图达到的水平。[1]

汽车只是其中的一部分。手中握着从搜索、社交与移动业务中获取的数十亿美元,硅谷最大的几家公司和最有远见的投资者将大量资源投入 AI 和机器学习中。"在科技界,每过十几年就会掀起一场海啸——破坏力巨大的浪潮。"约翰·多尔表示。最早是微芯片与个人计算机，然后是互联网，再后来是移动计算。AI 就是下一波浪潮，而且"规模会更大"。查马斯·帕里哈皮蒂亚也在 AI 上下了重注，他和几位谷歌前员工合作，秘密创办了一家创业公司，开发一种全新的用于机器学习的微芯片。似乎下一次剧变将牵涉重回硅谷的硬件根源。[2]

如果向北进入金光灿灿的帕洛阿尔托，你会同其他繁荣忙碌的景象擦身而过：一家家豪车经销商和 Crossfit 健身房，还有一间间咖啡连锁店，人们愿意为了珍贵咖啡豆泡出的手冲咖啡排队等待 10 分钟。但如果你在开车的时候瞥上一眼尖啸驶过的通勤列车，你就会联想起在这样阳光明媚的表面之下潜藏的黑暗焦虑。这些铁轨上曾发生多起高中生自杀事故，成长在世界上最知名的创业者大学的阴影下所带来的升学压力压垮了这些年轻人。

湾区的人们永无休止地抱怨房价高昂，但这里突破天际的房价确实让他们的抱怨显得合情合理。战后第一波热潮期间建起的那些平房，最普通的价格也要超过 300 万美元，这还没算上翻新厨房。脸书和谷歌因为公司发展给房地产市场带来的压力而招致批评，因此，它们宣布将建设公寓与联排住房以就近安置员工，这是模仿普尔曼和福特模式建立的 21 世纪公司城镇。仿佛是在呼应新的福利资本主义，将高科技行业工作者组织起来的运动势头强劲，在这些运动的推动下，摆渡车司机、临时工和外包程序员也得到了与白领技术人员一样的福利与工资。

驾车驶过斯坦福大学微光闪烁的砂岩、红瓦校园，驶过方尖碑一般的胡佛塔（仍然不偏不倚地立于中央！），以及 20 世纪 50 年代在校园中兴建、现在已经拥有所有能想象到的设计师品牌的斯坦福购物中心。在街道对面，穿过一条被树木遮掩的车道，你就会来到 Vi，这里便是那些一开始就待在硅谷的男男女女宽敞豪华的退休归宿。

伯特和迪迪·麦克默特里拥有 Vi 中最宽敞的公寓，在高过树顶的一座高楼里，可以俯瞰不远处的斯坦福大学校园。校园中有许多以他们的名字命名的设施，最值得一提的是一座2015年启用的崭新的艺术史大楼。伯特·麦克默特里自从20年前退出积极投资事业以来一直专注于慈善，但他在那之前就一直与两个帮助他起步的地方分享财富：斯坦福大学与莱斯大学。"我免费接受了10年教育，"他解释道，"这使我认识到教育是促进经济流动性的工具，因此很容易产生回馈社会的想法。"他不清楚新的一代是否也会这么做，也不清楚他们是否会和他一样认识到成功不仅仅是因为他们的天赋，还取决于境遇与时机。"许多风险投资人都自视过高。"他评论道。[3]

大卫·摩根塔勒也赞同这一点。他住在麦克默特里家楼下，隔了几层楼，虽然他已是鲐背之年，他的过人才智并未受到影响。他一直与结交的朋友们保持着联系，无论是早年在风险投资行业时数次前往华盛顿进行访问，还是在随后进行的多次高技术交易中。他们在Vi的午餐室中享用番茄汤与俱乐部三明治，回忆过去，并讨论新一代技术专家未来会创造出什么。

摩根塔勒为学生工程项目提供资金，并持续关注他的公司投资对象中比较有趣的那些，同时他担心硅谷还能让这一切持续多久。底特律的汽车工业蓬勃发展了60年，随后达到了S形曲线的极限。硅谷发展的时间也与之接近，虽然这里到处都在讨论"颠覆性"，但他看不到颠覆将发生在何处。硅晶体管曾是硅谷强大的推动力，但有谁能作为其接班人？下一个肖克利在哪里？下一个乔布斯在哪里？摩根塔勒怀疑科技的未来很可能根本不在硅谷。[4]

安·哈代并不住在Vi。她和女儿女婿一起住在小镇另一头，尽情享受着与小外孙共度的时光。她忙个不停，生活美满。"我从没过得这么幸福。"她高兴地说。硅谷的惊人增长令她惊讶，但一直存在的性别歧视遭到揭露则毫不令她惊讶。令人难过的是，过了这么久，女性在高科技行业还是如此艰难，而为之努力的人也少之又少。"哪怕你进入公司的时候是一个好人,由于公司是由混蛋创办的,要当好人也很难。"她能看到硅谷文化的缺点反映在硅谷的产品中:如今人人都在使用这些产品,但它们都是由20多岁的男性,同时也是为20多岁的男性设计的。"有许多细节可以使这些产品更好用,"她就像以前一样从程序员的角度思索着,"没有更好的产品真是可惜。"

如果这一代人不打算改变,那么她就寄希望于下一代。这要靠像她的外孙,或者我那正上小学的女儿一样的孩子们。"让你的女儿们玩玩数学游戏。"我们上次会面分别时,她在人行道另一侧向我喊道。[5]

2018年,圣迭戈

他们刚一走出飞机,阳光就洒在他们脸上。西雅图一向十分寒冷,哪怕在6月初,雨也下个不停。在他们曾视作故乡的那座城市度过疯狂的一周之后,回到圣迭戈的温暖与慵懒之中令人十分高兴。西雅图城中如今到处都是起重机与建筑工地,交通拥堵,人行道上散乱地停着共享单车。这里的租金飞涨,无家可归的人聚在5号州际公路沿线搭起的帐篷营地。亚马逊像野火一样扩张,其他硅谷巨头也在西雅图设立了前哨站,使这座城市被新来者淹没,又因为焦虑而不安。当地的高科技企业总是自豪它们比"假装成功直到真正成功"的硅谷更加理智稳健。现在的西雅图似乎正在变成没有好天气的旧金山。

雅乌·阿诺克瓦和海伦·马丁本来可以在任何地方找到不错的技术工作——他们拥有顶尖的计算机科学学位和金光闪闪的履历,但他们并不想成为西雅图或者旧金山的蝇营狗苟之辈。他们自信不必这样。这两位技术专家已经当了三年的游民,他们环游世界,根据天气和网络信号强度来选择目的地。

在旅途中,他们基于阿诺克瓦读研究生时开发的一套开源软件创立了一家公司,这种软件可以在无法联网的地区收集手机数据。他们的公司协助客户为巴西雨林绘制地图,跟踪监测索马里的脊髓灰质炎(通称"小儿麻痹症")爆发,监测尼日利亚与卢旺达的农作物产量。他们没有得到风险投资,他们的公司规模很小,收入都来自用户。"我希望我的商业模式简单得能够向我的父母解释清楚。"阿诺克瓦说。盖茨基金会是他们的一个重要客户兼支持者,马丁能够体会其中的讽刺性巧合,马丁曾是开源软件的忠实信徒,中学时她在储物柜里贴着一张比尔·盖茨脸上被砸了馅饼的照片。

这对夫妇30多岁,已经经历了好几代技术变革。他们都是移民——马丁是法裔加拿大人,阿诺克瓦则来自加纳——并且很早就接触了科技界。阿诺克瓦是一位教授的儿子,自从他9岁来到印第安纳州,他的父亲将一台崭新的麦金塔电脑带进他们在校园里的公寓时,他就迷上了电脑。马丁是电气工程师的女儿,她在帕洛阿尔托长大,童年时光都用在了修理和拆解电脑,以及相当早期的互联网上。"没人告诉我女孩不该干这个。"她回忆道。在华盛顿大学获得学位之后,她在当地一所公立高中开设了计算机科学课程,希望能够以同样的方式鼓励女孩和少数族裔。她总说,"有些东西你得教过一个青少年让电脑去做之后才会明白"。

他们在华盛顿大学的那些年,科技界被五大巨头主导,他们也受益于这些公司带来的资源。阿诺克瓦的博士生导师当时正在谷歌学术休假,这使他能够在安卓的预发布版本上开发他的软件。他们公司的实习生在参加"谷歌编程之夏"的时候学会了开源软件开发。微软转而接受开源软件是一个可喜的变化,而比尔·盖茨在慈善事业上取得的成就正在大规模改善世界。他们觉得这些技术人员和公司明白自己从开源软件框架中获取的收益,这些框架是由数十年来默默无闻的程序员组成的全球社区创造的。但其他巨头轻率的乐观主义令人不安。"如果你没有经历过独裁统治,"阿诺克瓦评论道,"你可能天真地忽视大量收集用户数据的风险。"

他们两人决定不为谷歌、微软或其他公司工作,也不想把接下来几年的生命消耗在建立下一个脸书上。他们不打算成为亿万富翁,甚至不想当百万富翁。他们只想过上体面的生活。"我们要如何寻求平衡?"马丁思考着,"我们要如何避免陷入那些烦琐的工作?"

于是,圣迭戈进入了他们的视野。圣迭戈阳光明媚,那里有加州大学圣迭戈分校的计算机科学系,还有生物科技公司,但这并不是真正吸引他们的原因。吸引他们的是其他像他们一样的人也在圣迭戈,这些人足够幸运,能自由选择自己的目的地,他们有意识地选择了没有拥挤和竞争的地方。马丁说道:"根据我想过的生活而非工作内容来选择前往何处变得日益可行。"硅谷仍然吸引了许多人,但不包括他们。[6]

无人车在街道上漫游。超级计算机变得能够随身携带。电子大脑几乎能够媲美人脑。然而,一直以来推动这个行业发展的技术乐观主义已经发生了变化。高科技行业最著名的领导人所提出的改变世界的宣言激起一片嘲笑与反对,与此同时,技术本身变得空前奇妙,充满令人敬畏和恐惧的可能性。从华盛顿到布鲁塞尔,各大报纸甚至(有些讽刺)脸书与推特上都出现了抱怨之声。

然而,将所有社会问题的根源归咎于大型高科技企业,就像硅时代迎来黎明时大胆宣称计算机及其制造商将解决所有难题一样有问题。美国技术革命的故事并不是英雄与反派的简单二元对立,它混乱得多,也有趣得多。错综复杂的网络将人们聚在一起,但也使他们更容易分道扬镳。全方位的网络开放促进了个人解放,却以个人隐私为代价。人才与资金在某些地方的集中使新思想的爆发式发展成为可能,但经济利益却流向了少数特权阶层。现在这些城市就像是百万富翁的游乐场,而对其他人来说,空间和机会都太少了。

20年前,脸书和谷歌尚未创立,苹果与亚马逊被认为是失败的。

现在它们是世界上最大也最富有的公司，它们取得的巨大成功甚至超出了其创始人雄心勃勃的梦想。这些公司取得了巨大成功，并且彻底达成了它们最初设立的目标——针对性广告、创造无所不在的平台和改变世界，接踵而来的就是严格的监管与激烈的批评。

但是现在，新一代美国人即将接班，其中就包括像雅乌·阿诺克瓦和海伦·马丁这样的人。他们想要的是生活与工作的平衡，而不是下一个颠覆市场的公司。他们想成为世界公民而非美国西北部一小片富有地区的公民。这些新的创业者能够利用开放源代码平台、宽带网络以及美国长达70年的技术爆炸所带来的非凡软硬件发明，而且他们正在创造新事物。

这些创业者不必身处硅谷，也不必位于"下一个硅谷"。他们在各地开展业务，在有着不同节奏、成本更低、景观与体验也更多样化的地方"开展业务"。这些技术专家遵循的是另一种黑客伦理。这种伦理要求创造出能够持久使用的软件，而不需要程序员花一辈子时间不断打磨更新。这种伦理吸引了来自长期统治高科技的小圈子之外的人，并融合了工程学与人文主义。这种伦理认为，解决地球上的不平等优先于在火星上建立殖民地。

他们能够这样思考是由于技术革命的成果。硅谷不仅仅是个地名，它是一套工具，一个人脉网络，一种自启动的感知力。这是一个只可能在美国发生的关于辉煌成就与未竟事业的故事，塑造了半个多世纪历史的广泛政治和经济潮流使之成为可能。新一代探寻者、流浪者与来客已经做好准备在过往的基础上进行创造，并在未来开创不同的事业。

你永远想不到未来会发生什么。

致　谢

为硅谷这样发展迅速的地方书写历史既激动人心又充满挑战。在我研究并撰写《硅谷密码：科技创新如何重塑美国》的几年间，苹果公司陆续发布了五代 iPhone，脸书增加了 10 亿用户，谷歌的广告收入翻了一番，还有好几家初创公司从默默无闻到一飞冲天，估值高达十位数。在这个过程中，我的同事、朋友与家人激励了我，让我坚持下来。虽然本书封面上只印着我的名字，但如果没有这样出色的团队，我不可能最终完成本书。

首先我要感谢诸多花费大量时间与我讨论、分享他们的笔记和个人文章，为我的分析提供事实依据，以及为我提供独家细节的人。特别感谢安·哈代，里吉斯·麦肯纳，伯特·麦克默特里和麦克默特里家族，大卫·摩根塔勒与摩根塔勒家族，以及埃德·斯查乌。感谢他们同意我在书中记述他们的人生与职业生涯，并将我引见给他们的朋友与同事。我最初的联系人是詹妮弗·琼斯与加里·摩根塔勒，感谢二位与我的早期沟通，这些交流最终带来了丰硕的成果。

感谢斯坦福大学、加州大学、哈佛大学、华盛顿大学、计算机历史博物馆、西雅图历史与工业博物馆、安捷伦历史中心、帕洛阿尔托历史协会、圣何塞以及美国国家档案馆系统所属的总统图书馆的档案工作人员与档案库，感谢它们将这个自始至终都与当下和未来密切相关的行业与地区的历史保存下来并分类归档。我还要感谢西雅图、湾区直至全美国的记者，他们报道了自20世纪70年代至今技术领域的发展，他们对历史的第一手记录资料使我能够对此进行重述。

下列机构与基金会提供了资源，使本书得以完成：美国学术团体理事会为新获终身教职的学者提供的弗雷德里克·伯克哈代奖学金、斯坦福大学行为科学高等研究中心奖学金、斯坦福大学科学史项目、斯坦福大学历史系、华盛顿大学沃尔特·查平·辛普森人文中心、莱诺尔·哈瑙尔和华盛顿大学哈瑙尔历史基金，以及华盛顿大学历史系凯勒基金。

我在斯坦福大学行为科学高等研究中心度过的那一年为这一项目提供了理想开端，非常感谢我的学者同侪在我敲定早期想法时提出的见解与反馈。特别感谢弗雷德·特纳恰如其分地为我打气鼓劲，凯瑟琳·伊斯比斯特拓展了我对技术可能性的思考，安·奥尔洛夫与我一同进行田野调查，还有斯坦福大学行为科学高等研究中心无畏的领导者玛格丽特·利瓦伊，感谢她对这项工作的持续支持。感谢其他人，他们让我在南方的这段时间硕果累累而且难忘，他们是：詹妮弗·伯恩斯、吉姆·坎贝尔、宝拉·芬德伦、泽弗·弗兰克·埃里森·霍布斯，以及另一位访问学者路易斯·海曼，我总是赞同他对1877年历史的观点。我曾在普林斯顿大学、斯坦福大学、约翰斯·霍普金斯大学、加州大学圣巴巴拉分校、弗吉尼亚大学米勒中心以及美国历史学会与美国历史学家组织的年度会议上发表过本书的部分章节。十分感谢那些邀请我参与讨论会并发表评论的人。

感谢我在华盛顿大学历史系许多出色的同事在这一工作的不同阶段给予的持续鼓励、支持与反馈。感谢安娜·玛丽·库斯、茱蒂丝·霍华德、琳恩·托马斯和杨雅男确保我有足够的时间获得足够的支持来完成本书。衷心感谢在本项目的不同阶段提供过专业研究支持的人：华盛顿大学的凯拉·肖特－布莱斯勒、埃莉诺·马奥尼、麦迪逊·赫斯洛普，以及哈佛大学的安德鲁·波普。

感谢理查德·怀特从一开始就信任这一大胆的尝试，也感谢大卫·肯尼迪与丽萨贝斯·肯恩让我有机会思考如何将这个故事融入美国历史的方方面面。感谢塔伊莎·韦在我们远足穿过常绿森林和爬上喀斯喀特山脉峰顶时帮助我厘清故事中棘手的部分。15年前当我来到华盛顿大学时，埃德·拉佐斯卡将我引入西雅图的科技界，从那之后，我从我们的合作与友谊中收获良多。

我有幸请两位出色的作家密友莱斯利·柏林和英格丽·罗珀读过我的草稿并给出一些深刻的评论。英格丽在我写出的每一本书中都增添了她作为编辑的敏锐直觉和对出色的叙事能力的探求，我诚挚感谢她对我的不断鼓励。而莱斯利作为最卓越的硅谷历史学家与传记作者，在20世纪70年代的硅谷半导体产业方面的内容再没有比他更合适的读者了。感谢比尔·卡尔、瑞安·卡洛、特里什·米尔林斯、布鲁斯·海弗利、丹尼尔·勒维、加里·摩根塔勒和丽莎·摩根塔勒－琼斯对关键段落的仔细审查。以下几位慷慨应允拨冗审阅本书全文：汤姆·阿尔伯格、菲尔·德奇、马恩·莱文、约翰·马尔科夫、布拉德·史密斯、马克·瓦登与埃德·斯查乌。他们久经时间考验的观点使本书更加完善，任何残余的事实或理解疏误全部归咎于我一人。

杰里·索玛一直是这本书与我的忠实拥护者，他作为文学经纪人尽职尽责甚至超越了职务要求，是我可信赖的向导、顾问与朋友。"谢谢你，杰里，非常感谢。"能与我的编辑斯科特·莫耶斯合作是另一幸事，他立刻就明白了我开展这一项目的意义，并为我提供了完成这一项目必不可少的指导。衷心感谢斯科特以及企鹅出版社的世界一流团队的成员，尤其是米亚·康希尔、莎拉·赫特森、凯特琳·奥肖内西、克里斯托弗·理查斯、安妮·戈特利布，最后感谢所有在出版过程中和其他方面专业地引领这一项目的人员。

有两个伟大的友人为这一项目提供了许多启发与鼓励,但已不在世,未能亲眼看到项目完成。一位是迈克尔·B.卡兹,我的研究生导师、合作者和朋友。作为一位研究社会政策与贫困问题的历史学家,当他的一位门生最终专门研究高科技亿万富翁的生活时,迈克尔掩饰了自己的疑惑,从一开始就对这个项目持乐观态度。在我们最后几次的电子邮件往来中,我告知了他关于这个项目的想法,他以自己特有的热情回复道:"放手写吧——我们需要这本书!"

另一位伟人是大卫·摩根塔勒,他于2016年去世,享年96岁。由于高寿与一生中的诸多建树,他对历史长河有着深刻理解。他不仅花了很多时间与我分享他的个人回忆以及对科技界过去与未来的审慎哲思,还将我介绍给他的许多朋友与同事。

卡兹教授与风险投资人摩根塔勒的政治立场以及他们所选择的职业截然不同,但他们都坚信美国有潜力成为一片充满机遇、公平与大胆创想的土地。我希望我没有辜负两位的遗赠。

新老挚友让我们一家在逗留帕洛阿尔托期间有宾至如归的感觉。特别感谢世界上最好的邻居莫妮卡·施特姆勒和杰米·施特泽。阿兰娜·陶贝的研究使我的项目得以进行,我迫不及待地想知道她的下一个研究方向。还要感谢凯蒂·史密斯,感谢她与我们一家共度的时光,还有露西尔·M.尼克松小学的教师与家长,以及每天早上9点的神奇女侠。

在西雅图与默瑟岛,我们身边环绕着家人一般的朋友,他们看着这本书逐渐成熟并为之欢呼。感谢他们所有人。当我忙于写作时,是富有天分且热心的阿丽娜·奥斯塔特让我们的生活顺利进行,如果没有她,我不可能完成本书。向我远方的家人献上爱意:我的父母乔尔和卡洛琳·皮尤,约翰·皮尤和丽兹·赛克利尔-皮尤;我的婆家人弗兰克和玛格·奥马拉、艾琳·奥马拉和罗杰·阿斯切布莱纳。感谢艾琳让我那几个夏日在夏普斯维能够不受打扰地工作并享受幸福的家庭时光。

我超凡的女儿莫莉和艾比·奥马拉生活中的很大一部分时间都与本书相伴,她们努力适应了两个州、三处住所、四所学校还有一位一心写作的母亲。她们将日常的欢笑与不可或缺的天真带到我身边,激发我的创作灵感,给我对未来的希望。

最后感谢在这条漫长曲折的道路上,每一步都伴随在我身边的杰夫·奥马拉。在写下这么多文字之后,我现在很难找到能充分表达我的感激与爱意的话语,我能做的就是把这本书献给他。感谢他作为我的磐石,我的光,我的家。我迫不及待地想开启新的篇章。

引用来源说明

就像所有历史研究作品一样,《硅谷密码:科技创新如何重塑美国》也以第一手资料与第二手资料为基础,运用多种素材来讲述这个始于 20 世纪 40 年代并在 21 世纪第二个 10 年后期结束的故事。书中采用的资料包括企业与政府档案,个人文章,报纸、杂志与同一时期出版的图书,回忆录,企业刊物与财务招股说明书,已出版的口述史,以及面对面的访谈记录等。书中查阅的档案与采访者名单详见本文末尾。

本书相关的其他资料来源涵盖现代美国技术、政治与经济史,在三个方向上的涉猎都相当广泛。我在写作时常常开玩笑说,这本书的主题是"除了技术本身,关于高科技革命的一切"。当然书中也提到了许多技术,我试图直截了当以可读性强的方式来诠释,以使非技术人员也能理解。我之所以能够做到这一点,是因为许多人已经全面且完善地撰写过关于这些技术的历史。感谢计算机软硬件领域与电信行业的编年史作家,他们的工作使我对技术与技术工作者有了了解,也感谢科学、技术与社会研究方面的学者,他们的见解与审视塑造了我在书中提出并回答的问题。本书注释部分列举了完整的参考书目。对于有兴趣深入了解的普通读者,我在此再列出一些主要的参考读物。

科学与技术史学家早已将美国创新的故事融入更宏大的社会结构变化的背景中。托马斯·P. 休斯（Thomas P. Hughes）是这一领域的创始人，如果读者对这一段较长的历史感兴趣，从他的著作《美国创世记》（1989年出版）读起再好不过。具体到计算机科学及其相关产业方面，马丁·坎贝尔·凯利（Martin Campbell Kelly）、威廉·阿斯普雷（William Aspray）、内森·恩斯门格（Nathan Ensmenger）与杰弗里·R. 约斯特（Jeffrey R. Yost）所著《计算机：信息机器的历史》（2013年第3版）是一部不可或缺的综述。该书的最新版本中包含了对移动社交平台与软件的讨论，以及对19世纪以来计算科学领域的里程碑与重要人物的介绍。另一本重要的综述是保罗·E. 塞鲁齐（Paul E. Ceruzzi）所著《现代计算史》（2003年出版）。关于时间跨度更长的通信技术史，詹姆斯·R. 贝尼格（James R. Beniger）所著《控制革命：信息社会的技术与经济来源》（1986年出版）堪称经典，能够给人启迪。同样富有价值的一本著作是吴修铭（Tim Wu）所著《总开关：信息帝国的兴衰变迁》（2011年出版）。阿芒·马特拉（Armand Mattelart）所著《信息社会导论》（英译本，2003年出版），对美国与欧洲信息技术政策进行了有价值的总结。

有许多重要的研究探寻了女性——最早的"计算者"——在早期计算机编程中的突出作用，以及将她们逐渐推出大众视野并限制她们担任管理职务的歧视性做法与文化预设。在美国发生的案例参见内森·恩斯门格所著《电脑小子接管世界》（2012年出版），英国的相关案例可见玛丽·希克斯（Marie Hicks）所著《编来不平等》（2017年出版）。另见托马斯·J. 米萨（Thomas J. Misa）等所著《性别编码——女性为何离开计算机行业》（2010年出版），而关于性别和科学更悠久的历史，可见朗达·施宾格（Londa Schiebinger）所著《思想无性别？》（1991年出版）。

大型数字计算机在第二次世界大战后改变了美国的工业部门，对诸多被电子数据处理颠覆了的行业的全面探讨，参见詹姆斯·W. 科塔达（James W. Cortada）所著《数字之手》（2003 年出版）。消费电子产品与电信设备虽然并非早期硅谷独有，但在 20 世纪中叶的美国科技史中也占据重要位置，相关内容可参阅小阿尔福莱德·D. 钱德勒（Alfred D. Chandler Jr.）所著《发明电子世纪》（2005 年出版），以及史蒂芬·B. 亚当斯（Stephen B. Adams）和奥威尔·R. 巴特勒（Orville R. Butler）对西部电气公司的研究著作《制造未来》（1999 年出版）。关于大型机年代的市场统治者与定义者 IBM，可参阅爱默生·W. 皮尤（Emerson W. Pugh）所著《构建 IBM 帝国：塑造一个产业及其技术》（1995 年出版），以及约翰·哈伍德（John Harwood）探讨 IBM 品牌与工业设计的著作《接口》（2011 年出版）。

关于美国政府在第二次世界大战期间与战后直接对科学投资的著作有很多。斯科特·麦卡特尼（Scott McCartney）所著《ENIAC》（1999 年出版）讲述了世界上第一台全数字化计算机的制造过程。G. 帕斯卡·扎卡里（G. Pascal Zachary）所著《无尽的前沿：布什传》被公认为关于位高权重且精力充沛的范内瓦·布什的权威传记。研究美国政治与资本主义的学者提出了关于第二次世界大战对经济的深远影响的新见解，如詹姆斯·T. 斯派罗（James T. Sparrow）所著《战争国家》（2011 年出版）和马克·R. 威尔森（Mark R. Wilson）所著《破坏性创造》（2016 年出版）。

布鲁斯·J. 舒尔曼（Bruce J. Schulman）的著作《从棉花带到阳光地带》（1994 年出版）揭示了军工复合体如何重塑美国的经济版图。关于艾森豪威尔与"冷战"的内容，包括对人造地球卫星 1 号和"导弹鸿沟"细致入微的讨论，可参阅威廉·希区柯克（William Hitchcock）所著《艾森豪威尔时代》（2018 年出版）。关于 DARPA 引人入胜的历史，可参阅安妮·雅各布森（Annie Jacobsen）所著《五角大楼之脑：美国国防部高级研究计划局不为人知的历史》（2015

年出版）。对于政策在美国与欧洲的技术发展中所发挥的基础作用，可参见玛丽安娜·马祖卡托（Mariana Mazzucato）影响深远的重要著作《创新型政府：构建公共与私人部门共生共赢关系》（2015年出版）。

  政府投资的一个关键方面发生在美国的研究型大学中，这些大学本身就是重要的政治与经济参与者。这方面的重要研究包括斯图尔特·W. 莱斯利（Stuart W. Leslie）所著《冷战与美国科学》（1993年出版），罗杰·L. 盖格（Roger L. Geiger）所著《研究与相关知识》（1993年出版），以及克里斯托弗·P. 罗斯（Christopher P. Loss）所著《公民与国家之间》（2012年出版）。我在我的第一本书《知识之城》中也讨论过这一课题。关于大学在稍后一段时期中的经济发展，可见伊丽莎白·波普·贝尔曼（Elizabeth Popp Berman）所著《创办市场型大学》（2012年出版）。关于斯坦福大学的发展及其"卓越尖塔"，可参阅丽贝卡·S. 洛温（Rebecca S. Lowen）所著《创建冷战大学：斯坦福大学的转型》（1997年出版）与C. 斯图尔特·吉尔莫（C. Stewart Gillmor）所著《弗雷德里克·特曼在斯坦福大学》（2004年出版）。

  关于圣克拉拉山谷电子工业的早期历史，尤其是诸如安培、艾特尔-麦卡洛公司和瓦里安这样重要的早期公司，可见克里斯托弗·莱库耶（Christophe Lécuyer）所著《缔造硅谷》（2005年出版）。戴维·比尔斯（David Beers）所著《蓝天之梦》（1996年出版）是一本关于在圣何塞洛克希德雇员家庭中成长经历的生动的个人回忆录。关于区域生态系统随时间逐渐成长起来的有价值的论述，包括对律师事务所、风险资本与其他专业服务的讨论，可查阅马丁·肯尼（Martin Kenney）等人所著《了解硅谷》（2000年出版），以及李宗茂（Chong-Moon Lee）、威廉·米勒（William Miller）、玛格丽特·韩柯克（Marguerite Hancock）与亨利·罗文（Henry Rowen）所著《硅谷优势：创新与创业精神的栖息地》（2000年出版）。

关于晶体管及其催生的芯片产业，请参阅迈克尔·赖尔登（Michael Riordan）与莉莲·霍德森（Lillian Hoddeson）合著的《晶体之火——晶体管的发明及信息时代的来临》（1997年出版），莱斯利·柏林（Leslie Berlin）所著《微芯片背后的人》（2005年出版），以及阿诺德·萨克雷（Arnold Thackray）、戴维·布洛克（David Brock）与雷切尔·琼斯（Rachel Jones）合著的《摩尔神话：硅谷数字革命先驱的传奇人生》（2015年出版），关于将硅带到硅谷的威廉·肖克利作为优生学鼓吹者与白人至上主义者的后期生涯，可以参见乔尔·N. 舒尔金（Joel N. Shurkin）所写的传记《破碎的天才》（2006年出版）。

当然，圣克拉拉山谷并不只有技术，几部出色的历史著作都以之为研究对象，审视了这一区域更广泛的种族与社会政治，例如格伦娜·马修斯（Glenna Matthews）所著《硅谷、女性与加州梦》（2002年出版）、史蒂芬·J. 皮蒂（Stephen J. Pitti）所著《硅谷恶魔》（2004年出版），以及赫伯特·G. 鲁芬二世（Herbert G. Ruffin II）所著《不速之邻》（2014年出版）。关于这一时期加利福尼亚范围更广的政治活动，可参阅马修·达莱克（Matthew Dallek）所著《正确的时刻》（2004年出版）、凯文·斯达（Kevin Starr）所著《淘金梦》（2011年出版）、乔纳森·贝尔（Jonathan Bell）所著《加州熔炉》（2012年出版）和米里亚姆·帕维尔（Miriam Pawel）所著《加州布朗家族》（2018年出版）。关于1978年加利福尼亚公共投资转折点的第13号提案，以及更为广泛的种族、财产和房屋所有权政策方面的潮流，可参阅罗伯特·O. 赛尔夫（Robert O. Self）所著《美国巴比伦》（2003年出版）与艾萨克·威廉·马丁所著（Isaac William Martin）《永久税起义》（2008年出版）。

我对波士顿及其技术生态系统的讨论基于许多研究。斯宾塞·E.

安特（Spencer E. Ante）所著《创意资本》（2008年出版）描写了"风险投资之父"乔治斯·多里奥特。现在已成为经典著作的特雷西·基德尔（Tracy Kidder）的《一代新机器的灵魂》（1981年出版），记录了微型计算机产品开发周期的热潮。史蒂文·莱维（Steven Levy）所著《黑客》（1984年出版）生动细致地描绘了早期MIT计算机领域的景象。莉莉·盖斯莫尔（Lily Geismer）所著《别怪我们》（2014年出版）讨论了在波士顿及其周边存在的、部分由技术产业推动的人口分布与政治动态。最后也是十分重要的是安娜李·萨克森尼安（Annalee Saxenian）所著《区域优势：硅谷与128号公路的文化和竞争》（1996年出版），这部著作在出版后的20多年里一直是128号公路沿线和硅谷的比较研究领域的权威之作。

好几本关于硅谷的重要历史作品都聚焦于20世纪70年代的关键10年，追溯了反主流文化理念、技术拐点与市场变化如何推动微计算与其他行业的兴起。弗雷德·特纳（Fred Turner）所著《数字乌托邦：从反主流文化到赛博文化》（2006年出版）追溯了从控制论到个人计算再到诸如WELL之类早期线上社区的渊源。关于这类代际与文化间的融合，还可参见约翰·马科夫（John Markoff）所著《睡鼠说：个人计算机之迷幻往事》（2007年出版）与戴维·凯泽（David Kaiser）所著《嬉皮士救了物理学：读心、禅和量子》（2011年出版）。迈克尔·A.希尔兹克（Michael A. Hiltzik）在《创新未酬》（1999年出版，另有中文译本《时间机器》与《盖茨用了谁的技术》）中讲述了施乐PARC的历史。莱斯利·柏林所著《硅谷搅局者：为现代世界带来关键性突破的七剑客》（2017年出版）回顾了那10年中影响深远的硅谷创业者的生活与职业生涯，以及他们所创造的行业。保罗·弗赖伯格（Paul Freiberger）与迈克尔·斯韦因（Michael Swaine）合著的《硅谷之火：人与计算机的未来（第二版）》（1999年出版）是一本全面的参考文献，帮助我对微计算早期年代进行讨论。

这一时期湾区发展起来的另一项重要产业是生物技术，这得益于风险投资生态系统、大学设立的研究机构、政府投资以及法规支持。虽然IT与生物科技通常被一并归到"高科技经济"的标签下面（我在本书中讨论的许多风险投资人，包括摩根塔勒家族在内都是生物技术的重要投资人），药物与医疗设备的开发与销售周期，以及法律与监管环境，都与计算机软硬件截然不同。生物技术行业的地理分布也更分散，也许波士顿在计算机软硬件方面曾经令人生畏的领导地位现在已由硅谷继承，但它仍是最重要的生物技术产业中心之一。在后2000年时代，随着搜索、社交、移动与云软件公司的规模与影响力都逐渐发展到使其IT前辈相形见绌，两个产业的区别日益凸显。

出于这些实质性原因和叙述上的考虑，在本书中我选择专注于硅谷的信息技术公司与行业研究。对于有兴趣进一步了解生物技术领域的起源与发展的读者，萨莉·史密斯·休斯（Sally Smith Hughes）的出色作品《基因泰克：生物技术王国的匠心传奇》可以作为很好的入门书。在《硅谷搅局者：为现代世界带来关键性突破的七剑客》中，莱斯利·柏林同时讨论了基因泰克和斯坦福大学技术许可办公室的重要作用，这个办公室作为技术转让领域的革新者，帮助推动了将医学研究转变为大学的主要利润中心。同时还可以参阅伊丽莎白·波普·贝尔曼所著《创办市场型大学》。

与日本的经济竞争是20世纪80年代商业与政治领域具有决定性作用的事件之一，远远超出了电子行业的范围。为了理解第二次世界大战后日本经济引人注目的发展，我借鉴了查默斯·约翰逊（Chalmers Johnson）的经典著作《通产省与日本奇迹》（1982年出版）与马克·梅茨勒（Mark Metzler）所著《作为意志与想象力的资本》（2013年出版）。关于包括索尼随身听在内的日本消费品对美国社会的影响，可参阅安德鲁·C.麦基维特（Andrew C. McKevitt）所著

《消费日本》（2017年出版）。关于经济全球化对美国国内政治的影响，可见茱蒂丝·斯坦因（Judith Stein）所著《关键十年》（2010年出版）、杰斐逊·考伊（Jefferson Cowie）所著《活着》（2010年出版）以及梅格·雅各布斯（Meg Jacobs）所著《油泵恐慌》。关于反主流文化资本主义，参见约书亚·克拉克·戴维斯（Joshua Clark Davis）所著《从大麻店到全食超市》（2017年出版）。

里根时代的国防建设与文化战争对硅谷产生了持久影响。关于SDI，可参见弗朗西斯·菲茨杰拉德（Frances FitzGerald）所著《太空出路》（2001年出版）。亚历克斯·罗兰（Alex Roland）与菲利普·希曼（Philip Shiman）所著《战略计算》（2002年出版）是由项目参与者撰写的对DARPA战略计算项目的介绍。莱尼·西格尔（Lenny Siegel）与约翰·马尔科夫（John Markoff）在《高科技的高成本》（1985年出版）一书中探讨了那个年代高科技热潮的环境与社会成本。关于大学校园内外的文化战争，请参阅安德鲁·哈特曼（Andrew Hartman）所著《美国灵魂之战》（2015年出版）。关于更广泛的文化与政治上的两极分化，可参阅丹尼尔·T. 罗杰斯（Daniel T. Rodgers）所著《断裂的时代》（2012年出版）。

关于人工智能与"思考机器"的文献丰富而引人入胜。诺伯特·维纳（Norbert Wiener）所著《控制论》（1948年出版）和同时代的科普作品、埃德蒙·卡利斯·伯克利（Edmund Callis Berkeley）所著《巨脑，或称思考机器》（1949年出版），至今仍是令人着迷、发人深省的作品。其他有助于了解这一段历史的作品包括丹尼尔·克雷维尔（Daniel Crevier）所著《人工智能》（1993年出版），约翰·马尔科夫所著《与机器人共舞》（2015年出版），以及托马斯·瑞德（Thomas Rid）所著《机器崛起：遗失的控制论历史》（2016年出版）。自动化与机器人技术对工作的影响当然也是热门话题。这一方面乐观的观点可见埃里克·布莱恩约弗森（Erik Brynjolfsson）与安德鲁·麦卡菲（Andrew McAfee）所著《第二次机器革命》（2016年出版），较为冷静的观点可参阅马丁·福特（Martin Ford）所著《机器人时代》（2015年出版）。路易斯·海曼（Louis Hyman）所著《零工》（2018年出版）详细并准确地阐述了（在硅谷与其他地区）更长一段历史时期的公司重组与外派工作背景中的零工经济现象。

关于硅谷和其他地区的风险投资行业，约翰·W. 威尔逊（John W. Wilson）所著《新投资人》（1985年出版）、尤德彦·古谱塔（Udayan Gupta）所著《做交易——风险资本家的故事》（2000年出版）和威廉·亨利·德雷珀三世（William Henry. Draper III）的回忆录《创投帝国：德雷珀家族与风险投资的崛起》（2011年出版）都是有价值的资料来源。兰德尔·E. 斯特罗斯（Randall E. Stross）所著《e代英豪》（2000年出版）讨论了".com时代"的风险投资。关于投资人与企业税收制度和监管的长期斗争，可见莫妮卡·普拉萨德（Monica Prasad）所著《自由市场的政治》（2006年出版）、茱莉亚·C. 奥特（Julia C. Ott）所著《当华尔街遭遇主街》（2011年出版）与艾萨克·威廉·马丁所著《富人运动》（2015年出版）。

华尔街不断变化的监管与市场环境促成了持续的技术繁荣。想要概览全貌，可参阅B. 马克·史密斯（B. Mark Smith）所著《全球股票市场史》（2004年出版）。关于有着许多高科技界著名企业的纳斯达克交易所，可参阅马克·英格布雷森（Mark Ingebretsen）所著《纳斯达克》（2002年出版）。关于20世纪后期的另一个金融现象对冲基金，可参阅塞巴斯蒂安·马拉比（Sebastian Mallaby）所著《富可敌国：对冲基金与新精英的崛起》（2010年出版）。

想要了解互联网的学术渊源与商业发展的更多信息，可以从珍妮特·阿贝特（Janet Abbate）的详细研究《发明互联网》（1999年出版）开始。关于早期非商业网络的相关人物与开创性技术，请参阅凯蒂·哈夫纳（Katie Hafner）与马修·利昂（Matthew Lyon）的著作《术士们熬夜的地方：互联网络传奇》（1996年出版，另有中文译本《网络英雄》），以及蒂姆·伯纳斯－李（Tim Berners-Lee）和马克·菲谢蒂（Mark Fischetti）所著、由互联网的发明人亲自记录互联网诞生经过的《编织万维网：万维网之父谈万维网的原初设计与最终命运》（1999年出版）。

进入20世纪90年代以后，学术类历史著作变得稀少，但我们却能够获得大量关于高科技行业主要公司及其领导者的作品，这些作品中有许多是在所记录的事件发生后几个月或几年内写成的。《连线》杂志记者撰写的长篇报道与书籍是重要的参考来源，这本杂志远比其他同行更早关注对华盛顿特区的报道。与本书主题关联尤为紧密的是莎拉·迈尔斯（Sara Miles）对民主党人争取硅谷支持的记录《如何影响党派路线》（2001年出版），保琳娜·波素柯（Paulina Borsook）对技术自由主义的大胆概览《赛博自私》（2000年出版），以及约翰·海勒曼（John Heilemann）引人入胜的对微软的反垄断传奇记录《拆解微软帝国》（2001年出版）。

我对比尔·盖茨与微软的讨论参考了史蒂芬·梅涅斯（Stephen Manes）与保罗·安德鲁斯（Paul Andrews）所著《电脑霸王：比尔·盖茨创业史》（1993年出版），以及盖茨本人讨论互联网时代的《未来之路》（1996年出版）。G. 帕斯卡·扎卡里在《观止》（1994年出版）中记录了精益求精构建Windows操作系统的过程。肯·奥莱塔（Ken Auletta）所著《世界大战3.0版》（2001年出版）与大卫·班克（David Bank）所著《破窗》（2001年出版）进一步记录了20世纪90年代后期微软内部的动荡。

关于苹果公司，沃尔特·艾萨克森（Walter Isaacson）在《史蒂夫·乔布斯传》（2011年出版）中对这位复杂的领袖进行了研究，完全展现了他的暴躁性格与辉煌成就——必须一提的是一些与乔布斯最为亲密的人并不赞同其中的描写。关于Mac，请参阅史蒂文·莱维所著《棒疯了》（1994年出版），以及Mac的创造者之一安迪·赫茨菲尔德（Andy Hertzfeld）的第一手记录《硅谷革命：成就苹果公司的疯狂往事》（2001年出版）。兰德尔·E.斯特罗斯所著《史蒂夫·乔布斯与NeXT》（1993年出版）讲述了乔布斯短暂但影响深远的尝试。关于后来的苹果公司，可参见亚当·拉辛斯基（Adam Lashinsky）所著《苹果：从个人英雄到伟大企业》（2012年出版）。关于iPhone及其生态系统，以及作为先驱并使之得以面世的移动设备，可参阅布莱恩·麦钱特（Brian Merchant）所著《唯一设备》（2017年出版）。

凯蒂·哈夫纳所著《井》（2001年出版）讲述了影响深远的网络及其用户的历史。关于美国在线与拨号上网时代，可参阅卡拉·斯威舍（Kara Swisher）所著《美国在线：史蒂夫·凯斯如何击败比尔·盖茨》（1998年出版）；关于美国在线与时代华纳公司的合并以及与之相随的".com时代"泡沫狂欢，请参阅斯威舍书名精妙的作品《这里一定有一匹小马》（2003年出版）。迈克尔·刘易斯（Michael Lewis）所著《将世界甩在身后》（2000年出版）讲述了网景公司与闯劲十足的吉姆·克拉克的故事。

莎拉·莱西（Sarah Lacy）所著《硅谷合伙人》（2008年出版）讲述了在".com时代"泡沫破裂之后新一代公司从灰烬中崛起的故事。约翰·巴特利（John Battelle）所著《搜》（2005年出版）探讨了第一波搜索引擎浪潮背后的技术与技术专家，以及谷歌的脱颖而出。茱莉亚·盎格文（Julia Angwin）所著《谁偷了MySpace：被社交网络改变的疯狂世界》（2009年出版）是对这个最早一炮走红的社交网络的出色研究。

我对谷歌的讨论参考了肯·奥莱塔所著《被谷歌》（2009年出版）。关于脸书的早期历史，我查阅了大卫·柯克帕特里克（David Kirkpatrick）所著《Facebook效应：看Facebook如何打造无与伦比的社交帝国》（2010 年出版）与凯瑟琳·罗斯（Katherine Losse）以第一人称视角记录的生动而深刻的《孩子王：我眼里的马克·扎克伯格及其 Facebook 王国》（2012 年出版）。关于亚马逊公司，请参阅布拉德·斯通（Brad Stone）在《一网打尽：贝佐斯与亚马逊时代》（2013 年出版）中的深入研究，以及罗伯特·斯佩克特（Robert Spector）对".com 时代"亚马逊公司历史的记录《快速茁壮之道》（2000 年出版）。

随着最大的几家科技公司的影响力与财富不断膨胀，研究者精心研究并写出了大量作品，考察了这些公司所打造的产品中蕴含的局限性与偏见（从书名就能够看出当下的态度）。其中包括弗兰克·帕斯奎尔（Frank Pasquale）所著《黑箱社会：控制金钱和信息的数据法则》（2015 年出版），莎拉·瓦赫特－波特彻（Sara Wachter-Boettcher）所著《技术之错》（2017 年出版），萨菲亚·乌莫加·诺布尔（Safiya Umoja Noble）所著《压迫算法》（2018 年出版），弗吉尼亚·尤班克斯（Virginia Eubanks）所著《自动不平等：高科技如何锁定、管制和惩罚穷人》（2018 年出版），锡瓦·瓦德亚纳森（Siva Vaidhyanathan）所著《反社交媒体》（2018 年出版），以及梅雷迪思·布劳萨德（Meredith Broussard）所著《人工非智能》（2018 年出版）。

档案库

衷心感谢为我的研究提供资料的档案库，以及管理这些档案的工作人员。同时深深感谢技术专家与公司高层管理者，他们意识到一个正在创造历史的行业与地区需要保存其过去，便将自己撰写的文章与物品捐赠给档案库。（在此呼吁当下的科技界领袖人物也效法他们！）作为研究者，数字化档案库也使我获益良多，尤其感谢我非常依赖的三个数字化口述史档案库：斯坦福大学的"硅谷创世记"项目，计算机历史博物馆的口述历史档案，以及加州大学伯克利分校班克罗夫特图书馆地区口述史办公室的"早期湾区风险投资家"项目。

我查阅过的档案库以及在注释中使用的缩写列举如下。

CA　卡尔·阿尔伯特中心国会与政治特藏文献，俄克拉何马州诺曼

CHM　计算机历史博物馆，加利福尼亚州山景城

HH　胡佛研究所图书馆与档案馆，加利福尼亚州斯坦福大学

HP　安捷伦历史中心，加利福尼亚州帕洛阿尔托

HV　哈佛大学历史档案馆，马萨诸塞州剑桥市

MO　历史与工业博物馆，华盛顿州西雅图

NA　美国国家档案馆，马里兰州学院公园市

PA　帕洛阿尔托历史协会，加利福尼亚州帕洛阿尔托

PT　马萨诸塞大学洛厄尔分校保罗·聪格斯特藏文献，马萨诸塞州洛厄尔

RMN　理查德·尼克松总统图书馆，加利福尼亚州约巴林达

SJ　圣何塞历史，加利福尼亚州圣何塞

SU　斯坦福大学特藏文献与大学档案馆，加利福尼亚州斯坦福大学

UW　华盛顿大学特藏文献与大学档案馆，华盛顿州西雅图

WJC　威廉·克林顿总统图书馆，阿肯色州小石城

采访

如果说硅谷的秘诀之一是人才，那么这本关于硅谷的书的秘诀之一就是有机会与这么多曾亲历历史的人谈话。以下是我在2014年到2018年采访过的人员名单，还有部分受访者不愿透露姓名。诚挚感

谢所有曾与我对谈的人的见解与贡献。

雅乌·阿诺克瓦，2018年6月7日

皮特·班克罗夫特，2015年11月3日

约翰·希利·布朗，2014年12月16日；2018年3月22日

路易斯·布勒，2016年2月8日

汤姆·坎贝尔，2016年2月17日

吉姆·库尼，2016年2月1日

里德·丹尼斯，2015年5月26日

比尔·德雷珀，2015年6月23日

特里什·米尔林斯，2018年4月3日

詹姆斯·吉本斯，2015年11月14日

斯图尔特·格林菲尔德，2015年5月19日

肯·哈格蒂，2015年9月9日

基普·哈格潘，2016年2月8日

安·哈代，2015年4月20日；2017年9月19日；2018年8月28日

皮彻·约翰逊，2015年5月26日

詹妮弗·琼斯，2014年11月14日

汤姆·卡利尔，2017年8月7日

米奇·卡普尔，2017年9月19日

罗伯塔·卡茨，2014年11月12日；2014年12月10日

盖伊·川崎，2015年1月26日；2015年2月12日

乔普·基南，2016年3月17日

弗洛伊德·夸默，2016年2月16日

阿瑟·莱维特，2015年5月7日；2015年7月10日

丹尼尔·勒维，2017年11月21日

奥黛丽·麦克林，2015年5月14日

海伦·马丁，2018年6月4日

鲍勃·马克斯菲尔德，2015年5月28日

凯西·马克斯菲尔德，2015年5月28日

皮特·麦克洛斯基，2016年2月18日

汤姆·麦克恩利，2016年2月2日；2016年3月9日

里吉斯·麦肯纳，2014年12月3日；2015年4月21日；2016年5月31日

伯特·麦克默特里，2015年1月15日；2017年10月2日

鲍勃·米勒，2014年12月16日

威廉·米勒，2015年2月27日

贝基·摩根，2016年5月13日

大卫·摩根塔勒，2015年2月12日；2015年5月19日；2015年6月23日；2015年11月3日

加里·摩根塔勒，2014年11月24日

查马斯·帕里哈皮蒂亚，2017年12月5日

保罗·萨福，2017年3月24日

亚伦·希夫曼，2018年3月22日

查尔斯·西蒙尼，2017年10月4日

拉里·斯通，2015年4月7日

马蒂·特南鲍姆，2018年2月9日；2018年2月21日；2018年3月16日

艾维·特凡尼安，2017年12月13日

安迪·沃海伦，2014年11月18日

埃德·斯查乌，2015年4月9日；2015年6月24日；2016年1月19日

注　释

1. *Night Shift*, directed by Ron Howard, written by Lowell Ganz and Babaloo Mandel (Burbank, Calif.: Warner Brothers Pictures, 1982). Reproduced with permission.
2. John Perry Barlow, "A Declaration of the Independence of Cyberspace," Electronic Frontier Foundation, February 8, 1996, https://projects.eff.org/~barlow/Declaration-Final.html.
3. Ellen Ullman, *Life in Code: A Personal History of Technology* (New York: Farrar, Straus and Giroux, 2017), 47.

序　章　美国革命

1. Associated Press, "Apple, Amazon, Facebook, Alphabet, and Microsoft are Collectively Worth More Than the Entire Economy of the United Kingdom," April 27, 2018, https://www.inc.com/associated-press/mindblowing-facts-tech-industry-money-amazon-apple-microsoft-facebook-alphabet.html, archived at https://perma.cc/HY68-RJYG.
2. Reyner Banham, "Down in the Vale of Chips," *New Society* 56, no. 971 (June 25, 1981): 532–33.
3. John Doerr, "The Coach," interview by John Brockman, 1996, Edge.org, https://www.edge.org/digerati/doerr/, archived at https://perma.cc/9KWX-GLWK.
4. Marc Andreessen, "Why Software Is Eating the World," *The Wall Street Journal*, August 20, 2011, C2. Billions of dollars of public investment later, many of the would-be Silicon Somethings have fallen short of original expectations; see Margaret O'Mara, "Silicon Dreams: States, Markets, and the Transnational High-Tech Suburb," in *Making Cities Global: The Transnational Turn in Urban History*, ed. A. K. Sandoval-Strausz and Nancy H. Kwak (Philadelphia: University of Pennsylvania Press, 2017), 17–46.
5. Chiat/Day, "Macintosh Introductory Advertising Plan FY 1984," November 1983, Apple Computer Records, Box 14, FF 1, SU.
6. Ronald Reagan, "Remarks and Question-and-Answer Session with Students and Faculty at Moscow State University," May 31, 1988, posted by John T. Woolley and Gerhard Peters, *The American Presidency Project*, https://www.presidency.ucsb.edu/node/254054.

7. Steven Levy, *Hackers: Heroes of the Computer Revolution* (New York: Anchor Press/Doubleday, 1984); Reagan, "Remarks and Question-and-Answer Session with Students and Faculty at Moscow State University." Also see Fred Turner, *From Counterculture to Cyberculture: Stewart Brand, the Whole Earth Network, and the Rise of Digital Utopianism* (Chicago: The University of Chicago Press, 2006); John Markoff, *What the Dormouse Said: How the Sixties Counterculture Shaped the Personal Computer Industry* (New York: Penguin, 2005); David Kaiser, *How the Hippies Saved Physics: Science, Counterculture, and the Quantum Revival* (New York: W. W. Norton, 2011).

8. Guy Kawasaki, interview with the author, January 26, 2015, Menlo Park, Calif.

第一幕 初 创

1. Fred Terman, interview by Jane Morgan for the 75th Palo Alto Anniversary, Palo Alto Historical Association, 1969, https://www.youtube.com/watch?v=Jwk2Y4mi87w, archived at https://perma.cc/5FSW-SXBF.

前 记

1. David T. Morgenthaler, interview with the author, May 26, 2015, Palo Alto, Calif.; David T. Morgenthaler, oral history interview by John Hollar, December 2, 2011, Computer History Museum, Mountain View, Calif., CHM Ref. X6305.2012, 21, http://archive.computerhistory.org/resources/access/text/2013/11/102746212-05-01-acc.pdf.

2. Ann Hardy, interview with the author, April 20, 2015, Stanford, Calif.; Hardy, phone conversation, August 28, 2018; John Harwood, *The Interface: IBM and the Transformation of Corporate Design, 1945–1976* (Minneapolis: University of Minnesota Press, 2011).

3. Burton J. McMurtry, interview with the author, January 15, 2015, Palo Alto, Calif.; McMurtry, oral history interview by Sally Smith Hughes, 2009, "Early Bay Area Venture Capitalists: Shaping the Economic and Business Landscape," Regional Oral History Office, The Bancroft Library, University of California, Berkeley, 12, http://digitalassets.lib.berkeley.edu/roho/ucb/text/mcmurtry_burt.pdf.

4. Alfred R. Zipser Jr., "Microwave Relay Replacing Cables," *The New York Times*, March 21, 1954, F1. On the Stanford microwave laboratory, see Christophe Lécuyer, *Making Silicon Valley: Innovation and the Growth of High Tech* (Cambridge, Mass.: The MIT Press, 2007) and Rebecca S. Lowen, *Creating the Cold War University: The Transformation of Stanford* (Berkeley: University of California Press, 1997). The symbiotic relationship between Stanford and the early electronics industry in the Valley is described by Robert Kargon, Stuart W. Leslie, and Erica Schoenberger, "Far Beyond Big Science: Science Regions and the Organization of Research and Development," in *Big Science: The Growth of Large-Scale Research*, ed. Peter Galison and Bruce Hevly (Stanford, Calif.: Stanford University Press, 1992), 334–54.

5. Burt McMurtry, interview with the author, January 15, 2015, Palo Alto, Calif.; interview with the author, October 2, 2017, by phone.

1 无尽的前沿

1. Harold D. Watkins, "Hometown, U.S.A.: High IQ, High Income Help Palo Alto Grow," *The

Wall Street Journal, August 10, 1956, 1. Adjusted for inflation, the median 1956 home price was roughly equivalent to $180,000 in 2018.
2. *The Founding Grant with Amendments, Legislation, and Court Decrees* [1885] (Stanford, Calif.: Stanford University, 1987), 4; Jane Stanford, Speech at Opening Ceremony of Stanford University, October 1, 1891, https://sdr.stanford.edu/uploads/rr/050/nb/1367/rr050nb1367/content/sc0033b_s5_b2_f04.pdf, archived at http://perma.cc/6JXE-A3U6.
3. "Crosses U.S. to Shop: San Jose Woman Finds New Yorkers Courteous—Tells of Prune Crops," *The New York Times*, July 1, 1923, 20; "San Jose Campaign for Prune Week," *The Los Angeles Times*, November 25, 1916, I3; "Prune Week in United States and Canada Begins February 27th," *Western Canner and Packer* 13, no. 10 (February 1922): 116; E. Alexander Powell, "Valley of Heart's Delight," *Sunset* 29 (August 1912): 115–25.
4. Postwar regional planning acknowledged this strength. As in many U.S. cities after the war, the San Francisco civic and business elite sat down in 1945 and mapped out a plan for postwar regional development to ensure that the dismal Depression-era economy would not return once the hyperactive war machine wound down. Heavy industry would remain on the East Bay, finance in San Francisco, and the peninsula would be the hub of "light industry," zoned accordingly. See Margaret Pugh O'Mara, *Cities of Knowledge: Cold War Science and the Search for the Next Silicon Valley* (Princeton, N.J.: Princeton University Press, 2004). On California and defense mobilization during and after World War II, see Roger W. Lotchin, *Fortress California, 1910–1961: From Warfare to Welfare* (Champaign: University of Illinois Press, 2002); Kevin Starr, *Embattled Dreams: California in War and Peace, 1940–1950* (Oxford, U.K.: Oxford University Press, 2002); and Starr, *Golden Dreams: California in an Age of Abundance, 1950–1963* (Oxford, 2009). Seattle and the Pacific Northwest were another important node of defense production; see Richard S. Kirkendall, "The Boeing Company and the Military-Metropolitan-Industrial Complex, 1945–1953," *Pacific Northwest Quarterly* 85, no. 4 (October 1994): 137–49.
5. HP's startup capital from William Bates, "HP tips Toward Computers," *The New York Times*, July 2, 1978, p. F1. These seminal companies and entrepreneurs are explored in detail in Christophe Lécuyer, *Making Silicon Valley: Innovation and the Growth of High Tech* (Cambridge, Mass.: The MIT Press, 2007).
6. Floyd J. Healey, "Dirigible Base North's Dream," *The Los Angeles Times*, October 31, 1929, 6.
7. Larry Owens, "The Counterproductive Management of Science in the Second World War: Vannevar Bush and the Office of Scientific Research and Development," *Business History Review* 68, no. 4 (1994): 515–76; *Time* magazine, April 3, 1944, cover. Also see G. Pascal Zachary, *Endless Frontier: Vannevar Bush, Engineer of the American Century* (New York: Free Press / Simon and Schuster, 1997). The idea of marshaling America's scientists in the cause of war hadn't been Bush's alone—he shared credit with MIT President Karl Compton and Harvard President James Conant—but Bush was both the public face and the operational mind that put the idea into action.
8. Vannevar Bush, "As We May Think," *The Atlantic*, July 1, 1945, reprinted in *Interactions* 3, no. 2 (March 1996): 35–46.
9. *The New York Times*, January 3, 1943, quoted in Owens, "Vannevar Bush and the OSRD."

On the war's effect on state building and business-government relationships, see Mark R. Wilson, *Destructive Creation: American Business and the Winning of World War Two* (Philadelphia: University of Pennsylvania Press, 2016) and James T. Sparrow, *Warfare State: World War II Americans and the Age of Big Government* (Oxford, 2011).

10. C. Stewart Gillmor, *Fred Terman at Stanford: Building a Discipline, a University, and Silicon Valley* (Stanford, Calif.: Stanford University Press, 2004); Mitchell Leslie, "The Vexing Legacy of Lewis Terman," *Stanford Alumni Magazine* (July/August 2000), https://alumni.stanford.edu/get/page/magazine/article/?article_id=40678, archived at https://perma.cc/YFZ3-HJD4.

11. Carolyn Caddes, *Portraits of Success: Impressions of Silicon Valley Pioneers* (Wellsboro, Penn.: Tioga Publishing, 1986), 30; Gillmor, *Fred Terman at Stanford*.

12. Sybil Terman, quoted in Gillmor, *Fred Terman at Stanford*, 210.

13. Rebecca S. Lowen, *Creating the Cold War University: The Transformation of Stanford* (Berkeley: University of California Press, 1997); Paul H. Mattingly, *American Academic Cultures: A History of Higher Education* (Chicago: The University of Chicago Press, 2017).

14. Owens, "Vannevar Bush and the OSRD."

15. Franklin Delano Roosevelt, Letter to Vannevar Bush, November 17, 1944, reprinted in *Science, the Endless Frontier, A Report to the President by Vannevar Bush, Director of the Office of Scientific Research and Development* (Washington, D. C.: U.S. Government Printing Office, 1945), vii.

16. *Science, the Endless Frontier*, vi, 6, 34.

17. Joint Committee on the Economic Report, *National Defense and the Economic Outlook*, 82nd Congress, 1st Session (USGPO, 1951), 3.

18. Ibid., 31–38.

19. National Science Foundation, *First Annual Report* (USGPO, 1951), 8.

20. W. C. Bryant, "Electronics Industry: It's Due for a Vast Expansion," *The Wall Street Journal*, March 26, 1951, 3; N. E. Edlefsen, "Supersonic Era Pilots Need Help," *The Los Angeles Times*, June 17, 1951, 27.

21. Michael Amrine, "To Mobilize Science Without Hobbling It," *The New York Times*, December 3, 1950, 13; National Science Foundation, "Scientific Manpower and the Graduate Fellowship Program," *Annual Report* (1952), 25; "Electronic Sight: $20 Billon by '56," *The New York Times*, August 25, 1955, 34; Charles E. Wilson, *Three Keys to Strength: Production, Stability, Free-World Unity, Third Quarterly Report to the President by the Director of the Defense Mobilization Board* (October 1951), 11.

22. *The New York Times*, November 6, 1955, F11–13.

23. Amrine, "To Mobilize Science."

24. Benjamine A. Collier, "Wanted: Specialist in Electronics!," *The Chicago Defender*, December 17, 1949, 4; Frank E. Bolden, "Prober of Electronic Secrets," *The Pittsburgh Courier*, September 25, 1954, SM7.

25. Nathan Ensmenger, *The Computer Boys Take Over: Computers, Programmers, and the Politics of Technical Expertise* (Cambridge, Mass.: The MIT Press, 2010), 35. Great Britain, the other great computing power of wartime and after, treated its female programmers similarly;

see Marie Hicks, *Programmed Inequality: How Britain Discarded its Women Technologists and Lost its Edge in Computing* (MIT, 2017). Also see Jennifer S. Light, "When Computers Were Women," *Technology and Culture* 40, no. 3 (July 1999),: 455–83; Thomas J. Misa, ed., *Gender Codes: Why Women are Leaving Computing* (Hoboken, N.J.: Wiley / IEEE Computer Society Press, 2010). On the longer history, see Londa Schiebinger, *The Mind Has No Sex? Women in the Origins of Modern Science* (Cambridge: Harvard University Press, 1989).

26. Harwood G. Kolsky, Notes of Meeting with IBM at Los Alamos, 14 March 1956, IBM Project Stretch Collection, Lot No. X3021.2005, Computer History Museum, Mountain View, Calif. (CHM); Ann Hardy, interview with the author, April 20, 2015, Palo Alto, Calif.
27. Ann Hardy, interviews with the author, April 20, 2015, and September 19, 2017, Palo Alto, Calif.
28. Frederick E. Terman, Letter to Paul Davis, 29 December 1943, FF2, Box 1, Series I, SC 160, SU. Quoted in Stuart W. Leslie, *The Cold War and American Science: The Military-Academic-Industrial Complex at MIT and Stanford* (New York: Columbia University Press, 1993), 44; Terman to Donald Tresidder, April 25, 1947, quoted in Robert Kargon, Stuart W. Leslie, and Erica Schoenberger, "Far Beyond Big Science: Science Regions and the Organization of Research and Development," in *Big Science: The Growth of Large-Scale Research*, ed. Peter Galison and Bruce Hevly (Stanford, Calif.: Stanford University Press, 1992), 341.
29. Clark Kerr, *The Uses of the University* (Harvard, 1963).

2 金州

1. "Board Selects New President," *The Stanford Daily*, November 19, 1948, 1. On "steeples of excellence," see Stuart W. Leslie, *The Cold War and American Science: The Military-Academic-Industrial Complex at MIT and Stanford* (New York: Columbia University Press, 1993), and Rebecca S. Lowen, *Creating the Cold War University: The Transformation of Stanford* (Berkeley: University of California Press, 1997).
2. For discussion of the Stanford Research Park see Margaret Pugh O'Mara, *Cities of Knowledge: Cold War Science and the Search for the Next Silicon Valley* (Princeton, N. J.: Princeton University Press, 2004), 97–141, and John Findlay, *Magic Lands: Western Cityscapes and American Culture After 1940* (Berkeley: University of California Press, 1992), 117–59.
3. Frederick E. Terman, "The University and Technology Utilization" (speech, NASA – University Conference, Kansas City, Mo., March 3, 1963), SU; David Packard, "Electronics and the West" (speech, Stanford Research Institute, San Francisco, Calif., November 23, 1954), Box 2, Folder 27, Packard Speeches, Agilent Archives, Mountain View, Calif. (HP).
4. Stephen B. Adams, "Growing Where You Are Planted: Exogenous Firms and the Seeding of Silicon Valley," *Research Policy* 40, no. 3 (April 2011): 368–79; "Electronic Sight: $20 Billon by '56," *The New York Times*, August 25, 1955, 34.
5. Burton J. McMurtry, interview with the author, October 2, 2017, by phone.
6. "Bet with a Multiple Payoff," *BusinessWeek*, December 14, 1957, 107; "Hewlett Co-Founder Retiring from Post," *The New York Times*, Jan 20, 1987, D2; Ted Sell, "Defense's Packard—Low-Key Titan," *The Los Angeles Times*, May 3, 1970, N1.
7. Jim Collins, Foreword to David Packard, *The HP Way: How Bill Hewlett and I Built Our*

Company (New York: HarperBusiness, 2005). Also see Findlay, *Magic Lands*, 138–39.

8. A decade later, this political engagement and sense of public service persuaded Packard to spend more than two years as Deputy Secretary of Defense in the Nixon Administration, where he applied his management ethos to the sprawling, war-consumed Pentagon. Packard's life as "Mr. Inside" to Defense Secretary Mel Laird's "Mr. Outside" is discussed briefly in Packard's memoir and more fully in Dale Van Atta, *With Honor: Melvin Laird in War, Peace, and Politics* (Madison: The University of Wisconsin Press, 2008).

9. David Packard, "Electronics—Glamour or Substance?" (speech to Purchasing Agents Association, February 13, 1958), Packard Speeches - 1958, Box 2, FF 31, HP.

10. Packard, "Acceptance of 'The American Way of Life' Award" (speech, Sertoma Club, Pueblo, Colorado, April 19, 1963), Box 2, FF 51, HP; Packard, "Business Management and Social Responsibility" (speech, Children's Home Society of California, Palo Alto, Calif., May 17, 1965) Packard Speeches, Box 2, FF 30, HP.

11. On the importance of Sunbelt business leaders to the emerging modern conservative movement as well as emerging ideas of free enterprise and entrepreneurship, see Elizabeth Tandy Shermer, *Sunbelt Capitalism: Phoenix and the Transformation of American Politics* (Philadelphia: University of Pennsylvania Press, 2013); Kathryn S. Olmsted, *Right Out of California: The 1930s and the Big Business Roots of Modern Conservatism* (New York: The New Press, 2015). On business conservatism more broadly, see Angus Burgin, *The Great Persuasion: Reinventing Free Markets Since the Depression* (Cambridge, Mass.: Harvard University Press, 2012); Kim Phillips-Fein, *Invisible Hands: The Businessmen's Crusade Against the New Deal* (New York: W. W. Norton, 2010).

12. Hoover chose Campbell on the recommendation of one of the fiercest critics of the New Deal, ex-Roosevelt aide Raymond Moley. See Gary Atkins, "Attacked for Politics, Policies; Critics Center on Hoover Boss," *The Stanford Daily*, January 7, 1972, 1. On Campbell at Hoover, see Mary Yuh, "Governance, bias: enduring controversies," *The Stanford Daily Magazine*, April 18, 1986, 7; Thomas Sowell, "W. Glenn Campbell, 1924–2001," *Hoover Digest* No. 1, 2002, January 30, 2002.

13. H. Myrl Stearns, Varian Associates, quoted in Charles Elkind, "Riding the High-Tech Boom: The American Electronics Association Story, 1945–1990," unpublished manuscript, c. 1991, MISC 333, FF 1, SU, 17.

14. McMurtry, interview with the author, January 15, 2015.

15. David W. Kean, *IBM San Jose: A Quarter Century of Innovation* (New York: IBM, 1977), 47–48.

16. Adams, "Growing Where You Are Planted." On dispersion policy, see O'Mara, *Cities of Knowledge*, 36–54.

17. Robert Kargon, Stuart W. Leslie, and Erica Schoenberger, "Far Beyond Big Science: Science Regions and the Organization of Research and Development," in *Big Science: The Growth of Large-Scale Research*, ed. Peter Galison and Bruce Hevly (Stanford, Calif.: Stanford University Press, 1992), 348; "Fire in Locked Vault Destroys Missile Data," *The Washington Post*, December 22, 1957, 2; "Electronic Sight." In 1986, well into the era of the personal computer, Lockheed had a head count of 24,000. Only Hewlett Packard had more employees. See "Companies with over 500 Employees (Nov. 1986)," Silicon Valley Ephemera Collection,

Series 1, Box 5, FF 12, SU.
18. "Bias Suit at Lockheed Unit," *The Wall Street Journal*, November 14, 1973, 22. Also see Herbert G. Ruffin II, *Uninvited Neighbors: African Americans in Silicon Valley, 1769–1990* (Norman: University of Oklahoma Press, 2014).
19. Peter J. Brennan, "Advanced Technology Center: Santa Clara Valley, California," Silicon Valley Ephemera Collection, Series 1, Box 1, FF 17, SU.
20. James Gibbons, interview with the author, November 4, 2015, Stanford, Calif.
21. Shockley was able to set up his own shop because the U.S. government had mandated that Bell Labs—a division of telecommunications monopsony AT&T—allow free licensing of the transistor patent originally developed by Shockley in its facilities. The fact that the transistor was not proprietary technology was instrumental in its wide adaptation and iteration, notably by Texas Instruments, which morphed from an oilfield instrumentation company into a leading transistor and microchip maker, and home to a team that co-invented the integrated circuit, led by Jack Kilby.
22. Shockley's fixation on IQ tests, it turned out, masked an unrestrained and unapologetic belief in white supremacy. After the disintegration of his company, the Nobel winner spent the last twelve years of his career at Stanford, focusing chiefly on the pseudoscience of eugenics. In doing so, he followed in the infamous footsteps of several prominent Stanford faculty members (including, to a certain degree, Fred Terman's father Lewis) who had given the field academic legitimacy a half century earlier. By the end of his life, Shockley had come to consider his work on eugenics more significant than his discovery of the transistor. See Wolfgang Saxon, "William B. Shockley, 79, Creator of Transistor and Theory on Race," *The New York Times*, August 14, 1989, D9; Joel N. Shurkin, *Broken Genius: The Rise and Fall of William Shockley, Creator of the Electronic Age* (New York: Macmillan Science, 2006). Shockley's white supremacism often goes unmentioned in discussions of his role in the genesis of Silicon Valley. A monument and historical plaque installed in August 2018 on the site where Shockley Semiconductor once stood made no mention of the founder's eugenics research, nor did the several speakers who celebrated Shockley's legacy at the marker's unveiling ceremony. See Sam Harnett, "Mountain View Commemorates Lab of William Shockley, Acclaimed Physicist and Vocal Racist," The California Report, KQED Radio, August 21, 2018, https://www.kqed.org/news/11687943/mountain-view-commemorates-lab-of-william-shockley-acclaimed-physicist-and-vocal-racist, archived at https://perma.cc/M9CK-NZ25.
23. Gibbons, interview with the author. Also see James Gibbons, oral history interview by David Morton, May 31, 2000, IEEE History Center, https://ethw.org/Oral-History:James_Gibbons, archived at http://perma.cc/6Z4M-MHMG. The story of the transistor, Shockley Semiconductor, and the "Traitorous Eight" has been explored by a number of authors, most originally and notably in two biographies: Leslie Berlin, *The Man Behind the Microchip: Robert Noyce and the Invention of Silicon Valley* (Oxford, U.K.: Oxford University Press, 2005), and Arnold Thackray, David C. Brock, and Rachel Jones, *Moore's Law: The Life of Gordon Moore, Silicon Valley's Quiet Revolutionary* (New York: Basic Books, 2015).
24. Arthur Rock, interviews by Sally Smith Hughes, 2008 and 2009, "Early Bay Area Venture Capitalists: Shaping the Economic and Business Landscape," Regional Oral History Office,

The Bancroft Library, University of California, Berkeley, California; Arthur Rock, "Strategy Versus Tactics from a Venture Capitalist," 1992, in *The Book of Entrepreneurs' Wisdom: Classic Writings by Legendary Entrepreneurs*, ed. Peter Krass (New York: John Wiley and Sons, 1999), 131–41.

25. On the importance of federal contracts to Fairchild's early business, see Daniel Holbrook, "Government Support of the Semiconductor Industry: Diverse Approaches and Information Flows," *Business and Economic History* 24, no. 2 (Winter 1995): 133–77. On Fairchild's founding, see Berlin, *The Man Behind the Microchip*, 75–96.

3 登月

1. "Soviet Fires Earth Satellite into Space," *The New York Times*, October 5, 1957, 1; U.S. Naval Research Laboratory, "Orbits of USSR Satellite," released October 8, 1957; "Presidency is Filled by Foundry Services," *The New York Times*, October 10, 1957, 51.

2. Dwight D. Eisenhower, *Waging Peace, 1956-1961: The White House Years* (New York: Doubleday, 1965), excerpted in "Eisenhower Describes Repercussions Over Launching of 1st Soviet Sputnik," *The Washington Post*, September 21, 1965, 1; "Moscow Denounces Dog-Lover Protests," *The Washington Post*, November 6, 1957, 3. Adding to Eisenhower's political heartburn was the fact that (against the counsel of some of his science advisors) he had opted in 1955 to prioritize missile development over space-satellite research, reasoning that missiles were more important to national security. On Sputnik, the "missile gap," and the political sea change the events of October 1957 precipitated, see William I. Hitchcock, *The Age of Eisenhower: America and the World in the 1950s* (New York: Simon & Schuster, 2018), 376–406.

3. United States, President's Science Advisory Committee, Security Resources Panel, *Deterrence and Survival in the Nuclear Age (the "Gaither report" of 1957)* (Washington, D. C.: U.S. Government Printing Office, 1976); David L. Snead, *The Gaither Committee, Eisenhower, and the Cold War* (Columbus: Ohio State University Press, 1999). Many years and many billions in spending later, it became clear that the Gaither Committee was operating on some bad intelligence, and its projection that Russians would soon possess thousands of intercontinental ballistic missiles turned out to be far off the mark. Soviet missile capabilities were, in fact, far less than the Americans believed at the time. See Annie Jacobsen, *The Pentagon's Brain: An Uncensored History of DARPA, America's Top Secret Research Agency* (Boston: Back Bay Books / Little, Brown, 2015), 46–54.

4. Neil H. McElroy, testimony in Subcommittee on Department of Defense Appropriations; Committee on Appropriations, House of Representatives, "Department of Defense: Ballistic Missile Program," Hearings, November 20 and 21, 1957, 7.

5. Don Shannon, "U.S. Missile Czar Appointed by Ike: MIT President Will Lead Drive to Speed Rockets, Satellites," *The Los Angeles Times*, November 8, 1957, 1; Richard V. Damms, "James Killian, the Technological Capabilities Panel, and the Emergence of President Eisenhower's 'Scientific-Technological Elite,'" *Diplomatic History* 24, no. 1 (January 1, 2000): 57–78. Also see James R. Killian, *Sputnik, Scientists, and Eisenhower: A Memoir of the First Special Assistant to the President for Science and Technology* (Cambridge, Mass.: The MIT Press, 1977).

6. "Scientific Progress, the Universities, and the Federal Government," statement by the President's Science Advisory Committee, November 15, 1960, 11.
7. Richard Witkin, "Missiles Program Dwarfs First Atom Bomb Project," *The New York Times*, April 7, 1957, 1.
8. John F. Kennedy, "Address at Rice University in Houston on the Nation's Space Effort," September 12, 1962, Houston, Texas, posted by Gerhard Peters and John T. Woolley, *The American Presidency Project*, https://www.presidency.ucsb.edu/node/236798.
9. National Science Foundation, *Federal Funds for Research, Development, and Other Scientific Activities* (1972), 3; Edwin Diamond, "That Moon Trip: Debate Sharpens," *The New York Times*, July 28, 1963, 150; Harold M. Schmeck Jr., "Scientists Riding Wave of Future," *The New York Times*, January 3, 1963, 20, 22. On Southern industrialization, see Bruce J. Schulman, *From Cotton Belt to Sunbelt: Federal Policy, Economic Development, and the Transformation of the South, 1938–1980* (Durham, N.C.: Duke University Press, 1994).
10. "... And in the Meantime at LMSC," *Lockheed MSC Star* (Sunnyvale, Calif.), July 12, 1974, 4, Box 3, FF "STC Historical Data," Joseph D. Cusick Papers, SU; Leif Erickson, "B58's Electronic Shield Guards Against Missiles," *The Washington Post*, January 25, 1958, C11.
11. "Discoverer XIII Life Cycle," c. 1961, 59–60, Box 3, FF "STC Historical Data," Joseph D. Cusick Papers, SU; Walter J. Boyne, *Beyond the Horizons: The Lockheed Story* (New York: Thomas Dunne / St. Martin's Press, 1998), 275.
12. Terman added to the momentum by aggressively recruiting star professors. By 1963, Stanford had five Nobel laureates on its faculty. The University of California at Berkeley had eleven. California edged out Massachusetts in having the most residents who were members of the august National Academy of Sciences. And once these scientists got to the sunshine, they tended to stay. See Rebecca S. Lowen, *Creating the Cold War University: The Transformation of Stanford* (Berkeley: University of California Press, 1997), 180–181; Schmeck, "Scientists Riding Wave of Future."
13. *Stanford University Bulletin*, May 15, 1958, FF "Palo Alto History," SC 486, 90-052, SU.
14. "Attempts to Stir Up Union Trouble on San Francisco Visit: Touring Premier Picks Up a Cap on Surprise Visit to Union Hall," *Los Angeles Times*, September 22, 1959, 1; David W. Kean, *IBM San Jose: A Quarter Century of Innovation* (New York: IBM, 1977), 59. Also see Harry McCracken, "Khrushchev Visits IBM: A Strange Tale of Silicon Valley History," *Fast Company*, October 31, 2014, https://www.fastcompany.com/3037598/khrushchev-visits-ibm-a-strange-tale-of-silicon-valley-history, archived at https://perma.cc/X96L-UZAK.
15. Lawrence E. Davies, "De Gaulle Hailed by San Francisco," *The New York Times*, April 28, 1960, 2; John Markoff, correspondence with the author, September 21, 2018; audience conversation with the author, Stanford Historical Society, Stanford, Calif., January 22, 2004. Waverly Street, already famous for the HP garage, later became known for the tech billionaires who lived there: Google's Larry Page would one day live directly across from the home of the teenage Napoleon; Steve Jobs and his family were down the road. Palo Alto was, and is, a small town.
16. Margaret O'Mara, "Silicon Dreams: States, Markets, and the Transnational High-Tech Suburb," in *Making Cities Global: The Transnational Turn in Urban History*, ed. A. K. Sandoval-

Strausz and Nancy H. Kwak (Philadelphia: University of Pennsylvania Press, 2017); Stuart W. Leslie and Robert H. Kargon, "Selling Silicon Valley: Frederick Terman's Model for Regional Advantage," *Business History Review* 70, no. 4 (Winter 1996): 435–72.
17. Leslie Berlin, *The Man Behind the Microchip: Robert Noyce and the Invention of Silicon Valley* (Oxford, U.K.: Oxford University Press, 2005), 130.
18. Robert N. Noyce, "Semiconductor Device-and-Lead Structure," *U. S. Patent 2981877* (filed July 30, 1959; issued April 25, 1961); Berlin, *The Man Behind the Microchip*, 108–10, 138–40; Jonathan Weber, "Chip Industry's Leaders Begin Bowing Out," *The Los Angeles Times*, February 4, 1991, D1.
19. Charles Elkind, "Riding the High-Tech Boom: The American Electronics Association Story, 1945–1990," unpublished manuscript, c. 1991, MISC 333, FF 1, SU, 19.
20. "Johnson and McNamara Letters on Defense Costs," *The New York Times*, December 2, 1963, 16; Ronald J. Ostrow, "Defense Cost-Cutting Procedures Outlined," *The Los Angeles Times*, January 31, 1963, B7.
21. Important discussion of the many changes to the contracting system and the shakeup they precipitated is in Christophe Lécuyer, *Making Silicon Valley: Innovation and the Growth of High Tech* (Cambridge, Mass.: The MIT Press, 2007), 171–75. Also see Jonathan D. Kowalski, "Industry Location Shift Through Technological Change—A Study of the U.S. Semiconductor Industry (1947–1987)," PhD dissertation, Carnegie Mellon University, 2012.
22. Gordon E. Moore, "Cramming more components onto integrated circuits," *Electronics* 38, no. 8 (April 1965): 114–17. For discussion of this technological transition, see Paul E. Ceruzzi, *A History of Modern Computing* (Cambridge, Mass.: MIT, 1998).
23. Martin Campbell-Kelly, William Aspray, Nathan Ensmenger, and Jeffrey R. Yost, *Computer: A History of the Information Machine* (3rd ed.; Boulder, Colo.: Westview Press, 2013), 221–23.

4 网络化

1. *Digital Equipment Corporation: Nineteen Fifty-Seven to the Present* (Maynard, Mass.: Digital, 1978); AnnaLee Saxenian, *Regional Advantage: Culture and Competition in Silicon Valley and Route 128* (Cambridge, Mass.: Harvard University Press, 1994), 59–82; Gene Bylinsky, *The Innovation Millionaires: How they Succeed* (New York: Charles Scribner's Sons, 1976).
2. Quoted in "About Ken Olsen," Gordon College, Ken Olsen Science Center, https://www.gordon.edu/kenolsen, archived at https://perma.cc/RF3V-U8MJ; Martin Campbell-Kelly, William Aspray, Nathan Ensmenger, and Jeffrey R. Yost, *Computer: A History of the Information Machine* (3rd ed.; Boulder, Colo.: Westview Press, 2013), 216–19.
3. John McCarthy, "What is Artificial Intelligence?," Computer Science Department, Stanford University, revised November 12, 2007; David Walden, "50th Anniversary of MIT's Compatible Time-Sharing System," *IEEE Annals of the History of Computing* 33, no. 4 (October–December 2011): 84–85; Daniel Crevier, *AI: The Tumultuous History of the Search for Artificial Intelligence* (New York: Basic Books, 1993); John Markoff, *Machines of Loving Grace: The Quest for Common Ground Between Humans and Robots* (New York: HarperCollins, 2015).
4. McCarthy, "Memorandum to P. M. Morse Proposing Time-Sharing," January 1, 1959, col-

lection of Professor John McCarthy, http://jmc.stanford.edu/computing-science/timesharing-memo.html, archived at https://perma.cc/QU7M-7CM4.
5. Kent C. Redmond and Thomas M. Smith, *From Whirlwind to MITRE: The R&D Story of the SAGE Air Defense Computer* (Cambridge, Mass.: The MIT Press, 2000).
6. J. C. R. Licklider, "Man-Computer Symbiosis," *IRE Transactions on Human Factors in Electronics* HFE-1 (March 1960), 4–11.
7. William F. Miller, interview with the author, February 27, 2015, Stanford, Calif.; Miller, Interview by Patricia L. Devaney, August 9, 2009, Stanford Oral History Program, SU.
8. Quoted in Martin Campbell-Kelly, William Aspray, Nathan Ensmenger, and Jeffrey R. Yost, *Computer: A History of the Information Machine* (3rd ed., 2013), 211. Also see Martin Greenberger, *Computers, Communications, and the Public Interest* (Baltimore: Johns Hopkins University Press, 1971); Manley R. Irwin, "The Computer Utility: Competition or Regulation?" *Yale Law Journal* 76, no. 7 (1967): 1299–1320; Fred Gruenberger, ed., *Computers and Communications—Toward a Computer Utility* (Englewood Cliffs, N.J.: Prentice-Hall, 1967).
9. The founder of SDS, Max Palevsky, later sold his company to Xerox in a $100 million deal and became a major Democratic campaign donor, shoveling money and unsolicited policy advice toward liberals like George McGovern and Los Angeles Mayor Tom Bradley (Bill Boyarsky, "Palevsky Dives into New Political Waters," *The Los Angeles Times*, February 4, 1973, F1).
10. Ann Hardy, interviews with the author, April 20, 2015, and September 19, 2017; "Tymshare Reunion," Collection Item #102721147, CHM. For statistics, see Martin Campbell-Kelly and Daniel D. Garcia-Swartz, "Economic Perspectives on the History of the Computer Time-Sharing Industry, 1965–1985," *IEEE Annals of the History of Computing* 30, no. 1 (January–March 2008): 16–36.
11. Ann Hardy, phone conversation with the author, August 28, 2018.
12. LaRoy Tymes, interview by George A. Michael, July 1, 2006, in "Stories of the Development of Large Scale Scientific Computing at Lawrence Livermore National Laboratory," http://www.computer-history.info/Page1.dir/pages/Tymes.html, archived at https://perma.cc/6KFZ-UMA7.
13. LaRoy Tymes, oral history interviews by Luanne Johnson and Ann Hardy, June 11, 2004, Cameron Park, Calif., CHM. Also see Nathan Gregory, *The Tym Before: The Untold Origins of Cloud Computing* (Independently published, 2018).
14. "Tymshare Offer Sold Out," *The Wall Street Journal*, September 25, 1970, p. 18; Hardy, interview with the author, April 20, 2015, Stanford, Calif.
15. Andrew Pollack, "The Man Who Beat AT&T," *The New York Times*, July 14, 1982, D1; Wayne E. Green, "Tiny Firm Faces AT&T, General Telephone In Battle Over Telephone-Radio Connector," *The Wall Street Journal*, March 1, 1968, 30; Peter Temin with Louis Galambos, *The Fall of the Bell System: A Study in Prices and Politics* (Cambridge, U.K.: Cambridge University Press, 1987); Katherine Maxfield, *Starting Up Silicon Valley: How ROLM became a Cultural Icon and Fortune 500 Company* (Austin, Tex.: Emerald Book Co., 2014). The precedent at work in the *Carterfone* decision was the 1956 *Hush-A-Phone* case, which ruled in support of a company that manufactured popular telephone receiver attachments that kept a

user from being overheard. The Hush-A-Phone was a nonmechanical attachment to a telephone handset, however, not a self-powered electronic device like the Carterfone. See Nicholas Johnson, "Carterfone: My Story," *Santa Clara Computer & High Technology Law Journal* vol. 25, no. 3 (2008): 677–700. On the AT&T monopsony and more, see Tim Wu, *The Master Switch: The Rise and Fall of Information Empires* (New York: Alfred A. Knopf, 2010).

16. Herbert F. Mitchell, Unsolicited Proposal for Technical Assistance to NASA Goddard Space Flight Center, No. 5656-926 (Silver Spring, MD: Bunker-Ramo Eastern Technical Center, 1965).

17. "Bunker-Ramo Formed to do System Work," *The Washington Post*, January 24, 1964, B6.

18. Hardy, phone conversation with the author, August 28, 2018. For a historical overview of this regulatory shift see Gerald W. Brock, *Telecommunication Policy for the Information Age: From Monopoly to Competition* (Cambridge, Mass.: Harvard University Press, 1994); for discussion of the FCC policymaking process see Michael J. Zarkin, "Telecommunications Policy Learning: The Case of the FCC's Computer Inquiries," *Telecommunications Policy* 27, nos. 3–4 (April–May 2003): 283–99. Prodigy originally was named Trintex (1984–88).

19. By the time the ARPANET became the commercial Internet in the early 1990s, the OTC broker-traders had indeed smartened up their backroom image. But they'd kept barriers to entry friendly and low, making their board accessible to young firms with little equity. Their market now went by a new name: the NASDAQ. Computer hardware and software firms made up more than half of its listings. See Mark Ingebretsen, *NASDAQ: A History of the Market That Changed the World* (Roseville, Calif.: Forum / Random House, 2002).

20. On Licklider, ARPA, and Bob Taylor's work to build the ARPANET, see Leslie Berlin, *Troublemakers: Silicon Valley's Coming of Age* (New York: Simon & Schuster, 2017), 6–31.

21. Bolt Beranek and Newman Inc., "A History of the ARPANET: The First Decade" (Arlington, Va.: Defense Advanced Research Projects Agency, April 1981).

5　投资人

1. AnnaLee Saxenian, *Regional Advantage: Culture and Competition in Silicon Valley and Route 128* (Cambridge, Mass.: Harvard University Press, 1994), 12. Saxenian's study is a notable part of a large body of work in economic geography that investigates the location of high-tech industrial districts, following on the concept developed by Alfred Marshall in *Principles of Economics* in 1890. See, for example, Timothy Bresnahan and Alfonso Gambardella, eds., *Building High-tech Clusters: Silicon Valley and Beyond* (Cambridge, U.K.: Cambridge University Press, 2004); Maryann P. Feldman, *The Geography of Innovation* (Dordrecht, Netherlands: Kluwer Academic, 1994); Ann Markusen, Peter Hall, Scott Campbell, and Sabina Deitrick, *The Rise of the Gunbelt: The Military Remapping of Industrial America* (Oxford, U.K.: Oxford University Press, 1991); Edward J. Malecki, *Technology and Economic Development: The Dynamics of Local, Regional, and National Change* (New York: Longman Scientific & Technical, 1991).

2. Marty Tenenbaum, interview with the author, February 9, 2018, by phone; Stewart Greenfield, interview with the author, May 19, 2015, by phone.

3. Bill Draper, interview with the author, June 23, 2015, Palo Alto, Calif.

4. William H. Draper III, interview by John Hollar, Computer History Museum, April 14, 2011, Mountain View, Calif., 5. On Doriot, see Gene Bylinsky, *The Innovation Millionaires: How They Succeed* (New York: Charles Scribner's Sons, 1976), 3–23; Christina Pazzanese, "The Talented Georges Doriot," *The Harvard Gazette*, February 24, 2015, archived at https://perma.cc/U7JL-KD2T; Spencer E. Ante, *Creative Capital: Georges Doriot and the Birth of Venture Capital* (Cambridge, Mass.: Harvard Business School Publishing, 2008).
5. Bylinsky, *The Innovation Millionaires*, 9.
6. Ernest A. Schonberger, "Inside the Market," *The Los Angeles Times*, November 2, 1969, L1.
7. Arthur Rock, interviews by Sally Smith Hughes, 2008 and 2009, "Early Bay Area Venture Capitalists: Shaping the Economic and Business Landscape," Regional Oral History Office, The Bancroft Library, University of California, Berkeley, California, 20–21. Also see Martin Kenney and Richard Florida, "Venture Capital in Silicon Valley: Fueling New Firm Formation," in Martin Kenney, ed., *Understanding Silicon Valley: The Anatomy of an Entrepreneurial Region* (Stanford, Calif.: Stanford University Press, 2000), 98–123.
8. Leslie Berlin, "The First Venture Capital Firm in Silicon Valley: Draper, Gaither & Anderson," in *Making the American Century: Essays on the Political Culture of Twentieth Century America*, ed. Bruce J. Schulman (Oxford, U.K.: Oxford University Press, 2014), 155–70; William H. Draper III, interview by John Hollar, 9.
9. Dwight D. Eisenhower, "Letter to Jere Cooper, Chairman, House Committee on Ways and Means, Regarding Small Business," July 15, 1957, posted by Gerhard Peters and John T. Woolley, *The American Presidency Project*, https://www.presidency.ucsb.edu/node/23; Robert Caro, *Master of the Senate*, vol. 3, *The Years of Lyndon Johnson* (New York: Alfred A. Knopf, 2002).
10. John W. Wilson, *The New Venturers: Inside the High-Stakes World of Venture Capital* (Reading, Mass.: Addison-Wesley, 1985), 21–24.
11. William John Martin Jr. and Ralph J. Moore Jr., "The Small Business Investment Act of 1958," *California Law Review* 47, no. 1 (March 1959): 144–70; Richard L. VanderVeld, "Small Business Symposium Set," *The Los Angeles Times*, September 11, 1960, D13.
12. Pitch Johnson, interview with the author, June 23, 2015, Palo Alto, Calif.
13. Reid Dennis, interview with the author, May 26, 2015, Palo Alto, Calif.; William H. Draper III, interview by John Hollar, 5; Wilson, *The New Venturers*, 49.
14. Franklin P. Johnson testimony, "Climate for Entrepreneurship and Innovation in the United States," Hearings before the Joint Economic Committee, Congress of the United States, Ninety-eighth Congress, Second Session, Part 2, August 27 and 28, 1984—A Silicon Valley Perspective, 167; U.S. Census, "Educational Attainment, by Race and Hispanic Origin: 1960 to 1998," *Statistical Abstract of the United States* (Washington, D.C.: United States Census Bureau, 1999), 160; William D. Bradford, "Business, Diversity, and Education," in James A. Banks, ed., *Encyclopedia of Diversity in Education* (Los Angeles: Sage Publications, 2012).
15. San Francisco's University Club, one of The Group's meeting places, did not open its dining room to women until 1988. For more on the "disappearance" of women from tech, see Nathan Ensmenger, *The Computer Boys Take Over: Computers, Programmers, and the Politics of Technical Expertise* (Cambridge, Mass.: The MIT Press, 2010), and Marie Hicks, *Pro-*

grammed Inequality: How Britain Discarded its Women Technologists and Lost its Edge in Computing (MIT, 2017).

16. John Doerr, in conversation with Michael Moritz, National Venture Capital Association Annual Meeting, Santa Clara, Calif., May 2008, quoted in Scott Austin, "Doerr and Moritz Stir VCs in One-on-One Showdown," *The Wall Street Journal*, May 8, 2008, http://www.wsj.com/articles/SB121025688414577219, archived at https://perma.cc/FM7F-CUSS.
17. Wilson, *The New Venturers*, 31–34; Maochun Yu, *OSS in China: Prelude to Cold War* (Annapolis, Md.: Naval Institute Press, 1996).
18. Rock interview, "Early Bay Area Venture Capitalists"; Wilson, *The New Venturers*, 31–40.
19. Bylinsky, *The Innovation Millionaires*.
20. Burton J. McMurtry, interview with the author, January 15, 2015, Palo Alto, Calif.
21. McMurtry, interview with the author, October 2, 2017, by phone.
22. McMurtry, "Evolution of High Technology Entrepreneurship and Venture Capital in Silicon Valley," Presentation to the Houston Philosophical Society, April 21, 2005. Manuscript in possession of the author.
23. "John Wilson," in Carolyn Caddes, *Portraits of Success: Impressions of Silicon Valley Pioneers* (Wellsboro, Penn.: Tioga Publishing, 1986); "Law firm founder John Arnot Wilson dies at 83," *The Almanac* (Menlo Park, Calif.), December 22, 1999, https://www.almanacnews.com/morgue/1999/1999_12_22.oawilson.html, archived at https://perma.cc/UQM3-YTM9; Paul "Pete" McCloskey and Helen McCloskey, interview with the author, February 18, 2016, Rumsey, Calif.
24. Patrick McNulty, "They Shrugged When Pete McCloskey Challenged the President," *The Los Angeles Times*, May 23, 1971, O24; Pete McCloskey, interview with the author.
25. Lawrence R. Sonsini, oral history interview by Sally Smith Hughes, 2011, "Early Bay Area Venture Capitalists: Shaping the Economic and Business Landscape," Regional Oral History Office, The Bancroft Library, University of California, Berkeley, 2011; Mark C. Suchman, "Dealmakers and Counselors: Law Firms as Intermediaries in the Development of Silicon Valley," in Kenney, ed., *Understanding Silicon Valley*, 71–97.
26. Roberta Katz, interview with the author, December 10, 2014, Stanford, Calif.; *Howard D. Hendrickson & Another v. Clark S. Sears*, 365 Mass. 83, 91 (1974); Therese H. Maynard, "Ethics for Business Lawyers Representing Start-Up Companies," *Wake Forest Journal of Business and Intellectual Property Law* 11, no. 3 (2010–11): 401–31. The "no conflict, no interest" remark also has been credited to venture capitalist John Doerr, but no record exists of when and where Doerr may have said this.
27. J. P. Mangalindan, "The Secretive Billionaire who Built Silicon Valley," *Fortune*, July 7, 2014, http://fortune.com/2014/07/07/arrillaga-silicon-valley/, archived at https://perma.cc/B347-42NW.
28. Chop Keenan, interview with the author, March 17, 2016, Palo Alto, Calif.; Tom McEnery, interview with the author, March 9, 2016, San Jose, Calif.; Pete McCloskey, e-mail correspondence with the author, February 3, 2016.
29. On postwar California politics see Jonathan Bell, *California Crucible: The Forging of Modern American Liberalism* (Philadelphia: University of Pennsylvania Press, 2012), and

Miriam Pawel, *The Browns of California: The Family Dynasty that Transformed a State and Shaped a Nation* (New York: Bloomsbury, 2018).

30. Mary Soo and Cathryn Carson, "Managing the Research University: Clark Kerr and the University of California," *Minerva* 42, no. 3 (September 2004): 215–36; Margaret O'Mara, "The Uses of the Foreign Student," *Social Science History* 36, no. 4 (Winter 2012): 583–615.
31. Ronald J. Gilson, "The Legal Infrastructure of High Technology Industrial Districts: Silicon Valley, Route 128, and Covenants Not to Compete," *New York University Law Review* 74, no. 3 (June 1999): 575–629. By the early twenty-first century, usage of non-compete clauses spread to sectors far beyond tech and typical "knowledge work," prompting widespread calls for reform; Matt Marx, "Reforming Non-Competes to Support Workers," Policy Proposal 2018-04, The Hamilton Project, Brookings Institution, Washington, D.C., February 2018.

前 记

1. Lyndon B. Johnson, Remarks at the Signing of the Immigration and Nationality Act of 1965, Liberty Island, New York City, October 3, 1965.
2. "Ervin Challenges Immigration Bill," *The New York Times*, February 26, 1965, 9. Also see Tom Gjelten, "The Immigration Act that Inadvertently Changed America," *The Atlantic*, October 2, 2015, https://www.theatlantic.com/politics/archive/2015/10/immigration-act-1965/408409/, archived at https://perma.cc/Z6YP-KFUD.
3. AnnaLee Saxenian, "Silicon Valley's New Immigrant Entrepreneurs" (Public Policy Institute of California, 1999); Vivek Wadhwa, AnnaLee Saxenian, Ben Rissing, and Gary Gereffi, "America's New Immigrant Entrepreneurs," Master of Engineering Management Program, Duke University; School of Information, University of California, Berkeley, January 4, 2007.
4. Tim Larimer, "It's Still Anglo at the Top: Industry's Rainbow Coalition is Diverse," *The San Jose Mercury News*, October 1, 1989, A1.

6　热潮与幻灭

1. "Digital Equipment Offer of $8,250,000 Marketed," *The Wall Street Journal*, August 19, 1966; "Digital Equipment's Joint Offering Sells Out," *The Wall Street Journal*, August 30, 1968.
2. William D. Smith, "Wang Stock Makes Lively Debut," *The New York Times*, August 24, 1967, 51; An Wang, *Lessons: An Autobiography* (New York: Da Capo Press, 1986), 77, 149.
3. Adam Osborne, "From the Fountainhead: Wall Street Embraces Micros," *InfoWorld* 3, no. 3 (February 16, 1981): 16; Leslie Berlin, *The Man Behind the Microchip: Robert Noyce and the Invention of Silicon Valley* (Oxford, U.K.: Oxford University Press, 2005), 125.
4. David Morgenthaler, interviews with the author, January 13, February 12, and May 19, 2015.
5. Jean-Jacques Servan-Schreiber, *Le Défi Américain* (Paris: Éditions Denoël, 1967).
6. Henry R. Lieberman, "Technology Gap Upsets Europe: U.S. Lead Is Putting Strains on Ties of Atlantic Alliance," *The New York Times*, March 12, 1967, 1. Evidence of European anxieties came through in the plethora of publications and conferences about science and policy emerging during these years from European-led supranational organizations like the Orga-

nization for Economic Co-operation and Development (OECD); see for example Joseph Ben-David, *Fundamental Research and the Universities: Some Comments on International Differences* (Paris: OECD, 1968); *Problems of Science Policy: Seminar Held at Jouy-en-Josas (France) 19th–25th February 1967* (OECD, 1968).

7. United States Congress, House Committee on Science and Astronautics, Subcommittee on Science, Research, and Development, *Science, Technology, and the Economy: Hearings*, Ninety-second Congress, First Session, July 27, 28, 29, 1971 (1971); William Barry Furlong, "For the Class of '71, the Party's Over; A Report from the University of Chicago Suggests the Nation's June Graduates Are Facing Some Sobering Facts of Life," *The New York Times*, June 6, 1971, SM35.

8. Herbert G. Lawson, "In a Stunned Seattle, Only Radicals See Good in Rejection of SST," *The Wall Street Journal*, December 7, 1970, 1; Sharon Boswell and Lorraine McConaghy, "Lights Out, Seattle," *The Seattle Times*, November 3, 1996, 1. The brokers behind the famous billboard later averred that it was a prankish sendup of the doom-and-gloom mood in town, as Seattle's downtown real estate market actually was booming due to a growing financial and white-collar services sector. As odd as the joke might have been (nearly no one seemed to get it at the time or afterward), these sectors—along with high-technology firms—soon came to dominate and define Seattle's regional economy. See Erik Lacitis, "Iconic 'Will the Last Person' Billboard Bubbles Up Again," *The Seattle Times*, February 2, 2009, https://www.seattletimes.com/seattle-news/iconic-will-the-last-person-seattle-billboard-bubbles-up-again/, archived at https://perma.cc/3LDM-6PK4.

9. U.S. Department of Commerce, Bureau of Economic Analysis, "Private Nonfarm Employment by Metropolitan Statistical Area: San Jose-Sunnyvale, 1969–2000."

10. Burton J. McMurtry, "Evolution of High Technology Entrepreneurship and Venture Capital in Silicon Valley," Presentation to the Houston Philosophical Society, April 21, 2005. Manuscript in possession of the author.

11. William F. Miller, interview with the author; Miller interviews, Stanford Oral History Program, SU; Committee on Innovations in Computing and Communications, National Academy of Sciences, *Funding a Revolution: Government Support for Computing Research* (Washington, D.C.: National Academies Press, 1999). As the National Academy report notes, corporate investment in computer science research may have been higher overall, but 70 percent of all funds flowing to academic computer science came from the federal government, funding development of software code and graduate education that was foundational to the marquee companies and products of the Valley of the 1990s and beyond.

12. Brad Darrach, "Meet Shaky, the First Electronic Person—The Fearsome Reality of a Machine with a Mind of Its Own," *Life* Magazine, November 20, 1970, 58B–68; John Markoff, *Machines of Loving Grace: The Quest for Common Ground Between Humans and Robots* (New York: HarperCollins, 2015), 7–8, 95–131.

第二幕　产品发布

1. Floyd Kvamme, interview with the author, February 16, 2016, Stanford, Calif.

前 记

1. Ed Zschau, interview with the author, January 19, 2016, Stanford, Calif.; John Balzar, "A Portrait of Serendipity: Ed Zschau: An Unknown Grabs for the Brass Ring," *The Los Angeles Times*, September 7, 1986, 1.
2. Regis McKenna, interview with the author, May 31, 2016, Menlo Park, Calif.; "CHM Revolutionaries: Regis McKenna in Conversation with John Markoff," video, The Computer History Museum, February 6, 2014; Jaime González-Arintero, "Digital? Every Idiot Can Count to One," *Elektor*, May 27, 2015; Harry McCracken, "Regis McKenna's 1976 Notebook and the Invention of Apple Computer, Inc.," *Fast Company*, April 1, 2016, https://www.fastcompany.com/3058227/regis-mckennas-1976-notebook-and-the-invention-of-apple-computer-inc, archived at https://perma.cc/P4JC-NWU8.

7 资本主义奥运会

1. Don C. Hoefler, "Silicon Valley, U.S.A.," *Electronic News*, January 11, 1971, 1.
2. "Don C. Hoefler," *Datamation* 32, no. 5 (May 15, 1986); David Laws, "Who Named Silicon Valley?" CHM, January 7, 2015, http://www.computerhistory.org/atchm/who-named-silicon-valley/, archived at https://perma.cc/EMT2-KUCG.
3. James J. Mitchell, "Curtain to Fall on Valley Era," *The San Jose Mercury News*, October 2, 1988, Silicon Valley Ephemera Collection, MISC 33, FF 2, SU; Regis McKenna, interview transcript, August 22, 1995, Silicon Genesis Project, SU.
4. Jonathan Weber, "Chip Industry's Leaders Begin Bowing Out," *The Los Angeles Times*, February 4, 1991, D1.
5. Gordon Moore, transcript of video history interview by Daniel S. Morrow, March 28, 2000, Santa Clara, Calif., Computerworld Honors Program International Archives, 32. The design breakthrough of the 4004 became a case study familiar to generations of MBAs to come. Faced with the daunting task of building a custom-designed chip for each calculator, designers Ted Hoff and Federico Faggin instead built one chip that could be programmed to adapt to the different functions. See Gary P. Pisano, David J. Collis, and Peter K. Botticelli, *Intel Corporation: 1968–1997*, Harvard Business School Case 797-137, May 1997.
6. Regis McKenna, *The Regis Touch: Million-Dollar Advice from America's Top Marketing Consultant* (Reading, Mass.: Addison-Wesley, 1985), 23–24; McKenna, correspondence with the author, September 6, 2018.
7. Quoted in Gene Bylinsky, *The Innovation Millionaires: How They Succeed* (New York: Charles Scribner's Sons, 1976), 145.
8. Grove quoted in Bylinsky, *The Innovation Millionaires*, 156.
9. Robert Lloyd quoted in Victor K. McElheny, "There's A Revolution in Silicon Valley," *The New York Times*, June 20, 1976, 11; Bylinsky, "California's Great Breeding Ground for Industry," *Fortune*, June 1974, 128–35; Don Hoefler, "He's on Their List," *Microelectronics News*, November 27, 1975, 4, Catalog #102714139, CHM.
10. Steven Brandt, quoted in Bylinsky, "California's Great Breeding Ground for Industry," reprinted in Bylinsky, *The Innovation Millionaires*, 55.

11. David P. Angel, "High-Technology Agglomeration and the Labor Market: The Case of Silicon Valley," in Martin Kenney, ed., *Understanding Silicon Valley: The Anatomy of an Entrepreneurial Region* (Stanford, Calif.: Stanford University Press, 2000), 131; "Salesforce: 100 Best Companies to Work For 2015," *Fortune*, September 21, 2015, http://fortune.com/best-companies/2015/salesforce-com-8/, archived at https://perma.cc/96UG-X9LH.
12. Bylinsky, *The Innovation Millionaires*, 160.
13. Judy Vadasz to Leslie Berlin, *The Man Behind the Microchip: Robert Noyce and the Invention of Silicon Valley* (Oxford, U.K.: Oxford University Press, 2005), 214. I also gained useful perspective on industry work culture during this period from interviews with several former employees of Intel and other firms.
14. Ann Hardy, interview with the author, April 20, 2015, Stanford, Calif.
15. Noyce quoted in Berlin, *The Man Behind the Microchip*, 210.
16. Marty Goldberg and Curt Vendel, *Atari Inc.: Business Is Fun* (Carmel, N.Y.: Syzygy Press, 2012), 101–3.
17. William D. Smith, "Electronic Games Bringing a Different Way to Relax," *The New York Times*, December 25, 1975, 33; "Atari Sells Itself to Survive Success," *BusinessWeek*, November 15, 1976, 120–21; Leonard Herman, "Company Profile: Atari," in Mark J. P. Wolf, ed., *The Video Game Explosion: A History from PONG to Playstation and Beyond* (Westport, Conn.: Greenwood Press, 2008), 53–61. On this early period and its legacy, also see Michael Z. Newman, *Atari Age: The Emergence of Video Games in America* (Cambridge, Mass.: The MIT Press, 2017).
18. Tom McEnery, interview with the author, March 9, 2016, San Jose, Calif.; Glenna Matthews, *Silicon Valley, Women, and the California Dream: Gender, Class, and Opportunity in the Twentieth Century* (Standford, Calif.: Stanford University Press, 2002).
19. Kim-Mai Cutler, "East of Palo Alto's Eden: Race and the Formation of Silicon Valley," *TechCrunch*, January 10, 2015, https://techcrunch.com/2015/01/10/east-of-palo-altos-eden/, archived at https://perma.cc/7EMT-VSRD; Herbert G. Ruffin II, *Uninvited Neighbors: African Americans in Silicon Valley, 1769–1990* (Norman: University of Oklahoma Press, 2014).
20. Joan Didion, "Life at Court," *The New York Review of Books*, December 21, 1989, reprinted in *We Tell Ourselves Stories in Order to Live: Collected Nonfiction* (New York: Alfred A. Knopf, 2006); Margaret Pugh O'Mara, *Cities of Knowledge: Cold War Science and the Search for the Next Silicon Valley* (Princeton, N.J.: Princeton University Press, 2004), 132–39.
21. Bennett Harrison, "Regional Restructuring and 'Good Business Climates': The Economic Transformation of New England Since World War II," in *Sunbelt/Snowbelt: Urban Development and Regional Restructuring*, ed., Larry Sawers and William K. Tabb (Oxford, U.K.: Oxford, 1984), 49; David Lampe, ed., *The Massachusetts Miracle: High Technology and Regional Revitalization* (Cambridge, Mass.: The MIT Press, 1988), 4.
22. Lily Geismer, *Don't Blame Us: Suburban Liberals and the Transformation of the Democratic Party* (Princeton, N.J.: Princeton University Press, 2015), 22–23; AnnaLee Saxenian, *Regional Advantage: Culture and Competition in Silicon Valley and Route 128* (Cambridge, Mass.: Harvard University Press, 1994), 59. Geismer and Saxenian are both key texts for placing the growth and culture of the Boston-area high-tech industry in broader historical context.

23. Michael Widmer, "Basic Change Seen Solution to N.E. Economic Rebirth," *The Lowell Sun*, November 25, 1970.
24. Bank of Boston, "Look Out, Massachusetts!!!," reprinted in Lampe, *The Massachusetts Miracle*.
25. Fox Butterfield, "In Technology, Lowell, Mass., Finds New Life," *The New York Times*, August 10, 1982, 1.
26. Peter Krass, ed., *The Book of Entrepreneurs' Wisdom: Classic Writings by Legendary Entrepreneurs* (New York: John Wiley and Sons, 1999), 156.
27. Saxenian, *Regional Advantage*, 162.
28. Lee Wood, "It's convert or die on '128,'" *The Lowell Sun*, March 14, 1971, C10; Lampe, *The Massachusetts Miracle*, 11.
29. Victor K. McElheny, "High-Technology Jelly Bean Ace," *The New York Times*, June 5, 1977, F7.

8 权力归于人民

1. "Lee Felsenstein, 2016 Fellow," Computer History Museum, http://www.computerhistory.org/fellowawards/hall/lee-felsenstein/, archived at https://perma.cc/E26P-TXVV. On the prevalence of various forms of autism among notable scientists and technicians, including Felsenstein, see Steve Silberman, *NeuroTribes: The Legacy of Autism and the Future of Neurodiversity* (New York: Avery / Penguin Random House, 2015), 223–60. Felsenstein's development of a better megaphone was a subversive act in and of itself, as amplification devices had been banned by university administrators (Jerry Gillam, "Sather Gate and All That," *The Los Angeles Times*, November 2, 1967, B4).
2. Lee Felsenstein, oral history interview by Kip Crosby, edited by Dag Spicer, May 7, 2008, CHM, 3–6.
3. Michael Swaine and Paul Freiberger, "Lee Felsenstein: Populist Engineer," *InfoWorld* 5, no. 45 (November 8, 1983): 105; Felsenstein, oral history interview, 6.
4. "Free Speech Movement: Do Not Fold, Bend, Mutilate, or Spindle," FSM Newsletter, c. 1964, The Sixties Project, Institute of Advanced Technology in the Humanities, University of Virginia, http://www2.iath.virginia.edu/sixties/HTML_docs/Resources/Primary/Manifestos/FSM_fold_bend.html, archived at https://perma.cc/BT7K-3Q7S.
5. Quoted in Swaine and Freiberger, "Lee Felsenstein"; Nan Robertson, "The Student Scene: Angry Militants," *The New York Times*, November 20, 1967, 1. As the focus of student protests shifted over the course of the 1960s, a multiracial civil rights coalition splintered into several movements—a largely white antiwar Left, and multiple racial identity and rights-based movements led by people of color.
6. Daryl E. Lembke, "Police Wield Clubs in Oakland to Quell War Demonstrators," *The Los Angeles Times*, October 18, 1967, 1; Felsenstein, oral history interview 9; John Markoff, *What the Dormouse Said: How the Sixties Counterculture Shaped the Personal Computer Industry* (New York: Penguin, 2005), 268–69.
7. "Alumnae," Helen Temple Cooke Library, Dana Hall School, Wellesley, Mass., http://library.danahall.org/archives/danapedia/alumnae/, archived at https://perma.cc/T69P-XZRS. Liza Loop, "Inside the 'Technical Loop,'" *Dana Bulletin* 58, no. 1 (Summer 1996); Loop, interview

with Nick Demonte, July 19, 2013. Both reproduced at LO*OP Center, History of Computing in Learning and Education Virtual Museum (hcle.wikispaces.com), now offline and archived at https://perma.cc/X6RA-T5TN. Dana Hall, founded in the early 1880s as the feeder school for newly established Wellesley College, shared its sister institution's commitment to rigorous education using applied methods; see "The Woman's University," *The New-York Times*, January 4, 1880, 10.

8. B. F. Skinner, "Teaching Machines," *Science* 128, no. 1330 (October 24, 1958): 969–77; Ronald Gross, "Machines that Teach: Their Present Flaws, Their Future Potential," *The New York Times Book Review*, September 14, 1969, 36; Leah N. Gordon, *From Power to Prejudice: The Rise of Racial Individualism in Midcentury America* (Chicago: The University of Chicago Press, 2015). The question of education reform and technology was and is caught up in broader debates about behaviorist (or reinforcement and repetition) versus constructivist (or learning by doing) education; see Peter A. Cooper, "Paradigm Shifts in Designed Instruction: From Behaviorism to Cognitivism to Constructivism," *Educational Technology* 33, no. 5 (May 1993): 12–19. On the longer history of school reform, see Michael B. Katz, *Reconstructing American Education* (Cambridge, Mass.: Harvard University Press, 1989); David Tyack and Larry Cuban, *Tinkering Toward Utopia: A Century of Public School Reform* (Harvard, 1995).

9. Richard Martin, "Shape of the Future," *The Wall Street Journal*, February 13, 1967, 1; Gross, "Machines That Teach."

10. Dean Brown, "Learning Environments for Young Children," *ACM SIGCUE Outlook* 4, no. 4 (August 1970): 2.

11. Kevin Savetz, ANTIC Interview 38 – "Liza Loop, Technical Writer," *ANTIC: The Atari 8-bit Podcast*, April 27, 2015, http://ataripodcast.libsyn.com/antic-interview-38-liza-loop-technical-writer, archived at https://perma.cc/8C93-AZPP; Loop, interview with Nick Demonte, July 19, 2013.

12. Steven Levy, *Hackers: Heroes of the Computer Revolution* (New York: Anchor Press/Doubleday, 1984); Ron Rosenbaum, "Secrets of the Little Blue Box," *Esquire* 76, no. 4 (October 1971): 116. On the relationship between Vietnam-era countercultural politics and the emergence of the personal computer, as well as a much deeper dive into the lives and careers of the people discussed in this chapter, see Fred Turner, *From Counterculture to Cyberculture: Stewart Brand, the Whole Earth Network, and the Rise of Digital Utopianism* (Chicago: The University of Chicago Press, 2006); Markoff, *What the Dormouse Said*; and Michael Hiltzik, *Dealers of Lightning: Xerox PARC and the Dawn of the Computer Age* (New York: HarperBusiness, 1999).

13. Lee Felsenstein, "Resource One/Community Memory—1972–1973," http://www.leefelsenstein.com/?page_id=44 archived at https://perma.cc/4K8U-2BG3; Turner, *From Counterculture to Cyberculture*, 69–102; Claire L. Evans, *Broad Band: The Untold Story of the Women Who Made the Internet* (New York: Portfolio / Penguin, 2018), 95–108.

14. *People's Computer Company* 1, no. 1 (October 1972): 5, digitized online at the DigiBarn Computer Museum, http://www.digibarn.com/collections/newsletters/peoples-computer/peoples-1972-oct/index.html, archived at https://perma.cc/57DQ-L4FW.

15. Theodor H. (Ted) Nelson, *Computer Lib* (independently published, 1974; reprinted by Tempus Books of Microsoft Press, 1987), 30; Andreas Kitzmann, "Pioneer Spirits and the Lure of Technology: Vannevar Bush's Desk, Theodor Nelson's World," *Configurations* 9, no. 3 (September 2001): 452. "Nelson was the Tom Paine and his book was the *Common Sense* of the revolution," Michael Swaine and Paul Freiberger write in their definitive history, *Fire in the Valley: The Birth and Death of the Personal Computer*, 3rd ed. (Raleigh, N.C.: The Pragmatic Bookshelf, 2014), 103. Also see Robert Glenn Howard, "How Counterculture Helped Put the 'Vernacular' in Vernacular Webs," in *Folk Culture in the Digital Age: The Emergent Dynamics of Human Interaction*, ed. Trevor J. Blank (Logan: Utah State University Press, 2012), 25–46. Nelson's mother was the Hollywood actress Celeste Holm.
16. Turner, *From Counterculture to Cyberculture*.
17. Steven Lubar, "'Do Not Fold, Spindle or Mutilate': A Cultural History of the Punch Card," *Journal of American Culture* 15, no. 4 (Winter 1992): 43–55; Charles E. Silberman, "Is Technology Taking Over?," *Fortune*, February 1966, reprinted in *The Myths of Automation*, eds. Silberman and the editors of *Fortune* (New York: Harper & Row, 1966), 97.
18. Vance Packard, *The Naked Society* (New York: David McKay, 1964; repr., New York: Ig Publishing, 2014), 29–30.
19. Jacques Ellul, *The Technological Society*, trans. John Wilkinson (New York: Alfred A. Knopf, 1964).
20. Alvin Toffler, *Future Shock* (New York: Random House, 1970), 186.
21. Henry Raymont, "'Future Shock': The Stress of Great, Rapid Change," *The New York Times*, July 24, 1970, 28; Toffler, *Future Shock*, 155.
22. Sanford J. Ungar, Review of *Future Shock*, *The Washington Post*, August 7, 1970, B8; "Mom," *The Washington Post*, April 12, 1970, N2.
23. Toffler, *Future Shock*, 125.
24. *Congressional Record* 116, part 155, Sept. 8, 1970, 1662.
25. Neil Gallagher, "The Right to Privacy," speech delivered before the Institute of Management Sciences, Chicago Chapter, March 26, 1969, reprinted in *Vital Speeches of the Day* 35 (1969): 528–29; Gallagher, "The Computer as 'Rosemary's Baby,'" *Computers and Society* 1, no. 2 (April 1970): 1–12.
26. Berezin to Gallagher, January 10, 1967, encl. Berezin to Editors of *Datamation*, January 6, 1967, Box 21, FF 16, Cornelius Gallagher Papers, Carl Albert Center Archives, The University of Oklahoma; Baran quoted in John Lear, "Whither Personal Privacy?" *The Saturday Review*, July 23, 1966, 36.
27. *Privacy: The Collection, Use, and Computerization of Personal Data: Joint Hearings before the Ad Hoc Subcommittee on Privacy and Information Systems of the Committee on Government Operations and the Subcommittee on Constitutional Rights of the Committee on the Judiciary*, United States Senate, Ninety-Third Congress, Second Session, June 18, 19, and 20, 1974 (1974), 114–16.
28. Public Law 93-579, Ninety-third Congress, S. 3418, December 31, 1974.
29. Scott R. Schmedel, "Computer Convention Will Skip Esoterica and Focus on Layman," *The Wall Street Journal*, August 21, 1970, 4.

30. Charles Reich, excerpt from *The Greening of America*, *The New Yorker*, September 26, 1970, 42; E. F. Schumacher, *Small Is Beautiful: Economics as if People Mattered* (London: Blond & Briggs, 1973).
31. Philip A. Hart quoted in "The Industrial Reorganization Act: An Antitrust Proposal to Restructure the American Economy," *Columbia Law Review* 73, no. 3 (March 1973): 635; Michael O'Brien, *Philip Hart: The Conscience of the Senate* (East Lansing: Michigan State University Press, 1996). The IBM antitrust suit dragged on until 1982, when it was dropped by the Reagan Administration; for a comprehensive history, see Franklin M. Fisher, John J. McGowan, and Joen E. Greenwood, *Folded, Spindled and Mutilated: Economic Analysis and U.S. vs. IBM* (Cambridge, Mass.: The MIT Press, 1983).
32. Statement of Thomas R. Parkin, Vice President, Software, Control Data Corporation, in Senate Committee on the Judiciary, Subcommittee on Antitrust and Monopoly, *The Industrial Reorganization Act: Hearings*, Ninety-third Congress, S. 1167 (1974), 4868.

9 个人计算机

1. Nancy L. Steffen, "King Calls for Further Action Before Crowd of Over 1800," *The Stanford Daily* 145, no. 43 (April 24, 1964): 1; Jon Roise, "Activists Come Home: Students Working in Strike," *The Stanford Daily* 148, no. 9 (October 6, 1965): 2; Bob Davis, "SNCC's Stokely Carmichael Will Lead Black Power Day," *The Stanford Daily* 150, no. 23 (October 25, 1966): 1; Nick Selby, "Crowd a Problem for Secret Service," *The Stanford Daily* 151, no. 17 (February 21, 1967): 1; "Peace Vigil," *The Stanford Daily* 152, no. 30 (November 2, 1967): 5; Gary Atkins, "Attacked for Politics, Policies; Critics Center on Hoover Boss," *The Stanford Daily* 160, no. 52 (January 7, 1972): 1.
2. Don Kazak, "Stanford University Under Siege," *Palo Alto Times*, April 13, 1994, https://www.paloaltoonline.com/news_features/centennial/1960SD.php archived at https://perma.cc/P6C8-K54R.
3. Douglas C. Engelbart and William K. English, "A Research Center for Augmenting Human Intellect," in American Federation of Information Processing Societies, *Proceedings of the 1968 Fall Joint Computer Conference*, San Francisco, Calif., December 9–11, 1968, 395–410; Jane Howard, "Inhibitions Thrown to the Gentle Winds," *Life* Magazine 65, no. 2 (July 12, 1968): 56; Paul Saffo, interview with the author, March 24, 2017, by phone.
4. Robert E. Kantor and Dean Brown, "On-Line Computer Augmentation of Bio-Feedback Processes," *International Journal of Bio-Medical Computing* 1, no. 4 (November 1970): 265–75; Saffo quoted in Michael Swaine and Paul Freiberger, *Fire in the Valley: The Birth and Death of the Personal Computer*, 3rd ed. (Raleigh, N.C.: The Pragmatic Bookshelf, 2014), 265.
5. "Xerox Plans Laboratory for Research in California," *The New York Times*, March 24, 1970, 89.
6. Lynn Conway, "Reminiscences of the VLSI Revolution," *IEEE Solid-State Circuits Magazine* 4, no. 4 (Fall 2012): 12. Immediately prior to PARC, Conway had worked briefly for Ed Zschau at System Industries.
7. Stewart Brand, "Spacewar: Fanatic Life and Symbolic Death Among the Computer Bums," *Rolling Stone*, December 7, 1972, 33–39; Fred Turner, *From Counterculture to Cyberculture:*

Stewart Brand, the Whole Earth Network, and the Rise of Digital Utopianism (Chicago: The University of Chicago Press, 2006), 118.

8. A definitive profile of Taylor at PARC is found in Leslie Berlin, *Troublemakers: Silicon Valley's Coming of Age* (New York: Simon & Schuster, 2017), 89–106.
9. Swaine and Freiberger, *Fire in the Valley*, 102–06.
10. Ivan Illich, *Tools for Conviviality* (New York: Harper & Row, 1973), excerpted in "Ivan Illich: Inverting Politics, Retooling Society," *The American Poetry Review* 2, no. 3 (May/June 1973): 51–53.
11. Lee Felsenstein, "Tom Swift Lives!," *People's Computer Company*, c. 1974, 14–15; Felsenstein, "The Tom Swift Terminal or, A Convivial Cybernetic Device," c. 1975, http://www.leefelsenstein.com/?page_id=82, archived at https://perma.cc/Q3DM-DPFW.
12. "Ivan Illich: Inverting Politics," 52.
13. Lee Felsenstein quoted in Turner, *From Counterculture to Cyberculture*, 114.
14. Centers for Disease Control and Prevention, *Divorces and Divorce Rates: United States* (Washington, D.C.: Government Printing Office, April 1980).
15. Southern California Computer Society, *Interface* 1, no. 1 (September 1975), Box 1, Liza Loop Papers M1141, SU; John Markoff, *What the Dormouse Said: How the Sixties Counterculture Shaped the Personal Computer Industry* (New York: Penguin, 2005), 273–75.
16. Liza Loop, "Inside the 'Technical Loop,'" *Dana Bulletin* 58, no. 1 (Summer 1996); interview with Nick Demonte, July 19, 2013; both archived at https://perma.cc/X6RA-T5TN; Kevin Savetz, ANTIC Interview 38 – "Liza Loop, Technical Writer," *ANTIC: The Atari 8-bit Podcast*, April 27, 2015, http://ataripodcast.libsyn.com/antic-interview-38-liza-loop-technical-writer, archived at https://perma.cc/8C93-AZPP.
17. Sol Libes, "The S-100 Bus: Past, Present, and Future," Part I, *InfoWorld* 2, no. 3 (March 17, 1980): 7.

10　自制计算机

1. *Newsletter*, Homebrew Computer Club, no. 1 (March 15, 1975), reproduced in Len Shustek, "The Homebrew Computer Club 2013 Reunion," Computer History Museum, December 17, 2013, http://www.computerhistory.org/atchm/the-homebrew-computer-club-2013-reunion/, archived *at* https://perma.cc/RZ9J-M6ZN.
2. On the activism of Fred Moore, see John Markoff, *What the Dormouse Said:: How the Sixties Counterculture Shaped the Personal Computer Industry* (New York: Penguin, 2005), 31–40, 186–96; Lee Felsenstein, oral history interview by Kip Crosby, edited by Dag Spicer, May 7, 2008, CHM, 16.
3. Shustek, "The Homebrew Computer Club 2013 Reunion."
4. Markoff, *What the Dormouse Said*, 272, 274; Felsenstein, oral history interview, 24.
5. Felsenstein, oral history interview, 23.
6. Moore, "Amateur Computer Users Group," *Newsletter—Homebrew Computer Club*, no. 2 (April 12, 1975), Box 1, M1141, Liza Loop Papers, SU.
7. *Byte* 1, no. 1 (September 1975); Michael Swaine and Paul Freiberger, *Fire in the Valley: The Birth and Death of the Personal Computer,* 3rd ed. (Raleigh, N.C.: The Pragmatic Bookshelf,

2014), 184–86.

8. Swaine and Freiberger, *Fire in the Valley*, 194–95; Jim Warren, "We, the People, in the Information Age," January 1, 1991, *Dr. Dobb's Journal*, http://www.drdobbs.com/architecture-and-design/we-the-people-in-the-information-age/184408478, archived at https://perma.cc/KPN4-PSCW.
9. *Newsletter—Homebrew Computer Club,* no. 3 (May 10, 1975), 4, Liza Loop Papers, SU; John Doerr, "Low-cost microcomputing: The personal computer and single-board computer revolutions," *Proceedings of the IEEE* 66, no. 2 (February 1978): 129.
10. *Dr. Dobb's Journal* 2, no. 2 (February 1976), 2; Liza Loop Papers, M1141, FF 2, Box 1, SU; Warren, "We, the People"; Swaine and Freiberger, *Fire in the Valley*, 188–189.
11. Doerr, "Low-cost microcomputing."
12. Albert Yu, interview, September 15, 2005, Atherton, Calif., Silicon Genesis Project, SU.
13. *Newsletter—Homebrew Computer Club,* no. 3 (May 10, 1975), 4, Liza Loop Papers, SU; John Doerr, "Low-Cost Microcomputing: The Personal Computer and Single-Board Computer Revolutions," *Proceedings of the IEEE* 66, no. 2 (February 1978), 129.
14. Lou Cannon, "The Puzzling Politics of Jerry Brown," *The Washington Post*, February 5, 1978, B1.
15. Duane Elgin and Arnold Mitchell, "Voluntary Simplicity," *Planning Review* 5, no. 6 (1977), 13–15; Joshua Clark Davis, *From Head Shops to Whole Foods: The Rise and Fall of Activist Entrepreneurs* (New York: Columbia University Press, 2017).

11 铭记

1. Sol Libes, "The S-100 Bus: Past, Present, and Future," *InfoWorld* 2, no. 3 (March 17, 1980,): 6.
2. Libes, "The S-100 Bus"; Michael Swaine and Paul Freiberger, *Fire in the Valley: The Birth and Death of the Personal Computer,* 3rd ed. (Raleigh, N.C.: The Pragmatic Bookshelf, 2014), 112–18.
3. Lee Felsenstein, oral history interview by Kip Crosby, edited by Dag Spicer, May 7, 2008, CHM, 24; Libes, "The S-100 Bus"; Swaine and Freiberger, *Fire in the Valley*, 119–21.
4. "Computer Coup," *Time* 119, no. 12 (March 22, 1962), 62; Adam Osborne, *Running Wild: The Next Industrial Revolution* (New York: Osborne/McGraw-Hill, 1979), 33–34; Vector Graphic, Inc., "Now. The Perfect Microcomputer," print advertisement, *Byte*, July 1977.
5. Steve Jobs, Speech, Cupertino, Calif., c. 1980, Computer History Museum, Gift of Regis McKenna.
6. Regis McKenna quoted in Swaine and Freiberger, *Fire in the Valley*, 217; Walter Isaacson, *Steve Jobs* (New York: Simon & Schuster, 2011).
7. Harry McCracken, "Regis McKenna's 1976 Notebook and the Invention of Apple Computer, Inc.," *Fast Company*, April 1, 2016.
8. "Apple Corporate Story," Lisa/Macintosh Positioning Memorandum, c. 1983, Apple Computer Inc. Records, 1977–1997, M1007, Series 7, Box 15, FF 3, SU.
9. McKenna, correspondence with the author, September 6, 2018; "CHM Revolutionaries: Regis McKenna in Conversation with John Markoff," video, The Computer History Museum, February 6, 2014; Memorandum, June 22, 1976, Regis McKenna Inc. Advertising, reproduced in

ruary 6, 2014; Memorandum, June 22, 1976, Regis McKenna Inc. Advertising, reproduced in McCracken, "Regis McKenna's 1976 Notebook."

10. McKenna, correspondence with the author, September 6, 2018; Donald T. Valentine, interview by Sally Smith Hughes, in "Early Bay Area Venture Capitalists,: Shaping the Economic and Business Landscape," Regional Oral History Office, Bancroft Library, University of California, Berkeley, 2009, 33. On Markkula's pivotal role in launching and growing Apple, see Leslie Berlin, *Troublemakers: Silicon Valley's Coming of Age* (New York: Simon & Schuster, 2017), 146–58, 206–14, 292–307.

11. McKenna, correspondence with the author, September 6, 2018; Mike Cassidy, "Marketing Pioneer Recalls the Early Days of Apple," *The Seattle Times*, September 22, 2008, https://www.seattletimes.com/business/marketing-pioneer-recalls-early-days-of-intel-and-apple/, archived at https://perma.cc/JKN2-RVMA; McCracken, "Regis McKenna's 1976 Notebook."

12. McKenna, interview with the author, December 3, 2014; Meeting notes, in private possession of Regis McKenna and reproduced in McCracken, "Regis McKenna's 1976 Notebook"; "Introducing Apple II," print ad, *Scientific American*, September 1977; Luke Dormehl, "This day in tech history: The first Apple II ships," June 10, 2014, https://www.cultofmac.com/282972/day-tech-history-first-apple-ii-ships/, archived at https://perma.cc/W9K8-BE3J.

13. Harry McCracken, "Apple II Forever: A 35th-Anniversary Tribute to Apple's First Iconic Product," *Time*, April 16, 2012, http://techland.time.com/2012/04/16/apple-ii-forever-a-35th-anniversary-tribute-to-apples-first-iconic-product/, archived at https://perma.cc/CG5T-987V.

14. Jim C. Warren, *The First West Coast Computer Faire: Proceedings*, November 18, 1977, Silicon Valley Ephemera Collection, Series 1, Box 7, FF 2, SU.

15. Ted Nelson, "Those Unforgettable Next Two Years," in Warren, *The First West Coast Computer Faire: Proceedings*, 20–21.

16. Louise Cook, "Get Ready for Friendly Home Computers," *The Washington Post*, November 27, 1977, 166.

17. Quoted in Swaine and Freiberger, *Fire in the Valley*, 238.

18. Lee Dembart, "Computer Show's Message: 'Be the First on Your Block,'" *The New York Times*, August 26, 1977, A10.

19. Victor K. McElheny, "Computer Show: Preview of More Ingenious Models," *The New York Times*, June 16, 1977, D1.

20. Martin Campbell-Kelly, William Aspray, Nathan Ensmenger, and Jeffrey R. Yost, *Computer: A History of the Information Machine* (3rd ed.; Boulder, Colo.: Westview Press, 2013), 239.

21. Bill Gates, "An Open Letter to Hobbyists," *Homebrew Computer Club—Newsletter* 2, no. 1 (January 31, 1976), 2, Box 1, M1141, Liza Loop Papers, SU.

22. Stephen Manes and Paul Andrews, *Gates* (New York: Touchstone/Simon & Schuster, 1993), 58–60.

23. Bill Gates, *The Road Ahead* (New York: Random House, 1995), 44; Manes and Andrews, *Gates*, 63–71.

24. Manes and Andrews, *Gates*, 81.

25. Eric S. Raymond, *The Cathedral and the Bazaar: Musings on Linux and Open Source by an Accidental Revolutionary* (San Francisco: O'Reilly Media, 2001).

26. Christopher Evans, *The Micro Millennium* (New York: Viking, 1979), 67.

12　有风险的生意

1. Ian Matthews, "Commodore PET History," Commodore.ca, February 2003, https://www.commodore.ca/commodore-products/commodore-pet-the-worlds-first-personal-computer/, archived at https://perma.cc/WY6J-UXT5.
2. "Has the Bear Market Killed Venture Capital?" *Forbes*, June 15, 1970, 28–37; Margaret A. Kilgore, "Public Urged to Invest in Technology," *The Los Angeles Times*, April 13, 1976, D7; Gene Bylinsky, *The Innovation Millionaires: How They Succeed* (New York: Charles Scribner's Sons, 1976), 25–46; Gary Klott, "Venture Capitalists Wary of Tax Plan," *The New York Times*, January 9, 1985, D1.
3. David Morgenthaler, interview with the author, November 3, 2015, by phone.
4. Burt McMurtry, interview with the author, January 15, 2015, Palo Alto, Calif.
5. Stewart Greenfield, interview with the author, May 19, 2015, by phone.
6. Reid Dennis, "Early Bay Area Venture Capitalists: Shaping the Economic and Business Landscape," interviews conducted by Sally Smith Hughes, Regional Oral History Office, The Bancroft Library, University of California, 2009, 43.
7. Ajay K. Mehrotra and Julia C. Ott, "The Curious Beginnings of the Capital Gains Tax Preference," *Fordham Law Review* 84, no. 6 (May 2016), 2517–36; "Capital Gains and Taxes Paid on Capital Gains, 1954–2009," Department of the Treasury, Office of Tax Analysis, 2012, https://www.taxpolicycenter.org/statistics/historical-capital-gains-and-taxes, archived at https://perma.cc/BTM4-57DV. This was part of a broader business push-against the New Deal that included the formulation of the rhetoric of "free enterprise"; see Lawrence Glickman, "Free Enterprise versus the New Deal Order," paper presented at the "Beyond the New Deal Order" conference, Center for the Study of Work, Labor, and Democracy, University of California, Santa Barbara, September 24–26, 2015. Also see Kathryn S. Olmsted, *Right Out of California: The 1930s and the Big Business Roots of Modern Conservatism* (New York: The New Press, 2015); Kim Phillips-Fein, *Invisible Hands: The Businessmen's Crusade against the New Deal* (New York: W. W. Norton, 2010); and Julia C. Ott, *When Wall Street Met Main Street: The Quest for an Investors' Democracy* (Cambridge, Mass.: Harvard University Press, 2011).
8. "Curb Urged on Loans: Speculation Hit by Bankers," *The Los Angeles Times*, October 5, 1928, 2; "Capital Gains Tax," *The Wall Street Journal*, November 8, 1930, 1; "Whitney Attacks 'Excessive' Relief," *The New York Times*, February 27, 1935, 29. On Whitney, also see Mehrotra and Ott, "The Curious Beginnings."
9. "Tax Debate: Builders, Stock Brokers are Split," *The Wall Street Journal*, January 30, 1963, 1.
10. "Excerpts from Senator McGovern's Address Explaining His Economic Program," *The New York Times*, August 30, 1972, 22; James Reston, "The New Economic Philosophy," *The New York Times*, January 31, 1973, 41.
11. Quoted in Bylinsky, *The Innovation Millionaires*.
12. "Pension Fund Trustees Get Jitters Over Liability Laws," *The Los Angeles Times*, August 5, 1976, F15. On inflation during the decade, see Alan S. Blinder, "The Anatomy of Double-

Digit Inflation in the 1970s," in *Inflation: Causes and Effects*, ed. Robert E. Hall (Chicago: University of Chicago Press, 1982), 261-82. On ERISA, see Christopher Howard, *The Hidden Welfare State: Tax Expenditures and Social Policy in the United States* (Princeton, N. J.: Princeton University Press, 1997), 130–34.

13. Pete Bancroft, "Reflections of an Early Venture Capitalist," March 28, 2000, unpublished manuscript in the author's possession.
14. David Morgenthaler, interview with the author, June 23, 2015, Palo Alto Calif; Pete Bancroft, interview with the author, November 3, 2015, San Francisco, Calif.
15. Jefferson Cowie, *Stayin' Alive: The 1970s and the Last Days of the Working Class* (New York: The New Press, 2010); Michael Reagan, "Capital City: New York in Fiscal Crisis, 1966–1978," PhD dissertation, University of Washington, 2017.
16. U.S. Department of Commerce, *The Role of Technical Enterprises in the United States Economy* (Washington, D.C.: U.S. Government Printing Office, January 1976); Robert Wolcott Johnson, "The Passage of the Investment Incentive Act of 1978: A Case Study of Business Influencing Public Policy," PhD dissertation, Harvard University Graduate School of Business Administration, 1980, 40–42.
17. Pete Bancroft and the National Venture Capital Association, *Emerging Innovative Companies—An Endangered Species*, November 29, 1976, unpublished manuscript in the author's possession, 1, 3.
18. Benjamin C. Waterhouse, *Lobbying America: The Politics of Business from Nixon to NAFTA* (Princeton, N. J.: Princeton University Press, 2013).
19. "Electronic firms seek broader political base," *The Los Angeles Times*, November 15, 1981, quoted in AnnaLee Saxenian, "In Search of Power: The Organization of Business Interests in Silicon Valley and Route 128," *Economy and Society* 18, no. 1 (February 1989): 40.
20. Patrick McNulty, "They Shrugged When Pete McCloskey Challenged the President," *The Los Angeles Times,* May 23, 1971, O24; Pete McCloskey, interview with the author, February 18, 2016, Rumsey, Calif.
21. McCloskey interview; Reid Dennis, interview with the author, May 26, 2015.
22. McCloskey interview.
23. Ed Zschau, interviews with the author, June 24, 2015, and January 19, 2016, Palo Alto, Calif.
24. Burt McMurtry, interview with the author, October 2, 2017, by phone; Kathie and Bob Maxfield, interview with the author, May 28, 2015, Los Gatos, Calif.
25. Greenfield interview; David Morgenthaler and Reid Dennis, interview with the author, May 26, 2015, Palo Alto, Calif.
26. Jimmy Carter, "Tax Reduction and Reform Message to the Congress," January 20, 1978, posted by Gerhard Peters and John T. Woolley, *The American Presidency Project*, http://www.presidency.ucsb.edu/ws/?pid=31055, archived at https://perma.cc/RXG7-F57W.
27. Saxenian, "In Search of Power."
28. Zschau interview, June 24, 2015; *Capital gains tax bills: Hearings before the Subcommittee on Taxation and Debt Management Generally of the Committee on Finance*, United States Senate, Ninety-fifth Congress, second session, June 28 and 29, 1978, 269.
29. McCloskey interview.

30. William A. Steiger, testimony, *Capital gains tax bills: Hearings.*
31. Barry Sussman, "Surprise: Public Backs Carter on Taxes: Roper Survey Shows Fairness Rated Above Tax Cut," *The Washington Post*, August 6, 1978, D5.
32. Clayton Fritchey, "Today's 'Forgotten Man': The Investor," *The Washington Post*, August 5, 1978, A15. Two years later, Massachusetts would follow suit, passing Proposition 2½—a measure that got a hefty financial push from the newly formed Massachusetts High Technology Council; see Saxenian, "In Search of Power."
33. Art Pine, "A Tax Break for the Rich in an Election Year?," *The Washington Post*, May 21, 1978, A16; "Rich, Poor, and Taxes," *The Washington Post*, June 2, 1978, A2; David Morgenthaler, testimony, H.R. 9549, *The Capital, investment, and business opportunity act: Hearing before the Subcommittee on Capital, Investment, and Business Opportunities of the Committee on Small Business,* House of Representatives, Ninety-fifth Congress, second session, February 22, 1978.
34. Art Pine, "Capital Gains Remarks by Carter Draw Hill Fire," *The Washington Post*, June 29, 1978, D12. For a comprehensive account of the bill's passage, see Johnson, "The Passage of the Investment Incentive Act of 1978."
35. Greenfield interview.
36. James M. Poterba, "Venture Capital and Capital Gains Taxation," in *Tax Policy and the Economy*, vol. 3, ed. Lawrence H. Summers (Cambridge, Mass.: The MIT Press, 1989), 47–67.
37. Ed Zschau, correspondence with the author, September 13, 2018.
38. *Memorial Services held in the House of Representatives and Senate of the United States, together with remarks presented in eulogy of William A. Steiger* (Washington, D.C.: USGPO, 1979).

第三幕　公开上市

1. *The Man Who Shot Liberty Valance*, directed by John Ford, written by James Warner Bellah and Willis Goldbeck, based on the story by Dorothy M. Johnson (Paramount Pictures, 1962).

前　记

1. Trish Millines Dziko, interview with the author, April 2, 2018, by phone; correspondence with the author, September 7, 2018; Trish Millines Dziko, interview by Jessah Foulk, August 8, 2002, "Speaking of Seattle" oral history collection, Sophie Frye Bass Library, Museum of History and Industry, Seattle, Wash.
2. "Benjamin M. Rosen," *The Rosen Electronics Letter* 80, no. 10 (July 7, 1980), Catalog No. 102661121, Computer History Museum Archives, Mountain View, Calif.; John W. Wilson, *The New Venturers: Inside the High-Stakes World of Venture Capital* (Reading, Mass.: Addison-Wesley, 1985), 109–11.
3. Charles J. Elia, "Caution Increases on Semiconductor Issues Amid Signs of Slower Recovery by Industry," *The Wall Street Journal*, November 4, 1975, 43; Regis McKenna, interview with the author, December 3, 2014, Stanford, Calif.; Merrill Lynch, August 1978, report in the possession of Regis McKenna.
4. "From Little Apples Do Giant Orchards Grow," *The Rosen Electronics Letter* 80, no. 21 (De-

cember 31, 1980), 10, Catalog No. 102661121, Computer History Museum Archives, Mountain View, Calif.; Rosen, "Memories of Steve," *Through Rosen-Colored Glasses* blog, October 22, 2011, http://www.benrosen.com/2011/10/memories-of-steve.html, archived at https://perma.cc/9B2M-5462.

13　讲故事的人

1. Display ad (Apple Computer Inc.), *Wall Street Journal*, August 13, 1980, 28.
2. Philip Shenon, "Investment Climate is Ripe for Offering by Apple Computer," *The Wall Street Journal*, August 20, 1980, 24.
3. Ben Rosen, "The Stock Market Looks Ahead—to the Golden Age of Electronics," *The Rosen Electronics Letter* 80, no. 15 (August 22, 1980), 1.
4. "High Technology: Wave of the future or market flash in the pan?" *BusinessWeek*, November 10, 1980, 86–97; Moore quoted in Wilson, *The New Venturers*, 189.
5. Carl E. Whitney, "Wall Street Discovers Microcomputers," *InfoWorld* 2, no. 18 (October 13, 1980), 4–5; James L. Rowe, Jr., "Speculation Fever Seeping Through Wall Street," *The Washington Post*, November 2, 1980, G1; Karen W. Arenson, "A 'Hot' Offering Retrospective," *The New York Times*, December 30, 1980, D1.
6. Ben Rosen, "Spectacular Year for Electronics Stocks," *The Rosen Electronics Letter* 80, no. 21 (December 31, 1980), 1. Also see Sally Smith Hughes, *Genentech: The Beginnings of Biotech* (Chicago: The University of Chicago Press, 2011).
7. Robert A. Swanson, oral history interviews by Sally Smith Hughes, 1996 and 1997, Regional Oral History Office, The Bancroft Library, University of California, Berkeley, 2001.
8. David Ahl, Interview with Gordon Bell, *Creative Computing* 6, no. 4 (April 1980), 88–89, via Garson O'Toole, "There is No Reason for Any Individual to Have a Computer in Their Home," Quote Investigator, https://quoteinvestigator.com/2017/09/14/home-computer/#return-note-16883-1 archived at https://perma.cc/5M5R-HQMA. At the time, the minicomputer market was $2.5 billion, and Digital controlled 40 percent of it. See Stanley Klein, "The Maxigrowth of Minicomputers," *The New York Times*, October 2, 1977, 3. Arthur Rock, interviews by Sally Smith Hughes, 2008 and 2009 "Early Silicon Valley Venture Capitalists," Regional Oral History Office, The Bancroft Library, University of California, Berkeley, California, 56.
9. David Morgenthaler, interviews with the author; David Morgenthaler, oral history interview, 41; Brent Larkin, "Cleveland's Quiet Business Visionary," *The Cleveland Plain Dealer*, January 15, 2012, G1.
10. William Bates, "Home Computers—So Near and Yet . . . ," *The New York Times*, February 26, 1978, F3; Wayne Green, "80 Remarks," column, *80 Microcomputing*, January 1980, quoted in Matthew Reed, "Was the TRS-80 affectionately known as the Trash-80?" TRS-80 org, undated, http://www.trs-80.org/trash-80/, archived at https://perma.cc/3J2G-7J9X.
11. Apple, "Personal Computer Market Fact Book" [c. 1983], 143, M1007, Series 7, Box 15, FF 1, Apple Computer Inc. Records, 1977–1997, SU; Regis McKenna, *The Regis Touch: Million-Dollar Advice from America's Top Marketing Consultant* (Reading, Mass.: Addison-Wesley, 1985), 28.
12. Regis McKenna, interview with the author, December 3, 2014.

13. Tom Hannaher, "Selling Apple Personal Computing with Advertising," Apple Computer Inc., 1983; "Personal Computer Market Fact Book," 160–62.
14. "Personal Computer Market Fact Book," 141, 146. As internal marketing documents like this one reveal, Apple marketed exclusively to men until its expansion into collegiate markets around the time of the introduction of the Macintosh (1984). On *Playboy* placement, see Michael Swaine and Paul Freiberger, *Fire in the Valley: The Birth and Death of the Personal Computer*, 3rd ed. (Raleigh, N.C.: The Pragmatic Bookshelf, 2014), 253.
15. McKenna, interview with the author, December 3, 2014.
16. Steve Jobs presentation, ca. 1980, gift of Regis McKenna, Catalog number 102746386, Lot number, X2903.2005, CHM. Also see Kay Mills, "The Third Wave: Whiz-Kids Make a Revolution in Computers," *The Los Angeles Times*, July 5, 1981, E3.
17. Mills, "The Third Wave."
18. Esther Dyson, "My iXperiences with Steve Jobs," August 26, 2011, *Reuters MediaFile*, http://blogs.re uters.com/mediafile/2011/08/26/my-ixperiences-with-steve-jobs/, archived at https://perma.cc/C9T3-L7WG.
19. "Osborne: From Brags to Riches," *BusinessWeek*, February 22, 1982, 82.
20. Schenker, "A Different Scenario: Personal Computers in the 80's," *InfoWorld* 2, no. 6 (April 14, 1980): 11, Box 1, Liza Loop Papers, M1141, SU; Peter J. Schuyten, "Subculture of Silicon Technology," *The New York Times*, May 10, 1979, D2.
21. McKenna, *The Regis Touch*, xi.
22. Alvin Toffler, *Future Shock* (New York: Random House, 1970), 29; Jobs quoted in Mills, "The Third Wave."
23. Christian Williams, "Future Shock Revisited: Alvin Toffler's 'Wave'," *The Washington Post*, March 31, 1980, B1.
24. "Tandy Radio Shack Assaults the Small Computer Market," *The Rosen Electronics Letter* 80, no. 14 (August 8, 1980), Catalog No. 102661121, CHM; McKenna, *The Regis Touch*, 62.
25. Ben Rosen, "Memories of Steve," *Through Rosen-Colored Glasses* blog, October 22, 2011, http://www.benrosen.com/2011/10/memories-of-steve.html, archived at https://perma.cc/9B2M-5462.
26. C. Saltzman, "Apple for Ben Rosen: Use of Personal Computers by Securities Analysts," *Forbes* 124 (August 20, 1979), 54–55; Stratford P. Sherman, "Technology's Most Colorful Investor," *Fortune*, September 30, 1985, 156.
27. Adam Osborne, speech at West Coast Computer Faire, March 15, 1980, audio recording, Dan Bricklin's Web Site: www.bricklin.com, archived at https://perma.cc/EWM5-JVF7.
28. *The Rosen Electronics Letter*, August 8, 1980, 14, Catalog No. 102661121, CHM.
29. McKenna, interview with the author, December 3, 2014; Shenon, "Investment Climate is Ripe for Offering by Apple Computer"; Whitney, "Wall Street Discovers Microcomputers," 4–5.
30. Arthur Rock interview, "Early Bay Area Venture Capitalists"; "Making a Mint Overnight," *Time*, January 23, 1984, 44.
31. William M. Bulkeley, "In Venture Capitalism, Few Are As Successful as Benjamin Rosen," *The Wall Street Journal*, November 28, 1984, 1.

32. Frederick Golden, "Other Maestros of the Micro," *Time*, January 3, 1983; "The $1795 Personal Business Computer is changing the way people go to work," Osborne Computer Corp Ad, *Byte* 7, no. 9 (Sept 1982), 31.
33. *Inc.*, October 1981.

14　加州梦

1. Ronald Reagan, announcement of presidential candidacy, November 13, 1979, https://www.reaganlibrary.gov/11-13-79, archived at https://perma.cc/E7CL-GL47.
2. Quoted in Haynes Johnson, "The Perils of Paradise," *The Washington Post*, October 19, 1980, G1.
3. David Ignatius, "Political Evolution: Sen. Hart Seeks to Blur Left-Right Stereotypes in His Reelection Bid," *The Wall Street Journal*, August 20, 1980, 1.
4. Paul Tsongas, Testimony before the Senate Small Business Committee on the Elimination of the Capital Gains Differential, June 2, 1986, Ed Zschau Papers, Box 51, FF "Capital Gains II," Hoover Institution Archives, Stanford, Calif. (HH).
5. Bob Davis, "Future Gazers in the U.S. Congress," *The Wall Street Journal*, June 7, 2000, 3; David Shribman, "Now and Then, Congress Also Ponders the Future," *The New York Times*, March 14, 1982, E10.
6. Katie Zezima, "Ex-Gov. Edward J. King, 81, Who Defeated Dukakis, Dies," *The New York Times*, September 19, 2006, B8.
7. Elizabeth Drew, "The Democrats," *The New Yorker*, March 22, 1982, 130; William D. Marbach, Christopher Ma, et al., "High Hopes for High Tech," *Newsweek*, February 14, 1983, 61.
8. Editorial, "Jerry Brown on the 'Reindustrialization of America'," *The Washington Post*, January, 14, 1980, A23; George Skelton, "Gaining Attention by Snubbing Tradition," *The Los Angeles Times*, October 17, 1978, A1; Skelton, "Waiting in Wings for 1980," *Los Angeles Times*, November 8, 1978, B1.
9. Doug Moe, "35 Years On, Recalling 'Apocalypse Brown,'" *Wisconsin State Journal*, March 27, 2015, https://madison.com/wsj/news/local/columnists/doug-moe/doug-moe-years-on-recalling-apocalypse-brown/article_1b614603-1d07-51b7-a984-9b793fecf730.html, archived at https://perma.cc/C9KS-2594; Wayne King, "Gov. Brown, His Dream Ended, Returns to California," *The New York Times*, April 3, 1980, 34; Raymond Fielding, *The Technique of Special Effects Cinematography,* 4th ed. (Burlington, Mass.: Focal Press, 2013), 387–88.
10. Johnson, "The Perils of Paradise."
11. Rowland Evans and Robert Novak, "David Packard Gets on Board," *The Washington Post*, May 11, 1975, 39; Margot Hornblower, "Gold-Plated Panel Set to Raise, Spend Millions for Reagan," *The Washington Post*, July 10, 1980, A3; Debra Whitefield, "Business Leaders Jubilant; Wall Street Has Busiest Day," *The Wall Street Journal*, November 6, 1980, B1; Tom Redburn and Robert Magnuson, "Stung by Tax Bill, Electronics Firms Seek Broader Political Base," *The Los Angeles Times*, November 15, 1981, F1.
12. Tom Zito, "Steve Jobs: 1984 *Access* Magazine Interview," *Newsweek Access*, Fall 1984, reprinted at *The Daily Beast*, October 6, 2011, https://www.thedailybeast.com/steve-jobs-1984-access-magazine-interview, archived at http://perma.cc/A3W8-T4Q9; "InfoViews," *InfoWorld*, No-

vember 10, 1980, 12.

13. Whitefield, "Business Leaders Jubilant"; Ken Gepfert, "Defense Contractors Hail Reagan Win but Can They All Share in the Spoils?," *The Los Angeles Times*, November 30, 1980, F1; Nicholas Lemann, "New Tycoons Reshape Politics," *The New York Times*, June 8, 1986, Section M, 51. The Democrats' loss of the Senate came in the wake of a $700,000 ad blitz by National Conservative PAC (NCPAC), brainchild of former Nixon operative and lobbyist Roger Stone, whose later presidential campaigns included both George Bushes, Bob Dole, and Donald Trump. Warren Weaver Jr., "Conservatives Plan $700,000 Drive to Oust 5 Democrats From Senate," *The New York Times*, August 17, 1979, 1; "Attack PAC," *Time* 120, no. 17 (October 25, 1982), 28.

14. Both Tsongas and Hart quoted in Lawrence Martin, "Shift to Right in U.S. Begins to Hit Home," *The Globe and Mail*, November 8, 1980, 1. "Carter Told Major Threats Are Democrats," United Press International, May 4, 1977, wire service story.

15. Sidney Blumenthal, "Whose Side is Business On, Anyway?," *The New York Times*, October 25, 1981, 29.

16. Reagan, Proclamation 4829—Small Business Week, 1981, March 23, 1981; Reagan, "Remarks to the Students and Faculty at St. John's University," New York, March 28, 1985; Arthur Levitt Jr., "In Praise of Small Business," *The New York Times*, December 6, 1981, 136; Leslie Wayne, "The New Face of Business Leadership," *The New York Times*, May 22, 1983, B1; Don Oldenberg, "Entrepreneurs: The New Heroes?," *The Washington Post*, July 2, 1986, D5.

17. Levitt, "In Praise of Small Business"; William M. Bulkeley, "In Venture Capitalism, Few Are as Successful as Benjamin Rosen," *The Wall Street Journal*, November 28, 1984.

18. Ken Hagerty, "The Power of Grassroots Lobbying," *Association Management*, November 1979, collection of Ken Hagerty, in possession of the author; Bacon, "Lobbyists Say Options Tax Break is Needed to Spur Innovation," *The Wall Street Journal*, July 1, 1981, 27; Ken Hagerty, interview with the author, September 9, 2015, by phone.

19. Edward Cowan, "The Quiet Campaign to Cut Capital Gains Taxes," *The New York Times*, April 12, 1981, F8.

20. Otto Friedrich et al., "Machine of the Year: The Computer Moves In," *Time*, January 3, 1983; Jeanne Hayes, ed., *Microcomputer and VCR Usage in Schools, 1985–1986* (Denver, Colo.: Quality Education Data, 1986), 7.

21. Adam Smith, "Silicon Valley Spirit," *Esquire* 96, no. 11 (November 1981): 13–14; Reyner Banham, "Down in the Vale of Chips," *New Society* 56, no. 971 (June 25, 1981): 532.

22. Moira Johnston, "High Tech, High Risk, and High Life in Silicon Valley," *National Geographic* 162, no. 4 (October 1982): 459–77.

23. Quoted in Michael Moritz, *Return to the Little Kingdom: How Apple and Steve Jobs Changed the World* (New York: The Overlook Press, 2009), 142.

24. Smith, "Silicon Valley Spirit."

25. Mike Hogan, "Corporate Cultures Tell a Lot," *California Business*, November 1984, 92–96.

26. Margaret Comstock Tommervik and Craig Stinson, "Women at Work with Apples," *Softalk* 1, no. 7 (March 1981): 44–50; Jennifer Jones, interview with the author, November 14, 2014,

Woodside, Calif.
27. Margaret Comstock Tommervik, "Exec Apple: Jean Richardson," *Softalk* 1, no. 7 (March 1981): 42–43.
28. C. W. Miranker, "What Makes Silicon Valley's Workforce Mostly Non-Union," Associated Press, December 24, 1983, Saturday AM cycle, retrieved from Nexis Uni.
29. "What Makes Tandem Run," *BusinessWeek*, July 14, 1980, 73–74; Smith, "Silicon Valley Spirit."
30. Fox Butterfield, "Two Areas Show Way to Success in High Technology," *The New York Times*, August 9, 1982, 1. Also see David Lampe, ed., *The Massachusetts Miracle: High Technology and Regional Revitalization* (Cambridge, Mass.: The MIT Press, 1988).
31. *Newsweek*, July 4, 1979; Carter, Speech to the Nation, July 15, 1979; McKenna, *The Regis Touch*, 28; Anthony J. Parisi, "Technology: Elixir for U.S. Industry," *The New York Times*, September 28, 1980, F1.
32. Moritz, *Return to the Little Kingdom*, 11; *Time* magazine, "Publisher's Letter," January 3, 1983.

15　日本制造

1. Harry McCracken, "The Original Walkman vs. the iPod Touch," *Technologizer*, June 29, 2009, https://www.technologizer.com/2009/06/29/walkman-vs-ipod-touch/, archived at https://perma.cc/P92F-3WTL; "Ubiquitous Walkman Celebrates First Decade," *The Los Angeles Times*, June 21, 1989, C2.
2. Peter J. Brennan, "Advanced Technology Center: Santa Clara Valley, California," MO 443 Silicon Valley Ephemera Collection, Series 1, Box 1, FF 17, SU; Ben Rosen, "The Stock Market Looks Ahead—to the Golden Age of Electronics," *The Rosen Electronics Letter* 80, no. 15 (August 22, 1980); Maggie Canon, "Stanford and Japan Form Joint Industry Study," *InfoWorld*, November 24, 1980, 3.
3. Canon, "Stanford and Japan." For discussion of the Silicon Valley semiconductor industry's response to Japanese competition, and Noyce's leadership, see Leslie Berlin, *The Man Behind the Microchip: Robert Noyce and the Invention of Silicon Valley* (Oxford, U.K.: Oxford University Press, 2005), 257–80.
4. Marco Casale-Rossi, "The Heritage of Mead & Conway," *Proceedings of the IEEE* 102, no. 2 (February 2014): 114–19; Clair Brown and Greg Linden, "Offshoring in the Semiconductor Industry: Historical Perspectives," IRLE Working Paper No. 120-05, University of California, Berkeley, 2005.
5. Brennan, "Advanced Technology Center"; William Chapman, "High Stakes Race: Japanese Search for Breakthrough in Field of Giant Computers," *The Washington Post*, February 27, 1978.
6. Chalmers Johnson, *MITI and the Japanese Miracle: The Growth of Industrial Policy, 1925–1975* (Stanford, Calif.: Stanford University Press, 1982); Judith Stein, *Pivotal Decade: How the United States Traded Factories for Finance in the Seventies* (New Haven, Conn.: Yale University Press, 2010).
7. Thomas L. Friedman, "Silicon Valley's 'Underworld,'" *The New York Times*, December 3, 1981, B1; "Valley of Thefts," *Time*, December 14, 1981, 66; D. T. Friendly and Paul Abramson,

"In Silicon Valley, Goodbye, Mr. Chips," *Newsweek*, May 12, 1980, 78.
8. Regis McKenna, interviews with the author, December 3, 2014, and May 31, 2016.
9. Hearings on H.R. 5805 "Chrysler Corporation Loan Guarantee Act of 1979," Subcommittee on Economic Stabilization, Committee on Banking, Finance, and Urban Affairs, House of Representatives, Ninety-sixth Congress, First session, October 19, 1979; Charles K. Hyde, *Riding the Roller Coaster: A History of the Chrysler Corporation* (Detroit: Wayne State University Press, 2003); Stein, *Pivotal Decade*.
10. Johnson, "The Perils of Paradise"; Stone quoted in Susan Brown-Goebeler, "How Gray Is My Valley," *Time* 138, no. 20 (November 18, 1991): 90.
11. James Flanigan, "U.S., Japan Vie for Lead in Electronics," *Los Angeles Times*, October 12, 1980, 1; U.S. Department of Commerce, Industry and Trade Administration, *A Report on the U.S. Semiconductor Industry*, September 1979.
12. Hobart Rowen, "Entire Data Processing Industry Target of Japanese Companies," *The Washington Post*, March 23, 1980, E1.
13. McKenna, interview with the author, December 3, 2014.
14. Tom Redburn and Robert Magnuson, "Stung by Tax Bill, Electronics Firms Seek Broader Political Base," *The Los Angeles Times*, November 15, 1981, F1–4; "AeA Supports Two Bills Asking Tax Aid for R&D," *Computerworld*, June 1, 1981, 67; Ken Hagerty, interview with the author, September 9, 2015, by phone; Redburn and Magnuson, "Stung by Tax Bill."
15. David Harris, "Whatever Happened to Jerry Brown?," *The New York Times*, March 9, 1980, SM9. On Pat Brown's defeat and its implications, see Matthew Dallek, *The Right Moment: Ronald Reagan's First Victory and the Decisive Turning Point in American Politics* (New York: The Free Press, 2000).
16. McKenna, interview with the author, December 3, 2014.
17. Edmund G. Brown Jr., State of the State Address, January 8, 1981; "Governor Brown Boosts Microelectronics," *Science* 211, no. 4483 (February 13, 1981): 688–89.
18. William D. Marbach, "High Hopes for High Tech," *Newsweek*, February 14, 1983, 61.
19. California Commission on Industrial Innovation, "Winning Technologies: A New Industrial Strategy for California and the Nation," September 2, 1982, Silicon Valley Ephemera Collection, Series 1, Box 4, FF 21, SU.
20. Ronald Reagan, "Executive Order 12428—President's Commission on Industrial Competitiveness," June 28, 1983.
21. Ben Rosen, "Jerry Sanders' Humor," *The Rosen Electronics Letter* 82, no. 12 (August 25, 1982): 14–15.
22. House Democratic Caucus, *Rebuilding the Road to Opportunity: Turning Point for America's Economy* (Washington: USGPO, 1982).
23. "Steve Jobs and David Burnham," *Nightline*, ABC News, April 10, 1981, archived at https://perma.cc/4UER-Y3YV.
24. David Morrow, oral History interview with Steve Jobs, Palo Alto, Calif., April 20, 1995, Smithsonian Institution.
25. Quoted in Audrey Watters, "How Steve Jobs Brought the Apple II to the Classroom," *Hack Education.com*, February 25, 2015, http://hackeducation.com/2015/02/25/kids-cant-wait-

apple, archived at https://perma.cc/3K62-ACW5.
26. Milton B. Stewart, "Polishing the Apple," *Inc.*, Feb. 1, 1983, https://www.inc.com/magazine/19830201/6207.html, archived at https://perma.cc/K7UQ-4ACC.
27. National Commission on Excellence in Education, *A Nation at Risk: The Imperative for Educational Reform* (April 1983).
28. Richard Severo, "Computer Makers Find Rich Market in Schools," *The New York Times*, December 10, 1984, B1.
29. Alan Maltun, "Students Beg to Stay After School to Use Computers"; David Einstein, "Bellflower Paces Area Schools in Computer Field"; Bob Williams, "Computer Parade Uneven," *The Los Angeles Times*, December 11, 1983, SB1.
30. Andrew Emil Gansky, "Myths and Legends of the Anti-Corporation: A History of Apple, Inc., 1976–1997," PhD dissertation, The University of Texas at Austin, 2017; Watters, "How Steve Jobs Brought the Apple II to the Classroom"; Harry McCracken, "The Apple Story is an Education Story: A Steve Jobs Triumph Missing from the Movie," *The 74*, October 15, 2015, https://www.the74million.org/article/the-apple-story-is-an-education-story-a-steve-jobs-triumph-missing-from-the-movie/, archived at https://perma.cc/EZV6-UGLT.
31. Natasha Singer, "How Google Took Over the Classroom," *The New York Times*, May 14, 2017, 1.
32. "'82 House Freshmen Eschew Partisanship and Posturing," *The Washington Post*, December 26, 1982, A1; Zschau, "Tax Policy Initiatives to Promote High Technology," May 13, 1983, Box 51, FF Capital Gains 1, Ed Zschau Papers, HH.
33. Mark Bloomfield, Memorandum to the Capital Gains Coalition, December 14, 1984, Box 51, Capital Gains II, Ed Zschau Papers, HH; "Testimony of Honorable Paul Tsongas (Foley, Hoag, and Eliot, Boston Mass.) before the Senate Small Business Committee on The Elimination of the Capital Gains Differential for Individuals and Its Impact on Small Business Capital Formation," June 2, 1986.
34. *Climate for Entrepreneurship and Innovation in the United States: Hearings Before the Joint Economic Committee*, August 27 and 28, 1984, 3.
35. Burt McMurtry, interview with the author, October 2, 2017.
36. Committee on Innovations in Computing and Communications, National Academy of Sciences, *Funding a Revolution: Government Support for Computing Research* (Washington, D.C.: National Academies Press, 1999), 52–61.
37. Michael Schrage, "Defense Budget Pushes Agenda in High Tech R&D," *The Washington Post*, August 12, 1984, F1; Schrage, "Computer Effort Falling Behind," *The Washington Post*, September 5, 1984, F1; Alex Roland with Philip Shiman, *Strategic Computing: DARPA and the Quest for Machine Intelligence, 1983–1993* (Cambridge, Mass.: The MIT Press, 2002).

16 老大哥

1. Paul Andrews and Stephan Manes, "If Perot's So Smart, Why Did He Let Microsoft Slip Away?" *The Austin American-Statesman*, June 21, 1992, H1.
2. Stephen Manes and Paul Andrews, *Gates* (New York: Touchstone/Simon & Schuster, 1993), 120–21; Peter Rinearson, "Young Students Had Program to Make Millions," *The Seattle Times*, February 14, 1982, D3.

3. Manes and Andrews, *Gates*, 153.
4. Paul Andrews, "Mary Gates: She's Much More Than the Mother of Billionaire Bill," *The Seattle Times*, January 9, 1994, A1.
5. Ironically, given the fact that his story was one proof point Silicon Valley insiders gave for their animus toward Microsoft, Kildall was a third-generation Seattleite and a computer science graduate of the University of Washington. While never achieving the fame of Bill Gates, he continued to make and market CP/M, and became a familiar face on public television as the host of *The Computer Chronicles* before his untimely death at age 52, in 1994. Gary Kildall, *Computer Connections: People, Places, and Events in the History of the Personal Computer Industry*, unpublished manuscript in the possession of Scott and Kristen Kildall, reproduced online with permission by the Computer History Museum at http://www.computerhistory.org/atchm/in-his-own-words-gary-kildall/, archived at https://perma.cc/NU3B-M47B.
6. Rinearson, "Young Students."
7. Burt McMurtry, interview with the author, January 15, 2015; Leena Rao, "Sand Hill Road's Consiglieres: August Capital," *TechCrunch*, June 14, 2014, https://techcrunch.com/2014/06/14/sand-hill-roads-consiglieres-august-capital/, archived at https://perma.cc/6DN4-DERQ.
8. Charles Simonyi, interview with the author, October 4, 2017, Bellevue, Wash.; Michael Hiltzik, *Dealers of Lightning: Xerox PARC and the Dawn of the Computer Age* (New York: HarperBusiness, 1999), 194–210; Michael Swaine and Paul Freiberger, *Fire in the Valley: The Birth and Death of the Personal Computer*, 3rd ed. (Raleigh, N.C.: The Pragmatic Bookshelf, 2014), 271.
9. Simonyi interview; Charles Simonyi, oral history interview by Grady Booch, February 6, 2008, CHM, 30–34; Manes and Andrews, *Gates*, 167.
10. Intel Corporation, Annual Report, 1980 and 1984. The surge in growth came under the leadership of Andy Grove, who became CEO in 1987. Under Grove's tenure, Intel's 386 microprocessor became the industry standard and the company at last became a household name with its ubiquitous "Intel Inside" marketing campaign. See Richard S. Tedlow, *Andy Grove: The Life and Times of an American* (New York: Portfolio, 2006).
11. George Anders, "IBM Set to Announce Entry into Home-Computer Field," *The Wall Street Journal*, August 11, 1981, 35; "IBM to Announce More Small Computers," *InfoWorld*, August 17, 1981, 1.
12. Mike Markkula quoted in Paul Freiberger, "Apple Computer in News," *InfoWorld*, August 31, 1981, 1.
13. Display ad 25—no title, *The Wall Street Journal*, August 24, 1981, 7.
14. On the history of the Macintosh, see Steven Levy, *Insanely Great: The Life and Times of Macintosh, the Computer That Changed Everything* (New York: Viking, 1994); Andy Hertzfeld, *Revolution in the Valley: The Insanely Great Story of How the Mac Was Made* (Sebastopol, Calif.: O'Reilly Media, 2004); Swaine and Freiberger, *Fire in the Valley*, 262–75.
15. Margaret Comstock Tommervik, "The Women of Apple," *Softalk* 1, no. 7 (March 1981): 4–10, 38–39.
16. Floyd Kvamme, interview with the author, February 16, 2016, Stanford, Calif.; Guy Kawasaki, interview with the author, January 26, 2015, Menlo Park, Calif.; Andy Hertzfeld, "Pi-

rate Flag, August 1983," Folklore.org, https://www.folklore.org/StoryView.py?story=Pirate-Flag.txt, archived at https://perma.cc/GET2-7LQN.
17. On Apple's internal analysis of the problem, see Clyde Folley, "Copy Strategy, Apple Computer Inc., MIS/OFFICE/EDP, Second Draft," January 5, 1983, Apple Computer Inc. Records, M1007, Series 7, Box 15, FF 1, SU.
18. Ben Rosen, "Evolutionary Computers Spawn Revolution: The Under-$10,000 Boom," *The Rosen Electronics Letter*, May 9, 1980, 1, 10.
19. *Fortune* (Dec 26, 1983, 142) quoted in Thomas & Company, "Competitive Dynamics in the Microcomputer Industry: IBM, Apple Computer, and Hewlett-Packard," 26, M1007, Series 7, Box 14, FF 5, Apple Computer Company Records, SU.
20. Martin Reynolds, "The Billionth PC Ships," Gartner Research Note, June 28, 2002; *Fortune* (Dec. 26, 1983, 142) and Jobs (*WSJ*, Oct, 4, 1983, 1) both quoted in Thomas & Company, "Competitive Dynamics in the Microcomputer Industry," 24, 26.
21. John Markoff, "Adam Osborne, Pioneer of the Portable PC, Dies at 64," *The New York Times*, March 26, 2003, C13; Daniel Akst, "The Rise and Decline of Vector Graphic," *The Los Angeles Times*, August 20, 1985, V_B5A; John Greenwald, Frederick Ungeheuer, and Michael Moritz, "D-Day for the Home Computer," *Time* 122, no. 20 (November 7, 1983): 74.
22. John Young, Paul Ely in *BusinessWeek*, October 3, 1983, quoted in Thomas & Company, "Competitive Dynamics in the Microcomputer Industry."
23. Thomas & Company, "Competitive Dynamics."
24. Smith, "Silicon Valley Spirit"; Robert Reinhold, "Life in High-Stress Silicon Valley Takes a Toll," *The New York Times*, January 13, 1984, 1.
25. Jean Hollands, *The Silicon Syndrome: A Survival Handbook for Couples* (Palo Alto, Calif.: Coastlight Press, 1983).
26. Reinhold, "Life in High-Stress Silicon Valley Takes a Toll"; Smith, "Silicon Valley Spirit."
27. Thomas & Company, "Competitive Dynamics"; Paul Freiberger, "IBM Counts its Chips, Invests $250 Million in Intel," *InfoWorld* 5, no. 5 (January 31, 1983): 30; Jean S. Bozman, "The IBM-Rolm Connection," *Information Week* 37 (October 21, 1985): 16; Katherine Maxfield, *Starting Up Silicon Valley: How ROLM became a Cultural Icon and Fortune 500 Company* (Austin, Tex.: Emerald Book Co., 2014).
28. Mitch Kapor, interview with the author, October 19, 2017, Oakland, Calif.; Udayan Gupta, *Done Deals: Venture Capitalists Tell Their Stories* (Cambridge, Mass.: Harvard Business School Press, 2000), 83–88; John W. Wilson, *The New Venturers: Inside the High-Stakes World of Venture Capital* (Reading, Mass.: Addison-Wesley, 1985), 110–13.
29. Martin Campbell-Kelly, "Not Only Microsoft: The Maturing of the Personal Computer Software Industry, 1982–1995," *The Business History Review* 75, no. 1 (Spring 2001): 103–45.
30. Jeanne Hayes, ed., *Microcomputer and VCR Usage in Schools, 1985–1986* (Denver, Colo.: Quality Education Data, 1986), 4, 36, 38; U.S. Bureau of the Census, Robert Kominski, Current Population Reports, Special Studies, Series P-23, No. 155, *Computer Use in the United States: 1984* (Washington, D.C.: U.S. Government Printing Office, 1988).
31. Author interview with former associate of RMI, Inc., August 6, 2018.
32. Mike Hogan, "Fighting for the Heavyweight Title," *California Business*, November 1984,

78–93; *Computer Age*, December 12, 1983, quoted in Thomas & Company, "Competitive Dynamics"; Hogan, "Fighting for the Heavyweight Title."
33. SRI's Values and Lifestyles (VALS) program was relied upon heavily by Apple for its market research. See Macintosh Product Introduction Plan, October 7, 1983, M1007, Series 7, Box 13, FF 21, SU.
34. Chiat/Day, Macintosh Introductory Advertising Plan FY 1984, November 1983, M1007, Series 7, Box 14, FF 1, SU; Michael Moritz, *Return to the Little Kingdom: How Apple and Steve Jobs Changed the World* (New York: The Overlook Press, 2009), 123.
35. Haynes Johnson, "Election '84: Silicon Valley's Satisfied Society," *The Washington Post*, October 10, 1984, M3.
36. Patricia A. Bellew, "The Office Party is One Thing at Which Silicon Valley Excels," *The Wall Street Journal*, December 21, 1984, 1.

17　战争游戏

1. Jim Treglio, "Briefing Paper for Paul Tsongas," July 28, 1983, Box 36B, FF 2, Paul E. Tsongas Collection, Center for Lowell History, University of Massachusetts Lowell (PT); John Lewis Gaddis, *The United States and the End of the Cold War: Implications, Reconsiderations, Provocations* (Oxford, U.K.: Oxford University Press, 1992); Frances FitzGerald, *Way Out There in the Blue: Reagan, Star Wars, and the End of the Cold War* (New York: Simon & Schuster, 2000).
2. Alex Roland with Philip Shiman, *Strategic Computing: DARPA and the Quest for Machine Intelligence, 1983–1993* (Cambridge, Mass.: The MIT Press, 2002), 83–95.
3. Jim Treglio, "Briefing Paper for Paul Tsongas," July 28, 1983, Box 36B, FF 2, PT; Reagan, "Address to the Nation on Defense and National Security," March 23, 1983; Union of Concerned Scientists, "The New Arms Race: Star Wars Weapons," Briefing Paper, October 1983, Cambridge Mass, PT. Useful discussion of pro- and anti-SDI campaigns and the role of the scientific community can be found in William M. Knoblauch, "Selling the Second Cold War: Antinuclear Cultural Activism and Reagan Era Foreign Policy," PhD Dissertation, History, Ohio University, 2012.
4. R. Jeffrey Smith, "New Doubts about Star Wars Feasibility," *Science* 229, no. 4711 (1985), 367–68; Gary Chapman, "Dear Colleague," undated (c. 1986), Silicon Valley Ephemera Collection, Series 1, Box 7, FF 12, SU; Catherine Rambeau, "Badham's Movies Take Good Shots at Techno-Society," *Atlanta Journal-Constitution*, June 6, 1983, B11.
5. U.S. Bureau of the Census, Robert Kominski, Current Population Reports, Special Studies, Series P-23, No. 155, *Computer Use in the United States: 1984* (Washington D.C.: USGPO, , 1988); Jerry Neumann, "Heat Death: Venture Capital in the 1980s," Reaction Wheel blog, January 8, 2015, http://reactionwheel.net/2015/01/80s-vc.html, archived at https://perma.cc/F5T2-GFS9; Steven Levy, *Hackers: Heroes of the Computer Revolution* (New York: Anchor Press/Doubleday, 1984); Fred Turner, *From Counterculture to Cyberculture: Stewart Brand, the Whole Earth Network, and the Rise of Digital Utopianism* (Chicago: The University of Chicago Press, 2006), 134–40.
6. Terry A. Winograd, "Strategic Computing Research and the Universities," Report no. STAN-

CS-87-1160, Department of Computer Science, Stanford University, March 1987.
7. CPSR General Statement, Box 3, FF "Computer Professionals for Social Responsibility," Liza Loop Papers, Undated c. 1982, SU.
8. Winograd, "Some Thoughts on Military Funding," *CPSR Newsletter* 2, no. 2 (Spring 1984).
9. Winograd, "Strategic Computing Research and the Universities," Silicon Valley Research Group Working Paper No. 87-7, University of California, Santa Cruz, March 1987.
10. Roland, *Strategic Computing*, 86–91.
11. Zachary Wasserman, "Inventing Startup Capitalism: Silicon Valley and the Politics of Technology Entrepreneurship from the Microchip to Reagan," PhD dissertation, History, Yale University, 2015.
12. Mark Crawford, "In Defense of 'Star Wars,'" *Science* 228, no. 4699 (1985): 563; Cathy Werblin, "Lockheed, Silicon Valley's Mysterious Giant," *The Business Journal*, February 26, 1990, 23; Nicholas D. Kristof, "Star Wars Job Near at Lockheed," *The New York Times*, November 8, 1985, D2.
13. "March at Lockheed; 21 Star Wars Protesters Arrested in Sunnyvale," *The San Francisco Chronicle*, April 22, 1986, 4; Torri Minton, "50 Arrested at Star Wars Protest at Lockheed," *The San Francisco Chronicle*, October 21, 1986, 16.
14. Michael Schrage, "Defense Budget Pushes Agenda in High Tech R&D," *The Washington Post*, August 12, 1984, F1; "A Big Push for Pentagon Reform," Editorial, *The New York Times*, July 22, 1986, A24.
15. William Trombley, "Reagan Library Strains Link Between Stanford and Hoover Institution," *Los Angeles Times*, March 8, 1987, A3.
16. Ron Lillejord and Seth Zuckerman, "The Hoover Institution: The Might of the Right?" *The Stanford Daily* 176, no. 29 (November 1, 1979): 3; Viewpoint, "Kennedy's Flawed 'Compromise,'" *The Stanford Daily* 184, no. 31 (November 7, 1983): 4.
17. Tom Bothell, "Totem and Taboo at Stanford," *National Review*, reprinted in *Stanford Review* 2, no. 1 (November 1987): 4; James Wetmore, "Former Hoover Director W. Glenn Campbell Discusses His Retirement," *Stanford Review* 4, no. 1 (October 8, 1989): 4–5.
18. Robert Marquand, "Stanford's core 'canon' debate ends in compromise," *The Christian Science Monitor*, April 8, 1988, https://www.csmonitor.com/1988/0408/dstan.html, archived at https://perma.cc/L5CV-XEXD; Andrew Hartman, *A War for the Soul of America: A History of the Culture Wars* (Chicago: The University of Chicago Press, 2015), esp. 222–52.
19. Goodwin Liu, "ASSU Urges Reforms," *The Stanford Daily* 192, no. 23 (October 28, 1987): 1; Josh Harkinson, "Masters of Their Domain," *Mother Jones*, June 20, 2007, https://www.motherjones.com/politics/2007/06/masters-their-domain-2/, archived at https://perma.cc/FAC9-NV7L.
20. Jodi Kantor, "A Brand-New World in Which Men Ruled," *The New York Times*, December 23, 2014, 1; David O. Sacks and Peter A. Thiel, *The Diversity Myth: 'Multiculturalism' and the Politics of Intolerance at Stanford* (Oakland, Calif.: The Independent Institute, 1995).
21. Ann Hardy, phone conversation with the author, August 28, 2018. In contrast to a later generation of Silicon Valley executives who were bent on limiting screen time for their offspring, Hardy got her daughters in front of teletype machines as soon as they could sit up-

right; more than four decades on, she and they all agreed that the early exposure had worked to everyone's benefit.
22. Michael Weinstein, "Tymshare Puts McDonnell Douglas in Information Processing," *American Banker*, March 7, 1984, 15; Ann Hardy, interview with the author, April 20, 2015; Ann Hardy: An Interview Conducted by Janet Abbate, IEEE History Center, July 15, 2002, Interview# 599 for the IEEE History Center, The Institute of Electrical and Electronic Engineers, Inc.
23. Michael A. Banks, *On the Way to the Web: The Secret History of the Internet and its Founders* (Berkeley, Calif.: Apress, 2008), 38. Even more-robust and publicly sponsored online networks emerged around the same time in countries that had maintained telecommunications service as a public utility, most notably France's Minitel system. See Julien Mailland and Kevin Driscoll, *Minitel: Welcome to the Internet* (Cambridge, Mass.: MIT, 2017).
24. Claire L. Evans, *Broad Band: The Untold Story of the Women Who Made the Internet* (New York: Portfolio / Penguin, 2018), 133; Turner, *From Counterculture to Cyberculture*.
25. Laura Smith, "In the early 1980s, white supremacist groups were early adopters (and masters) of the internet," *Medium*, October 11, 2017, https://timeline.com/white-supremacist-early-internet-5e91676eb847, archived at https://perma.cc/8UKG-UB8H; Kathleen Belew, *Bringing the War Home: The White Power Movement and Paramilitary America* (Cambridge, Mass.: Harvard University Press, 2018). One early and leading participant in the Cypherpunk movement was Wikileaks founder Julian Assange, who made it the subject of a book-length treatise, *Cypherpunks: Freedom and the Future of the Internet* (New York: OR Books, 2016).
26. Peter H. Lewis, "Despite a New Plan for Cooling it Off, Cybersex Stays Hot," *The New York Times*, March 26, 1995, 1.
27. President's Blue Ribbon Commission on Defense Management, *A Quest for Excellence: Final Report to the President* (Washington, D.C.: USGPO, June 1986); William J. Broad, "What's Next for 'Star Wars'? 'Brilliant Pebbles,'" *The New York Times*, April 25, 1989, C1.
28. R. W. Apple Jr., "After the Summit," *The New York Times*, June 5, 1990, 1.

18　筑于沙上

1. Susan Brown-Goebeler, "How Gray Is My Valley," *Time* 138, no. 20 (November 18, 1991): 90.
2. Zschau, correspondence with the author, September 11, 2018; McKenna, correspondence with the author, September 6, 2018; "Cranston Rides into Zschau Country—Silicon Valley," *Los Angeles Times*, October 25, 1986, 37; Tom Campbell, interview with the author, February 17, 2016, by phone. Other dirty tricks marred the Zschau-Cranston race and possibly tipped the outcome, including a voter-payoff scheme in Orange County that sent its perpetrator to prison.
3. Tom Kalil, interview with the author, August 15, 2017, by phone; John Endean, "Let the 'Chips' Quote Fall on Whom It May" (Letter to the Editor), *The Wall Street Journal*, January 16, 1992, A13.
4. Mitchel Benson and David Kutzmann, "EPA Calls Valley Water Treatment, Air Pollution the Chief Cancer Risks," *San Jose Mercury News*, October 12, 1985, A1.
5. Judith E. Ayres, "Controlling the Dangers from High-Tech Pollution," *EPA Journal* 10, no. 10 (December 1984), 14–15; Judith Cummings, "Leaking Chemicals in California's 'Silicon Valley' Alarm Neighbors," *The New York Times*, May 20, 1982, A22; Chop Keenan, inter-

view with the author, March 17, 2016, Palo Alto, Calif. On environmentally "clean" ideals and realities in the industry over time, see Margaret O'Mara, "The Environmental Contradictions of High-Tech Urbanism," in *Now Urbanism: The Future City is Here*, ed. Jeffrey Hou, Ben Spencer, Thaisa Way, and Ken Yocom (Abingdon, U.K.: Routledge, 2015), 26–42.

6. Lenny Siegel and John Markoff, *The High Cost of High Tech: The Dark Side of the Chip* (New York: Harper & Row, 1985); Glenna Matthews, *Silicon Valley, Women, and the California Dream: Gender, Class, and Opportunity in the Twentieth Century* (Redwood City, Calif.: Stanford University Press, 2002). The hazards of chip-making also could be deadly to the workers in the fabrication plants; see "Ailing Computer-Chip Workers Blame Chemicals, Not Chance," *The New York Times*, March 28, 1996, B1.

7. David Olmos, "Electronics Industry Resists Organized Labor," *Computerworld*, September 10, 1984, 113. As Timothy J. Sturgeon observes, in using contractors in this manner, electronics companies were on the front edge of what became a widely adapted form of industrial organization by U.S. manufacturers. Sturgeon, "Modular production networks: a new American model of industrial organization," *Industrial and Corporate Change* 11, no. 3 (2002). For more on the tech industry's workforce practices and its use of contractors, see Louis Hyman, *Temp: How American Work, American Business, and the American Dream Became Temporary* (New York: Viking, 2018).

8. Kenneth R. Sheets, "Silicon Valley Doesn't Hold All the Chips," *U.S. News & World Report*, August 26, 1985, 45.

9. Regis McKenna, "Marketing is Everything," *Harvard Business Review*, January-February 1991, https://hbr.org/1991/01/marketing-is-everything, archived at https://perma.cc/3RUZ-GVV5.

10. Scott Mace, "Apple Bets on the Macintosh," *InfoWorld*, February 13, 1984, 20; Dan'l Lewin, interview with the author, November 21, 2017, Seattle, Wash.; "Macintosh Product Introduction Plan," October 7, 1983, M1007, Series 7, Box 13, FF 12, SU.

11. Matthew Creamer, "Apple's First Marketing Guru on Why '1984' is Overrated," *Advertising Age*, March 1, 2012.

12. Barbara Rudolph, Robert Buderi, and Karen Horton, "Shaken to the Very Core: After Months of Anger and Anguish, Steve Jobs Resigns as Apple Chairman," *Time* 126, no. 13 (September 30, 1985): 64; Walter Isaacson, *Steve Jobs* (New York: Simon & Schuster, 2011), 192–211.

13. Phil Patton, "Steve Jobs: Out for Revenge," *The New York Times*, August 6, 1989, SM23.

14. Ron Wolf, "Amid Hoopla, 'Next' Computer is Unveiled by PC Pioneer Jobs," *The Washington Post*, October 13, 1988, C1; Mark Potts, "Computer Industry Wary of Jobs-Perot Alliance," *The Washington Post*, February 8, 1987, H2.

15. "NeXT," *Entrepreneurs*, dir. John Nathan, WETA-TV, Washington, D.C., 1986.

16. Doron P. Levin, *Irreconcilable Differences: Ross Perot versus General Motors* (New York: Little, Brown, 1989), 18; Ross Perot, "A Life of Adventure," The West Point Center for Oral History, 2010, archived at https://perma.cc/5T96-SLJU; Herbert W. Armstrong, "An Interview with H. Ross Perot," *The Plain Truth* Magazine 39, no. 3 (March 1974).

17. Robert Fitch, "H. Ross Perot: America's First Welfare Billionaire," *Ramparts Magazine*, November 1971, 42–51. Also see Fitch, "Welfare Billionaire," *The Nation* 254, no. 23 (June 15,

1992): 815–16; Eric O'Keefe, *A Unique One-Time Opportunity: The Story of How EDS Created Outsourcing*, self-published manuscript in the author's possession (2013); Stuart Auerbach, "Perot Medicare Bonanza Revealed," *The Washington Post*, September 29, 1971, A3.
18. Jon Nordheimer, "Billionaire Texan Fights Social Ills," *The New York Times*, November 28, 1969, 41; O'Keefe, *A Unique One-Time Opportunity*; Todd Mason, *Perot: An Unauthorized Biography* (Homewood, Ill.: Dow Jones–Irwin, 1990), 5.
19. Brenton R. Schlender, "Jobs, Perot Become Unlikely Partners in the Apple Founder's New Concern," *The Wall Street Journal*, February 2, 1987, 28.
20. Potts, "Computer Industry Wary of Jobs-Perot Alliance."
21. Lewin, interview with the author, November 21, 2017.
22. G. Pascal Zachary and Ken Yamada, "What's Next? Steve Jobs's Vision, So on Target at Apple, Now is Falling Short," *The Wall Street Journal*, May 25, 1993, A1.
23. Wes Smith, "Booming Seattle Tells Hip Californians Just to Stay Away," *The Chicago Tribune*, September 19, 1989, http://articles.chicagotribune.com/1989-09-19/features/8901140398_1_seattle-area-greater-seattle-californians, archived at https://perma.cc/G4K7-HBST.
24. Peter Huber, "Software's Cash Register," *Forbes*, October 18, 1993, 314.
25. Trish Millines Dziko, interview with the author, April 2, 2018, by phone.
26. Paul Andrews, "Inside Microsoft: A 'Velvet Sweatshop' or a high-tech heaven?," *The Seattle Times*, April 23, 1989, PM 8–17. On Microsoft stock price and employee wealth, see O. Casey Corr, "What's $1 Million Times 2,000?," *The Seattle Times*, February 27, 1992, A1.
27. Mark Leibovich, "Alter Egos: Two Sides of a High-Tech Brain Trust Make Up a Powerful Partnership," *The Washington Post*, December 31, 2000, A1; John Heilemann, *Pride Before the Fall: The Trials of Bill Gates and the End of the Microsoft Era* (New York: CollinsBusiness, 2001), 49.
28. Rachel Lerman, "Pam Edstrom was voice behind Microsoft's Story, Dies at 71," *The Seattle Times*, March 30, 2017, https://www.seattletimes.com/seattle-news/obituaries/pam-edstrom-was-voice-behind-microsofts-story/, archived at https://perma.cc/3ZNJ-53HL.
29. Stephen Manes and Paul Andrews, *Gates* (New York: Touchstone/Simon & Schuster, 1993), 148, 244.
30. Kara Swisher, *AOL.com: How Steve Case Beat Bill Gates, Nailed the Netheads, and Made Millions in the War for the Web* (New York: Crown Business, 1998), xvii; Manes and Andrews, *Gates*, 403.
31. Brenton R. Schlender, "Computer Maker Aims to Transform Industry and Become a Giant," *The Wall Street Journal*, March 18, 1988, 1.
32. "April Fool Pranks in Sun Microsystems Over the Years," *Hacker News*, February 14, 2006, last updated January 26, 2014, https://news.ycombinator.com/item?id=7121224, archived at https://perma.cc/G5GH-FN6F.
33. Nancy Householder Hauge, "Misogyny in the Valley," and "Life in the Boy's Dorm: My Career at Sun Microsystems," *Consulting Adult*, January 29, 2010, http://consultingadultblog.blogspot.com/2010/01/life-in-boys-dorm-my-career-at-sun.html, archived at https://perma.cc/26WB-KTV9.
34. AnnaLee Saxenian, "Regional Networks and the Resurgence of Silicon Valley," *California*

Management Review 33, no. 1 (Fall 1990): 89–113.
35. Mark Potts, "Rebellious Apple Finally Grows Up," *The Washington Post*, June 14, 1987, D1; Haynes Johnson, "Future Looks Precarious to Silicon Valley Voters," *The Washington Post*, October 24, 1988, A1; Brown-Goebeler, "How Gray Is My Valley."
36. "White House Won't Back Chip Subsidy," *The New York Times*, November 30, 1989, B1.
37. Constance L. Hays, "An Inventor of the Microchip, Robert N. Noyce, Dies at 62," *The New York Times*, June 4, 1990, A1.
38. "Companies with over 500 Employees," November 1986, Silicon Valley Ephemera Collection, Series 1, Box 5, FF 12, SU; Ken Siegmann, "Lockheed Cutting Thousands of Jobs," *San Francisco Chronicle*, August 4, 1993, B1; Michelle Quinn, "The Turbulence at Lockheed," *San Francisco Chronicle*, June 23, 1995, B1; Alan C. Miller, "Berman Feels the Heat Over Defense Cuts," *The Los Angeles Times*, June 23, 1991, A3.
39. Glenn Rifkin, "Light at the End of Digital's Tunnel," *The New York Times*, October 29, 1991, D1.
40. Fox Butterfield, "Chinese Immigrant Emerges as Boston's Top Benefactor," *The New York Times*, May 5, 1984, 1; Dennis Hevesi, "An Wang, 70, is Dead of Cancer; Inventor and Maker of Computers," *The New York Times*, March 25, 1990, 38.
41. David Morgenthaler, interviews with the author.

第四幕　改变世界

1. Christopher E. Martin, Khary Turner, "Ten Crack Commandments," Sony/ATV Music Publishing, 1997.

前　记

1. Brent Schlender, "How a Virtuoso Plays the Web," *Fortune* 141, no. 5 (March 6, 2000): 79–83.
2. United States Census, 1970, 1990. For more on the growth of the South Bay's Asian-American population and the social and political impacts of its growth, see Willow S. Lung-Amam, *Trespassers? Asian Americans and the Battle for Suburbia* (Berkeley: University of California Press, 2017), especially 19–52.
3. Lowell B. Lindsay, "A Long View of America's Immigration Policy and the Supply of Foreign-Born STEM Workers in the United States," *American Behavioral Scientist* 53, no. 7 (2010): 1029–44; AnnaLee Saxenian, "Silicon Valley's New Immigrant Entrepreneurs" (Public Policy Institute of California, 1999); Vivek Wadhwa, AnnaLee Saxenian, Ben Rissing, and Gary Gereffi, "America's New Immigrant Entrepreneurs," Master of Engineering Management Program, Duke University; School of Information, University of California, Berkeley, January 4, 2007. Another significant impetus for this immigration: international educational exchange and foreign student programs, which had their origins in Cold War diplomacy; see Margaret O'Mara, "The Uses of the Foreign Student," *Social Science History* 36, no. 4 (Winter 2012): 583–615.
4. Stanford School of Engineering, *Yahoo!: Jerry & Dave's Excellent Venture*, video recording (Mill Valley, Calif.: Kantola Productions, 1997), Stanford Libraries, Stanford, Calif.

19 信息意味着授权

1. Rory J. O'Connor and Tom Schmitz, "U.S. Raids Hackers," *San Jose Mercury News*, May 9, 1990, A1.
2. Neil Steinberg, "Hacker Sting Nets Arrests in 14 Cities," *Chicago Sun-Times*, May 11, 1990, 16.
3. John Markoff, "Drive to Counter Computer Crime Aims at Invaders," *The New York Times*, June 3, 1990, 1.
4. Mitch Kapor, interview with the author, September 19, 2017, Oakland, Calif.
5. Fred Turner, *From Counterculture to Cyberculture: Stewart Brand, the Whole Earth Network, and the Rise of Digital Utopianism* (Chicago: The University of Chicago Press, 2006), 168–72; Alexei Oreskovic, "Who's Who in the Digital Revolution," *Upside* 6, no. 12 (December 1994): 52.
6. Rachel Parker, "Kapor Strives to Establish Rules for Living in a Computer Frontier," *InfoWorld*, July 23, 1990, 39; John Perry Barlow quoted in Turner, *From Counterculture to Cyberculture*, 172. Like the electronic frontier, the American West wasn't as unsettled or lawless as Kapor and Barlow understood it to be, but the historical comparison wasn't entirely off base. Rather than purely a realm of bootstrapping individualists, the West was a world made possible by government intervention—the drawing of boundary lines, the apportionment of land and resources, the removal of native peoples and replacement by American homesteaders, and the heavy subsidy of major infrastructure projects like the transcontinental railroad. See Richard White, *Railroaded: The Transcontinentals and the Making of Modern America* (New York: W. W. Norton, 2011).
7. Tim Berners-Lee, "Information Management: A Proposal," March 1989, May 1990, w3.org, https://www.w3.org/History/1989/proposal.html, archived at https://perma.cc/56D4-RJLE.
8. On the critical role of academic communication in shaping the NSFNET and the subsequent commercial Internet, see Juan D. Rogers, "Internetworking and the Politics of Science: NSFNET in Internet History," *The Information Society* 14, no. 3 (2006): 213–28. Also see John Markoff, "The Team That Put the Net in Orbit," *The New York Times*, December 9, 2007, B5.
9. Testimony of Mitchell Kapor, Management of NSFNET: Hearing before the Subcommittee on Science of the Committee on Science, Space, and Technology, U.S. House of Representatives, 102nd Congress, second session, March 12, 1992, 2; Katie Hafner and Matthew Lyon, *Where Wizards Stay Up Late: The Origins of the Internet* (New York: Simon & Schuster, 1996), 253–57.
10. Marty Tenenbaum, interview with the author, February 9, 2018, by phone.
11. Berners-Lee, "Longer Biography," https://www.w3.org/People/Berners-Lee/Longer.html, archived at https://perma.cc/VHJ4-C8GG. Also see Janet Abbate, *Inventing the Internet* (Cambridge, Mass.: The MIT Press, 1999), 214–18.
12. Berners-Lee quoted in Abbate, *Inventing the Internet*, 215. Also see Tim Berners-Lee with Mark Fischetti, *Weaving the Web: The Original Design and Ultimate Destiny of the World Wide Web* (San Francisco: HarperSanFrancisco, 1999).

13. National Research Council, *Toward a National Research Network* (Washington, D.C.: National Academies Press, 1988); Armand Mattelart, *The Information Society: An Introduction* (SAGE, 2003), 110–11.
14. Jane Bortnick, ed., Transcription of "Information and Communications," Congressional Clearinghouse on the Future, Chautauquas for Congress, March 1979, Congressional Research Service, Library of Congress, June 12, 1979; Cindy Skrzycki, "The Tekkie on the Ticket," *The Washington Post*, October 18, 1992, H1; Interview with W. Daniel Hillis, "Al Gore, 'the Ozone Man,'" *Web of Stories*, https://www.webofstories.com/play/danny.hillis/173, archived at https://perma.cc/KGK5-NKWB.
15. High Performance Computing Act of 1991, P.L. 102-194. A decade later, as a sitting Vice President running against George W. Bush for the top job, Gore inelegantly declared that he "took the initiative in creating the Internet," precipitating widespread mockery by political opponents, pundits, and late-night comedians. The drubbing overlooks the fact that Gore did indeed play an important role in opening the Internet to commercialization. (Gore appearance on CNN *Late Edition*, March 9, 1999.)
16. John Heilemann, "The Making of the President 2000," *WIRED*, December 1, 1995, https://www.wired.com/1995/12/gorenewt/, archived at https://perma.cc/YE76-4JG4. On the propitious timing of NSF's dropping of its commercial restrictions, and the subsequent growth of Internet Service Providers (ISPs), see Shane Greenstein, "Commercialization of the Internet: The Interaction of Public Policy and Private Choices, or Why Introducing the Market Worked so Well," in *Innovation Policy and the Economy*, vol. 1, ed. Adam B. Jaffe, Josh Lerner and Scott Stern (Cambridge, Mass.: The MIT Press, 2001), 151–86.
17. Timothy C. May, "The Crypto Anarchist Manifesto," September 1992, https://www.activism.net/cypherpunk/crypto-anarchy.html, archived at https://perma.cc/F584-5SDY. May also delivered versions of this manifesto during at least two Hackers' Conferences.
18. "Names of 40 Who Gave Democrats Each $100,000 Disclosed," *The Washington Post*, November 3, 1988, N1; Testimony of Mitchell Kapor, *Management of NSFNET*, 2 [p. 6 of his prepared statement, p. 76 of hearing].
19. Kapor, interview with the author.
20. Jill Abramson, "Once Again, Clinton Has Met the Enemy, and He is Brown, Not Bush," *The Wall Street Journal*, March 27, 1992, A16.
21. Margaret O'Mara, *Pivotal Tuesdays: Four Elections That Shaped the Twentieth Century* (Philadelphia: University of Pennsylvania Press, 2015), 178–82.
22. Lawrence (Larry) Stone, interview with the author, April 7, 2015, San Jose, Calif. A full account of the Democrats' 1990s-era wooing of Silicon Valley is found in Sara Miles, *How to Hack a Party Line: The Democrats and Silicon Valley* (New York: Farrar, Straus and Giroux, 2001).
23. Regis McKenna, correspondence with the author, September 6, 2018.
24. Michael S. Malone, "Democrat Days in Silicon Valley," *The New York Times*, March 7, 1993, B27.
25. *Nominations of David J. Barram to Be Deputy Secretary of Commerce and Steven O. Palmer to Be Assistant Secretary for Governmental Affairs of the Department of Transportation; hear-*

ing before the Committee on Commerce, Science, and Transportation, United States Senate, 103rd, first session, September 15, 1993 (1995); Malone, "Democrat Days in Silicon Valley"; Stone interview; Regis McKenna, interviews with the author, December 3, 2014 and April 21, 2015.
26. Stone interview.
27. Skrzycki, "The Tekkie on the Ticket."
28. Calvin Sims, "Silicon Valley Takes a Partisan Leap of Faith," *The New York Times*, October 29, 1992, B1; Daniel Southerland, "The Executive With Clinton's Ear: Hewlett-Packard CEO John Young Finds Ally on Competitiveness," *The Washington Post*, October 20, 1992, C1.
29. Southerland, "The Executive with Clinton's Ear."
30. Sims, "Silicon Valley Takes a Partisan Leap of Faith."
31. Martha Groves and James Bates, "California Prospecting: State Business Executives Rumored as Possible Clinton Appointees," *The Los Angeles Times*, November 6, 1992, B5; "Excerpts from Clinton's Conference on the State of the Economy," *The New York Times*, December 15, 1992, B10.
32. Dan Pulcrano, "Guess Who's Coming to Dinner?," *Los Gatos Weekly-Times*, February 28, 1993, 1.
33. Lee Gomes, "Bridging the Culture Gap," *San Jose Mercury News*, January 24, 1994, D1.
34. Philip J. Trounstine, "Clinton's High-Tech Initiative," *San Jose Mercury News*, February 23, 1993, A1.
35. Lee Gomes, "Silicon Graphics Staff Impressed by Visitors," *San Jose Mercury News*, February 23, 1993, A1; John Markoff, "Conversations/T. J. Rodgers: Not Everyone in the Valley Loves Silicon-Friendly Government," *The New York Times*, March 7, 1993, E7; "William J. Clinton: Remarks and a Question-and-Answer Session With Silicon Graphics Employees in Mountain View, California," February 23, 1993.
36. The World Bank, Internet users (per 100 people), https://data.worldbank.org/indicator/IT.NET.USER.P2?view=map&year=1993, archived at https://perma.cc/YTL8-WSKD; Tom Kalil, interview with the author, August 8, 2017.
37. Significantly, the operation tagged with marketing and executing the audacious project wasn't the FCC (even though the man pegged to run it, Reed Hundt, had been a close friend of Gore's since they were schoolmates). It was the National Telecommunications and Information Administration, or NTIA, headed by a gregarious and K-Street-savvy Ed Markey aide named Larry Irving. Jube Shiver, Jr., "Agency Steps into the Telecomm Limelight," *The Los Angeles Times*, September 20, 1993, D1.
38. Thomas Kalil, "Public Policy and the National Information Infrastructure," *Business Economics* 30, no. 4 (October 1995): 15–20; National Telecommunications and Information Administration, U.S. Department of Commerce "20/20 Vision: The Development of a National Information Infrastructure," NTIA-Spub-94-28, March 1994; "NII Advisory Council Members," Domestic Policy Council, Carol Rasco, and Meetings, Trips, Events Series, "NII Advisory Meeting February 13, 1996," Clinton Digital Library, accessed August 3, 2017, https://clinton.presidentiallibraries.us/items/show/20743.
39. Computer Professionals for Social Responsibility, "Serving the Community: A Public-

Interest Vision of the National Information Infrastructure," October 1993, http://cpsr.org/prevsite/cpsr/nii_policy.html/, archived at https://perma.cc/3VRD-Z9BU; Kapor, "Where is the Digital Highway Really Heading? The Case for a Jeffersonian Information Policy," *WIRED*, March 1, 1993, https://www.wired.com/1993/03/kapor-on-nii/, archived at https://perma.cc/VXZ6-NA56.

40. John Schwartz and John Mintz, "Gore: Federal Encryption Plan Flexible," *The Washington Post*, February 12, 1994, C1.
41. Domestic Policy Council, Carol Rasco, and Meetings, Trips, Events Series, "NII Advisory Meeting February 13, 1996," Clinton Digital Library, accessed August 3, 2017, https://clinton.presidentiallibraries.us/items/show/20743.
42. Heilemann, "The Making of the President 2000."

20　硅谷西装客

1. John Doerr, "The Coach," interview by John Brockman, 1996, Edge.org, https://www.edge.org/digerati/doerr/, archived at https://perma.cc/9KWX-GLWK.
2. John Markoff, interview with Kara Swisher, *Recode: Decode* podcast, February 17, 2017, https://www.recode.net/2017/2/17/14652832/full-transcript-tech-reporter-john-markoff-silicon-valley-recode-decode-podcast, archived at https://perma.cc/XE3U-FCPC.
3. Michael Schrage, "Nation's High-Tech Engine Fueled by Venture Capital," *The Washington Post*, May 20, 1984, G1; Udayan Gupta, *Done Deals: Venture Capitalists Tell Their Stories* (Cambridge, Mass.: Harvard Business School Press, 2000), 374–5; Regis McKenna, interview with the author, May 31, 2016.
4. Michael Lewis, *The New New Thing: A Silicon Valley Story* (New York: W.W. Norton, 1999).
5. Gupta, *Done Deals*, 380.
6. Marc Andreessen interviewed by David K. Allison, *Computerworld* Honors Program Archives, June 1995, Mountain View, Calif.
7. David Bank, "Why Sun Thinks Hot Java Will Give You a Lift," *San Jose Mercury News*, March 23, 1995, 1A; Karen Southwick, *High Noon: The Inside Story of Scott McNealy and the Rise of Sun Microsystems* (New York: Wiley, 1999), 131.
8. Malia Wollan, "Before Sheryl Sandberg Was Kim Polese – the Original Silicon Valley Queen," *The Telegraph.co.uk*, November 11, 2013, https://www.telegraph.co.uk/technology/people-in-technology/10430933/Before-Sheryl-Sandberg-was-Kim-Polese-the-original-Silicon-Valley-queen.html, archived at https://perma.cc/Z7Y6-G2HM.
9. Elizabeth Corcoran, "Mother Hen to an Industry," *The Washington Post*, October 13, 1996, H1.
10. James Gibbons, interview with the author, November 4, 2015.
11. Brent Schlender, "How a Virtuoso Plays the Web," *Fortune* 141, no. 5 (March 6, 2000): 79–83.
12. Vindu Goel, "When Yahoo Ruled the Valley: Stories of the Original 'Surfers,'" *The New York Times*, July 16, 2016, B1.
13. "Don Valentine," in Gupta, *Done Deals*, 173; "History," Yahoo.com, October 1996, Archive.org, https://web.archive.org/web/19961017235908/http://www2.yahoo.com:80/.

14. Jared Sandberg, "Group of Major Companies is Expected to Offer Goods, Services on the Internet," *The Wall Street Journal*, April 8, 1994, B2; John Markoff, "Commerce Comes to the Internet," *The New York Times*, April 13, 1994, D5.
15. Elizabeth Perez, "Store on Internet is Open Book," *The Seattle Times*, September 19, 1995, E1; Brad Stone, *The Everything Store: Jeff Bezos and the Age of Amazon* (New York: Little, Brown, 2013); Randall E. Stross, *The eBoys: The True Story of the Six Tall Men who Backed eBay and Other Billion-Dollar Startups* (New York: Ballantine Books, 2000), 48–57.
16. Craig Torres, "Computer Powerhouse of D. E. Shaw & Co. May be Showing Wall Street's Direction," *The Wall Street Journal*, October 15, 1992, C1.
17. Robert Spector, *Amazon.com: Get Big Fast* (New York: HarperBusiness, 2000), 2–5.
18. Bezos, job posting for Cadabra.Inc, Usenet, c. 1994, reproduced in Kif Leswing, "Check out the first job listing Jeff Bezos ever posted for Amazon," *Business Insider*, August 22, 2018, https://www.businessinsider.com/amazon-first-job-listing-posted-by-jeff-bezos-24-years-ago-2018-8, archived at https://perma.cc/B3WS-PXS5.
19. "I did locate Amazon in Seattle because of Microsoft," Bezos told an interviewer in 2018. "I thought that that big pool of technical talent would provide a good place to recruit talented people from." Jeff Bezos, interview with David M. Rubenstein, The Economic Club of Washington, D.C., September 13, 2018.
20. "Jeff Bezos, Founder and CEO, Amazon.com." *Charlie Rose* (interview #12656), November 16, 2012.
21. Julia Kirby and Thomas A. Stewart, "The Institutional Yes," *Harvard Business Review*, October 2007, https://hbr.org/2007/10/the-institutional-yes, archived at https://perma.cc/XV5H-GULN.
22. United States Securities and Exchange Commission, Form 10-Q, Amazon.com, Inc., June 30, 1997; *60 Minutes*, "Amazon.com," January 1999.
23. Michael McCarthy, "Brand Innovators: Virtual Reality," *Adweek*, June 14, 1999, https://www.adweek.com/brand-marketing/brand-innovators-virtual-reality-31935/, archived at https://perma.cc/JC4A-6Z2W.
24. Bart Ziegler, "Internet Bulls Get On Line for Performance Systems," *The Wall Street Journal*, March 28, 1995, C1; Joseph E. Stiglitz, "The Roaring Nineties," *The Atlantic* 290, no. 3 (October 2002): 75–89; Sebastian Mallaby, *The Man Who Knew: The Life and Times of Alan Greenspan* (New York: Bloomsbury, 2016).
25. David Einstein, "Netscape Mania Sends Stock Soaring," *The San Francisco Chronicle*, August 10, 1995, D1; Lewis, *The New New Thing*, 85.
26. Rory J. O'Connor, "Microsoft Previews On-Line Service," *San Jose Mercury News*, November 15, 1994, D1.
27. Saul Hansell, "Flights of Fancy in Internet Stocks," *The New York Times*, November 22, 1998, B7; Patrick McGeehan, "Research Redux: Morgan Prints a Sleeper," *The Wall Street Journal*, March 20, 1996, C1.
28. Susanne Craig, "A Female Wall St. Financial Chief Avoids Pitfalls that Stymied Others," *The New York Times*, November 10, 2010, B1; John Cassidy, "The Woman in the Bubble," *The New Yorker*, April 26, 1999, 48. Ruth Porat's brother Marc was also the author of a first-of-

its-kind 1977 Commerce Department study of the information economy (part of which originated as his Stanford PhD thesis): Marc Uri Porat and Michael Rogers Rubin, *The Information Economy*, U.S. Department of Commerce, Office of Telecommunications (1977). On General Magic, the company Marc Porat founded and many of whose employees went on to play seminal roles in the development of Apple's iPhone and Google's Android, see Sarah Kerruish, Matt Maude, and Michael Stern, *General Magic: The Movie* (Palo Alto, Calif.: Spellbound Productions, 2018).

29. Michael Siconolfi, "Under Pressure: At Morgan Stanley, Analysts Were Urged to Soften Harsh Views," *The Wall Street Journal*, July 14, 1992, A1.
30. Peter H. Lewis, "Once Again, Wall Street is Charmed by the Internet," *The New York Times*, April 3, 1996, D1.
31. Laurence Zuckerman, "With Internet Cachet, Not Profit, A New Stock is Wall Street's Darling," *The New York Times*, August 10, 1995, A1.
32. "New Accounting Rule Will Affect Employee Stock Options," *Morning Edition*, National Public Radio, April 11, 1994. Also see Steve Kaufman, "FASB Foes Make Last Stand," *San Jose Mercury News*, March 24, 1994, 1E.
33. Arthur Levitt, interviews with the author, May 7 and July 10, 2015, New York City and Westport, Conn.; Levitt, interview in "Bigger than Enron," PBS *Frontline*, 2002; Roger Lowenstein, "Coming Clean on Company Stock Options," *The Wall Street Journal*, June 26, 1997, C1; Max Walsh, "No Free Lunch but Lots of Options," *The Sydney Morning Herald*, July 8, 1997, 25; James J. Mitchell, "Stock Options Accounting Bill Already Panned," *San Jose Mercury News*, April 16, 1997, 1C.
34. Janelle Brown, "Start-up-cum-Goliath Works Hard to Get Help," *Wired*, August 22, 1997, https://www.wired.com/1997/08/start-up-cum-goliath-works-hard-to-get-help/, archived at https://perma.cc/U62L-PRRS.
35. Julia Angwin and Laura Castaneda, "The Digital Divide: High-tech boom a bust for blacks, Latinos," *San Francisco Chronicle*, May 4, 1998, A1.
36. Trish Millines Dziko, interview with the author, April 3, 2018; Millines Dziko, oral history interview by Jessah Foulk, Museum of History and Industry, "Speaking of Seattle," August 8, 2002, 28–29.

21　大宪章

1. Esther Dyson et al., "Cyberspace and the American Dream: A Magna Carta for the Knowledge Age" (Release 1.2, August 22, 1994), *The Information Society* 12, no. 3 (1996): 295–308; Boyce Rensberger, "White House Science Advisor is Cheerleader for Reagan," *The Washington Post*, November 12, 1985, A6; Philip M. Boffey, "Science Advisor Moves Beyond Rocky First Year," *The New York Times*, October 20, 1982, B8; Henry Allen, "The Word According to Gilder," *The Washington Post*, February 18, 1981, B1; Edward Rothstein, "The New Prophet of a Techno Faith Rich in Profits," *The New York Times*, September 23, 2000, B9; Fred Turner, *From Counterculture to Cyberculture: Stewart Brand, the Whole Earth Network, and the Rise of Digital Utopianism* (Chicago: The University of Chicago Press, 2006), 229. Also see Paulina Borsook, *Cyberselfish: A Critical Romp Through the Terribly Libertarian Culture of High*

Tech (New York: PublicAffairs, 2000).
2. Paulina Borsook, "Release," *Wired* 1:5 (November 1993); "Esther Dyson," in *Internet: A Historical Encyclopedia,* vol. 2, ed. Laura Lambert, Chris Woodford, Hilary W. Poole, Christos J. P. Moschovitis (Santa Barbara, Calif.: ABC-CLIO, 2005), 88–92. Other important connectors in the Internet-age Valley salon were Tim O'Reilly and Stewart Alsop, each of whom built influential empires around annual conferences and publications aimed at the industry.
3. Quoted in Lambert et al., "Esther Dyson."
4. See, for example, Richard Barbrook and Andy Cameron's incendiary take on Silicon Valley mythmaking, "The Californian Ideology," *Science as Culture* 6, no. 1 (January 1996): 44–72. On the National Performance Review, see Al Gore, *The Gore Report on Reinventing Government: Creating a Government that Works Better and Costs Less* (New York: Three Rivers Press, 1993). Silicon Valley also played a role in this plank of the Clinton-Gore agenda; the Vice President hailed Sunnyvale (whose then mayor was Larry Stone) as a national example of and test bed for municipal reinvention, and several policies originating there became final recommendations of the performance review.
5. Claudia Dreifus, "Present Shock," *The New York Times,* June 11, 1995, SM46.
6. Dyson, "Friend and Foe," *Wired,* August 1, 1995, https://www.wired.com/1995/08/newt/, archived at https://perma.cc/NCP6-FHBP; Dyson et al., "Cyberspace and the American Dream."
7. Gingrich, remarks at the launch of Thomas.gov, January 5, 1995, Washington, D.C.
8. John Heilemann, "The Making of the President 2000," *WIRED,* December 1, 1995, https://www.wired.com/1995/12/gorenewt/.
9. Daniel Pearl, "Futurist Schlock," *The Wall Street Journal,* September 7, 1995, 1.
10. Brett D. Fromson and Jay Mathews, "Executives Wary But Hopeful About Prospects," *The Washington Post,* November 10, 1994, B13; David Hewson, "McNealy Trains His Sights on Computing's Big Guns," *The Sunday Times* (UK), January 28, 1996, via Nexis Uni (accessed August 30, 2018).
11. Mitch Betts, "The Politicizing of Cyberspace," *Computerworld* 29, no. 3 (January 16, 1995): 20.
12. John Heilemann, "The Making of the President 2000."
13. Philip Elmer-Dewitt, "Online Erotica: On a Screen Near You," *Time,* June 24, 2001, http://content.time.com/time/magazine/article/0,9171,134361,00.html, archived at https://perma.cc/DX42-A8JD.
14. Kara Swisher and Elizabeth Corcoran, "Gingrich Condemns On-Line Decency Act," *The Washington Post,* June 22, 1995, D8; Steve Lohr, "A Complex Medium That Will Be Hard to Regulate," *The New York Times,* June 13, 1996, B10; Nat Hentoff, "The Senate's Cybercensors," *The Washington Post,* July 1, 1995, A27; 47 U.S. Code, Section 230.
15. Daniel S. Greenberg, "Porn Does the Internet," *The Washington Post,* July 16, 1997, A19.
16. Elizabeth Darling, "Farewell to David Packard," *Palo Alto Times,* April 3, 1996, https://www.paloaltoonline.com/weekly/morgue/news/1996_Apr_3.PACKARD.html, archived at https://perma.cc/5B2A-HDPE.
17. Becky Morgan, interview with the author, May 13, 2016, by phone; Jim Cunneen, interview with the author, February 1, 2016, San Jose, Calif.; Tom Campbell interview; Ed Zschau

interviews.
18. History of the National Economic Council and Clinton Administration History Project, "NEC—Education/Technology Initiative [2]," Clinton Digital Library, accessed August 7, 2017, https://clinton.presidentiallibraries.us/items/show/4837.
19. William J. Clinton: "Remarks on NetDay in Concord, California," March 9, 1996, posted by Gerhard Peters and John T. Woolley, *The American Presidency Project*, https://www.presidency.ucsb.edu/node/222473, archived at https://perma.cc/48LT-X5ZB.
20. Regis McKenna, interviews with the author; Don Bauder, "Out of Prison, Living in Luxury," *San Diego Reader*, May 26, 2010, https://www.sandiegoreader.com/news/2010/may/26/city-light-1/#, archived at https://perma.cc/3WAB-GD6P; Karen Donovan, "Bloodsucking Scumbag," *Wired*, November 1, 1996, https://www.wired.com/1996/11/es-larach/, archived at https://perma.cc/8TC6-JDRX.
21. Douglas Jehl, "Clinton to Fight Measure Revising Rules on Lawsuits," *The New York Times*, March 6, 1995, A1; Jerry Knight, "A Measure of Security on Securities Suits," *The Washington Post*, December 7, 1995, B11; Mark Simon, "Even Republicans Endorse Clinton," *San Francisco Chronicle*, August 21, 1996, C1.
22. John Markoff, "A Political Fight Marks a Coming of Age for a Silicon Valley Titan," *The New York Times*, October 21, 1996, D1.
23. John Doerr, "The Coach," interview by John Brockman, 1996, Edge.org, https://www.edge.org/digerati/doerr/, archived at https://perma.cc/9KWX-GLWK.
24. Lawrence (Larry) Stone, interview with the author, April 7, 2015, San Jose, Calif.; Sara Miles, *How to Hack a Party Line: The Democrats and Silicon Valley* (New York: Farrar, Straus and Giroux, 2001); Philip Trounstine, "Clinton Opposes Lawsuit Measure," *San Jose Mercury News*, August 8, 1996, A1.
25. "Telephone Conversation with President Bill Clinton, Vice President Al Gore, and California Technology Executives," The White House, August 20, 1996, History of the Office of the Vice President and Clinton Administration History Project, "OVP—Gore Tech/Tech Outreach [1]," Clinton Digital Library, accessed August 10, 2017, https://clinton.presidentiallibraries.us/items/show/5066.
26. Mark Simon, "GOP Voice in Silicon Valley," *The San Francisco Chronicle*, September 25, 1996, A13.
27. T. J. Rodgers, "Why Silicon Valley Should Not Normalize Relations with Washington, D.C.," Cato Institute, 1997.
28. Tom Campbell, interview with the author, February 17, 2016; Luis Buhler, interview with the author, February 8, 2016, by phone; Markoff, "A Political Fight Marks a Coming of Age."
29. Michelle Quinn, "Valley Execs Celebrate Decisive Ballot Victory," *The San Jose Mercury News*, November 6, 1996, EL1.
30. Brockman, "The Coach."
31. Lizette Alvarez, "High-Tech Industry, Long Shy of Politics, Is Now Belle of Ball," *The New York Times*, December 26, 1999, 1.

22 不作恶

1. Michele Matassa Flores, "Gore Tells CEOs to Put Their Hearts Into It," *The Seattle Times*, May 9, 1997, A18; Howard Fineman, "The Microsoft Primary," *Newsweek*, May 19, 1997, 55; Alex Fryer, "Gates' Techno-Home Still a Work in Progress," *The Seattle Times*, May 7, 1997, A1.
2. "Microsoft Juggernaut Keeps on Rolling," *The Los Angeles Times*, April 20, 1994, 4; Clinton, Speech at Shoreline Community College, February 24, 1996, Office of Speechwriting; and James (Terry) Edmonds, "Seattle, WA (Shoreline Community College) 2/24/96 [1]," Clinton Digital Library, accessed August 15, 2017, https://clinton.presidentiallibraries.us/items/show/33816. Microsoft CTO Nathan Myhrvold was on the White House NII advisory council; the Silicon Valley-heavy Gore-Tech meetings of 1997 did not include Microsoft representatives.
3. *BusinessWeek*, February 24, 1992, quoted in Gary L. Reback, *Free the Market! Why Only Government Can Keep the Marketplace Competitive* (New York: Portfolio, 2009).
4. John Heilemann, *Pride Before the Fall: The Trials of Bill Gates and the End of the Microsoft Era* (New York: CollinsBusiness, 2001), 58, 91.
5. Karen Southwick, *High Noon: The Inside Story of Scott McNealy and the Rise of Sun Microsystems* (New York: Wiley, 1999), 45, 48.
6. Bill Gates, *The Road Ahead* (New York: Random House, 1995), x. Andreessen later said he was requoting 3Com's Bob Metcalfe when he made that famous Windows slam; see Chris Anderson, "The Man Who Makes the Future," *Wired*, April 24, 2014, https://www.wired.com/2012/04/ff-andreessen/, archived at https://perma.cc/6D5K-XGWJ.
7. Gates, Memorandum, "The Internet Tidal Wave," May 26, 1995, Exhibit 20, *United States v. Microsoft Corporation* 253 F.3d 34 (D.C. Cir. 2001).
8. Reback, *Free the Market!*; Heilemann, Pride *Before the Fall*, 64–67; Joel Brinkley and Steve Lohr, *The U.S. v. Microsoft: The Inside Story of the Landmark Case* (New York: McGraw-Hill Education, 2000), 4, 48–49.
9. *Time*, "The Golden Geeks," February 19, 1996, cover; "Whose Web Will It Be?," September 16, 1996, cover.
10. James Lardner, "Trying to Survive the Browser Wars," *U.S. News & World Report* 124, no. 13 (April 6, 1998); Heilemann, *Pride Before the Fall*, 91.
11. Brinkely and Lohr, *The U.S. v. Microsoft*, 38–40.
12. Heilemann, *Pride Before the Fall*, 42.
13. James Taranto, "Nader's Raiders Try to Storm Bill's Gates," *The Wall Street Journal*, November 18, 1997, A22; Nader, "The Microsoft Menace," *Slate*, October 30, 1997, http://www.slate.com/articles/briefing/articles/1997/10/the_microsoft_menace.html, archived at https://perma.cc/9ZEQ-8UWK.
14. Elizabeth Corcoran and Rajiv Chandrasekaran, "Nader Joins Chorus of Microsoft Critics," *The Washington Post*, November 14, 1997, G1; Gerald F. Seib, "Freedom Fighters: Antitrust Suits Expand and Libertarians Ask, Who's The Bad Guy?" *The Wall Street Journal*, June 9, 1998, A1.
15. Corcoran and Chandrasekaran, "Nader Joins Chorus."

16. Neukom quoted in David Lawsky, "Microsoft Urges Government to Drop Antitrust Case," Reuters, reprinted in *The Times of India*, November 26, 1998, 15; also see Steve Lohr, "Microsoft Presses Its View About Rivals' 3-Way Deal," *The New York Times*, January 7, 1999, C2.
17. Lizette Alvarez, "High-Tech Industry, Long Shy of Politics, Is Now Belle of Ball," *The New York Times*, December 26, 1999, 1.
18. Hiren Shah, "Y2K: The Bug of the Millennium," *The Times of India*, October 19, 1998, 14; Stephen Barr, "Social Security Killed Y2K Bug, President Says," *The Washington Post*, December 29, 1998, A2; Eric Lipton, "2-Digit Problem Means 9-Digit Bill for Local Governments," *The Washington Post*, August 4, 1998, A1.
19. Abhi Raghunathan, "Thanks for Coming. Now Go," *The New York Times*, July 15, 2001, NJ1.
20. Kathleen Kenna, "Commander in Geek," *Toronto Star*, May 24, 1999, 1; Paul A. Gigot, "Gore Slams Doerr on Silicon Valley," *The Wall Street Journal*, May 21, 1999, 21.
21. Jon Swartz, "Tech's Star Capitalist," *The San Francisco Chronicle*, November 13, 1997, D3; Marc Gunther and Adam Lashinsky, "Cleanup Crew," *Fortune* 156, no. 11 (November 26, 2007): 82–92.
22. Quoted in John Schwartz, "A Judge Overturned by an Appearance of Bias," *The New York Times*, June 29, 2001, p. C1.
23. Joel Brinkley, "U.S. vs. Microsoft: The Lobbying," *The New York Times*, September 7, 2001, C5.
24. Quoted in Alvarez, "High-Tech Industry."
25. James Gibbons, interview with the author, November 4, 2015.
26. "Bill Gates Stanford Dedication—Jan. 30, 1996," *Microsoft News*, https://news.microsoft.com/1996/01/30/bill-gates-stanford-dedication-jan-30-1996/, archived at https://perma.cc/XCK6-9SS6.
27. Ellen Ullman, *Life in Code: A Personal History of Technology* (New York: Farrar, Straus and Giroux, 2017), 100.
28. "Turning an Info-Glut into a Library," *Science* 266 (October 7, 1994), 20; Bruce Schatz and Hsinchun Chen, "Building Large-Scale Digital Libraries," *Computer* 29, no. 5 (May 1996): 22–26.
29. John Battelle, *The Search: How Google and Its Rivals Rewrote the Rules of Business and Transformed Our Culture* (New York: Portfolio, 2005), 65–75; Rich Scholes, "Uniquely Google," *Stanford Technology Brainstorm*, Stanford Office of Technology Licensing, March 2000.
30. Scholes, "Uniquely Google."
31. Battelle, *The Search*, 90; "Sergey Brin's Home Page," http://infolab.stanford.edu/~sergey/, accessed May 20, 2018, archived at https://perma.cc/XH2S-RW58.

前　记

1. Chamath Palihapitiya, interview with the author, December 5, 2017.
2. Walter Mossberg, "Behind the Lawsuit: Napster Provides Model for Music Distribution," *The Wall Street Journal*, May 11, 2000, C1.
3. Cyrus Farivar, "Winamp's Woes: How the Greatest MP3 Player Undid Itself," *Ars Technica*, July 3, 2017; "The Biggest Media Merger Yet," *The New York Times*, January 11, 2000, A24.

On the AOL Time Warner merger and its effects, see Kara Swisher with Lisa Dickey, *There Must Be a Pony in Here Somewhere: The AOL Time Warner Debacle* (New York: Three Rivers Press, 2003).

23　人人参与的互联网时代

1. Joint Venture Silicon Valley, *2002 Index* (Palo Alto, Calif.: Joint Venture Silicon Valley, 2002); Gregory Zuckerman, "A Year After the Peak, How the Mighty Have Fallen," *The Wall Street Journal*, March 5, 2001, C1; Scott Berinato, "What When Wrong at Cisco in 2001," *CIO Magazine* 14, no. 20 (August 2001): 52–59.
2. Edward Helmore, "Lost Stock & Two Smoking Analysts," *The Guardian*, March 15, 2001, B12.
3. Zach Schiller, "Morgenthaler Scores in IPO," *Cleveland Plain Dealer*, March 4, 2000, C3; Alex Berenson, "Stocks End Gloomy First Quarter," *The New York Times*, March 31, 2001, C1; Burt McMurtry, interview with the author, October 2, 2017; Ann Hardy, interview with the author, September 19, 2017.
4. Mike Tarsala, "Pets.com Killed by Sock Puppet," *MarketWatch*, November 8, 2000, https://www.marketwatch.com/story/sock-puppet-kills-petscom, archived at https://perma.cc/T6WU-HKW5. Also see Jennifer Thornton and Sunny Marche, "Sorting through the dot bomb rubble: how did high-profile e-tailers fail?" *International Journal of Information Management* 23, no. 2 (April 2003): 121–38.
5. Joint Venture Silicon Valley, *2002 Index*, 6–7; Julekha Dash, "Former dot-com workers find slow start in new year," *Computerworld*, January 8, 2001, https://www.computerworld.com/article/2590192/it-careers/former-dot-com-workers-find-slow-start-in-new-year.html, archived at https://perma.cc/X4J2-JS7M.
6. Fred Vogelstein, "Google @ $165: Are These Guys for Real?," *Fortune*, December 13, 2004, http://archive.fortune.com/magazines/fortune/fortune_archive/2004/12/13/8214226/index.htm, archived at https://perma.cc/YQU9-QV94; "Liorean," comment thread "Google 1G Mail," *CodingForums.com*, June 2, 2004, https://www.codingforums.com/geek-news-and-humour/39589-google-1g-mail.html, archived at https://perma.cc/549J-5HNY; also see Kevin Marks, "Epeus' epigone," March 21, 2012, http://epeus.blogspot.com/2012/03/when-youre-merchandise-not-customer.html, archived at https://perma.cc/EP7P-ZBTN.
7. "From the Garage to the Googleplex," Alphabet, Inc., https://www.google.com/about/our-story/, archived at https://perma.cc/63XD-AZCA; "A Building Blessed with Tech Success," *CNET*, October 14, 2002, https://www.cnet.com/news/a-building-blessed-with-tech-success/, archived at https://perma.cc/H4W8-RSJE; Verne Kopytoff, "The Internet Kid is Growing Up Fast," *The San Francisco Chronicle*, September 11, 2000, A24.
8. Ken Auletta, *Googled: The End of the World as We Know It* (New York: Penguin Press, 2010), 20.
9. Stephanie Schorow, "Web heads go ga-ga for Google, for good reason," *Boston Herald*, December 4, 2001, 51.
10. Fred Turner, "Burning Man at Google: a cultural infrastructure for new media production," *New Media & Society* 11, nos. 1 & 2 (2009): 73–94; "Ten Principles of Burning Man," https://

burningman.org/culture/philosophical-center/10-principles/, archived at https://perma.cc/KS28-9M36.
11. Auletta, *Googled*, 80.
12. John Battelle, *The Search: How Google and Its Rivals Rewrote the Rules of Business and Transformed Our Culture* (New York: Portfolio, 2005).
13. Google, "Ten things we know to be true," https://www.google.com/intl/en/about/philosophy.html, archived at https://perma.cc/G865-BALX.
14. Doerr quoted in Matt Marshall, "Is Google Like Microsoft? In Some Ways," *The San Jose Mercury News*, September 25, 2003, 1C.
15. Vogelstein, "Google @ $165."
16. Shirin Sharif, "Web Site Allows Students to Make Friends from Faces in the Crowd," *The Stanford Daily*, March 5, 2004, 1.
17. Sharif, "Web Site Allows"; U.S. Securities and Exchange Commission Form S-1, Facebook, Inc., February 1, 2012.
18. On the emergence of social networking and the struggles and triumphs of its pre-Facebook companies, see Julia Angwin, *Stealing MySpace: The Battle to Control the Most Popular Web Site in America* (New York: Random House, 2009).
19. The definitive history of the early years of Facebook (and the basis for the not altogether charitable portrayal of Zuckerberg and his company in the 2011 Hollywood film *The Social Network*) is David Kirkpatrick, *The Facebook Effect: The Inside Story of the Company that is Connecting the World* (New York: Simon & Schuster, 2010).
20. This data comes from, naturally, Wikipedia. "List of most popular websites," Wikipedia, March 2018, https://en.wikipedia.org/wiki/List_of_most_popular_websites, archived at https://perma.cc/9QBA-ABF6.
21. Lev Grossman, "You—Yes, You—Are TIME's Person of the Year," *Time*, December 25, 2006.
22. Esther Dyson et al., "Cyberspace and the American Dream: A Magna Carta for the Knowledge Age" (Release 1.2, August 22, 1994), *The Information Society* 12, no. 3 (1996): 295–308.
23. Ryan Singel, "Silicon Valley Lacks Vision? Facebook Begs to Differ," *Wired*, October 8, 2010, https://www.wired.com/2010/10/facebook-matters/, archived at https://perma.cc/VV4J-2JMS.
24. Chamath Palihapitiya, interview with the author; Palihapitiya interviewed by Kara Swisher, *Recode Decode* podcast, March 20, 2016, https://www.recode.net/2016/3/21/11587128/silicon-valleys-homogeneous-rich-douchebags-wont-win-forever-says, archived at https://perma.cc/PK2L-DDCR; Evelyn M. Rusli, "In Flip-Flops and Jeans, An Unconventional Venture Capitalist," DealBook blog, *The New York Times*, October 6, 2011, https://dealbook.nytimes.com/2011/10/06/in-flip-flops-and-jeans-the-unconventional-venture-capitalist/, archived at https://perma.cc/C7X7-KWJ2; Eugene Kim, "Early Facebook Executive on Mark Zuckerberg," *Business Insider*, November 23, 2014, https://www.businessinsider.com.au/chamath-palihapitiya-on-mark-zuckerberg-2014-11, archived at https://perma.cc/9CLK-S8RS.
25. Caroline McCarthy, "Facebook f8: One Graph to Rule them All," CNET, April 21, 2010, https://www.cnet.com/news/facebook-f8-one-graph-to-rule-them-all/, archived at https://

perma.cc/W4T5-49CM. Scholars began raising red flags about the ethics of such information-sharing practices as soon as they started. See for example Michael Zimmer, "'But the Data is Already Public': On the Ethics of Research in Facebook," *Ethics and Information Technology* 12, no. 4 (December 2010): 313–25; Rebecca McKee, "Ethical Issues in Using Social Media for Health and Health Care Research," *Health Policy* 110, nos. 2–3 (May 2013): 298–301. As Facebook's user base skyrocketed and "like" buttons metastasized around the Web, the company attracted the attention of the FTC, which required Facebook to adopt stricter and more transparent privacy standards (Federal Trade Commission, Decision and Order in the Matter of Facebook, Inc., Docket No. C-4365, August 10, 2012).

26. Nick Bilton, "A Walk in the Woods with Mark Zuckerberg," *The New York Times*, July 7, 2011, https://bits.blogs.nytimes.com/2011/07/07/a-walk-in-the-woods-with-mark-zuckerberg/, archived at https://perma.cc/86DU-LAWF.

27. Heather Brown, Emily Guskin, and Amy Mitchell, "The Role of Social Media in the Arab Uprisings," Pew Research Center, November 28, 2012; Benjamin Gleason, "#Occupy Wall Street: Exploring Informal Learning About a Social Movement on Twitter," *American Behavioral Scientist* 57, no. 7 (2013): 966–82; André Brock, "From the Blackhand Side: Twitter as a Cultural Conversation," *Journal of Broadcasting and Electronic Media* 56, no. 4 (2012): 529–49; Russell Rickford, "Black Lives Matter: Toward a Modern Practice of Mass Struggle," *New Labor Forum* 25, no. 1 (2016): 34–42.

28. Joshua Green, "The Amazing Money Machine," *The Atlantic*, June 1, 2008, https://www.theatlantic.com/magazine/archive/2008/06/the-amazing-money-machine/306809/, archived at https://perma.cc/V67S-PX4W; Brian Stelter, "The Facebooker Who Friended Obama," *The New York Times*, July 7, 2008, https://www.nytimes.com/2008/07/07/technology/07hughes.html, archived at https://perma.cc/U74U-XQ7Z.

29. Kristina Peterson, "Obama opening Silicon Valley office," *Palo Alto Daily News*, January 13, 2008, 1; Green, "The Amazing Money Machine"; Cecilia Kang and Perry Bacon Jr., "Obama Holds Silicon Valley Summit with Tech Tycoons," *The Washington Post*, February 18, 2011, C1.

30. "I am Barack Obama, President of the United States—AMA," Reddit, August 29, 2012, https://www.reddit.com/r/IAmA/comments/z1c9z/i_am_barack_obama_president_of_the_united_states/, archived at https://perma.cc/BB8Z-D7GZ; Brody Mullins, "Google Makes Most of Close Ties to the White House," *The Wall Street Journal*, March 24, 2015, : https://www.wsj.com/articles/google-makes-most-of-close-ties-to-white-house-1427242076; David Dayen, "The Android Administration," *The Intercept*, April 22, 2016 https://theintercept.com/2016/04/22/googles-remarkably-close-relationship-with-the-obama-white-house-in-two-charts/, archived at https://perma.cc/NUP2-6XW6; Cecilia Kang and Juliet Eilperin, "A Clear Affinity Between White House, Silicon Valley," *The Washington Post*, February 28, 2015, http://www.pressreader.com/usa/the-washington-post/20150228/281784217548185. Also see Thomas Kalil, "Policy Entrepreneurship at the White House," *Innovations* 11:, nos. 3/4 (2017): 4–22.

31. "The 'Anti-Business' President Who's Been Good for Business," *Bloomberg Businessweek*, June 27, 2016, https://www.bloomberg.com/features/2016-obama-anti-business-president/, archived at https://perma.cc/RG5N-VP2P.

32. Barack Obama, Speech at the White House Summit on Cybersecurity, Stanford, Calif., February 13, 2015. Obama's speechwriters had produced a knowing riff on the cathedral-vs.-bazaar software metaphors so familiar to Silicon Valley insiders, gloriously updated for a social-media age.

24　软件吞噬世界

1. John C. Abell, "Aug. 6, 1997: Apple Rescued—By Microsoft," *Wired*, August 6, 2009, https://www.wired.com/2009/08/dayintech-0806/, archived at https://perma.cc/2RRH-FUBH.
2. Ken Siegmann, "Veteran Apple Exec Leaves for Top Job at Go," *The San Francisco Chronicle*, January 19, 1991, 1C; Walter Isaacson, *Steve Jobs* (New York: Simon & Schuster, 2011), 308.
3. Brian Merchant, *The One Device: The Secret History of the iPhone* (New York: Little, Brown, 2017), 148–62.
4. Morgenthaler Partners had been an investor in the company that made that voice recognition software, called Siri in homage to being developed at SRI. A DARPA grant had helped seed its early development. See SRI International, "Siri," https://www.sri.com/work/timeline-innovation/timeline.php?timeline=computing-digital#!&innovation=siri, archived at https://perma.cc/7SNR-V6MQ.
5. "For Apple Chief, Gadgets' Glitter Outshines Scandal," *The New York Times*, January 9, 2007, B1; Erica Sadun, "Macworld 2007 Keynote Liveblog," *Engadget*, January 9, 2007, https://www.engadget.com/2007/01/09/macworld-2007-keynote-liveblog/, archived at https://perma.cc/4394-QYDG.
6. Martyn Williams, "In his own words: The best quotes of Steve Ballmer," *PC World*, August 19, 2014.
7. Merchant, *The One Device*, 162–71; Doug Gross, "Apple trademarks 'There's an app for that,'" *CNN*, October 12, 2010.
8. Ken Auletta, *Googled: The End of the World as We Know It* (New York: Penguin Press, 2010), 204, 207–210.
9. "Mobile Fact Sheet," Pew Research Center, February 5, 2018, http://www.pewinternet.org/fact-sheet/mobile/, archived at https://perma.cc/44L8-W6EN.
10. Horace Dediu, "The iOS Economy, Updated," Asymco blog, January 8, 2018, http://www.asymco.com/2018/01/08/the-ios-economy-updated/, archived at https://perma.cc/W2Z5/MT6G.
11. Bruce Newman, "Steve Jobs, Apple Co-Founder," *San Jose Mercury News*, October 5, 2011.
12. "Remembering Steve," Apple.com, https://www.apple.com/stevejobs/, archived at https://perma.cc/7SES-3F5F; Maria L. LaGanga, "Steve Jobs' death saddens Apple workers and fans," *The Los Angeles Times*, October 6, 2011.
13. "Steve Jobs' Memorial Service: 6 Highlights," *The Week*, October 25, 2011.
14. "What Happened to the Future?" Founders Fund, http://foundersfund.com/the-future/, archived at https://perma.cc/82XW-VA2A.
15. Adam Lashinsky, "Amazon's Jeff Bezos: The Ultimate Disrupter," *Fortune* (December 2012); Jeff Bezos, "1997 Letter to Shareholders," Investor Relations, Amazon.com.

16. Jeff Bezos, "2005 Letter to Shareholders," Investor Relations, Amazon.com; Julia Kirby and Thomas A. Stewart, "The Institutional Yes," *Harvard Business Review*, October 2007, 8, https://hbr.org/2007/10/the-institutional-yes, archived at https://perma.cc/XV5H-GULN.
17. Jeff Bezos, "2011 Letter to Shareholders," Investor Relations, Amazon.com.
18. Ingrid Burrington, "Why Amazon's Data Centers are Hidden in Spy Country," *The Atlantic*, January 8, 2016.
19. Frank Konkel, "Daring Deal," *Government Executive*, July 9, 2014. An advantage for Amazon's securing national security cloud business was that it was not one of the American tech companies ensnared in PRISM, the intelligence-gathering program revealed in 2013 by NSA contractor Edward Snowden. Nearly every other boldface tech name appeared in the cache of classified documents, but 98 percent of the data came from only three: Yahoo!, Google, and Microsoft. The NSA had been in the electronic surveillance business since its 1947 inception, but involvement of consumer tech's biggest brands—including the "don't be evil" empire of Page and Brin—precipitated a major scandal. See Barton Gellman and Laura Poitras, "U.S., British intelligence mining data from nine U.S. Internet companies in broad secret program," *The Washington Post*, June 7, 2013, A1.
20. Nick Wingfield, "Amazon Reports Annual Net Profit for the First Time," *The Wall Street Journal*, January 28, 2004; Ron Miller, "How AWS Came to Be," *TechCrunch*, July 2, 2016; Jordan Novet, "Microsoft narrows Amazon's lead in cloud, but the gap remains large," CNBC, April 27, 2018.
21. Ashton B. Carter with Marcel Lettre and Shane Smith, "Keeping the Technological Edge," in *Keeping the Edge: Managing Defense for the Future*, ed. Ashton B. Carter, John Patrick White (Cambridge, Mass.: The MIT Press, 2001), 130–63.
22. Peter Thiel, "The Education of a Libertarian," The Cato Institute, April 13, 2009.
23. Rachel Riederer, "Libertarians Seek a Home on the High Seas," *The New Republic*, June 1, 2017; George Packer, "No Death, No Taxes," *The New Yorker*, November 28, 2011.
24. Andy Greenberg, "How a 'Deviant Philosopher' Built Palantir, A CIA-Funded Data-Mining Juggernaut," *Forbes*, September 2, 2013.
25. Rick E. Yannuzzi, "In-Q-Tel: A New Partnership between the CIA and the Private Sector," *Defense Intelligence Journal* (2000), Central Intelligence Agency, https://www.cia.gov/library/publications/intelligence-history/in-q-tel#copy, archived at https://perma.cc/AV9M-JTCA.
26. Greenberg, "How a 'Deviant Philosopher' Built Palantir"; Ellen Mitchell, "How Silicon Valley's Palantir wired Washington," *Politico*, August 14, 2016.
27. Anonymous, comment to "What is the interview process like at Palantir?," Quora, February 17, 2011, archived at https://perma.cc/R4FM-LPXL.
28. Julie Bort, "What It's Like to Work at the Valley's Most Secretive Startup," *Business Insider*, July 31, 2016; Ryan Singel, "Anonymous vs. EFF?" *Wired*, November 14, 2011.
29. Andrew Ruiz, Twitter, April 30, 2018, archived at https://perma.cc/FZ6X-VU84. Thiel also was unafraid to throw his weight around, most notably when he bankrolled a defamation suit brought by wrestler Hulk Hogan against the online newspaper Gawker, which had also outed

Thiel against his wishes. After the suit went in Hogan's favor, a bankrupt Gawker had to shut down.

25　宇宙主宰

1. Adam Gorlick, "'I wanted to see with my own eyes the origin of success,' Russian president tells Stanford audience," *Stanford Report*, June 23, 2010; "Dmitry Medvedev visits Twitter HQ and tweets," *The Telegraph* (UK), June 24, 2010.
2. "Medvedev targeted with mock Twitter account," *The Telegraph* (UK), July 5, 2010; @KermlinRussia, Twitter, January 8, 2011, archived at https://perma.cc/K4V8-K7VK.
3. Vivek Wadhwa, AnnaLee Saxenian, and F. Daniel Siciliano, *Then and Now: America's New Immigrant Entrepreneurs,* part VII, Kauffman Foundation Research paper, 2012; "International Students," Stanford Engineering, accessed May 27, 2018, archived at https://perma.cc/EFS3-3X7N.
4. Marc Andreessen, "Why Software is Eating the World," *The Wall Street Journal*, August 20, 2011.
5. Richard L. Florida and Martin Kenney, "Venture Capital, High Technology and Regional Development," *Regional Studies* 22, no. 1 (1988): 33–48; Florida, "America's Leading Metros for Venture Capital," *CityLab*, June 17, 2013; Chris DeVore, "The Venture Capital Stack + Regional Seed VC," *Crash/Dev*, June 15, 2017, archived at https://perma.cc/T493-FALD.
6. Tim Wu, tweet, 5/24/2018 8:14AM; Regis McKenna, interview with the author December 3, 2014. Peter Thiel believed in this market-definition-and-domination strategy so strongly that he co-wrote a book on the subject, *Zero to One: Notes on Startups, or How to Build the Future* (New York: Random House, 2014).
7. Zuckerberg, Facebook post, March 30, 2015, archived at https://perma.cc/S9DW-RVPW.
8. Margaret O'Mara, "The Other Tech Bubble," *The American Prospect*, Winter 2016.
9. Katie Hafner, "Google Options Make Masseuse a Multimillionaire," *The New York Times*, November 12, 2007; Kevin Maney, "Marc Andreessen puts his money where his mouth is," *Fortune*, July 10, 2009.
10. In September 2018, after reported infighting within Kleiner, Meeker abruptly quit, bringing along several other of its senior late-stage investors to start a new venture firm under her own leadership. Theodore Schleifer, "Mary Meeker, the Legendary Internet Analyst, is Leaving Kleiner Perkins," *Recode*, September 14, 2018, https://www.recode.net/2018/9/14/17858582/kleiner-perkins-mary-meeker-split, archived at https://perma.cc/FJ8S-DVUM.
11. Jesse Drucker, "Kremlin Cash Behind Billionaire's Twitter and Facebook Investments," *The New York Times*, November 5, 2017; Michael Wolff, "How Russian Tycoon Yuri Milner Bought His Way into Silicon Valley," *Wired*, October 21, 2011.
12. Chris William Sanchirico, "As American as Apple Inc.: International Tax and Ownership Nationality," *Tax Law Review* 68, no. 2 (2015): 207–74; Rebecca Greenfield, "Senators Turn Tim Cook's Hearing into a Genius Bar Visit," *The Atlantic*, May 21, 2013.
13. David Kirkpatrick, "Inside Sean Parker's Wedding," *Vanity Fair*, August 1, 2013.
14. "Yammer Raises $17 Million in Financing Round Led by The Social+Capital Partnerhip," *Marketwire*, September 27, 2011.

15. Ben Horowitz, *The Hard Thing about Hard Things: Building a Business When There Are No Easy Answers* (New York: HarperBusiness, 2014), 62.
16. Ellen McGirt, "Al Gore's $100 Million Makeover," *Fast Company*, July 1, 2007.
17. John Doerr, "Salvation (and profit) in Greentech," TED2007, March 2007; Marc Gunther and Adam Lashinsky, "Cleanup Crew," *Fortune* 156, no. 11 (November 26, 2007).
18. Jon Gertner, "Capitalism to the Rescue," *The New York Times*, October 3, 2008.
19. Jerry Hirsch, "Elon Musk's growing empire is fueled by $4.9 billion in government subsidies," *The Los Angeles Times*, May 30, 2015; Sarah McBride and Nichola Groom, "Insight: How cleantech tarnished Kleiner and VC star John Doerr," *Reuters Business News*, January 15, 2013.
20. David Streitfeld, "Kleiner Perkins Denies Sex Bias in Response to a Lawsuit," *The New York Times*, June 14, 2012; Ellen Huet, "Kleiner Perkins' John Doerr and Ellen Pao: A Mentorship Sours," *Forbes*, March 4, 2015.
21. Gené Teare and Ned Desmond, "The first comprehensive study on women in venture capital and their impact on female founders," *TechCrunch*, April 19, 2016; "Despite More Women, VCs Still Mostly White Men," *The Information*, December 14, 2016.
22. Laszlo Bock, "Getting to work on diversity at Google," Google blog, May 28, 2014; Maxine Williams, "Building a More Diverse Facebook," Facebook Newsroom, June 25, 2014; Mallory Pickett, "The Dangers of Keeping Women out of Tech," *Wired*, January 26, 2018.
23. Emily Chang, *Brotopia: Breaking Up the Boys' Club of Silicon Valley* (New York: Portfolio, 2018), 145–46; John Doerr, interview with Emily Chang, Bloomberg TV, June 18, 2015.
24. Graham, "Why to Move to a Startup Hub," PaulGraham.com, October 2007, archived at https://perma.cc/TYF6-G3KT.
25. Kara Swisher, interview with Chamath Palihapitiya, *Recode/Decode*, March 20, 2016; Palihapitiya, interview with the author, December 5, 2017.
26. Ashley Carroll, "Capital-as-a-Service: A New Operating System for Early-Stage Investing," *Medium*, October 25, 2017, https://medium.com/social-capital/capital-as-a-service-a-new-operating-system-for-early-stage-investing-6d001416c0df, archived at https://perma.cc-G5QD-DUCF. Social Capital did not have much opportunity to test whether the new/ model would make a significant difference in the diversity of venture-funded entrepreneurs. The partnership imploded in the early fall of 2018 after an exodus of Palihapitiya's co-founders and other key executives, leaving the future of the firm and "CaaS" unclear.
27. Trish Millines Dziko, interview with the author, April 3, 2018.
28. Issie Lapowsky, "Clinton Owns Silicon Valley's Vote Now That Bloomberg's Out," *Wired*, March 8, 2016.
29. Thiel, "Trump has Taught us This Year's Most Valuable Political Lesson," *The Washington Post*, September 6, 2016.
30. Mitch Kapor, interview with the author, September 19, 2017.

尾 声　进入无人车

1. This also was a reminder of the Pentagon spending still lurking behind the Valley's entrepreneurial audacity, for a DARPA "Grand Challenge" competition a decade earlier had revved up the race to bring driverless vehicles to market. As ever, the Valley's next genera-

tion was helped along by the military's willingness to make far-out bets. See Alex Davies, "Inside the Races that Jump-Started the Self-Driving Car," *Wired*, November 10, 2017, https://www.wired.com/story/darpa-grand-urban-challenge-self-driving-car/, archived at https://perma.cc/EWN5-8XCD.

2. Tiernan Ray and Alex Eule, "John Doerr on Leadership, Education, Google, and AI," *Barron's*, May 5, 2018, https://www.barrons.com/articles/john-doerr-on-leadership-education-google-and-ai-1525478401, archived at https://perma.cc/S2W5-5GMY; James Morra, "Groq to reveal potent artificial intelligence chip next year," *ee News: Europe*, November 17, 2017, http://www.eenewseurope.com/news/groq-reveal-potent-artificial-intelligence-chip-next-year, archived at https://perma.cc/FQ3G-YAEK.

3. Maria di Mento, "Technology Investor Pledges $32 Million to Rice U," *Chronicle of Philanthropy* 18, no. 18 (June 29, 2006), via Nexis Uni, accessed August 30, 2018; Burt and Deedee McMurtry, "Remarks at the McMurtry Building Groundbreaking Ceremony," May 15, 2013, Stanford Arts, https://arts.stanford.edu/remarks-by-burt-and-deedee-mcmurtry/, archived at https://perma.cc/H59G-B2LW; McMurtry, interview with the author, October 2, 2017.

4. Gary Morgenthaler, e-mail correspondence with the author, August 17, 2016; "Startup developing new battery technology wins $12,000 in first MIT ACCELERATE Contest," *MIT News*, March 6, 2012, http://news.mit.edu/2012/battery-technology-startup-wins-accelerate-contest, archived at https://perma.cc/QAN9-ZHXB; Morgenthaler, interviews with the author, 2015 and 2016. David Morgenthaler died on June 16, 2016 at the age of 96, survived by his wife Lindsay, sons Gary and Todd, daughter Lissa, seven grandchildren, and four great-grandchildren. Katie Benner, "David T. Morgenthaler, Who Shaped Venture Capitalism, Dies at 96," *The New York Times*, June 21, 2016, A21.

5. Ann Hardy, interview with the author, September 19, 2017; phone conversation with the author, August 28, 2018. The continuing demographic imbalances in tech and the consequences for the products it builds and markets produced a wave of books during this period; see, for example: Emily Chang, *Brotopia: Breaking Up the Boys' Club of Silicon Valley* (New York: Portfolio, 2018); Safiya Umoja Noble, *Algorithms of Oppression: How Search Engines Reinforce Racism* (New York: New York University Press, 2018); Virginia Eubanks, *Automating Inequality: How High-Tech Tools Profile, Police, and Punish the Poor* (New York: St. Martin's Press, 2018); Sara Watcher-Boettcher, *Technically Wrong: Sexist Apps, Biased Algorithms, and Other Threats of Toxic Tech* (New York: W. W. Norton, 2017).

6. Yaw Anokwa and Hélène Martin, interview with the author, June 7, 2018, Seattle, Wash.